kam_06-1 Foto: sw

Regina Fuchs

Kamerun

Kamerun – „Afrique en miniature"

004-2kam Foto: rf

Impressum

Regina Fuchs
Kamerun

erschienen im
Reise Know-How Verlag Peter Rump GmbH
Osnabrücker Str. 79, 33649 Bielefeld

5., aktualisierte und erweiterte Auflage 2007

Gestaltung
Umschlag: M. Schömann, P. Rump (Layout)
A. Pentzien (Realisierung)
Inhalt: G. Pawlak (Layout)
M. Luck (Realisierung)
Karten: E. Egginger, der Verlag
Fotos: Regina Fuchs (rf), Erika Därr (ed), Stefanie Michels (sm),
Hubertus von Lindeiner (hvl), Stefanie Werdermann (sw)
Titelfoto: Stefanie Werdermann

Lektorat (Aktualisierung): André Pentzien

Druck und Bindung:
Fuldaer Verlagsanstalt GmbH & Co. KG, Fulda

ISBN-10: 3-8317-1530-0
ISBN-13: 978-3-8317-1530-5
Printed In Germany

Dieses Buch ist erhältlich in jeder Buchhandlung Deutschlands, Österreichs, der Schweiz, Belgiens und der Niederlande. Bitte informieren Sie Ihren Buchhändler über folgende Bezugsadressen:

Deutschland
Prolit GmbH,
Postfach 9, D-35461 Fernwald (Annerod)
sowie alle Barsortimente
Schweiz
AVA-buch 2000
Postfach, CH-8910 Affoltern
Österreich
Mohr-Morawa Buchvertrieb GmbH
Sulzengasse 2, A-1230 Wien
Niederlande, Belgien
Willems Adventure
Postbus 403, NL-3140 AK Maassluis

Wer im Buchhandel trotzdem kein Glück hat, bekommt unsere Bücher auch über unseren **Büchershop im Internet:**
www.reise-know-how.de

Wir freuen uns über Kritik, Kommentare und Verbesserungsvorschläge.

Alle Informationen in diesem Buch sind von den Autoren mit größter Sorgfalt gesammelt und vom Lektorat des Verlages gewissenhaft bearbeitet und überprüft worden.

Da inhaltliche und sachliche Fehler nicht ausgeschlossen werden können, erklärt der Verlag, dass alle Angaben im Sinne der Produkthaftung ohne Garantie erfolgen und dass Verlag wie Autoren keinerlei Verantwortung und Haftung für inhaltliche und sachliche Fehler übernehmen.

Die Nennung von Firmen und ihren Produkten und ihre Reihenfolge sind als Beispiel ohne Wertung gegenüber anderen anzusehen. Qualitäts- und Quantitätsangaben sind rein subjektive Einschätzungen der Autoren und dienen keinesfalls der Bewerbung von Firmen oder Produkten.

Regina Fuchs

Kamerun

Die aktuelle Auflage dieses Buches ist unter Mitwirkung von Stefanie Werdermann und Dr. Thomas Kratz zustande gekommen.

Vorwort

Vorwort zur 5. Auflage

„Warum Kamerun?" - Das Land hat - trotz des Einzuges des Informationszeitalters - viel von seiner Ursprünglichkeit bewahrt. Einen Massentourismus à la Südeuropa gibt es einfach nicht. In Gesprächen mit den Einheimischen erfuhren wir eine uns bislang unbekannte Kontaktfreudigkeit und Offenheit. Hier können wir Europäer gerade in Dingen „Familiengeist" und „Savoir vivre" noch eine Menge lernen.

Wenn man einen billigen Urlaub anstrebt und trotzdem nicht auf europäischen Standard verzichten will, ist Kamerun als Reiseziel sicherlich ungeeignet. Das Land ist für afrikanische Verhältnisse relativ teuer, außerdem weder immer einfach, noch mit den vielen Annehmlichkeiten einer guten touristischen Infrastruktur ausgestattet. Allerdings hat gerade dies den Reiz für uns ausgemacht, nach Kamerun zu fahren. Wenn man mit weniger auskommt, Menschen gegenüber aufgeschlossen ist, Kultur und eine immens vielfältige Landschaft liebt, kommt man sicherlich auf seine Kosten.

Trotzdem wird es einige Zeit in Anspruch nehmen, den anfänglichen „Kulturschock" zu überwinden. Zu unterschiedlich sind Lebensweise, Mentalität, Nahrung usw. Wenn man sich als Pauschalurlaubsreisender überwiegend in Hotels aufhält und relativ wenig Kontakt zu den Einheimischen hat, bleibt einem dieser Kulturschock größtenteils erspart. Wer sich jedoch der Andersartigkeit dieses Landes öffnet und versucht, Land und Leute mit ihrer Kultur in all ihren Facetten kennenzulernen - zu leben -, wird viele einzigartige Dinge erleben und Erfahrungen machen, die er nie vergessen wird.

Deshalb können wir es nur jedem empfehlen, einmal, am besten über einen längeren Zeitraum, ins *„Afrique en miniature"* zu fahren und das Land in seiner Vielfältigkeit zu genießen.

Thomas Kratz, Stefanie Werdermann
August 2006

Inhalt

Anhang

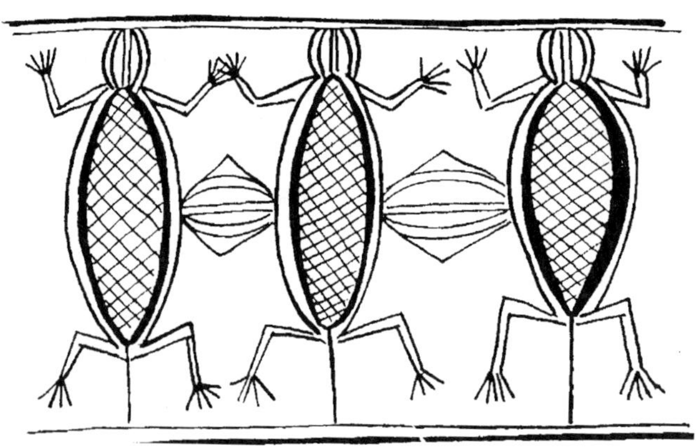

Exkurse

Karten

In den Kopfzeilen erfolgt ein Verweis auf die jeweils passende Karte.

Die in diesem Buch aufgeführten **Internet-Adressen** werden, wenn sie über zwei Zeilen verlaufen, nur dort mit Trennstrichen geschrieben, wo dieser zur Adresse gehört.

013Akam Foto: rf

Praktische Tipps A–Z

012kam Foto: rf

013Bkam Foto: rf

Chefferie in Bangangté

Trekking in den Mandara-Bergen

Taxi Brousse

Als Gast in Kamerun

Am ersten Tag soll der Fremde nur seine Augen und Ohren öffnen, aber nicht seinen Mund.

Afrikanisches Sprichwort

In der westlichen Welt herrschen noch immer viele **Vorurteile gegenüber Afrika** und seinen Menschen. Von der Ankunft des ersten Europäers an der Küste Afrikas bis zum Ende der Kolonialzeit (und noch heute) wurden die Einwohner als „primitiv" und „rückständig" bezeichnet, ohne Kultur, Geschichte oder das, was wir allgemein als „Zivilisation" betrachten. Dabei haben sich gerade hier im Gebiet von West- und Zentralafrika schon in der Frühzeit zahlreiche hochstehende Kulturen und Reiche entwickelt (s.a. Kapitel Geschichte).

Die Vorstellung, dass in Europa vieles besser gemacht wurde/wird und dieses Schema auf Afrika zu übertragen, wird jedenfalls nicht zum Verständnis dieser an Tradition reichen Kulturen beitragen. Ebenso bleibt es Illusion der Industrienationen, ein afrikanisches Land mit eigenen Maßstäben verändern oder analysieren zu wollen, und trägt, wie sich in der Vergangenheit in vielen Ländern Afrikas gezeigt hat, nur zu Differenzen und Verunsicherung innerhalb der in vielen Jahrhunderten gewachsenen Traditionen der Völker bei oder erzeugt ein Streben nach westlichem materialistischem Denken.

Ganz anders wird man sich einem uns so fremden Land wie Kamerun nähern, wenn man sich mit **Rücksicht und Respekt** vor der Andersartigkeit seiner Menschen auf Reise begibt und die Lebensformen und Zeitbegriffe des Gastlandes akzeptiert. Das afrikanische Zeit-Verständnis umschreibt ein afrikanisches Sprichwort so: Von nichts gibt es soviel wie von der Zeit, denn es kommt immer noch mehr Zeit. Ein anderes Sprichwort besagt richtigerweise: Der Europäer hat die Uhr und der Afrikaner die Zeit!

Jedesmal, wenn ich in Afrika aus dem Flugzeug steige, spüre ich sehr schnell, wie ich die Hektik aus Europa ablege und sich eine **angenehme Ruhe** spürbar macht. Das beginnt schon bei den Kontrollen am Flughafen, für die man sich mit sehr viel Geduld wappnen muss. Aber auch auf den Busbahnhöfen, in Restaurants, bei Straßenkontrollen oder Behördengängen wird man bei nervösem Drängeln nur verständnislos belächelt. Gerade der tief verwurzelte, übergründliche und unangreifbar selbstbewusste Bürokratismus wird sich dadurch nicht beeindrucken lassen, und es gibt eine undenkbare Anzahl von Möglichkeiten und verwirrenden Instanzwegen, einen Vorgang zu verzögern. Wer dabei geduldig und höflich bleibt, hat sehr viel bessere Chancen, an sein erstrebtes Ziel zu gelangen. Trotzdem muss man gelegentlich sehr hartnäckig und ausdauernd sein, um an sein Ziel zu kommen.

In Kamerun wird **herzliche Gastfreundschaft** groß geschrieben. Höflichkeit und Freundlichkeit, nicht Überheblichkeit, sind es, die einem dabei die Sympathie der Gastgeber einbringen. Die Kameruner lachen gerne und oft, auch über sich selbst, und es ist leicht, mit ihnen auszukommen. Gespräche ergeben sich, wenn man dazu offen ist, überall sehr schnell, sei es am Busbahnhof, im Restaurant, auf dem Markt oder einfach nur auf der Straße, wenn man sich nach dem Weg erkundigt. Gerade die oft endlos scheinenden Wartezeiten auf den Busbahnhöfen habe ich dazu genutzt, mehr über die Menschen und ihr Denken zu erfahren. Dabei ist mir aufgefallen, dass ich oft mehr von den Kamerunern ausgefragt wurde, als dass ich selbst im Gespräch aktiv werden konnte. Das liegt wohl daran, dass ein Afrikaner, besonders wenn er noch nicht über den Kontinent hinaus gereist ist, sehr viel wissen will über seinen „Traum" Europa, so wie wir dort umgekehrt Abstand von unserem hektischen Alltag suchen.

Beginnt man ein **Gespräch,** so begrüßt man sein Gegenüber zunächst mit „Guten Tag", wobei es sehr viel Freude bereitet, wenn man den Gruß in der Landessprache sagen kann. Auch die Erkundigung „Wie geht es?" (franz. „Ça va?" oder engl. „How are you?") wird üblicherweise der eigentlichen Frage vorangestellt. Gerade unter Afrikanern selbst entwickelt sich dabei oft ein wahres **„Begrüßungsritual"** mit Fragen nach den Kindern, der Familie, der Arbeit oder sonstigen Dingen des Alltags. Wird man jemandem vorgestellt oder kennt man die Person bereits, gibt man sich zur Begrüßung üblicherweise die Hand. Dabei bemerkt man häufig, dass sich die Männer untereinander lachend mehrmals gegenseitig in die Hände klatschen, während die Begrüßungsfragen ausgetauscht werden. Unter Freunden oder Sympathisanten werden die Finger beim Handgruß oft so aneinander geschnipst, dass ein lautes Geräusch zu hören ist. Auch wenn man während der Diskussion einer Meinung ist, wird der „Schnipps – Handschlag" wie ein Zeichen der Vereinigung ausgeübt.

Grundsätzlich begrüßt man aus Respekt vor dem Alter zunächst die älteste Person, z.B. in einer Familie. Als oberste Regel gilt, dass man sich bei Ankunft in einem Dorf zuerst nach dem **Dorfchef** erkundigt und diesen dann begrüßt und höflicherweise auch nach dem Ergehen seiner Familie fragt. Aus Gastfreundschaft wird er sich dann um das Wohl und die Sicherheit seines persönlichen Gastes bemühen. Dies ist nicht nur Sitte, wenn man im Dorf einen kleinen Halt macht, sondern auch, wenn man z.B. auf Trekkingtouren durch ein Dorf kommt. Ebenso erkundigt man sich beim Besuch einer *Chefferie* im Westen Kameruns nach dem Fon oder Sultan. Oft lässt sich dieser durch seinen Sekretär oder einen Bruder vertreten, von dem der Gast dann durch den Palast geführt wird. Auch wenn man die Sprache des besuchten Ortes nicht spricht, wird sich immer jemand finden, der mit Französisch oder Englisch weiterhilft. All das erfordert Zeit und Muße für Gespräche und man sollte sich daher den Zeitrahmen der Reise nicht zu eng stecken oder versuchen, sich einen genauen Terminplan zu machen, der dann meist sowieso nicht eingehalten werden kann. Stundenlange Wartezeiten und Offenheit für spontane Situationen sind ein wesentlicher Bestandteil des Reiseplans in Afrika.

Kameruner betrachten Touristen als Gäste in ihrem Land. So werden unterwegs gelegentlich **Einladungen zum Essen oder Übernachten** ausgesprochen. Sind Sie zum Essen im Dorf oder in der Familie eingeladen worden, wird eine Ablehnung in der Regel als unhöflich betrachtet. Wenigstens einmal probieren sollte man von der Mahlzeit als Zeichen der Höflichkeit. Verständnis erhält man allerdings, wenn man auf einen kranken Magen verweist oder gerade eben vom Essen kommt und sich so bei seinem Gastgeber entschuldigt. In ländlichen Regionen wird in der Familie mit der Hand gegessen, wobei nur die rechte Hand benutzt wird, die linke dagegen gilt als „unrein". In der Regel wird gemeinsam aus einer Schüssel gegessen, wobei der Gast die besten Stücke erhält (bei Tieren sind dies meist die Innereien oder der Kopf). Einladungen zur Übernachtung sollte man nicht als billige Gelegenheit betrachten, die Hotelkosten zu sparen. Mit absoluter Selbstverständlichkeit wird von manchen „Globetrottern" diese Gastfreundschaft manchmal ausgenutzt, obwohl die Familien selbst nur über wenig Platz verfügen und mit Mühe ihre vielen Kinder unterbringen und versorgen können. Persönlich kam ich ein paar Mal in die Situation, dass ein Buschtaxi aufgrund einer Panne erst tief in der Nacht oder gar nicht im jeweiligen Ort ankam. In solchen Fällen ist die Übernachtung bei Privatpersonen der im Freien aus Sicherheitsgründen vorzuziehen.

Für jede Einladung kann man sich abschließend mit einer Kleinigkeit erkenntlich zeigen. Es sollte jedoch keinesfalls Geld gegeben werden, sondern ein **Mitbringsel** von zu Hause oder vom Markt. Dabei habe ich besonders bei den Frauen viel Freude über Stoffe vom Markt und kleine Parfums erlebt, aber auch gute Seifen, schöne Kugelschreiber, Fotos aus Deutschland oder Stoffe und Lederetuis vom Markt bieten sich an. Das Geschenk sollte als Zeichen der Dankbarkeit verstanden werden und nicht als eine gönnerhafte Geste. Wer unterwegs Versprechungen macht, zum Beispiel Fotos von zu Hause aus zu schicken oder Briefe zu

017kam Foto: ed

Kleine Moschee auf dem Land

schreiben, sollte beachten, dass dies sehr ernst genommen wird und daher auch unbedingt einzuhalten ist. Die Enttäuschung wäre andernfalls groß, und dem nächsten Touristen würde es ggf. untersagt, Fotos zu machen.

Zum **Thema „Geschenke"** möchte ich auch erwähnen, dass ich es als falsch empfinde, unterwegs Bonbons, Luftballons, Kugelschreiber oder gar Geld leichtfertig und wahllos zu verteilen. Dies fordert die Nachfrage und Bettelei nach *Cadeaux* (Geschenken) förmlich heraus, die Kinder gehen nicht mehr in die Schule, weil sie so ein besseres „Geschäft" machen können und letztlich wird das Bild der „reichen" Touristen entworfen, die es sich nicht nur leisten können, so weit zu reisen, sondern auch eine Kluft zwischen der scheinbaren „Armut" und dem westlichen „Reichtum" öffnen.

Wenn Sie auf Ihrer Reise **Kleidung** oder (noch länger haltbare) **Medikamente übrig** haben, sollten Sie diese besser einer Missionsstation oder einem ländlichen Krankenhaus übergeben, die es zu schätzen wissen. Häufig werden Sie zwar von Privatpersonen nach Medizin, vor allem Kopfschmerz- oder Magenmitteln, gefragt werden, doch kann hier die falsche Dosierung mehr Schaden als Heil anrichten.

Zu den touristischen Grundtugenden gehört ein **zurückhaltendes Auftreten,** das die Privatsphäre der Bewohner des Gastlandes respektiert. Es ist auch bei uns nicht üblich, ohne Erlaubnis in ein Haus einzutreten oder über Zäune und Absperrungen zu schauen. Zum Fotografieren holt man gewöhnlich die Erlaubnis seines Gegenübers ein (s.a. Kapitel „Fotografieren") und vermeidet Situationen, die den Fotografierten beschämen oder die Religion (zum Beispiel Islam) verletzen könnten. Jeder kennt dieses unangenehme Gefühl der Peinlichkeit, das sprichwörtliche Vom-Boden-verschluckt-werden-wollen, das entsteht, wenn der mit Kamera behangene Tourist die barbusige Afrikanerin wenigstens auf seinen Fotos mit nach Hause nehmen will ...

In ländlichen Gebieten, in denen **afrikanische Religionen** dominieren, gibt es auch heute noch zahlreiche spirituelle Stätten, die von Touristen nicht besucht werden dürfen, oder Tabus, die eingehalten werden müssen. So ist z.B. das Baden in Seen, die als heilig gelten, nicht erlaubt. Gerne wird man Ihnen überall Auskunft geben über die herrschenden Sitten und Bräuche.

Religion und Kultur bestimmen auch das Weltbild der islamischen Gebiete, in denen gewisse Normen und Moralvorstellungen zu berücksichtigen sind. Die Buschtaxis im Norden halten zu den Gebetszeiten in der Regel an, die Gläubigen breiten ihre Teppiche am Straßenrand aus und sprechen ihr Gebet. Ungeduld oder gar Fotos sind hier unerwünscht.

Sehr viel Wert wird in Kamerun, wie überall in Afrika, auf **angemessene Kleidung** gelegt, die gerade hier als wichtiges Statussymbol verstanden wird. Shorts und Badekleidung gehören ausschließlich an den Strand und können andernfalls das moralische Empfinden eines Afrikaners, nicht nur in islamischen Regionen, stark stören. Auch eng anliegende, weit ausgeschnittene Oberbekleidung und kurze Röcke bei Frauen können in diesem Kulturkreis sehr schnell falsch interpretiert werden. Die Afrikaner achten grundsätzlich, auch wenn sie nur über sehr wenige Mittel verfügen, auf eine ordentliche und saubere äußere Erscheinung. Dies erwarten sie auch von Touristen. Ein junger Student, der sich zwar sein Studium kaum finanzieren konnte, jedoch trotzdem sehr gut gekleidet war, fragte mich beim Anblick von Touristen in Shorts und schmuddeligem T-Shirt einmal, ob sich diese Leute nichts Besseres leisten könnten. Er meinte es ernst und diese Situation war ziemlich beschämend. Nicht nur bei Behördenbesuchen sollte man ungepflegte Kleidung also besser vermeiden. Genauso unsinnig ist es allerdings, sich mit Schmuck und teueren Uhren als reicher Angehöriger der vermeintlichen „Oberschicht" auszuweisen. Dann muss man sich nicht wundern, wenn es zu Diebstählen und Überfällen kommt, die durch derartiges Verhalten nur gefördert werden. Man sollte es dringlichst vermeiden, große Geldmengen und Geldbeutel offensichtlich zu zeigen und stattdessen immer ein bisschen Kleingeld separat griffbereit halten.

Selbstverständlich lässt man auch seinen **Abfall** nicht achtlos im Land zurück, sondern nimmt ihn wieder mit nach Hause (oder versucht, ihn ganz zu vermeiden). Dies gilt besonders für die Trekking-Gebiete, z.B. am Mt. Cameroon, wo sich sowieso schon Berge von „Touristen-Souvenirs" in Form von Blechdosen und Plastikmüll türmen. Lassen Sie sich von diesem Anschauungsunterricht der negativen Art zu umweltunbewusstem Verhalten anregen! Die Vermeidung von Müll ist in Afrika nicht schwer, wenn man sich an die traditionellen Verpackungsmethoden hält (Basttaschen, Pappkartons oder einfach nur Bananenblätter), leere Plastikflaschen werden von manchen Leuten gerne angenommen und im „Mehrweg-Verfahren" weiter verwendet. Viele Afrikaner machen sich überhaupt keine Gedanken über Umweltverschmutzung. So ist es wichtig, mit gutem Vorbild voranzugehen und sein umweltbewusstes Verhalten zu erklären, wenn man daraufhin angesprochen wird.

Abwertende Äußerungen oder negative **Kritik** über das Land werden als **unhöflich** betrachtet. Noch vor einigen Jahren wurde in der Öffentlichkeit kaum über Politik gesprochen, heute ist dieses Thema für Kameruner nicht mehr tabu und wird überall diskutiert. Es wird jedoch ungern gesehen, wenn Touristen und Fremde sich allzu kritisch, wertend oder offen über die Politik des Landes äußern.

Auch Reisende, die sich über ihr eigenes Zuhause negativ äußern, werden nicht ernst genommen. Für einen Afrikaner kommt dies manchmal einer Selbstverleugnung gleich. Redet man

Buchtipp:
- Harald A. Friedl
Respektvoll reisen
(Reise Know-How Praxis)

sehr negativ von seinem Heimatland, kann es auch den Eindruck erwecken, als wollte man die Afrikaner von seinem Heimatland fernhalten. Ich wurde mehrere Male darauf angesprochen, warum Europäer, speziell die Deutschen, so rassistisch seien und nicht wollten, dass Afrikaner nach Europa kommen. Man freut sich zwar darüber, dass Europäer auf das afrikanische Gastland eingehen, doch allzu große **Anpassung,** hinter der die Negation der eigenen Herkunft vermutet wird, stößt auf Unverständnis. Ein afrikanisches Sprichwort erläutert dies: Ein Baum, der ins Wasser fällt, wird niemals zum Krokodil. Ein Reisender, dem ich begegnete und der bereits viele Monate in Afrika unterwegs war, hat es bildlich einmal so ausgedrückt: Auch wenn Du unterwegs im Lehmhaus auf dem Boden schläfst, solltest Du immer „mit Messer und Gabel essen", um Deine Identität zu wahren – das ist nichts anderes als der Versuch, den richtigen Mittelweg zu finden.

Bei etwas **Einfühlungsvermögen in die afrikanische Mentalität** und Aufgeschlossenheit gegenüber dem fremden Kulturkreis wird man in Kamerun als Gast sehr herzlich aufgenommen.

Adressen und Informationen

Diplomatische Vertretungen von Kamerun

(siehe Kapitel „Einreiseformalitäten")

Offizielle Auskunftsstellen

- **Ministère du Tourisme**
B.P. 266 Yaoundé, Cameroun,
Tel. (00237) 2224411, Fax 2221295,
www.tourisme.cm
- **www.bcenter.fr/cameroun/index.php**
Tourismusbüro Kameruns für Europa mit Sitz in Paris (E-Mail: office@camerouninfotourisme.com).
- **www.spm.gov.cm**
Offizielle Homepage der kamerunischen Regierung.

Weitere Anschriften

- **DZG (Deutsche Zentrale für Globetrotter e.V.)**
Postfach 800463, 81604 München,
Fax 48951332, www.globetrotter.org.
Infos zu Ländern und Reisevorbereitung, schwarzes Brett, Regional- und Jahrestreffen für Interessierte und Mitglieder und das Infomagazin „der Trotter" helfen Globetrottern und solchen, die es werden wollen, weiter.
- **Globetrotter-Club**
Rennweg 35, CH-8023 Zürich,
Tel. 01/2138010, www.globetrotter.ch/
Reiseplanung, Flüge online buchen, Newsletter, Kleinanzeigen. Der Globetrotter-Club bringt ein sehr informatives Globetrotter-Magazin heraus, gibt Reiseberatung und Tipps und verkauft über den angeschlossenen Globetrotter Travel Service Flugtickets und Reisehandbücher.
- **Sahara Club e.V.**
Kreisstr. 61, 56077 Koblenz,
Fax 0261/6679858,
www.sahara-club.de,
E-mail: info@sahara-club.de.
Informationen über die Saharaländer und Wüstendurchquerungen; der Sahara Club e.V. legt Heftchen mit Informationen zu den Saharaländern und Nordafrika vor und bringt Gleichgesinnte zusammen (Infos, Treffen, Zeitschrift etc.).
- **Traveller Club Austria**
Schreyvogelgasse 3, A-1010 Wien,
www.travellerclub.org.

Der Club gibt die Traveller Club News, die Mitteilungen der akademisch-sozialen Arbeitsgemeinschaft Österreichs, heraus.

- **Tourism Watch (Informationsdienst Dritte-Welt Tourismus)**
Evangelischer Entwicklungsdienst e.V.,
Ulrich-von-Hassell-Straße 76,
53123 Bonn,
Tel. (0228) 81012302,
www.tourism-watch.de,
E-Mail: tourim-watch@eed.de
Getragen vom Evangelischen Entwicklungsdienst. Bildungs- und Solidaritätsarbeit im Bereich Dritte-Welt-Tourismus, u.a. Ethikcode, Newsletter.

- **Studienkreis für Tourismus und Entwicklung e.V.**
www.studienkreis.org
Entwicklungsbezogene Informations- und Bildungsarbeit im Tourismus. Herausgeber der „Sympathie-Magazine", z.B. „Fremdes verstehen".

- **iz3w (Informationszentrum 3. Welt)**
Projekt: Fernweh, Tourismus & Kritik
Postfach 5328, 79020 Freiburg,
Tel. (0761) 74003, Fax 709866,
www.iz3w.org/fernweh (Links).
Publikationen (z.B. „Im Handgepäck Rassismus").

Auswärtiges Amt

Aktuelle Reisehinweise zu allen Transitländern neben Hinweisen zur allgemeinen Sicherheitslage erteilen:

- **Deutschland:** www.auswaertiges-amt.de und www.diplo.de/sicherreisen (Länder- und Reiseinformationen), Tel. (030) 5000-0, Fax 5000-3402.
- **Österreich:** www.bmaa.gv.at (Bürgerservice), Tel. 05-01150-4411, Fax 05-01159-0.
- **Schweiz:** www.dfae.admin.ch (Reisehinweise), Tel. (031) 3238484.

Beim deutschen Auswärtigen Amt kann man die Broschüre „Kleiner Ratgeber für Ihre Urlaubsplanung – wir wollen, dass Sie sicher reisen" herunterladen.

Centrum für Reisemedizin

- Hansaallee 321, 40549 Düsseldorf,
Tel.: (0211) 90429-60, Fax: 90429-69,
www.travelmed.de, Info@travelmed.de.

Nach telefonischer Anforderung wird gegen eine Gebühr ein individueller „Reise-Gesundheitsbrief" zusammengestellt und zugeschickt, der genau auf die geplante Reise und die zu besuchenden Regionen im Zielland eingeht. Es wird der jeweils neueste Stand bezüglich Malariaprophylaxe, Impfempfehlungen, medizinischer Vorortsituation und Zusammenstellung einer Reiseapotheke genannt (s. auch im Anhang).

Sonstiges

- Einreisevisum siehe Einreiseformalitäten
- Telefonnummern der Fluggesellschaften siehe bei Douala
- Autovermietungen jeweils bei den Städten
- Reiseveranstalter in Deutschland und Kamerun siehe im entsprechenden Kapitel
- Bücher/Landkarten/ Hintergrundinformationen siehe im Anhang

An- und Weiterreise

Auf dem Landweg

Erkundigen Sie sich vor einer **Transsahara-Reise** über die **Lage an den Grenzen** und die **politische Situation der bereisten Länder** bei den jeweiligen Botschaften und beim Auswärtigen Amt. Dieses warnte im Frühjahr 2006 vor Reisen in das südliche Algerien; mehrere Touristen waren 2003 entführt worden. Die politische Situation im Nordniger ist seit Ende der Tuareg-Kriege Ende der 1990er Jahre entspannter, Überfälle kommen jedoch, vor allem in der Region Agadez sowie nördlich von

Tahoua, weiterhin vor – so im Dezember 2005 mit tödlichem Ausgang. Von touristischen Reisen in den Tschad rät das Auswärtige Amt gegenwärtig generell ab. Eine Transsahara-Reise nach Kamerun scheint deswegen zurzeit zu gefährlich zu sein.

Die Reise auf dem Landweg **über Marokko/Mauretanien** ist sehr lang und führt ebenfalls durch politisch instabile Länder. Sie sollte deswegen nur nach langer und intensiver Planung ins Auge gefasst werden.

Die **Weiterreise von Kamerun nach Osten und Süden** ist ebenfalls nicht empfehlenswert bzw. wegen Unruhen und teilweise geschlossener Grenzen unmöglich. Dies betrifft die Republik Kongo (Kinshasa), die Demokratische Republik Kongo (Brazzaville) und die Zentralafrikanische Republik. Auf jeden Fall sind vor einer Reise aktuelle Informationen einzuholen.

Die **Transsahara-Strecken** sind eine weitere Anreisemöglichkeit, vor allem, wenn man auf das eigene Fahrzeug nicht verzichten will. Dennoch ist diese Reise noch immer ein großes Abenteuer und eine fahrtechnische Herausforderung, auch wenn Berichte von Fahrten in Kleinwagen (z.B. Citroëns, per Fahrrad etc.) die Touren manchmal eher zu verharmlosen scheinen.

Buchtipps:
- Rainer Höh
Clever reisen mit dem Wohnmobil
- Bernd Büttner
Fernreisen mit dem eigenen Fahrzeug
- Hans Strobach
Fernreisen auf eigene Faust
- Rainer Höh
Wildnis-Ausrüstung
- Rainer Höh
Wildnis-Backpacking
(alle Bände Reise Know-How Praxis)

Die **beste Reisezeit** für die Durchquerung der Sahara sind die Monate von **November bis März,** dies ist auch die ideale Zeit für die westafrikanischen Länder und Kamerun.

Voraussetzung ist ein geeignetes, **gut ausgestattetes Fahrzeug,** das auch in schwierigem Gelände (Dünen, felsiger Untergrund) genügend Sicherheit bietet, vor allem dann, wenn Sie sich abseits der Normalrouten bewegen.

Normalerweise ist ein Allrad-Fahrzeug für die Sahara-Durchquerung auf der Hoggar-Route nicht nötig, dennoch sollten Sie erwägen, ob Sie später auf den oft schwierigen Lehmpisten in Zentralafrika, besonders bei „Off-road-Touren", nicht einen Geländewagen mit höherem Radstand benötigen.

Außerdem brauchen Sie eine umfassende **Ausrüstung** – lassen Sie sich in guten Fachgeschäften beraten – und genügend Lebensmittel, Medikamente, Benzin- und Wasservorräte. Bereiten Sie sich auf Hitze bis zu 50°C im Schatten vor, auf kalte Nächte, Sandstürme und Fahrzeugpannen. Ausführliche Details zu Wüstendurchquerungen, Routen und Ausrüstung finden Sie in der **Spezialliteratur,** z.B. in dem Routenhandbuch „Durch Afrika" und diversen Praxis-Ratgebern des Reise Know-How-Verlags.

Zu beachten sind die **Gesundheits- und Einreisebestimmungen** der bereisten Länder, z.B. Impf-, Visa- und Zollvorschriften. Auskünfte über die aktuellen Bestimmungen erteilen die Reisebüros und Botschaften.

Als gute **Landkarten** sind die Michelin-Karte 953, Nord- und Westafrika, die Einzelkarten der jeweiligen Länder bzw. die detaillierten, regionalen IGN-Blätter geeignet; wenden Sie sich an geographische Spezialbuchhandlungen (siehe im Anhang).

Folgende **Fahrzeugpapiere** werden benötigt:

- **Internationaler Führerschein,** zu erhalten bei der örtlichen Führerscheinstelle (Landratsamt, Stadtverwaltung) gegen Vorlage des nationalen Führerscheins. Gebühren ca. 15 €. Der nationale Führerschein gilt in Kamerun für zwei Monate. Nehmen Sie in jedem Falle beide Führerscheine mit, damit Sie beim etwaigen Verlust des einen noch über Ersatz verfügen.
- **Internationale Zulassung,** bei der Zulassungsstelle des Landratsamtes/beim Straßenverkehrsamt erhältlich. Das Nationalitätszeichen „D" muss am Auto angebracht sein.
- **Grüne Versicherungskarte**
- **Carnet de Passage** (Zollbürgschaftsdokument): Mit dem Carnet de passage verbürgt sich der Aussteller (s.u.), beim Verbleib des Fahrzeugs im Ausland die Zollkosten zu übernehmen. Bei der Einreise in das jeweilige Land brauchen Sie also keine Zollkosten für das Fahrzeug zu bezahlen, vorausgesetzt sie bringen das Fahrzeug auch wieder aus dem Land.

Sie erhalten das Carnet bei den folgenden **Automobil-Clubs:**

- **ADAC Abt. Grenzverkehr**
Am Westpark 8, 81373 München,
Tel. (089) 76766334, Fax 7607572,
E-Mail: karina.stephani@adac.de.

Die Antragsunterlagen für das Carnet können auch über Internet (www.adac.de) heruntergeladen werden.

Ausstellungsgebühr ca. 250 € (für Mitglieder 150 €), die Bürgschaftssumme beträgt 5000 € bis zu einem Fahrzeugwert von 50.000 € (bei einem höherem Fahrzeugwert kostet es mindestens 2500 € mehr).

- **AvD Automobilclub**
Lyonerstraße 16, 60528 Frankfurt,
Tel. (069) 6606287, www.avd.de.

Ausstellungsgebühr wie ADAC, Bürgschaftssumme min. 10.000 €, ansonsten 200 % des Zeitwerts. Das Carnet ist gültig für ein Jahr und elf Länder.

Die **Bürgschaftssummen** können jeweils auch in Form einer Bankbürgschaft hinterlegt werden. Der **zollfreie Aufenthalt** ist in Kamerun im touristischen Verkehr auf 90 Tage beschränkt. Im Fall einer Arbeitsaufnahme muss nach 90 Tagen bei der örtlichen Einwanderungsbehörde eine Verlängerung beantragt werden. Auskünfte darüber können Sie beim jeweiligen Automobilclub erhalten.

WA2kam Foto: ed

Schlammpartie in Kamerun

Empfehlenswert ist die Mitnahme einer Adressenliste des Fahrzeugherstellers mit den Niederlassungen in den jeweiligen Ländern.

Vor Abreise sollten Sie eine **Vollkaskoversicherung** für Ihr Fahrzeug abschließen (Nachweis mitführen). Eine **Unfallhaftpflichtversicherung** muss außerdem in der Regel obligatorisch an den jeweiligen Grenzen (unter anderem Kamerun) bei Einreise abgeschlossen werden (auch wenn Sie eine Grüne Versicherungskarte haben).

Die **beliebteste Transsahara-Strecke** ist die **Hoggar-Route,** die **von Algier über Tamanrasset nach Agadez** (Niger) führt; sie ist nach wie vor die kürzeste Route, wenn man auf dem Weg nach Zentralafrika ist. Der längste Teil dieser Strecke ist asphaltiert, die unbefestigte Pistenstrecke führt von Tamanrasset nach Arlit (ca. 600 km). Von Niger aus führt die Anreise nach Kamerun über die Grenze nach Nigeria, dann entweder über die Nordroute Kano – Maiduguri – Mora (Nordkamerun) oder über die Südroute Enugu – Ekok – Mamfe (Süd-Westkamerun). Die Strecke Ekok – Mamfe ist in der Regenzeit sehr schwierig (Allrad unbedingt erforderlich). Sehr viel schwieriger ist die Strecke über Nguigmi und N'Djaména (Tschad) am Rande des Tschad-Sees entlang. Sie ist nur während der Trockenzeit befahrbar; auf jeden Fall sollten Sie aktuelle Infos über den Zustand der Piste einholen!

024kam Foto: rf

Landschaft im Kameruner Grasland

Auf direktem Wege benötigt man für die Strecke von Algier bis Kamerun ohne längere Zwischenaufenthalte **elf bis zwölf Tage,** dennoch sollte man sich keinen zu engen Zeitrahmen stecken und unerwartete Verzögerungen bereits vorher einplanen. Außerdem ist die Route landschaftlich extrem reizvoll und lohnt eine zwei- bis dreiwöchige Tour. Wegen der unsicheren Sicherheitslage, vor allem in Algerien, scheint diese Strecke zurzeit nicht empfehlenswert (Stand Ende 2006).

Es ist auch möglich, sein Auto von Deutschland direkt nach Kamerun zu **verschiffen** (Kosten: ca. 500 €, Dauer 3–4 Wochen). Achtung: Im Auto transportierte Güter kommen häufig auf der

Reise abhanden, außerdem ist es relativ aufwendig, das Auto aus dem Hafen zu holen.

Der **Verkauf eines zollfrei eingeführten Autos** ist in Kamerun deswegen schwierig, weil der Käufer den Zoll dafür nachzuentrichten hat. Dieser beträgt ca. 65 Prozent des Zeitwertes. Wer Zeit und Geduld hat, um nach einem Käufer zu suchen und die entsprechenden Behördengänge zu erledigen, kann aber dennoch damit rechnen, sein Auto zumindest kostendeckend zu verkaufen (Tipp: Möglicherweise kann die Botschaft informell Kontakt zu Europäern vermitteln, die ein Auto kaufen wollen und ebenfalls keinen Zoll bezahlen müssen). In jedem Fall muss dies auf dem *Carnet de passage* vermerkt werden, denn sonst werden Sie nach der Rückkehr aufgefordert, den Importzoll bei Ihrem Automobilclub nachzuzahlen. Sollten Sie das Fahrzeug nicht verkaufen können und auch nicht damit zurückfahren wollen, bleibt als einzige Möglichkeit die Verschiffung von Douala aus nach Hause (s.u.).

Anreise mit dem Schiff

Es gibt keine internationalen Passagierschiff-Dienste in die Hafenstadt Douala. In unregelmäßigen Abständen verkehren **Frachtschiffe.** Wann diese von den europäischen Häfen abfahren und wann sie in Douala ankommen, wird wöchentlich freitags in der **„blauen Schiffsliste" der DVZ** (Deutsche Verkehrs-Zeitung) veröffentlicht. Die DVZ bekommt man weder auf Einzelanforderung vom Verlag noch am Kiosk, sondern nur im Abo. Es ist deshalb ratsam, bei einer Spedition aufzukreuzen, dort einen guten Eindruck zu machen und eine solche Schiffsliste zu erbitten. In ihr findet man die Schiffe, Reedereien, Agenturen, Abfahrts- und Ankunftstermine.

Günstigster Abfahrtshafen scheint **Antwerpen** zu sein, was einen nicht daran hindern sollte, die Verschiffung über eine deutsche Spedition in Auftrag zu geben. Als Spediteure bieten sich solche an, die weltweit operieren, z.B. Danzas, Kühne und Nagel, Panalpina, Thyssen Haniel Logistik.

Auf die **Verschiffung von Kraftfahrzeugen** sind z.B. spezialisiert:

- **deugro van&car**
Bei dem neuen Kran 2, 20457 Hamburg, Tel. (040) 37600745, Fax 37600725, www.deugro.com.
- **Carl Hartmann Überseespedition**
Postfach 10 50 65, 28050 Bremen, Tel. (0421) 302930, Fax 3029348; kompetente, empfehlenswerte Spedition.
Abholung an anderen Orten Deutschlands gegen Aufpreis möglich. Ca. zweimal pro Woche nach Douala; 2–3 Wochen unterwegs (Preis bei einem ca. 1,55 m hohen Pkw ca. 500 €).
- **NAVIS Seefracht- und Speditionsgesellschaft**
Billhorner Kanalstr. 69, 20539 Hamburg, Tel. (040) 78948244, Fax 78073519; an *Roland Schmidt* wenden (Abwicklung von Kfz weltweit).

Sehr **wichtig ist bei dem Angebot,** das Sie sich schriftlich einholen, welche Leistungen es tatsächlich beinhaltet, ob also die komplette Abwicklung in Europa, die eigentliche Seefracht, die Entladung und Zollabwicklung in Douala und die Frachtversicherung mit abgedeckt sind. Es mag sinnvoll sein, die Kosten im Hafen Douala nicht mit in Auftrag zu geben, sondern dort zu bezahlen, weil man evtl. vor Ort bessere Möglichkeiten hat, die Kosten im Griff zu behalten, als der Spediteur das von Deutschland aus kann.

Wichtig ist auch die Entscheidung, ob man sein Fahrzeug, einschließlich Ausrüstung und Gepäck, **im Container** verschiffen möchte **oder** ohne Gepäck und Ausrüstung **als einzelnes Frachtgut.** Im zweitgenannten Fall sind dann Gepäck und Ausrüstung nur versicherbar, wenn sie wohl verpackt als eigenes Frachtgut aufgegeben werden. Falls Gegenstände lose im Auto liegen, ist eigentlich davon auszugehen, dass sie bei Abholung in Kamerun nicht mehr vorhanden sind, insbesondere, da der Schlüssel ja mit dem Autos zusammen auf die Reise geht. Entweder gut angekettete und verschlossene Eisenkisten nehmen, oder in dem abgeschlossenen Kofferraum transportieren. Einige Leute schrauben sogar Ersatzteile wie Scheinwerfer ab und packen sie in den Kofferraum, der dann sogar noch zugeschweisst oder mit einem Eisenbügel abgesichert wird.

In einem **Container** kann das Fahrzeug nur dann transportiert werden, wenn es nicht höher als ca. 2,3 Meter ist. Diese Einschränkung kann gegebenenfalls dadurch eingehalten werden, dass Gepäckträger entladen oder gar demontiert werden und bei den Reifen Druck abgelassen wird. Die Kosten für einen Container sind aber deutlich höher als die einfachen Verschiffungskosten (ca. 1500 €).

Ist das Schiff **in Douala angekommen,** so hat man elf Tage Zeit, die Ware (Fahrzeug) aus dem Hafen zu holen. Dauert das länger, z.B. weil man selbst zu spät in Douala angekommen ist oder fehlende Papiere erst in Deutschland anfordern muss, so bezahlt man Lagergebühr für jeden weiteren Tag. Die genannte Frist von elf Tagen einzuhalten ist gar nicht so einfach, denn man erfährt erst einige Tage vor Ankunft des Schiffes, ob es Verspätung hat oder gar verfrüht eintrifft.

- **Fahrzeugverschiffung von Douala nach Europa: Saga Cameroon,** Rue Joss, Tel. 429717.
- **Preisbeispiel:** 20-Fuß-Container Douala – Hamburg ca. 1500 €; auch hier äußerst langwierige Zollformalitäten bei der Fahrzeugausfuhr.

Reisen auf Frachtschiffen sind in keiner Weise mit Kreuzfahrten auf Passagierschiffen zu vergleichen. Es sind in der Regel keine besonderen Einrichtungen für Passagiere vorhanden, sondern es werden die für Seeleute geschaffenen Kabinen und Freizeiteinrichtungen genutzt. Auf den Frachtschiffen wurden je nach Gegebenheit zwei bis zwölf Plätze geschaffen, um es Passagieren zu ermöglichen, an solchen Reisen teilzunehmen. Bei Frachtschiffreisen muss grundsätzlich mit zeitlichen Verschiebungen gerechnet werden, da Ladung, Hafenarbeitszeiten, Schleusenzeiten, Wind und Wetter starken Einfluss auf den Reiseplan ausüben. Die Liegezeiten in den Häfen betragen zwischen einigen Stunden und einigen Tagen und variieren von Reise zu Reise. Es empfiehlt sich, vor und nach der Schiffsreise genügend Spielraum einzuplanen für etwaige Änderungen.

Die Reise auf dem Frachtschiff ist in der heutigen Zeit eine fast in Vergessenheit geratene Reiseform. Unterwegs auf dem Schiff erlebt man die Arbeit der Mannschaft hautnah mit und erhält einen Einblick in die echte Seefahrt.

Informationen dazu bei:
- **ASECO Westafrika**
Am Sandtorkai 37, 20457 Hamburg.
Fax (040) 378486;
Preise nach Container-Größen.

Auskünfte in Kamerun auch bei:
- **Cameroon Shipping Line**
B.P. 4054, Douala,
Tel. 423980 und 426240.
- **SOAEM**
B.P. 4057, 5, Bd de la Liberté, Douala,
Tel. 3428196, Fax 3420518.

Fahrten für einzelne Passagiere auf Frachtschiffen vermittelt folgende **Agentur:**
- **Grimaldi Freighter cruises Hamburg-Süd Reiseagentur**
20547 Hamburg
Tel. (040) 37052593
E-Mail: kronai@hdsgham.hamburg-sued.com, www.grimaldi-freightercruises.com.

Grimaldi-Lines ermöglicht die Begleitung des Fahrzeugs in einfachen Kabinen für ca. 1500 € (DZ) oder in komfortablen Kabinen für 2325 €; 600 US$ werden fürs Auto fällig (Länge bis 5 Meter, sonst teurer).

Anreise mit dem Flugzeug

Die meisten Besucher Kameruns reisen per Flugzeug an; **internationale Flughäfen gibt es in Douala** (DLA), **Yaoundé** (NSI) **und Garoua** (eingeschränkt).

Zu den internationalen Flughäfen kommen **fünf nationale Flughäfen:** Maroua, Ngaoundéré, Bertoua, Bafoussam und Bamenda.

Direktverbindungen aus dem deutschsprachigen Raum nach Kamerun bestehen nur von Zürich nach Douala und Yaoundé mit Swiss. Daneben gibt es einige **Umsteigeverbindungen** über europäische und afrikanische Großstädte nach Douala und Yaoundé, die zwar billiger sein können als die Direktflüge mit Swiss, bei denen man aber auch eine längere Flugdauer einkalkulieren muss.

Die **Dauer eines Direktfluges** von Zürich nach Douala liegt bei etwa 7 Stunden und eines Fluges mit Umsteigen bei etwa 2–3 Stunden mehr.

Flugpreise

Je nach Fluggesellschaft, Jahreszeit und Aufenthaltsdauer in Kamerun bekommt man ein Economy-Ticket von Deutschland, Österreich und der Schweiz hin und zurück nach Douala oder Yaoundé ab 650 € (inkl. aller Steuern, Gebühren und Entgelte). Am höchsten sind die Preise in der Hauptsaison im Sommer (Juli bis September) und um Weihnachten (Dezember/Januar) und können dann bis zu 400 € mehr ausmachen.

Preiswertere Flüge sind mit **Jugend- und Studententickets** (je nach Airline alle jungen Leute bis 29 Jahre und Studenten bis 34 Jahre) möglich. Außerhalb der Hauptsaison gibt es einen Hin- und Rückflug von Frankfurt nach Douala ab etwa 600 €.

Geld sparen können auch in Deutschland, Österreich und der Schweiz lebende Staatsbürger Kameruns und andere **Personen mit Geburtsort in Kamerun** sowie deren

Kleines Flug-Know-How

Check-in

Nicht vergessen: Ohne einen **gültigen Reisepass** kommt man nicht an Bord eines Flugzeuges nach Kamerun.

Bei den meisten internationalen Flügen muss man **zwei bis drei Stunden vor Abflug** am Schalter der Airline eingecheckt haben. Viele Airlines neigen zum Überbuchen, d.h., sie buchen mehr Passagiere ein, als Sitze im Flugzeug vorhanden sind, und wer zuletzt kommt, hat dann möglicherweise das Nachsehen.

Wenn ein **vorheriges Reservieren** der Sitzplätze nicht möglich war, hat man die Chance, einen Wunsch bezüglich des Sitzplatzes zu äußern.

Das Gepäck

In der Economy-Class darf man in der Regel nur **Gepäck bis zu 20 kg pro Person** einchecken (steht auf dem Flugticket) und zusätzlich ein Handgepäck von 7 kg in die Kabine mitnehmen, welches eine bestimmte Größe von 55 x 40 x 23 cm nicht überschreiten darf. In der Business Class sind es meist 30 kg pro Person und zwei Handgepäckstücke, die insgesamt nicht mehr als 12 kg wiegen dürfen. Man sollte sich beim Kauf des Tickets über die Bestimmungen der Airline informieren.

Aus Sicherheitsgründen dürfen **Taschenmesser, Nagelfeilen, Nagelscheren,** sonstige Scheren und Ähnliches nicht mehr im Handgepäck untergebracht werden. Diese sollte man unbedingt im aufzugebenden Gepäck verstauen, sonst werden diese Gegenstände bei der Sicherheitskontrolle einfach weggeworfen. Darüber hinaus gilt, dass Feuerwerke, leicht entzündliche Gase (in Sprühdosen, Campinggas), entflammbare Stoffe (in Benzinfeuerzeugen, Feuerzeugfüllung) etc. nichts im Passagiergepäck zu suchen haben.

Ab November 2006 dürfen Fluggäste **Flüssigkeiten** oder vergleichbare Gegenstände in ähnlicher Konsistenz (z.B. Getränke, Gels, Sprays, Shampoos, Cremes, Zahnpasta, Suppen) **nur noch in der Höchstmenge** von 0,1 Liter als Handgepäck mit ins Flugzeug nehmen. Die Flüssigkeiten müssen in einem durchsichtigen wiederverschließbaren Plastikbeutel (z.B. mit integriertem Reißverschluss o.Ä.) transportiert werden, der maximal einen Liter Fassungsvermögen hat (Quelle: www.auswaertiges-amt.de).

Rückbestätigung

Bei den meisten Airlines ist heutzutage die **Bestätigung des Rückfluges** nicht mehr notwendig. Wenn die Airline allerdings eine Rückbestätigung *(reconfirmation)* **bis 72 oder 48 Stunden vor dem Rückflug** verlangt, sollte man auf keinen Fall versäumen, die Airline kurz anzurufen, sonst kann es passieren, dass die Buchung im Computer der Airline gestrichen wird; der Flugtermin ist dahin. Das Ticket verfällt aber nicht dadurch, es sei denn, die Gültigkeitsdauer wird überschritten, aber unter Umständen ist in der Hochsaison nicht sofort ein Platz auf einem anderen Flieger frei.

Die **Rufnummer** kann man von Mitarbeitern der Airline bei der Ankunft, im Hotel, dem Telefonbuch oder auf der Website der Airline erfahren.

Ehepartner und Kinder, für die einige Airlines Spezialpreise anbieten. Wenn man zu diesem Personenkreis gehört, kommt man schon ab unter 600 € nach Douala und zurück und darf man auch noch 10 kg mehr Freigepäck mitnehmen.

Von Zeit zu Zeit offerieren die Fluggesellschaften befristete **Sonderangebote.** Dann kann man z.B. mit Air France für rund 600 € von vielen Flughäfen in Deutschland, Österreich und der Schweiz nach Douala und zurück fliegen. Diese Tickets haben in der Re-

Flugreise in Kamerun – ein Erlebnisbericht

Erste Reise in den Norden

Endlich war es so weit. Wir standen ungeduldig am Flughafen und warteten gespannt auf unseren ersten Flug in den wunderschönen Norden Kameruns. Wir bewegten uns langsam auf den Schalter von Cameroun-Airline zu, als die Schlange plötzlich stoppte. Etwa zweieinhalb Stunden passierte gar nichts mehr, bis die Lautsprecherdurchsage ertönte: „Das Flugzeug ist voll, kommen Sie morgen wieder". Der Grund: Als Ersatz für eine defekte Maschine mit 200 Plätzen hatte Cameroun-Airline eine Ersatzmaschine mit nur 100 Plätzen geordert. Die zahlreichen „gestrandeten" Reisenden nahmen es aber sehr gelassen, unterhielten sich noch etwas und verließen dann den Flughafen.

Am nächsten Tag nahm uns dann der Jumbo von Cameroun-Airline auf. Normalerweise flog er nonstop von Douala nach Paris, diesmal machte er aber Zwischenstopps in Yaoundé und Garoua und brachte so alle Passagiere vom Vortag an ihr Ziel. Entgegen unserer Erwartungen flogen wir pünktlich ab. Wir saßen schon im Flugzeug und dachten, alles wäre klar, als uns die kleinen „Macken" des Flugzeuges auffielen. Von der Nottür herab rieselte Wasser auf den Kopf unseres Nachbarn. Der Sitz meines Bruders war nicht richtig verankert und der Sicherheitsgurt wirkte auch nicht mehr sehr intakt.

Trotzdem landeten wir heil in Garoua und wurden direkt von der trockenen Hitze in Empfang genommen. Wir verbrachten in Garoua und Umgebung einen wunderschönen erlebnisreichen Urlaub. Nach drei Wochen mussten wir wieder zurückfliegen, weil die Arbeit und das graue Deutschland auf uns warteten.

Wir mussten am Samstag in Douala sein. Da wir die „Zuverlässigkeit" der afrikanischen Fluggesellschaften inzwischen am eigenen Leib erlebt hatten, versuchten wir, ab Donnerstag zurückzufliegen, waren aber Samstag immer noch in Garoua. Bis dahin hatte man uns immer wieder, zum Teil im 3-Stunden-Takt, vertröstet und neue Abflugtermine genannt. Am Samstag erfuhren wir durch Zufall, jedoch nicht von der Fluggesellschaft, dass Cameroun-Airline die Versicherung nicht zahlen konnte und deshalb nicht fliegen durfte. Da meine Eltern arbeiten und wir Kinder in die Schule mussten, nahmen wir die abenteuerliche Fahrt mit Bus und Bahn auf uns. Im Nachhinein hörten wir, dass der „normale" Flugverkehr erst nach zwei Wochen wieder aufgenommen wurde.

Zweite Reise in den Norden

Auf meiner zweiten Reise in den Norden wählten wir eine neue Airline und kamen gut, jedoch mit einer dreistündigen Verspätung, in Garoua an.

Wie auch im vorherigen Jahr verlief der Urlaub gut, doch vor dem Rückflug gab es – wie gewohnt – wieder Probleme. Wir stellten uns zwei Stunden vor Abflug in die Schlange vor dem Gepäckaufgabeschalter und warteten. Ein großer kräftiger Mann in edlem muslimischen Gewand betrat den Raum und drängelte sich bis zum Schalter vor. Alle Anwesenden warfen dem Moslem verärgerte Blicke zu, doch dies hielt ihn nicht davon ab, eine ca. 45-minütige Diskussion mit der Mitarbeiterin der Airline zu beginnen. Als er endlich mit seinem Vortrag am Ende war und sich verzog, atmeten alle erleichtert auf. Diese Erleichterung, dem Ziel ein Stück näher gekommen zu sein, wurde nach kurzem jedoch schon zunichte gemacht.

Die freundliche Mitarbeiterin teilte uns mit, dass der Flug voll sei und wir morgen wiederkommen sollten. Sofort zog sich die Schlange zu einem unkoordinierten Knäuel zusammen, das erbost auf die Angestellte einredete. Irgendwann flüchtete diese, aus Angst vor der aufgebrachten Menge, in ihr Büro, was ihr jedoch nicht die ersehnte Ruhe brachte.

Noch mindestens zwei Stunden diskutierten die erbosten Kunden mit den Mitarbeitern der Airline. Immer wieder drangen neue, unsichere Informationen nach außen: „Ihr müsst mit einer anderen Airline weiterfliegen", „Es wird ein neues Flugzeug gerufen", „Kommt morgen früh wieder" usw.

Nach ca. 3 Stunden Hin und Her hieß es innerhalb von einigen Sekunden: Sachen nehmen, Flughafengebühr bezahlen, schnell aufs Rollfeld und ohne jegliche Gepäckkontrolle in die kleine Passagiermaschine steigen.

Am Rand des Flugplatzes stand der elegante Moslem mit einer großen Gruppe von Geschäftsleuten. Im Nachhinein wurde angenommen, es sei eine Gruppe von ca. 15 Geschäftsleuten der kamerunischen Brauerei, die der Airline hohe Gewinne einbringen könnte, und so bekamen sie anfangs ihre erwünschten, nicht reservierten Plätze. Glücklicherweise hat die Gerechtigkeit gesiegt und wir landeten einige Stunden später erschöpft im tropischen Douala.

Dritte Reise in den Norden

Und noch einmal wollten meine Familie und ich es wagen, mit dem Flugzeug nach Garoua zu fliegen. Der Abflug verlief wieder recht pünktlich, mit nur einer Stunde Verspätung. Doch schon in Yaoundé kam es zu Komplikationen. Aus dem 30-Minuten-Stopp wurde eine einstündige Wartezeit im Flughafengebäude. Als wir wieder in der kleinen schönen Flugmaschine saßen, starteten auch schon die Motoren und: Stopp! Flughafensicherheitsbeamte liefen auf das Rollfeld und verboten uns den Abflug. Aufgrund des Gepäckes der in Yaoundé zugestiegenen Leute wog das Flugzeug zuviel.

Also: Maschinen wieder aus. Dann wurden willkürlich Gepäckstücke wieder ausgeladen! Die erbosten Geschäftsleute, Touristen und anderen Fluggäste begannen eine längere hitzige Diskussion mit dem Personal, die jedoch zu nichts führte. Wir wurden gebeten, uns auf unsere Plätze zurück zu begeben und konnten von hier beobachten, wie einige Gepäckstücke wieder ins Flughafengebäude gebracht wurden (unser Gepäck war glücklicherweise nicht darunter). Das Gepäck sollte theoretisch mit einer anderen Airline noch am selben Tag in Garoua landen.

Wieder wurden die Türen geschlossen und es sollte losgehen. Im letzen Moment fiel einem Touristen ein, dass seine wichtigen Medikamente in dem ausgeladenen Koffer sind. Die Türen wurden wieder geöffnet, der Mann ging ins Flughafengebäude, durchsuchte seine Koffer und kam einige Zeit später mit seinen Medikamenten zurück. Mit einigen Stunden Verspätung ging es endgültig in Richtung Garoua. Im Waza Nationalpark trafen wir den Touristen, der seine Medikamente vergaß, wieder und er erzählte, dass das Gepäck erst einige Tage später in Garoua angekommen sei und sie ihre Reise ohne dieses Gepäck machen.

Irgendwann hieß es wieder Abschied nehmen und wir standen wieder einmal in der Schlange der Gepäckaufgabe, leider recht weit hinten. Als wir an den Gepäckaufgabeschalter ankamen (nicht als letzte) wurden wir gebeten, 10 Minuten zu warten, doch die Passagiere hinter uns wurden weiter abgefertigt. So standen wir neben der immer kürzer wer denden Schlange und durften mit ansehen, wie alle eincheckten. Irgendwann fragten wir,

was das sollte und wir wurden gebeten noch kurz zu warten. Bei dem zweiten Nachfragen wurden wir darauf hingewiesen, dass das Flugzeug voll sei und wir in zwei Tagen wiederkommen sollten. Ich platzte fast vor Wut und habe bis heute nicht verstanden, warum gerade wir ausgewählt wurden und nicht mit durften. Im ersten Jahr war es noch ein Erlebnis, doch diesmal bedeutete es, dass unser lang ersehnter Kribi-Aufenthalt nicht mehr möglich war. Nach zwei Tagen Wartezeit in Garoua ging es zurück – allerdings ohne jedes Gepäck. Das Flugzeug war wieder einmal zu schwer. Alle Passagiere durften das Gepäck am nächsten Morgen am Flughafen in Douala abholen.
Ich habe aus meinen Flugreisen einiges gelernt.

1. Man muss den Flug unbedingt rechtzeitig bestätigen.
2. Man sollte immer so früh wie möglich am Flughafen sein.
3. Man sollte eine Verzögerung erst gar nicht akzeptieren, sondern sich immer direkt mit ins diskutierende Knäuel stürzen.
4. Wenn man viel Zeit hat und abenteuerlustig ist, nimmt man anstelle des Flugzeugs den Zug.
5. Die kamerunischen Airlines haben mit Recht den Namen „Air-peut-être", kommen sie heute nicht, kommen sie morgen oder auch übermorgen!

Stefanie Werdermann, August 2006

gel eine befristete Gültigkeitsdauer und eignen sich nicht für Langzeitreisende. Ob für die gewünschte Reisezeit gerade Sonderangebote für Flüge nach Kamerun auf dem Markt sind, lässt sich im Internet auf der Website von Jet-Travel (www.jet-travel.de) unter „Flüge" entnehmen, wo sie als **Schnäppchenflüge** nach Afrika mit aufgeführt sind.

In Deutschland gibt es von Frankfurt aus die häufigsten Verbindungen nach Kamerun. Tickets für Flüge von und nach anderen deutschen Flughäfen sind oft teurer. Da kann es für Deutsche attraktiver sein, mit einem **Rail-and-Fly-Ticket** per Bahn nach Frankfurt zu reisen (entweder bereits im Flugpreis enthalten oder nur 30–60 € extra). Man kann ja nach Fluglinie auch einen preiswerten **Zubringerflug** der gleichen Airline von einem kleineren Flughafen in Deutschland buchen. Außerdem gibt es **Fly & Drive-Angebote,** wobei eine Fahrt vom und zum Flughafen mit einem Mietwagen im Ticketpreis inbegriffen ist.

Die Flüge sind für die Hauptreisezeiten häufig schon lange im Voraus ausgebucht. Dies betrifft insbesondere die Weihnachtsferien sowie im Sommer die Monate Juli bis September. Insbesonde-

Buchtipps:
- Frank Littek
Fliegen ohne Angst
- Erich Witschi
Clever buchen, besser fliegen
(beide Bände Reise Know-How Praxis)

04_031kam Foto: sm

re Sondertarife (Studenten) sind schon Monate vorher vergeben. Es ist also empfehlenswert, sich möglichst früh über die Verfügbarkeit von Flügen zu informieren. Man sollte vor allem bei den afrikanischen Fluglinien nicht davon ausgehen, dass sie immer pünktlich sind (fliegen sie heute nicht, fliegen sie morgen). Es ist sehr empfehlenswert, einen zeitlichen Spielraum von mindestens 1–2 Tagen einzuberechnen.

Indirekt sparen kann man als Mitglied eines **Vielflieger-Programms** wie www.star-alliance.com (Mitglied u.a. *Swiss*). Die Mitgliedschaft ist kostenlos und mit den gesammelten Meilen von Flügen bei Fluggesellschaften innerhalb eines Verbundes reichen die gesammelten Flugmeilen dann vielleicht schon für einen Freiflug bei einem der Partnergesellschaften beim nächsten Flugurlaub. Bei Einlösung eines Gratisfluges ist langfristige Vorausplanung nötig.

Buchung

Folgende **zuverlässigen Reisebüros** haben meistens günstigere Preise als viele andere:

- **Jet-Travel,** Buchholzstr. 35, D-53127 Bonn, Tel. 0228-284315, Fax 284086, info@jet-travel.de, www.jet-travel.de. Auch für Jugend- und Studententickets. Sonderangebote auf der Website unter „Schnäppchenflüge".
- **Globetrotter Travel Service,** Löwenstr. 61, CH-8023 Zürich, Tel. 01-2286666, zh-loewenstrasse@globetrotter.ch, www.globetrotter.ch. Weitere Filialen siehe Website.

Verpackungskünstler in Yaoundé

Die vergünstigten Spezialtarife und befristeten Sonderangebote kann man nur bei wenigen Fluggesellschaften in ihren Büros oder direkt auf ihren Websites buchen; diese sind jedoch immer auch bei den oben genannten Reisebüros erhältlich.

Flugverbindungen innerhalb Afrikas nach Kamerun

Folgende Fluggesellschaften fliegen Kamerun an und bieten auch Flüge in andere afrikanische Länder: Air Gabon, Air Ivoire, Cameroon Airlines, Kenya Airways, Lina Congo, Trans Air Congo, Nigeria Airways und Equato Guineana de Aviación. Flugpläne und -preise sowie Verfügbarkeit ändern sich sehr schnell, deswegen möglichst aktuell und vor Ort nachfragen. Cameroon Airlines unterhält zwar theoretisch von Kamerun aus die besten Flugverbindungen innerhalb Afrikas, es kommt jedoch regelmäßig zu großen Reibungen und Unannehmlichkeiten im Flugverkehr (gestrichene Flüge, Verspätungen, verlorenes Gepäck). Empfehlenswert sind z.B. Air Ivoire und Kenya Airways.

- **Cameroon Airlines**
Ziele: Libreville (3x/Woche); Johannisburg (1x/Woche); Brazzaville (4x/Woche); Bangui (4x/Woche); Ndjamena (4x/Woche); Malabo (3x/Woche); Cotonou (2x/Woche); Bamako (2x/Woche); Abidjan (3x/Woche); Lagos (3x/Woche), Dakar (2x/Woche).
- **Air Gabon** (Ziel: Libreville, Gabun)
78, Rue Joss Bonanjo, Douala,
Tel. (00237) 3424943, Fax 3427007.
- **Equato Guineana de Aviación**
(Ziel: Malabo, Equatorial-Guinea)
s/c Hila Hôtel, B.P. 11673 Douala,
Tel. (00237) 3421586, Fax 3420009.
- **Kenya Airways** (Ziel: Nairobi, Kenia)
s/c SAGA Voyages,
Bd. de la Liberté, Akwa, Douala,
Tel. (00237) 3429691, Fax 3420009,
Niederlassung am Flughafen Yaoundé:
Tel. (00237) 2233602.
- **Lina Congo**
(Ziel: Brazzaville, Dem. Volksrep. Kongo)
Bd. de la République, Douala, oder
1013, Av. Ahmadou Ahidjo,
B.P. 5221 Yaoundé,
Tel. (00237) 7603168 und 9920687 (mobil).
- **Nigeria Airways** (Ziel: Lagos, Nigeria)
Wurde 2003 liquidiert. Die Nachfolgegesellschaft **Virgin Nigeria Airways** hat seit 2005 den Betrieb wieder aufgenommen.
Tel. (00237) 3427869, 3427627, 3427628, E-Mail (Reservierungen): reservations@virginnigeria.com.
- **Air Ivoire**
(Ziel: Abidjan, Cotonou; Elfenbeinküste)
Tel. (00237) 9505160.

Preisbeispiele:

Afrika ist kein ausgesprochener „Billigflugmarkt", und die Flüge sind verglichen mit denen innerhalb Asiens oder Amerikas teuer. Alle Beispiele für Camair, nur Hinflug ab Douala, Stand Juli 2006:

- Libreville: 138 €
- Johannisburg: 783 €
- Brazzaville: 314 €
- Bangui: 301 €
- Ndjamena: 168 €
- Malabo: 111 €
- Cotonou: 241 €
- Bamako: 111 €
- Abidjan: 348 €
- Lagos: 210 €

Die Preise ändern sich ständig. Man informiere sich vor Ort. Auskünfte über günstigere Studentenermäßigungen bei Cameroon Airlines; ein Internationaler Studentenausweis muss vorgelegt werden.

Flugverbindungen in Kamerun

Innerhalb Kameruns werden neben Flügen von Cameroon Airlines, die eigentlich unerschwinglich teuer und unzuverlässig sind, auch Flüge von privaten Fluggesellschaften angeboten. Diese wechseln jedoch sehr häufig, deswegen ist es empfehlenswert, sich vor Ort in einem Reisebüro zu erkundigen. Siehe auch bei den Städten mit Flughafen und im Kapitel „Reisen im Land".

Ankunft/Abflug am Flughafen

Die meisten Fluggäste kommen auf dem Flughafen in **Douala,** dem Flughafen mit dem größten Passagieraufkommen Kameruns, an. Fast alle internationalen Flüge fliegen Douala vor Yaoundé an, so dass ein Weiterflug nach Yaoundé unattraktiv erscheinen mag (teurer und länger). Doch wer das erste Mal nach Afrika fliegt, fühlt sich sicherlich auf dem beschaulicheren Flughafen von **Yaoundé** wohler. Allerdings ist zu bedenken, dass er sehr weit von Yaoundé entfernt liegt und es auch kein Hotel in seiner Nähe gibt, so dass man insbesondere bei Ankunft in der Nacht den Taxifahrern weitgehend ausgeliefert ist. In der Regel werden sie aber den üblichen Tarif für eine Fahrt nach Yaoundé akzeptieren. Der Flughafen Douala liegt nicht so weit vom Stadtzentrum entfernt. In der Nähe des Flughafens in Douala gibt es ein „Airport Hotel", in dem man unproblematisch unterkommen kann, Tel. (00237) 3372543. Theoretisch ist es auch möglich, direkt nach Garoua zu fliegen, in der Praxis ist davon wegen der Unzuverlässigkeit der Flüge von Camair jedoch abzuraten.

- **Flughafen Douala:**
Tel. (00237) 3423630, 3423577, 3423526, 3423758
- **Flughafen Yaoundé:**
Tel. (00237) 2233602, Fax 2234520

Nach Ankunft und vor Abflug (international) erfolgen **Pass-, Gesundheits-** und **Zollkontrolle,** die sehr gründlich durchgeführt werden. Dabei sollte man sich mit entsprechender Geduld und guten Nerven wappnen. Für die Passkontrolle sind Ein- bzw. Ausreiseformulare auszufüllen. Für Geschäftsreisende empfiehlt sich auch die Vorlage eines Begleitschreibens (in Französisch oder Englisch) über Zweck und Dauer der Reise. Devisenerklärungen werden in der Regel nicht verlangt. Bei der Ausreise wird jedoch häufig geprüft, ob der ausgeführte Betrag in Landesnoten 30.000 CFA nicht überschreitet.

Bei **Souvenirs** kommt es sehr häufig zu Problemen. Für Artikel aus Holz muss eine „Erklärung" gekauft werden, dass es sich nicht um Antiquitäten handelt. Diese kostet 10 % des Kaufwertes, mindestens aber 3000 CFA. Sie sollten deswegen mit genügend Bargeld zum Flughafen kommen. Die Ausreise aus Kamerun kann sich sowohl in Douala als auch in Yaoundé recht stressig gestalten; man sollte darauf vorbereitet sein. Prinzipiell hat man die Entscheidung, ob man Zeit investieren oder Geld ausgeben will ...

Da es vorkommen kann, dass alle Koffer geöffnet werden müssen, sollte man einen inländischen Weiterflug nicht zu knapp planen und bei einem internationalen mindestens zwei Stunden vor der Ausreise am Check-in-Schalter am Flughafen sein. Das Handgepäck wird aus Sicherheitsgründen sowohl bei der Ankunft als auch beim Abflug mehrmals kontrolliert. Zumindest in Yaoundé wird das Gepäck nur gegen den Gepäckzettel ausgeliefert. Immer wieder bieten sich an den Flughäfen so genannte **„Scouts"** an, Passagiere schnell und schmerzlos durch den Check-in und Zoll zu schleusen. Sei es der Taxifahrer, der das Flughafenpersonal kennt oder der Gepäckträger, der einen problemlos an einer Warteschlange vorbei zum Check-in-Schalter geleitet. Bewusst werden Gerüchte verbreitet, wie: „Die Zöllner kontrollieren heute besonders streng!", oder: „Sie haben doch hoffentlich nichts dabei, was deklariert werden muss, oder?". Man sollte diesen „Service" allerdings mit Vorsicht genießen: Einerseits kann sich ein ursprünglich ausgehandelter Preis schnell vervielfachen, außerdem trägt man noch mehr dazu bei, das Klischee vom „weißen Mann, der mit Geld (fast) alles erreichen kann" zu fördern.

Die offizielle **Mindestübergangszeit** zwischen den Flügen beträgt eine Stunde, doch in der Praxis benötigt man immer länger. In Kamerun wird für internationale Flüge eine **Fluggastgebühr** in Höhe von 10.000 CFA erhoben (vor Abflug zu bezahlen, inländische Flüge 1000 CFA). Halten Sie diesen Betrag daher vor Abflug jeweils in Landeswährung bereit. Zur Not kann auch in Devisen bezahlt werden (Euro oder Dollar). Alle internationalen Flughäfen verfügen über eine **Bank** zum ersten Geldumtausch (hier sollte man versuchen, in Kamerun chronisch knappes Kleingeld zu bekommen), über **Restaurant, Bars** und **Duty-Free-Shop** sowie **Souvenir-Läden.** Hotelreservierungen können von den Flughäfen aus nicht vorgenommen werden, Douala und Yaoundé verfügen über **Autovermietungen** am Flughafen.

Für Fahrten von den Flughäfen zu den Hotels stehen **Taxis** zur Verfügung, die am Flughafen auf Kundschaft warten, in Douala z.B. zahlen Sie für die Strecke vom Flughafen in die Stadt (10 km) ca. 5000 CFA, nachts mit Aufschlag. Die Alternativen zu den Flughafentaxis sind die öffentlichen gelben Taxis, die vor dem Flughafeneingang vorbeifahren und einen für mindestens 2000 CFA in die Stadt bringen. Der Taxipreis muss immer vorher vereinbart werden, die Taxis verfügen nicht über Taxameter. Die großen Hotels bieten in Douala und Yaoundé einen **Busservice** an, der die Fahrt zum Hotel kostenlos ausführt.

Rückbestätigungen der Weiter- und Rückflüge müssen bis spätestens 72 Stunden vor Abreise für alle Fluggesellschaften erfolgen, sonst besteht kein Anspruch auf einen Platz im Flugzeug, auch wenn ein O.K. im Ticket ist. Die Rückbestätigungen können meist telefonisch bei der jeweiligen Fluggesellschaft gemacht werden. Dort erfolgen auch Um- oder Neubuchungen. Flugscheine erhalten Sie bei den Fluggesellschaften oder den örtlichen Reisebüros.

Das **Freigepäck** auf internationalen und inländischen Flügen beträgt meist **20 Kilogramm** pro Person (Air France z.B. 23 kg/Person, Camair 40 kg/Person). Diese Toleranzgrenze sollte unbedingt eingehalten werden, da das Personal beim Check-In mit Übergepäck sehr streng ist. Für jedes Kilogramm Übergepäck rechnet man in der Regel 1 % des First-Class-Flugpreises der jeweiligen Strecke.

Für das Gepäck gibt es an allen Flughäfen **Gepäckträger.** Diese sind zu erkennen an ihren grünen Jacken. Ihre Vergütung ist von der Flughafenverwaltung ADC mit 500 CFA pro Gepäckstück festgelegt.

Ausrüstung

Erfahrene Reisende wissen, dass es besser ist, **so wenig Gepäck wie möglich** mitzunehmen, denn meistens hat man auch nach sorgfältiger Auswahl des Reisegepäcks am Schluss doch zu viel dabei. Jedes überflüssige Gepäckstück bedeutet zusätzlichen Ballast, der unterwegs in tropischer Hitze nur behindert. In den großen Supermärkten vor Ort gibt es praktisch alles zu kaufen (auch Tampons!). Kerzen, Batterien, Seife und Waschmittel gibt es auch am kleinsten Stand im Dorf.

Koffer, Rucksack oder Reisetasche? Art und Inhalt des Gepäcks richten sich neben den persönlichen Bedürfnissen in erster Linie danach, auf welche Weise Sie reisen. Für reine Hotelaufenthalte oder organisierte Hotelrundreisen ist ein Koffer ideal. Reisetasche oder Rucksack eignen sich besser für individuelle Touren oder Wanderreisen. Wichtig ist dabei, dass das Gepäckstück robust und strapazierfähig ist, denn in überfüllten Bussen, Booten und Zügen wird es nicht gerade schonend behandelt. Schmutz, Lehm- oder Ölflecken fallen bei dunkler Farbe weniger auf. Am besten hat sich auf meinen Reisen ein **Kofferrucksack** bewährt, der sowohl auf dem Rücken als auch mit der Hand zu tragen ist. Er lässt sich praktisch öffnen, was auch bei den Kontrollen unterwegs nützlich ist. Ist das Material nicht wasserdicht, sollte man das Gepäck innen mit Folie gegen Nässe schützen (speziell auf Wandertouren im Urwald). Wenn man mit öffentlichen Verkehrsmitteln reist, empfielt es sich, das Gepäck zusätzlich in einen großen, robusten und wasserdichten Plastiksack zu legen.

031kam Foto: rf

Für Fotoausrüstung, Dokumente oder Dinge, die Sie unterwegs immer wieder benötigen, eignen sich ein **Tagesrucksack** oder eine Umhängetasche. Man sollte immer gut auf sein Gepäck aufpassen sowie teuere Gegenstände unauffällig und sicher am Körper tragen. Unterwegs in öffentlichen Verkehrsmitteln kommt man kaum an das große Gepäck heran.

Landschaft bei Lolodorf

Ausrüstungs-Checkliste

- Koffer, Rucksack oder Reisetasche
- Tagesrucksack/Umhängetasche
- Vorhängeschloss (für Rucksack oder Reisetasche)
- Reisedokumente: Flugschein, Reisepass (mit gültigem Visum), Personalausweis, Führerschein (international), evtl. Internationaler Studentenausweis, Impfpass **(1.)** Fotokopien der genannten Dokumente
- Passbilder (für Visa unterwegs)
- Bargeld und Reiseschecks
- Geldgürtel, Brustbeutel, Hüfttasche
- Fotoausrüstung ggf. in unauffällige Tasche (Diebstahlvorbeugung)
- Fernglas, evtl. Thermometer
- Reiseapotheke (Malariaprophylaxe!)
- Sonnenhut oder Kopftuch
- Sonnenbrille
- Sonnenschutzmittel (mit hohem Schutzfaktor), Lippenschutz
- Badeanzug (Bikini ist nicht überall geeignet)
- Ersatzbrille
- Plastikbecher und Aufbewahrungsdosen (z.B. als Schutz vor Ameisen)
- Taschenlampe **(2.)**
- Taschenmesser (Schweizer Offiziersmesser o.Ä.)
- Handtuch (nicht nötig für Hotels)
- Wasserflasche und Mineraldrinks **(3.)**
- Mikropur oder Wasserfilter
- Schlafsack, Bettbezug **(4.)**
- Regenschirm oder -poncho **(5.)**
- Moskitonetz **(6.)**
- Mückencreme
- Nähzeug, Sicherheitsnadeln
- Paketschnur oder Wäscheleine, einige Wäscheklammern
- Reisewecker
- Adressbuch
- Reiseliteratur, Landkarten, evtl. Französisch-Sprachführer
- Reiselektüre
- Gastgeschenke **(7.)**

Erläuterungen

1. Falls Sie Ihre Wertsachen und Dokumente nicht sicher unterbringen können (z.B. im Safe des Hotels), sollten Sie sie immer bei sich tragen, am besten direkt am Körper. Es ist vorteilhaft, sich von allen Papieren Kopien anzufertigen und getrennt von den Originalen (z.B. beim Reisepartner) aufzubewahren. So kann bei Verlust rasch für Ersatz gesorgt werden. Es empfiehlt sich jedoch, die beglaubigten Kopien mit sich zu tragen und die Originale an einem sicheren Ort aufzubewahren.

2. Es ist sinnvoll, eine kleine leistungsfähige Taschenlampe mitzunehmen (in Trekkinggeschäften erhältlich). Sie sollten mit höchstens zwei Mignon-Batterien betrieben werden. In Kamerun gibt es gute Batterien zu kaufen, sie sind allerdings teuer (ca. 10 € für 4 Stück). Aus Nigeria eingeführte billige Batterien enttäuschen meistens, oft geht ihnen schon nach wenigen Minuten der Saft aus. Von wiederaufladbaren Batterien ist ebenfalls abzuraten, obwohl es zwar Solaraufladegeräte gibt, diese jedoch die Batterien meist ungenügend aufladen, so dass sie nach kurzer Zeit gebrauchsunfähig sind.

3. Durch die ständige Hitze trocknet der Körper leicht aus, die Salzzufuhr wird durch Mineraldrinks oder Brausetabletten ergänzt. Es gibt in Kamerun große Plastikflaschen mit Mineralwasser zu kaufen, die sich immer wieder nachfüllen lassen. Doch sind sie in der Regel nicht strapazierfähig genug für Trekkingtouren, hier empfiehlt sich deswegen eine Metall- oder Plastikflasche aus dem Ausrüstungsbedarf.

4. Für Trekkingtouren oder Zelten ist ein Schlafsack nötig, für Bergtouren auf den Mt. Cameroon im Komfortbereich bis 0°C. Ein Bettbezug, von zu Hause mitgebracht, ist immer da nützlich, wo die hygienischen Verhältnisse nicht ganz überzeugen. Er ist zudem als

Strandlaken zu benutzen und nimmt nicht viel Platz weg.
5. Für Bergtouren ist der Poncho vorteilhaft, sonst aber ein Schirm besser, da man sich bei tropisch feuchten Temperaturen unter dem Umhang leicht wie in der Sauna fühlt.
6. Ein Moskitonetz ist nur dann nicht nötig, wenn man während der gesamten Reise in Mittel- bis Luxusklassehotels absteigt, da diese Netze vor den Fenstern haben. Für Reisen in Dörfer mitten im Wald ist es u.U. sogar ratsam, einen „Moskitodom" zu kaufen, der ähnlich wie ein Innenzelt aussieht, da es dort auch sehr kleine Quälgeister gibt, die durch ein zu grobmaschiges Moskitonetz hindurchkommen.
7. Generell ist es nicht sinnvoll, große Mengen potenzieller Gastgeschenke von zu Hause aus mitzubringen. Lernt man Menschen persönlich kennen, ist es immer nett, Fotos von zu Hause dabeizuhaben, die man zeigen kann, von der Familie, Freunden, der Gegend. Möchte man sich bei jemandem für einen Gefallen revanchieren, ist ein Geldgeschenk (zwischen 500 und 2000 FCFA, je nachdem) durchaus angemessen. Möchte man kein Geld geben, kann man auch vor Ort Kleinigkeiten kaufen, die vielleicht angemessen erscheinen, Frauen auf dem Land freuen sich über Seife, Make-up und Parfums (auf dem Markt ca. 1500 CFA), Männer über Krawatten, Hemden und Parfums, Kinder über Murmeln, Luftballons, Bälle, Süßigkeiten. Besondere Geschenke sind z.B. Bücher und Kalender aus Deutschland. Häufig ist es in den kamerunischen Großfamilien nicht einfach, die Anzahl der Mitglieder zu bestimmen. In vielen Familien wohnt noch der Neffe, die Nichte, der Cousin ... Daher ist es ratsam, Geschenke mitzubringen, die viele nutzen können und nicht nur für bestimmte Personen vorgesehen sind (z.B. Süßigkeiten, Kalender etc.).

Tipps zur Ausrüstung für Trekking- und Bergtouren können Sie dem Abschnitt im Reiseteil zum Mount Cameroon entnehmen.

Ausrüstungsläden

Es gibt inzwischen in allen Großstädten Ausrüstungsläden mit gutem Sortiment und ausführlicher Beratung durch erfahrene Mitarbeiter, die mehr oder minder gut Bescheid über Afrika wissen und sinnvolle Ausrüstungen empfehlen können. Ein fast vollständiges Verzeichnis findet sich im Infoheft der Deutschen Zentrale für Globetrotter (siehe unter Adressen und Informationen).

Einreiseformalitäten

Achtung

Die folgenden Angaben haben den Stand **Oktober 2006.** Aufgrund der allgemeinen welt- und sicherheitspolitischen Lage ist es ratsam, sich über die aktuellen Einreisebestimmungen und über die Sicherheitslage im Zielland vor Reiseantritt z.B. beim Auswärtigen Amt (www.auswaertigesamt.de) zu informieren.

Es besteht **Visumpflicht** für alle Reisenden (mit Ausnahme von Staatsangehörigen einiger afrikanischer Länder und den Inhabern einer offiziellen Arbeitserlaubnis und Aufenthaltsgenehmigung). Ein Touristenvisum wird für einen **Aufenthalt von höchstens drei Monaten** ausgestellt (nicht verlängerbar). Geschäftsreisevisa können für mehrere Einreisen und für einen Aufenthalt von zwölf Monaten ausgestellt werden. Studienvisa berechtigen meist zu einem Aufenthalt bis zu sechs Monaten (vor Ort verlängerbar). Das Visum beantragt man bei der **diplomatischen Vertretung Kameruns:**

Deutschland

- Bad Godesberg, Rheinallee 76, 53173 Bonn, Tel. (0228) 356038, Fax 359058; Sprechzeiten: Mo. bis Fr. 9–15.30 Uhr. Geschäftsbereich und Konsularabteilung der Botschaft: Deutschland und Österreich.
- **Geschäftsbereich Land Nordrhein-Westfalen: Honorarkonsulat von Kamerun**
Heierbusch 28, 45133 Essen,
Tel. (0201) 420988, Fax 413136;
consul.H.Walter@t-online.de
- **Geschäftsbereich**
Länder Hessen und Thüringen
Heumarkt 8, 63450 Hanau, Tel. (06181) 9390211, Fax 9390212;
Sprechzeiten: Fr. 8–12 Uhr sowie nach Vereinbarung.

Diese Konsulate stellen – in Absprache mit der kamerunischen Botschaft in Bonn – auch bundesweit **Visa** aus (Touristen und Geschäftsleute).

Schweiz

- **Botschaft der Republik Kamerun**
Brunnadernrain 29, CH-3006 Bern,
Tel. (031) 3524734/-37, Fax (031) 3524736;
Sprechzeiten: Mo. bis Fr. 9–17 Uhr; **keine Visumerteilung.**
- **Generalkonsulat**
Rue du Nant 6–8, 1211 Genf 6,
Tel. (022) 7362022, 7875040, Fax 7362165;
Sprechzeiten: Mo. bis Fr. 9–16.30 Uhr; **mit Visumerteilung.**

Österreich

- **Honorarkonsulat der Republik Kamerun**
Villa Flora, Hüttelbergstraße 23 A,
A-1140 Wien
Tel. 01/91477440, Fax 01/91477448;
Sprechzeiten: nach tel. Vereinbarung; Erledigung von Visumangelegenheiten.

Folgende **Unterlagen** werden **zur Beantragung eines Visums** benötigt: Zwei Antragsformulare, gegen frankierten Rückumschlag erhältlich bei den Konsularabteilungen; zwei Passbilder; Reisepass (mit mindestens 6-monatiger Gültigkeit) oder Kinderausweis; Kopie des Internationalen Impfpasses mit eingetragener Gelbfieberimpfung; Einschreiben-Freiumschlag für die Rücksendung des visierten Passes.

Flugreisende müssen außerdem die Bestätigung von Reisebüros oder Fluggesellschaft über die bezahlte Hin- und Rückreise mitsenden. Alle ausländischen Reisenden müssen bei Ankunft in Kamerun im Besitz eines bestätigten Rück- oder Weiterreise-Tickets sein.

Alternativ können Deutsche und Österreicher sich ihr Visum auch über die **Visum Centrale** beschaffen (online bei www.visum-centrale.de oder bei: Koblenzer Str. 64, 53173 Bonn, Tel. (0228) 367870; Invalidenstr. 34, 10115 Berlin, Tel. (030) 2309 59110; Kurfürstenplatz 42, 60486 Frankfurt, Tel. (069) 9799570). Dort gibt es die Formulare zum Herunterladen als PDF auf der Website.

Kfz-Reisende müssen das Carnet eines Automobilclubs, eine Vollkaskoversicherung sowie eine Bankbescheinigung über ausreichende Geldmittel (einschl. Reiseschecks) nachweisen. Die **Mitnahme eines Internationalen Führerscheins** ist sinnvoll. Selbstfahrer sollten sich vor Fahrtantritt über die kamerunischen Straßenverhältnisse und über die Probleme, die bei einem möglichen Unfall auf sie zukommen, im Klaren sein.

Geschäftsreisende haben ein Schreiben des Unternehmens über Zweck und Dauer der Reise und eine Bestätigung der Übernahme der Reise- und Aufenthaltskosten vorzulegen.

Im Falle einer **Arbeitsaufnahme** ist ein von den kamerunischen Behörden genehmigter Arbeitsvertrag oder eine beglaubigte Versetzungsbescheinigung der deutschen Firma erforderlich.

Visa-Preise verändern sich rasch. Erkundigen Sie sich bei der von Ihnen gewählten Geschäftsstelle nach den aktuellen Preisen.

Die **Antragsdauer** beträgt **ca. drei Wochen.** Direkt bei der Botschaft (in Bonn) erhält man das Visum innerhalb eines Tages, wenn man vor 12 Uhr da ist. Sind mehrere Einreisen geplant, sind diese bei der Beantragung des Touristen-/Geschäftsreisevisums zu begründen, sonst berechtigt das Visum nur zur einmaligen Einreise. Bei mehrmaliger Einreise wird streng auf die Daten geachtet.

Hinweis: Die **Botschaften von Kamerun in den afrikanischen Nachbarländern** (speziell Zentralafrikanische Republik) stellen für europäische Reisende keine Ein- oder Durchreisevisa für Kamerun aus. Sie sollten sich das Visum daher rechtzeitig vor der Abreise im Heimatland besorgen. Wenn Sie von Kamerun aus Nachbarländer besuchen möchten oder eine Rundreise durch mehrere Länder unternehmen, empfiehlt es sich unbedingt, alle nötigen Visa bereits vor Abreise zu beantragen (rechtzeitig!); andernfalls sind genügend Passbilder mitzunehmen. In vielen afrikanischen Großstädten können diese auch kostengünstig gefertigt werden. Die Beantragung vor Ort ist allerdings mit viel Bürokratie und Zeitaufwand verbunden.

Fotokopieren Sie Ihren Pass für den Verlustfall. Bei Ankunft in Kamerun müssen Sie im Besitz Ihrer bestätigten Rück- oder Weiterreise-Tickets, der Einreisedokumente für Ihr nächstes Ziel und des gelben Impfpasses mit eingetragener obligatorischer Gelbfieberimpfung sein.

Wichtig: Der Reisepass muss in Kamerun von Reisenden immer mitgeführt werden (Polizeikontrollen!). Es ist empfehlenswert, bei Polizeikontrollen, die z.B. in öffentlichen Verkehrsmitteln regelmäßig und häufig stattfinden, erst einmal den deutschen Personalausweis bereitzuhalten. Dieser wird sehr häufig akzeptiert, da er aussieht wie der kamerunische Personalausweis auch. Dadurch beschleunigt man die Kontrollen häufig, da die Polizisten ansonsten noch umständlich das Visum und dessen Gültigkeit überprüfen. Natürlich ist auf Verlangen der Pass zu zeigen, wenn die Polizisten darauf bestehen. Der Pass ist jedoch sehr wertvoll, und es ist eigentlich zu empfehlen, diesen so selten wie möglich aus der Hand zu geben. Es ist ratsam, nach der Einreise in Kamerun Kopien von Pass und Visum zu machen und sich dies bei einer Polizeidienststelle beglaubigen zu lassen (mit „fiscal stamps/timbres fisceaux“ für 1000 CFA). Es empfiehlt sich, diese Dokumente einschweißen zu lassen, damit sie vor Luftfeuchtigkeit, Regen etc. geschützt sind. Die beglaubigte Kopie vom Reisepass wird bei Kontrollen häufig anerkannt (Gültigkeit: 3 Monate).

Visum bei Ankunft: Reisende, die ihren ständigen Wohnsitz in Ländern haben, in denen es keine Botschaften oder Konsulate Kameruns gibt, könne bei Ankunft direkt ein Visum beantragen. Dazu brauchen sie einen mindestens 6 Monate gültigen Reisepass und ein Rück- oder Weiterreiseticket. Kosten für ein Drei-Monats-Visum ca. 30.000 CFA. Anmerkung: Dies gilt nicht für Staatenlose oder Flüchtlinge.

Essen und Trinken

Kamerun bietet eine **abwechslungsreiche Küche,** jeder Landesteil hat seine eigenen Spezialitäten, und man sollte während seines Aufenthaltes möglichst viele verschiedene kamerunische Gerichte ausprobieren (siehe hierzu „Die kamerunische Küche" im Kapitel zu Kunst und Kultur).

Eine **reiche Auswahl internationaler Restaurants** für jeden Geschmack findet man **in Douala, Yaoundé und in den größeren Hotels** des Landes. Die langen Jahre französischer Kolonialzeit haben dabei den Speisezettel sehr stark geprägt, aber auch libanesische, chinesische, italienische, nordafrikanische und andere internationale Gerichte werden in den diversen Lokalen angeboten.

Jede Region Kameruns hat eigene Spezialitäten und Gerichte. Zu den Spezialitäten des Südens gehören Garnelen („Crévettes", besonders in Kribi und Douala) und ausgezeichnete Fischgerichte in allen möglichen Variationen, zu den Spezialitäten im Norden zählen zum Beispiel Hirsecouscous mit Soße. Genauere Informationen befinden sich in dem Kapitel „Land und Leute" unter „Die kamerunische Küche".

Das Essen in den **gehobenen Restaurants** ist allgemein **nicht** gerade **billig.** So rechnet man für ein Frühstück 1500–5500 CFA, ein Mittagessen ist ab ungefähr 3500 CFA erhältlich.

Zum Erlebnis einer Kamerun-Reise gehört es natürlich, sich mit der einheimischen Küche des Landes vertraut zu machen (siehe Land und Leute/Die kamerunische Küche). Überall im Land findet man die kleinen, **typischen Restaurants,** die man **Circuits** oder **Chantiers** nennt. Viele kamerunische Angestellte, Marktverkäufer und andere essen in den günstigen Circuits ihr Mittagessen und nutzen die Gelegenheit für eine kleine Pause. Daher findet man viele Circuits in der Nähe von großen Firmen oder in großen Städten auf und neben den Märkten. Hier wird zubereitet, was die Region und der jahreszeitlich bedingte Markt gerade anzubieten haben. Betritt man einen Circuit, erkundigt man sich beim Kellner, was die Küche heute vorsieht und bekommt dann meist eine Auswahl von zwei bis drei Speisen (meist auch auf einer Tafel angeschrieben). Manche Gerichte gibt es nur auf Vorbestellung. Erkundigen Sie sich daher nach den Wartezeiten. Ein **Blick in den Kochtopf** kann oft die Entscheidung erleichtern. Die Preise in diesen Lokalen sind sehr viel günstiger, für eine Mahlzeit rechnet man ab ungefähr 500–1000 CFA, für ein Frühstück ab ca. 250–500 CFA.

Die **Ausstattung der Lokale** ist recht einfach, manchmal sitzt man im Freien in kleinen Hinterhöfen oder unter strohgedeckten *Boukarous*. Besonders in den islamischen Regionen wird dem Gast vor und nach dem Essen eine Schüssel mit Wasser und Seife zum Händewaschen sowie ein Handtuch gereicht. Auf Nachfrage bekommt man allerdings in fast jedem Restaurant oder Circuit Wasser zum Händewaschen gereicht. In den einfacheren Lokalen isst man z.T. auch mit den Händen. Dabei ist es üblich, nur die rechte Hand zu benützen, die linke gilt als „unrein".

Die **Essenszeiten** liegen mittags zwischen 12 und 15 Uhr, abends ab 19.30/20 Uhr. Nur sehr selten werden in die späteren Nachtstunden hinein noch warme Gerichte serviert. Die **Bars** schließen in den meisten internationalen Hotels erst dann, wenn der letzte Gast gegangen ist, wogegen die kleineren Straßenkneipen schon gegen Mitternacht schließen, bzw. schließen müssen.

Neben den Circuits gibt es noch die **„Cafetarias"**, in denen man, sowohl morgens als auch abends, sein Frühstück oder Abendbrot zu sich nehmen kann. Die Cafetarias sind meist kleine Räume, in denen die Tische ringartig um die Arbeitsstelle des Koches gruppiert sind. So setzt man sich zu den anderen, bestellt beim Koch sein Essen und kann ihm dabei zuschauen, wie er das Frühstück zubereitet. Meistens gibt es eine Auswahl zwischen gebratene Nudeln, Omelette, belegten Baguettes sowie „Gateaux" (mit Schokoladencreme oder einfach Butter), Salat und dazu Kaffee, Tee, Milch oder Kakao. Die Atmosphäre in den kleinen Cafés ist immer recht lebhaft, und ich kann es nur jedem empfehlen, dort mal sein Essen zu sich zu nehmen.

Am ehesten vertraut mit den Essensgewohnheiten wird man, wenn man als Gast zum Essen in einer Familie eingela-

S44kam Foto: ed

Essen in Kamerun – lassen Sie sich vom Küchenchef überraschen!

den ist. Dies ist ein besonderes Zeichen der **Gastfreundschaft,** da das Essen im afrikanischen Alltag eine sehr wichtige Rolle spielt. In dörflichen Regionen sitzt man dabei im Kreis und isst mit der (rechten) Hand. Sind Sie in einer islamischen Familie zu Gast, wird Ihnen auffallen, dass Männer, Frauen und Kinder getrennt voneinander jeweils aus einer eigenen Schüssel essen. In den meisten Familien ist es sogar normal, dass die Gäste nur mit dem Vater und ggf. mit der Mutter essen. Erst wenn die Gäste und der Vater gegessen haben, dürfen die Kinder essen. Diese setzen sich dann meistens mit ihrer Schüssel auf den Boden und nicht, wie die Gäste, an den Tisch.

Für Europäer ist es anfangs evtl. eher unangenehm, wenn einem die Kinder beim Essen zusehen, doch man sollte sich nicht daran stören. Meist geben die Mütter schon, bevor die Gäste kommen, ein bisschen an die Kinder. Es kann auch als Unhöflichkeit oder sogar als Beleidigung ausgelegt werden, wenn man sich beim Essen zurückhält. Wenn man sich zu wenig nimmt, ist es sogar möglich, dass die Gastgeber einen den Teller daraufhin so voll machen, dass es selbst für starke Esser schwer wird, die Portion zu schaffen. Für eine Einladung zum Essen sollte man sich mit einem kleinen Gastgeschenk erkenntlich zeigen.

Moslems essen kein Schweinefleisch und trinken in der Regel keinen Alkohol, weshalb in entsprechenden Restaurants keine alkoholischen Getränke ausgeschenkt werden. Während des Fastenmonats Ramadan sind die Lokale in moslemischen Gebieten tagsüber meist geschlossen.

Für eine Reise nach Kamerun ist es nicht notwendig, Lebensmittelvorräte mitzubringen. Das **Angebot an Frischwaren** auf den Märkten ist **groß**, und in den Zentren findet man überall gut ausgestattete **Supermärkte.** Auch bei längeren Fahrten im Buschtaxi kann man sich an den zahlreichen Haltestellen gut versorgen. **Straßenhändler** bieten Früchte (Vorsicht bei bereits geschnittenen Früchten, siehe hierzu auch das Kapitel „Gesundheit"), Fleischspießchen *(Brochettes,* in der anglophonen Region *suyas),* Schmalzgebäck *(Beignets,* in der anglophonen Region *puff-puffs),* frisches Stangenweißbrot, Erdnüsse, Popcorn, Kekse, hart gekochte Eier und Getränke (manchmal auch gekühlt) preiswert an. Daneben gibt es kleine Garküchen, an denen man einen Imbiss einnehmen oder preiswert frühstücken kann (Milchkaffee und Weißbrot ab ca. 500 CFA).

In den größeren Ortschaften gibt es gute **Bäckereien** u.a. mit französischem Gebäck (z.B. *Croissants).* Sehr gutes Stangenweißbrot wird an Kiosken und von Straßenhändlern angeboten.

Im Allgemeinen ist das Essen in Kamerun gut und bekömmlich, bessere Restaurants entsprechen durchaus dem europäischen Standard von Sauberkeit und Hygiene, aber auch in Garküchen lässt sich in der Regel unbedenklich speisen. Erfahrene Reisende wissen, dass selbst bei größter Vorsicht Durchfallerkrankungen kaum zu vermeiden sind, doch wer sich an die grundsätzliche Regel **Cook it, peel it or forget it**

hält, wird kaum Probleme haben. Außerdem sind scharfe Gewürze (z.B. *Pili-Pili)* eine erprobte Abhilfe.

Die **Speisekarten** sind auf Französisch oder (in der anglophonen Region) Englisch abgefasst (Begriffe aus der landestypischen Küche werden im Kapitel Kunst und Kultur/Die kamerunische Küche erklärt).

In Afrika nimmt man sich für das Essen ausreichend Zeit, Geduld für längere Wartezeiten ist daher unumgänglich. Bezahlt wird in der Regel am Tisch oder in größeren Restaurants auch am Ausgang. Trinkgeld ist eigentlich nur in den sehr gehobenen Restaurants üblich.

Feiertage und Feste

- **1. Januar** (Neujahr, Tag der Unabhängigkeit 1960)
- **11. Februar** (Fest der Jugend)
- **1. Mai** (Tag der Arbeit)
- **20. Mai** (Nationalfeiertag, erinnert an die Verfassungsänderung 1972)
- **15. August** (Mariä Himmelfahrt)
- **25. Dezember** (Weihnachtsfest)

Hinzu kommen die jährlich im Datum **wechselnden Feiertage:** Karfreitag, Ende der Fastenzeit Ramadan (Eid al-Fitr) und Hammelfest (Eid al-Adha).

Ostermontag, Pfingstmontag und der zweite Weihnachtsfeiertag sind in Kamerun keine Feiertage.

Die **islamischen Feiertage** (Eid al-Fitr, Eid al-Adha) richten sich nach dem Mondkalender und verschieben sich daher von Jahr zu Jahr. Während des Fastenmonats **Ramadan,** der dem Festtag Eid al-Fitr vorangeht, essen Muslime erst nach Sonnenuntergang, wodurch der normale Geschäftsablauf gestört werden kann.

Falls ein Feiertag auf einen Sonntag fällt, gilt der folgende Montag ebenfalls als Feiertag. Liegt zwischen zwei Feiertagen ein Werktag, so wird dieser häufig zum Feiertag erklärt. Diese – ursprünglich französische – Sitte nennt man „le pont", die Brücke. Es können auch spontane Feiertage erklärt werden, z.B. nach dem Gewinn eines wichtigen Fußballspieles.

Nach dem **Kalender der Bamiléké,** einer großen Volksgruppe im Westen Kameruns, hat die Woche acht Tage. Daher werden in den Regionen, in denen Bamiléké ansässig sind, die Märkte auch nur alle acht Tage abgehalten, so dass sich der Markttag wöchentlich verschiebt und man sich danach vor Ort erkundigen muss.

Am **Nationalfeiertag,** dem 20. Mai, findet in Yaoundé eine große Parade vor dem Staatspräsidenten statt, an der vor allem die Armee teilnimmt. Diese Paraden werden bereits ca. eine Woche vorher geprobt, und die gesamte Innenstadt, insbesondere um die poste centrale, wird bis nachmittags gesperrt. Dies erschwert die Fortbewegung, ermöglicht aber auch einen Blick auf die farbenprächtigen Paradeuniformen.

Mitte November gibt es die **„Nso cultural week",** bei der Pferderennen durch die Straßen Kumbos stattfinden.

Im Juli findet in Bangangté zwei Wochen lang das **Festival der Kulturen** statt. Es gibt Ausstellungen über die Kul-

S47kam Foto: rf

tur der Bangantés, eine kulinarische Ecke für Spezialitäten, viele Verkaufsstände, eine Bühne für traditionelle Musik, traditionellen Tanz sowie auch eine Bühne für moderne Musik.

Jeden Freitag findet in den islamischen Chefferien ein kleiner Festumzug **(Fantasia)** statt, bei dem traditionell gekleidete Reiter durch die Straßen ziehen. Besonders in den größeren Chefferien im Norden ist dies Anlass zu einem großen Fest mit Tanz und Musik.

„Fantasia" in Maroua

Fotografieren

Kameras sollten mit **Diskretion** benutzt werden, v.a. in ländlichen Regionen: Fragen Sie immer zuerst um Erlaubnis, bevor Sie jemanden fotografieren! Besonders alte Leute sind sehr ängstlich!

Gerade demjenigen, der mit öffentlichen Verkehrsmitteln reist, bieten sich eine Menge Gelegenheiten, Alltagssituationen und Porträts aufzunehmen. Menschen zu fotografieren, setzt ein hohes Maß an **Feingefühl** voraus. Der Respekt gegenüber dem fremden Kulturkreis und die Achtung religiöser Bräuche ist dabei sicherlich wichtiger als der Wunsch, möglichst exotische Bilder mit nach Hause zu bringen. Man sollte immer darauf achten, dass man **alle** Leute um Erlaubnis bittet, die fotografiert werden. Als ich einmal eine Frau auf einem Markt fotografierte, die mir vorher ihr Einverständnis erteilte, kam ein Mann zu mir, der sich drei Reihen hinter dieser Frau auf dem Weg befand und beschwerte sich, dass ich ihn fotografiert habe. Bei größeren Menschenmengen sollte man deshalb entweder ganz verdeckt fotografieren oder vorher andeuten, dass man ein Foto machen möchte und die Reaktion aller beobachten. Wenn sich keiner beschwert ist es möglich, zu fotografieren. Der einfachste Weg zu einer guten Porträtaufnahme führt in jedem Fall über das Gespräch. Durch Höflichkeit, Humor, Lächeln oder einen Gruß in der Landessprache kann man leicht Brücken bauen und seinem Gegenüber zeigen, dass man echtes Interesse an seinen Lebensgewohnheiten hat. Bedanken Sie sich und respektieren Sie auch eine eventuelle Absage. Bittet man Sie um ein Geschenk oder Geld, sollten Sie lieber auf das Foto verzichten. Gute Erfahrungen habe ich gemacht, wenn ich mich zuerst selbst von den betreffenden Personen fotografieren ließ: Dann wurde ich sogar manchmal um ein Gegenfoto gebeten. Gerade in Familien kam es vor, dass man sich vor dem Fotografieren erst schick gemacht hat, ein kleines Kind wurde dafür sogar extra gebadet und einparfümiert. Wenn man in Begleitung eines Einheimischen ist, ist es ratsam, dass der Begleiter in heikler Situation die Fotos schießt bzw. immer die Kamera trägt, so entstehen weniger Probleme. Häufig wird der Wunsch nach einem Abzug des Bildes geäußert. Ein von daheim aus eingelöstes Versprechen kann viel Freude bereiten. Die besten Bildergebnisse erhält, wer sich intensiv mit der bereisten Region vertraut macht und auch kleine Details am Wegrand beachtet.

Generell gibt es in Kamerun **keine Probleme beim Fotografieren und Filmen,** speziell in den touristischen Regionen. Dennoch sind auch hier, wie in allen Ländern, einige Ausnahmen zu beachten.

Fotografierverbot gilt für offizielle Gebäude, darunter der Präsidentenpalast in Yaoundé, der ehemalige deutsche Gouverneurspalast in Buea, der Hafen in Douala, Flughäfen, militärische Einrichtungen oder Polizeistationen, Soldaten, Polizisten, Sicherheitskräfte oder Beamte. Auch das Ablichten von Situationen, die gegen die Sitten oder den Ruf des Landes verstoßen, sind nicht erwünscht. Zuwiderhandlungen werden sehr streng bestraft. Sollten Sie Probleme bekommen, übergeben Sie Ihren Film am besten gleich freiweillig den Polizisten. Verhandlungen vor Ort sind in der Regel zwecklos.

Für offizielle Veranstaltungen oder nationale oder andere Feste empfiehlt es sich, im Informations- und Kultusmi-

Buchtipps:
- Helmut Hermann
Reisefotografie
- Volker Heinrich
Reisefotografie digital
(beide Bände REISE KNOW-HOW Praxis)

028kam Foto: rf

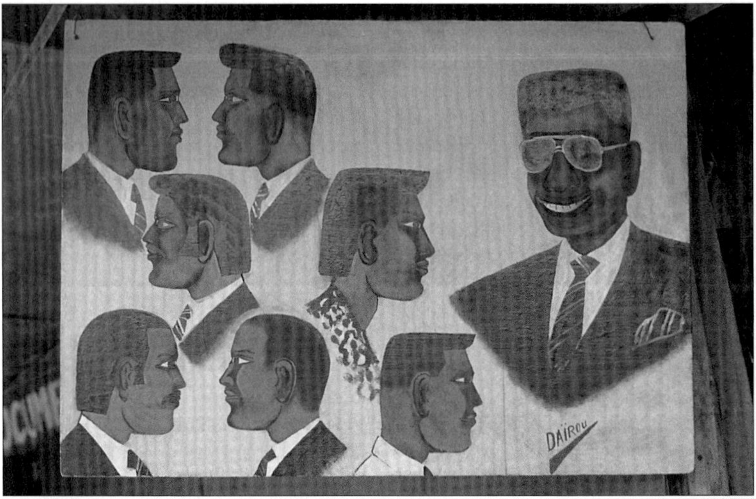

Werbetafel eines Friseurs

nisterium in Yaoundé, bei den örtlichen Touristenbehörden oder beim jeweiligen Präfekten eine Genehmigung einzuholen. Dies erübrigt sich, sollte eine persönliche Einladung vom Dorfchef oder einer anderen Obrigkeit vorliegen. Heutzutage ist auf jeder noch so kleinen Feier mindestens ein Fotograf vorhanden, neben dem Privatkameras in der Regel geduldet werden. Hier ist es kein Problem, sich zu den Fotografen zu reihen, auch ohne Genehmigung.

Was die **Ausrüstung** anbelangt, sei an dieser Stelle nur erwähnt, dass eine Spiegelreflexkamera mit Tele- und Weitwinkelobjektiv den größten Einsatzbereich gewährt, eine kleine Kamera hingegen gut für unauffällige Schnappschüsse ist. Für Museen, Handwerksausstellungen und andere dunkle Innenräume benötigen Sie ein Blitzgerät. Zusätzlich sollte man, besonders bei längerem Aufenthalt, beachten, dass empfindliche Kameras nicht für die klimatischen Bedingungen in Kamerun geeignet sind. Man sollte sich in Fachgeschäften nach einer **robusten Kamera** erkundigen, die sowohl Luftfeuchtigkeit als auch Staub aushält.

Obwohl in Douala und Yaoundé alle möglichen Filmmarken erhältlich sind, ist das Material meist überlagert und doppelt so teuer wie hierzulande. Besser also gleich das voraussichtlich benötigte Film- und Fotomaterial von zu

Hause mitnehmen (großzügig kalkulieren!). Grundsätzlich erlaubt der Zoll die Mitnahme von zehn Filmen und zehn Videokasetten, ich habe allerdings noch nie erlebt, dass dies kontrolliert wurde.

Die in Kamerun entwickelten Fotos sind oft von äußert schlechter Qualität und verbleichen schon nach kürzester Zeit, daher empfiehlt es sich, die Fotos in Europa entwickeln zu lassen. Ebenfalls sollte man nur mit Vorsicht gute Kameras in kamerunische „Fotofachgeschäfte" zur Reparatur abgeben (auch in den großen Städten). Manchmal machen die schlecht ausgebildeten Angestellten noch mehr kaputt, als sie reparieren.

Wegen der grellen Lichtverhältnisse gelingen die besten Bilder in der Regel am frühen Vormittag bis spätestens 10 Uhr oder nachmittags ab 16 Uhr.

Grundsätzlich sollte man die Kamera nie offen sichtbar mit sich herumtragen. Gerade dort, wo schon einfache Kameras einen höheren sozialen Status symbolisieren, ist statt eines protzigen Fotokoffers eine unauffällige Umhängetasche vorzuziehen, die nicht schon von Weitem auf den wertvollen Inhalt hinweist. Auf die Mitnahme von Kameras auf Märkte in großen Städten sowie auf Veranstaltungen mit dichtem Gedränge sollte man aufgrund der Diebstahlgefahr verzichten. Wenn man jedoch nicht auf die Bilder verzichten möchte, sollte man sich eine kamerunische Begleitung mitnehmen, die evtl. auch die Fotos schießen kann.

In den Fotoläden in Douala gibt es mittlerweile auch **Digitalkameras** und **Speicherkarten** (teuer!); man kann z.T. in den Internetcafés Fotos auf CD's brennen lassen. Auch bei den Kamerunern selber sind Digitalkameras und sogar Foto-Handys mittlerweile verbreitet. Problematisch bei Digitalkameras ist die **hohe Luftfeuchtigkeit** gerade im Süden, viel Staub und die größere Empfindlichkeit der Geräte (man sollte auf ein robustes und kompaktes Gerät zurückgreifen).

Frauen allein unterwegs

Eine Frau allein unterwegs durch Afrika ist keine Seltenheit mehr, aber auch nicht selbstverständlich. Da ich selbst mehr als ein halbes Jahr allein mit öffentlichen Verkehrsmitteln in West- und Zentralafrika unterwegs war und diese Reiseart allen anderen vorziehe, kann ich aus eigener Erfahrung bestätigen, dass das Reisen als Frau allein in Afrika im Allgemeinen nicht gefährlich ist (ab einem bestimmten Alter, jungen Mädchen ist es nicht zu empfehlen!), vorausgesetzt, es werden einige **Regeln und Tipps** beachtet.

Vor allem ist eine gewisse Anpassung gefragt. **Angemessene Kleidung** ist nicht nur im vorwiegend moslemischen

Buchtipp:
- Birgit Adam
Als Frau allein unterwegs
(Reise Know-How Praxis)

Norden angebracht. Um sich vor unerwünschten Blicken zu schützen, eignen sich weite Blusen oder T-Shirts, lange Röcke und Hosen (lange Oberteile verdecken die Hosentaschen, was den Dieben die Arbeit erschwert). Wer dagegen in Shorts oder ausgeschnittener Oberbekleidung umherläuft, sollte sich nicht wundern, wenn dies als „Aufforderung" zur Anmache betrachtet wird. Ein Kopftuch unterwegs schützt nicht nur vor Staub und Sonne, sondern wird üblicherweise auch von afrikanischen Frauen getragen.

Es ist eine häufige Erfahrung allein reisender europäischer Frauen, dass sie **von afrikanischen Männern angesprochen/angemacht** werden. Resolutes Auftreten und angemessene Kleidung schaffen hier Abhilfe - gänzlich vermeidbar ist es allerdings nicht. Besondere Vorsicht ist in den Hotels geboten, die etwas „anrüchig" sind, da sie von Kamerunern oft als Stundenhotels benutzt werden. Grundsätzlich wird ein klares Nein als Antwort auf eindeutige Fragen akzeptiert. Mit Vergewaltigungen und Agressivität hat man meiner Ansicht nach nicht zu rechnen. Beziehungen zu europäischen Frauen sind für manche Afrikaner erstrebenswert, nicht nur wegen des vermeintlichen Reichtums oder aus Prestigegründen, sondern auch weil sich insbesondere junge Leute erhoffen, dadurch einmal nach Europa zu kommen und so den Absprung zu schaffen. Diese Überlegungen sollte man auch bei intensiveren Freundschaften zunächst mit einbeziehen. Generell sollte man immer ver-

042kam Foto: rf

suchen, anfangs freundlich zu sein, sollte sich jedoch herausstellen, dass jemand aufdringlich wird, ein ganz eindeutiges NEIN erteilen.

Wer partout nicht auf Männerbekanntschaften aus ist, sollte einen **Ehering** (oder einen, der so aussieht) tragen und möglichst auch Bilder vom Ehemann und den Kindern bei sich haben, die man dann bei jeder Gelegenheit vorzeigen kann. Einer verheirateten Frau mit Familie wird sehr viel mehr Respekt entgegengebracht als einer unverheirateten und kinderlosen Frau.

Unterwegs sollte man besser nicht als Touristin auftreten, die bereits längere Zeit einfach aus Spaß am Reisen unterwegs ist. Dafür haben die Afrikaner kein großes Verständnis, denn dazu sind finanzielle Mittel nötig, die frau schnell als „reiche Europäerin" erscheinen lassen. Es ist daher besser, einfach zu sagen, dass man von A nach B unterwegs sei, um dort Verwandte, Freunde oder den Ehemann zu besuchen, der im Land arbeitet. Verwandtenbesuche sind in Afrika an der Tagesordnung und werden als wichtiger Grund zum Reisen verständnisvoll akzeptiert.

Unterwegs im Buschtaxi und im Zug wurde mir als allein reisender Frau gewöhnlich sehr viel **Hilfsbereitschaft und Gastfreundschaft** entgegengebracht, vor allem in ländlichen Gebieten. Ob es mir recht war oder nicht, ich hatte den besten Platz im Fahrzeug vorne beim Fahrer, wurde von den Passagieren mit Lebensmitteln versorgt, und ständig war jemand darum bemüht, dass ich am Ziel auch eine saubere, ordentliche Unterkunft bekam. Auch an Gesprächspartnern, die mir tausend Fragen stellten, mangelte es nicht. In dem Moment, wo ich mich anderen europäischen Reisenden anschloss, fehlten diese Erfahrungen meistens.

Als allein reisende Frau können unbesorgt auch einfachere landestypische Hotels bezogen werden.

Als gewisses Handicap empfand ich die Tatsache, dass eine Frau **nachts nicht allein durch die Straßen gehen** kann. Besonders in Städten wie Douala oder Yaoundé ist dies sehr riskant und gefährlich, aber auch unüblich. Da es andererseits bereits sehr früh am Abend dunkel wird, ist die Aussicht, sich bereits um halb sieben Uhr in sein (mehr oder weniger einfaches) Hotelzimmer verziehen zu müssen, nicht besonders verlockend. Häufig ergeben sich jedoch auch vertrauenswürdige Bekanntschaften aus dem Buschtaxi, oder es findet sich eine nette Kneipe (Taxi nehmen, in Douala oder Yaoundé möglichst ein Hoteltaxi), in der man auch ohne besonderes Aufsehen allein sitzen kann. Rotlichtdistrikte, düstere Discos oder ausgesprochene Männerkneipen sind selbstverständlich zu meiden.

Der **Sicherheitsfaktor** ist bei Reisen allein – egal ob als Mann oder als Frau – immer ein Kriterium, das zu bedenken ist. Denn wer gemeinsam unterwegs ist, hat in Notfällen immer jemanden, der rasch für Hilfe sorgen kann. Wenn möglich, ist es sinnvoll, im Hotel oder bei Reisebekanntschaften die Nachricht zu hinterlassen, wohin man unterwegs ist und/oder wann zurück sein will. Dies gilt besonders für Touren in abseits gelegene Gebiete.

Eine Reise als Frau allein erfordert ein gewisses Vertrauen in sich selbst und eine gute **Menschenkenntnis,** aber auch ein gesundes Misstrauen. Wichtig sind auch **Unternehmungslust** und **Entscheidungsfreudigkeit,** denn der Tagesplan, die verschiedenen Aktivitäten und Reiserouten können nicht mit einem Reisepartner abgesprochen werden. Manchmal wird man sich auch einsam, verloren oder beklommen fühlen, ein Gefühl, das sich im fremden Kulturkreis noch verstärkt bemerkbar machen kann. Eine intensive Reisevorbereitung ist nützlich, damit man weiß, was einen erwartet.

An **Gesprächspartnern** mangelt es unterwegs in Afrika absolut nicht. Im Gegenteil, um manchmal ganz mit mir allein sein zu können, musste ich mich entweder in mein Hotelzimmer zurückziehen oder mich am Buschtaxi-Bahnhof demonstrativ in ein Buch vertiefen, was allerdings eher selten war. Und schließlich: Man muss nicht allein verreisen! Wer allein auf Reisen geht, der will es in der Regel auch. Es ist meiner Ansicht nach jedenfalls eine großartige Erfahrung, mit sich selbst konfrontiert zu sein, auch größere Strecken Einsamkeit durchzustehen, ohne die Möglichkeit zu Ablenkungsmanövern oder sich bei jeder Gelegenheit in die Arme eines Partners „flüchten" zu können.

Holzmaske der Bafo

Geld

Kamerun ist Mitglied der zentralafrikanischen Finanzgemeinschaft Communauté Financière Africaine, die Währung ist der CFA-Franc.

Es gibt Münzen zu 5, 10, 25, 50, 100, 500 CFA und Banknoten zu 500, 1000, 2000, 5000 und 10 000 CFA. Eine neue Banknotenserie ist im November 2004 herausgegeben worden. Problematisch bleibt hingegen das **chronische Kleingeldproblem:** So beklagt die den zentralafrikanischen CFA herausgebende Bank BEAC *(Banque des étâts de l'Afrique centrale),* dass 25 CFA-Geldstücke zum Teil zur Schmuckherstellung eingeschmolzen würden. Auch 100 CFA-Stücke sind ständige Mangelware. Als Tourist kann man so – z.B. auf Märkten – mit einem 5000- oder 10.000-CFA-Schein fast nichts bezahlen, da es am Wechselgeld mangelt. Um diesem Problem Abhilfe zu schaffen, wurde im Frühjahr 2006 von der BEAC die **Herausgabe einer neuen Münzserie** (mit

Münzen ab 1 CFA) beschlossen, hierbei sollen die 100 CFA-Geldstücke, ähnlich der 1- und 2-Euromünze, aus 2 Metalllegierungen bestehen.

Der CFA ist eine **frei konvertierbare Währung.** Evtl. bekommen Sie bereits bei Ihrer Hausbank (gegen Vorbestellung) CFA-Francs, achten Sie jedoch darauf, dass Sie zentralafrikanische CFA der **Banque des Etats de l'Afrique Centrale** bekommen, nur diese haben in Kamerun Gültigkeit. Die Noten der Banque des Etats de l'Afrique de l'Ouest werden nicht akzeptiert.

Die **Einfuhr** von Landeswährung unterliegt keiner Beschränkung. Bei der **Ausfuhr** muss man allerdings beachten, dass nicht mehr als 20.000 CFA im Portemonnaie sind. Auch die Mitnahme von **Fremdwährung** ist unbeschränkt möglich. Bei Ausreise aus Kamerun darf nur ein Devisenbetrag in Höhe der deklarierten Einfuhr abzüglich der umgetauschten Beträge ausgeführt werden.

Der CFA-Franc steht in einer festen Kursrelation zum Euro: **655 CFA = 1 €.** Es empfiehlt sich daher, **Euro in bar** (in kleinen Scheinen) mitzunehmen. **Reiseschecks** hingegen werden **nur sehr selten eingetauscht** und sind daher **nicht empfehlenswert!** Bargeld in Euro wird in der Regel ohne Gebühren getauscht, bei **Reiseschecks** wird eine manchmal ziemlich hohe Gebühr (etwa 5 % des Scheckwertes) erhoben, die sich nach der Anzahl der eingetauschten Scheckformulare richten kann. Die Banken der Credit Lyonnais tauschen American-Express-Reiseschecks ohne Gebühren ein; sonst beträgt die Gebühr je nach Bank ca. 5 % des Scheckwertes. Manche Hotels akzeptieren auch eine Bezahlung in Euro, der fast wie eine Zweitwährung behandelt wird, doch sollten Sie sich darauf nicht verlassen. Vor Ort zu viel getauschte Währung kann vor der Rückreise am Flughafen in Euro zurückgetauscht werden.

Kamerun verfügt – neben der Elfenbeinküste – über das am besten ausgebaute **Bankensystem** im frankophonen Schwarzafrika mit etwa **20 verschiedenen Banken** und Kreditinstituten. Überall im Land, auch in kleinen Städten, befinden sich Bankfilialen. Jedoch kommt es in ländlichen Regionen auch einmal vor, dass die einzige Bank des Ortes nicht genügend Bargeld vorrätig hat. Tauschen Sie also immer rechtzeitig!

Für die **EC-(Maestro-)Karte** gibt es **keine Akzeptanzstellen** in Kamerun.

Es ist in den großen Städten möglich, mit der **Kreditkarte** (am besten VISA) aus **Automaten** Geld zu ziehen bzw. am Schalter zu bekommen, z.B. bei der SGBC (Douala, Yaoundé, Garoua, Bafoussam). Western Union geht auch in kleineren Städten, z.B. SGBC, BICEC (Douala, Yaoundé, Garoua, Limbe, Mbouda, Nkongsamba, Bafoussam, Bamenda, Mamfe – die genauen Adressen der Vertretungen kann man vor Rei-

sebeginn im Internet unter www.westernunion.com nachschlagen). Größere Hotels nehmen manchmal Kreditkarten. Barabhebungen per **Kreditkarte** kosten je nach ausstellender Bank bis zu 5,5 % an Gebühr, aber für das bargeldlose Zahlen werden nur ca. 1–2 % für den Auslandseinsatz berechnet. Sicherheitshalber sollte man seine PIN-Zahl auf jeden Fall dabeihaben, da unter Umständen auch am Schalter nicht ohne ausgezahlt wird.

Mit Western Union kann man sich innerhalb weniger Stunden **aus Deutschland Geld** schicken lassen. Dieses muss bei der Post oder direkt bei Western Union bar eingezahlt werden. Die Gebühren sind sehr hoch, fallen aber nur bei der Einzahlung, nicht beim Abholen des Geldes an (Reisepass und Transaktionsnnummer erforderlich). So musste man Ende 2005 für das Senden von 500 € immerhin 38 € an Gebühren zahlen. Vorteil ist hier die schnelle Verfügbarkeit des Geldes, die Überprüfung hier erfolgt in Kamerun per Modem (innerhalb von Minuten) oder Fax (maximal 1 Stunde). Beim Abholen des Geldes **Reisepass** und – mit dem Auftraggeber abgesprochenes – **Codewort** nicht vergessen! Mehr Infos unter www.westernunion.com.

Immer wieder kommen Zuschriften von Lesern, die über **Probleme mit Reiseschecks** berichten und die Mitnahme von Bargeld empfehlen.

Es gibt übrigens auch eine **Art innerkamerunischer Reiseschecks,** z.B. „Flashcash" von der CBC Bank, aber auch andere. Man tauscht sein Bargeld – gegen Bearbeitungsgebühr – in diese Schecks um und kann dann in jeder Filiale dieser Bank gegen Vorlage der Reiseschecks wieder Bargeld bekommen. Bei Verlust sind die Schecks versichert.

Bei Einkäufen herrscht besonders auf den Märkten ein ständiger Mangel an Wechsel- und Kleingeld. Tragen Sie daher immer **kleine Münzen** bei sich, und vermeiden Sie es aus Sicherheitsgründen, größere Geldbeträge zu zeigen.

Gesundheit

Einleitung

Dieser Reiseführer kann keinen Arzt und keine individuelle tropenmedizinische Beratung ersetzen! Der Reisende wird sich in Kamerun Gesundheitsrisiken ausgesetzt sehen, die er im europäischen Raum nicht zu fürchten hat. Trotz dieser nicht zu unterschätzenden Risiken gilt, dass bei konsequenter Vorsorge und entsprechend sorgsamem Verhalten die Ansteckungswege der meisten tropischen Krankheiten wirksam unterbunden werden. Angesichts der zunehmenden HIV-Infektionsrate kann vor der Aufnahme ungeschützter sexueller Kontakte bereits an dieser Stelle nur gewarnt werden.

Im Anhang dieses Buches finden sich **Informationen zu den wichtigsten Erkrankungen** mit Erläuterungen und Impfvorschlägen. Wenn nach der empfohlenen reisemedizinischen Beratung durch den Hausarzt noch Fragen offen bleiben, sollte man sich im Internet unter www.travelmed.de mit dem nötigen Hintergrundwissen versorgen. Einer gesonderten, individuellen Beratung durch einen Facharzt bedürfen in jedem Fall Reisende, die sich wegen chronischer Erkrankungen in ärztlicher Behandlung befinden und regelmäßig Medikamente einnehmen müssen.

Reisestil, Reisezeit, Aufenthaltsdauer und -orte spielen bei der Beurteilung des Krankheitsrisikos eine wichtige Rolle. Im Regelfall wird es notwendig sein, sich mit dem Hausarzt oder einer Reise- oder Tropenmedizinischen Ambulanz zu beraten, um die verschreibungspflichtige **Malariaprophylaxe** und ggfs. notwendige (vorgeschriebene) Impfungen durchführen zu lassen. Bei anhaltenden Beschwerden, z.B. Fieber, vor Ort und nach der Rückkehr sollte man unbedingt einen qualifizierten Arzt bzw. Tropenmediziner aufsuchen.

Die **Hauptbedrohung** geht in Afrika von **Infektionskrankheiten** aus, die sowohl durch die mangelnde Hygiene als auch klimatisch bedingt sind. Viele parasitäre Tropenerkrankungen brechen erst mit Verzögerung nach Monaten oder sogar Jahren aus. Der Verlauf wird stark vom allgemeinen Gesundheits- und Ernährungszustand beeinflusst.

Vor einer Reise empfiehlt sich ein **Zahnarztbesuch,** da vor Ort eine qualifizierte zahnärztliche Versorgung problematisch sein kann.

In den Tropen ist die Sonneneinstrahlung stärker als in Mitteleuropa. Ein guter **Sonnenschutz** ist dringend zu empfehlen (Hautkrebsrisiko!). Lange Sonneneinstrahlung ohne Schutz kann zu schweren Hautverbrennungen, Sonnenstich oder Hitzschlag durch Überwärmung führen. Durch Benutzen einer Sonnencreme, Tragen eines Sonnenhuts, Aufenthalt im Schatten und regelmäßiges Trinken kann man dem vorbeugen.

Vorsicht – und das widerspricht keineswegs dem gerade Gesagten – vor einer **Erkältung.** Der Wechsel von Kälte/Kühle in Gebäuden und der Hitze draußen und zugige Fahrten in öffentlichen Verkehrsmitteln sind hier als Gefahrenquellen zu nennen.

Reisedurchfall

Die **häufigste Erkrankung** in den Tropen ist der so genannte Reisedurchfall. Die Ansteckung erfolgt in der Regel über verschmutztes Wasser und damit verunreinigte Lebensmittel. Auch Wurminfektionen und Hepatitis A werden über verunreinigte Lebensmittel übertragen.

Vorbeugung

- Zum Trinken und Zähneputzen sollten nur abgepackte Getränke oder abgekochtes Wasser verwendet werden. Zum Abkochen muss das Wasser mind. 10 Minuten sprudelnd kochen. Im Handel befindliche Tabletten zur chemischen Wasserdesinfektion sollten nur im Notfall das Abkochen ersetzen. Filterpumpen müssen unbedingt nach Herstelleranweisung regelmäßig gereinigt werden.
- Tee und Kaffee aus nur kurz erhitztem Wasser sind nicht keimfrei.
- Eiswürfel sollten gemieden werden.
- Kohlensäurehaltige Getränke sollten bevorzugt werden, da die vorhandene Kohlensäure als Beweis der intakten Originalverpackung gelten kann.
- Obst sollte man am besten selbst schälen.
- Die Grundregel in Ernährungsfragen lautet: **Cook it, peel it or forget it!**

Vorschlag für eine Reiseapotheke

Für einen kurzen Aufenthalt ist keine umfangreiche Reiseapotheke notwendig.

- Malariaprophylaxe je nach Verordnung
- Insektenrepellent, z.B. *Autan*®
- Sonnencreme
- Bei Schmerz/Fieber: z.B. *Paracetamol*® 500 mg (max. 4 g pro Tag) oder Aspirin®
- Bei Durchfall: Loperamid, z.B. *Immodium*® akut
(größere Mengen sind verschreibungspflichtig)
- Verbandsmaterial: Pflaster, Mullbinden, Schere
- Hansa-Sprühpflaster® (desinfiziert, hat sich sehr gut bewährt)
- Bei Reisekrankheit: z.B. Superpep®-Reisekaugummi

Für längere Aufenthalte (Erste-Hilfe-Kurs auffrischen!)

- Dreiecktücher, sterile Folien zum Abdecken von Wunden
- Fieberthermometer
- Nasentropfen, Hustensaft oder -tabletten
- Wundsalbe (z.B. *Bepanthen®*), Wunddesinfektion (z.B. *Braunovidon®*)
- Butylscopolamin *(Buscopan®)* als Tabletten oder Zäpfchen,
bei Magenkrämpfen und Nierensteinen
- Metoclopramid *(Paspertin®)*, bei Übelkeit und Erbrechen
- Spritzen 5 und 10 ml, Nadeln (grün und gelb), evtl. Venenverweilkanülen für den Arzt*
- Notfallantibiotikum, z.B. *Tarivid*® 400 mg, Ciprobay ® 500mg oder *Bactrim*® 960 mg (verschreibungspflichtig)
- Antibiotische Augensalbe, z.B. *Aureomycin*®-Augensalbe
- zur Malariatherapie: *Lariam*®, Riamet®, evtl. *Malaquick*®-Test
(Haltbarkeit im Kühlschrank ca. 1 Jahr, sonst 2 Monate)
- für Brillen- bzw. Kontaktlinsenträger: Reserve!

Weitere Medikamente machen nur bei genauerer Kenntnis über ihre Verwendung Sinn. Lagerungshinweise und Gegenanzeigen müssen genau beachtet werden.

* Lassen Sie sich ein Zeugnis in Englisch bzw. Französisch ausstellen, dass Sie die Spritzen und Kanülen nur zum persönlichen Gebrauch mitnehmen, um Schwierigkeiten beim Zoll zu vermeiden.

Behandlung

Kommt es trotzdem zu Durchfall, sollte man darauf achten, dass die dadurch entstehenden Wasser- und Elektrolytverluste ausgeglichen werden. Dazu gibt es in den Apotheken erhältliche Elektrolytpulver, die man aber gewöhnlich nicht braucht. Zur Überbrückung kann kurzfristig Loperamid (z.B. *Immodium®*) eingesetzt werden. Da der Durchfall durch die Ausscheidung der Erreger auch zur Heilung führt, sollte man der Sache, sobald eine geeignete Toilette zur Verfügung steht, unbedingt freien Lauf lassen. Antibiotika sollten nicht selbstständig eingenommen werden. Ist ein Arzt nicht verfügbar, kann Cotrimoxazol (z.B. *Bactrim*® 960 mg) 2x1 oder Ofloxacin (z.B. *Tarivid*® 400 mg) 2x1 oder Ciprofloxacin *(Ciprobay*® 500 mg 2x1) in Abhängigkeit von der Symptomatik, für 3–14 Tage eingenommen werden. Lang anhaltender Durchfall mit Fieber oder Blut im Stuhl sollte sofort zum Arztbesuch führen. Vor einigen Durchfallerregern kann man sich durch Impfung schützen.

Geschlechtskrankheiten

Geschlechtskrankheiten sind auch in Kamerun/Westafrika verbreitet, wenn auch bei Weitem noch nicht in dem Maße wie in Ost- und Südafrika. Neben den auch in Mitteleuropa verbreiteten **HIV/AIDS,** Syphillis (harter Schanker), Chlamydieninfektion und Gonorrhoe (Tripper) kommen dort noch das Ulcus molle (weicher Schanker) und die venerische Lymphogranulomatose vor. Auch Hepatitis B und C können über Sexualkontakte übertragen werden. Durch Benutzung von Kondomen (Safer Sex) kann man sich weitgehend schützen. Es empfiehlt sich, Kondome von zu Hause mitzunehmen. Insbesondere im Norden des Landes ist es schwierig, diese zu besorgen. Die HIV-Rate liegt in Kamerun bei 9,8 % der erwachsenen Bevölkerung zwischen 15 und 49 Jahren, bei Risikogruppen wie Prostituierten bei 50 %. Homosexualität ist in Kamerun übrigens strafbar.

Medizinische Versorgung im Land

Es gibt in Kamerun im Prinzip eine ausreichende medizinische Versorgung. Auch in kleineren Städten finden sich **Apotheken,** in denen Antibiotika, Durchfallmittel, Verbandsmaterial etc. fachgerecht verkauft werden. In den größeren Städten gibt es sicher eine ebenso hohe Apothekendichte wie in Deutschland. Hüten sollte man sich lediglich davor, auf dem Markt Medikamente zu kaufen, da hier keine Garantien über Herkunft, Zusammensetzung und Alter bestehen. Leider sind viele Einheimische aus Geldmangel genötigt, diese **„Médicaments de contrebande“** genannten Präparate auf dem (Schwarz-)Markt einzukaufen, womit sie sich in Lebensgefahr begeben können: Im günstigsten Fall war dann noch die billig auf dem Wochenmarkt erhältliche „Anti-Malaria-Infusion“ schlichtes Backpulver ...

Es bestehen seitens der Regierung im Rahmen des Programmes „Lutte contre la pauvreté“ (Kampf gegen die Armut) Bemühungen, die Preise für Apothekenmedikamente erschwinglich zu halten, so dass die meisen Arzneimittel um 5000 CFA kosten; so ist z.B. eine Antimalariatherapie mit *Artesunat* für ca. 4000 CFA erhältlich.

Beim Kaufen der Medikamente empfiehlt es sich, den **internationalen Wirkstoffnamen** mit Dosierungsangabe (z.B. *Ciprofloxacine* 250 mg) aufzuschreiben und in der Apotheke vorzuzeigen.

Jedes von einem Arzt oder einer Krankenschwester unterschriebene Papier mit der Bezeichnung **„Ordonnance“** gilt als Rezept. Ein solches befreit zwar nicht von der Zahlung des Medikaments, beugt aber Missverständnissen in der Apotheke vor und verhindert, dass man sich – womöglich gefährlicherweise – das falsche Medikament besorgt. Darüber hinaus konnte ich problemlos auch ohne „Ordonnance“ Medikamente in der Apotheke einkaufen. Die Markennamen sind nämlich, da in Kamerun größtenteils dem französischen System entsprochen wird, zum Teil völlig verschieden.

Einige Entsprechungen:

Wirkstoffname	Handelsname in Deutschland	Handelsname in Kamerun
Paracetamol (Schmerzmittel und Fiebersenker)	**Ben-U-Ron**	**Perfalgan, Dafalgan, Efferalgan**
Acetylsalizylsäure (Schmerzmittel und Fiebersenker)	**Aspirin**	**Aspégic**
Loperamid (Durchfallmittel)	**Immodium**	**Immodium**
Ciprofloxacin (Breitband-antibiotikum)	**Ciprobay**	**Cifran**
Metocopramid (gegen Übelkeit)	**Paspertin, MCP**	**Métoclopramide**
Mefloquin (Malariaprophylaxe)	**Lariam**	**Méfloquine, Lariam**
Artesunat (Antimalariamittel)	**Arinat**	**Artésunate, Cotécxin**

Die **Krankenhäuser** in Kameruns Städten entsprechen **keineswegs europäischen Standards.**

Der Hygienestandard in den Krankenhäusern ist oft dürftig – ich habe von Patientenangehörigen erfahren, die dem Personal Geld zusteckten, damit diese das Zimmer in einen akzeptablen Zustand brachten. Auch ist es wichtig, zum Personal freundlich und verbindlich Kontakt aufzubauen und notfalls etwas Geld zu geben, um nicht der berüchtigten **„négligence"** (Vernachlässigung) zum Opfer zu fallen.

Auffallend ist, dass Krankenschwestern oft anspruchsvolle Tätigkeiten wie Medikamentenverschreibungen, Infusionen anlegen etc. souverän durchführen, während der Arzt im Hintergrund bleibt und die eigentliche Pflege von den Angehörigen des Patienten übernommen wird. Medikamente und z.B. auch Spritzen/Infusionsbesteck werden in der Regel vom medizinischen Personal verschrieben und dann von den Angehörigen in der zuständigen „Pharmacie" eingekauft: Hierdurch besteht die Gewährleistung, dass die Spritzen steril verpackt und die Arzneimittel seriöser Herkunft sind.

In der **Behandlung von Tropenerkrankungen** haben kamerunesische Kliniken durch die Erfahrung oft **sehr gute Kenntnisse,** so dass man gerade z.B. bei einer Malaria dort sicher besser als in einem deutschen Krankenhaus aufgehoben ist, wo ein solcher „Fall" alle paar Jahre mal auftaucht.

Auch in ländlichen Gebieten gibt es staatliche oder private Krankenhäuser bzw. Gesundheitsstationen.

Wichtige medizinische Anlaufstellen werden im praktischen Infoteil zu den jeweiligen Orten genannt.

Tropenmedizinische Institutionen

In Deutschland

- **Berlin:** Universitätsklinikum Charité, Institut für Tropenmedizin, Spandauer Damm 130, Haus 10, 14050 Berlin. Tel.: (030) 30116-6, Fax 30116-888. www.charite.de/tropenmedizin/, E-Mail: ift@bbges.de.
- **Bonn:** Institut für Medizinische Parasitologie der Universität, Sigmund-Freud-Str. 25, 53127 Bonn, Tel. (0228) 287-16558, Fax 287-15034.
- **Dresden:** Institut für Tropenmedizin des Städtischen Klinikums Dresden-Friedrichstadt, Friedrichstr. 39, 01067 Dresden, Tel. (0351) 4803805.
- **Hamburg:** Bernhard-Nocht-Institut für Tropenmedizin, Bernhard-Nocht-Str. 74, 20359 Hamburg, Tel. (040) 42818-0, www.bni.uni-hamburg.de.
- **Heidelberg:** Institut für Tropenhygiene und öffentl. Gesundheitswesen am Südasieninstitut der Universität, Im Neuenheimer Feld 324, 69120 Heidelberg, Tel. (06221) 562905, Fax 565204.
- **Leipzig:** Klinikum St. Georg II, Klinik für Innere Medizin, Reisemedizinisches Zentrum, Delitzscher Str. 141, 04129 Leipzig, Tel. (0341) 909-2619, Fax 909-2630.
- **München:** Institut für Infektions- und Tropenmedizin der Universität, Leopoldstr. 5, 80802 München, Tel. (089) 2180-13 500, Fax 33 6112.
- **München:** Städtisches Krankenhaus Schwabing, I. Medizinische Abteilung, Kölner Platz 1, 80804 München, Tel. (089) 3068-2601, Fax 3068-3910.
- **Rostock:** Abteilung für Tropenmedizin und Infektionskrankheiten der Universität, Klinik und Poliklinik für Innere Medizin, Ernst-Heydemann-Str. 6, 18057 Rostock, Tel. (0381) 4940, Fax 396586.
- **Tübingen:** Tropenmedizinisches Institut der Universität, Keplerstr. 15, 72074 Tübingen, Tel. (07071) 2982365, Fax 295267, www.difaem.de/tropenklinik.htm.
- **Tübingen:** Tropenklinik Paul-Lechler-Krankenhaus, Paul-Lechler-Str. 24, 72074 Tübingen, Tel. (07071) 2060, Fax 22359.
- **Ulm:** Sektion Infektionskrankheiten und Tropenmedizin, Medizinische Klinik und Poliklinik der Universität Ulm, Robert-Koch-Str. 8, 89081 Ulm, Tel. (0731) 502-4421, Fax 502-4393.
- **Würzburg:** Fachabteilung Tropenmedizin der Missionsärztlichen Klinik, Salvatorstr. 7, 97074 Würzburg, Tel. (0931) 791-2821, Fax 791-2453.

In Österreich

- **Wien:** Institut für spezifische Prophylaxe und Tropenmedizin der Universität, Kinderspitalgasse 15, A-1095 Wien, Tel. 01/40490-360, Fax 40383-4390.
- **Wien:** Institut für Reise- und Tropenmedizin, Lenaugasse 19, A – 1080 Wien. Tel. 01/402 68 61, www.tropeninstitut.at.

In der Schweiz

- **Basel:** Schweizerisches Tropeninstitut, Socinstr. 57, CH-4002 Basel, Tel. 061/284-8111, Fax 271-8654.

Reisemedizinische Informationstellen

Verschiedene Gesellschaften und privatwirtschaftliche Betriebe bieten laufend aktualisierte reisemedizinische Informationen an:

- **Centrum für Reisemedizin**
Oberrather Str. 10, D-40472 Düsseldorf, Tel. (0211) 904290, www.travelmed.de.

Nach telefonischer Anforderung wird gegen eine Gebühr ein individueller „Reise-Gesundheitsbrief" zusammengestellt und zugeschickt, der genau auf die geplante Reise und die zu besuchenden Regionen im Zielland eingeht. Es wird der jeweils neueste Stand bezüglich Malariaprophylaxe, Impfempfehlungen, medizinischer Vorortsituation und Zusammenstellung einer Reiseapotheke genannt.

- **Deutsche Gesellschaft für Tropenmedizin und Internationale Gesundheit e.V. (DTG)**
Infoservice, Postfach 400466,
D-80704 München, www.dtg.mwn.de.

Gegen Einsendung eines frankierten Rückumschlags können neben einer Liste tropenmedizinischer Einrichtungen neueste Empfehlungen zur Malariaprophylaxe abgerufen werden.

- **Deutsches Grünes Kreuz**
Schuhmarkt 4, D-35037 Marburg,
Tel. (06421) 293-0.

Hier kann die ständig aktualisierte, informative Broschüre Gesundheitsempfehlungen für den Internationalen Reiseverkehr angefordert werden.

- **BAD Gesundheitsvorsorge und Sicherheitstechnik GmbH**
Zentrum Flughafen, D-40474 Düsseldorf,
Info-Tel. (0211) 90707-22 oder -18,
Fax-Abfrage unter 9855290.

Buchtipps:

Zum Thema Gesundheit bzw. Krankheiten auf Reisen hat Reise Know-How nützliche Ratgeber im Programm:

- Dr. Dürfeld, Dr. Rickels
Selbstdiagnose und -behandlung unterwegs
- David Werner
Wo es keinen Arzt gibt, Gesundheitshandbuch zur Hilfe und Selbsthilfe
- Roland Hanewald
Handbuch für Tropenreisen
- Armin Wirth
Erste Hilfe unterwegs effektiv und praxisnah
- Werner und Jeanette Lips
Schwanger reisen

Man erhält zu fast allen Reiseländern aktuelle gesundheitliche Detailinformationen, die auf den jeweiligen Datenbanken und Angaben der Weltgesundheitsorganisation WHO beruhen.

Reisemedizinische Beratung im Internet

Grundsätzlich kann auch die beste Webpage keine individuelle ärztliche Beratung ersetzen. Für eine erste Orientierung und weitere Hintergrundinformationen kann die Lektüre folgender Internetseiten empfohlen werden:

- **www.travelmed.de**
Website, die vom Centrum für Reisemedizin betreut wird. Umfassende Informationen zu länderspezifischer Gesundheitsvorsorge und reisemedizinisch qualifizierten Beratungsstellen. Zusammenarbeit mit Reiseveranstaltern und Reisebüros.
- **www.fit-for-travel.de**
Webpage des reisemedizinischen Info-Dienstes des Tropeninstituts München mit zahlreichen Infos zu Reisemedizin, Impfungen und Malariaprophylaxe.
- **www.dtg.org**
Internet-Homepage der Deutschen Gesellschaft für Tropenmedizin und Internationale Gesundheit e.V. (DTG) mit dem landesbezogenen aktuellen Stand betreffend Impfungen und Malariaprophylaxe.
- **www.who.org**
Internet-Homepage der Weltgesundheitsorganisation WHO mit reisebezogenen Gesundheitsinfos zu allen Ländern der Erde.
- **www.cdc.gov**
Internet-Homepage des Centers of Disease Control, Atlanta (USA). Unter dem Menü-Punkt „Travel" können reisemedizinische Infos zu fast allen Ländern der Erde abgerufen werden.

Darüber hinaus gibt es zahlreiche andere tropen- und reisemedizinische Webseiten aus den Bereichen Medien, Pharmaindustrie, Apotheken und anderen Zweigen der Privatwirtschaft, die sehr informativ sein können. Es lohnt sich, mit entsprechenden Suchbegriffen aufs „Internet-Surfbrett" zu steigen.

Rückkehruntersuchungen

Für Langzeitreisende ist eine ärztliche Untersuchung nach der Rückkehr anzuraten, auch wenn Sie sich grundsätzlich gesund fühlen. So kann mittels eines Routinescreenings eine vielleicht bislang unbemerkte parasitäre Infektion ausgeschlossen werden. Da viele Tropenkrankheiten eine relativ lange Inkubationszeit besitzen, sollten Sie am besten **acht bis zehn Wochen nach Ihrer Rückkehr** an einem Tropeninstitut oder bei einem tropenerfahrenen Arzt vorstellig werden.

Kleidung

Für das extrem feuchtheiße Klima im Süden so gut wie für die trockene Hitze im Norden eignet sich luftige, strapazierfähige, leicht waschbare und weite **Baumwollkleidung.** Lange Hosen, die zwar aus leichtem Leinen- oder Baumwollmaterial, aber dicht gewebt sind, schützen vor lästigen Mückenstichen und Kratzern bei Urwald- oder Buschwanderungen. Eine gute Alternative sind spezielle Trekkinghosen aus dem Fachgeschäft. Leichte Wollsachen, ein Pullover oder Sweat-Shirt empfehlen sich sowohl für klimatisierte Räume und Autos als auch für das kühle Hochland.

053kam Foto: rf

Zweckdienlich ist auch das „Zwiebelschalen-Prinzip": Man trägt mehrere leichte Sachen übereinander.

Bei intensiver Sonneneinstrahlung empfehlen sich lange Ärmel und eine **Kopfbedeckung,** die auch vor dem allgegenwärtigen Staub auf sandigen Pisten schützt – auch sollte man eine gute Sonnenbrille nicht vergessen!

Safaris in die Wildreservate sollten eher **in dunkler Kleidung** unternommen werden, um die Tiere nicht zu erschrecken. Für Touren in Regenwälder ist auch nicht leuchtende Kleidung in Naturtönen empfehlenswert, da so In-

Fischer am Strand von Kribi

sekten (z.B. Moskitos) nicht angezogen werden, ebenfalls braucht man hier eine leichte Regenjacke.

Für Behördengänge und Einladungen sollte zumindest ein **„schickeres" Kleidungsstück** und ein Paar schicke Schuhe eingepackt werden; es sei nochmals darauf verwiesen, dass nachlässige Bekleidung in Kamerun auf Unverständnis stößt und man weniger respektiert wird. In der Stadt sollte man am besten Hosen/Hemden mit engen oder verschließbaren Taschen oder Kleidungsstücke tragen, die die Taschen verstecken, um gegen mögliche Diebe vorzubeugen.

Es gibt fast überall **europäische Kleidung** zu kaufen, meist aus Synthetikstoffen gefertigt. Auf den Märkten kann man hübsche, bunt bedruckte Baumwollstoffe bekommen, die Ihnen die Marktschneider für wenig Geld und in kurzer Zeit nach Ihren Wünschen nähen. Diese Stoffe (auch **Pagne** genannt) sind übrigens auch nützlich als Umhängetuch beim Duschen, als Bettauflage (im Falle verdreckter Bettlaken) oder als Unterlage am Strand (5 m ab 4000 CFA). Auf den Märkten findet man schöne Secondhandkleidung, die sehr günstig angeboten wird.

Unterwegs im Landesinneren trägt man am besten leichte, strapazierfähige, geschlossene **Schuhe** mit einer griffigen Profilsohle. Feste Turnschuhe oder leichte Wildlederboots sind auf den staubigen, in der Regenzeit schlammigen Pisten ganz praktisch. Sandalen eignen sich nur für den Strand oder evtl. für die Stadt. Sonst rate ich von offenen Schuhen oder Espandrillos ab, nicht nur wegen Schmutz und Staub, sondern auch wegen Dornen, Ameisen oder (selten) Schlangen. Feste Trekking-Schuhe sind für Wandertouren erforderlich, auch hier sollte man auf leichtes und strapazierfähiges Material achten. Auf den Märkten werden billige Gummisandalen angeboten. Sie sind nicht nur am Strand, sondern auch in der Hoteldusche nützlich. Wichtig ist, dass man ein Paar schicke Schuhe für Behördengänge, Feste oder Kirchengänge mitnimmt.

Kleidungs-Checkliste

- Lange Hosen bzw. Röcke, leichtes Sommerkleid
- Weite T-Shirts, Baumwollhemden, Blusen (auch langärmelig)
- 1 Sweat-Shirt oder Wollpullover, Badekleidung, Shorts
- Unterwäsche und Socken (Baumwolle)
- Dünne Windjacke und Regenschutz, Hals- bzw. Kopftuch (gegen Sonne, Staub, Erkältung, auch als Dreieckstuch oder Verbandszeug zu verwenden)
- Eine dicke warme Jacke für den Westen (z.B. für die Ringroad)
- 2 Paar geschlossene Schuhe, ein Paar Sandalen oder Badeschuhe
- Pareo oder Pagne (s. o.)

Notfall

Notrufnummern

In allen Städten und größeren Ortschaften gibt es Krankenhäuser, ärztliche Versorgung und Polizeistation. Die Telefonnummern finden Sie unter den jeweiligen Orten. In ganz Kamerun gibt es einheitliche Telefonnummern für:

- **Polizei/Notruf:** Tel. 17
- **Feuerwehr:** Tel. 18
- **Medizinischer Notfall:** Tel. 2234020
- **Allgemeiner Notfall:** Tel. 12

Bei Diebstählen oder Überfällen sollte in jedem Fall Anzeige bei der Polizei erstattet werden. Ohne diese Bestätigung erhalten Sie z.B. keine neuen Reisedokumente bei der Botschaft, keine Erstattung durch die Reiseversicherung für Gepäckverlust und kein Geld von der Bank für verlorene Reiseschecks.

Verlust von „Plastikkarten“

Bei Verlust oder Diebstahl der Kredit- oder Maestro-(EC-)Karten sollte man diese umgehend sperren lassen. Für deutsche Maestro(EC-) und Kreditkarten gibt es die einheitliche **Sperrnummer (0049) 116116** und im Ausland zusätzlich **(0049) 30 40504050.** Für österreicherische und schweizerische Karten gelten:

- **MasterCard/VISA,** (A)-Tel. 0043 1 71701 4500 (MasterCard) bzw. Tel. 0043 1 7111 1770 (VISA); (CH)-Tel. 0041 58 9588383 für alle Banken außer Credit Suisse, Corner Bank Lugano und UBS.
- **American Express,** (A)-Tel. 0049 69 9797 1000; (CH)-Tel. 0041-44 6596333.
- **Diners Club,** (A)-Tel. 0043 1 5013514; (CH)-Tel. 0041 44 8354545.

Ausweisverlust / dringender Notfall

Wird der Reisepass oder Personalausweis im Ausland gestohlen, muss man dies bei der **örtlichen Polizei melden.** Außerdem sollte man sich an die nächste diplomatische Auslandsvertretung seines Landes wenden, damit man einen Ersatz-Reiseausweis zur Rückkehr ausgestellt bekommt (ohne kommt man nicht an Bord eines Flugzeuges!).

Auch in **dringenden Notfällen,** z.B. medizinischer oder rechtlicher Art, Vermisstensuche, Hilfe bei Todesfällen, Häftlingsbetreuung o.Ä. sind die Auslandsvertretungen bemüht vermittelnd zu helfen.

Deutschland

- **Ambassade de la RFA**

Yaoundé, Nouvelle Route Bastos, Bastos-Usine, Tel. 2210056, 2214434, 2217292 und 2200566
Notfall: Tel. 7700705, 9500766 (mobil)

Die Deutsche Botschaft befindet sich im ehemaligen Gebäude der belgischen Botschaft; Amtsbezirk: Kamerun, Äquatorial-Guinea und Tschad. Einem Taxifahrer sagt man am besten: „ancien ambassade de Belgique“.

- **Konsularabteilung Yaoundé**

Rue Charles de Gaulle (liegt im Zentrum, gegenüber des Hôtel de Ville),
Tel. 2223881
Notfall: Tel. 7700705, 9500766 (mobil)

Erste Anlaufstelle für Deutsche, die in Not geraten sind oder sich im „Deutschenverzeichnis“ registrieren lassen wollen, was ab einer Aufenthaltsdauer von vier Wochen empfohlen wird.

Österreich

- In Kamerun gibt es **kein österreichisches Konsulat** mehr. Zuständig ist die **Botschaft in Abuja, Nigeria,** Plot 9, Usuma Street, Maitama, Tel. (002349) 4130772 oder 4130773. Man kann sich aber auch zunächst an die Deutsche Konsularabteilung in Yaoundé wenden, die Österreichern als EU-Bürgern in manchen Fällen auch vermittelnd weiterhelfen kann.

Schweiz

- **Generalkonsulat Yaoundé,**

an der Ecke der Straßen 1811 und 1814, gegenüber dem Restaurant des Arts

Quartier Bastos, Yaoundé,
Tel. 2205067,
008821650619093 (Satellit),

Wichtige Flugrettungsgesellschaften

In Deutschland

- **Flugdienst des Deutschen Roten Kreuzes**
Friedrich-Ebert-Allee 71, 53113 Bonn,
Tel. (0228) 230023.
- **Deutsche Flugambulanz**
Flughafenhalle 3, 40474 Düsseldorf,
Tel. (0211) 431717, Fax 4360252,
www.deutscheflugambulanz.de
- **Deutsche Rettungsflugwacht**
Flughafen Stuttgart, Tel. (0711) 701070.
- **Malteser Hilfsdienst**
Einsatzzentrale Leonhard-Tietzstr. 8,
50676 Köln, Tel. (0221) 203080.

In der Schweiz

- **Schweizerische Rettungsflugwacht REGA**
CH-8058 Zürich,
Tel. +41/(0)1/3831111, Fax 6543590.

In Österreich

- **Die Österreichische Ärzteflugambulanz**
Albertgasse 1a, A-1080 Wien,
Tel. +43/(0)1/40456,
Hotline +43/(0)1/40144, Fax 4032822,
E-Mail: member@oafa.com,
www.oafa.com.

In Belgien

- **Touring Club Royal de Belgique**
Rue de la Loi 44, B-1040 Bruxelles,
Tel. +32/(0)2/23322-11, Fax -05.

In Luxemburg

- **Air Rescue Luxembourg**
175 A, Rue de Cessange,
L-1321 Luxembourg,
Tel. +352/489006, Fax 402563.

Öffnungszeiten

Die **Geschäftszeiten** werden offiziell wie folgt angegeben:

- **Banken:** Mo. bis Fr. 7.30/8–11.30/12.30, teilweise 14.30–16.30 Uhr; Sa./So. geschlossen. Manche Banken sind durchgehend geöffnet (7.30–15.30 Uhr).
- **Geschäfte:** Mo. bis Fr. 8/8.30–11.30/12.30 und 15–18/19 Uhr, Sa. 8.30–12 Uhr, in den größeren Städten sind die Geschäfte ganztags geöffnet.
- **Postämter:** Mo. bis Fr. 7.30–15 Uhr.
- **Telefonämter** (CAMTEL): Mo. bis Fr. 7.30–16 Uhr (z.B. Yaoundé).
- **Büros:** Mo. bis Fr. 8–15.30 Uhr.

Während des Ramadan können **im islamischen Norden** andere Öffnungszeiten gelten. Es kann vorkommen, dass Geschäfte nur kurz geöffnet und die lokalen Restaurants tagsüber geschlossen sind. Die Restaurants der größeren Hotels bleiben jedoch geöffnet. Am Freitag sollte man im Norden nicht nach 13 Uhr in ein Büro kommen, denn ab ca. 13.30 Uhr (Zeitpunkt des Großen Gebets) schließen die meisten Büros schon, um erst wieder am darauf folgenden Montag zu öffnen. Auch die Geschäfte sind freitags während der Gebetszeiten meist geschlossen, doch kann man dort teilweise auch sonntags einkaufen. Die kleinen Kioske am Straßenrand haben oft bis in die späten Abendstunden geöffnet.

An den obigen Angaben ist zu erkennen, dass die **Öffnungszeiten** im Land recht **unterschiedlich gehandhabt** werden. Viele Büros und Ämter haben die so genannte „Journée continue" eingeführt und sind von 8–15 Uhr durchgängig geöffnet. In der anglophonen Zone öffnen die Banken meist von 8–14 Uhr, im Norden von 8–13 Uhr und schließen nachmittags ganz. Im Süden dagegen gibt es auch nachmittags Schalterstunden. Bankgeschäfte sollte man am besten vormittags abwickeln, um sicher zu gehen, dass geöffnet ist.

Die **Märkte** sind morgens am aktivsten, größere Märkte (in Douala, Yaoundé und Maroua) öffnen ganztägig.

In den **Restaurants** serviert man mittags von 12–15 Uhr und abends ab 19.30/20 Uhr, selten gibt es spätabends noch warme Küche. Dagegen findet man in den traditionellen Circuits und in den Garküchen am Straßenrand auch bis in die Nachtstunden noch etwas zu essen. In den Cafétarias gibt es von ca. 7–11 Uhr und wieder ab 18 Uhr Frühstück, bzw. Abendbrot. Somit gibt es fast keinen Zeitpunkt, wo man nicht schnell etwas Warmes essen kann.

Post und Telekommunikation

Post

Postämter gibt es in allen größeren Städten Kameruns. Auch wenn es mancherorts **Briefkästen** gibt, empfiehlt es sich, die Post direkt am Postamt oder an der Rezeption des Hotels abzugeben; die Beförderung erfolgt zuverlässig und wesentlich schneller. Der Briefverkehr zwischen Kamerun und Europa benötigt fünf Tage bis drei Wochen (je nach Absendeort).

Von Deutschland empfiehlt es sich nicht, Süßigkeiten in Paketen nach Kamerun zu schicken (Mäuse), für Wertgegenstände besteht keine Garantie und Geld kommt fast nie an! Pakete können, mit Personalausweis und gegen eine kleine Gebühr, an der Postzentrale abgeholt werden (der Bescheid über das Paket liegt im angegebenen Postfach).

In den Provinzstädten im Zentrum (z.B. Ngaoundéré) ist auf die an der Post angeschlagenen Öffnungszeiten nicht immer Verlass.

Briefmarken erhält man in Postämtern oder manchmal im Hotel.

In Kamerun gibt es keine Postzustellung ins Haus, sondern nur Postfächer (B.P. in den frankophonen Landesteilen, P.O. Box in den anglophonen).

Sie können sich nach Kamerun auch **postlagernde Sendungen** schicken lassen, die Aufbewahrung der Post erfolgt am Poste-restante-Schalter des jeweiligen Postamts. Diese Briefe sollten wie folgt adressiert sein:

Name des Empfängers
Poste Centrale
Poste Restante
Douala (oder Yaoundé)
Cameroun

Die Sendungen können gegen Vorlage des Reisepasses im Gebäude der Hauptpost zu den Öffnungszeiten abgeholt werden.

Gebühren nach Deutschland

(Stand Anfang 2006)
- **Luftpostbrief** (10 g): 450 CFA
- **Postkarte:** 200 CFA

Telefonieren

Telefonieren kann man **von allen Postämtern und den großen Hotels,** auch wenn man dort nicht Gast ist, und vor allem bei den zahllosen **privaten Téléboutiques** in allen Ortschaften, die an das Telefonnetz angeschlossen sind. Es lohnt sich kaum, noch lange auf den Postämtern zu warten. In größeren Ortschaften sind die Téléboutiques 24 Stunden geöffnet. Dort können günstig (ab 50 CFA/Min.) Anrufe nach Europa getätigt und Faxe versandt werden. Überall, wo das Mobilfunknetz funktioniert, gibt es die so genannten **„call boxes".** Sie bestehen meist aus einem Tisch mit der Orange- oder MTN-Werbung und einem Stuhl, auf dem eine Person sitzt, die ein Handy für einen Anruf zur Verfügung stellt – eignet sich für kurze, schnelle Telefonanrufe innerhalb Kameruns (Preis: ca. 125–150 CFA/Min.).

Die Telekommunikation gehört zu den Bereichen, die sich in Kamerun am schnellsten ändern. Hierbei scheint in Kamerun eine wahre Handy-Manie ausgebrochen zu sein, es ist in größeren Städten fast an jeder Straßenecke (bei allgegenwärtigen Mobilfunkwerbungen) möglich, sein Handy aufzuladen. Der afrikanische Mobilfunkmarkt ist der am schnellsten wachsende der Erde! Es gibt derzeit zwei **Mobilfunkbetreiber** (über einen dritten wird verhandelt): **MTN** (Mobile Telephone Network, eine Firma aus Südafrika; die Nummern beginnen mit 5 und 7) und **Orange** (vormals Mobilis; die Nummern fangen mit 6 oder 9 an). Hauptanteilseigner an Orange ist France Telekom. Gegenüber MTN ist Orange stark auf dem Vormarsch. Ende 2005 hatte Orange 889.000 Abonnenten. Während Orange besonders in den größeren Städten attraktiv ist, hat sich MTN auf die ländlichen Gebiete (z.B. im Südwesten) spezialisiert. Es ist möglich, mit europäischen Handykarten in Kamerun zu telefonieren und auch SMS zu verschicken. Wegen hoher Gebühren sollte man bei seinem Anbieter nachfragen, welcher der Roamingpartner günstig ist und diesen per **manueller Netzauswahl** voreinstellen. Nicht zu vergessen sind die **passiven Kosten,** wenn man von zu Hause angerufen wird (Mailbox abstellen!). Der Anrufer zahlt nur die Gebühr ins heimische Mobilnetz, die teure Rufweiterleitung ins Ausland zahlt der Empfänger.

Wesentlich preiswerter ist es, sich von vornherein auf **SMS** zu beschränken, der Empfang ist dabei in der Regel kostenfrei.

Falls das eigene Mobiltelefon **SIM-lock-frei** ist (keine Sperrung anderer Provider vorhanden ist), ist es allerdings viel günstiger, sich eine lokale pre-paid-Karte zu kaufen, die in den größeren Städten an jeder Ecke ver-

Schon seit 2001 gelten in Kamerun siebenstellige statt der vorher sechsstelligen Telefonnummern; die Systematik war folgende:

- 2 vor 2, 30, 31
- 3 vor 32, 33, 34, 35, 36, 37, 38, 39, 4
- 7 vor 6, 7 (Mobil, MTN)
- 9 vor 8, 9 (Mobil, Orange/vormals Mobilis)

kauft werden. Dabei ist zu überlegen, ob man viel von unterwegs telefonieren will (dann ist MTN günstiger). Ein einmaliges Abonnement z.B. von Orange kostet 10.000 CFA, worin bereits ein Guthaben enthalten ist. Aufladekarten sind in größeren Städten ebenfalls überall zu bekommen, sollten jedoch nur in offiziellen Geschäften gekauft werden und nicht von Straßenhändlern, da die Karten dann oft schon verbraucht sind.

CAMTEL bleibt bis auf weiteres die staatliche Telefongesellschaft für **Festanschlüsse.** Es gab zwar schon im Jahr 2000 Verkaufsverhandlungen, sie wurden aber nicht abgeschlossen. Im November 2003 verpflichtete sich CAMTEL, neue Festanschlüsse sowie öffentliche Telefonzellen zu installieren. Innerhalb von vier Jahren sollen die Privatisierungspläne dann wieder aufgenommen werden.

Die **Telefonnummern** ändern sich häufig und kurzfristig, so dass auch die in Telefonbüchern angegebenen Nummern nur mit Vorbehalt gelten.

Die **Überseeverbindungen** klappen in der Regel gut, meist sogar deutlich besser als die inländischen und sind sehr günstig.

Preise: Innerhalb einer Stadt kostet ein kurzes Telefongespräch 100 CFA. Mit Orange/MTM kommt ein Gespräch nach Europa auf 500–600 CFA pro Minute, ein Gespräch in der Téléboutique nach Übersee 50–150 CFA/Min. Eine Seite Fax ins Ausland kostet ca. 750 CFA pro Seite.

In Kamerun gibt es **keine speziellen Vorwahlen für die Städte,** diese sind bereits in der siebenstelligen Telefonnummer enthalten. Das interne Telefonnetz kann mitunter Probleme bereiten, bei Inlandsverbindungen kommt es häufig zu Ausfällen. In den größeren Städten gibt es seit der Zulassung der privaten Téléboutiques keine öffentlichen Kartentelefone mehr (mit Ausnahme von Douala und Yaoundé, wo sie aber auch nicht mehr gewartet werden). Dies soll sich aber ändern.

Telex-Service steht in den CAMTEL-Büros, Postämtern und größeren Hotels zur Verfügung.

Telegramme können von den Postämtern von Yaoundé und Douala sowie den größeren Hotels abgeschickt werden, dies kann aber einige Zeit in Anspruch nehmen.

Wappnen Sie sich also in Kamerun bei der Telekommunikation mit Geduld!

Selbstwählferndienst für internationale Verbindungen von Kamerun aus (nach der **Ländervorwahl** jeweils die 0 der nationalen Vorwahl weglassen):

- nach Deutschland: 0049; 2400 CFA pro Minute
- nach Österreich: 0043; 2400 CFA
- in die Schweiz: 0041; 1840 CFA
- nach Frankreich: 0033; 1200 CFA
- in die Niederlande: 0031; 1520 CFA
- Vorwahl von Europa nach Kamerun: 00237

Buchtipps:
- Volker Heinrich
Kommunikation von unterwegs
- Günter Schramm
Internet für die Reise
(beide Bände Reise Know-How Praxis)

Internet

Eine der schnellsten, günstigsten und einfachsten Möglichkeiten der Kommunikation mit zu Hause ist das Internet. Dieser Bereich hat sich in Kamerun explosionsartig verändert, heute findet man in den großen Städten an jeder Ecke **„Cybercafés“**, wo man sehr günstig im World Wide Web surfen kann. 2005 kostete in Douala eine Stunde zwischen 200 und 500 CFA, in den Hotels bis 1000 CFA. Gerade im Norden des Landes (z.B. Garoua) sind die Internetverbindungen schlechter, aber auch dort kann man mit viel Geduld bei z.T. „hängender" Verbindung für 1000 CFA/Min. surfen.

Viele Kameruner haben mittlerweile eine – meist französische – Internetadresse, so dass dies eine schöne und preiswerte Möglichkeit ist, den Kontakt zu halten.

In kleineren Städten mit schlechteren Verbindungen kann es teurer sein. Einige der Cybercafés bieten auch sehr günstige Auslandstelefongespräche übers Internet an, z.B. ICC-Net in der Einkaufspassage neben dem Hilton in Yaoundé oder auf der Bd. de la Liberté in Douala (Akwa).

Preise

Kamerun ist kein ausgesprochen **billiges Reiseland.** Wenn Sie einen etwas besseren Standard, Unterkunft und Verpflegung nach europäischem Niveau und einen klimatisierten Mietwagen in Anspruch nehmen wollen, werden Sie mit relativ hohen Reisekosten rechnen müssen – etwa 80 € pro Tag.

Bei einem Einkauf in den großen Supermärkten Yaoundés und Doualas stellt man fest, dass die **Lebenshaltungskosten** in Kamerun nicht selten 50 % über deutschem Niveau liegen, weil viele der dortigen Waren und Luxusgüter importiert werden müssen. Für Mahlzeiten europäischen Standards (meist französische Küche) in einem der größeren Hotels oder Restaurants in der Stadt rechnet man ab etwa 5000, in ländlichen Regionen ab 3000 CFA.

Preisbeispiele (Ende 2006; in CFA)

- Mietwagen/Tag: ab 35.000 (zzgl. Kilometer-Gebühren)
- Mittelklassehotel/Zimmer: ab 10.000
- Buschtaxi: je 100 km ca. 1500
- Stadttaxi (Sammelverkehr): 200 tagsüber (6–22 Uhr)
- Frühstück im Hotel: 1500–3000
- Frühstück im Cafétariat: ab 200
- Mittagsmenü im Hotel: ab 5000
- Mittagsmenü im Circuit: ab 500
- Cola oder Softdrinks: groß 350, klein 250
- 1 Flasche Mineralwasser: 300–400, im Hotel 800
- Bier pression (vom Fass): 500
- Bier in der Flasche: 350–500
- Stangenweißbrot: 100–200
- Zigaretten: 500
- Tageszeitung: 300
- Afrikanischer Stoff (Pagne): pro Meter ab 4000–5000
- 10 Bananen: 350
- Würfelzucker: 500
- Yoghurt: 125–150
- Milchpulver: 1500 (400 g)
- 1 Päckchen Streichhölzer: 25
- 1 Päckchen Taschentücher: 100

Wer allerdings nicht unbedingt in einem der größeren Touristenhotels wohnen möchte und trotz feuchttropischer Hitze und Pistenstaub bereit ist, auf Komfort zu verzichten, das Land mit öffentlichen Verkehrsmitteln zu bereisen und in kleinen afrikanischen Restaurants, den *Circuits,* zu essen, kann sich das Land **auf recht preiswerte Art** erschließen. So kostet z.B. eine große Flasche Soda (Mineralwasser) im Hotel ca. 1000, im kleinen Kiosk um die Ecke aber nur noch 350 CFA.

Die **einfacheren Unterkünfte,** die nicht speziell für Touristen zur Verfügung stehen, sondern in denen auch die Kameruner selbst wohnen, sind in der Regel recht sauber und kosten ein Bruchteil des Preises klimatisierter Touristenhotels (siehe auch im Kapitel Unterkunft).

Mietwagen sind in Kamerun extrem teuer, mit günstigen öffentlichen Bussen und Überlandtaxis erreicht man aber auch das entlegenste Dorf, wenngleich etwas unbequemer und zeitaufwendiger. Man kann sich allerdings auch mit einem Taxifahrer einigen und einen Tagesmietpreis aushandeln, der immer noch unter dem der Autoverleihfirmen liegt. In der Regenzeit und in ländlichen Gegenden sind die Preise meistens etwas höher.

Wer mit **öffentlichen Verkehrsmitteln** reist, hat den Vorteil, die Region auf eine viel intensivere Art erleben und einen unmittelbaren Kontakt zur Bevölkerung herstellen zu können.

Hinweis: **Alle in diesem Buch angegebenen Preise sind Richtwerte,** die regional bzw. durch Preissteigerungen Änderungen unterliegen und daher vorbehaltlich gelten. Aufgrund der Inflation muss ständig mit allgemeinen Preissteigerungen gerechnet werden.

Reisen im Land

Öffentliche Verkehrsmittel

Das **Angebot** an öffentlichen Verkehrsmitteln in Kamerun ist **sehr groß,** denn Reisen gehört zum afrikanischen Alltag: Zahllose Händler sind mit ihren Waren unterwegs zu den Märkten, Dorfbewohner haben Erledigungen in der Stadt zu machen, fahren zu Festen oder Trauerfeiern, und andere besuchen Familienmitglieder im nächsten Ort. Das Reisen in Bahn, Bus und Buschtaxi ist zwar anstrengend und zeitaufwendig, man bekommt so aber einen sehr intensiven Kontakt zur Bevölkerung. Vor allem gelangt man auf diese Art auch in die kleinsten Ortschaften.

Die **Wahl des Verkehrsmittels** ist abhängig vom Reisebudget und der zur Verfügung stehenden Zeit. Die teuerste Variante ist eine Kombination aus Flugzeug und Mietwagen. Sehr viel preiswerter, jedoch auch zeitaufwendiger, sind Bus, Buschtaxi und Eisenbahn. Am schönsten und erlebnisreichsten ist es meiner Ansicht nach, sich gelegentlich zu Fuß fortzubewegen: Für Wanderungen durch die Berge oder von Dorf zu Dorf gibt es in Kamerun ideale Voraussetzungen.

Das Reisen in Kamerun erfordert **Geduld und Zeit,** wenn man die Strecken innerhalb des Landes nicht per Flugzeug zurücklegen will. Bei Hitzegraden, die schon im Ruhezustand anstrengend sind, erfordern die Fahrten in öffentlichen Transportmitteln - Bus, Buschtaxi oder Eisenbahn - sehr viel Ausdauer und Flexibilität, auch für unvorhergesehene Ereignisse wie z.B. Verspätungen, Pannen usw. Schon bei der Planung der Reise sollte man sich daher keine großen Fahretappen vornehmen und bedenken, dass ein Großteil der Zeit für die Überlandfahrten beansprucht wird. Dies ist charakteristisch für jede Reise auf eigene Faust durch Afrika, und gerade bei den langen Wartezeiten auf Busbahnhöfen und beim Be- und Entladen der Transportmittel, bei Pannen, bei Polizeikontrollen, bei den Pausen zum Beten oder einfach nur unterwegs kommt es meist zu interessanten Begegnungen mit der Bevölkerung und dem Alltag Afrikas. Manchmal kommt man sich jedoch bei ca. 8 Leuten in einem kleinen PKW viel näher als man es möchte und klebt fast aneinander - auch ein Erlebnis!

Flugverbindungen innerhalb Kameruns

Insbesondere wegen der angespannten Sicherheitslage bei Fahrten in den Norden sind Flugreisen innerhalb Kameruns attraktiv - allerdings extrem teuer und unzuverlässig. Theoretisch werden von Cameroon Airlines folgende Verbindungen angeboten (Preise einfacher Flug):

- **Douala - Yaoundé** (4 x/Woche): Preis: 21.100 CFA
- **Ngaoundéré - Douala** (Flugbetrieb vorübergehend eingestellt): 77.600 CFA
- **Garoua - Douala** (2 x/Woche): 77.600 CFA
- **Maroua - Douala** (Flugbetrieb vorübergehend eingestellt)

S991BMkam Foto: ed

Folgende **private Fluggesellschaften** operieren innerhalb Kameruns:

- **Unifly**
Tel./Fax 00237-3426834,
E-Mail: unifly.computer@camnet.cm.
- **Air Service**
479, avenue de Gaule, Bonanjo, Douala.
Tel. 00237-9503000, 3438172,
E-mail: camerooin@airservice.com

Fluggastgebühren werden jeweils vor Abflug erhoben: bei Inlandsflügen 500, bei internationalen Flügen 10.000 CFA. Inhaber von Diplomatenpässen und Kinder, die im Reisepass der Eltern oder eines Elternteils aufgeführt sind, bezahlen keine Fluggastgebühr.

Informationen erhalten Sie bei **Cameroon Airlines:**

- **Douala** (Head Office): 3, avenue Général de Gaulle, B.P. 4092, Douala, Tel. (00237) 3422525, 3422487, 3424949 (Flughafen), Fax 3422487.
- **Yaoundé:** Av. Monseigneur-Vogt, B.P. 1186, Tel. 2230304, 2233808, 2234001 oder 2223974 (Reservierungen), 2230611 (Flughafen), Fax 2223974.
- **Garoua:** B.P. 66, Tel. 2271055 (Reservierung) oder 2271481/83 (Flughafen), Fax 2271549
- **Maroua:** B.P. 37, Tel. 2291050
- **Ngaoundéré:** B.P. 37, Tel. 2251295

Ein größeres Buschtaxi in Wartestellung

Für **inländische Flüge** werden **keine Rückflugermäßigungen** gewährt, der Hin- und Rückflug kostet immer das Doppelte des einfachen Fluges. Kinder im Alter von 2–12 zahlen nur 50 %. Informieren Sie sich über mögliche Wochenend- und Studentenermäßigungen (gegen Vorlage des Studentenausweises).

Vor jedem Flug muss eine **Rückbestätigung** erfolgen, sonst besteht kein Anspruch auf einen Platz im Flugzeug, auch wenn man ein O.K. im Ticket hat. Die Rückbestätigung muss **persönlich** in einem Büro der Cameroon Airlines oder am Flughafen erfolgen – telefonische Rückbestätigungen werden nicht akzeptiert, da ein Vermerk ins Ticket kommt. Der Vorteil dabei: Die sich kurzfristig oft ändernden Flugzeiten können auf diese Weise nochmals überprüft werden.

Wenn Sie auf Warteliste gebucht sind, sollten Sie sich früh am Check-in-Schalter einfinden. Ergibt sich ein freier Platz, werden die Passagiere auf Warteliste nicht nach einer bestimmten Reihenfolge, sondern getreu der Regel „First come, first serve" mitgenommen. Es lohnt sich überhaupt, früher am Check-In Schalter zu erscheinen, da ein O.K. im Flugschein noch lange nicht bedeutet, dass man auch tatsächlich mitgenommen wird.

Die Kontrollgeräte an den Flughäfen sind nicht immer „film-safe", nehmen Sie daher ihr Filmmaterial vorher aus dem Gepäck heraus.

Flugscheine erhalten Sie bei den Reisebüros oder direkt bei den Fluggesellschaften oder am Flughafen.

Sammel-/Buschtaxis und Busse

Die **preisgünstigere Art, das Land zu bereisen,** ist die Fahrt in Bussen und Buschtaxis, den landesüblichen Verkehrsmitteln. Vor allem bei Buschtaxis sind Komfortverzicht, Ausdauer und Geduld Voraussetzung, lange Wartezeiten an der Tagesordnung. Zwischen den größeren Städten verkehren Busse verschiedener Agenturen im **Linienverkehr.** Diese sind komfortabel, gut organisiert und halten sich pünktlich an ihren Fahrplan. Fast alle größeren Ortschaften, die an geteerten Straßen liegen, werden heute von Bussen der Agences de Voyage (keine Reisebüros, sondern Busunternehmen) bedient. Die Agences machen sich starke Konkurrenz, was sich positiv auf das Preis-Leistungs-Verhältnis auswirkt. Bei den Unternehmen kann man Fahrkarten auch telefonisch im Voraus bestellen, um sie dann zu einer vereinbarten Zeit am Fahrkartenschalter abzuholen (siehe auch bei den Stadtbeschreibungen). Wenn die Möglichkeit besteht, sollte man die **großen Busse** (ca. 60 Personen) der größeren Busgesellschaften **benutzen,** weil die Fahrer der kleinen Busse häufig riskant fahren und nicht selten Unfälle verursachen. Insgesamt ist die Reise in Kamerun, sowohl mit öffentlichen Verkehrsmitteln als auch für Selbstfahrer, nicht ganz ungefährlich. Gelegentliche Warnschilder am Straßenrand erinnern daran, wie viele Leute an einer bestimmten Stelle bei einem Verkehrsunfall gestorben sind („Ici 32 morts").

Die **Busbahnhöfe** heißen **„gare routière"** bzw. **„park"** oder **„moto park"** im anglophonen Teil. Man findet sie in fast allen größeren Dörfern und Ortschaften als zentrale Abfahrtsstelle in der Nähe des Marktplatzes. In den Städten gibt es meist mehrere Busbahnhöfe an den Ausfallstraßen der jeweiligen Fahrtrichtung. Oft herrscht auf den großen Abfahrtsstellen ein unüberschaubares Chaos und dichtes Gedränge, in dem jeder Chauffeur lautstark um seine Fahrgäste wirbt. Außer den Busbahnhöfen gibt es unterwegs keine eigens dafür vorgesehenen Haltestellen. Es ist also überall üblich, ein Sammeltaxi auf offener Straße anzuhalten und je nach Verfügbarkeit der Plätze darin mitgenommen zu werden.

Bei den **Sammel- oder Buschtaxis (Taxi Brousse)** sind die Abfahrtszeiten nicht festgelegt, die Fahrzeuge fahren erst dann ab, wenn sie bis auf den letzten Platz besetzt sind. Gelegentlich ist es möglich, dass man für einen guten Platz etwas mehr zahlt, bzw. für mehrere Plätze zahlt. Man darf jedoch nicht vergessen, dass in Kamerun Versprechen solcher Art nicht immer gehalten werden. Generell sind stundenlange Wartezeiten keine Seltenheit. Finden Sie sich daher schon sehr früh am Morgen am Busbahnhof ein, am besten zwischen 6 und 9 Uhr, da dann die Chance am größten ist, dass sich die Fahrzeuge rasch füllen. Wenn man das erste Fahrzeug in die jeweilige Richtung versäumt, dauert es oft lange, bis sich wieder genügend Fahrgäste für ein weiteres Buschtaxi einfinden. Außerdem vermeidet man bei früher Abfahrt die **gefährlichen Nachtfahrten.** Auf frequentierteren Strecken, z.B. Douala – Yaoundé oder Garoua – Maroua, erfolgen die Abfahrten in relativ kurzen Abständen. In entlegene Dörfer verkehrt manchmal nur ein Fahrzeug pro Tag, und es ist günstig, sich an den Markttagen zu orientieren, an denen die Händler verstärkt unterwegs sind.

Unter den verschiedenen **Fahrzeugtypen** wird in Kamerun der **Peugeot 504** (Kombi) am häufigsten eingesetzt, der acht Fahrgäste befördert. Daneben gibt es Minibusse mit 14/16/18 Plätzen (oft Toyota Coaster für die Busse der Agences de Voyage) und die Saviem für 27 Fahrgäste. Auf abgelegenen Pisten verkehren manchmal auch **Pick-ups** mit seitlichen Holzbänken, und noch seltener werden sogar Lastwagen als Transportmittel benutzt. Alle Fahrzeuge haben jedenfalls immer mehr „Plätze" als „Sitze", das heißt, sie werden in der Regel hoffnungslos überbesetzt. Hin und wieder kommt es vor, dass Reisende einen zweiten Fahrplatz bezahlen, um entweder etwas mehr Sitzkomfort zu haben oder damit alle Plätze bezahlt sind und das Fahrzeug endlich startet. Denn man braucht schon gute Nerven, um Stunden auf den „letzten" Passagier zu warten, ohne den das Buschtaxi nun mal nicht abfahren wird. Und irgendwo hat immer noch ein weiterer Fahrgast Platz!

Auf gängigen Strecken sind normalerweise verschiedene Fahrzeugtypen im Einsatz. Die größeren Fahrzeuge sind u.U. etwas billiger, dafür aber auch langsamer und länger in Kontrollen involviert, da mehr Fahrgäste und Gepäck durchsucht werden können. Wer die Wahl hat, sollte daher immer den kleinsten Fahrzeugvarianten den Vorzug geben, die vor allem morgens auch als erste besetzt sind und dann früh losfahren können.

Der **Fahrscheinkauf** erfolgt normalerweise am Abfahrtstag in den kleinen Ticket-Ständen direkt am Busbahnhof. Vor der Abfahrt werden Namen und Passdaten in eine Liste eingetragen. Ein guter Tipp ist, sich diese Liste genauer anzuschauen: Diese gibt einen Hinweis darauf, wie voll der Bus ist, d.h. ob er eine Chance hat, bald zu fahren. Einerseits belegen nämlich viele Passagiere ihren Platz einfach mit einer Tasche und gehen zwischendurch etwas essen oder trinken, andererseits ist es mir einmal passiert, dass eine Agence einfach ihre eigenen Leute in den Bus gesetzt hatte, um diesen voll erscheinen zu lassen: Auf wundersame Weise wurde so immer ein Platz „getauscht". Bewahren Sie Ihren Fahrschein gut auf, er enthält die Fahrzeugnummer und ist nützlich bei Verlusten und Reklamationen. Wegen des ständigen Wechselgeldmangels empfiehlt es sich, den Fahrpreis passend bereitzuhalten. Es ist üblich, dass das ausstehende Wechselgeld auf der Rückseite des Fahrscheins vermerkt wird und erst zu Beginn der Fahrt ausgezahlt wird. **Verloren gegangene Gepäckstücke** kommen immer zum Abfahrtsbahnhof zurück, an den man sich dann wenden muss. Es klingt zwar eher unwahrscheinlich, dass dieses „Fundbüro" funktioniert, aber ich habe persönlich positive Erfahrungen damit gemacht.

Bei den **Buschtaxis** handelt es sich um Privatfahrzeuge, die einem staatlichen Syndikat mit **festgelegten Tarifen** unterliegen. Dabei wird unter der Hand schon einmal ein Aufschlag gemacht, wenn die Straßen- oder Pistenverhältnisse schlecht sind. Kameruns Buschtaxis gehören zu den preiswertesten in Zentralafrika.

Preisbeispiele (in CFA)

- Maroua – Garoua: 2800
- Maroua – Ngaoundéré: 6000
- Maroua – Mora: 700
- Douala – Kribi: 1500
- Douala – Yaoundé: 3500
- Douala – Limbe: 1000–1500
- Garoua – Ngaoundéré: 3900

In der Regel sind die Preise am Fahrkartenschalter oder am Fahrzeug angeschrieben. Als grobe **Richtlinie** rechnet man **1500 CFA je 100 km.** Für jedes Gepäckstück wird ein Aufschlag bezahlt. Der Tarif für ein **Gepäckstück mit 20 kg** liegt bei etwa **800 CFA,** Gewicht und Preis werden in der Regel geschätzt, bei Touristen mit einem kleinen „Aufschlag" versehen und können verhandelt werden.

Nehmen Sie sich für die Fahrten im Buschtaxi nur **kleine Etappen** vor und rüsten Sie sich mit viel Geduld, denn Pannen gehören zur Tagesordnung.

In der Regenzeit ist der Sammeltaxiverkehr aufgrund der schlechten Pistenverhältnisse sehr eingeschränkt. Gegen Wind und Staub schützt man sich mit Kopfbedeckung und Sonnenbrille. Unterwegs können Sie sich an den zahlreichen Stopps auf Märkten mit ausreichend Proviant versorgen, eine Flasche Mineralwasser sollte man jedoch immer dabei haben. Auf längeren Strecken werden mittags Essenspausen an Straßenständen oder in kleinen Restaurants eingelegt.

Bedenken zur Sicherheit dieser Transportmittel sind berechtigt. Es ist daher ratsam, die Busse der Agences de Voyage zu benutzen, denn diese werden in der Regel gewartet und nicht überfüllt. Auch werden sie nicht ständig bei kleinen Polizeikontrollen aufgehalten. Buschtaxis sind zwar das wichtigste Verkehrsmittel Kameruns und ständig im Einsatz, meist handelt es sich aber um altersschwache Vehikel, deren Fahrtüchtigkeit zweifelhaft ist. Das Gepäck wird zu einem bedenklich schwankenden Turm auf das Dach gepackt, das Fahrzeug ist mit Passagieren völlig überladen. Zu den Passagieren gesellen sich manchmal Hühner, Ziegen und Schafe, und auch im hintersten Winkel hat noch ein Sack mit Hirse Platz. Die Fahrer legen oft ein halsbrecherisches Tempo vor, speziell auf den gut ausgebauten Asphaltstraßen.

An jedem kleinen Marktflecken wird angehalten, das Auto be- und entladen, lautstark um weitere Mitreisende ge-

Belebte Straße in Dschang

worben. Dabei wird das Fahrzeug belagert von Händlern, die Maniok, Bananen, Fisch und Fleisch, Beignets und Brochettes, Früchte, Wasser und Brot anbieten. Die meisten Reisenden verlieren trotz des Tumults ihre gute Laune nicht. Selbst die häufigen **Polizeikontrollen** unterwegs bringen kaum jemanden aus der Fassung. Sicherheitsvorkehrungen und Ladung werden kontrolliert, manchmal auch die Papiere der Reisenden. Da geltende Regeln fast nie eingehalten werden, kommt es dabei häufig zu Verzögerungen.

Im Vergleich zu den Nachbarländern sind die Buschtaxis in Kamerun zwar in verhältnismäßig „gutem" Zustand, jedoch empfiehlt es sich vor Abfahrt, einen Blick auf die Verkehrstüchtigkeit des Fahrzeugs zu werfen. Bevor man in ein verrostetes, überladenes Auto mit abgefahrenem Reifenprofil steigt, wartet man besser ein anderes ab. Ich habe auch schon von Reisenden gehört, die dem Fahrer ein Trinkgeld gaben, damit er die Geschwindigkeit etwas herabsetzt, dies sollte jedoch nicht zur Regel werden.

Große **Überlandbusse** verkehren auf den wichtigsten Hauptverbindungen: Douala – Bafoussam – Bamenda, Douala – Yaoundé, Ngaoundéré – Garoua, Ngaoundéré – Maroua, Ngaoundéré – Yagoua, Garoua – Maroua, Maroua – Kousséri, Dschang – Kumba. Diese Fahrzeuge sind recht modern, niemals überbesetzt und ermöglichen eine sehr **bequemes Reisen.** Die **Abfahrtszeiten** sind **festgelegt** und werden in der Regel auch eingehalten. Fahrscheine kann man schon am Vortag kaufen. Auf den frequentierten Routen ist das in der Regel nicht nötig, da täglich genügend Abfahrten bestehen. Meist muss man Pass oder Personalausweis beim Ticketverkauf vorlegen. Das Gepäck wird unten im Bus verstaut und mit einer Gepäckbanderole versehen. Nur gegen Vorlage des Gegenstückes erhält man am Ankunftsort sein Gepäckstück ausgehändigt. Eine weitere Maßnahme zur Verbesserung der Sicherheit.

Auch auf **Pistenverbindungen** gibt es mittlerweile organisierte Agences de Voyage. Beispielsweise bietet Kawtal Voyage eine Verbindung zwischen Ngaoundéré und Bafoussam für 8000 CFA an, die Reise nimmt ungefähr 12 Stunden in Anspruch.

Die Preise für diese regelmäßigen Verbindungen liegen also kaum über denen der Buschtaxis, und so sind die Busse ein sehr beliebtes Verkehrsmittel. Zwischen Yaoundé und Douala werden auch Fahrten in klimatisierten Bussen angeboten („Prestige“), z.B. von Centrales Voyages (Kosten: 8000 CFA).

Eisenbahn

Zwischen dem Norden und Süden Kameruns existieren keine Teerstraßen. Nur wenige, schwierig zu befahrende Pisten ermöglichen eine Fahrt im Auto in diese oder jene Richtung. Aus diesem Grund ist der **„Transcamerounais“**, die kamerunische Eisenbahn, eine der wichtigsten Verkehrsverbindungen zwischen dem Süden und dem Norden. Sie führt **von Douala über Yaoundé nach Ngaoundéré.** Ein kurzer Abzweiger verbindet die Hauptstrecke mit Mbalmayo. Die Eisenbahnverbindung zwischen Douala und Nkongsamba (Westen) bzw. Kumba dient nicht mehr zur Personenbeförderung, sondern ausschließlich zum Transport von Frachtgut.

Die Züge sind preiswerte, aber langsame Verkehrsmittel.

Wer Richtung Norden unterwegs ist, kommt mit dem Transcamerounais dennoch schneller nach Ngaoundéré als auf der zweitägigen Fahrt mit dem Buschtaxi oder Wagen über schlechte Pisten. Außerdem ist die Bahnfahrt ein Erlebnis, das man sich nicht entgehen lassen sollte. Der Bau der Eisenbahn zwischen Douala und Makak wurde noch während der deutschen Kolonialzeit begonnen, die letzten Gleise auf der Strecke von Yaoundé nach Ngaoundéré wurden 1974 im Auftrag der nationalen Eisenbahngesellschaft Regie Nationale des Chemins de Fer du Cameroun mit europäischer Finanzierung verlegt, die Schienenstrecke von Douala nach Yaoundé wurde Ende der 1980er Jahre sehr gut ausgebaut. Die

Der „Transcamerounais“ macht Halt

gesamte Eisenbahnstrecke Kameruns umfasst etwa 1300 km. Im Jahr 1998 wurde die REGIFERCAM an Franzosen und Südafrikaner verkauft und arbeitet jetzt unter dem Namen **CAMRAIL.** Seit der Privatisierung soll es große Fortschritte in punkto Sicherheit, Sauberkeit und Pünktlichkeit gegeben haben. Allerdings kommt es wegen schlecht gewarteter Strecken oft zu sehr großen Verspätungen. Die kamerunischen Passagiere nehmen sich vorsichtshalber ausreichend Proviant für zwei Tage mit – es ist wohl schon vorgekommen, dass die Fahrt von Yaoundé bis Ngaoundéré 48 Stunden statt der fahrplanmäßigen zehn gedauert hat. Eine massive Fahrpreisanhebung Anfang 2004 hat bei vielen Kamerunern zu Verärgerung geführt. Dennoch ist es weiterhin um einiges billiger, mit dem Zug in den Norden zu fahren als mit anderen öffentlichen Verkehrsmitteln.

Fahrkarten für die 1. und 2. Klasse erhält man an den Bahnhöfen und sollten bereits am Vortag besorgt werden. Für den Liegewagen ist eine Reservierung erforderlich. **Informationen** über Fahrplan und Preise erhalten Sie an den Bahnhöfen, die Telefonnummern entnehmen Sie den Städtebeschreibungen im Routenteil.

Grundsätzlich kann man in Kamerun jederzeit in der 2. Klasse fahren, die Züge sind sauber, jedoch oft überfüllt. Dies gilt aber auch für die 1. Klasse. Wer in der 2. Klasse fährt, sollte sich bis spätestens zwei Stunden vor Abfahrt am Bahnhof einfinden, da das Gedränge nach den besten Plätzen groß ist.

WA02kam Foto: rf

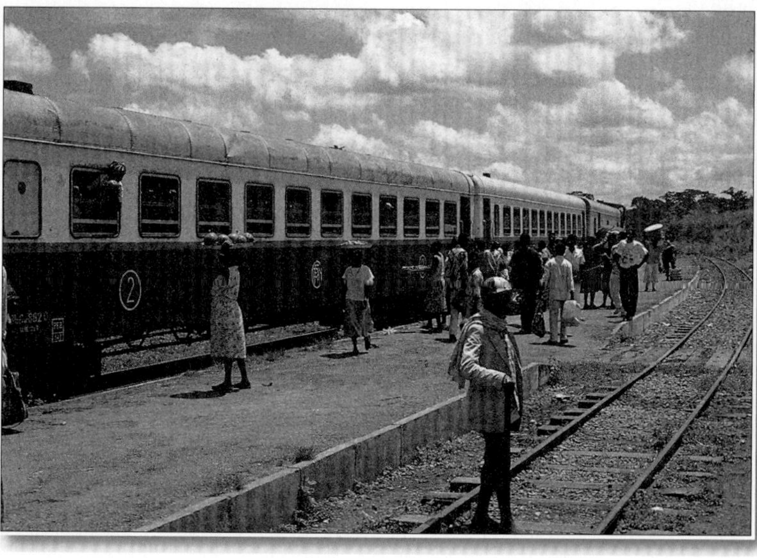

Unterwegs im „Transcamerounais“

Yaoundé – 6.50 Uhr

Der „Transcamerounais“ nach Ngaoundéré ist zur Abfahrt bereit. In Yaoundé streiken heute die Taxis, weil die Treibstoffpreise gestiegen sind. Ausnahmsweise fährt der Zug pünktlich um 6.50 Uhr ab – er wartet nicht auf die Leute, die es mangels Taxis nicht zu Fuß zum Bahnhof geschafft haben. Fliegende Händler verkaufen am Bahnsteig Beignets, Wasser, gebratenen Fisch und Kekse, um die Reisenden mit einem Frühstück und Verpflegung für die lange Fahrt zu versorgen.

Töpfe, Säcke, Kisten und Proviant – alles ist in der Zweiten Klasse verstaut und im Abteil breiten sich exotische Düfte aus. Außer mir haben sich noch zwei weitere Europäer in den Zug gesellt. Die Bahnwaggons haben schon bessere Zeiten erlebt und schaukeln gemächlich hin und her, als sich der Zug in Fahrt setzt. Durch den Streik in der Stadt gibt es heute morgen relativ wenige Passagiere. Mammis beruhigen ihre schreienden Kinder, Fulbe-Hirten behüten ihr weniges Hab und Gut. Auffälligerweise sitzen im Waggon der Ersten Klasse nur Männer im Nadelstreifenanzug mit Krawatte und in ihre Zeitungen vertieft. Einige davon führen eine lautstarke Diskussion über die Politik im Land. Es kriselt derzeit an allen Ecken: Der Präsident hat zwar eingewilligt, das Mehrparteiensystem einzuführen, doch jetzt fordern die Leute eine Nationalkonferenz und Neuwahlen. Alles eine Frage der Zeit, aber Geduld haben die Kameruner momentan nicht in Sachen Politik. Die Diskussion eskaliert, allgemeines Gelächter und Beifall, man ist sich einig – für einen Augenblick! Gesprächsstoff gibt es genug, nicht nur in der Hauptstadt Yaoundé. Die Diskussionen setzen sich bis in die kleinsten Dörfer fort.

Der Zug fährt inzwischen durch die letzten Randgebiete Yaoundés, dann breitet sich ein herrliches Regenwaldgebiet im ersten Morgenlicht aus. Ein neues Thema erregt die Gemüter: Das Brot am Bahnhof heute morgen war zu teuer, das sollte man nicht akzeptieren! „Jeder soll zu essen haben, dann wäre die Politik in Ordnung!“. In Afrika ein essentielles Thema.

Eine halbe Stunde sind wir bereits unterwegs, kein Dorf, kein Haus, nur dichter, herrlich grüner Wald. Dann hält der Zug das erste Mal an. Mitten auf einer Waldlichtung steht ein kleines Wartehäuschen mit Wellblech gedeckt. Einige wenige Fahrgäste, ihre Waren auf dem Kopf balancierend, steigen zu. Nur langsam setzt sich der Zug wieder in Bewegung, er hat Zeit, denn Fahrpläne – das wissen auch die Passagiere – haben eher symbolischen Charakter. Nach einer weiteren Stunde ist Obala erreicht. Stapelweise Bierkisten und ein häßliches, modernes Betongebäude. Einer der Mitreisenden klärt mich auf, dass wir im Ramassage sitzen, dem „Sammelzug“, der auch im kleinsten Dörfchen noch hält. In Yaoundé hatte man mir vor Abfahrt schon geraten, den schnelleren Nachtzug zu nehmen, aber schließlich will ich ja was sehen vom Land und außerdem habe ich keine Eile. So wie die kleinen Kinder, die in den Armen ihrer Mütter bereits in tiefen Schlaf gesunken sind und sich nicht stören lassen vom lautstarken Angebot der Marktfrauen an jedem kleinen Bahnhof. In Batchenga gibt es hauptsächlich Avocados. Der Wald hat inzwischen Platz gemacht für zahlreiche Plantagen entlang der Schienen. Die Händler am Bahnsteig bieten Bâton de Manioc an, ihren in Blätter gekochten Maniokteig, eine Spezialität in den südlichen Regionen Kameruns.

Ab Ndjoré beginnt bereits die Strauchsavanne, der Wald zieht sich zurück. In Mbandjok dann die Fabrik SOSUCAM. Hier wird Zuckerrohr gepflanzt, das am Bahnhof auf die Waggons verladen wird. Leben kommt auf am Bahnhof, als der Zug gemächlich einfährt. Verkäuferinnen tragen ihre Schalen mit gekochtem Mais auf dem Kopf. Mein auskunftsbereiter Zugnachbar weiht mich ein in die Spezialitäten der kamerunischen Küche.

Affenfleisch riecht zwar nicht besonders gut, ist aber sehr schmackhaft. Er persönlich zieht jedoch das Stachelschwein vor!

Entlang der Bahnstrecke nun Zuckerrohrfelder, die Umgebung ist nicht besonders aufregend. Unter die Fahrgäste haben sich nun viele Händler gemischt, die ihre Waren unterwegs in den Dörfern günstig kaufen, um sie dann in der Stadt auf dem Markt mit Profit weiter zu veräußern. Aber schon im Zug herrscht reges Feilschen um die frische Ware. Und wer kein Ticket hat, weil er es sich nicht leisten kann, und das Glück hat, einen netten Schaffner zu treffen, der darf halt weiterfahren. Armut wird hier nicht bestraft.

Wir sind im Bezirk des Haute Sanaga und auf der linken Seite zeigt sich ab und zu das breite Flussbett des mächtigen Sanaga. Einige Zeit folgt der Zug seinem Flusslauf, bis der Wald die Sicht wieder versperrt.

Für die Bewohner der zentralen Landesteile bildet die Bahn eine sehr wichtige Transportmöglichkeit. Da die Straßenverbindungen über das Adamaoua-Plateau fehlen, müssen sich die Buschtaxis über schlechte, kurvenreiche Pisten von Obala nach Tibati mühen oder gar den Umweg über Bertoua und Meïganga nach Norden nehmen, was gut und gerne mehrere Tage in Anspruch nimmt. So ist der Zug noch immer die schnellste und bequemste Verbindung zwischen Süd und Nord.

Nanga-Eboko – 11.10 Uhr

Wir laden wieder ein paar Bierkisten zu, sehr wichtig hier im Land der großen Brauereien. Händlerinnen bieten Melonen und andere frische Feldfrüchte an. Unterdessen ist es sehr heiß geworden, die Temperaturen steigen, je weiter wir nach Norden kommen. Und auch die Landschaft steigt jetzt stetig an hinauf auf das rund 1200 m hohe Adamaoua-Plateau. Die alte Lok kämpft sich nun stundenlang mühsam bergan.

Ka'a – 12 Uhr

Ein kleines Holzgebäude am Schienenrand; Chef de Gare, Sécurité und Télécommunication steht in Kreide über den Türen geschrieben. Der Zug steht noch kaum, als schon Plantains, die grünen Kochbananen, und gebratenes Affenfleisch, in Blätter gewickelt, durch die Fenster hereingereicht werden. Nur wer schnell ist, kann etwas verdienen. Die Fahrgäste holen sich hier ihren Mittagsimbiss und verzehren die Leckerbissen genüsslich im Zug. Das Abteil der Zweiten Klasse ist voller geworden.

Zum ersten Mal treffen wir auf einen Gegenzug, vollbeladen mit Rindern. Das Adamaoua-Hochland ist als gutes Weideland zur Aufzucht von Rindern bekannt.

Hinter Ka'a nähern wir uns wieder dem Fluss. Überflutete Schienen sind hier in der Regenzeit keine Seltenheit. Der riesige, breite Sanaga, dessen Ufer von herrlichen Galeriewäldern gesäumt sind, begleitet uns für eine Weile. Es ist Mittagszeit, die größte Hitze, sehr schwül! Die meisten Passagiere machen ein Nickerchen.

Ouassa Bamvélé – 12.30 Uhr

Erst kurz vor diesem Bahnhof das erste Mal ein Dorf am Wegrand. Wie Ruben, mein ständiger Begleiter und Zugnachbar, erzählt, leben hier hauptsächlich Kleinbauern und Jäger, die ihre Dörfer im Busch haben. Ouassa, ein bunter, fröhlicher Bahnhof mit kleinem Holzhaus und schreienden Händlern: „Bâton, bâton, plantain, plantain“. Es herrscht eine lebhafte und sehr schöne Atmosphäre. Der Schaffner pfeift, der Zug tutet, die Händler wickeln noch schnell ihre Geschäfte ab, und ihre Kunden springen auf den abfahrenden Zug. In letzter Minute werden die Groschen oft schnell noch aus dem Fenster gereicht und trödelnde Fahrgäste manchmal regelrecht auf dem Bahnsteig eingesammelt, um die Abfahrt nicht weiter zu verzögern. Wenn allerdings das Geld den Adressaten nicht rechtzeitig vor Abfahrt erreicht, dann läuft die Marktfrau schimpfend hinter dem Zug her, zum allgemeinen Gelächter der Reisenden.

Es ist mittags, und wir sind erst eine Stunde hinter dem Fahrplan, also wirklich planmäßig! Am Ende des Zuges hängt nun ein Lastenwaggon für die Waren der Händler, die dafür eine kleine Gebühr bezahlen (oder auch nicht) – das Gewicht wird einfach geschätzt.

Die Landschaft ändert sich erneut. Nun wird die Gegend trockener, der Wald, durchsetzt von Ölpalmen und Buschland, lichtet sich allmählich. Kurz vor Bélabo erreichen wir die Provinz Est, eine der am dünnsten besiedelten Gegenden des Landes.

Bélabo – 15.15 Uhr

Endlich ist der Ort erreicht, knapp zwei Stunden zu spät. Die Neuigkeit: Irgendwo im Busch vor uns sind die Schienen kaputt, der Gegenzug aus Ngaoundéré steht auf der Strecke, wartet bis die Arbeiten beendet sind, fährt gemütlich nach Bélabo, weil es ja hier nur eine Spur gibt! Und erst dann – vielleicht noch heute – können wir wieder weiterziehen. Schon die letzten 100 km vor Bélabo waren die Gleise vollkommen deformiert, und bei einer maximalen Geschwindigkeit von 50 km/h hopste man ständig auf und ab!

Die Hitze im Zug wird langsam unerträglich, und einige Fahrgäste heitern mich optimistisch auf, die Fahrt würde bald weiter gehen. Wie überall im ländlichen Afrika verhalten sich die Frauen hier sehr zurückhaltend gegenüber einer europäischen Frau. Erst über ein Gespräch mit ihren Kindern löst sich die anfängliche Scheu.

Der Durst der Passagiere ist groß während der Wartezeit, Kinder machen ein gutes Geschäft mit dem Wasser, das sie in einem Eimer auf dem Kopf balancieren, um es dann in Schüsseln zu servieren. Dazu gibt es Eier, Fleisch, Bâton de Manioc.

17 Uhr, noch immer in Bélabo. Endlich kann es weitergehen. Der Zug ist startklar, nur der Zugführer unauffindbar – na, wenn es nur das ist! Er hat die Zeit genutzt, um ein paar Freunde zu besuchen.

Ab jetzt wird die Bahn zum Maniok-Express, schon auf freier Strecke wird angehalten und der Waggon wird mit Maniokknollen vollgeladen. Draußen leuchten Wald und Buschland schön im Abendlicht, es wird allmählich kühler.

Der Transcamerounais ist eigentlich ein „Buschtaxi auf Schienen“, aber gerade das ist

079kam Foto: rf

so schön an einer Zugfahrt durch Afrika. Die Fahrgäste vertreiben sich die Zeit mit angeregten Gesprächen, oft über die ganze Länge des Waggons hinweg, und Themen gibt es genug. Die Wagen der Ersten Klasse, in denen es sich nur wenige Passagiere bequem machen, haben recht komfortable, verstellbare Sitze mit Kunststoffbezügen – zwei links, zwei rechts. Auf den Bänken der Zweiten Klasse herrscht dagegen ein dichtes Gedränge. Hab und Gut einschließlich Kinder werden auf den Schoß gepackt, denn schließlich gibt es Platz genug für alle!

Zwischen Bélabo und Goyoum halten wir an schönen verschlafenen Dörfern aus Lehmhütten mitten im Busch, die von der letzten Abendsonne angestrahlt werden.

Bei uns im Abteil sitzt ein Polizist. Der Schaffner hat ihm soeben einen „Schwarzfahrer“ präsentiert, ohne Ticket, ohne Ausweis. Ein längeres Palaver kündigt sich an, doch am Ende einigt man sich gütlich. Draußen zieht immer noch schönes Wald- und Buschland vorbei, es wird langsam Abend.

Eine sehr gepflegte, aufgeschlossene Dame im Abteil spricht mich an. Sie ist auf dem Weg zu einer politischen Versammlung in Garoua, und ihr Auftreten macht mir klar, dass es einigen Frauen hier in Kamerun an Emanzipation nicht mangelt.

Draußen erregt ein Fußballplatz in Mbaki II, direkt an den Schienen, unsere Aufmerksamkeit. Roger Milla hätte seine Freude an den kleinen Jungs, die sich hier um den Ball rangeln. Fußball ist der Nationalsport Nummer Eins in Kamerun.

Um 18 Uhr geht die Sonne hinter mächtigen Bäumen am Sanaga-Fluss unter, welch schöne Stimmung! Die Schienen folgen auf weiter Strecke dem Fluss, um dann in das Pangar Djérem Reservat einzudringen.

Goyoum – 18 Uhr

Einer der neueren Bahnhöfe auf der Strecke, wenn auch scheinbar irgendwo im Busch gelegen. Palmwein, das beliebte Getränk, und frischer Fisch aus dem Sanaga werden angepriesen. Der Speisezettel ist sehr abwechslungsreich auf dieser Fahrt durch die unterschiedlichen Regionen. Hinter Goyoum sind die Gleise defekt, wieder einmal! Erneut heißt es warten – das kennen wir nun ja schon – bis die Reparaturen erledigt sind. Da die gesamte Bahnstrecke von Yaoundé nach Norden nur einspurig ist, wird erst noch der Gegenzug vorbeigelassen. Es ist bereits dunkel und nach ca. zwei Stunden – die Passagiere schliefen auf dem Bahnsteig oder beteten auf ihren Teppichen – zuckeln wir weiter. Nächste Station ist „La Tête d'Eléphant“ mitten im Pangar-Djérem-Reservat.

Zur Abwechslung ist die gesamte Lichtanlage im Zug defekt; wir behelfen uns mit Taschenlampen. Es regnet die ganze Nacht und ist unheimlich kalt – ich schlafe von Bahnhof zu Bahnhof (oder versuche es zumindest). Denn auch nachts wird lebhaft be- und entladen. An einem der Bahnhöfe kommt uns ein weiterer Zug aus Norden entgegen, etwas neidisch blicken wir auf seine hell erleuchteten Abteile. Es scheint sehr viel Verkehr zu sein auf dieser Strecke, und die Züge können jeweils nur an den Bahnstationen aneinander vorbeifahren. Kein Wunder, dass der Fahrplan großzügig gehandhabt werden muss.

Endlich dann um 4 Uhr früh Ngaoundéré, nach immerhin 21 Stunden! Vorgesehene Ankunft: 22 Uhr – also nur sechs Stunden Verspätung, beruhigt man mich. Nichts Ungewöhnliches, so scheint es, das ist eben „l'heure africaine“!

Die verbleibende Nacht verbringe ich im Bahnhofsgebäude und warte auf die Dämmerung, so wie es alle Passagiere hier machen. Dann bringt mich ein Taxi zum Hotel. Eine unvergessliche, ereignisreiche Fahrt liegt hinter mir – und ich habe ja genug Zeit ...

● Auf der Strecke des **Transcamerounais I von Douala nach Yaoundé** verkehren 3 Züge täglich in beide Richtungen: ab Douala um 7.15, 13.30 Uhr und 19 Uhr nach Yaoundé, in Gegenrichtung um 7.15 Uhr, 13.30 und 18.30 Uhr.

Diese Intercity-Express-Züge benötigen ca. 5 Stunden für die **264 km** lange Strecke.

Die 1.-Klasse-Waggons (inkl. Speisewagen) im Intercity auf dieser Strecke sind sehr komfortabel. Auch die 2. Klasse ist gut ausgestattet, allerdings herrscht hier sehr großes Gedränge.

Preisbeispiel in der 1. Klasse: ca. 6000 CFA; in der 2. Klasse: ca. 3000 CFA.

● Auf der **520 km** langen Strecke **Transcamerounais II von Yaoundé nach Ngaoundéré** verkehrt ein Nachtzug täglich in beide Richtungen: Yaoundé ab 18.10 Uhr, Ngaoundéré an 9 Uhr (1 Wagons Lits sowie 1 Couchette mit jeweils 4-Bett-Abteilen, sonst 2. Klasse); zurück: Ngaoundéré ab 18.10 Uhr, Yaoundé an 04.52 Uhr (2 Wagons Lits, 1.+ 2. Klasse).

Preisbeispiel: 1. Klasse Yaoundé - Ngaoundéré (oder zurück) 27.000 CFA für ein Bett in einem Zweibettschlafwagenabteil, 25.000 CFA für ein Bett in einem Vierbettschlafwagenabteil. Ein Sitzplatz in der 1. (2.) Klasse kostet 15.000 CFA (10.000 CFA).

Es ist theoretisch möglich, sein Auto von Yaoundé nach Ngaoundéré mitzunehmen, Infos vor Ort.

Der **Ticketverkauf** in Yaoundé erfolgt im Bahnhofsgebäude im 1. Stock für die 1. Klasse, im Erdgeschoss für die 2. Klasse (Tel. 3409772, Fax 3408252).

Für den **Nachtzug** in beide Richtungen wird eine **Reservierung** 48 Std. vor Abfahrt empfohlen, da der Zug häufig ausverkauft ist. **Der Tageszug verkehrt derzeit nicht mehr.** Im Schnitt muss mit **Verspätungen** von ca. 2 Stunden aufwärts gerechnet werden. Normalerweise haben Nachtzüge Anschluss an die Strecke Douala - Yaoundé, aber die Verspätungen sind so regelmäßig, dass die Anschlüsse meistens nicht klappen. Für 1. Klasse-Reisende gibt es einen separaten Warteraum in Yaoundé.

Die Eisenbahn in Kamerun dient vor allem auch dem **Frachtgut-Transport:** Kochbananen, Avocados, Ananas und andere Früchte aus dem Süden, Bierkisten und Holz werden verladen.

Zumindest in der 1. Klasse ist es möglich, gutes Essen (auch Frühstück) zu bestellen (2500 CFA). Mit **Proviant** kann man sich unterwegs bei den Fliegenden Händlern versorgen, die an den kleinen Haltestellen mitten im Busch auf die Ankunft des Zuges warten: Es gibt Früchte, Gemüse oder Fleisch, gekocht oder gebraten und dazu die beliebten „Bâton de manioc“. Im Zug werden unterwegs auch Bier und Softdrinks angeboten. Trotzdem ist es sinnvoll, sich für die lange Strecke sein eigenes Trinkwasser mitzunehmen. An den Bahnhöfen wird nur ungefiltertes Wasser verkauft. Und wenn der Magen auf Affenfleisch empfindlich reagiert, sollte man sich vor Abfahrt in Yaoundé mit ein paar Lebensmitteln eindecken. Bananen *(douce),* Brot oder gar Kekse sind rar. Es ist nur im Angebot, was wächst, gejagt und gefischt wird!

Außerdem empfiehlt es sich, auf jeder Bahnfahrt eine **Taschenlampe** mitzunehmen. Im Zug funktioniert das Licht oft nicht. Das Gepäck sollte man auf der Fahrt stets im Auge behalten, die Wertsachen am Körper tragen.

Mietwagen

Wer den geringen Komfort öffentlicher Transportmittel scheut und kein eigenes Fahrzeug vor Ort hat, kann sich in Kamerun auch einen Wagen mit oder ohne Fahrer mieten. Der Vorteil gegenüber Bussen und Buschtaxis ist die größere Unabhängigkeit und **Flexibilität,** der Nachteil liegt in den extrem **hohen Mietwagenpreisen** im Land.

Die diversen **Mietwagenagenturen** in den Städten (Douala, Yaoundé, Garoua, Maroua etc.) bieten Autos unterschiedlicher Kategorien und Preisklassen an. Anstatt das billigste Fahrzeug zu wählen, sollte man auf die Seriosität des Vermieters und den Zustand des Fahrzeugs achten. Prüfen Sie die Vertragsbedingungen, Versicherungen und das vor allem das Kleingedruckte. Der Zustand des Fahrzeugs sollte vor der Abfahrt genau gecheckt werden: Reifen (Profil, Reserverad), Werkzeug, Kilometerleistung, Baujahr, auch die Papiere (Fahrzeugschein). Fahren Sie in keinem Fall ohne Wagenheber los, Reifenpannen sind auf Kameruns Pisten und Straßen nicht selten.

Die **Adressen und Telefonnummern** der Autovermieter finden Sie bei den jeweiligen Orten im reisepraktischen Teil dieses Buches. Als internationale Mietwagenagenturen haben AVIS, Hertz und EUROPCAR Vertretungen in Yaoundé und Douala. Bei ihnen können Mietwagen direkt am Flughafen abgeholt werden. Außerdem gibt es kleinere und lokale Mietwagenagenturen. Die Fahrzeuge können z.T. bereits von Europa aus reserviert werden, Auskünfte erhalten Sie in Reisebüros oder unter: www.cheap-car-rentals-in.com.

Voraussetzungen zur Miete eines Fahrzeugs: Mindestalter des Fahrers 21 Jahre, Führerscheinbesitz mindestens seit zwei Jahren, Kautionshinterlegung durch Kreditkarte (American Express, VISA, Avis Charge) 500.000 CFA; 48 Std. vorher reservieren.

Mietwagenpreise

Auvergne Auto, Tel. 00237-3429455: *Toyota Prado* 50000 CFA/Tag + 300 CFA/km. *Toyota Corolla* 35000 CFA/Tag + 250 CFA/km. *Pickup* 40000 CFA/Tag + 300 CFA/km. Hinzu kommen 14000 CFA/Tag für einen Chauffeur sowie die Benzinkosen (ca. 500 CFA/l).

Einwegmieten sind möglich, aber extrem teuer (ca. 60.000 CFA zusätzliche Gebühr für die Abgabe des Autos in einer anderen Stadt).

Aufgrund der relativ hohen Mietwagenkosten (obwohl immer noch günstiger als in anderen Ländern der CFA-Zone) ziehen es viele Touristen vor, sich ein preiswerteres **Stadttaxi** für einen halben oder ganzen Tag zu mieten (siehe unter Stadtverkehr).

Fahrrad und Moped

Vor allem im Norden, rund um Ngaoundéré oder Maroua, aber auch in Douala und anderen Städten im Südwesten, z.B. Limbe und Mamfe, sind das Fahrrad und Moped/Mofa (Mobylette) beliebte und praktische Verkehrsmittel. Gerade mit den Mobylettes gelangt man mühelos und preiswert in die nahegelegenen Ausflugsziele der Umgebung.

Suchen Sie in der Nähe des Busbahnhofs oder des Marktes nach Vermietern, z.B. in Ngaoundéré am Gare routière oder in der Rue du Petit Marché, in Maroua in der Straße vor dem großen Markt. Für ein Moped benötigt man den „Permis A", entsprechend der Klasse A des EU-Führerscheins. Es ist also zu überlegen, ob man diesen Führerschein hat oder sich in der Praxis auf Diskussionen und mehr einlassen will:

111kam Foto: ed

Jedenfalls fahren nicht selten Kinder in Kamerun z.T. halsbrecherisch mit den Mopeds, ohne dass die Polizei dies unterbinden würde.

Preise: Für ein Fahrrad rechnet man am Tag ca. 800 CFA, für ein Mofa das gleiche pro Stunde oder ca. 5500 CFA pro Tag. Falls Sie einen Führer als Begleitung mitnehmen möchten, ist dies auch per Mofa möglich.

Tipps für Selbstfahrer

In Kamerun herrscht **Rechtsverkehr.** Es gilt die Vorfahrtsregel rechts vor links, sofern nichts anderes angegeben ist. Höchstgeschwindigkeit in geschlossenen Ortschaften 60 km/h, für Lkw und Motorräder 30 km/h.

Den Internationalen Führerschein, Fahrzeugpapiere und Reisepass sollte man stets bei sich führen, da es unterwegs **häufig Straßensperren** durch Polizei und Militär gibt. Meist befinden sie sich an den Ein- und Ausfahrtsstraßen zu größeren Orten, vor allem im Süden, Westen und in den englischen Provinzen. Oft sind die Kontrollstationen nur schwer zu erkennen. Mal steht einfach ein Soldat am Wegrand, auf der Straße liegt dann irgendwo ein Nagelbrett, mal werden Fässer aufgestellt. Auch kommt es (insbesondere an Kontrollstellen der „Securité routière", der Verkehrssicherheitskontrolle) vor, dass eine Schnur über die Fahrbahn gespannt wird. Diesen Kontrollstationen nähert man sich im Schritttempo und hält auf Verlangen an. Steht kein Kontrolleur am Straßenrand, muss zunächst auch angehalten werden. Meist wird man als Ausländer durchgewunken, oder es werden nur die Papiere kontrolliert, seltener das Carnet und die Versicherung, manchmal das Gepäck. Manchmal erwarten die Kontrolleure einen kleinen „Wegezoll" von den Passanten, den man aber – ist mit dem Fahrzeug und den Papieren alles in Ordnung – strikt ablehnen sollte.

Entlang der Hauptrouten und in allen größeren Ortschaften gibt es **ausreichend Tankstellen** der großen Mineralölfirmen, z.B. Esso, Shell, Texaco, die oft durchgehend geöffnet sind. Man lässt das Auto von dem Personal betanken und bezahlt auch bei diesem. Vor allem im dicht besiedelten Westen und bei Rundreisen auf den Normalrouten benötigen Sie daher nicht unbedingt einen Reservekanister. Grundsätzlich sollte man auf längeren Strecken sofort volltanken, wenn sich die Möglichkeit ergibt. In den großen Städten dagegen kann es ratsam sein, den Tank fast leer zu halten, da hier manchmal das Benzin aus den parkenden Autos gezapft wird. In dünn besiedelten Gebieten (z.B. im Osten) oder abseits der Hauptrouten kann es vorkommen, dass die Tankstellen kein Benzin haben, hier sollte also sicherheitshalber ein Reservekanister mitgeführt werden. Dies gilt auch für Fahrten im Norden (Tschad-See-Region, Mandara-Berge) und alle Nebenstrecken. Die Tankstellen befinden sich in der Regel in der Umgebung der Bus- und Buschtaxibahnhöfe in den Ortschaften. Außerhalb der größeren Städte schließen sie früh.

Im Grenzgebiet zu Nigeria gibt es **aus Nigeria eingeführtes Benzin,** das in Flaschen angeboten wird. In einigen Regionen Kameruns (z.B. Manyu Division in der S.W. Province) ist es erlaubt, dieses Benzin zu importieren, da es dort keine Versorgung mit kamerunischem Benzin gibt. In allen anderen Regionen wird es geschmuggelt. Durch die langen und komplizierten Transportwege sowie mangelhafte Aufbewahrung ist die Qualität dieses Benzins meistens schlecht (Dreck, Wasser). Nur in äußersten Notfällen sollte darauf zurückgegriffen werden, und der Motor sollte angepasst werden. Der Treibstoff ist an seiner rötlichen Farbe zu erkennen, im Gegensatz zum kamerunischen Benzin, das durchsichtig ist. Er wird auf Pidgin-English „Fungeh" oder „Swaswa" genannt.

Treibstoffpreise pro Liter:
- **Normalbenzin** 85 Oktan: ca. 540 CFA
- **Superbenzin** 93 Oktan: ca. 600 CFA
- **Diesel:** ca. 490 CFA

Hierbei können die Benzinpreise sehr schwanken, auch ist der Sprit im Norden Kameruns generell teurer. Auch in den von der Küste (Douala) entfernten Städten sind die Kraftstoffpreise meist etwas höher. Insgesamt sind die Preise in Kamerun, abgesehen von Kongo-Brazzaville, die günstigsten in Zentralafrika, daher vor Grenzübertritt volltanken.

Auf Asphalt wird eine **Straßenbenutzungsgebühr** von 500 CFA erhoben (Mautstellen zwischen den Ortschaften).

Die z.T. etwas antiquiert anmutende **Beschilderung** ist entlang der Hauptrouten und in den Städten sehr gut, **Entfernungen** werden **in Kilometern** angegeben. Auf Pistenstrecken in ländlichen Regionen sind die Richtungshinweise nur unzureichend. Man kann sich dort unterwegs bei Passanten nach dem Weg erkundigen, Kilometer- oder Fahrzeit-Angaben sind dabei oft Schätzungen. Freundlich und hilfsbereit mit Auskünften zeigte sich auf meinen Reisen die Polizei an den zahlreichen Kontrollstationen unterwegs.

Mit Ausnahme des verkehrsreichen Westens und im Umkreis der großen Städte ist die **Verkehrsdichte** in Kamerun nur **sehr gering.** Vorsicht ist auf den großen, gut ausgebauten Verkehrsachsen (z.B. Douala – Yaoundé) geboten, die viele zur Raserei und unüberlegten Überholmanövern verleiten. In Kamerun ist der Führerschein sehr einfach zu erwerben, daher empfiehlt sich in jedem Fall ein defensiver Fahrstil. **Chaotischer Verkehr** herrscht **in den Städten,** besonders während des Berufsverkehrs. Staus auf den Ausfallstraßen, Hupkonzerte, wild abgestellte Fahrzeuge gehören zum Straßenbild und erfordern gute Nerven und Geduld. Besonders auf Fahrrad- und Mofafahrer ist Rücksicht zu nehmen, da sie sehr unkontrolliert fahren. Aus zwei Autospuren können locker mal vier werden, zwischen denen zusätzlich noch die Mopedfahrer herumdüsen.

Dagegen verläuft der Verkehr **in kleineren Orten und in der „Provinz"** relativ diszipliniert und defensiv. Die Bevölkerung ist zum Teil nicht an (motorisierten) Fahrzeugverkehr gewöhnt, und da sich das Leben in Afrika gewöhnlich auf der Straße abspielt, sollte man mit sehr viel Rücksicht fahren. Es muss jederzeit mit Fußgängern gerechnet werden, die unerwartet die Straße überqueren. Spielende Kinder, Viehherden, Radfahrer und Händler bevölkern mit Vorliebe den Fahrweg. Lautstarkes Hupen ist üblich, auch als Warnzeichen in unübersichtlichen Kurven und Streckenabschnitten sowie bei Überholmanövern, und sollte angewendet werden, da viele kamerunische Autos nicht über genügend Außenspiegel verfügen.

Viele Straßen sind sehr eng, und es weicht stets das kleinere Fahrzeug aus (unbefestigte Straßenränder!). Liegen gebliebene Fahrzeuge können u.U. die ganze Fahrbahn blockieren. Unüberlegte Überholmanöver sind auch auf Nebenstrecken (aufgrund der geringen Verkehrsdichte) zu erwarten. Recht rücksichtslos fahren in der Regel die großen Holztransporter auf den Urwaldpisten (Steinschlaggefahr!).

Fahrzeuge sind in Afrika oft in mangelhaftem Zustand, Bremsen oder Licht können defekt sein, schlechte Reifen verlängern den Bremsweg.

Nachtfahrten sollte man nach Möglichkeit vermeiden, nicht nur der Passanten und Schlaglöcher wegen, sondern auch aufgrund der Gefahr, die unbeleuchtete Fahrzeuge darstellen. Eine besondere Gefahr sind entgegenkommende Fahrzeuge, bei denen nur ein Scheinwerfer funktioniert, da man sie aus der Entfernung oft für ein Zweirad hält. Die Stadtbewohner fahren nachts oft mit Standlicht, Fernlicht oder eben keinem Licht. Besonders erschwert werden Nachtfahrten auch durch mangelnde Straßenbeleuchtung.

Pistenfahrten während der Regenzeit können in ärgerlichen Rutschpartien enden, nicht selten sind die Wege verschlammt und unpassierbar. Generell sollte man sich daher vor Abfahrt in entlegenere Regionen über den aktuellen Pistenzustand erkundigen und genügend Benzinreserven und Trinkwasser mitführen.

Im Falle einer **Panne** wird die Straße vor und hinter dem Wagen mit einigen Zweigen von Büschen oder mit großen Steinen markiert. Auch in scheinbar unbewohnten Regionen finden sich immer schnell Helfer. Reperaturwerkstätten gibt es nur in größeren Orten, die Mechaniker verfügen über eine erstaunlich große Improvisationsgabe, wobei auch mal die Sohle eines Flip Flops als Bremsenschutz herhalten muss.

Straßen

Kamerun hat ein vergleichsweise dichtes und **gut ausgebautes Straßennetz.** Etwa **5000 km** der Verkehrswege sind **Teerstraßen,** deren Ausbau ständig erweitert wird. Die asphaltierten und damit ganzjährig passierbaren **Hauptverbindungen** führen:

von Douala:
- auf der Hauptachse in die Hauptstadt Yaoundé;
- über Nkongsamba und Bafang nach Bafoussam, Bamenda und Foumban;
- nach Limbe, Buea, Kumba, teilweise bis Mamfe;
- auf sehr gut ausgebauter Strecke in den Süden über Edéa bis nach Kribi.

Von Douala aus in den Westen Kameruns und nach Yaoundé herrscht starkes Verkehrsaufkommen.

von Yaoundé:
- nach Bafia und Bafoussam;
- nach Mbalmayo und Sangmélima im Süden des Landes.

von Ngaoundéré:
- über Garoua, Maroua und Mora bis nach Kousséri im äußersten Norden an der Grenze zum Tschad;
- über Garoua, Maroua nach Mokolo;
- über Garoua, Kaélé nach Yagoua zum Fluss Logone.
- von Bertoua nach Garoua Boulaïan der Grenze nach Zentralafrika.

Allerdings sind die Straßen häufig mit tiefen Schlaglöchern versehen.

Neben diesen Hauptverbindungsstrecken ist das Land durch **zahllose Pisten** erschlossen, die auch in die entlegensten Dörfer führen. Ihr Zustand variiert von hervorragenden, breiten Lehmstraßen, die mehrmals jährlich ausgebessert werden, bis hin zu holprigen, einspurigen Fahrwegen, durchsetzt mit Schlaglöchern und Rinnen (Wellblech). Die meisten unbefestigten Strecken sind Allwetterstraßen und damit ganzjährig befahrbar, einige sind jedoch in der Regenzeit schwer passierbar. Dazu zählen auch drei wichtige, ungeteerte **Hauptverbindungen nach Norden:** Von Foumban via Banyo und Tibati nach Ngaoundéré bzw. von Yaoundé via Tibati nach Ngaoundéré, wobei die Strecke von Yaoundé nach Tibati zum schlechtesten Streckenabschnitt zählt. Dann gibt es noch die Strecke von Yaoundé über Bertoua, Garoua-Boulaï (Grenze Zentralafrikanische Republik) nach Ngaoundéré.

Um in den Norden zu gelangen, wählt man daher von Douala aus besser die Route über Foumban und Banyo, wenngleich dies – in Kilometern – die weiteste Strecke ist. Im gesamten Adamaoua-Plateau ist das Wegenetz nur äußerst spärlich ausgebaut und besteht meist aus gebirgigen, serpentinenreichen Strecken. Außerdem blockieren bei großen Regenfällen oft liegengebliebene Lkw die schmalen Pisten.

Von Yaoundé aus ist die Piste über Garoua-Boulaï und Meiganga jetzt besser geworden. Sie wird ständig ausgebessert und stellt daher eine sehr gute Alternative zur Route über Foumban dar. Aber Vorsicht ist geboten, da die großen Transporter mit Baumstämmen aus den Wäldern des Osten Kameruns diese Straße sehr belasten und die Fahrtsicherheit beeinträchtigen können.

An manchen Überlandstraßen gibt es **„Barrières de Pluie/rain gates"** (Regenschranken), die zum Schutz der Straße für sechs (Pkw) bis zwölf (Lkw) Stunden nach dem letzten Regen geschlossen bleiben können.

Wer sich die anstrengende, mindestens dreitägige Fahrt von Douala nach Ngaoundéré ersparen will, kann sein Auto in Yaoundé auch **auf die Eisenbahn verladen.** Dies ist allerdings seit der Privatisierung der kamerunischen Eisenbahngesellschaft eine teure Angelegenheit geworden.

Das dichteste Straßen- und Pistennetz besteht im stark besiedelten **Westen** Kameruns, eine der interessantesten und landschaftlich schönsten Routen ist hier die **Ringroad.** Zu den schlechtesten und gefährlichsten Strecken ganz Kameruns zählt Bamenda – Mamfe und weiter in Richtung Nigeria: riesige Schlaglöcher in der Trockenzeit, steile Streckenabschnitte, eine absolute Schlammpiste in der Regenzeit. Mittlerweile ist jedoch der Abschnitt von Bamenda nach Batibo geteert und von Bachuo Ntai nach Mamfe ebenfalls. Die Asphaltierung der Strecke Mamfe – Ekok (Grenze zu Nigeria) ist in Aussicht gestellt. Mit einem Geländewagen ist die Strecke sehr reizvoll und durchaus machbar. Mit öffentlichen Verkehrsmitteln muss man damit rechnen, aussteigen zu müssen, u.U. muss man sogar mit anschieben.

In den großen Waldgebieten im **Süden und Osten** existiert neben den wenigen Teerstraßen nur ein spärlich ausgebautes Pistennetz, das die weit verstreut liegenden Orte miteinander verbindet. In besserem Zustand sind vor allem diejenigen Pisten, die von Holztransportern frequentiert werden, so z.B. von Kribi nach Campo oder nach Ebolowa.

Im **Norden** des Landes gibt es nur **eine geteerte Nord-Süd-Verbindung** von Ngaoundéré via Garoua und Maroua nach Kousséri, die in einem hervorragenden Zustand ist (1998 neu asphaltiert), und eine Asphaltstraße von Maroua aus nach Mokolo, von wo es nur noch wenige Kilometer nach Rhumsiki sind. Via Kaélé führt eine Teerstraße bis nach Yagoua am Fluss Logone, wo es eine Reisfabrik gibt. Die restlichen Routen im Norden sind Pisten, viele davon ganzjährig befahrbar. Für Fahrten auf den meisten Strecken genügt in Kamerun ein normaler Pkw, nur auf einigen entlegenen Pisten wird, speziell in der Regenzeit, ein Geländewagen mit Vierradantrieb nötig sein.

Grundsätzlich sind die Straßen und Pisten in Kamerun – wie überall in Afrika – nicht nur Verkehrs- und Transportwege, sondern **„Lebensadern",** Treffpunkte der Bewohner, Rastplätze mit Marktständen und Kneipen. Die Hirten treiben Ziegen, Schafe und Rinder die Straßen entlang, Fahrradfahrer und Fußgänger bevölkern den Fahrweg.

Holzbrücke und Piste im Westen

Einige wichtige Entfernungen/Fahrzeiten:

- Douala – Bafoussam: 266 km/3–4 Std.
- Douala –Limbe: 75 km/1,5 Std.
- Douala – Yaoundé: 179 km/3 Std.
- Yaoundé – Bafoussam: 313 km/4–5 Std.
- Yaoundé – Bamenda: 393 km/6 Std.
- Yaoundé – Maroua: 1254 km/2–3 Tage
- Ngaoundéré – Garoua: 286 km/3–4 Std.
- Garoua – Maroua: 212 km/2,5–3 Std.
- Maroua – Kousséri: 260 km/4 Std.
- Douala – Kumba: 474 km/5–6 Std.
- Kumba – Mamfe: 181 km/2–5 Std.

Die beste und aktuellste **Straßenkarte** ist die **IGN im Maßstab 1:1,5 Mio.**, die man auch in größeren Buchläden in Douala und Yaoundé bekommt. Nützlich ist auch die Autokarte Freytag & Berndt, 1:1,5 Mio., die eine sehr gute mehrfarbige Darstellung mit den wichtigsten touristischen Sehenswürdigkeiten sowie Stadtpläne von Douala und Yaoundé aufweist. Einziges Manko: Das Straßennetz entspricht nicht dem allerneuesten Stand. Man erhält die Karten in guten Buchhandlungen (auch unter der Bezeichnung Macmillan-Karte), unter Umständen auch vor Ort in Douala oder Yaoundé.

Wer das Land abseits der Hauptrouten bereist, sollte sich auch die relativ genauen **IGN-Blätter** besorgen (siehe Anhang), entweder in geographischen Fachbuchhandlungen oder bei:

- **Institut Géographique National**
  Av. Monseigneur-Vogt, B.P. 157,
  Yaoundé, Tel. 223465.
- **Olivier Iyebi-Mandjek**
  B.P. 406, Maroua, Tel. 291894 (Geograph, zu erfragen im Porte Mayo Hotel).

Hinweise zu Tankstellen, Fahrzeugausrüstung etc. siehe oben unter Tipps für Selbstfahrer.

Stadtverkehr/Taxis

Hauptverkehrsmittel in den Städten sind die gelben Taxis. Man unterscheidet zwischen *Taxi course* (Einzelfahrt), *Taxi ramassage* (Sammelfahrt; Depot).

Das **Taxi ramassage** befördert gleichzeitig mehrere Personen zu unterschiedlichen Zielen in die gleiche Richtung. Die Taxis haben keine festen Routen, es gibt aber bestimmte präferierte Richtungen. Dies ist nicht immer ganz einfach zu durchschauen; man fragt am besten Mitreisende. Prinzipiell kann man überall ein Taxi anhalten, sein Wunschziel rufen und, je nachdem, einsteigen oder nicht. Es gibt bestimmte Umsteigeorte, an denen größere Menschenmengen auf ein Taxi warten, z.B. an großen Kreisverkehren. Fragt man hier, wo man sich am besten hinstellt, um zu seinem Ziel zu kommen, und was man dem Fahrer sagt, so wird einem eigentlich immer freundlich weitergeholfen. Der normale Tarif beträgt 200 CFA, möchte man zu einem weiter entfernten Ziel, und nicht mehrere Taxis nehmen, kann man auch höhere Summen „vorschlagen", z.B. ca. 300 bis 400 CFA. Besonders kurze Strecken kosten nur 100 CFA. Die Preise schwanken jedoch in jeder Stadt ein wenig. In Douala, Yaoundé und in abgelegenen Dörfern sind die Preise verhältnismäßig hoch. In den größeren Städten sind morgens und nachmittags im Berufsverkehr Taxis oft Mangelware, und man muss mit längeren Wartezeiten rechnen. Die Taxis ramassage sind eine praktische Einrichtung, etwa wenn man neu in der Stadt ist und sich zunächst einen groben Überblick verschaffen will. Man nennt dem Fahrer dann nur ein weit entferntes Ziel und unternimmt so eine kleine Stadtrundfahrt. Generell muss man sich nicht auskennen, der Taxifahrer findet das Ziel.

Das **Taxi course** dient der Beförderung eines Fahrgastes bzw. einer einheitlichen Fahrgastgruppe für einen bestimmten Zeitraum. Unterwegs steigt niemand mehr zu. Die Taxis unterscheiden sich äußerlich nicht voneinander; man weist den Fahrer beim Einsteigen nur darauf hin, ob man *course* oder *ramassage* vorzieht. Auch bei den Einzelfahrten handelt es sich in der Regel um Einheitstarife, es sei denn, das gewünschte Ziel liegt etwas weiter entfernt. Daher sollte man sich zunächst beim Fahrer nach dem Preis erkundigen. Die Preise sind normalerweise am Fenster der Taxis angeschrieben, Taxameter gibt es nicht.

Eine der praktischsten Einrichtungen ist das **„Depot".** Man nennt sein Fahrziel und wird dort „bis vor die Tür" gefahren. Man sollte den Preis jedoch vorher ausdiskutieren. Manchmal fragt der Fahrer um Erlaubnis, noch weitere Fahrgäste mitnehmen zu dürfen.

Oft haben Hotels ihre eigenen Fahrer, die einen dann mit Privatfahrzeugen zum gewünschten Ziel bringen. Vorteil ist hierbei neben der Bequemlichkeit die Zuverlässigkeit, was z.B. in Douala sehr vom Vorteil ist. Andererseits sind diese Hoteltaxis schlicht teurer.

Taxitarife (in CFA)

- **Taxi ramassage:**
200 (6–22 Uhr), 200–300 (22–6 Uhr)

- **Taxi course:** ca. 2000 pro Std.
- **Taxi depot:** 1300
- **Taxi vom Flughafen Douala** in die Stadt: 2000–5000 (Preis hängt davon ab, ob man die Flughafentaxis oder normale Taxis benutzt)
- **Taxi vom Flughafen Yaoundé** in die Stadt: 5000–8000

Taxis können auch stunden- (course) **oder tageweise gemietet werden,** z.B. anstelle der teureren Mietwagen. Dabei sind die Preise Verhandlungssache und liegen bei etwa 20.000 CFA pro Tag inkl. Kilometer plus Benzin. Die Haftung und Versicherung des Fahrzeugs liegt hier beim Eigentümer und muss somit nicht zusätzlich bezahlt werden!

Orientierung

Zur Orientierung in größeren Städten ist es hilfreich, sich durch eine „Stadtrundfahrt" in einem Taxi ramassage (s.o.) einen Überblick zu verschaffen.

Passanten, die man unterwegs nach dem Weg fragt, sind sehr hilfreich und kommen sogar manchmal ein Stück mit. Da es in Afrika kaum Straßennamen gibt, wählt man als Orientierungshilfe markante Gebäude, z.B. Banken, die Post, eine Moschee etc. Entfernungen werden nur sehr grob, manchmal falsch eingeschätzt, daher sollte man nach der Zeit (Gehminuten, Fahrzeiten, Fahrstunden) fragen. Auch dann sollten Sie sich auf Überraschungen gefasst machen, denn ein „gleich um die Ecke" ist für einen Afrikaner, der längere Fußwege gewöhnt ist, etwas anderes als für einen „fußfaulen" Europäer ...

Wichtiger Hinweis: Reisende müssen in Kamerun ihren **Reisepass oder dessen beglaubigte Kopie ständig bei sich führen,** da es häufig Polizeikontrollen gibt.

Reiseplanung

Die Entscheidung, das Land auf eigene Faust zu entdecken oder sich einer Reisegruppe anzuschließen, hängt von verschiedenen Überlegungen ab.

Die **Vorteile einer organisierten Reise** liegen auf der Hand:

- Der Reiseveranstalter übernimmt die gesamte **Vorbereitung der Reise,** wodurch man sich viel Zeit spart.
- Die **Begleitung durch** einen erfahrenen **Reiseleiter** kann unterwegs manches Hindernis oder das leidige Sprachproblem aus dem Weg räumen und gerade dem Afrika-Neuling die erste Begegnung mit dem fremden Kulturkreis vereinfachen.
- In speziell für die Gruppe angemieteten Fahrzeugen können auch entlegene Gebiete sehr viel leichter bereist werden. Die Routen sind vom örtlichen Veranstalter der Reise erkundet und bekannt, so dass keine eigene **Orientierung** erforderlich ist.
- **Auf Trekkingtouren** braucht man sich nicht um **Vorbereitung und Ausrüstung** zu kümmern.
- Unterwegs benötigt man kaum Zeit für **Organisation,** daher wird man in kürzerer Zeit mehr sehen können.
- Die **Unterkünfte** sind bereits im Voraus reserviert, und man erspart sich die lange Suche nach dem passenden Zimmer.

Mit am entscheidendsten für eine organisierte Reise ist wohl **die Gruppe selbst.** Ein harmonisches Verständnis innerhalb der Gruppe erfordert den Teamgeist jedes einzelnen Teilnehmers, und jeder, der sich für mehrere Wochen einer Reisegruppe anschließt, wird eine gewisse Kompromissbereitschaft mitbringen müssen.

Wo für den einen die gute Vorausplanung eine wichtige Rolle spielt, sieht ein anderer gerade in der **Flexibilität einer individuellen Reise** einen entscheidenden Vorteil: Unabhängigkeit unterwegs, kein festes Programm mit vorausgeplanten Tageszielen; die Möglichkeit, das Land auf **preiswerte Art** in öffentlichen Verkehrsmitteln oder im eigenen Fahrzeug zu erkunden.

Einzelreisende haben im Gegensatz zur Gruppe, die nach außen hin eine „Einheit" bildet, oft einen intensiveren **Kontakt zur Bevölkerung.**

Die **Wahl der Reisepartner** erfolgt bereits vor der Reise, und falls es unterwegs verschiedene Reisewünsche, (unvorhergesehene) persönliche Differenzen, gar Streit gibt, ist die gemeinsame Weiterreise nicht bindend.

Voraussetzung für eine Individualreise ist eine gute Vorbereitung und Organisation der Reise schon von zu Hause aus, was sicher zeitintensiver ist. Auch unterwegs benötigt man einen **größeren Zeitrahmen,** denn man muss sich orientieren, Pannen und Verspätungen einplanen. Und schließlich sind für eine Reise durch Kamerun **Sprachkenntnisse** in Englisch und möglichst auch Französisch erforderlich.

Wer auf eigene Faust unterwegs ist und die Bescheidenheit eines einfachen Gästehauses oder landestypischen Restaurants nicht scheut, wird das Land auf eine sehr authentische Art erleben, und gerade die intensive Auseinandersetzung mit den Gegebenheiten vor Ort kann zum Landesverständnis wesentlich beitragen.

Sollten Sie einen Reisepartner für die geplante Tour suchen, können Sie eine Anzeige an das Schwarze Brett der Ausrüstungs- und Globetrotter-Läden hängen, in der Zeitung aufgeben oder eine **Reisepartnervermittlung** einschalten, beispielsweise:

- **Bon Voyage**
  Peschkestraße 10, 12161 Berlin,
  Tel. (030) 8515104, Fax 8591800
  (Filialen in Hamburg, Essen, Köln, Frankfurt und Stuttgart)
- **Frauen-Reisebörse**
  Lütticher Str. 25, 50674 Köln,
  Tel./Fax (0221) 515254
  (vermittelt Reisepartnerinnen für Frauen)
- **Globetrotter Magazin:** Unter „Forum" großes Onlineportal für die Reisepartnersuche:
  www.globetrotter.de.

Reiseveranstalter

In Deutschland

Immer mehr Veranstalter in Deutschland bieten Kamerun-Reisen an. Rundreisen (meist 16-tägig, Kosten zwischen 2000 und 4000 €) werden angeboten von:

- **Hauser Exkursionen International**
  Spiegelstr. 9, 81241 München,
  Tel. (089) 235006-0,
  Fax 23500699, E-Mail: hauser@hauser-exkursionen.de, www.hauser-exkursionen.de.
- **Ivory Tours**
  Schnieglinger Str. 4, 90419 Nürnberg,
  Tel. (0911) 393852-0,
  Fax 3938521, E-Mail: info@ivorytours.de
  www.ivory-tours.de.

- **Karawane Studienreisen**
Schorndorfer Straße 149,
71638 Ludwigsburg,
Tel. (07141) 2848-0, www.karawane.de.
- **Afrika Tours**
Reisen nach Kamerun und Anderswo
Kantstraße 13, 60316 Frankfurt,
Tel./Fax (069) 48001604,
E-Mail: afrikatours33@yahoo.de,
www.33afrikatours.de.
- **ZTS – Zentrale für Studien- und Trekkingreisen**
Tel. (0041) (0) 41 7201280 (Schweiz),
E-Mail: zentrale@studienreisen.ch
www.studienreisen.ch.
- **Africon Tours GmbH**
Auf dem Rödchen 43–45, 65582 Diez,
Tel. (06432) 88326, Fax 98151,
E-Mail: service@africontours.de,
www.africontours.de.
- **Ikarus Tours GmbH**
Am Kaltenborn 49–51, 61462 Königstein,
Tel. (06174) 29020, Fax 22952,
central@ikarus.com
www.ikarus.com.
- **AfriAdventure Tours Ltd & Co. KG**
Rennbahnstraße 22, 40629 Düsseldorf
Tel. (0211) 4746608, Fax 4746611.
- **Sigl Reisevermittlung**
Dorfstraße 19, 87616 Marktoberndorf,
Fax (08342) 919338,
E-Mail: Info@GabrieleSigl.de,
www.erlebnisreisen-weltweit.de.
- **TVC-CAMEROUN**
Kulturreisen, Trekking, Safari für
Individual- u. Gruppenreisen
Kantstr. 13, 60316 Frankfurt a.M.,
Tel./Fax (069) 48001604,
E-Mail: afrikatours33@yahoo.de,
www.33afrikatours.de.

In der Schweiz

- **Corail Voyages**
Maupas, 10, CH-2000 Lausanne,
Tel. +41 (21) 6483531,
Tel. +41 (21) 6259585, Fax 6471967.
- **Croisitour**
Rue St. Honoré, 2, CH-2001 Neuchâtel,
Tel. +41 (32) 7232040, Fax 7232050,
E-Mail: neuchatel@croisitour.ch.
- **Rubis Voyages**
Rue Haute, 9, CH-2013 Colombier,
Tel. +41 (32) 8450241, Fax 8450245.
- **Voyages APN**
3, Rue Saint Victor, CH-1227 Carouge,
Tel. +41 (22) 3010150, Fax 3010110,
E-Mail: apn@bluewin.ch.

In Frankreich

- **Benoit Tourisme Voyage**
53, Rue Lafayette, 75009 Paris,
Tel. (0033) 148784700,
Fax 148784701
- **Transa Voyages**
13, Rue Salvador Allende, 92240 Malakoff
Tel. (0033) 140849304
Fax 142535902, www.adesa.org.

In Kamerun

In Douala

- **ATM**
Bonanjo, Avenue de Gaulle,
Tel. (00237) 3438172 oder 3438451,
Fax 3438172.
- **Cameroun Horizon**
Bonanjo, hinter dem Palais de Justice,
Tel. (00237) 3429424, Fax 3430980.
- **Elta Yoyage**
86, Boulevard de la Liberté,
Immeuble SOCAR, Tel. (00237) 3432385,
Fax 3432132, E-Mail: eltravel@
camnet.cm oder etravl@aol.com
- **Tangani Voyages**
B.P. 12, 983 Douala,
Tel. (00237) 3434604 oder 7780855 (mobil),
Fax 3434604,
E-Mail: tangani-voyages@yahoo.fr.

Buchtipp:
- Hartmut Schäfer
All inclusive?
(REISE KNOW-HOW Praxis)

- **Cameroun Rev'Tours**
Neben dem Kino Le Palmier, Bonapriso,
Tel. (00237) 3429424.
- **Ebene Voyages**
Im Stadtteil Bali, Cité Kadji,
Tel. (00237) 3422985, Fax 3427703.

In Yaoundé

- **Camtours and Safari**
Immeuble La Patience 273, Rond Point
Nlongkak, P.O. Box 1198,
Tel. (00237) 2205070, Fax 2205075,
E-Mail: info@camtours.org,
www.camtours.org.
- **Bag Travel**
Gegenüber der Kathedrale,
Tel. (00237) 2235589 oder 7671596 (mobil).
- **Inter Voyages**
Centre commercial, Immeuble Balanos,
Tel. (00237) 2221448, Fax 2222717.
- **Cameroon Travel Center**
Tel. (00237) 2226221 oder 9909104 (mobil),
Fax 2226705.
- **Inter Tours**
Route Mvog Mbi, Tel. (00237) 2239762,
Fax 2237088.

Im Norden

- **Cameroun Extreme Nord Safari**
Tel. (00237) 2293356.
- **TVC-CAMEROUN**
B.P. 684 Maroua, Tel./Fax (00237) 2292583.
- **Porte Mayo Voyages**
Tel. (00237) 2292692, Fax 2292985.
- **Fagus Voyages**
François Favarger und *Gina Rubelli*,
Schweizer Ehepaar, das seit mehr als
zehn Jahren vor Ort lebt;
B.P. 352 Maroua, Tel. (00237) 2292172
oder 9861871 (mobil),
E-Mail: fagusvoyages@bluewin.ch
oder fagusvoyages@runbox.com,
www.fagusvoyages.com.
- **Lara Voyage**
Tel. (00237) 2292806.

Die örtlichen Veranstalter bieten in der Regel **Rundreisen** durch den Norden und Westen Kameruns bzw. **Badeaufenthalte** in Limbe und Kribi an. Einige der Veranstalter haben regelmäßige Abfahrtstermine für Kleingruppen, andere ausschließlich Einzel- oder Individualreisen, z.B. im Mietwagen mit Chauffeur.

Reiseversicherungen

Egal welche Versicherungen man abschließt, hier ein Tipp: Für alle abgeschlossenen Versicherungen sollte man die **Notfallnummern** notieren und mit der **Policenummer** stets gut aufheben! Bei Eintreten eines Notfalles sollte die Versicherungsgesellschaft unverzüglich telefonisch verständigt werden!

Auslandskrankenversicherung

Die Kosten für eine Behandlung in Kamerun werden von den gesetzlichen Krankenversicherungen in Deutschland und Österreich nicht übernommen, daher ist der Abschluss einer privaten **Auslandskrankenversicherung unverzichtbar.** Diese sind z.B. in Deutschland ab 5–10 € pro Jahr auch sehr günstig (siehe FINANZtest 05/2005). Bei Abschluss der Versicherung – die es mit bis zu einem Jahr Gültigkeit gibt – sollte auf einige Punkte geachtet werden. Zunächst sollte ein **Vollschutz ohne Summenbeschränkung** bestehen, im Falle einer schweren Krankheit oder eines Unfalls sollte auch der **Rücktransport** übernommen werden. Wichtig ist, dass im Krankheitsfall der **Versicherungsschutz über die vorher festgelegte Zeit hinaus** automatisch verlängert wird, wenn die Rückreise nicht möglich ist.

Schweizer können sich kostenlos bei Soliswiss (Gutenbergstr. 6, 3011 Bern, Tel. 031-3810 494, info@soliswiss.ch, www.soliswiss.ch) über mögliche Krankenversicherer informieren.

Zur Erstattung der Kosten benötigt man ausführliche **Quittungen** (mit Datum, Namen, Bericht über Art und Umfang der Behandlung, Kosten der Behandlung und Medikamente).

Der Abschluss einer **Jahresversicherung** ist in der Regel kostengünstiger als mehrere Einzelversicherungen. Günstiger ist auch die **Versicherung als Familie** statt als Einzelpersonen. Hier sollte man nur die Definition von „Familie" genau prüfen.

Andere Versicherungen

Ob es sich lohnt, weitere Versicherungen abzuschließen wie eine Reiserücktrittsversicherung, Reisegepäckversicherung, Reisehaftpflichtversicherung oder Reiseunfallversicherung, ist individuell abzuklären. Gerade diese Versicherungen enthalten viele **Ausschlussklauseln,** sodass sie nicht immer Sinn machen.

Die **Reiserücktrittsversicherung** für 35–80 € lohnt sich nur für teure Reisen und beispielsweise für den Fall, dass man vor der Abreise einen schweren Unfall hat, schwer erkrankt, schwanger wird, gekündigt wird oder nach Arbeitslosigkeit einen neuen Arbeitsplatz bekommt, die Wohnung abgebrannt ist u.Ä. Nicht gelten hingegen: Terroranschlag, Streik, Naturkatastrophe etc.

Auch die **Reisegepäckversicherung** lohnt sich seltener, da z.B. bei Flugreisen verlorenes Gepäck oft nur nach Kilopreis und auch sonst nur der Zeitwert nach Vorlage der Rechnung ersetzt wird. Wurde eine Wertsache nicht im Safe aufbewahrt, gibt es bei Diebstahl auch keinen Ersatz. Kameraausrüstung und Laptop dürfen beim Flug nicht als Gepäck aufgegeben worden sein. Gepäck im unbeaufsichtigt abgestellten Fahrzeug ist ebenfalls nicht versichert. Die Liste der Ausschlussgründe ist endlos ... Überdies deckt häufig die Hausratsversicherung schon Einbruch, Raub und Beschädigung von Eigentum auch im Ausland. Für den Fall, dass etwas passiert ist, muss der Versicherung als Schadensnachweis ein Polizeiprotokoll vorgelegt werden.

Eine **Privathaftpflichtversicherung** hat man in der Regel schon. Hat man eine **Unfallversicherung,** sollte man prüfen, ob diese im Falle plötzlicher Arbeitsunfähigkeit aufgrund eines Unfalls im Urlaub zahlt. Auch durch manche (Gold-)**Kreditkarten** oder eine **Automobilclubmitgliedschaft** ist man für bestimmte Fälle schon versichert. Die Versicherung über die Kreditkarte gilt jedoch meist nur für den Karteninhaber!

Sicherheit und Kriminalität

Die in den letzten Jahren **gestiegene Kriminalität** in Kamerun ist nicht zuletzt auf die schlechte wirtschaftliche Lage zurückzuführen. Diebstähle und Überfälle beschränken sich jedoch meist auf die großen Städte, vor allem die Hafenstadt Douala, die Touristenzentren und einige Strandabschnitte. Dies ist in Kamerun nicht anders als in aller Welt, und Sicherheitsrisiken können in der Regel durch eigenes Verhalten eingeschränkt oder verhindert werden. Beachten Sie daher die üblichen Sicherheitsvorkehrungen auf Reisen.

Das **Gepäck** (Rucksack, Reisetasche etc.) sollte beim Flug oder unterwegs in öffentlichen Verkehrsmitteln mit einem Vorhängeschloss abgeschlossen sein. Überflüssige Wertgegenstände (teure Uhren, Schmuck oder ähnliches) lässt man am besten bei einer Afrika-Reise zu Hause.

Geld, Schecks, Reisedokumente und andere wichtige Utensilien müssen stets diebstahlsicher untergebracht sein. Sie sollten sie nie im Reisegepäck verstauen oder im Hotelzimmer aufbewahren, sondern ständig am Körper bei sich tragen, z.B. in einem Geldgürtel, Hüftgurt, Beinbeutel o.Ä. Brustbeutel dagegen können von geschickten Taschendieben relativ unbemerkt entwendet werden.

S73kam Foto: ed

Nur in den größeren Hotels deponiert man die Wertsachen im **Hotelsafe,** allerdings muss der Reisepass unterwegs wegen evtl. Kontrollen immer mitgeführt werden. Kleinere Beherbergungsbetriebe verfügen selten über verschlossene Depots.

Fertigen Sie bereits zu Hause **Kopien aller Reisedokumente** an und notieren Sie die Nummern der Reiseschecks. Hierbei sollten die Kopien des Reisepasses in einer Polizeidienststelle mit „Timbres Fiscaux" **beglaubigt** („légaliser") werden. Diese Kopien werden dann oft als Ersatz für den Reisepass anerkannt und sollten bei einer Kontrolle vorgezeigt werden. Diese Kopien sollten an separater Stelle, z.B. beim Reisepartner, aufbewahrt sein. Im Verlustfall erspart dies einigen Ärger.

Zeigen Sie **größere Geldbeträge nicht in der Öffentlichkeit,** sondern stecken Sie kleine Beträge für Taxis, Trinkgelder oder Einkäufe unterwegs griffbereit in die – möglichst enge – Hosentasche. Eine Geldbörse sollte hingegen nie öffentlich gezeigt werden. Besonders in den großen Städten wie z.B. Douala und in Menschenansammlungen (z.B. Märkte) sollte man es vermeiden, Rucksäcken, Handtaschen o.Ä. bei sich zu tragen.

In Städten Vorsicht vor Langfingern!

Erhöhte Diebstahlgefahr besteht auf lokalen Märkten, Busbahnhöfen oder in Geschäften, eben überall dort, wo dichtes Gedränge herrscht. Wer mit dem eigenen Fahrzeug unterwegs ist, sollte nichts leichtsinnig im abgestellten Wagen liegen lassen und die Fahrzeugtüren beim Entfernen vom Auto immer abschließen. Ich habe öfter von Reisenden gehört, dass Gegenstände aus Fahrzeugen entwendet wurden, selbst wenn der Insasse (allerdings bei geöffnetem Fenster) im Wagen saß. Rasch wurden dabei die auf dem Rücksitz deponierten Gegenstände aus dem Auto „gefischt". Viel leichter als in einem Pkw passiert das noch in einem Kleinbus, in dem speziell Pauschalreisen durchgeführt werden. Meist ist der Wagen beim Anhalten in Orten dicht von Leuten umringt, die Souvenirs anbieten oder Gespräche führen, wodurch die Passagiere abgelenkt werden. Viele Hände strecken sich ins Wageninnere, und manchmal bleibt nichts anderes übrig, als die Fenster einfach hochzukurbeln. Selbst wenn man sich nur ein paar Meter vom Auto entfernt, sollte man es stets im Auge behalten.

Handtaschen und Kameras sollten immer in Blickrichtung abgestellt werden. Statt einem teuren Fotokoffer oder einer edlen Ledertasche eignen sich unterwegs einfache Beutel und Umhänge-

Buchtipp:
- Matthias Faermann
Schutz vor Gewalt und Kriminalität unterwegs
(Reise Know-How Praxis)

taschen, die nicht schon von außen auf den Wert des Inhalts verweisen. Kurz gesagt: Gelegenheit macht Diebe, und je unauffälliger und sicherer man sich verhält, umso weniger wird man Langfinger auf sich aufmerksam machen.

Sicherheitsprobleme können in Kamerun auch **an einsamen Strandabschnitten** auftreten, z.B. in der Umgebung von Limbe. Hier ist nur die Mile-Six-Beach bewacht. An anderen Stränden sollte man nichts im abgestellten Fahrzeug liegen lassen und sein Hab und Gut stets im Auge behalten.

Wegen anhaltender **Grenzkonflikte** und schlechter Sicherheitslage zwischen Nigeria und Kamerun um Bakassi sollte das Küstengebiet zwischen diesen beiden Staaten gemieden werden. Gleiches gilt für das Grenzgebiet zur Zentralafrikanischen Republik (Adamaoua).

Im Norden kommt es wieder vermehrt zu bewaffneten **Straßenüberfällen** auf einsamen Überlandstrecken und in den Grenzregionen. Es ist davon abzuraten, allein mit einem Geländewagen diese Gegenden zu bereisen. Gefährdet sind insbesondere folgende Strecken: Garoua – Maroua, Mora – Kousserie und Ngaoundéré – Maiganga. Die Gefahr besteht jedoch grundsätzlich in den Regionen Adamaoua, Nord und Extrême-Nord, insbesondere westlich von Ngaoundéré, im Nationalpark Bouba Ndjida und zwischen Madingrim und Touboro. Auch in **Douala, Yaoundé** und **Kribi** soll es – insbesondere nachts – schon dazu gekommen sein, dass Geländewagenfahrer mit Schusswaffen bedroht wurden, deswegen sollte man in den genannten Regionen/Städten auf Nachtfahrten (wenn es sich irgendwie einrichten lässt) generell verzichten, in einsamen Gegenden ist es ratsam, in einem Konvoi von mehreren Fahrzeugen zu fahren (Informationen des deutschen und französischen Auswärtigen Amtes).

In den anglophonen Gebieten kann es insbesondere um den 1. Oktober herum (dem Unabhängigkeitstag des anglophonen Teils) zu einer angespannten Sicherheitslage mit hoher Militärpräsenz kommen.

Achten Sie als Fahrzeugreisender nach Möglichkeit darauf, dass Sie Ihr Auto während längerer Abstellzeit stets von einem **Parkwächter** bewachen lassen oder es in der Nähe des Hotels sicher untergestellt werden kann. Dies ist zwar nicht immer, aber in vielen Fällen auf Rückfrage doch möglich und kostet meist nur ein kleines Trinkgeld.

In kleinen Orten sollte man einen Jungen als Wächter engagieren; handeln Sie den Preis aus (100–500 CFA sind angemessen), und merken Sie sich das Gesicht „Ihres" Aufpassers, damit später nicht zehn Halbwüchsige Ihr Parkwächter gewesen sein wollen ...

Bei **gewaltsamen Überfällen** sollte man auf jegliche Verteidigung seines Besitzes verzichten. Wenn Sie einen Diebstahl festgestellt haben, kann es nützen, die Umgebung lautstark aufmerksam zu machen, um den Gauner evtl. noch zu erwischen. In afrikanischen Ländern gibt es sehr viel Gemeinschaftsgeist und Gerechtigkeitssinn, recht schnell findet sich eine Schar von Helfern.

In jedem Fall müssen **Diebstähle bei der Polizei angezeigt** werden, auch wenn sich dabei meist nichts wiederfindet. Diese Bestätigung benötigen Sie für die Reiseversicherung zur Erstattung des Gepäckverlusts, für die Botschaft zur Neuausstellung von Reisedokumenten oder für die Bank zur Rückerstattung der verlorenen Reiseschecks.

In den meisten Städten Kameruns sind viele Straßen nachts unbeleuchtet. Das Benutzen von Taxis, gerade in größeren Städten, birgt nachts ein sehr großes Risiko: Hier sind schon Taxifahrern ihre Autos gewaltsam entwendet worden, so dass die Banditen hinterher ihre Opfer nur noch „einzusammeln" brauchten. Ebenso besteht **in den Taxis erhöhte Diebstahlgefahr.** In diesem Zusammenhang warnt auch das Auswärtige Amt vor dem nächtlichen Benutzen der öffentlichen Taxis, vor allem in Douala und Yaoundé. In Douala sollte man selbst tagsüber bei Spaziergängen umsichtig sein.

Erfahrene Reisende verstehen es, sich nicht durch auffälliges Verhalten mit umgehängten Kameras etc. als vermeintlich reiche „Touristen" auszuweisen. Aber auch Afrika-Neulinge werden in relativ kurzer Zeit ein offenes, ehrliches und Vertrauen erweckendes Gesicht von dem eines Gauners zu unterscheiden wissen.

Auch wenn es ruhigere und sichere Städte als Douala gibt, ist eine Reise durch Kamerun nicht risikoreicher als durch andere Länder dieser Welt. Zwar habe ich einige Reisende getroffen, denen durch Unachtsamkeit etwas gestohlen wurde, aber ich kenne niemanden persönlich, der mit gewaltsamer Kriminalität konfrontiert gewesen wäre. Diebstahl und Raub kommen zwar bei der allgegenwärtigen Armut vor, allerdings ist die Seltenheit solcher Übergriffe erstaunlich, wenn man betrachtet, als „reicher Tourist" z.B. im Doualer' Restaurant für umgerechnet 10 € (oder mehr!) sein Menu zu essen, wofür ein Einheimischer gut 1 Woche arbeiten müsste. Auch empfand ich in Kamerun viel weniger spontane Aggressivität „aus schlechter Laune heraus", wie man sie manchmal in deutschen Großstädten erlebt. Daher ist bei verantwortungsbewusstem Verhalten ein übertriebenes Misstrauen nicht nötig. Auf meinen eigenen Reisen, meist mit öffentlichen Verkehrsmitteln, hatte ich nie ernsthafte Probleme. Im Gegenteil: Mir wurde einmal eine Leinentasche mit völlig nutz- und wertlosem Inhalt, die ich in einem Buschtaxi vergessen hatte, über mehrere hundert Kilometer bis zu meinem nächsten Standort gebracht, den man detektivisch herausgefunden hatte. Über die Ehrlichkeit und Gastfreundschaft der Kameruner war ich in der Regel positiv angetan, gerade auch gegenüber einer allein reisenden Frau.

Sollten Sie einmal **mit der Polizei Schwierigkeiten** haben (z.B. weil Sie bei einer Kontrolle Ihre Ausweispapiere nicht bei sich führen), kann es erfahrungsgemäß nützen, den Beamten mitzuteilen, dass Sie sich an die Deutsche Botschaft wenden werden. Dazu haben Sie innerhalb von 72 Stunden nach Verhaftung das Recht.

Wer **in öffentlichen Verkehrsmitteln** durch Kamerun reist, wird sich bewusst machen, dass die meisten Fahrzeuge nicht den (uns) üblichen Sicherheitsbestimmungen entsprechen. Verkehrsuntüchtige oder überladene Fahrzeuge, alkoholisierte Fahrer und überhöhte Geschwindigkeit bergen ein nicht zu unterschätzendes Risiko, das manches Autowrack am Straßenrand und Warnschilder mit Anzahl der Verkehrstoten an den jeweiligen Unfallorten dokumentiert. Erscheint Ihnen der Zustand eines Fahrzeugs als nicht vertretbar, dann nehmen Sie lieber eine längere Wartezeit auf das nächste (eventuell bessere) in Kauf!

Informieren Sie sich vor Reiseantritt über die **politische Situation** im Land und bei einem Besuch der Nachbarländer speziell auch dort. **Kamerun gilt immer noch als ein vergleichsweise stabiles Land.** Dennoch ist auch hier der Weg von der Einparteienherrschaft zu einem demokratischen Mehr-Parteien-System ein langwieriger Prozess, der in den vergangenen Jahren Demonstrationen, Streiks und Aufruhr beinhaltete. Dass die Entwicklung zu mehr Mitsprache und Selbstbestimmung in Afrika nicht nur auf friedliche Weise erfolgt, bestätigen die Schlagzeilen der Tagespresse. Achten Sie daher auf Meldungen in den Medien, erkundigen Sie sich bei Reiseveranstaltern, der Botschaft oder dem **Auswärtigen Amt** über die aktuelle Situation. Das Auswärtige Amt unterhält eine Internetseite, auf der auf alle wichtigen Fragen zu Reisebelangen (Sicherheit, Gesundheit, Grenzsituation, politische Lage usw.) eingegangen wird: www.auswaertiges-amt.de.

Souvenirs/ Einkaufen/Märkte

Kunsthandwerk hat – besonders im Westen Kameruns – eine uralte Tradition und ist so vielfältig wie die Zahl der verschiedenen Ethnien. Einen guten Überblick verschafft man sich im jeweiligen **Centre Artisanal,** auf den Kunsthandwerks-Märkten Doualas und Yaoundés oder in den Läden der größeren Hotels. Natürlich erhalten Sie die diversen Objekte dort viel billiger, wo sie hergestellt werden, z.B. in den Handwerkszentren des Nordens und Westens. Und wenn man die Künstler im Landesinneren bei ihrer Arbeit beobachten kann und um die schönsten Stücke feilscht, erhalten die Souvenirs erst den wirklichen Wert.

Das **wichtigste künstlerische Zentrum** ist die Stadt **Foumban** im Land der Bamoun. Auf der berühmten **Künstlerstraße** von Foumban reihen sich Werkstätten und Souvenirläden nahtlos aneinander. Vieles, was hier angeboten wird, ist „Touristenkunst"; wertvolle Gegenstände, wie man sie vorher vielleicht im Palastmuseum bewundert hat, wird man hier kaum erstehen können.

Kameruns Graslandmasken sind gefragte Antiquitäten (Museum Foumban)

Doch in dem großen Angebot finden sich auch sehr schöne Objekte, und es lohnt sich, ein bisschen herumzustöbern: Terrakottafiguren und -pfeifen, rot oder geschwärzt; Bronzemasken, Figuren und Reiterstatuen aus Bronze, Kupfer oder Messing; typische Bamoun-Ornamente wie die doppelköpfige Schlange, das Zeichen des Sultans, oder die Doppelglocke; Holzschnitzereien im Bamiléké-Stil, meist Bilder mit schönen Reliefs; Korbwaren und Schmuckgegenstände.

Bafoussam ist das **Zentrum der Bamiléké-Schnitzer,** deren kleine Handwerksläden sich über die ganze Stadt verteilen. Die alten Stücke werden auch hier wieder in den Maskenhäusern der Chefferien aufbewahrt, und zum Verkauf gelangt hauptsächlich Touristenware. Neben den Reliefschnitzereien mit menschlichen und Tiermotiven, die man auf Bildern, Tabletts, Hockern, kleinen und großen Möbelstücken findet, gibt es auch schöne, mit Perlen verzierte Kalebassen.

In einigen Regionen Kameruns wird noch der handwerklich aufwändige, wertvolle **Gelbguss** praktiziert, doch dieses Handwerk stirbt allmählich aus und kann der Konkurrenz der „fabrikmäßig" hergestellten Bronzewaren nicht standhalten. Wenn Sie im Norden unterwegs sind, können Sie z.B. den **Schmied von Amsa** südlich von Rhumsiki noch bei seiner Arbeit, dem Bronzeguss in der „verlorenen Form", beobachten und die Objekte auch kaufen.

Der Norden Kameruns ist bekannt für seine **Lederarbeiten,** die besonders günstig auf dem Markt in Maroua zu erstehen sind. Handtaschen, Gürtel, Geldbörsen, Schuhe - die Auswahl ist unbegrenzt. Auch schöne Kotoko-Töpfereien, Korbwaren, Silberschmuck der Kirdi und andere Kuriositäten finden sich in Maroua, dem Zentrum des Kunsthandwerks in Nordkamerun.

Kunsthandwerkliche Souvenirs finden Sie vor allem in den Touristenzentren Bafoussam, Foumban, Maroua und auch im:

- Centre Artisanal in Djingliya (im Norden zwischen Mokolo und Kora);
- Handwerksladen in Rhumsiki;
- Campement von *Waza* (hauptsächlich billige Touristenware);
- Kunsthandwerkszentrum von Bali (im Westen bei Bamenda);
- auf den Handwerksmärkten in Douala (Marché de fleure und Village du Sculpteur) und Yaoundé; in diesen Städten, die übrigens teuere Pflaster sind, gibt es auch spezielle Kunstgeschäfte;
- in den Boutiquen der großen Hotels (sehr teuer);
- in den Souvenir-Shops der internationalen Flughäfen („Airport"-Kunst).

Ein guter Tipp ist die **Verkaufsausstellung auf der Terrasse des Hotels Porte Mayo in Maroua.** Hier entdeckt man oft interessantere Objekte (z.B. schönen Schmuck) als auf dem großen Markt. Wenn Sie etwas Spezielles suchen, wird man dort nichts unversucht lassen, Ihnen sogar eine Auswahl aus der Stadt zu besorgen. Pferdeliebhaber können sich nach Decken, Sätteln oder Zaumzeug erkundigen, wie sie für die *Fantasias* im Norden typisch sind.

Überall im Land gibt es schöne afrikanische **Stoffe** in bunten Farben, die Ihnen die Markt-Schneider in kürzester Zeit nach Ihren Wünschen zunähen. Auch wenn es sich meist um Importware handelt, haben die Baumwollstoffe sehr viel praktischen Wert und man kann sie vielseitig verwenden, z.B. als *Pareo* oder Unterlage am Strand, als Tischdecke, Vorhang etc. Typisch sind auch **Kalebassen,** getrocknete Kürbisfrüchte, die oft mit schönen, dekorativen Mustern verziert sind.

Musikkassetten oder CDs mit den neuesten afrikanischen Hits oder traditioneller Musik werden überall an kleinen Ständen auf dem Markt „lautstark" und preiswert angeboten, oft jedoch als qualitativ schlechte Raubkopien (ca. 1000–1500 CFA). Es empfiehlt sich, die Kassetten, CDs und MP3s vor dem Kauf zu testen, die Verkäufer haben dazu meist die passenden Geräte.

Neben den vielen verschiedenen Souvenirs gibt es auch praktische Mitbringsel zu kaufen. Dazu gehören ausgezeichneter **Kaffee** *(Arabica* oder Mischung *Arabica/Robusta),* guter Hochlandtee, exotische Gewürze und herrliche Früchte, die kurz vor der Abreise gekauft werden können. Nahrungsmittel dürfen nicht ins Handgepäck!

Artenschutz

Bei der Auswahl Ihrer Souvenirs sollten Sie bedenken, dass manche frei lebende Tier- und Pflanzenarten vom Aussterben bedroht sind.

Um den Handel mit diesen Souvenirs zu unterbinden, wurde 1973 das Washingtoner Artenschutzübereinkommen geschlossen. Seitdem gelten verschärfte Bestimmungen für Deutschland und die gesamte EU. **Es ist verboten, lebende Tiere und Pflanzen, Teile davon und daraus gefertigte Erzeugnisse nach Deutschland einzuführen.** Das betrifft für Kamerun Handwerksgegenstände aus Elfenbein, die Felle sämtlicher wild lebender Katzen (beispielsweise Leoparden), Riesenschildkrötenpanzer und Artikel aus Reptilleder (Schlangen, Warane, oder Krokodile), wie sie vor allem in Maroua angeboten werden. Prüfen Sie auch Fetische aus traditionellen Apotheken oder Masken, ob nicht etwa Leopardenkrallen, Häute, Affenhände oder Elfenbeinschmuck daran befestigt sind. Kaufen Sie überlegt ein – den Tieren und der Natur zuliebe! Sie ersparen sich eine Menge Ärger am Zoll, die Einbehaltung des Souvenirs und Bußgelder.

Antiquitäten

Antiquitäten, wertvolles altes Kunsthandwerk oder Gegenstände mit rituellem Wert dürfen generell nicht aus Kamerun ausgeführt werden. Ausnahmegenehmigungen erteilt u.U. die Präfektur. Erkundigen Sie sich vor Ort. Im Zweifelsfall kann man sich auch an das Kultur- und Informationsministerium (Yaoundé, Tel. 2234075) wenden. Grundsätzlich ist aber zu bedenken, ob die „Kulturschätze" eines Landes nicht in diesem selbst am besten aufgehoben sind.

Handeln

In den Touristen-Shops der Hotels und in einigen *Centres Artisanaux,* z.B. in Rhumsiki oder Djingliya, oder *Prescraft Center,* z.B. in Bamenda oder Bali, sind die Preise festgelegt. Ansonsten ist es üblich, um den Preis zu handeln – mit **Geduld, Ausdauer und Humor.** Handeln Sie aber nur, wenn Sie auch wirkliches Kaufinteresse haben. Denn wer bei seinem Einkauf auf dem Markt oder bei „Fliegenden Händlern" nur mal so nach dem Preis fragt, ist meist schon mitten in einer langwierigen Diskussion. Auf einen Preis zu bestehen, entspricht nicht den Regeln beim Handeln; er pendelt sich erst langsam als Kompromiss zwischen Händlerforderung und Kaufangebot ein. Wenn Sie Ihre Vorstellungen nicht erreichen, hilft es manchmal, sich zu entfernen. Oft wird man Ihnen dann hinterherrennen, um Ihnen den „allerletzten", günstigsten Preis zu offerieren. Natürlich hat am Ende jeder das „beste Geschäft" gemacht.

Die Händler nehmen für ihre Ware soviel sie nur bekommen können – was durchaus legitim ist; nur gilt es zu bedenken, dass in touristischen Regionen die Preise oft „verdorben" sind, weil Vorgänger überhöhte Forderungen akzeptiert haben.

Wenn Sie kein Interesse haben, lassen Sie sich am besten erst gar nicht auf das Gespräch ein. „Fliegende Händler", denen Sie besonders in Douala und Yaoundé überall begegnen, sind z.T. recht aufdringlich, um Sie in Preisverhandlungen zu verwickeln. **Generell dürfen** die recht hohen **Ausgangspreise auf die**

Hälfte oder gar ein Drittel heruntergehandelt werden, besonders dort, wo man an Touristen gewöhnt ist. Ein Tausch gegen mitgebrachte Gegenstände ist in Kamerun nicht mehr üblich.

Reisebedarf

Fast alles, was Sie während einer Reise durch das Land benötigen, bekommen Sie **auf den einheimischen Märkten.** Gegenstände des persönlichen Bedarfs sowie eine Auswahl von Nahrungsmitteln (auch Kekse, Bonbons, Zigaretten etc.) erhält man selbst am kleinsten Kiosk. Das Angebot der meist gut ausgestatteten Lebensmittelgeschäfte und Supermärkte in den Städten reicht bis zu europäischen Markenartikeln und Importprodukten, die allerdings in Kamerun (vor allem im Norden) teilweise teurer sind als bei uns. **Supermärkte mit guter Auswahl** findet man in Douala (Score, Mahima, Monoprix in der Seitenstraße des Bd. Liberté) und Yaoundé (Mahima, T. Bella, Prix unique, Tigre, Score).

Hierbei sind Waren aus Kamerun selbst (z.B. frisches Obst/Gemüse, Brot etc.) günstig zu bekommen, wohingegen importierte Güter - schon wegen des Zolls - sehr teuer sind: So gibt es in Kamerun hergestellte Seife für 100–200 CFA, das „Nivea"-Duschgel kostet jedoch 5000 CFA!

Umgekehrt sollte man sich technische Gebrauchsgegenstände wie Walkman, Taschenlampe, Foto- und Diafilme etc. aus Deutschland mitnehmen, da sie einerseits hier billiger erhältlich und qualitativ besser sind. Auch sollte man sich aus Deutschland mit ausreichend **Lesematerial** eindecken: Generell gibt es zwar auch in Kamerun „librairies" (Buchhandlungen) - diese würden aus europäischem Blickwinkel jedoch eher als Antiquariate bezeichnet werden und sind relativ teuer. Ein in Europa gekauftes aktuelles Buch in französischer Sprache kann auch immer gut vor Ort nach Lektüre als Gastgeschenk verwendet werden.

Märkte

Handel und Märkte **gehören zum afrikanischen Alltag** und sind außerdem Mittel der Kommunikation. Auch in den kleinsten Orten Kameruns finden farbenfrohe, lebhafte Märkte statt, die sich nach verschiedenen Markttypen unterscheiden lassen:

Der **tägliche Markt** spielt sich vor allem in den größeren Städten Douala, Yaoundé, Bafoussam, Garoua, Maroua usw. ab. Hier gibt es manchmal so genannte „Große Markttage", an denen sich dann die Bewohner aus Nah und Fern versammeln. Diese Märkte werden in der Regel in Markthallen aus Lehm oder Beton abgehalten oder sie setzen sich aus einer Vielzahl von Bretterbuden zusammen, durch die dunkle, z.T. überdachte Gassen führen. Angeboten werden traditionelle Objekte wie auch alle Gegenstände des täglichen Bedarfs, Gemüse, Früchte, Kleidung, Stoffe, viele Importwaren bis hin zum Stereo-Kassettenrecorder oder CD-Player. Sehr viel „Billigware" kommt aus China und ist qualitativ eher minderwertig. Trotzdem sind viele Kameruner mittlerweile auf die Produkte z.B. auf die günstigen Plastiksandalen angewiesen.

Daneben gibt es vor allem die **Wochenmärkte,** die jeweils an einem bestimmten Tag der Woche abgehalten werden. Ein Kuriosum in Kamerun stellen die Bamiléké-Märkte dar, die jeweils nur alle acht Tage stattfinden. Hintergrund: Im Kalender dieser Ethnie hat die Woche nicht sieben, sondern acht Tage.

Sehr reizvoll, echt und unverfälscht sind die kleinen Märkte in ländlichen Regionen, die meist unter freiem Himmel stattfinden. Besonders im Kontaktbereich von Bauern und Nomaden im Norden Kameruns findet man dann neben Nahrungsmitteln wie Getreide, Fleisch, Gemüse auch noch schöne Viehmärkte, auf denen Rinder, Schafe und Ziegen zum Verkauf gelangen. Außerdem treffen sich hier die verschiedensten Ethnien, so dass neben dem Warenangebot auch ein farbiges, kulturelles Durcheinander entsteht. Auf dem Markt in Tourou tragen die Frauen Kalebassen-Hälften als Kopfbedeckung, in Mora treffen die Podoko-Frauen aus den Bergen auf die Bewohner der Ebene, und so hat jeder Markt seine speziellen Eigentümlichkeiten.

Wer es sich einrichten kann, sollte seinen Reiseplan auf die Markttage der besuchten Regionen abstimmen.

Markttage

- **Adoumri:** Do. großer Rindermarkt (zwischen Garoua und Bibémi)
- **Bafoussam:** Mi.
- **Bandjoun:** Mo.
- **Blangoua:** Sa.
- **Bogo:** So., Pferde- und Rindermarkt (zwischen Maroua und Maga)
- **Bougay:** Do. (südwestlich von Yagoua)
- **Datchéka:** Mi. (südlich von Yagoua/Grenze Tschad)
- **Djilbe:** Mi. (direkt an der Grenze zu Nigeria, von Waza Richtung Tschad-See; früher kamen die Nomaden hier auf Kamelen her.)
- **Eséka:** So.
- **Foumban:** Mi.; Freitagsfest!
- **Foumbot:** So. (ca. 25 km von Bafoussam)
- **Garoua:** So.
- **Gazawa:** Fr. (westlich von Maroua in Richtung Mokolo, großer Rindermarkt)
- **Guider:** Fr.
- **Guirvidig:** Sa. (10 km westlich von Maga, Fischmarkt)
- **Guili:** Sa. (ca. 20 km südlich von Rhumsiki in Richtung Garoua)
- **Haou:** Di. (südlich von Rhumsiki, Höhe Amsa)
- **Kousséri:** Do.
- **Koza:** So.
- **Magba:** So. (nordöstlich von Foumban)
- **Maroua:** Mo. großer Markt, auch täglich auf dem Marktplatz
- **Mogodé:** Fr.
- **Melong:** Sa. (zwischen Nkongsamba und Bafang)
- **Meri:** Fr.
- **Mokolo:** Mi.
- **Mora:** So., einer der schönsten Märkte Kameruns!
- **Mundemba:** Sa. und Mi.
- **Mogodé:** Fr.
- **Mokong:** So. (auf halbem Weg von Maroua nach Mokolo, zwischen Gazawa und Zamay)
- **Ngaoundéré:** Fr. Umzug des Lamido
- **Pitoa:** So. (nahe Garoua), sehr schön!
- **Pouss:** Di.
- **Rhumsiki:** So.
- **Roufta:** Do. (östlich von Rhumsiki)
- **Roumzou:** So. (ca. 30 km hinter Mokolo in Richtung Rhumsiki)
- **Sir:** Mo. (von Mogodé oder Rhumsiki aus, Piste praktikabel)
- **Tcholliré:** So.
- **Tourou:** Do. (bei Mokolo), sehr schöner Markt, auf dem die Frauen Kalebassen als Kopfbedeckung tragen

- **Waza:** Fr.
- **Yagoua:** Do.
- Die **bekanntesten Märkte im Norden** sind Pouss, Tourou, Mayo Plata, Mora, Gazawa.

Strom

Die **Stromspannung** entspricht europäischen Standards mit **220 Volt** Wechselstrom, 50 Hz.

Die **Mitnahme eines Adapters** ist nicht nötig. Es kann zu Stromschwankungen kommen, deswegen sollte man u.U. ein Spannungsausgleichsgerät mitnehmen (v.a. für Laptops wichtig) oder in Kamerun kaufen (sehr teuer).

Durch die Überlandleitungen aus zentralen Kraftwerken werden **die meisten Gebiete Kameruns ausreichend mit Strom versorgt.** In abgelegenen Campement-Hotels liefern Generatoren den Strom, die nachts evtl. abgeschaltet werden. Dennoch kommt es in ländlichen Regionen, allerdings teilweise auch in Douala und Yaoundé, immer wieder zu vorübergehenden **Stromausfällen**, man sollte sich daher mit einer **Taschenlampe** (oder Kerzen) ausrüsten. **Kerzen** bekommt man fast an jedem kleinen Kiosk. Leider gibt es in vielen Regionen, sobald der Strom ausfällt, auch kein Wasser mehr. Wer vorsorgen möchte, hält immer ein wenig Wasser in Eimern oder Kanistern bereit.

Straßenbeleuchtungen gibt es nur in größeren Ortschaften, und man sollte versuchen, unbeleuchtete Bereiche zu meiden.

Unterkunft

Hotels

Luxus- und Mittelklassehotels mit internationalem Standard und allem Komfort gibt es vor allem in Douala, Yaoundé, Bamenda, Bertoua, Garoua, Ngaoundéré, Batouri, Ebolona, Dschang, Obala, Bafia, Kribi, Limbe, Bnea, Kumba, Bafoussam, Sangmelima und Maroua. Hotels dieser Kategorie verfügen über Klimaanlagen, Pool und Sportanlagen, die Zimmer sind mit Dusche/WC, oftmals auch TV und Telefon ausgestattet und verhältnismäßig teuer.

Dank einer relativ guten Infrastruktur verfügt Kamerun über **viele Unterkunftsmöglichkeiten** in fast allen Städten und größeren Orten.

In den touristischen Regionen, wie z.B. im Waza- und Benoué-Nationalpark oder in Rhumsiki, wurden spezielle **Campement-Hotels** errichtet, die Unterkunft in einfachen, landestypischen Rundbungalows *(Boukarous)* mit Dusche/WC bieten und über Restaurants verfügen. Mangels anderer Unterkünfte ist man in diesen Gebieten meist auf diese Touristenhotels angewiesen, die nicht sehr preiswert sind.

Kumba – Gelände einer Kfz-Werkstatt

04_095kam Foto: sm

In komfortablen Hotels ist man weit weg von den Gerüchen und Farben, vom Alltagsgeräusch und -gedränge, damit auch vom eigentlichen Leben in Afrika. Häufig kann man die Fenster nicht öffnen, und das einzige Geräusch ist das Surren der Klimaanlage.

Wer es nicht scheut, auf Komfort zu verzichten und sich auf einfache Verhältnisse einzustellen, der wohnt wesentlich preiswerter in den landestypischen, kleinen und **sehr einfachen Hotels.** Die Zimmer sind dabei oftmals nur mit einem Bett, Tisch und Stuhl, evtl. noch mit Waschbecken ausgestattet (selten gibt es eine Dusche im Zimmer). Das „Bettzeug" besteht teilweise nur aus einem Leintuch auf der Matratze (Bettbezug mitnehmen!). Die sanitären Gemeinschaftseinrichtungen lassen an Sauberkeit manchmal zu wünschen übrig, teils gibt es Wasser nur aus einem Eimer. Für einfache Unterkünfte ist es unbedingt erforderlich, ein eigenes Handtuch und Toilettenpapier mitzunehmen.

Paare – verheiratet oder unverheiratet – nutzen Hotels häufig für ein „Schäferstündchen". Dafür gibt es als so genannte **„passage"** spezielle Tarife. Da Hotels bei der Kameruner Bevölkerung dadurch ein etwas „anrüchiges" Image haben, sollte man – besonders als allein reisende Frau – bei Kontakten an Hotelbars vorsichtig sein.

Nicht immer kann der **Standard** kamerunischer Hotels mit europäischen Maßstäben gemessen werden. Da vielerorts die Mittel zur Instandhaltung fehlen, weisen einige Häuser deutliche Mängel auf. In der Regel sind die Unterkünfte aber sauber (auch einfachere Hotels), und der Service ist freundlich, wenn auch manchmal etwas langsam.

Die **Übernachtungspreise** schließen keine Mahlzeiten ein und beziehen sich (mit wenigen Ausnahmen, die dann jeweils angegeben sind) immer auf das gesamte Zimmer für zwei Personen, unabhängig von einer Einzel- oder Doppelbelegung. Spezielle Preise für Einzelzimmer gibt es (nach französischem Vorbild und mit wenigen Ausnahmen) nicht, d.h. es muss jeweils der volle Zimmerpreis bezahlt werden. Die Preise schwanken je nach **Hoch- oder Nebensaison;** Vorreservierungen sind (mit Ausnahme der Strandhotels oder Campement-Hotels am Wochenende) normalerweise nicht erforderlich.

Außerdem muss man sich darauf einstellen, dass gelegentlich die regelmäßige **Wasser- und Stromversorgung** nicht gewährleistet ist. Dies ist verständlich, bedenkt man, dass manche Campements abseits und isoliert im Busch liegen und die Stromversorgung, wie z.B. für Waza, über viele Kilometer extra für die Lodge erfolgt; während der Trockenzeit kann allgemein Wassermangel herrschen.

Generell sollte man bei Unterkünften in Afrika nicht empfindlich sein, was **Insekten und Krabbeltiere** anbelangt (z.B. Kakerlaken und Ameisen). Das hat nichts mit der (mangelnden) Sauberkeit der Zimmer zu tun, sondern ist eine ganz natürliche Erscheinung. Ein Gecko im Zimmer schafft Abhilfe gegen unliebsame Moskitos. Oft sind auch Insektensprays vorhanden, und die Zimmer werden vor Ankunft des Gastes förmlich „ausgeräuchert", ohne dass dabei schädliche Umwelteinflüsse berücksichtigt würden. Nur wenige Hotels verfügen über Moskitonetze; die Mitnahme von Moskito-Spiralen (die auch vor Ort erhältlich sind) dient als guter Ersatz. Mücken sind in klimatisierten oder mit Ventilatoren ausgestatteten Zimmern sowie in trockenen Regionen kaum anzutreffen.

Da sich die **Situation** im Land **ständig ändert,** besonders, was Sauberkeit, Leistung und Preis betrifft, empfiehlt es sich, vor Ort aktuellste Informationen einzuholen: Ist auch wirklich Wasser im Pool, funktioniert die Klimaanlage, kommt Wasser aus der Dusche, brennt das Licht usw. – der permanente Wechsel ist nun einmal Bestandteil des afrikanischen Alltags. Die Angaben in diesem Buch können daher nur unter eben diesem Vorbehalt Geltung beanspruchen, die Beschreibungen basieren auf eigenen Erfahrungen und können (wollen) keinen Anspruch auf immerwährende Allgemeingültigkeit erheben.

Missionen

Unterkunft in den zahlreichen Missionen und religiösen Institutionen Kameruns finden Entwicklungshelfer, Missionare, Ethnologen und Studenten mit Feldforschungsaufträgen oder im Sozialdienst in Kamerun beschäftigte Reisende, die dort, je nach Verfügbarkeit (es gibt meist nur wenige Gästezimmer), gerne aufgenommen werden.

Die Missionen sind allerdings offiziell **nicht verpflichtet, Touristen und Individualreisenden Unterkunft zu gewähren.** Im Gegenteil: Mancherorts werden die Missionen als Konkurrenz zu staatlich subventionierten Häusern betrachtet und haben Anweisung, Durchreisende nicht aufzunehmen. Auch hier gibt es in manchen Missionsstationen Ausnahmen, und wer im Notfall kein anderes Bett findet, kann dort sicherlich anfragen. Die Unterkunft in den Missionsstationen ist meist ausgezeichnet, in der Regel kann man auch gutes Essen erhalten. Meistens muss man jedoch „beweisen" können, dass man in kirchlichen Belangen in Kamerun unterwegs ist.

Campingplätze

Ausgewiesene Campingplätze mit dazugehörigen Einrichtungen **gibt es in Kamerun nicht.**

Teilweise ist das Campen in der Nähe von Hotels oder Campements in ländlichen Regionen oder am Strand erlaubt (siehe entsprechende Hinweise). **Wildes Campen** am Strand oder in der Nähe von Städten ist aus Sicherheitsgründen nicht empfehlenswert (Gefahr von Diebstahl etc.). Sollten Sie keine andere Unterkunft finden, fragen Sie am besten in der Polizei- oder Missionsstation, ob Sie dort zelten können. Ansonsten sollten Sie die Nähe eines Dorfes (auch am Strand) suchen und dort den jeweiligen Dorfchef um Erlaubnis fragen. Das Dorf wird sich dann in aller Regel um die Sicherheit seines Gastes kümmern, allerdings müssen Sie auch mit der Neugier der Dorfbewohner, speziell der Kinder, rechnen.

In dünn besiedelten Regionen ist es normalerweise problemlos möglich, **im Busch,** „en brousse", zu campen, aber auch hier wird man in Kürze von neugierigen Hirten, Kindern oder Passanten umringt sein.

Da fast überall – vom Adamaoua-Plateau und einigen Regionen im Norden abgesehen – intensive Feldbauwirtschaft betrieben wird, sollte man, sofern sich kein freier Platz zum Campen findet, bei Bauernhöfen um Erlaubnis fragen. Es wird Ihnen sicher nicht verwehrt werden; ganz im Gegenteil: Es bieten sich Gelegenheiten für nette Gespräche, und unliebsamer Besuch wird sich kaum einstellen. Ein kleiner Obolus und Gastgeschenke für die Familie sollten aber bereitgehalten werden!

Uhrzeit

Die Lokalzeit in Kamerun entspricht **GMT + eine Stunde (= MEZ),** also derselben Zeit wie in Deutschland.

Während der europäischen **Sommerzeit** liegt Kamerun eine Stunde zurück. Somit gibt es auf einer Reise von Europa nach Kamerun keine Zeitverschiebung.

Durch die Äquatornähe ist die Tageslänge im Wesentlichen konstant, es ist hell von 6–18.30 Uhr. Es bestehen also kaum jahreszeitlich bedingte Schwankungen wie in unseren Breiten. Auch gibt es praktisch keine Dämmerung, nach Sonnenuntergang wird es sehr rasch dunkel.

Zoll

Devisen dürfen bei der Einreise in unbeschränkter Höhe mitgeführt werden, bei der Ausreise in Höhe der deklarierten Einfuhr abzüglich der umgetauschten Beträge. Die Mitnahme von Landeswährung (CFA) ist bei der Einreise ebenfalls unbeschränkt, bei Ausreise dürfen bis zu 20.000 CFA mitgeführt werden.

Eingeführt werden dürfen: Gegenstände des persönlichen Bedarfs, 500 g Tabak oder 400 Zigaretten oder 50 Zigarren, 3 Liter Wein, 1 Liter Spirituosen, 2 Fotokameras und je 10 Filme, 1 Fernglas, 1 kleine Video-Kamera mit 10 Filmen, 1 tragbares TV-Gerät, 1 Radioempfänger, 1 tragbarer Kassettenrecorder, 1 kleine Camping- und Sport-Ausrüstung, Toilettenartikel, Kinderwagen, 5 Flaschen Parfum. Alkohol, Kameras, Filme und Tabakwaren sind bei der Einfuhr anzugeben, auch wenn sie unter den Mengenbestimmungen liegen. Auf Geschenke gibt es kein Limit. Die temporäre Einfuhr von (Jagd-)Waffen muss bei der kamerunischen Botschaft in Bonn beantragt werden (25 €).

Bei der **Ausfuhr** ist darauf zu achten, dass die Mitnahme von antiken Kunstwerken nicht gestattet ist. Alle neu produzierten Waren unterliegen keiner Beschränkung. Bei der Ausfuhr von jeglichen Artikeln, die aus Holz gefertigt sind, muss eine Ausfuhrerlaubnis erworben werden. Diese wird am Flughafen selbst ausgestellt – meist „stürzen" sich die dafür verantwortlichen auf alle Reisenden mit „verdächtig" aussehendem Gepäck. Sie kostet 2000–5000 CFA bzw. 10 % des Verkaufspreises (Quittung bereithalten). Antike Gegenstände dürfen nicht ausgeführt werden.

Meist wird verlangt, dass die Koffer geöffnet werden, und siehe da, der Inspizierende findet auch Dinge, die „eigentlich" nicht ausgeführt werden dürfen. Dazu können dann auch Erdnüsse und frische Früchte gehören. Es gibt dann die Alternative, dem Beamten einen kleinen „Obolus" (500–2000 CFA) in die Hand zu drücken und schnell weiterzukommen oder darauf zu bestehen, dass diese Dinge zollfrei ausgeführt werden dürfen und unter Umständen vielen Unannehmlichkeiten ausgeliefert zu sein – Zeit oder Geld ist die Devise bei solchen Kontrollen ...

Auskunft in Kamerun

- **Ministère de l'Information et de la Culture**
  Yaoundé, Tel. 2221022.

Bei der Rückreise gibt es auch auf europäischer Seite **Freigrenzen, Verbote und Einschränkungen,** die man beachten sollte, um eine böse Überraschung am Zoll zu vermeiden. Folgende **Freimengen** darf man zollfrei einführen:

Stapeln bis die Achse bricht

06_095kam Foto: sw

- **Tabakwaren** (über 17-Jährige in EU-Länder und in die Schweiz): 200 Zigaretten oder 100 Zigarillos oder 50 Zigarren oder 250 g Tabak
- **Alkohol** (über 17-Jährige in EU-Länder): 1 l über 22 % Vol. oder 2 l bis 22 % Vol. und zusätzlich 2 Liter nicht-schäumende Weine; (in die Schweiz): 2 Liter (bis 15 % Vol.) und 1 Liter (über 15 % Vol.)
- **Andere Waren für den persönlichen Gebrauch** (über 15-Jährige): nach Deutschland 500 g Kaffee, nach Österreich zusätzlich 100 g Tee, (ohne Altersbeschränkung): 50 g Parfüm und 0,25 Liter Eau de Toilette sowie Waren bis zu 175 €. In die Schweiz Waren bis zu einem Gesamtwert von 300 SFr. pro Person.

Wird der Warenwert von 175 € bzw. 300 SFr überschritten, sind **Einfuhrabgaben** auf den Gesamtwert der Ware zu zahlen und nicht nur auf den die Freigrenze übersteigenden Anteil. Die Berechnung erfolgt entweder pauschalisiert oder nach dem Zolltarif jeder einzelnen Ware zuzüglich sonstigen Steuern.

Einfuhrbeschränkungen bestehen z.B. für Tiere, Pflanzen, Arzneimittel, Betäubungsmittel, Feuerwerkskörper, Lebensmittel, Raubkopien, verfassungswidrige Schriften, Pornographie, Waffen und Munition; in Österreich auch für Rohgold und in der Schweiz auch für CB-Funkgeräte. **Nähere Informationen** gibt es bei:

- **Deutschland:** www.zoll.de oder beim Zoll-Infocenter Tel. (069) 469976-00.
- **Österreich:** www.bmf.gv.at oder beim Zollamt Villach Tel. (04242) 33233.
- **Schweiz:** www.zoll.admin.ch oder bei der Zollkreisdirektion in Basel Tel. (061) 2871111.

094kam Foto: rf

Land und Leute

095Akam Foto: rf

095Bkam Foto: rf

Mandara-Berge: Töpferinnen bei der Arbeit

Strand bei Kribi

Hirsebierverkäuferin in Tourou

Geographie

Kamerun liegt am Schnittpunkt von Zentral- und Westafrika, zwischen dem 8. und 16. Längengrad Ost und dem 2. und 13. Breitengrad nördlich des Äquators. Mit einer **Fläche** von **475.439 km²** ist es etwa **eineinhalb mal so groß wie Deutschland.** Die größte Nord-Süd-Ausdehnung beträgt rund 1200 km vom Atlantik bis zum Tschad-See, und an seiner breitesten Stelle misst das Land von Osten nach Westen etwa 800 km.

Kamerun grenzt im Nordosten an den Tschad, im Osten an die Zentralafrikanische Republik, im Süden an Kongo, Gabun und Äquatorialguinea; der Nordwesten und Westen bildet die Staatsgrenze zu Nigeria, dem einzigen Nachbarn auf dieser Seite. Im Südwesten öffnet sich Kamerun zum Golf von Guinea mit einer rund 350 km langen Atlantikküste.

In **Form** eines **unregelmäßigen Dreiecks** erstreckt sich das Land von der Küste landeinwärts, genau dort, wo der afrikanische Kontinent eine Einbuchtung hat. Zum Norden hin verengt es sich zu einem sehr schmalen Streifen, der bis in den Tschad-See hineinreicht.

Durch seine Nord-Süd-Ausdehnung durchschneidet Kamerun die **verschiedensten Vegetations- und Klimazonen,** vom regenreichen Küstentiefland mit riesigen Urwäldern über die zentrale Hochebene bis hin zu den halbwüstenartigen Trockenzonen des Nordens. Aufgrund dieser geographischen Vielfalt trägt Kamerun auch den Beinamen „Miniaturafrika", da sich hier in einem einzigen Land fast alle unterschiedlichen Landschaftsbilder und Lebensräume Afrikas gegenüber stehen: Palmenstrände und Küstenebenen mit Mangrovensümpfen, vulkanisches Bergland, dichte Regenwälder, weite Savannen und Steppen mit Wildtieren in Nationalparks und ganz im Norden die wüstenhafte und staubige Sahelzone.

Das **Relief** Kameruns ist in drei Hauptzonen gegliedert:

- das **südliche Hochland,** eine Hochebene in der tropischen Regenwaldzone mit feuchttropischem Klima;
- das **westliche Hochland** und das zentrale **Adamaoua-Plateau** mit hohen Gebirgszügen und Vulkanmassiven; gemäßigtes Klima, fruchtbare Böden;
- die **nördlichen Ebenen und Gebirge** mit der Bénoué-Ebene, der Waza-Ebene bzw. dem Tschad-Becken und den Mandara-Bergen; sehr heißes Klima während der lang anhaltenden Trockenperiode, kurze und heftige Regenzeit.

Die Küstenregion

Die **350 km lange Atlantikküste** im Südwesten Kameruns wird gesäumt von riesigen Mangrovensümpfen, schwarzen Lavaständen, Felsenküste und herrlichen weißen Palmenstränden. Bekannt und touristisch erschlossen sind die Strände von Limbe, 50 km westlich von Douala, deren Sand und Felsen durch die Nähe des Mt. Cameroon-Vulkans tiefschwarz sind. Im Sü-

Strand bei Kribi

den Doualas, im 200 km entfernten Kribi, erstrecken sich Bilderbuchstrände mit Palmen und feinem weißen Sand entlang der sanft abfallenden Küste. Bis hinunter an die Grenze zu Äquatorial-Guinea findet man versteckte, herrlich einsame Sandbuchten. Unmittelbar dahinter beginnt der große äquatoriale Regenwald mit seinen bis zu 50 m hohen Baumriesen.

An den **Deltas der großen Flüsse** Rio del Rey (Mündungsgebiet des Nian im Grenzgebiet zu Nigeria), Mungo, Wouri (Hafen von Douala) und Sanaga erstrecken sich entlang der Küste riesige Schwemmebenen und Mangrovensümpfe, durchzogen von Lagunen und Buchten. Diese Sumpflandschaft erreicht eine Breite von über 100 km.

Landeinwärts dehnt sich die Küstenebene zwischen dem Ozean und dem Süd-Kamerun-Plateau bis zu 150 km aus. Die Ebenen entlang des Sanaga-Flusses erstrecken sich am weitesten in das Landesinnere. Die flache Küstenregion wird unterbrochen durch das 4095 m hohe Massiv des Mount Cameroon, der sich auf Höhe der Stadt Limbe fast unmittelbar an der Küste erhebt. Seine fruchtbare Erde bietet ideale Voraussetzungen für den Plantagenanbau in der Umgebung von Buea.

Charakteristisch für die Küstenebene am Atlantik ist das **feucht-heiße Klima** mit extrem hohen Niederschlägen im Jahresverlauf (bei Kap Debundscha bis zu 11.000 mm) und entsprechend üppiger und immergrüner Vegetation. Der äquatoriale Regenwald reicht mancherorts direkt bis an den Ozean.

Das südliche Hochland und die Regenwaldzone

Das südöstliche Hochland Kameruns mit den Provinzen Sud, Centre und Est

BILD_34Akam Foto: rf

hat eine durchschnittliche Meereshöhe von 600 m und wird großteils bedeckt von dichtem Tropenwald. Durchzogen wird das relativ gleichförmige Plateau von den Flüssen Ntem, Nyong und Sanaga, die ihr Wasser hinab zum Atlantik führen, und Sangha und Ngoko, die ins Kongobecken fließen.

Der weite, undurchdringliche **Regenwald** besteht aus gewaltigen Baumriesen, die, handelt es sich um **Primär-** oder **Urwald,** eine Höhe von bis zu 50 m erreichen. Ihr Blätterdach, das wie ein natürliches Gewölbe erscheint, lässt kaum Sonnenlicht bis zum Boden vordringen. Das Unterholz in den wenigen noch erhaltenen Primärwaldbereichen ist spärlich und es fällt nicht schwer, sich zwischen den Stämmen der Baumkolosse zu bewegen. Doch mehr und mehr greift der Mensch in dieses schützenswerte Ökosystem ein, um dessen Ressourcen auszubeuten. Es entsteht der lichtere, an Arten ärmere **Sekundärwald,** dessen charakteristische mittelhohe Baumarten, wie Ölpalmen und Schirmbäume, von einem fast undurchdringlichen Unterholz umgeben sind.

In den Waldgebieten im Süden und Osten Kameruns gibt es zahlreiche Plantagen und Kleinpflanzungen. Neben den großen Kakao-Anbaugebieten in der Umgebung von Ebolowa und Yaoundé, die vorwiegend für den Export genutzt werden, pflanzen die Farmer Maniok, Erdnüsse, Makabo, Ölpalmen, Bananen, nördlich von Yaoundé auch Orangen und Zuckerrohr. Das feuchtwarme Klima und die großen Niederschläge in dieser Region bieten die idealen Voraussetzungen dafür.

Der Süden und Osten Kameruns ist außerhalb der Kakaoanbaugebiete – d.h. südlich von Yaoundé, im Bulu-Land um Sangmelima und Ebolowa – relativ gering besiedelt. Die Provinz Est, an der Grenze zur Zentralafrikanischen Republik, gilt sogar als „Kolonie" der Leute aus dem Zentrum und Westen. In der Provinz Centre liegt die **Hauptstadt Yaoundé** als großer Verkehrsknotenpunkt.

Zwischen Yoko und Linté erhebt sich eine steile Böschung über das **Süd-Kamerun-Plateau,** das von diesen Erhebungen dominiert wird. Einige Unregelmäßigkeiten unterbrechen die Gleichförmigkeit des Reliefs, so die Schwelle zwischen Nyong und Sanaga, die Kette von Ngovayang, die Bergmassive von Ntem und Yaoundé (1295 m bei Mbam Minkom), die Inselberge von Yoko, Linte und Badzerer. Im Südosten fällt die Anhöhe ab in Richtung Kongo-Becken.

Nach Norden hin nimmt die tropische Vegetation merklich ab, der Regenwald weicht der Feuchtsavanne. Nur entlang der Flussläufe findet man die charakteristische „Treibhausatmosphäre", in den sog. „Galeriewäldern".

Die Trennungslinie zwischen Savanne und Regenwald entspricht der Grenze zwischen denjenigen Völkern, deren Grundnahrung Hirse und andere Getreide sind und solchen, die sich hauptsächlich von Knollenfrüchten wie Maniok oder Yams ernähren.

Das Adamaoua-Hochland im Zentrum

Am Mittellauf des Sanaga und nördlich des breiten Waldgürtels steigt das Land an zum rund 1200 m hohen, ausgedehnten **Adamaoua-Plateau.** Auf einer Breite von bis zu 300 km erstreckt es sich von Westen nach Osten durch die Mitte Kameruns. Diese vorwiegend flache Hochebene, ein riesiges Block-Fundament mit wenigen kleineren vulkanischen Bergen, bildet den sog. „Wasserturm" des Landes: Zahlreiche kleinere Flüsse entspringen hier. Das Gebiet um Ngaoundéré ist die Wasserscheide sämtlicher Flusssysteme Zentralafrikas: das Béonué-Niger-Becken, die Tschad-See-Senke, die nördlichen Nebenflüsse des Kongo und die Zuflüsse des mächtigen Sanaga, der wiederum in den Golf von Guinea mündet. Das Plateau erhebt sich mit einer steil abfallenden Kante über das nördliche Bénoué-Becken, zum Süden hin fällt es dagegen sanft ab. Es bildet somit eine Schranke, die das Eindringen der feuchten Südwinde verhindert und auch den von Norden aus der Wüste kommenden Harmattan-Wind abhält.

Die Höhenlage bedingt ein gemäßigtes, kühles und weniger schwüles **Klima** als im Süden; die Regen- und Trockenzeiten halten sich in etwa die Waage.

Im Westen ist das Hochland gebirgig mit den Tchabals (z.B. Tschabal Mbabo 2460 m), die bereits zur vulkanischen Kamerun-Linie gehören. Im Zentrum des Adamaoua herrschen große Savannen mit Weideflächen und sumpfigen Tälern vor. In seiner südlichen Hälfte findet man nur entlang der Flüsse noch Galeriewälder, ansonsten nimmt die Vegetation nach Norden hin immer mehr ab, und die Strauchsavanne macht riesigen grünen Weideflächen oder ausgedehnten Trockenwäldern Platz, die die Fulbe für ihre Viehherden nutzen. Dieses **Weideland** bildet den Reichtum des Adamaoua-Hochlandes, das somit in erster Linie zur extensiven Viehwirtschaft genutzt wird. Aufgrund des felsigen Bodens und der langen regenlosen Zeit (vier bis sechs Monate) gibt es keine Möglichkeiten zum Plantagenanbau, mit Ausnahme der riesigen Maisfelder von Borongo bei Ngaoundéré. Um die Dörfer herum findet man allenfalls Hirsefelder und einzelne Äcker mit Yams oder Süßkartoffeln. Allerdings gedeihen in diesen Höhenlagen auch Gurken, Tomaten, Auberginen oder Erdbeeren.

Aus dem Süden führen **kaum Verkehrswege** in das Hochland und somit in den Norden, auf weiten Landstrichen fehlt jegliche Piste. Ngaoundéré, die einzige größere Stadt der Region, erhält ihre wichtigste Verkehrsanbindung durch die Transcamerounais, die Eisenbahn, die von Douala und Yaoundé kommend dem Lauf des Sanaga und seiner Quellflüsse folgt. Außerdem führt von Südwesten her (via Foumban-Banyo-Tibati) eine nicht asphaltierte Straße. Das Gleiche gilt für die Piste von Yaoundé entlang der zentralafrikanischen Grenze nach Ngaoundéré. Das gesamte Hochplateau ist nur sehr spärlich besiedelt. Das Hügelland um Ngaoundéré, durchsetzt von vulkanischen Bergkegeln und Kraterseen, ist landschaftlich recht reizvoll.

Das Hochland Westkameruns

Kameruns westliches Hochland liegt zwischen dem Douala-Becken, dem

Mbam-Tal und der nigerianischen Grenze und weist **unterschiedliche Reliefs** auf: Stufen-Ebenen, gesenkte Becken wie die Mbo- und die Ndop-Ebene, mittelhohe Berge und große vulkanische Strukturen mit abgerundeten und zerklüfteten Bergen. Eine vulkanische Gebirgskette erstreckt sich vom Massiv des Mount Cameroon an der südwestlichen Küste bis zu den Mandara-Bergen im äußersten Norden des Landes. Würde man dieser Linie folgen, erreichte man das Tibesti-Massiv im Tschad.

Diese so genannte **Kamerun-Linie** *(Dorsale Camerounaise)* besteht aus vulkanischen Bergmassiven, die mit den Inseln Sao Tomé e Principe und Bioko (ehemals Fernando Poo; Äquatorialguinea) im Golf von Guinea ihren Ausgangspunkt nimmt und deren höchste Erhebung und gleichzeitig höchster Berg Westafrikas, der wuchtige **Mount Cameroon (4095 m),** fast direkt an der Atlantikküste liegt. Ihm folgen landeinwärts der Mt. Koupé (2064 m), die Manengouba-Berge (2411 m), weiter westlich die Rumpi Hills (1768 m), nördlich die Bambouto-Berge (2740 m) und der Mount Oku (1200 m). Längs dieser großen Linie fanden in der Vergangenheit große geologische Erschütterungen statt, die von vulkanischen Eruptionen begleitet wurden. Der letzte Ausbruch des Mount Cameroon fand 1982 statt und im August 1986 hatte ein Giftgasausbruch im Kratersee Nyos an der Ring-Road verheerende Folgen.

Die Bergmassive Westkameruns, die sog. **„Grassfields“,** sind umgeben von sanftwelligem grünen Hügelland, durchsetzt mit kleinen Kraterseen und unzähligen Flüssen und Wasserfällen. Savanne wechselt sich mit Kulturland und Waldgebieten ab. Hügelkette reiht sich an Hügelkette, eine wunderschöne Bilderbuchlandschaft mit Hecken und Weideland, in der man sich fast auf Schweizer Almen versetzt fühlt.

Das **Bamoun-Plateau** (Umgebung von Foumban) weist eine durchschnittliche Höhe von 1200 m auf und wird durchzogen von kleinen vulkanischen Massiven und Strukturen bis zu 2300 m (Nkogam, Mbam, Mbapit-Kette). Das **Bamiléké-Plateau** (zwischen Dschang, Bafoussam und Bangangté) erhebt sich darüber, seine basaltischen Vorgebirge reichen bis zu den Bambouto-Bergen (2740 m). Auf einer Höhe von rund 1800 m bilden das **Bamenda-Plateau** und das Grasland von Jakiri bis nach Nkambé eine Hochmoorlandschaft.

Der **Westen Kameruns** – insbesondere die Bamiléké-Region in der Provinz Ouest – ist die **am dichtesten besiedelte Region** des Landes mit zahlreichen kleineren und größeren Städten, aber auch über die Hügel verstreuten winzigen Siedlungen. Dank seines milden Höhenklimas und der fruchtbaren vulkanischen Erde ist der Westen auch der reichste **landwirtschaftliche „Garten“ Kameruns** mit großen Plantagen von Kaffee und Tee im Hochland, Kautschuk und Ölpalmen im Küstengebiet, sowie allen Sorten von Früchten und Wurzelgemüsen. Auf guten Verkehrs-

Abbildungen aus dem 19. Jahrhundert zeigen die südlichen Ufer des Tschad-Sees noch dicht bewachsen

wegen erreichen die Bewohner die überreich sortierten Märkte.

Der Westen ist auch das Land der großen Häuptlingstümer („Chefferien") oder Sultanate mit einer weit zurückreichenden Geschichte. Die Kulturen und Traditionen haben sich bis heute weitgehend erhalten und drücken sich aus in Masken, Tänzen und einem reichen Kunsthandwerk. Die ursprünglichsten Traditionen und Riten findet man noch an der so genannten **Ringroad,** einer Straße, deren Ausgangs- und Endpunkt Bamenda ist und die durch eine sehr unzugängliche Region im Nordwesten an der Grenze zu Nigeria führt.

Der Norden

Am vielseitigsten – sowohl was die Landschaften als auch die Zusammensetzung der Völker anbetrifft – erscheint der Norden Kameruns. Die Kamerun-Linie setzt sich von Südwesten kommend bis in den Norden fort. Westlich des Bénoué-Tieflandes, an der Grenze zu Nigeria, liegen die rund 1300 m hohen **Alantika-Berge,** die in der 1885 m hohen Aiguille (= Felsnadel) de Saptou gipfeln, und schließlich erheben sich im äußersten Norden die Mandara-Berge bis zu 1500 m.

Der Norden ist mit nur einer einzigen kurzen Regenzeit, die immer kürzer wird, je mehr man sich dem Tschad-See nähert, extrem **trocken und sehr heiß.** Die Stadt Garoua und ihre Umgebung werden jährlich von den höchsten Temperaturen des Landes „heimgesucht".

Vom Adamaoua-Hochplateau her fällt das Land über eine *Falaise* (Abbruch) urplötzlich steil ab in das 700 m tiefer gelegene **Bénoué-Becken,** in dem Strauchsavanne dominiert. Dort in den weiten Ebenen stehen isoliert einige kahle, bis zu 1000 m hohe Berge. Der Bénoué-Fluss, einer der größten des Nordens, entspringt nördlich von Ngaoundéré auf dem Adamaoua-Hochland und mündet in Nigeria in den Niger. Er ist manchmal in der Regenzeit schiffbar, der einzige Flusshafen Kameruns liegt in Garoua. An den Ufern des Flusses liegt einer der wildreichsten Nationalparks des Nordens, der **Bénoué-Nationalpark.**

Die **Mandara-Berge** an der Grenze zu Nigeria sind das letzte Glied der kamerunischen Gebirgskette. Diese Region ist eine der touristisch interessantesten und schönsten des Landes. Bizarre Felsformationen, eine wilde und unwirtliche Steinlandschaft charakterisieren den Bergzug. Berühmt und zu einer Touristenattraktion geworden sind die fremdartig anmutenden **Vulkanreliefs und Felsnadeln in der Umgebung Rhumsikis,** die – wie im Hoggar in der Zentralsahara – aus erodierten Vulkanen übriggebliebene Vulkanschlote darstellen. Diese Gegend ist so dicht besiedelt wie die Hügel Westkameruns. Doch trotz der schönen Landschaft: Das Leben der Bewohner ist mühsam, denn die Dörfer der Bergwelt haben große Probleme, das nötige Wasser für die Terrassenfelder (Hirseanbau) zu beschaffen.

Nach Norden und Nordosten hin geht die Berglandschaft über in die weite, nur von einzelnen Granithügeln durchsetzte **Diamaré-Ebene.** Ausgedehnte Gebiete mit sanften Hängen, dazwischen 700 bis 900 m hohe Inselberge – wie z.B. der Berg von Mindif – charakterisieren die Umgebung von Maroua. Zahlreiche *Mayos,* ausgetrocknete Flussbetten, die nur wenige Monate im Jahr Wasser führen, schlängeln sich durch diese Region.

Der **Logone** bildet im Osten die Staatsgrenze zur Republik Tschad; auf Höhe von Kousséri fließt er dann mit dem Chari zusammen, um weiter nördlich in den Tschad-See zu münden. Beide führen das ganze Jahr über Wasser und während der Regenzeit sind ihre Uferregionen in weiten Bereichen überflutet. Diese **Sumpf- und Schwemmlandgebiete,** die *Yaérés,* werden zum Anbau einer besonderen Hirsesorte oder, in der Gegend von Pouss und Maga, zu Reisanbau genutzt.

Landwirtschaftlich dominiert im Norden vor allem die Produktion von Baumwolle, Hirse und Erdnüssen, die in diesem Klima gut gedeihen. Der industrielle Reisanbau an den Ufern des Logone hat sich als wirtschaftlicher Flop und ökologisches Desaster herausgestellt: Dem Logone wird übermäßig viel Wasser für eine Monokultur entnommen, deren Endprodukt Reis letztendlich zu teuer ist.

In der Provinz Extrême Nord liegt, nördlich von Maroua, der bekannteste Nationalpark Kameruns und gleichzeitig der wildreichste Westafrikas, der **Waza-Nationalpark.** An seinen zahlreichen Wasserlöchern und in den weiten Grasebenen kann man unzählige Vögel (z.B. „unsere" Zugvögel) sowie nahezu alle afrikanischen Großwildarten beobachten, am zahlreichsten darunter die

Elefanten. Diese werden mittlerweile von einigen Experten als eine regelrechte „Plage" angesehen, da sie der zerbrechlichen Umwelt mit ihrem Heißhunger nach Grünzeug nicht unerheblichen Schaden zufügen. Anfang der 60er Jahre gab es in Waza noch keinen einzigen Elefanten. Mit der fortschreitenden Austrocknung des Tschad-Sees und der Besiedlung anderer Gebiete fanden die Dickhäuter in Waza ihre letzte Zuflucht.

Weiter nach Norden zu wird die Landschaft trockener und ausgebrannter, hier liegt das **Übergangsgebiet zur Sahel-Zone.** Flach erstreckt sich die weite **Tschadebene** bis zum Horizont, die Vegetation nimmt bis hin zu den Ufern des Tschad-Sees immer mehr ab. Diese halbwüstenartige Region, die bis auf eine Höhe von 280 m ü. NN abfällt, ist nur noch spärlich bewohnt. Fulbe und Choa-Araber, ein Nomadenvolk aus dem Tschad, dessen Ahnen vor etwa 500 Jahren aus dem heutigen Ägypten in diese Gegend kamen, durchstreifen die herbe, versandete Landschaft und suchen mit ihren Ziegen- und Zebu-Herden nach Weideland.

Während der lang anhaltenden Trockenzeit ist der Norden Kameruns gelbbraun und dürr, weite Landstriche sind Opfer der alljährlichen Buschbrände, der **Harmattan** (Nord-Ost-Passat) fegt über das Land und bringt tonnenweise Staub mit sich, so dass an manchen Tagen die Sonne nur als milchiger, heller Fleck am weißen Himmel steht und die Nächte richtig frisch werden. Die Hitze kann in der Zeit von März bis Juli bis weit über 40°C steigen. Während der wenigen Regenmonate aber überzieht eine zarte blass-grüne Vegetation die Region. Der Norden ist für die meisten in Kamerun ansässigen Europäer jedes Mal eine Wohltat, wenn sie aus dem feucht-schwülen Süden kommen. Sie genießen hier vor allem den weiten Blick über grandiose Landschaften, die trockene Luft und das so völlig anders geartete Leben in den Städten und Dörfern der Sudan-Savanne.

Flüsse und Seen

Kamerun wird von zahlreichen Flüssen bewässert. Die meisten entspringen in den beiden Wasserreservoirs des Landes, im westlichen Bergland und auf dem Adamaoua-Hochplateau im Zentrum. Die **größten Flüsse Kameruns** sind der **Sanaga** und die Küstenflüsse **Nyong, Ntem, Mungo** und **Wouri.**

Der **Sanaga** ist mit 920 Kilometern Länge und einem Becken von 140.000 km² der größte und längste Fluss Kameruns. Er sammelt das Wasser des südlichen Adamaoua-Plateaus und des Zentral-Plateaus durch die Flüsse Djerem, Men, Vina, Pangar und Lom. Von Westen erhält er das Wasser des Mbam und seiner Zuflüsse, des Noun und des Kim. Der Sanaga überquert die „Escarpements" (Schwellen) dem Verlauf des Reliefs folgend in Wasserfällen und Stromschnellen, die letzten davon in Edéa. Die Ausnutzung seiner Wassermengen im Kraftwerk von Edéa machte es notwendig, Dämme zu bauen, um das Wasser zu regulieren: den Mbakaou am Djerem, den Bamendjing am Noun und den Song Loulou unterhalb der Stromschnellen von Kikot. Die westlichen Küstenflüsse (Ndian, Mungo, Wouri) laufen im Tiefland von Rio del Rey zusammen und im ausgedehnten Kamerun-Delta, das das Wasser des Wouri, Mungo und Dibamba auffängt. Der **Cross River** durchläuft das Gebiet von Mamfe und fließt nach Nigeria.

Südlich des Sanaga gibt es mit Ausnahme des Nyong und Ntem, die durch Sumpfgebiete laufen, nur kleine Flüsse mit sehr unregelmäßigen Flussläufen: den Lokoundjé, Kienké und den Lobé.

Das **Kongobecken** im Südosten wird bewässert durch den Kadei und den Ngoko. Der erstere mit den Zuflüssen Doumé und Boumbé, trifft auf den Mambéré und bildet den Sangha an der Grenze zur Zentralafrikanischen Republik. Der Ngoko mit den Zuflüssen Dja und Boumba trifft auf den Sangha in der Republik Kongo in der Nähe von Ouesso.

Der **Bénoué** und seine Nebenflüsse, von denen der wichtigste der **Faro** ist, der das Wasser des nördlichen Adamaoua-Plateaus und der Alantika-Berge empfängt, gehört zum Nigerbecken. Ein weiterer relativ wichtiger Nebenfluss des Bénoué ist der **Mayo Kebbi,** der aus dem Südwesten der Republik Tschad kommt.

Das **Tschadbecken** ist das kleinste unter den kameruner Flusssystemen. Der größte Fluss ist hier der **Logone.** Seine Quellflüsse Mbéré und nördlicher Vina entspringen im nordwestlichen Adamaoua und vereinen sich im Süden der Republik Tschad zu einem relativ großen Strom. Der Logone tritt unterhalb von Yagoua alljährlich über seine Ufer.

BILD_3kam Foto: rf

Die sog. **Mayos** (Fulbe-Wort für Fluss) Nordkameruns, besonders in der Gegend um Maroua sind Wadis, die von den Bergen herabkommen und in der Trockenzeit in ihren sandigen Flussbetten verschwinden.

Allen Flüssen ist gemeinsam, dass sie in ihrem Flusslauf von **Stromschnellen und Wasserfällen** unterbrochen werden (Nachtigal-Fälle des Sanaga, Ekom-Fälle des Nkam), einer davon sogar direkt ins Meer (Lobé-Fall im Süden von Kribi).

Die meisten Flüsse sind nicht besonders tief (saisonal unterschiedlich während der Regen- und Trockenperioden) und von Sandbänken durchzogen. Die Schiffahrt beschränkt sich daher auf einige wenige Teilstrecken des Bénoué unterhalb Garouas (nur in der Regenzeit). Ansonsten sind die **Flüsse in Kamerun nicht schiffbar.** Während der deutschen Kolonialzeit hatte man zwar große Pläne mit dem Nyong (Eisenbahnlinie bis Mbalmayo – dann weiter mit kleinen Dampfschiffen bis tief in den Osten hinein), ließ diese aber recht bald fallen angesichts der viel günstigeren Möglichkeiten mit dem Lastverkehr über die Straße. Alle Wasserläufe werden jedoch mit **Pirogen,** den schmalen traditionellen Holzbooten oder Einbäumen, befahren, mit denen die Fischer auf Fang gehen oder die als Fähren zum anderen Flussufer dienen.

Vielfach werden die Flüsse als Energiequelle genutzt, an den Dämmen entstehen riesige **Stauseen** wie der Lac de Bamendjing (Provinz Ouest), der Lac de Mbakaou (Adamaoua-Hochplateau) und der Lac de Lagdo (Provinz Nord). Der Maga-See (Provinz Extrême Nord) dient als eine Art „Reservoir" für den Reisanbau entlang des Logone, der in der Regenzeit zwar sehr stark über die Ufer tritt, aber in der Trockenzeit oft „angezapft" wird, um die Bewässerung der Reisfelder zu gewährleisten – sehr zum Leidwesen der tschadischen Bauern auf der anderen Seite des Flusses.

Besonders im gebirgigen Westen und auf dem Adamaoua-Hochplateau gibt es zahlreiche natürliche Seen, die meisten davon tiefgrüne, ruhige **Kraterseen.** Sie sind von einem Ring von Bergen und dichter Vegetation umgeben, wie der Lake Barombi Mbo bei Kumba oder der Lac Tizon nahe Ngaoundéré. Einige der Seen gelten als heilig und werden beopfert, in anderen schwimmen die Kinder, Dorfbewohnerinnen waschen ihre Wäsche und die Pirogenfischer gleiten lautlos über das Wasser. Der Lake Nyos an der Ring-Road (Provinz North-West) ließ vor einigen Jahren giftige, vulkanische Gase ab, nahezu 2000 Menschen und mindestens genausoviel Vieh starben dabei in einer Nacht.

Nicht zuletzt sei der große **Tschad-See** erwähnt, der zu einem kleinen Teil in die Staatsgrenzen Kameruns hineinragt. Als man 1884/85 auf der Berliner Konferenz die Grenzen des heutigen Afrika zog, vermeinte man hier ein riesiges Binnenmeer. Deshalb wollte das kaiserliche Deutschland sich das Südufer dieses Gewässers sichern, dessen Ausdehnung von Regen- und Trocken-

Kratersee bei Wum

zeit stark beeinflusst ist, und hoffte, hier einen blühenden Binnenschiffsverkehr aufzuziehen. In Wirklichkeit können hier nur Pirogen oder Schilfboote verkehren.

Sämtliche Gewässer Kameruns versorgen die Bevölkerung auf das üppigste mit **Fisch.** Im Norden wird der Fang meistens geräuchert und nicht wenig davon geht ins benachbarte Nigeria.

Klima

So unterschiedlich die geographischen Gegebenheiten Kameruns sind, so sehr unterscheiden sich auch die einzelnen Klimazonen. Von der Halbwüste am Tschad-See im Norden über Bergmassive und tropische Regenwälder bis zur Atlantikküste bietet das Land eine **Reihe von klimatischen Gegensätzen.**

132kam Foto: rf

Matschige Pisten zur Regenzeit

Das milde Klima an der Atlantikküste wird von feuchtheißen Tropenregionen abgelöst; die zwar tropischen aber gemäßigten, fruchtbaren Zonen des Westens gehen in die von den feuchten Südwinden abgeschirmten Regionen des Ostens über. Das Klima im Norden wird von den Ausläufern der trockenen Sahel-Zone bestimmt.

Im tropischen Afrika gibt es keine markanten jahreszeitlichen Temperaturdifferenzen. Südlich der Sahara wird das Jahr klimatisch eingeteilt nach den periodisch schwankenden Niederschlägen. Der Rhythmus im Jahresverlauf wird nach **Regenzeiten und Trockenzeiten** bestimmt. Die Tagesdiffererenzen zwischen höchster und niedrigster Temperatur sind in Äquatornähe am geringsten und vergrößern sich zu den Polen hin. Dies zeigt sich vor allem bei den Temperaturschwankungen zwischen Tag und Nacht.

Die **Temperaturen** in Kamerun sind allgemein hoch und variieren nur wenig im Jahresverlauf. Von Süden nach Norden steigen die Durchschnittstemperaturen an. So hat z.B. Yaoundé eine durchschnittliche Jahrestemperatur von 23,5°C, dagegen Garoua und Kousséri im Norden bereits 28°C. Jedoch sind die Temperaturen im westlichen Hochplateau aufgrund der Höhenlage vergleichsweise niedriger: In Dschang auf 1400 m Höhe liegen sie im Durchschnitt bei 20°C. Dieses für Europäer gut verträgliche, gesunde Hochlandklima im Westen hatte bereits die früheren Kolonialherren dazu angeregt, hier ihre Kuraufenthalte zu verbringen.

Die jahreszeitlichen **Temperaturschwankungen,** auch die Tag- und Nacht-Differenzen, sind im Süden erheblich geringer als im Norden. Die Sonnenscheindauer verhält sich entsprechend: In der äquatorialen Zone im Süden wird sie verringert durch die Niederschlagsmenge, die relative Luftfeuchtigkeit und die Wolkendecke. Douala hat durchschnittlich 1023 Sonnenscheinstunden im Jahr, Yaoundé bereits 1841 und Garoua sogar 2969 Stunden.

Drei Faktoren bestimmen die **Niederschlagsmenge:** die Entfernung zum Meer, die Höhenlage und der Breitengrad. Die Niederschläge verringern sich von der Küste in das Landesinnere und von Süd nach Nord, verstärken sich jedoch mit der Höhenlage:

- **Lomié** (Südosten): 1654 mm, 152 Regentage
- **Douala:** 4004 mm, 260 Regentage
- **Yaoundé:** 1456 mm, 140 Regentage
- **Bamenda** (Westen): 2692 mm, 160 Regentage
- **Ngaoundéré:** 1455 mm, 128 Regentage
- **Garoua** (Norden): 985 mm, 74 Regentage
- **Kousséri:** 630 mm, 64 Regentage

Durch die Lage am Meer regnet es in Douala wesentlich mehr als in Yaoundé auf etwa demselben Breitengrad. Die Region um Bamenda ist wegen ihrer Höhe niederschlagsreich.

Die relative **Luftfeuchtigkeit** folgt diesen Schwankungen, nimmt also von Süden nach Norden ab. Während im Jahresmittel in Douala 83 % Luftfeuchtigkeit herrschen, sinkt diese in Kousseri

Die Umweltkatastrophe am Tschad-See

Dramatischer könnte die Situation kaum sein: **Der Tschad-See im Herzen Afrikas trocknet aus, die Menschen wandern ab.**

Vor den Trümmern einer einst blühenden Seenlandschaft stehen die Einwohner der Staaten Niger, Nigeria, Tschad und Kamerun: Der einstige Lebensspender der Region, der Tschad-See, ist nur noch ein blasses Abbild seiner selbst. In den letzten 40 Jahren ist der Tschad-See auf ein Zwanzigstel seiner Fläche geschrumpft. Erst vor kurzem machte die amerikanische Weltraumorganisation NASA auf die Umweltkatastrophe unvorstellbaren Ausmaßes aufmerksam: Der Tschad-See verschwindet schlicht von der Landkarte! Die Ursachen der Austrocknung sind zum Teil hausgemacht. Der See grenzt an vier afrikanische Länder, die mit Trinkwasserreserven nicht gerade gesegnet sind. Deshalb strömten die Menschen an die Ufer des Sees, um sich eine neue Existenz aufzubauen. Die Menge an Wasser, die für die künstliche Bewässerung abgepumpt wurde, stieg rasant an. Der weltweite Treibhauseffekt tat ein Übriges: Seit den frühen 1960er Jahren nimmt die Regenmenge in der Region dramatisch ab. Bereits jetzt wandert die Bevölkerung wieder von den Ufern des Tschad-Sees ab. Zurück bleibt die Wüste.

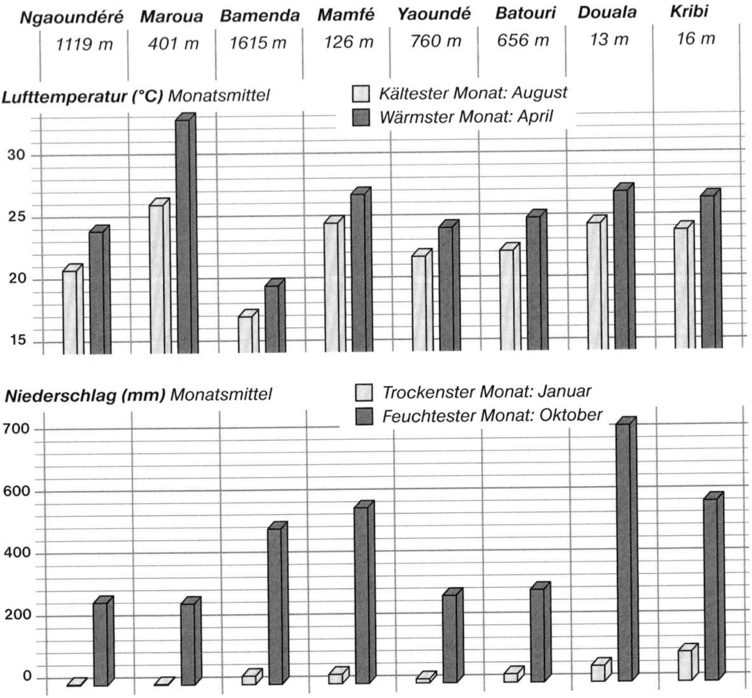

auf 47 % ab, während der Trockenzeit sogar auf nur 10 %. Verantwortlich für diese Unterschiede sind die Zirkulationen der Luftmassen und der Einfluss des Reliefs.

Das Klima in Kamerun wird beeinflusst von zwei verschiedenen Luftströmungen zu beiden Seiten des Äquators. Aus Süden weht der Südostpassat oder **Monsun,** eine instabile und feuchte Luftströmung. Sie senkt die Temperaturschwankungen und bringt Regen. Der Norden wird beeinflusst durch den Nordostpassatwind oder **Harmattan.** Dieser stetige und trockene Wind aus der Sahara führt Staub und heiße Luft mit sich. Jahreszeitlich verschieden treffen diese beiden Winde in unterschiedlichen Grenzlinien aufeinander. In der Regenzeit zieht das System nordwärts und bringt das ganze Land unter den Einfluss feuchter Luft. Die Niederschläge sind an der Südwestküste und auf den Hochplateaus am höchsten. Im „Winter" zieht das System südwärts. Der trockene Harmattan dringt von Norden in das Land vor, der Süden bleibt meist unter dem Einfluss der feuchten Luft – dies ist die Trockenzeit. Zwischenperioden treten im März/April und Oktober/November auf. Wenn es Ende März im Süden und Zentrum Kameruns einige Tage regnet, spricht man vom „Mangoregen", die eigentliche Regenzeit beginnt dann erst im Juni.

Klimazonen

Kamerun gliedert sich in **vier regional unterschiedliche Klimazonen:**

Der **Südosten des Landes** mit seinen tropischen Regenwäldern ist geprägt durch das **äquatoriale Guinea-Klima** mit viel Regen und einer hohen Luftfeuchtigkeit. Im Westen ist das Gebiet durch das Meer und den Sanaga-Fluss begrenzt, im Norden durch die Flüsse Mekié und Lom. Die Temperaturen liegen im Jahresdurchschnitt bei 25°C, an der Küste (Kribi) bei ungefähr 30°C und die Niederschlagsmengen zwischen 1500 und 2000 mm. Die Hauptregenzeiten liegen im September und im März/April, die Trockenzeiten in den Monaten Dezember/Januar und Juli/August.

Der **Westen Kameruns** bis nach Mamfe im Norden und dem Sanaga-Delta im Südosten liegt im **äquatorialen Kamerun-Klima.** Charakteristisch auch hier die feuchte Hitze und die ständigen Niederschläge (mit 2000–11.000 mm noch höher als im Osten).

Die **Region an der Südostflanke des Mount Cameroon** ist mit durchschnittlich 11.000 mm im Jahr eine der regenreichsten der Erde. Hier gibt es nur eine ausgeprägte Regenzeit von Juli bis September. Die Haupt-Trockenzeit erstreckt sich auch hier über die Monate Dezember bis Februar, ist aber nicht, wie im Norden, als absolut regenfreie Zeit anzusehen. Die Temperatur in Douala liegt fast das ganze Jahr über bei 25–28°C.

An diese „feuchten" Klimazonen schließt sich im Norden das **semi-aride Sudan-Klima** an. Auch hier gibt es nur zwei ausgeprägte Jahres-Zeiten. In der Adamaoua-Hochebene mit Niederschlägen bis zu 1500 mm pro Jahr dauert die Regenzeit, die mit heftigen Gewitterstürmen eingeleitet wird, von März bis Oktober; der August ist der regenreichste Monat. So gut wie keine Niederschläge fallen in der darauf folgenden Trockenzeit von November bis Februar/März. Die Temperaturen bleiben ganzjährig mit ca. 22°C relativ kühl. Doch sind die Temperaturunterschiede im Jahresverlauf höher als im Süden, das Maximum im März liegt bei 25°C, das Minimum im Januar bei 9°C.

Das klassische **Sudan-Klima** gibt es im Bénoué-Tal mit sehr hohen Temperaturen, die im April am Ende der Trockenzeit 40–45°C erreichen. Die Niederschläge sinken hier in der Umgebung von Garoua unter 1000 mm, die Trockenzeit verlängert sich auf sechs Monate von November bis März.

Im **Norden Kameruns** herrscht das **Sudan-Sahel-Klima** bis zu den Mandara-Bergen bzw. das heiße und trockene **Sahel-Klima** nördlich davon in der Tschad-Ebene. Als Sahel (arab. für „Ufer") bezeichnet man die Übergangszone zwischen Wüste und Savanne. Die Regenzeit dauert hier nur von Juli bis September, die Niederschläge sinken auf 400–700 mm im Jahr. Im Norden herrschen hohe Temperaturen zwischen 25 und 45 °C; die Monate von Dezember bis Februar sind die kühlsten. Am heißesten ist es in der Zeit von April bis Juni.

Die Mayos (Flussbetten) führen in der Trockenzeit kein Wasser, sie füllen sich mit den ersten Regenfällen. Dann verwandeln sich die sonst trockenen Gebiete in wasserüberflutete Ebenen, die Pisten sind kaum mehr befahrbar.

Regenzeit

Den Begriff Regenzeit möchte ich hier nochmals kurz erläutern, da dieser leicht missverstanden wird. Oft wird angenommen, dass es in dieser Zeit kontinuierlich regnet. Es fallen zwar in dieser Zeit mehr Niederschläge als in den anderen Monaten, jedoch – mit Ausnahme von einigen Wochen – meist als **kurze, heftige Tropenschauer.** In den Gebirgsregionen im Kameruner Grasland bis zu den Mandarabergen im Norden sind die Lufttemperaturen während der Regenzeit angenehm kühl und bewegen sich selten über 25– 27 °C. Gerade eine Reise in die nördliche Region hat dann ihren ganz besonderen Reiz. Die sonst ausgedörrten, staubigen Regionen verwandeln sich in eine üppig grüne Landschaft und die Lufttemperaturen sind niedriger. Welche Reisezeit für einen persönlich die Beste ist, hängt natürlich von der Art der Reise und dem Interesse des Einzelnen ab.

Die **Pisten** sind **während der Regenzeit** oft schwer und nur mit Geländefahrzeug befahrbar. Auch **Tierbeobachtungen** sind in der Regenzeit schwieriger, da dann das Gras die Sicht behindert und die Tiere nicht, wie während der Trockenzeit, an den Wasserstellen zu finden sind, sondern sich ins dichte Gebüsch oder Grasland zurückziehen. Zudem sind in dieser Zeit die **Nationalparks geschlossen,** um den Tieren eine Art „Schonzeit" zu gewähren.

Jahreszeiten

- **Große Trockenzeit:** Im Süden von Dez. bis März, im Norden von Nov. bis April
- **Kleine Trockenzeit:** Im Süden von Juli bis August
- **Große Regenzeit:** Im Süden von Sept. bis Nov., im Norden von Juni bis Okt.
- **Kleine Regenzeit:** im Süden von April bis Juni

Allgemein gelten als beste Reisezeit für Kamerun die Monate von Dezember bis April/Mai.

Pflanzen- und Tierwelt

Flora und Vegetation

Die unterschiedlichen Klimazonen Kameruns bedingen das gesamte landschaftliche Spektrum des tropischen Afrika: Dichte Regenwälder im Süden, Bergwälder und Grasland im Westen, Feucht-, Baum- und Trocken-Busch-Savanne, Steppengebiete im Norden.

In der **Regenwaldzone** dominieren Baumriesen bis zu 50 m Höhe. Der Kapokbaum gehört zu den größten Bäumen des Waldes.

Der **tropische Küstenwald** wird jedoch immer mehr zurückgedrängt durch landwirtschaftliche Nutzplantagen (Ölpalmen, Kautschuk oder Hevea, Kakao etc.) und durch forstwirtschaftliche Abholzung.

Entlang der großen Flussdeltas landeinwärts findet man periodisch überschwemmte **Sumpfzonen** mit großen Mangrovengebieten, Grasland und Raphia-Palmen.

Der **immergrüne Wald** auf einer Höhe von 200–800 m ist ebenso bedroht durch Abholzung, Kakaoplantagen, Ölpalmen, Bananen, Kaffee, aber auch Straßen- und Städtebau. Große Waldflächen sind bereits gelichtet. Dort, wo es sich noch um **Primärwald** handelt, ist das Unterholz erstaunlich dünn, und man kann sich mühelos im Wald fortbewegen. Durch Eingriffe des Menschen (Ausbeutung des Regenwaldes) wird der Primärwald zum **Sekundärwald** mit einer buschartigen, wieder nachgewachsenen Vegetation. Das Klima mit wenigen ausgeprägten jahreszeitlichen Schwankungen fördert zwar eine üppig wuchernde Vegetation, ist aber ungünstig für die Landwirtschaft. Die anfälligen, kaum urbar zu machenden Böden sind in wenigen Jahren erschöpft und müssen durch Rodung neuer Flächen ersetzt werden. Allerdings ist hier anzumerken, dass die Art der **Rodung** in den Ländern Zentralafrikas weitaus weniger schädlich und katastrophal ist als z.B. an den Rändern des Amazonas-Gebietes, da hier kein

113kam Foto: rf

Früchte der Ölpalme

radikaler Kahlschlag betrieben wird. Es bleiben immer noch – vor allem im Falle von Kakao-Pflanzungen – vereinzelte Urwaldriesen als Schattenspender stehen. Dennoch geht mit jedem Quadratkilometer Primärwald eine Artenvielfalt ohnegleichen für immer verloren.

Der **Dja-Wald,** immergrün und atlantisch, bedeckt die Flussbecken. Der Sumpfwald des oberen Nyong wird flussabwärts abgelöst durch überflutetes Grasland. Die Wälder sind an ihren Grenzen umgeben von Savannen und Buschland, die teils durch forstwirtschaftlichen Holzschlag, aber auch durch die landwirtschaftlichen Rodungsmaßnahmen entstanden sind.

In den Bergen in Atlantiknähe beginnt der **immergrüne Bergregenwald** auf 800 m Höhe, aber erst auf 1200 m in den Bergen des Hinterlandes. Dieser Bergwald ist aufgrund der landwirtschaftlichen Nutzung, der Überweidung und geologischer Einflüsse nur noch sehr spärlich. Am Mt. Cameroon haben die Lavaflüsse den Wald dezimiert und der Neuwuchs erfolgt sehr langsam.

Das dicht besiedelte **Bamiléké-Plateau** im Westen Kameruns ist hauptsächlich **Kulturland** mit Fruchtbäumen, Eukalyptus-Bäumen, Getreide, großen Plantagen oder Pflanzungen (Kaffee, Tee, Bananen u.a.), Weideland, ausgedehntem Grasland, abgerodeten Hügeln und sumpfigen Tälern.

Das **alpine Grasland** zeigt sich nur auf dem Mt. Cameroon zwischen 2800 und 3000 m Höhe und ist beeinflusst duch den Vulkanismus.

Die **Sudan- oder Guinea-Savanne** mit Buschland und Trockenwald (vereinzelte Bäume) charakterisiert das Adamaoua-Plateau auf 900–1500 m Höhe. Die Vegetation dieses Gebietes ist nur stellenweise stark bedroht durch **landwirtschaftliche Maßnahmen,** sei es durch Kleinanbau für den Eigenbedarf oder aber für großflächigen Getreideanbau. Als besonders katastrophal hat sich dies östlich von Ngaoundéré erwiesen, wo man bis Anfang der 1980er Jahre versucht hatte, Weizen im großen Stil anzubauen und dafür mehrere Hundert Hektar intakten Buschwaldes opferte. Aber auch durch die Schaffung von Weideland für die hier vorherrschende Viehzucht wird ursprüngliches Land zerstört. Allerdings grast ein Großteil der Zebu-Herden noch wie eh

BILD_35kam Foto: ed

und je unter der Obhut von nomadisierenden – oft aus dem Niger stammenden – Fulbe-Hirten, die nicht selten nur im Auftrag ihrer sesshaften „Vettern" (sie selber haben oft ihre Herden während der Dürrekatastrophen der letzten zwei Jahrzehnte verloren) monatelang durch den Busch ziehen (als Bezahlung erhalten sie nach drei Monaten ein Bullenkalb oder nach vier Monaten ein Kuhkalb).

Nördlich dieser Hochebene liegt die **Buschsavanne** des Bénoué-Beckens (Sudan-Sahel-Savanne), die ab Maroua nordwärts von der **Dornbuschsteppe** (Sahel-Sudan-Savanne) abgelöst wird. Ein typischer Baum dieser Region ist der **Baobab** oder Affenbrotbaum, aber auch viele ausladende **Mango-Bäume** gedeihen im trockenen Norden. Bestimmt wird die Vegetation jedoch von einer ganzen Reihe verschiedener Sorten von **Akazien.** Auffallend ist hier ebenfalls die hohe Anzahl von **Neem-Bäumen** in den Ortschaften – vor allem in Maroua. Aus Indien erst Mitte des Jahrhunderts eingeführt, hat sich dieser Schatten, Brennholz und Viehfutter liefernde Baum bei der Bevölkerung des Nordens sehr schnell durchgesetzt und erfreut sich großer Beliebtheit.

Im Kontrast dazu steht das periodisch überflutete **Grasland (Yaérés)** nördlich von Mora, das durch jährliche Trockenperioden, Abweidung und Brände schwindet oder durch den Reisanbau (Yagoua) völlig zerstört wird.

Die **Sahel-Sahara-Zone** an den Ufern des Tschad-Sees wird charakterisiert durch eine sehr spärliche Vegetation mit vereinzelten Akazien-Bäumen und vor allem Dornbüschen, der Graswuchs zeigt sich nur in der kurzen Regenzeit im Juli und August.

Allgemein variiert während der verschiedenen Jahreszeiten das Bild der **Vegetation im Norden.** In der **Trockenzeit** ist die Vegetation der nördlichen Savanne und Halbwüste verdorrt und kümmerlich. Das Land ist von der Sonne ausgebrannt, der Boden zeigt mancherorts Erosionserscheinungen und die vorherrschenden Farben sind Gelb, Grau und Braun. Oft wird dann im Norden die dürre Vegetation abgebrannt, um den neuen Gras- und Blattsprossen Platz zu machen, die den Zebu-Herden, aber auch dem Wild, wieder frische Nahrung bieten. Viele Flüsse vertrocknen während dieser Zeit und bilden die **Mayos,** die typischen, ausgetrockneten Flussbetten. Im Waza-Nationalpark werden die Wasserstellen vorübergehend künstlich gespeist, und die Vegetation in Ufernähe bietet den Tieren die letzte frische Nahrung. Dagegen fallen im Bereich des tropischen Regenwaldes während der „Trockenzeit" täglich Niederschläge, wenngleich in geringerem Maße. Die Vegetation bleibt dort das ganze Jahr über üppig und grün.

Auf dem Höhepunkt der **Regenzeit** bietet sich im Norden ein ganz anderes

Dichter Regenwald zieht sich
entlang der Flussläufe im Süden Kameruns

Bild. Wenige Tage nach den ersten kräftigen Regenfällen wird aus der trockenen Öde ein grünes Land, und Büsche und Bäume zeigen wieder üppigen Blattwuchs. Während dieser Zeit sind in vielen Regionen die Pisten unpassierbar. Die Nationalparks schließen daher; nicht zuletzt aber auch, um den Tieren eine „Schonzeit" zu gewähren. Die Sicht auf das Wild ist durch die während der Regenzeit üppige Vegetation ohnehin eingeschränkt.

Die Zerstörung des Regenwaldes

Die **Eingriffe des Menschen** in das schützenswerte Ökosystem des Regenwaldes gefährden die Waldbestände Kameruns zunehmend. Brandrodungen zum Kultivieren des Landes, intensive Abforstungen und der Bau von Verkehrswegen verwandeln den Wald in Savanne und schließlich in Steppe – Landschaftsformen, die sich in Kamerun vom Adamaoua-Hochland bis zu den Ufern des Tschad-Sees erstrecken.

Zahlreiche Holzgesellschaften und die ansässigen Farmer schlagen und brennen riesige Lücken in den Dschungel vom Golf von Guinea bis ins Kongobecken.

Der immergrüne, tropische **Regenwald** besteht etwa zu **einem Drittel aus mittleren und größeren Bäumen.** Ihre Kronen teilen sich den Raum bis in eine Höhe von 40–50 m und darüber. Lianen umschlingen die Urwaldriesen. Brett- und Stelzwurzeln verleihen den Baumgiganten Standfestigkeit, denn die Wurzeln selbst reichen nur wenige Dezimeter in den kargen Boden. In diesem Feuchtwald nahe dem Äquator mit jährlichen Niederschlagsmengen bis zu 11.000 mm und mittleren Jahrestemperaturen von etwa 26°C herrschen ideale Voraussetzungen für das Wachstum dieser tropischen Vegetation. Aber nur, solange der Mensch nicht eingreift.

Schirm- oder Musanga-Bäume, wie sie von den Afrikanern genannt werden, sind immer ein Zeichen für eine vorausgegangene Rodung. Sie sind typisch für den so genannten **Sekundärwald.** Erst in ihrem Schatten kann die ursprüngliche Pflanzenwelt des Urwaldes wieder aufkommen.

Zwischen Edéa und Kribi wurde für die neue Verbindungsstraße mit Bulldozern und Sägen eine riesige Schneise in den Wald geschlagen. Hier lässt sich die beschriebene Vegetationsveränderung bereits gut erkennen.

Der neue Verkehrsweg dient den Lastwagen dazu, immer noch mehr Tropenhölzer aus den Waldgebieten in die Hafenstadt Douala zu bringen. Dort wird das **Holz zu 90 % nach Europa verschifft** – für die Möbelindustrie. Pro Hektar Regenwald werden nur etwa dreißig Kubikmeter brauchbares Tropenholz verwertet, die Vegetation aber ist zu 100 % zerstört. Den afrikanischen Regenwald teilen sich zahlreiche Holzgesellschaften: deutsche, französische, niederländische, englische und natürlich auch einheimische, denn Kameruns verschuldete Wirtschaft ist auf den Exporterlös der Forstwirtschaft dringend angewiesen.

Eine mögliche Rettung des Regenwaldes könnte nur erfolgen, indem die westliche Welt Finanzierungen zu seinem Schutz schafft, Nationalparks einrichtet und auf den Konsum von Edelhölzern verzichtet, anstatt weiter abzuholzen. Als Vorbild dafür könnte das **WWF-Projekt im Korup-Nationalpark** dienen. Zum Schutz des Regenwaldes wurde dieser Park im Westen, an der Grenze zu Nigeria, geschaffen. Korup ist der erste Nationalpark Kameruns, der einen Regenwald schützt, einen der erdgeschichtlich ältesten Urwälder Kameruns. In diesem Primärwald finden sich etwa 400 Baumarten, eine Vielfalt von Heilpflanzen, aber auch verschiedene Affenarten und Waldelefanten.

Tierwelt

So artenreich und unterschiedlich wie die Flora ist auch die Tierwelt Kameruns. Zum Schutz von Tier- und Pflanzenwelt wurden in Kamerun verschiedene Nationalparks und Reservate geschaffen.

Die **großen Nationalparks** Kameruns liegen **im Norden:** Faro, Bénoué, Bouba-Ndjida, der Kalamaloué-Park südlich des Tschad-Sees und der große Waza-Nationalpark. Diese Parks sind nur während der Trockenzeit von **November bis Mai für Besucher zugänglich,** zu dieser Zeit ist das Gras kurz und man kann die Tiere recht gut beobachten.

Die Tierreservate beheimaten **viele Arten von Wild:** Büffel, Löwen, Giraffen, zahlreiche Antilopenarten, darunter auch Wasserböcke und die schöne Riesen-Elen-Antilope (franz. *Elan de Derby*). Die flinken Warzenschweine graben allerorts ihre Erdlöcher, Elefanten ziehen in großen Herden umher. Sie und die relativ seltenen Löwen trifft man am ehesten im wildreichen **Waza-Park** an. Der Waza beheimatet auch eine große, farbenprächtige **Vogelwelt:** Strauße, Kraniche, Störche, Pelikane, Gänse, Marabus, Reiher, Ibisse, Kormorane, Kronenkraniche, Frankoline, Raubvögel (Adler, Geier), bis hin zum kleinen blauschillernden Eisvogel.

Im **Bouba-Ndjida-Nationalpark** soll es noch einige wenige der vom Aussterben bedrohten **Nashörner** geben. Besonders der Bénoué-Fluss und seine Ufer werden von zahlreichen Flusspferden und Krokodilen bevölkert.

Außerhalb der Nationalparks trifft man vielerorts auf große Gruppen von Hundskopf-Pavianen und Meerkatzen.

Aber nicht nur in den Savannen des Nordens, auch in den großen Regenwaldgebieten im Süden und Osten gibt es eine artenreiche Tierwelt, die allerdings im dichten Dschungel nicht leicht zu beobachten ist. Die Wälder sind vor allem das Reich der **Affen,** darunter des größten und am stärksten bedrohten, des **Gorilla,** der bis zu 200 kg schwer werden kann (s.u.). **Schimpansen** leben in kleinen Familienverbänden im Wald, auch Mandrill Äffchen und Colobus-Affen sind hier beheimatet.

Unter den **Antilopenarten** sind vor allem die scheuen, schön gezeichneten Bongo-Antilopen erwähnenswert.

Die **Waldelefanten,** die das Gebiet durchstreifen, sind viel kleiner als ihre Artgenossen in der Savanne.

Die ehemals zahlreichen **Fische** in Flüssen und Seen sind durch die Fische-

Die Bedrohung der Gorillas und Schimpansen in Kamerun

von **Astrid Därr,** nach Informationen der WSPA

Gorillas und Schimpansen sind unsere nächsten Verwandten: Gorillas sind zu 97,7 %, Schimpansen zu 98,4 % genetisch identisch mit dem Menschen. In Kamerun, Kongo und Gabun gibt es noch 50.000 bis 100.000 Gorillas (Gorillas des westlichen Tieflands), in Ruanda sind es ca. 650 (Berggorillas), in Zaire 3000 bis 5000 (Gorillas des östlichen Tieflands). Schimpansen leben noch bis zu 200.000 in 20 afrikanischen Ländern.

Die vom Aussterben bedrohten Gorillas Südostkameruns werden noch immer auf grausamste Weise gejagt. Obwohl sie per Gesetz geschützt sind, gehen die Abschlachtungen mit ausschließlich für diesen Zweck angewandten Patronen weiter. Ein Jäger erhält für einen männlichen 400-Pfund-Gorillakadaver gerade einmal 30 US-Dollar; das tote Tier wird dann als „Buschfleisch" auf dem Markt in den Städten verkauft. Dort wird dafür mehr bezahlt als für Rind- oder Schweinefleisch. Manchmal werden auch die zerstampften Finger als Wundermittel zur Stärkung von Babys verwendet.

Um wenigstens einen Teil der Affen vor dem Tod zu bewahren, hat man in Limbe im ehemaligen Zoo eine Affenstation gegründet, wo verwaiste Gorilla- und Schimpansenbabys von freiwilligen Helfern versorgt und gepflegt werden. Die Mütter der dortigen Affen wurden geschlachtet und als Fleisch verkauft; die Babys wurden entweder Wilddieben abgenommen oder, die meisten, erst als Haustiere verscherbelt und dann im Zoo abgeliefert. Schon jetzt mangelt es der Station in Limbe an Platz und Geldern für die immer mehr ansteigende Zahl an verwaisten Affenbabys.

Oft bringen die Babys den Jägern mehr Geld ein als der Kadaver eines erwachsenen Affen, was zur Folge hat, dass besonders die weiblichen Tiere mit Jungen getötet werden und somit die zweite Generation schon im frühesten Stadium mit vernichtet wird. Diese Entwicklung nimmt immer schlimmere Ausmaße an, vor allem angesichts der fortschreitenden Rodung und Erschließung der Regenwälder. Mit dem ständigen Ausbau von Transporttrassen durch den ursprünglich unzugänglichen Wald wird es den Jägern erleichtert, auch in abgelegenen Gebieten Zugang zu den Gorillas zu bekommen und die-

rei erheblich dezimiert. Sehr fischreich ist noch immer der Logone, und im Bénoué-Fluss gibt es offenbar noch bis zu 50 kg schwere Capitaine-Fische.

Natürlich gibt es in Kamerun, wie überall in Afrika, **Reptilien.** Schlangen greifen nur dann einen Menschen an, wenn sie bedroht oder erschreckt werden. Da es auch Giftschlangen gibt, sollten Sie beim Trekking (z.B. an den Hängen des Mt. Cameroon oder im Urwald) die Augen offen halten. Allerdings sieht man diese scheuen Tiere eher selten; ich bin auf meinen vielen Afrika-Reisen bisher erst einer (lebendigen) Schlange begegnet!

Unterwegs im **Korup-Nationalpark** werden Sie sicher den **Treiberameisen** begegnen, deren „Straßen" oft die Trampelpfade der Wanderer kreuzen. Um dem schmerzhaften Biss dieser Ameisen vorzubeugen, empfiehlt es sich, auf Wanderungen festes Schuhwerk und lange Hosen zu tragen.

se zu erschießen. Die Holzfirmen sind direkt am Handel mit dem Buschfleisch beteiligt. Hinzu kommt, dass zwar viele Jäger nicht zufrieden sind mit ihrem Leben, aber im Verkauf von Gorilla- oder Schimpansenfleisch die einzige Möglichkeit sehen, um ihre Familie ernähren zu können. Allein in den Wäldern um Kika werden jedes Jahr ungefähr 800 Gorillas und 400 Schimpansen getötet.

Inzwischen gibt es einige sehr engagierte Organisationen, die sich für den Schutz der bedrohten Gorillas und Schimpansen in Zentralafrika und Kamerun einsetzen und – wie beispielsweise die World Society for the Protection of Animals (WSPA) – diverse Kampagnen initiieren. 1998 wurden auf den Märkten in Yaoundé erstmals Kontrollgänge gestartet und illegal erworbenes Buschfleisch konfisziert. Leider musste diese Erfolg versprechende Aktion mangels Spendengelder schnell wieder eingestellt werden.

Im Frühjahr 1999 wurde von Kameruns Präsident *Paul Biya* mit den Regierungen Gabuns, Zentralafrikas, Äquatorialguineas und des Kongo der Yaoundé-Gipfel einberufen. Der Gipfel wurde vom World Wide Fund for Nature (WWF) organisiert und führte zur Verabschiedung der „Yaoundé-Erklärung". Entgegen der Übereinkunft einer besseren grenzüberschreitenden Zusammenarbeit und des gemeinsamen Ziels der Zerschlagung des Buschfleisch-Handels, konnte man sich weder auf die Einrichtung neuer Schutzgebiete noch auf andere konkrete Maßnahmen einigen. Trotz der inzwischen großen nationalen und internationalen Aufmerksamkeit für das Problem des Buschfleisch-Handels sind den meisten politischen Absichtserklärungen nach wie vor keine sinnvollen politischen Handlungen gefolgt.

Kontakt-/Internetadressen

- **WSPA Deutschland,** Kaiserstraße 22, 53113 Bonn, Tel. (0228) 9563455, Fax 9563454, E-Mail: info@wspa.de, www.wspa.de
- **Berggorilla und Regenwald Direkthilfe e.V.**
Angela Meder, Augustenstr. 122, 70197 Stuttgart, Fax (0711) 6159919
E-Mail: angela.meder@t-online.de, www.kilimanjaro.com/gorilla/brd
- **Bushmeat Crisis Task Force,** 1700 Connecticut Avenue, NW Suite 403
Washington, DC 20009, E-Mail: info@bushmeat.org, www.bushmeat.org

Geschichte

Das Land Kamerun gibt es in seinen aktuellen Grenzen, als modernes **Staatswesen,** erst **seit Ende des 19. Jahrhunderts** bzw. seit 1961. Zu groß sind die Unterschiede zwischen den verschiedenen Kulturräumen dieses Landes, zwischen den diversen Ethnien, als dass man von „der" Geschichte dieses einen Landes sprechen könnte. Das soll uns aber nicht daran hindern, einen Blick auf die Geschichte dieser Gegenden zwischen Golf von Benin und Tschad-See zu werfen, ein Raum, der im Laufe der Jahrtausende immer wieder große Umwälzungen erfahren musste.

Grundsätzlich sollte man in der geschichtlichen Betrachtung an der geographischen Einteilung des Landes in **vier Großräume** festhalten (Norden, Osten/Zentrum/Süden, Küste, Westen). In den vergangenen Jahrtausenden hat es immer wieder große **Wan-**

derbewegungen von Nord nach Süd gegeben, allerdings liegen auch heute noch Welten zwischen diesen Kulturen und Lebensformen.

Fest steht, dass jene Vorstellung vieler Europäer von Afrika als „geschichtslosem Erdteil" vollkommen überholt ist. Oft fängt für diese Leute die Geschichte Schwarzafrikas erst mit der Umschiffung des Kaps der Guten Hoffnung durch *Vasco da Gama* an. Sie berücksichtigen noch nicht einmal die Reiseberichte arabischer Gelehrter des Mittelalters oder der Renaissance wie *Ibn Batuta* oder *Leo Africanus*.

Es ist in diesem Teil Afrikas aber auch sehr viel schwieriger, nach Zeugen der Vor- und Frühgeschichte zu forschen, da die vielen untergegangenen oder abgewanderten Völker der Nachwelt in den seltensten Fällen unzerstörbare Bau- oder sonstige Kunstwerke hinterlassen haben. Die Archäologie liegt hier noch in ihren Anfängen, vieles beruht auf Spekulationen, aber auch auf wissenschaftlicher Auswertung alter Mythen und Legenden.

Dass wir in diesem Kapitel ebenfalls Wert legen auf eine ausführliche Darstellung der Zeit Kameruns als **deutsche Kolonie,** macht insofern Sinn, als Deutsche immer wieder auf diese Zeit zwischen 1884 und 1916 angesprochen werden. Viele Kameruner sind fassungslos, wenn sie bei Deutschen entweder völlige Unkenntnis über diesen Teil der Geschichte ihres Landes feststellen oder, was ihnen nicht minder merkwürdig erscheint, bemerken, dass Deutsche die Vergangenheit Deutschlands als Kolonialmacht missbilligen.

Frühe Besiedlung und die Zeit der Wanderungen

Die Bezeichnung **„Afrika"** für den Kontinent ist römischen Ursprungs. Nach *Livius* nannten die Römer die von Karthago abhängigen Bewohner der punischen Herrschaftsgebiete im heutigen Tunesien „Africani". Später wurde „Africa proconsularis" eine römische Provinz, die das heutige Tunesien und Libyen umfasste. Griechischen Überlieferungen war zu entnehmen, dass um 600 v.Chr. der ägyptische Pharao *Necho* eine Expedition wahrscheinlich phönikischer Seeleute ausrüstete, die innerhalb von vier Jahren den Kontinent umschiffte. Ein in griechischer Übersetzung erhaltener Bericht des Karthagers *Hanno* schildert dessen Seereise (525 v.Chr.) durch die Straße von Gibraltar und die westafrikanische Küste entlang. Als Hanno den Golf von Guinea erreichte und den damals aktiven, feuerspeienden Mount Cameroon sah, nannte er ihn den „Götterwagen". Dies ist die älteste überlieferte Darstellung aus dem Gebiet des heutigen Kamerun.

Vor und nach diesen ersten Entdeckungen an der Guinea-Küste lag die Geschichte Kameruns für uns Europäer lange Zeit im Dunkeln, da sie nur durch mündliche Überlieferungen von Eingeweihten und Häuptlingen weiterlebt. Auch die Frühzeit ist relativ unerforscht. Bekannt ist, dass das Gebiet des heutigen Kamerun, in dem große Regenwälder auf Savanne treffen, schon sehr früh besiedelt war. Zahlreiche Fundobjekte aus Stein zeugen davon. Dieses Land zwischen dem Atlantischen Ozean und dem Paleo-Tschad-See, der bis vor wenigen Jahrtausenden ein Binnenmeer von ungeheuren Ausmaßen war, bot schon in frühester Zeit den ersten Menschen Raum und Nahrung.

Das **Paläolithikum** (Altsteinzeit) geht zurück bis in die Zeit von 600.000 bis 50.000 v.Chr. Die **neolithische Zeit** begann ca. 50.000 Jahre vor unserer Zeit. Werkzeugfunde vom Norden bis zum Süden des Landes lassen auf weit verbreiteten Ackerbau schließen. Das **Eisenzeitalter** war vermutlich zeitgleich mit dem frühen christlichen Zeitalter. Eine große Anzahl von Grabhügeln in der Logone- und Diamaré-Ebene und im mittleren Bénoué-Tal deutet auf relativ große Siedlunggemeinschaften in der frühesten Geschichte. Die geometrischen Felsgravuren in Bidzar (nahe Guider) sind bezüglich Komplexität und dem Charakter der Motive einzigartig in Zentralafrika. Auf dem Hügel von Makabai, einem kleinen Dorf bei Maroua, befindet sich eine der größten prähistorischen Fundstätten. Im Westen fand man aufgestellte Steine in der Ndop-Ebene, im Weideland um Nkambé wurden Steinkreise gefunden.

Nach der prähistorischen Zeit scheint Kamerun in der Hauptsache von **Pygmäen** bewohnt gewesen zu sein, die als die eigentlichen **Ureinwohner der Region** gelten. Es wird angenommen, dass der tropische Regenwald noch bis zur Zeitenwende das Adamaoua-Hochland bedeckte. In der heutigen Zeit gibt es nur noch wenige Pygmäen, die in den Restbeständen des Urwaldes leben. Ihre Zahl nimmt mit dem Raubbau des Tropenwaldes ab.

Die Geschichte der Bevölkerung des heutigen Kameruns ist vor allem durch die **Völkerwanderungen der letzten 500 bis 1000 Jahre** geprägt. Viele Volksgruppen lebten lange als Halbnomaden, ehe sie im Westen auf die Küste stießen und sich in bestimmten Regionen niederließen. So war Kamerun ein Kreuzungspunkt vieler Stammeswanderungen und traditioneller Handelswege. Die geschichtliche Entwicklung hat zur Vielfalt der Ethnien in diesem Land beigetragen.

Grundsätzlich unterscheidet man mindestens zwei große Trends in den Wanderbewegungen der vergangenen zwei Jahrtausende: die Nord-Süd-Wanderungen der Völker des Nordens und die Ost-West-Wanderung der Bantu-Völker. Hierbei sind natürlich nicht andere Bewegungen zu übergehen wie die Ost-West-Wanderung einiger Sudan-Völker, die Entstehung von Mischvölkern (z.B. die Bamiléké) und der Einfluss ehemals nomadisierender Hirtenvölker, die zu Staatengründern wurden (wie z.B. die Fulbe).

Geschichte Nordkameruns

Durch die fortschreitende Austrocknung des Tschad-Sees und der Sahara erfolgte eine massive Verlagerung der sog. „tschadischen" Völker in Richtung Süden, die ihrerseits wiederum anderen aus dem hohen Norden kommenden Völkern weichen mussten. Diejenigen Völker, die schon vorher in den Gegenden südlich des Tschad-Sees lebten und entweder ebenfalls weiter nach Süden verdrängt wurden oder in den neuen

Kulturen aufgingen, haben ihre Ursprünge höchstwahrscheinlich im Raum des heutigen Sudan – man spricht von hamito-nilotischen Völkern. Bei den Völkern Nordkameruns spricht man generell von **Sudan-Völkern.**

Zu den bekanntesten Kulturen dieser Zeit zählt man die Zivilisation der **Sao,** eines sagenumwobenen Volkes (in manchen Sagen hört man von „Riesen, die mit einem Fuß den Lauf der Flüsse umleiten konnten"). Unter *J. F. Leboeuf* wurden Mitte des Jahrhunderts verschiedene Ausgrabungen durchgeführt, die Zeugnisse eines Volkes gaben, das schon im **5. Jahrhundert n.Chr.** in bewehrten Städten aus Lehm lebte und eine hohe materielle Kultur hatte. In den Fundstätten beiderseits des Logone fand man vor allem Statuen, Münzen, Bestattungsurnen und andere Behältnisse, alles angefertigt aus gebranntem Ton. Außerdem stellten die Handwerker der Sao auch Schmuck, Armbänder und Bronze-Anhänger in der Technik der „verlorenen Form" her (Bronzeguss, Gelbguss). Die Sao, deren Kultur wohl dem Druck der aus dem Norden kommenden Völker nicht standhalten konnte, gelten als die Ahnen der Kotoko an des Ufern des Logone bei Kousséri in der Provinz Extrême Nord.

Im Raum nördlich und westlich des Tschad-Sees entwickelte sich ab dem **8. Jahrhundert** ein Staatswesen, das, schon bald islamisiert, zentralistisch und dynamisch zuerst unter dem Namen Kanem für eine politische Neustrukturierung der Gegend sorgte. Seinen Höhepunkt erlebte das Reich, nunmehr als Kanem-Bornou, im **16. Jahrhundert** unter Sultan *Idriss Aloma*. Diesem Reich verdankt die Region eine strenge materielle und politische Organisation, die Einführung des Islam und den Gebrauch von Ziegelsteinen und Stein zum Hausbau. Noch heute spielen die Händler der Kanembou im „Dreiländereck" am Südufer des Tschad-Sees eine wichtige Rolle im politisch arg gebeutelten Raum zwischen Nigeria, Tschad und Kamerun. Bornou hatte bis weit ins 19. Jahrhundert hinein einen Ruf als reich und mächtig und war auch Reiseziel des deutschen Forschungsreisenden *Heinrich Barth*, der lange Zeit in der Hauptstadt Kuka (die heute gänzlich verschwunden ist) geblieben ist.

Weitere Reiche, die sich im Umfeld des Kanem-Bornou entwickelten und noch bis in die jüngste Vergangenheit hinein eine machtpolitische Rolle spielten, waren die **Kotoko-Stadtstaaten** (z.B. Logone-Birni oder Kousséri) ent-

Leibwache des Sultans von Bornou (hist. Abb.)

lang des Logone sowie das Königreich Mandara (oder Wandala) in der Gegend von Mora.

Den Expansionsgelüsten, der Habgier und dem „Sklavenhunger" dieser Völker ist die intensive Besiedlung bzw. die außerordentlich hohe Bevölkerungsdichte der Mandara-Berge zu verdanken. Hier siedeln Ethnien auf engstem Raum nebeneinander, die – ethnologisch gesehen – fast nichts miteinander gemein haben. Man fasste diese Völker unter dem Sammelbegriff *Kirdi* (Heiden) zusammen. Besonders hervorzuheben sind die über die Jahrhunderte angelegten Terrassen, die den Völkern der Mofu, Mafa, Podoko etc. ein karges Auskommen mit manchmal nur handtuchbreiten Hirsefeldern ermöglichen.

Der nachhaltig prägende Einfluss der **Fulbe** hat in diesem Zusammenhang ziemlich spät, also erst mit Ende des **18. Jahrhunderts,** eingesetzt und beschränkt sich auf die Gegenden weiter südlich, das heißt von Maroua bis nach Banyo am Südwestrand des Adamaoua-Hochlandes. Die einzigen Völker, die die Fulbe nicht unterwerfen konnten, waren die Massa, Mundang und Tpuri (sprich: Tupuri). Sie waren entweder zu zahlreich oder lebten in den zur Regenzeit unzugänglichen Sümpfen entlang des Logone oder an der Grenze zum Tschad (Oberlauf des Mayo Kebbi).

Die Sahararouten brachten Nordkamerun schon in relativ früher Zeit in engen Kontakt mit der mediterranen Welt. Der **Transsahara-Handel** verband die Länder südlich des Tschad-Sees mit Ägypten, dem Fezzan, Libyen und den Gegenden der heutigen Republik Tschad. Es wurden Sklaven, Elfenbein, Leopardenfelle, Straußenfedern und Natron exportiert. Man importierte Perlen, Bronze-Objekte, Salz und Stoffe. Die Durchquerung der Sahara, die bis zur Römer-Zeit noch grün und verhältnismäßig reich an Wasserstellen war, erfolgte anfangs noch mit Ochsen, Pferden und Eseln. Nur mit der fortschreitenden Desertifizierung wurde das Dromedar mit der Zeit zum einzigen Transportmittel.

Das **koloniale Zeitalter** begann in dieser Gegend mit dem Kampf der Europäer gegen einen der letzten Staatengründer „alten Stils": **Rabah.** Rabah stammte aus dem Sudan und soll ein Unteroffizier des Mitte des 19. Jahrhunderts gegen die Engländer so erfolgreichen *Mahdi* gewesen sein. Er schaffte es, mit einem Heer von Söldnern und sonstigem Kriegsvolk, das sich ihm und seinen Lehren der islamischen Erneuerung auf seinem Weg von der Ostgrenze der heutigen Republik Tschad zu den Ländern des Tschad-Sees anschloss, das gesamte politische Gleichgewicht der Region durcheinanderzubringen. Er schwächte die Region derart, dass die Europäer wenige Jahre später leichtes Spiel hatten. Die Franzosen nahmen es ihm sehr übel, dass er einen ihrer Landsleute als Spion hinrichten ließ. Es kam zum sog. „Rennen zum Tschad-See" *(la Course au Tchad):* Drei Kolonnen machten sich auf den Weg, von Senegal, Algerien und der Kongomündung kommend, um Rabah das Handwerk zu legen. Im **April 1900** wurde er bei der **Schlacht von Kousséri** vernichtend geschlagen, sein Kopf wurde auf

Die Fulbe Nordkameruns und ihre Geschichte

von **Hubertus von Lindeiner**

Die Fulbe, sie sind auch bekannt unter dem Namen Peulh, Fullah oder Fulani, waren ursprünglich ein Nomadenvolk, was ihre Vettern auch heute noch in weiten Teilen Westafrikas sind. Auf sie schaut der mittlerweile sesshafte, „zivilisierte" Fulbe der Stadtstaaten Nordnigerias und Kameruns herab und nennt sie verächtlich Mbororo, vergleichbar in etwa mit unserem Begriff des „Zigeuners".

Um die Ursprünge dieses Volkes ranken sich die abenteuerlichsten Theorien – wie z.B. die Annahme, dass es sich bei ihnen um einen versprengten Hirtenstamm aus dem Indus-Tal handele, der das Zebu-Rind mit nach Afrika gebracht haben soll. Fest steht, dass die Ahnen der Fulbe vor mindestens 3000 bis 4000 Jahren in einer damals noch grünen Sahara umhergezogen sind, was gewisse Felsmalereien im Tassili-n-Ajjer (Algerien) zu belegen scheinen. Auch eine erste Wanderbewegung in Ost-West-Richtung quer über den Kontinent scheint wissenschaftlich erwiesen zu sein.

In historischer Zeit – also etwa ab dem 13. Jahrhundert – lässt sich eine Wanderbewegung in entgegengesetzter Richtung verfolgen: Die Ahnen der Fulbe Nord-Kameruns kamen aus dem Futa-Djalong (im heutigen Guinea) bzw. aus dem Massina im mittleren Niger-Bogen.

Die Islamisierung des Nordens Kameruns durch die Fulbe geht zurück auf die Zeit des auslaufenden 18. Jahrhunderts im Anschluss an die Eroberungen der Haussa-Staaten durch die Krieger des Osman dan Fodio. Dieser hatte sich den Heiligen Krieg und die „geistige Säuberung" der dekadenten Stadt- und Handelsstaaten des heutigen Nord-Nigeria zu eigen gemacht, was zur Gründung des mächtigen Emirats von Sokoto führte. Ihn suchte eine Gruppe unter dem charismatischen Modibo (= Schriftgelehrter) Adama aus Gorin, im Faro-Tal, am Fuße der Alantika-Berge, auf, um die Heiligen Banner zu erhalten und sich anschließend an den Auftrag zu machen, den „Großen Süden" – Fombina – zu erobern. Aus friedlichen Rinderhirten, die seit Generationen in einträchtiger Nachbarschaft mit den Bauernvölker der Mbum, Gisiga, Mundang etc. lebten und Tauschhandel betrieben (Fleisch und Milch gegen Getreide und Weiderechte) wurden Staatengründer und Eroberer. Es entstand ein Gefüge aus Stadtstaaten, sog. Lamidate, unter Lokalkönigen, den Lamibe (Einzahl: Lamido = der Führer), die dem Emir von Yola am Bénoué (im heutigen Nigeria) tributpflichtig waren.

Sämtliche Eroberungen der Fulbe sind zurückzuführen auf ihre überlegene Bewaffnung und Organisationsform: Die auf dörflicher Ebene organisierten Ureinwohner sahen sich plötzlich einer Schar von Bogenschützen und Reitern auf durch Wattepanzer gegen Pfeile geschützten Pferden gegenüber. Ihnen blieb oft nichts übrig, als sich zu unterwerfen oder aber in die Berge zu fliehen.

Es entwickelte sich im Raum zwischen Banyo und Maroua – dem vorkolonialen Adamaoua (benannt nach Modibo Adama, später nur noch die Bezeichnung für das Hochplateau von Ngaoundéré) eine Wirtschaft, ein System aus bestimmten Wirtschaftsräumen, von denen ein jeder seine Spezialität hatte: in Ngaoundéré gab es das beste Elfenbein und die meisten Sklaven, in Maroua waren die Pferdezucht und das Lederhandwerk sehr entwickelt, in Garoua und Rey Bouba gab es Werkzeug aus Eisen und Stoff usw. In jeder Stadt lebte eine – unserer mittelalterlichen Gesellschaft sehr ähnliche – Bevölkerung zusammengesetzt aus Händlern, Handwerkern, Bauern und Sklaven sowie Vertretern aller Völker und Gruppen der Region. Jeder Lamido hatte einen Stab von Ministern und Vertretern der bedeutendsten Völker um sich: am Hofe des Lamido von Ngaoun-

BILD_6kam Foto: rf

Lamido-Palast in Ngaoundéré

déré z.B. spielten die Vertreter der Kanuri (aus dem heutigen Tschad) und Haussa eine ähnliche Rolle wie die Fuggers oder Rothschilds an den europäischen Höfen der Renaissance.

Jede Stadt hatte noch zu Beginn des 20. Jahrhunderts Stadtmauern. Man traf auf Karawanen von Händlern, die ihre Waren nach Norden brachten, von wo aus sie ihren Weg ans Mittelmeer fanden. Noch bis weit in das 20. Jahrhundert hinein war der Maria-Theresien-Taler beliebtestes Zahlungsmittel, neben Kauri-Muscheln und Eisen- oder Kupferbarren, auch wenn der grandiose Transsahara-Handel schon längst zugrunde gerichtet worden war durch die Handelshäuser der Kolonialherren, die sich in Nordnigeria und entlang der Zuflüsse des Niger breitmachten.

Mit der Herrlichkeit der Lamibe war spätestens mit Ende des Ersten Weltkriegs Schluss, als Frankreich in Nordkamerun die „Direkte Verwaltung" (im Unterschied zur „Indirect Rule" der Engländer, die den traditionellen Herrschern viel mehr Entscheidungsgewalt zubilligte) einführte, in der die traditionellen Führer nur mehr eine „folkloristische" Bedeutung hatten und oft als verlängerter Arm der Zentralregierung missbraucht wurden. Aber auch die Deutschen haben alles darangesetzt, das Machtmonopol der Lamibe zu brechen und aus ihnen „Vasallen des Kaisers" zu machen – was ihnen denn auch nach harten Kämpfen mit ungleichen Waffen (Maschinengewehr gegen Kavallerie) in nahezu allen Städten des Nordens gelungen ist. Die wohl größte und vernichtendste dieser Schlachten fand südlich von Maroua, beim Dörfchen Miskine, statt.

Besonders „hervorgetan" hat sich bei dieser „Befriedung" der in Kamerun berühmt-berüchtigte Major Hans Dominik, der in seinem Buch „Vom Atlantik bis zum Tschad-See" recht eindrucksvolle Schilderungen seiner Beziehungen zu den vielleicht letzten „Rittern" unserer Zeit gibt. Eine ganze Reihe von Lamibe hat allerdings an der Seite der Deutschen gegen Engländer und Franzosen gekämpft. Bei der Belagerung von Garoua hat der Lamido von Rey Bouba gar beide Seiten mit Frischfleisch und Lebensmitteln unterstützt. Nach dem Abzug der Deutschen ging es den kaisertreuen Lamibe schlecht: In Nassarao, einem nördlichen Vorort von Garoua, ließen die Franzosen 27 Lamibe als „collaborateurs" hängen.

einer Lanze zur Schau gestellt. Das koloniale Zeitalter hatte nun auch hier begonnen.

Entwicklung im Süden und Zentrum Kameruns

Die Wanderbewegungen, die zur Besiedlung zuerst des Zentrums und später des Südens (ab dem 15. Jh.) geführt haben, sind in gewissem Sinne zwar Konsequenz des Wanderdrucks aus dem Norden, jedoch handelt es sich bei Völkern des Südens um **Bantu-Völker,** deren Ursprünge im ostafrikanischen Raum zu finden sind. Sie waren es, die im Laufe der letzten Jahrtausende entlang des nördlichen Randes der tropischen Regenwaldzone wanderten und schließlich in aufeinanderfolgenden Wellen in den Wald eindrangen. Hier unterscheidet man mindestens zwei Wellen. Zur ersten gehörten die Völker, die heute in Küstennähe siedeln – also die Batanga bei Kribi, die Duala oder die Bassa und etliche mehr. Später kamen die sog. **Fang-** oder **Pangwe-Wanderungen,** die zur Besiedlung des Zentrums und des Südens führten und bis in das heutige Gabun hineinreichten. Noch zu Beginn des 20. Jahrhunderts war der Druck aus dem Norden zu spüren, der zur Besiedlung des Waldes führte: die Wute (oder Babute), ein Sudan-Volk, das den Fulbe von Tibati tributpflichtig war und in deren Auftrag Sklaven jagte, drängten die nördlichen Verwandten der Ewondo (das Volk, das in Yaoundé lebt) über den Sanaga.

Im tropischen Regenwald konnten sich – im Gegensatz zum Norden – keine Staaten oder große Häuptlingstümer entwickeln. Auch wenn diverse Völker einer Großgruppe (z.B. wegen ihrer Sprache oder wegen diverser Gemeinsamkeiten in der Religion etc.) zugerechnet werden, so heißt das nicht, dass sie einen gemeinsamen Häuptling gehabt hätten. Verbindungen mit Nachbarvölkern oder gar -dörfern waren selten oder arteten immer gleich in Krieg oder Menschenraub aus.

Im Gegensatz zu den Völkern der Staaten des Nordens kamen die Bewohner der Küste erst Ende des 15. Jahrhunderts in Kontakt mit dem Rest der Welt: **Seefahrer und Sklavenhändler** aus Portugal, Spanien, den Niederlanden und – etwas später – England und Frankreich. So waren es beispielsweise die Duala, die als erste mit Europäern ins Geschäft kamen und einige Jahrhunderte vom Handel zwischen Küste und Hinterland profitierten. Erst Ende des vorletzten Jahrhunderts wurde dieses Monopol mit roher Gewalt durch den deutschen Offizier *Hans Dominik* und seiner Schutztruppe aus sudanesischen Söldnern „geknackt". In den Legenden der Bassa und Ewondo – aber auch im hohen Norden (s.o.) – ist immer noch von ihm die Rede.

Völker Westkameruns

Als Teil der Kamerun-Linie *(Dorsale Camerounaise)* mit der Verlängerung des Adamaoua-Massivs ist Westkamerun hauptsächlich Hochland mit Lagen von über 900 m und bis zu 2500 m ü. NN.

Bei den Völkern dieser Gegenden sprach man lange Zeit von den **Semi-**

Bantus, was wohl auf ihre Herkunft aus Zentralkamerun und die verschiedenen kulturellen Einflüsse zurückzuführen ist. Seit dem **16. Jahrhundert** siedelten sich in den Hochländern eine Reihe von Völkern an, die unter dem Begriff **Bamiléké-Stämme** zusammengefasst wurden. Sie sind zum Teil verschiedensten Ursprungs: So stammen zum Beispiel die Vorfahren der Menschen von Bali (in der Nähe von Bamenda, Provinz North-West) von einem Reitervolk aus dem Faro-Tal ab, das diese Gegenden lange vor den Fulbe-Reitern heimgesucht hatte. Die Bamiléké-Stämme waren organisiert in einer Vielzahl von rivalisierenden Häuptlingstümern, sog „Chefferien", bekämpften sich gegenseitig und unterhielten erst relativ spät wichtige Handelsbeziehungen mit der Küste (s.a. Kapitel „Bevölkerung").

Das Königreich Bamoun

Die Anfänge der Geschichte von Bamoun gehen zurück auf das auslaufende 17. Jahrhundert. Eine kleine Gruppe, angeführt vom **Prinzen Nchare Yen,** verließ das Königreich Rifoum (heute Bankim, Provinz Mayo Banyo), das sich im Osten des jetzigen Königreiches Bamoun befand. *Nchare Yen* löste die Verbindung zu seinem Vater, um seinen eigenen Staat zu gründen. Nach jahrelanger Wanderung ließ er sich mit seinen Begleitern im Gebiet von Pa-Mben, das er unterworfen hatte, nieder. Hier gründete er die Stadt **Foumban,** den **Mittelpunkt seines Reiches.**

Doch die eigentliche **Ausweitung** von Bamoun begann erst mit dem **König Mbouémboué,** einem der Nachfolger von *Nchare Yen*. Seine Macht stabilisierte sich um das Jahr 1820. Er musste sich gegen die aus dem Nordosten eindringenden Fulbe zur Wehr setzen. Während des 18. und 19. Jahrhunderts haben die islamischen Fulbe, die sich in viele Gebiete Westafrikas ausbreiteten, verschiedene Reiche gegründet. Aber die Bamoun konnten sich ihnen widersetzen. Während der zwanzigjährigen Herrschaft von *Mbouémboué* nahm das Land Bamoun die Form an, die es auch noch zu Beginn des 19. Jahrhunderts hatte. Er unterwarf in vielen kriegerischen Auseinandersetzungen insgesamt 48 Stämme in der Umgebung Foumbans.

Das Reich, das sich unter seinem Einfluss bildete, war charakterisiert von der **zentralen Position des Königs** und einer hierarchischen Verwaltung. Die Elite setzte sich aus zwei Gruppen von Notablen zusammen, die man *Nji* nannte: auf der einen Seite die Prinzen, die männlichen Nachkommen des Königs, auf der anderen Seite die treuen Diener. Zu dieser Klasse zählten auch alle Zwillinge des Reiches, die männlichen als Diener des Königs, die weiblichen als seine Gemahlinnen. Das Königreich wurde unter *Mbouémboué* auch zu einem bedeutenden **wirtschaftlichen Zentrum,** dessen Reichtum großteils aus dem einträglichen **Handel** mit Kola-Nüssen, Elfenbein, aber auch Sklaven resultierte. Dabei wurden Kriegsgefangene an benachbarte Gebiete verkauft. Die privilegierte wirtschaftliche Lage ermöglichte es den Bamoun, Luxusgüter an der Küste oder in europäischen Faktoreien zu kaufen: Perlen und Stoffe, Leder und Waffen kamen so ins Land. Der Palast kontrollierte die Verteilung der Handelsgüter. Als *Mbouémboué* starb, hinterließ er einen reichen Staat.

Die Nachfolger von *Mbouémboué* regierten mit weitaus weniger Macht und Stärke. 1850 übernahm *Ngouhouo* die Herrschaft und ist bis heute als „Sklavenkönig" bekannt. Das Volk fühlte sich ihm nicht zugehörig und siedelte über zu den Plantagen der Elite.

1863 wurde *Ngouhouo* von Prinz *Nsangou* abgelöst, der die Macht der königlichen Familie wieder in seine Hände nahm. Um 1886, zur Zeit des Kampfes gegen *Nso*, den wirtschaftlichen Konkurrenten der Bamoun, wurde Nsangou ermordet und enthauptet. Die Sieger von *Nso* brachten sein Haupt in die Hauptstadt und bewahrten es als Siegestrophäe im Palast des Königs auf. **Njoya,** der Sohn *Nsangous,* war zu diesem Zeitpunkt 13 Jahre alt. 1894 wurde er König von Bamoun. Seine Mutter regierte mit ihm. Sie hat ihm den Thron freigehalten, indem sie seine Onkel und Rivalen umbringen ließ.

Der europäische Einfluss

Wichtige Faktoren für die Entwicklung des Landes waren der Kontakt mit Europa und die Folgen der kolonialen Einflüsse. Kamerun – das Wort wie auch der Staat – ist ein kolonialpolitisches Produkt. Die Küste des Golfes von Guinea war seit dem 15. Jahrhundert Ziel europäischer Händler, die neben Palmprodukten und Elfenbein auch Sklaven gegen ihre Waren (Alkohol, Flinten etc.) eintauschten. Im Jahre **1472** erreichten **portugiesische Seefahrer** unter *Fernao do Poo* die Insel vor der Küste Kameruns, die bis 1969 seinen Namen trug: Fernando Poo in Spanisch (heute heißt sie Bioko und ist Teil Äquatorial-Guineas). Sein Schiff ankerte im Delta des Wouri-Flusses. Die Seefahrer waren verblüfft über die zahllosen Krabben (shrimps) im Wasser des Flusses. Der **„Rio dos Cameroes"** (Krabbenfluss), wie sie ihn nannten, gab dem äquatorial-afrikanischen Land auch seinen Namen: zunächst Camaroes (portug.), später Camerones (span.), Cameroons (engl.) und schließlich Cameroun (franz.). Zunächst hieß das Gebiet um Douala Kamerun-Stadt, etwas später nannte man das ganze Hinterland so. Allein an den verschiedenen Namen kann man die Zahl der Einflüsse erkennen, denen das Land unterworfen war.

Schon bald nachdem die Portugiesen von der Küste ein Stück den Wouri hinaufgefahren waren, begannen sie **Handel mit den Küstenstämmen** zu treiben, vor allem mit den Königen der Duala: Salzbehälter, Kupferbarren und Spirituosen tauschten sie gegen Pfeffer, Fisch, Palmöl, Elfenbein und Sklaven. Die Sklaven wurden zu Handelsposten an der Küste gebracht und auf der Insel Sao-Tomé festgehalten, bevor sie nach Amerika verschifft wurden. Vom Ende des 16. Jahrhunderts bis zum 19. Jahrhundert trieben die Portugiesen ihren Handel an diesem Küstenabschnitt Afrikas. Das Geschäft blühte, bis **England** Mitte des 19. Jahrhunderts, als es den Sklavenhandel politisch nicht mehr rechtfertigen konnte, anfing, ihn zu

König Njoya

Njoya Ibrahim, König von Bamoun, regierte von 1894 bis 1924, als ihn die Franzosen entthronten.

Nach seiner „Machtübernahme" unter der Regie seiner Mutter wurde Foumban zwei Jahre lang von heftigen Unruhen erschüttert. Die Konsequenzen, die der König und seiner Mutter daraus zogen, hatten starken Einfluss auf das Königreich Bamoun. Das Herrscherpaar erbat Hilfe vom Fulbe-Lamido von Banyo, um dem Aufstand entgegenzuwirken. Dafür versprach es ihm neben einer Belohnung auch die Einführung des Islam am Hof. Durch diese Verbrüderung gewann Njoya seine Macht zurück und konnte im Alter von 15 Jahren den Thron besteigen.

Njoya war der 17. König (von bisher 19) der jahrhundertealten Bamoun-Dynastie und wurde zu einer der einflussreichsten und bedeutendsten Persönlichkeiten in der Geschichte Kameruns. Er wird als autoritär geschildert, aber auch als gerecht, ehrgeizig, wissbegierig und ideenreich. Während seiner Thronzeit nahm die wirtschaftliche Entwicklung und Kultur des Landes einen großen Aufschwung: Eine Bodenreform wurde durchgeführt, der Handel gefördert, und die traditionelle Handwerkskunst des Graslandes erreichte Berühmtheit.

Inspiriert von Bildern und Postkarten aus Deutschland und von der Bautechnik der Missionare, ließ er von seinen Handwerkern einen schlossähnlichen Palast bauen, in dem heute das Museum von Foumban untergebracht ist. Njoya ließ sogar von seinen Höflingen eine eigene Bamoun-Schrift entwickeln, in der er dann in mehreren Bänden die Geschichte und Traditionen seines Landes bzw. seiner Vorfahren verfasste. Die Bamoun-Schrift enthält 83 Zeichen und 10 Ziffern (siehe übernächste Seite). Njoya gründete eigene Schulen, in denen diese Schrift gelehrt wurde. Noch heute existiert im Palast von Foumban eine solche Schule. Lange Zeit schwankte Njoya zwischen der christlichen Religion und dem Islam und versuchte, eine eigene Religion zu entwickeln mit christlichen, islamischen und animistischen Elementen. Doch schließlich gewann der Islam die Oberhand, der bis heute im Bamoun-Land verbreitet ist.

Im Jahre 1902 nahmen Berichten zufolge die deutschen Kolonialherren Kontakt auf zum Palast von Foumban. Sie waren beeindruckt vom höfischen Leben mit seinem Glanz und Reichtum. Njoya war ein Mann des Ausgleichs, und aus Einsicht in die Übermacht der Kolonialherren versuchte er, sich mit ihnen gütlich zu einigen. Er wählte den Weg der Zusammenarbeit mit den Eindringlingen, vermied jeden Streit und untersagte seinen Untertanen den Widerstand. Der König glaubte an die Möglichkeit, die Kultur der Bamoun mit der der Deutschen vereinigen und sein Königreich dadurch erhalten zu können. Durch zahlreiche Geschenke glaubte er, sich Freunde zu machen. So übergab er 1908 sogar das Heiligste seiner Königswürde, seinen herrlichen, mit Perlen bestickten Thron, der Kolonialverwaltung in Buea als Geburtstagsgeschenk für den deutschen Kaiser. Er bekam im Gegenzug vom Kaiser eine Cuirassier-Uniform, ein Ölbild und ein Harmonium, das schon bald infolge der klimatischen Verhältnisse völlig ruiniert war ...

Dieser wertvolle Thron, einst Sinnbild kultureller und politischer Macht, steht heute im Berliner Museum für Völkerkunde.

König Njoyas Glaube an eine mögliche Vereinigung afrikanischer Kultur mit europäischen Sitten erwies sich letztlich als Fehleinschätzung. Der deutsche, später der französische und englische Kolonialismus führten zu einer Verschlechterung der politischen Situation im Bamoun-Reich. König Njoya litt unter der Fremdherrschaft und wurde 1924 von der französischen Kolonialverwaltung abgesetzt, die sein Land in mehrere Chefferien unterteilte. Als er sich schließlich dem Einfluss durch die Kolonialregierung widersetzte, wurde er 1931 nach Yaoundé ins Exil entsandt, wo er am 30. Mai 1933 starb. Sein Sohn, Sultan Njoya Seidou Njimoluh, wurde am 25. Juni 1933 als 18. König der Bamoun inthronisiert. Als dieser 1992 starb, erhielt der ehemalige Minister Mbombo Njoya im August desselben Jahres als 19. König den Thron und residiert seitdem im Palast in Foumban. In den verschiedenen Chefferien (Palastorganisationen) mit ausgeprägten hierarchischen Gliederungen und in Geheimbünden lebt die alte Tradition des Bamoun-Reiches weiter. Macht und Reichtum dieses Volkes zeigen sich auch heute noch in prunkvollen Festen, Statussymbolen wie Throne und festlicher Kleidung, und den verschiedenen Riten, die sich im Wandel der Zeit erhalten haben. Kein anderes Volk Kameruns hinterließ so viele mündliche und schriftliche Überlieferungen, Dokumente und kunsthandwerkliche Schätze (Palastmuseum Foumban). Gegenwärtig spielen die Bamoun in der Politik und Wirtschaft Kameruns eine aktive Rolle.

König Njoyas Schrift

Neben vielen Neuerungen politischer und technischer Art, die aus dem Häuptlingstum Bamoun ein Königreich mit einer regelrechten Künstler-, Weber- und Metallgießer-Kaste machte, hat dieser bemerkenswerte Mann auch eine Schrift erfinden lassen. Der Sage nach erschien Njoya eines Nachts im Traum eine Gestalt, die ihm auftrug, die Geschichte seines Volkes in der Sprache der Bamoun zu schreiben. Daraufhin rief der König seine Höflinge zusammen und gab ihnen den Befehl, eine Serie von Zeichen zusammenzustellen, anhand derer er sich dann an die Transskription der Überlieferungen machen könnte. Nach mehreren Versuchen verfügte er schließlich über seine eigene Bamoun-Schrift, die er alsbald in der ersten Schule Foumbans den Kindern seiner Notabeln beibringen ließ.

Die verschiedenen Entwicklungsstufen dieser Schrift sind anhand der Textauszüge auf der folgenden Seite zu erkennen.

1. Stadium

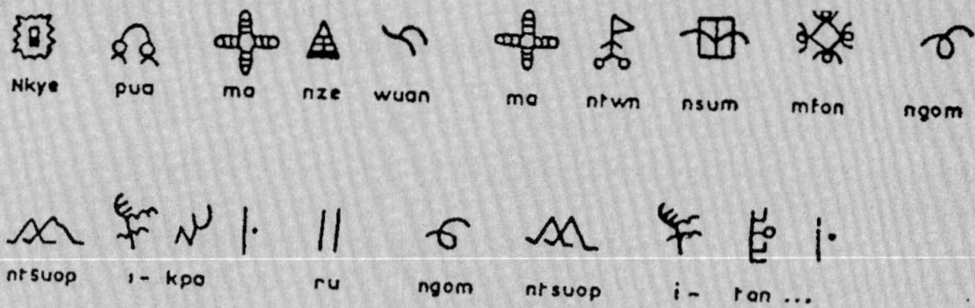

Übersetzung: Auf dem Weg zur Pflanzung des Königs gibt es 14 Bäche und 15 Gräben.

2. Stadium

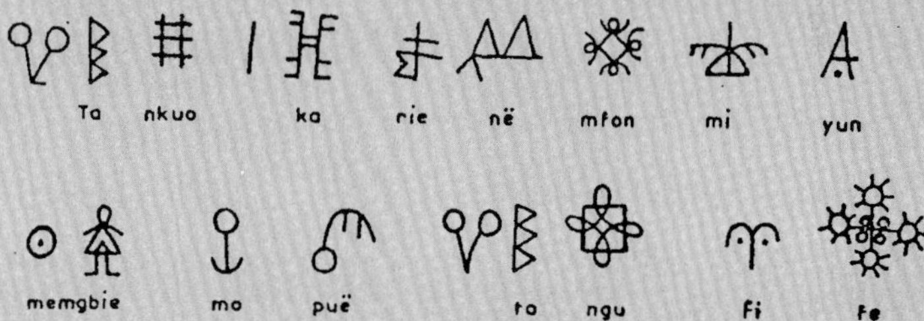

Übersetzung: Takuo sagt zum König: „Kauf mir die Frau des Tangu-Fifen."

3. Stadium

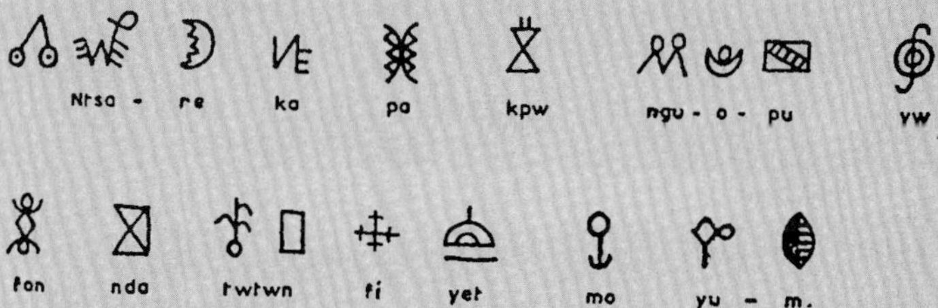

Übersetzung: Nachdem Ntschare gestorben war, folgte ihm Nguopu. Sie lebte lange, aber vollbrachte nichts Großes.

bekämpfen. Bereits am **10. Juni 1840** unterzeichneten die Duala-Könige *Bell* und *Akwa* mit der britischen Regierung, repräsentiert durch den Kapitän eines vorbeifahrenden Schiffes, den ersten **Vertrag zur Beendigung des Sklavenhandels.** Weitere Verträge folgten in den Jahren 1841 und 1852.

Andere Handelsquellen wurden erschlossen. Die Konkurrenz unter den Europäern wuchs so stark, dass die Regierungen begannen, ihre Interessen in eigenen Kolonien abzustecken. Darunter auch Deutschlands Reichskanzler **Bismarck,** der zwar lange gezögert hatte, sich am Ende aber unter dem Druck von Geschäftsleuten, vor allem des Hamburger Kaufmanns *Adolph Woermann,* doch für eine Kolonisierung entschied. Auf Geheiß *Bismarcks* zog am **14. Juli 1884** der Entdecker und Forscher **Gustav Nachtigal** in Kamerun

BILD_8kam Foto: rf

die Flagge des deutschen Kaiserreichs hoch: „Dieses Land ist jetzt deutsches Eigentum". Hanseatische Kaufleute, darunter auch *Carl Woermann*, hatten – meist auf abgetakelten, vor der Küste verankerten Handels- oder Kriegsschiffen, sog. Hulks – seit 1862 die ersten Niederlassungen in jener Region errichtet und Handelsverträge mit den Häuptlingen entlang der Küste geschlossen. 1879 erreichte der deutsche Kaufmann und Forschungsreisende *Robert Eduard Flegel* die Guinea-Küste und bestieg das Kamerungebirge.

Auf seiner Reise gelangte er anschließend bis in das entfernte Adamaoua-Hochland, das später Teil der deutschen Kolonie Kamerun werden sollte. *Flegel* träumte von einer großen deutschen Kolonie in Westafrika, was aber durch die Einflüsse und Aktivitäten der Engländer zunächst verhindert wurde.

Das Hinterland Kameruns im hohen Norden, das heißt die Länder am Tschad-See, war den Europäern schon seit Mitte des 19. Jahrhunderts bekannt: **1851** kam der deutsche Afrikaforscher **Heinrich Barth,** der im Auftrag der Geographischen Gesellschaft London die Sahara durchquert hatte, um Beziehungen mit dem Bornou-Reich am Nordwestufer des Sees aufzunehmen (die Reise dauerte insgesamt fünf Jahre), auch in das Gebiet des heutigen Nordkamerun. Auch *Gustav Nachtigal,* der Jahre später im Auftrag des deutschen Kaisers den „Schutzvertrag" mit den Duala-Königen schließen sollte, kam bereits 1872 auf dem Weg von der Hauptstadt des Bornou-Reiches nach Bagirmi an das Westufer des Logone und beschrieb das Leben in den von meterdicken Lehmwällen bewehrten Kotoko-Stadtstaaten. *Nachtigal,* dessen Reise von Tripolis durch die Sahara (Tibesti-Gebirge), die Länder rund um den Tschad-See und den Sudan ebenfalls fünf Jahre dauerte und in Deutschland für viel Aufsehen sorgte, starb wenige Wochen nach seinem Kamerun-Aufenthalt auf der Heimfahrt an den Folgen der Malaria.

Dieser Küstenabschnitt galt schon sehr früh als „the white man's grave", wie das Studium alter Grabsteine auf dem Friedhof von Douala veranschaulicht: Kaum einer der Europäer, der hier begraben liegt, wurde viel älter als dreißig Jahre. Die meisten starben an der Malaria oder am „Schwarzwasserfieber", das nichts anderes war, als die Folge einer langanhaltenden Malaria im Zusammenhang mit einer stetigen Überdosierung von Chinin: Die Leber zersetzte sich und man schied Blut aus bzw. ließ „schwarzes Wasser".

König Njoyas Thron
im Berliner Museum für Völkerkunde

Die Missionierung

von **Hubertus von Lindeiner**

Auf Reisen durchs Land fällt die große Anzahl von Kirchen auf. In fast jedem Dorf – auch im Norden – findet man Gotteshäuser der verschiedensten Konfessionen, die an den Sonntagen in der Regel brechend voll sind.

BILD_9kam Foto: rf

Man unterscheidet in Kamerun stark zwischen der Arbeit der diversen **Protestantischen Kirchen** und der der **Katholischen Mission,** die erst sehr viel später in Kamerun Fuß fassen konnte.

Schon ziemlich lange vor der eigentlichen „Inbesitznahme" Kameruns durch die Vertreter des deutschen Kaisers betätigten sich an der Kamerunküste Missionare, die es sich zur Lebensaufgabe gemacht hatten, die Frohe Botschaft in die Wälder und Sümpfe zwischen Limbe, das damals Victoria hieß, und Campo zu tragen. Nicht selten spielten hierbei befreite Sklaven aus Nordamerika oder von den Engländern aufgebrachte Sklaventransporter, auf die seit Ende der 40er Jahre des 19. Jahrhunderts Jagd gemacht wurde, eine entscheidende Rolle.

Die **Arbeit der Missionen,** die sich anfänglich fast ausschließlich auf die „Bekehrung der Wilden" beschränkte, konzentrierte sich recht bald auf Ausbildung und Schulwesen, Gesundheitsfürsorge und Verbesserung der Lebensverhältnisse. Auch wenn die Missionen häufig kritisiert werden, weil sie die ursprüngliche Kultur und Identität der Völker der Küste, des Westens und des Zentrums zerstören halfen, so kommt ihnen doch eine bedeutende Rolle in der Entwicklung und den Emanzipationsbestrebungen einer ganzen Reihe ehemals unterdrückter Völker zu. Nicht selten standen die Missionare in offener Feindschaft zu den Kolonialbeamten, die erst viel später merkten, wie wichtig Schulen und Handwerker für die Entwicklung ihrer „Schutzbefohlenen" werden sollten. Das verhältnismäßig späte Erscheinen der Missionen im Norden trug erheblich zum gewaltigen Entwicklungsunterschied zwischen den islamisch geprägten Gegenden und den Regionen südlich des Adamaoua-Hochlandes bei.

Im Januar **1841** landeten die ersten protestantischen Missionare der Londoner **Baptisten-Mission,** *Joseph Merrick* und *Alfred Saker*, zunächst auf Fernando Poo und dann in Douala. Merrik gründete die erste Mission Kameruns in Bimbia (heutige Provinz South West). Während dieser Zeit übersetzte er die Bibel in Isubu, die Sprache der Bimbia (ähnlich der Duala-Sprache). Er starb recht bald an Malaria. *Alfred Saker* führte sein geistliches Amt in Douala aus und schloss mit den Duala-Oberhäuptern *King Bell* und *King Akwa* 1845 einen Vertrag. Am **5. November 1849** wurde die **erste Taufe in Kamerun** im Wouri-Fluss vorgenommen. Im Jahre 1852 gründete Saker Victoria (das heutige Limbe), um die Protestanten, ehemalige Sklaven, aufzunehmen, die den Spaniern in Fernando Poo mit der Zeit zu unbequem geworden waren. 1871 beendete er seine **Bibelübersetzung** in die Duala-Sprache. 1876 verließ Saker schließlich Kamerun, und Reverend *George Grenfell* übernahm seine Arbeit. Weitere Missionsgesellschaften kamen ins Land: die erste Amerikanisch-Presbyterianische Mission wurde 1885 zwischen Campo und dem Nyong gegründet und drang recht zügig ins Hinterland vor. 1886 kamen die ersten Missionare der Basler Missionsgesellschaft nach Douala, wo sie zunächst ohne Erfolg arbeiteten, schließlich dann aber in den „Grassfields", dem Bamiléké-Land, in Foumban (1906) und im Bassa-Land sehr aktiv wurden. Ende des Ersten Weltkriegs mussten die meist deutschen Missionare das Land verlassen und die Basler Mission übergab die Arbeit im französischen Mandatsgebiet der Evangelischen „Mission de Paris" (Pariser Mission). Weitere Kirchen konnten sich im Laufe der Jahrzehnte – auch im islamischen Norden, wo die ursprünglich animistische Urbevölkerung seit Anfang der 1920er Jahre Schutz bei den Missionen vor der übermächtigen Kultur der Fulbe fand – im Lande installieren: Amerikanisch-Lutheranische Sudan-Mission, Norwegisch-Lutheranische Sudan-Mission (Ngaoundéré), Vereinigte Sudan-Mission (Maroua), Adventisten, Zeugen Jehovas usw.

Die **Katholiken** kamen nur zögerlich ins Land. Nach dem Ersten Weltkrieg wurden alle deutschen katholischen Missionare des Landes verwiesen und durch Franzosen ersetzt. So kam 1922 der Elsässer *Monsignore Vogt* nach Kamerun, der vorher in Ostafrika gearbeitet hatte. Er sollte der erste Bischof des Landes werden. Im Laufe der Zeit etablierten sich die Katholiken auch im Norden (Ende der 1940er Jahre).

Heutzutage ist Kamerun stolz auf seinen ersten Kardinal, den Erzbischof von Douala, *Monsignore Tumi,* einen Mann aus dem anglophonen Westen, unter dessen Führung der katholische Klerus

Katholische Mission am Kribi-Fluss (um das Jahr 1910)

des Landes zum Teil recht kritisch Stellung gegenüber der vorherrschenden Politik bezieht.

Die deutsche Kolonie

Im Jahre 1883 gab die Reichsregierung dem Drängen deutscher Handelsleute nach, in Westafrika „gewisse Küstenstriche unter deutsches Protektorat zu stellen“.

Auf der **Kongo-Konferenz** in Berlin trafen sich am **15. November 1884** Repräsentanten aus 14 Nationen (darunter Großbritannien, Frankreich und Deutschland) unter dem Vorsitz des deutschen Reichskanzlers *Bismarck,* um die Spannungen im zentralen Afrika auszugleichen und die Grenzen der afrikanischen Territorien festzulegen. Die Konferenz dauerte bis zum 23. Februar 1885. Ihr Ergebnis: Afrika wurde von den Konferenzteilnehmern in Interessenssphären aufgeteilt. Kameruns Grenzen wurden von den Großmächten am Verhandlungstisch mit Bleistift und Lineal gezogen. Die Konferenz endete mit der Verabschiedung der sog. Kongo-Akte, die zu einer Art Grundgesetz der neuen kolonialen Ordnung und der aus ihr resultierenden Aufteilung und Beherrschung Afrikas südlich der Sahara wurde.

Ein Bericht der Hamburger Handelskammer über die Lage des deutschen Handels an der westafrikanischen Küste im Jahre 1884 veranlasste den Reichskanzler *Bismarck,* dem damaligen Generalkonsul von Tunis und Forschungsreisenden (Entdeckung des Tibesti) **Gustav Nachtigal** den Auftrag zu erteilen, sich „behufs Abschließung von Verträgen an die afrikanische Westküste (nach Togo und Kamerun) zu begeben“. Am 10. Juli 1884 erreichte *Nachtigal* an Bord der „Möve“ den Kamerun-Fluss (Wouri), wo er auf das englische Kanonenboot „Goshawk“ stieß. „Glücklicherweise“, so der Bericht *Nachtigals* an seinen Reichskanzler in Berlin, „befindet sich der englische Konsul *Hewett* nicht an Bord der Goshawk“ – was bedeutete, dass die Engländer Kamerun nicht in Besitz nehmen konnten. Als erster unterzeichnete „der unabhängige Häuptling der Dualas des Landes Kamerun am Kamerunfluss“, **King Bell,** den Schutzvertrag mit Nachtigal im Auftrag der deutschen Regierung. Kurz darauf machten auch die Häuptlinge *Akwa* von Akwa-Town und *Dido* von Dido-Town (zwei Stadtteile des heutigen Douala) ihre Kreuze unter die Verträge, die ihnen zwar weiterhin das Handelsmonopol mit dem Hinterland, das sie zu reichen Herrschern gemacht hatte, garantierten, die aber dennoch das Schicksal der Bewohner im Hinterland und ihre weitere Zukunft besiegelten. Die feierliche Flaggenhissung mit Erklärung der deutschen Oberhoheit über das **„Schutzgebiet Kamerun“** fand am **14. Juli 1884** in Bell-Town (im heutigen Stadtteil Bonanjo) statt. Fünf Tage später traf der britische Konsul *Hewett* auf dem Kanonenboot „Flirt“ am Kamerun-Fluss ein. Aber er konnte nur noch vergeblich gegen die deutsche Besitzergreifung protestieren. Die lokalen „Könige“ ließen sich nicht mehr umstimmen. Die verspätete Ankunft von *Hewett,* dem Verlierer des Wettlaufs um Kamerun, trug ihm den Spitznamen „too-late-Consul" ein, denn England kostete dies eine Kolonie.

Zunächst musste eine Inventur der neuen Errungenschaften vorgenommen werden. Es folgten **Forschungsreisen** und Erkundungen durch Leute wie *Curt v. Morgen,* dem ersten, dem es gelang, von der Küste bis zum Benoué zu reisen, oder *Eugen Zintgraff,* dem Erforscher des Landes um Bamenda. Ende des 19. Jahrhunderts wurde die Jaundé-Station gegründet durch den Forschungsreisenden *Richard Kund.* Das Wort Jaundé ist übrigens die Verballhornung eines Wortes durch *Curt v. Morgen,* das eigentlich Ya-Owondo lauten sollte und übersetzt „die Erdnuss-Esser" oder auch die Ewondo heißen sollte. Eigentlich hieß die Stelle, an der die Station errichtet wurde, Ongola.

Schon bald kam es zwischen den Stämmen der Duala zu heftigem Streit um die Beträge, die deutsche Firmen für die vertraglich übereigneten Rechte gezahlt hatten. Das führte zur **Entsendung des Westafrika-Geschwaders** der Flotte unter Konteradmiral *Knorr.* Er beschoss und besetzte die Dörfer der Widersacher *King Bells,* des wichtigsten deutschen Vertragspartners. **1885** übernahm **Julius Freiherr von Soden** sein Amt als **erster Gouverneur des deutschen Schutzgebietes** Kamerun. Die Deutschen trafen nach und nach in Douala ein, um den „Frieden zu sichern", der wichtig war für die Handelsbeziehungen und für die Durchsetzung kolonialer Wirtschaftspolitik. Auch die Durchgangswege von der Küste aus ins Landesinnere mussten erschlossen wer-

Kameruns Grenzen

Abmachungen mit England führten nach der Kongo-Konferenz 1885, 1886 und 1893 zur Grenzziehung Kameruns mit Nigeria. Vereinbarungen mit Frankreich setzten die Grenzen 1885, 1894, 1908 und 1911 im Süden, Osten und Nordosten mit den verschiedenen Territorien Französisch-Äquatorialafrikas fest. So wurde das Staatsgebiet Kameruns zunächst mit 480.000 km², dann schließlich mit 750.000 km² (nach 1911 mit dem sog. „Neu-Kamerun") festgelegt. Ethnische, geographische oder staatliche Gegebenheiten blieben in diesem Machtpoker von den Diplomaten völlig unbeachtet. Den wichtigsten Beitrag zur Berliner Konferenz lieferten die Deutschen mit ihrem Artikel vom so genannten Hinterland. Dabei wurden jeder europäischen Kolonialmacht, die an bestimmten Küstenstreifen ihre Flagge gehisst hatte, besondere Ansprüche auf das Hinterland zugesprochen. Dass dabei uralte, historisch gewachsene Räume von ethnischer und politischer Einheit zerstört wurden, interessierte niemanden. Erst als ab 1960 in rascher Folge nahezu alle afrikanischen Gebiete unabhängig wurden und bald darauf vielerorts Konflikte zwischen verschiedenen afrikanischen „Bruderländern" ausbrachen, zeigte sich die ganze Problematik der damals festgelegten Grenzziehung. Als mindestens genauso brisant stellte sich zudem die ganze Problematik des Vielvölkerstaates heraus, die in vielen Fällen noch heute für mörderische „Bürgerkriege" sorgt. Eigentlich handelt es sich hier meistens um Kriege zwischen zum Teil grundverschiedenen Völkern, der Begriff der „Stammesfehde" gilt als überholt und unrichtig.

den. *Eugen Zintgraff*, der 1887 eintraf, war dabei vor allem für die **verkehrstechnische Erschließung** zuständig.

Abgesandte des Hamburger Reeders *Adolph von Woermann* gründeten 1886 ihre **erste Faktorei** (eine Art Gemischtwarenladen, in dem Produkte aus Deutschland gegen Gummi, Elfenbein oder Palmöl getauscht wurden) auf dem Festland.

Bis zur Jahrhundertwende kontrollierten die Deutschen neben dem Küstenstreifen lediglich die Route nach Yaoundé. 22 Tagesmärsche von der Küste entfernt errichteten sie dort einen **Militärposten**, die **Jaunde-Station.** Der islamische Norden und das Adamaoua-Reich wurden erst nach der Jahrhundertwende erobert. Im Kampf gegen die Deutschen schlossen sich erstmals mehrere Stämme zusammen, ihr Aufstand wird aber 1901 niedergeschlagen. 1902 muss sich das aus mehreren tausend Mann bestehende Heer des Fulbe-Emirs *Subeiru* von Yola in der **Schlacht von Miskine** (bei Maroua) geschlagen geben. Im Süden wird das Handelszentrum Kribi von den Boulou aus der Gegend zwischen Ebolowa und Küste gestürmt.

Noch 20 Jahre nach Koloniegründung ist für *August Seidel,* Redakteur der „Deutschen Kolonialzeitung", klar, dass Kamerun nur mit militärischen Mitteln zu halten ist: „Denn wir dürfen eins nicht vergessen. Wir haben den Eingeborenen ihr Land genommen und ihre Zirkel in der mannigfachsten Weise gestört. Wir erscheinen ihnen als unrechtmäßige und tyrannische Eindringlinge. Für die Farce der „Schutzverträge" und die „Segnungen" unserer Kultur hat die große Masse der Schwarzen keine Spur von Verständnis. Auf einige Zeit lassen sie sich wohl durch Waffengewalt und geistige Überlegenheit einschüchtern, und auf diesem „Imponieren" beruht die ganze deutsche Herrschaft. Sobald sie sich aber auf sich selbst besinnen, wenn der Nimbus der herrschenden Nation durch irgendein Ereignis verdunkelt wird, wenn sie die Handvoll Schutztruppen an ihrer eigenen vielfachen Überzahl messen werden, so brechen sie gegen uns los".

Die **Erschließung des Hinterlandes** war jedoch nicht nur eine Frage der Machtsicherung, sondern lag auch im Interesse der Handelshäuser, denen es damit gelang, das Zwischenhandelsmonopol der Duala zu brechen und dadurch höhere Gewinne einzustreichen. Der schon genannte Industrielle *Adolph von Woermann* äußerte sich im deutschen Reichstag am 10. Januar 1885 wie folgt zur Kolonialpolitik: „Ich glaube, dass nach den bisherigen Erfahrungen an der Westküste Afrikas, nachdem jetzt Ruhe geschaffen worden ist, wenn eine Zeitlang ein Kriegsschiff anwesend bleibt, die Ruhe aufrechterhalten wird. Es ist das besonders wahrscheinlich in Kamerun, weil es dort eine Menge kleiner Häuptlinge gibt. Das Gebiet von Kamerun unterscheidet sich sehr von dem Gebiet des Königs von Dahomey (heute Benin) und dem des Königs von Aschanti (Ghana), welches große und mächtige Reiche sind, welche stets die Europäer angreifen können und in der Lage sind, sich eifrig und kräftig zu vertheidigen. Das ist in Kamerun ausgeschlossen, weil die einzelnen Häuptlinge ohnmächtig und schwach sind. Nachdem dieselben einmal gezüchtigt worden sind, glaube ich nicht, daß fürs erste weitere Züchtigungen nothwendig sein werden; immerhin aber wird wohl die Gegenwart eines Kriegsschiffes doch erforderlich bleiben." (aus: *Hücking, Renate* und *Launer, E.*, Aus Menschen Neger machen. Wie sich das Handelshaus Woermann an Afrika entwickelt hat. Galgenberg-Verlag, Hamburg 1986.)

Das **Hauptziel** der deutschen Kolonialpolitik war die **wirtschaftliche Nutzung** ihres kolonialen „Besitzes": Kakao, Kautschuk, Ölpalmprodukte und Bananen wurden erwirtschaftet. Dies beeinflusste jedoch auch die bestehende Bevölkerungsstruktur. So wurde die wirtschaftliche Nutzung der Kolonie immer wieder durch **Aufstände** behindert. Oft erhoben sich ganze Landstriche, weil die Bevölkerung nicht bereit war, andauernd zu Trägerdiensten oder zum Plantagen- und Eisenbahnbau gezwungen zu werden. Dabei wurden ganze Dörfer dezimiert. Eine Existenzbedrohung für weite Landstriche im Osten bestand ebenfalls in den Praktiken gewisser Handelsgesellschaften, deren Vertreter (oftmals Duala-Leute) in die Dörfer gingen, den Leuten Konsumgüter auf Kredit gaben und als Bezahlung wilden Kautschuk forderten. Dies führte dann meistens dazu, dass niemand mehr Zeit für die Feldarbeit hatte und ganze Dorfschaften sich aus Angst vor Repressalien geschlossen in den Urwald zurückzogen. Hierauf gab es schon recht bald eine Reihe von Erlässen „zum Schutz und Erhalt der Arbeitskraft" der Kolonie – denn in den Augen der Kolonialpolitiker und Vertreter der Wirtschaft war die Kolonie Kamerun unterbevölkert.

Als erste traf es die Bakweri am **Kamerunberg:** 1894 begann die **militärische Besetzung** der Dörfer in der Gegend um und unterhalb Buea. Der Boden ist fruchtbar, die Deutschen wollten hier Plantagen errichten, dabei störten die Bakweri. Außerdem wollte man den Regierungssitz von Douala ins gesündere Höhenklima von Buea verlegen. In der Folge entstand die „Kultur"-Landschaft am Kamerunberg: Plantagen so weit das Auge reicht. Aus der Urbevölkerung wurde ein Volk aus Plantagenarbeitern in Barackensiedlungen, Lohnabhängige. Bald reichte die Arbeitskraft dieser „degenerierten", von Malaria und Alkohol geschwächten, das harte Arbeiten nicht gewohnten Leute nicht mehr. Man brauchte „besseres Menschenmaterial": Aus der Gegend von Bamenda oder Yaoundé wurden Arbeiter „angeworben", und es dauerte nicht lange, bis auch diese an den Folgen schlechter Ernährung, zu harter Arbeit und Malaria zu Tausenden starben.

Mit der Zeit und aufgrund der sich rasch entwickelnden Kolonial- und Plantagenwirtschaft (hauptsächlich große Firmen aber auch einige Siedler etablierten sich in der Mbo-Ebene) musste der **Hafen in Douala** ausgebaut werden. Handelshäuser mit Lagerhallen entstanden. Das wachsende Transportproblem, vor allem im Süden und Westen (Trägerkarawanen mit Zwangsarbeitern) ließ bald den **Bau von Eisenbahnen** notwendig werden. Es wurde mit der Nordbahn begonnen, die das Grasland und später den Norden mit der Küste verbinden sollte. Der Endpunkt der Bahn in der Mbo-Ebene entwickelte sich in kürzester Zeit zur wichtigen Stadt: Nkongsamba. Die zweite Bahn sollte kurz darauf Zentralkamerun versorgen. Man kam bis Kriegsausbruch nur bis kurz hinter Eseka, erst in den 1930er Jahren hatte Yaoundé seinen Anschluss (der dann in den 1970ern durch die Transcamerounais bis Ngaoundéré erweitert wurde).

Der **Straßenbau** begann erst in den letzten Jahren vor dem Ersten Weltkrieg. Immerhin konnte man 1914 schon mit dem Automobil von Yaoundé über Lolodorf und Bipindi nach Kribi fahren. Die Reise dauerte „nur" noch drei bis fünf Tage; im Vergleich zu ein bis zwei Wochen Fußmarsch ein erheblicher Fortschritt!

Die **Verwaltung** war – vor allem im Süden und Westen – nicht selten auf die Vermittlung durch traditionelle Herrscher angewiesen, die als „Kolonialbeamte" die an ihre Bevölkerung gestellten Anforderungen weiterzuleiten hatten und sich dadurch oft ihren Untertanen immer mehr entfremdeten. Eine Ausnahme bildete *Karl Atangana*, der von den Deutschen als Oberhäuptling der Beti (oder Ewondo) von Yaoundé eingesetzt wurde und dennoch ziemlich beliebt war. Er lebte auch einige Zeit in Hamburg, wo er an der Universität Sprachkurse in der Ewondo-Sprache gab und Texte über die Geschichte seines Volkes schrieb.

In den nördlichen Regionen, die erst viel später „befriedet" wurden und die über einen anderen kolonial-administrativen Status verfügten (man sprach beispielsweise nicht von Bezirksamtsvorstehern, sondern von Residenten), war man noch nicht zur direkten administrativen Kontrolle in der Lage. Immerhin brauchte die Post bis zu zwei Monate von Douala bis nach Garoua oder gar Kousséri. Deshalb überließ man die Machtausübung den lokalen Herrschern, in der Regel den Fulbe-Lamibe, die nicht selten diesen Machtzuwachs zu Sklavenrazzien oder eigenmächtigen Grenzveränderungen missbrauchten.

Im Jahre **1895** wurde **Jesko von Puttkamer,** der bei den Kamerunern wohl berühmteste der deutschen Gouverneure, zum kaiserlichen **Gouverneur** Kameruns ernannt. Das ungesunde, feuchtheiße Klima in Douala veranlasste ihn 1901, die **Hauptstadt** und seine Residenz nach **Buea,** auf 900 m Meereshöhe an den Hängen des Kamerunberges, zu verlegen. Buea blieb bis 1919, d.h. bis zur offiziellen Aufteilung der deutschen Kolonie in ein englisches und ein französisches Mandatsgebiet, die Hauptstadt des Landes. Insgesamt herrschte *v. Puttkamer* zwölf Jahre lang über Kamerun. Er hat in dieser Zeit die Entwicklung des Schutzgebietes entscheidend beeinflusst. So wurde während seiner Amtszeit der größte Teil des Hinterlandes unterworfen, erfolgte der Bau der Straße von Kribi nach Yaoundé, der ersten Hafeneinrichtungen und die **Einführung von Kakao-Plantagen** in

Die Brücke bei Bipindi, ein Relikt aus der deutschen Kolonialzeit

der Region des Kamerunberges. Im Jahre 1907 wurde *v. Puttkamer* zurückberufen, sein Amt übernahm Gouverneur *Seitz* bis zum Jahre 1910. Die Bemühungen um die Entwicklung des Landes wurden durch ihn fortgesetzt. Ein **Schul- und Gesundheitswesen** wurde aufgebaut, das Wege- und Straßennetz ausgebaut, Wasserwege erschlossen und der Hafenbau fortgesetzt. 1911 begann der Bau der Eisenbahn mit der Strecke Douala – Nkongsamba, kurz darauf Douala – Yaoundé. Im sozialen Bereich entwickelten sich **Grundausbildung und technische Fortbildung** weiter, und die Christianisierung durch Missionare wurde verstärkt. Um die Bevölkerung besser zu kontrollieren, verstärkte die Verwaltung die Autorität der Stammes-Oberhäupter. Genaue Arbeitsverordnungen wurden geschaffen, die Sklaverei wurde nahezu abgeschafft.

Die deutsche Kolonialzeit ging jedoch recht bald ihrem unaufhaltsamen Ende entgegen. Am **1. August 1914** erklärte Deutschland den Alliierten den **Krieg.** Die französischen Truppen, die im Tschad, in Zentralafrika und Gabun stationiert waren, sowie die Briten aus Nigeria und die Truppen aus Belgisch-Kongo (heute Zaïre) griffen die Deutschen in Kamerun an. Die „Schutztruppe" bestand aus nur wenigen hundert Deutschen (Reservisten inbegriffen) und allerhöchstens 3000 kamerunischen Soldaten, und sie verfügte über keinerlei schwere Waffen sowie über eine denkbar schlechte Kommunikationsstruktur. (Dies geht zurück auf den festen Glauben an die „Kongo-Akte" bzw.

139kam Foto: rf

das Ergebnis der Konferenz von Berlin 1884–1885, in der die Kolonialmächte sich feierlich verpflichtet hatten, in den Kolonien niemals Krieg untereinander zu führen.) So gut wie alle größeren Posten wurden fast kampflos geräumt – mit Ausnahme von Garoua, das sogar drei englische Angriffe erfolgreich abwehrte.

Eine andere Ausnahme bildete der deutsche Hauptmann *v. Raben* in Mora: Er hielt der Belagerung durch die Engländer bis zum 20. Februar 1916 stand und ergab sich schließlich – nicht ohne freies Geleit für ihn und seine Truppe erwirkt zu haben. Die Engländer gewährten ihm dies. Am 9. Januar 1916 wurde Yaoundé zunächst von den britischen Truppen, dann von den Franzosen besetzt. Die Alliierten waren zwischen Atlantik und Tschad-See an der Macht. Für die Deutschen in Kamerun wurde der Erste Weltkrieg, der hier von 1914–1916 dauerte, z.T. eine schmerzhafte Erfahrung. In Douala wurden etwa 3000 Zivilisten interniert und dann in Hungerlager in der französischen Kolonie Dahomey (heute Benin) verschleppt. Besser erging es den Deutschen aus dem Zentrum und dem Süden: Sie konnten in letzter Minute mit einem Gefolge von nahezu 2000 Kamerunern (Soldaten, Bedienstete, Beamte etc.) über die Grenze nach Rio Muni (oder Spanisch-Guinea) auf neutralen Boden entkommen. Alle Deutschen verloren ihr ganzes Hab und Gut – nur einige Pflanzerfamilien konnten ihre Plantagen im englischen Mandatsgebiet in den 1920er Jahren wieder zurückkaufen.

Erinnerungen an die deutsche Vergangenheit

Die wilhelminische Kolonialzeit dauerte knapp 32 Jahre von der Unterzeichnung des Schutzvertrages durch *Gustav Nachtigal* am 14.07.1884 bis zur Kapitulation der letzten deutschen Truppen am 04.03.1916. In der ehemaligen Verwaltungshauptstadt **Buea** erinnert das frühere **Gouverneurshaus** *Jesko von Puttkamers* noch an die deutsche Kolonialzeit. Dieses wohl am besten erhaltene Bauwerk – mit einer immer noch funktionstüchtigen Turmuhr – ist heute eine der Residenzen des kamerunischen Staatschefs. In einem separaten Raum werden die noch erhaltenen Dokumente aus deutscher Zeit aufbewahrt. Auch der **Bismarck-Brunnen** in Buea, die **Kirche in Kribi** und einige etwas verwahrloste Friedhöfe, z.B. in Douala, geben noch Zeugnis aus deutscher Vergangenheit. Der **Bahnhof von Douala** hat eine typisch wilhelminische Architektur. In Yaoundé gibt es ein Archiv mit Dokumenten aus dieser Zeit, die vor einigen Jahren von einem eigens aus Koblenz angereisten Experten auf Mikrofilm konserviert und sachgerecht archiviert wurden. In der Chefferie von Bafut an der Ringroad (siehe dort) ist im Gästehaus eine Ausstellung über die deutsche Kolonialzeit zu sehen, das Gebäude wurde mit Mitteln der deutschen Botschaft restauriert.

Im Ostteil trägt ein Ort, 1890 gegründet zum Ruhm eines Häuptlings und der deutschen Verwaltung, noch immer den Namen Lolodorf (benannt nach dem damaligen Häuptling *Lolo*).

Bisweilen wird in Kamerun die deutsche Zeit noch heute glorifiziert und etwas verklärt als „Periode der Disziplin" bezeichnet. Deutsch waren die erste Fahne, die gehisst wurde, die ersten Schulen und Kirchen, die Kakao- und Kautschukplantagen. Die Deutschen haben die ersten Eisenbahnschienen gebaut und Brücken über Flüsse gezogen, die heute noch dem Verkehr standhalten. Und auch das Farbfernsehen ist deutsch! In einem Geschichtsbuch für Kameruns Schüler steht: „Die Deutschen waren gut in allem, was sie taten, und sie zeigten, was sie konnten", und: „Sie waren auch gute Architekten". Eine andere weit verbreitete Meinung über die Deutschen kursiert immer noch: „Sie waren hart – aber gerecht." So überzeugt war man dereinst wohl nicht, wie ein Anliegen der Kamerun-Häuptlinge 1905 der deutschen Obrigkeit gegenüber andeutet: „Sämtliche jetzige Gouverneursbeamte des Schutzgebietes Kamerun bitten wir forträumen zu wollen, denn ihre Regierung führen sie nicht gut." Noch in den letzten Monaten vor Kriegsausbruch wurden in Douala und Yaoundé zwei Oppositionelle öffentlich hingerichtet: der Duala-„Prinz" *Rudolf Manga Bell* und *Martin Paul Samba,* ein ehemaliger deutsch-kamerunischer Offiziersanwärter. *Manga Bell* wurde damals auch in Deutschland unterstützt und bekam Rechtsbeistand durch einen eigens aus Deutschland angereisten Anwalt.

Für Deutschland endete die Kolonialzeit in Afrika mit dem Ersten Weltkrieg und dem Versailler Vertrag nach relativ kurzer Dauer. Zum deutschen Einflussbereich gehörten außer Kamerun noch Deutsch-Südwestafrika (Namibia), Togo und Deutsch-Ostafrika (Tansania) sowie Gebiete in China, auf Samoa und in der Südsee („Bismarck-Archipel"). Doch trotz der Kürze dieser Zeitspanne wirkt vieles von dem, was damals geschah, bis heute nach, in der Geschichte und im Bewusstsein sowohl der Deutschen als auch der ehemals von ihnen kolonisierten Völker. Zwischen Kamerun und Deutschland bestehen gute politische, wirtschaftliche und freundschaftliche Beziehungen, was man als Reisender unterwegs immer wieder positiv zu spüren bekommt.

Das britische Mandat

Nach dem Sieg über die Deutschen unterstand Kamerun einige Jahre lang der provisorischen Verwaltung von Frankreich und Großbritannien, bis mit dem **Vertrag von Versailles am 28. Juni 1919** die Aufteilung des Landes besiegelt wurde. Der Völkerbund übertrug den Briten einen schmalen (zudem unterbrochenen) Streifen entlang der Grenze zu Nigeria, Frankreich erhielt den Rest des Treuhandgebietes und somit 80 % des Landes in seinen Grenzen von 1911. „Neukamerun", ein Streifen im Osten des Landes, fiel an Französisch-Äquatorial-Afrika zurück. Der Wandel zu Mandats-Gebieten 1922 bestätigte lediglich diese Teilung.

Das britsche Mandatsgebiet bildete im Gegensatz zum französischen in der Praxis nie eine politisch-administrative Einheit, da die beiden Teile von den benachbarten nigerianischen Provinzen

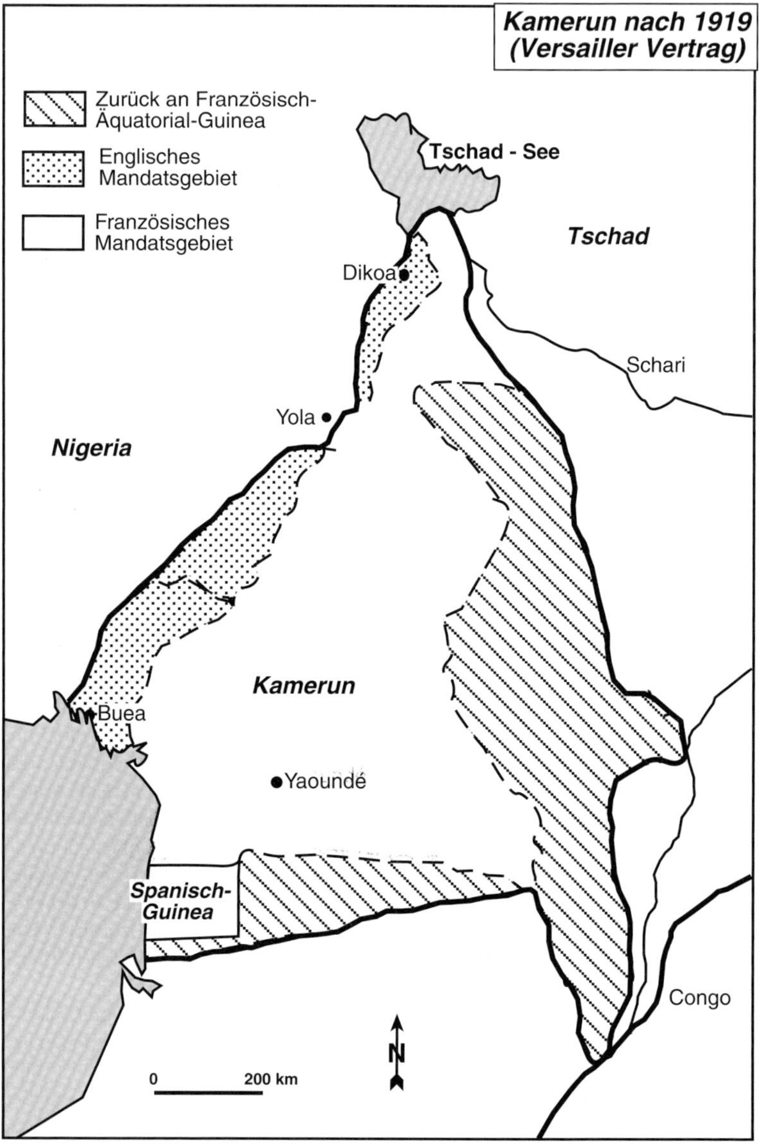
Kamerun nach 1919 (Versailler Vertrag)
Zurück an Französisch-Äquatorial-Guinea
Englisches Mandatsgebiet
Französisches Mandatsgebiet
Tschad - See
Tschad
Dikoa
Schari
Yola
Nigeria
Kamerun
Buea
Yaoundé
Spanisch-Guinea
Congo
0
200 km
N

mitverwaltet wurden. Daher konnte sich bestenfalls im Südteil (später **Southern Cameroons)**, in dem das wirtschaftliche Potential konzentriert war, ein Zusammengehörigkeitsgefühl entwickeln. Für die **Northern Cameroons** schien ein Aufgehen in den Gebieten Nordnigerias unabwendbar.

Auch die **wirtschaftliche Situation** entwickelte sich unerwartet. Die Briten hatten nur wenig Interesse an der kommerziellen Erschließung ihres Gebietes. Ein Großteil der früheren deutschen Plantagenbesitzer konnten auf einer Auktion in London 1924 ihr beschlagnahmtes Eigentum zurückkaufen. Innerhalb kurzer Zeit war daher der Stand der Vorkriegszeit wieder erreicht, 1938 lebten im britischen Mandatsgebiet dreimal mehr Deutsche als Briten. So gestanden die Briten ihrem Gebiet auch größere politische Freiheiten zu, förderten die Selbstverwaltung, um sich schließlich ganz zurückzuziehen.

Frankreich hingegen schuf eine Politik der Anbindung an das Mutterland auf lange Sicht. So entstanden im britischen und französischen Teil verschiedene politische Strukturen, die nach dem Zweiten Weltkrieg zu Auseinandersetzungen führten.

Das französische Mandat

Die Arbeit der Franzosen zwischen den beiden Weltkriegen setzte fort, was die Deutschen begonnen hatten. Die Entwicklung der Infrastruktur wurde weitergeführt: Das Gebiet erhielt ein gutes Straßennetz, bereits 1927 erreichte die Eisenbahn Yaoundé. **Kakao und Kaffee** waren mehr und mehr gefragt und schon 1930 wurde Kamerun zu einem wichtigen **Exportland.** Die Entwicklungen erreichten einen Höhepunkt. Das Grundprinzip der Kolonialpolitik war, die Bevölkerung an der Produktion, die für den Export bestimmt war, zu beteiligen. Man sprach von den so genannten „cultures riches" – also Kakao und Kaffee, die nicht mehr ausschließlich von großen Plantagenbesitzern produziert wurden, sondern hauptsächlich von Kleinbauern. Dies schuf, besonders ab Anfang der 1950er Jahre, einen gewissen **Wohlstand.** Im Bereich der Erziehung wurde den Missionsschulen eine Reihe von offiziellen Schulen hinzugefügt. Die christliche Kirche verstärkte ihre Bekehrungs-Maßnahmen. Im Gesundheitswesen wurde ein spektakulärer Erfolg im Kampf gegen die Schlafkrankheit erreicht *(Dr. Jamot)*. In der Wirtschaft begann die **Industrialisierung** mit der Ölproduktion, dem Bau von Tabak-Fabriken und Brauereien, zusammen mit so wichtigen Projekten wie dem Bau von Staudämmen und der Aluminium-Produktion in Edéa sowie dem Bau der Wouri-Brücke in Douala.

Von 1939–1945 nahm Kamerun auf General *de Gaulles* Aufruf hin am **Zweiten Weltkrieg** teil. Unter General *Leclerc* zogen mehr als 2000 Kameruner und Tschader durch die Sahara gegen die Italiener in Libyen, nahmen an Schlachten wie der bei Monte Cassino teil und gehörten zu den Truppen, die bei Kriegsende Tirol besetzten. Frankreich verdankt nicht zuletzt der so genannten Colonne Leclerc seinen Status als Siegermacht.

Am Ende des Krieges wurden Frankreich und Großbritannien von den Vereinten Nationen (UNO), der Nachfolge-Organisation des Völkerbundes, zu Treuhänderischen Verwaltern Kameruns berufen. Im politischen Bereich wurde Kamerun in der Verfassung der Union Francaise 1946 ein „assoziiertes Territorium“, womit dem Land mehr Freiheiten gewährt wurden. Es kam zur Bildung von Gewerkschaften und Parteien, die jedoch noch immer unter dem Einfluss der Franzosen standen. Es folgte die Schaffung einer **Territorialversammlung mit beschränkten Mitbestimmungsrechten** und die Vertretung in den Organen Frankreichs. All diese Fortschritte brachten aber auch Schwierigkeiten mit sich, z.B. die Streiks in Douala 1947, die Demonstrationen 1955, bei denen es viele Tote gab, und die zur Auflösung der „Union des Peu-

Ausschnitt aus der Ahnengalerie der Bamoun-Könige

166kam Foto: ed

ples Camerounais" (UPC) führten. So gering die zugestandenen Rechte anfangs gewesen sein mögen, sie leiteten einen Emanzipationsprozess ein, dem Frankreich schließlich nicht mehr widerstehen konnte.

Der Weg zur Unabhängigkeit

Der Schritt zur Unabhängigkeit am 1. Januar 1960 wurde wesentlich beschleunigt durch die Entscheidungen der zuständigen UNO-Organe und der in ihnen vertretenen antikolonialen Kräfte, allen voran die USA. Diese Entwicklung war jedoch mit heftigen Auseinandersetzungen verbunden.

Die **1948** gegründete **Partei UPC („Union des Peuples Camerounais")** erlitt bei den Wahlen im Jahr 1956 eine Niederlage und erschütterte daraufhin die politische Ordnung. Sie wurde unterstützt von einer breiten Mitgliedschaft an der Küste und im Westen und von der kommunistischen Welt. Frankreich verstärkte seine militärische Prä-

senz, um der Lage Herr werden zu können, und führte einen mörderischen Krieg gegen die Aufständischen.

Im Bamiléké-Land wurde die Bevölkerung in **„Wehrdörfern"** konzentriert, was zur Gründung eines großen Teils der heutigen Städte in dieser Gegend führte. Frankreichs Unterstützung in Zeiten der Guerrilla veranlasste die Regierung Kameruns, sich jahrzehntelang „erkenntlich" zu zeigen. Politische Opposition wurde nicht geduldet. Lange Zeit wurde keine freie Meinungs- und Willensäußerung in Kamerun zugelassen, die Presse entwickelte sich unter dem Druck der Zensur von ehemaliger Vielfalt politischer Meinungen zu einer regierungsamtlichen Stimme.

Die im Dezember 1956 gewählte Versammlung ALCAM (Assemblée Législative du Cameroun, **gesetzgebende Versammlung** Kameruns) traf sich am **10. Mai 1957** zum ersten Mal und wählte die Landessymbole aus: Die Flagge, die Hymne und die Devise „Friede, Arbeit, Vaterland" *(Paix, Travail, Patrie)*. Die kamerunische Nationalhymne („Chant de Ralliement") stammt jedoch schon aus den 1920er Jahren und wurde verfasst und komponiert von Schülern einer Eliteschule in Yaoundé.

Die erste Regierung unter *André-Marie Mbida* wurde gebildet. Im Oktober 1958 erklärte die ALCAM den offiziellen Wunsch der Kameruner, am 1. Januar 1960 die vollständige politische Unabhängigkeit festzulegen.

Der spätere Präsident *Ahmadou Ahidjo*, ein Moslem aus Garoua, gründete **1958** die **Union Camerounaise,** deren Weg – mit Unterstützung der Franzo-

Geschichte in Zahlen

5000 v.Chr.: Als erste Völkergruppe ließen sich die Mahalis im heutigen Kamerun nieder.

4000 v.Chr.: Danach waren es die Pygmäen, die Teile des Landes besiedelten. Heute leben sie noch verstreut in der Zone des tropischen Regenwalds im Ostteil des Landes.

6. Jh. v.Chr.: Auf einer Forschungsreise entdeckte der Karthager *Hanno* am Golf von Guinea einen aktiven Vulkan und taufte ihn „Götterwagen".

bis 15 Jh. n.Chr.: Die Überlieferung der Geschichte ist ungenau, jedoch weiß man, dass der Zeitraum bis zum 15. Jahrhundert unter den Einflüssen der Sao-Zivilisation und des Kanem- und Bornou-Reiches stand. Verschiedene Volksstämme wanderten nach Nordkamerun ein. Gründung diverser Staaten, darunter Mandara.

1472: Der Portugiese *Fernao do Poo* und seine Matrosen drangen in die Mündung des heutigen Wouri-Flusses vor. Sie nannten ihn wegen der vielen Krabben, die es hier gab, „Rio dos Camaroes". Daraus entstand der heutige Name Kamerun.

17. Jh.: Die Holländer eröffneten Handelshäuser im Küstengebiet. Sie wurden später von den Portugiesen vertrieben, die ihrerseits von den Engländern das gleiche Schicksal erfuhren.

18. Jh.: Die Fulbe islamisierten die nördlichen Regionen.

1845: Als einer der ersten Missionare kommt der Baptist *Alfred Saker* nach Kamerun und gründet die Stadt Victoria (später Limbe).

1851: Forschungsreise des Deutschen *Heinrich Barth* durch die Zentralsahara. Er kommt auch in die Gegend des heutigen Nordkamerun (Kotoko-Staaten am Logone und „Tuburi-Sümpfe", d.h. die Gegend um Yagoua).

1872: Der deutsche Afrika-Forscher *Gustav Nachtigal* und spätere Vertreter Deutschlands bei der Unterzeichnung des „Schutzvertrages" von Douala (1884) kam durch die heutige Provinz Extrême Nord und besuchte Städte am Logone.
1882: König *Akwa* und König *Bell* richteten die Bitte nach Schutzherrschaft an die Engländer, diese lehnten ab.
1884: Infolge dieser Ablehnung wurden die Engländer von den Deutschen überholt. Diese unterzeichneten einen Schutzvertrag mit den beiden Königen.
14.7.1884: Der deutsche Afrikaforscher *Dr. Gustav Nachtigal* hisst die Flagge des Deutschen Reiches an der Kamerunküste.
1884–85: Auf der Kongo-Konferenz in Berlin erfolgt die Grenzziehung der afrikanischen Kolonien und deren Aufteilung. Die ersten Grenzen Kameruns werden festgelegt.
1889–1890: *Eugen Zintgraff,* ein deutscher Kolonialpionier, bereist als erster das Grasland, gelangt von der Küste aus bis Jola am Benoué und hat damit als erster Europäer Kamerun in Nord-Süd-Richtung durchquert.
1900–1903: Hauptmann *Hans Ramsay* kartiert das ca. 100.000 km² große Nordwestkamerun und entdeckt dabei das kulturell bemerkenswerte Bamoun-Reich („Bamum").
1901: Die Hauptstadt Kameruns wird von Douala („Kamerun-Stadt") nach Buea verlegt.
1914: Beginn des Ersten Weltkriegs in Kamerun.
1916: Flucht der letzten Deutschen nach Rio Muni (Spanisch-Guinea).
1919: Kamerun wird unter französisches und britisches Mandat gestellt.
21.3.1921: Willkürliche Gebietsabgrenzung durch den Völkerbund.
1939–1945: 2. Weltkrieg. Kamerun wird mittels UNO-Mandat regiert. Kurz danach entsteht ein Nationalismus, der zur Gründung politischer Parteien und einer Gewerkschaftsbewegung führt.
April 1957: Erlangung der inneren politischen Selbstständigkeit und Bildung einer ersten kamerunischen Regierung am 10. Mai 1957.
1958: Sitzung der Generalversammlung der Vereinten Nationen, die das von der kamerunischen Regierung eingebrachte Programm zur Aufhebung der Mandatsverwaltung billigt.
1.1.1960: Unabhängigkeit.
1.10.1961: Wiedervereinigung der bis dahin unter britischem und französischem Mandat stehenden West- und Ostteile Kameruns und Geburtsstunde des Bundesstaats Kamerun. Englisch und Französisch werden offizielle Landessprachen.
20.5.1972: Friedliche Revolution mit dem Übergang vom Bundesstaat zum Einheitsstaat: Vereinigte Republik Kamerun, Präsidialsystem.
1982: Präsident des Landes wird *Paul Biya,* der seinen Vorgänger *Ahmadou Ahidjo* ablöst.
4.2.1984: Aus der Vereinigten Republik Kamerun wird die Republik Kamerun.
6.4.1984: Putschversuch in Yaoundé.
11.10.1992: Erste freie Wahlen in Kamerun.
Dez. 1995: Neue Verfassung, die den einzelnen Regionen mehr Freiheit gibt.
1996: Verfassungsreform.
17.5.1997: Bei den Wahlen zur Nationalversammlung erhält die Partei von Präsident *Paul Biya* (RDPC) 116 der 180 Sitze.
12.10.1997: Wiederwahl von *Paul Biya* zum Präsidenten.
2001: Gründung der Wahlbeobachtungskommission ONEL.
2002: RDPC/CPDM gewinnen die Kommunalwahlen.
2004: Präsidentschaftswahlen; *Paul Biya* wird wiedergewählt.

sen, die Angst vor der „kommunistisch unterwanderten" UPC hatten – unaufhaltsam nach oben führte.

Die Partei führte das Land am ersten **Januar 1959** in die **innere Autonomie.** Am 12. März 1959 stimmte die Verwaltungs-Kommission der UNO mit 59 Stimmen gegen 9 für die Aufhebung der Fremdverwaltung. Am Ende dieser Entwicklungen stand am **1. Januar 1960** die Entlassung Kameruns in die **Unabhängigkeit.**

Am **5. Mai 1960** wurde **Ahmadou Ahidjo zum ersten Präsidenten** der Republik **gewählt.** Die weitere Entwicklung wird im nächsten Kapitel erläutert.

Staat und Politik

von **Hubertus von Lindeiner** und **Stefan Birenheide**

Auch wenn das politische Leben Kameruns nicht erst mit dem 1. Januar 1960 begonnen hatte, so ist hier doch der Anfang einer eigenständigen Politik zu sehen. Viele Elemente der heutigen Politik des Landes sind logische Konsequenzen der kolonialen Strukturen. Man denke allein an die Grenzen, das Problem des Vielvölkerstaates, die beiden Amtssprachen und Verwaltungssysteme. Der erste Präsident Kameruns, *Ahmadou Ahidjo,* hatte also ein schwieriges Erbe angetreten. Auf der einen Seite galt er den Eliten Kameruns als Marionette Frankreichs, wurde nicht für voll genommen. Auf der anderen Seite stand die übermächtige ehemalige Kolonialmacht Frankreich, die ihn mühelos mit Wirtschaftssanktionen und sonstigem politischen Druck lenken konnte. *Ahidjo* erwies sich aber letztendlich als weniger „einfach" als ursprünglich angenommen und verfolgte relativ eigensinnige Ziele. *Ahidjos* politisches Leitmotiv war bis zum Schluss die **„Nationale Einheit".** Er verfolgte dies sehr oft mit Brachialgewalt: Viele Oppositionelle landeten in Lagern, wurden umgebracht oder gingen ins Exil.

Die Wiedervereinigung

Der zweite wichtige Anspruch der Nationalisten nach der Unabhängigkeit erfüllte sich **1961** mit der **Wiedervereinigung der beiden Mandats-Gebiete Kameruns** in einem Bundesstaat. Die politische Entwicklung im anglophonen Landesteil war eng mit der Frage der Anlehnung an den größeren, auch ehemals britischen Nachbarn Nigeria oder aber an das frankophone Kamerun verbunden. Dabei gab es Anhänger der Wiedervereinigung mit dem Osten und andere, die Nigeria beitreten wollten. Die Bewegungen waren in dieser Zeit nicht einheitlich gegen die Kolonialpolitik gerichtet, vielmehr vergrößerte sich die Rivalität zwischen einzelnen Gruppierungen.

Durch einen **Volksentscheid** unter UNO-Aufsicht fiel am 1. Oktober 1961 der Beschluss zugunsten einer Verbindung mit der schon unabhängigen Republik Kamerun und somit der Wiedervereinigung. Die bekannteste Persönlichkeit unter den Befürwortern war der spätere **Ministerpräsident** von West-

Kamerun **John Ngu Foncha** aus der Gegend von Bamenda. Die sog. Northern Cameroons dagegen hatten sich für Nigeria entschieden. *Ahidjo,* der nicht bereit war, einen Staatenbund zu gründen, willigte schließlich lediglich in eine bundesstaatliche Ordnung ein, die von einem zentralen Präsidialregime dennoch nicht sehr weit entfernt war. Die beiden Bundesstaaten im Osten und Westen erhielten nur geringe Kompetenzen und waren finanziell so stark von der Zentralregierung abhängig, dass es nur eine Frage der Zeit sein musste, bis diese Verfassungskonstruktion abgebaut werden würde. Westkamerun wehrte sich lange gegen eine gezielte Absorption, musste sich aber schließlich beugen. Durch großen politischen Druck, Entmündigung des Volkes und gewaltsame Ausschaltung der Opposition - Mitte der 1960er Jahre wurden alle Parteien aufgelöst und gingen in der **Einheitspartei UNC** (Union Nationale Camerounaise) auf - wurde **1972** der Status von einem Staatenbund umgewandelt in einen Einheitsstaat mit Präsidialregime und Einheitspartei. Kamerun heißt nunmehr **Vereinigte Republik Kamerun.**

Beginn der Ära Biya

Von 1975 bis Ende 1982 wurde *Ahidjo* unterstützt von **Paul Biya** als **Premierminister,** der die Aktivitäten der Regierung in bestimmten Regionen delegierte und koordinierte. Als Ahidjo im November 1982 unerwartet zurücktrat, wohl aus gesundheitlichen Gründen, wurde der damalige Premierminister *Paul Biya* automatisch Nachfolger laut Verfassung. (1984 wurde dieses Gesetz geändert: Im Falle des Ausscheidens des Präsidenten während der Amtsperiode muss der Sprecher der Nationalversammlung innerhalb von 40 Tagen Neuwahlen einberufen.)

Ahidjo unterstützte anfangs noch seinen aus dem Süden kommenden Nachfolger, und der Machtwechsel verlief reibungslos. Allerdings gefiel Ahidjo schon bald die Politik seines Nachfolgers nicht mehr. Als Paul Biya im Juni 1983 ohne vorherige Abstimmung mit seinem Vorgänger das Kabinett umbildete, die ehemaligen Vertrauten und Weggefährten Ahidjos in Ministerämtern durch jüngere Fachleute auszutauschen begann (um so der neuen Rolle Kameruns als Öl exportierendes und industrialisiertes Land gerecht zu werden), und als der neue Präsident seine Ankündigung von mehr Demokratie und sozialer Gerechtigkeit umzusetzen begann, kam es zu einem **politischen Machtkampf.** Außerdem sah Biya nicht ein, warum er als amtierender Staatschef nicht auch den Vorsitz der Einheitspartei innehaben sollte, der ja immer noch bei Ahidjo war. Auf einer Sitzung der UNC folgten ernsthafte Überlegungen zur Politik des Landes seit der Unabhängigkeit. Aufgrund der Niederlage ihres Gründers Ahidjo war die Partei UNC heftigen Spannungen unterworfen. Der Kongress stand vor der Frage, ob Paul Biyas Antrag auf Demokratie ohne die Partei ausgeführt werden sollte, was ein Mehrparteiensystem zur Folge gehabt hätte. Das Problem wurde gelöst, indem Biya sich zum Parteivor-

152kam Foto: rf

sitzenden der UNC wählen ließ und so Regierung und Präsidentschaft gleichzeitig in der Hand hielt. Ahidjo, bis dahin immer noch Parteiführer der UNC, ging 1983 ins Exil nach Frankreich. Der Streit zwischen Partei und Staat entspannte sich endlich, und im Januar 1984 wurde Biya bei vorgezogenen Präsidentschaftswahlen (als einziger Kandidat) erneut in seinem Amt bestätigt.

Als es im **April 1984** dann doch zu einem **Staatsstreichversuch** kam, den man den Anhängern Ahidjos anlastete, war ein erneuter Konflikt unabwendbar. Der Putschversuch wurde von der Armee blutig niedergeschlagen, die Anführer landeten vor Gericht, mehr als 190 wurden hingerichtet. Auch wenn die Hälfte der Putschisten aus dem Süden stammte, kam es in Yaoundé zu Pogromen gegen „Nordisten" und Bamiléké. Ahidjo dementierte aus seinem selbst gewählten Exil in Frankreich heraus jegliche Verantwortung für die Vorkommnisse. Die seit 1966 bestehende **Einheitspartei** UNC wurde in **RDPC** umbenannt (Rassemblement Démocratique du Peuple Camerounais, Demokratische Volksbewegung Kameruns), auf Englisch **CPDM** (Cameroon's People's Democratic Movement).

Thron-Hocker im Museum von Foumban

Biya versprach dem Volk im Rahmen seines „politischen Liberalismus" die Mitbestimmung nur innerhalb des Einparteien-Systems der RDPC. Er kündigte eine **Politik der „Rigueur et Moralisation"** an (Strenge und Verantwortungsbewusstsein), aber auch eine „Liberalisierung des politischen Lebens und eine allmähliche demokratische Öffnung". Aber erst auf dem Kongress von Yaoundé 1988 war zum ersten Mal die Rede von einer eventuellen Zulassung von Oppositionsparteien. Bis zu den ersten Präsidentschaftswahlen im Oktober 1992 war es noch ein weiter und beschwerlicher Weg.

Innenpolitik

Kamerun war in der Ahidjo-Zeit trotz der Vielfalt seiner Ethnien und des starken Sozialgefälles zwischen der südlichen, von Christen bewohnten, Küstenregion und der unterentwickelten islamischen Nordregion im Vergleich zu anderen afrikanischen Staaten viele Jahre **innenpolitisch stabil.** Dies lag vor allem an der repressiven Politik Ahidjos, die öffentliche Kritik an der Regierung unmöglich machte. Seine Regierungszeit brachte aber auch Investitionen in Bildung, Landwirtschaft und Infrastruktur mit sich.

Unter Präsident Biya nahm die Kritik zu, vor allem unter den englischsprachigen Bewohnern Westkameruns, den sog. „Anglos" (von anglophon = englischsprachig), und den „Nordisten". Doch auch die Intellektuellen in Douala oder die Geschäftsleute der Bamiléké fühlten sich immer mehr als Opfer einer unqualifizierten Politik. Auch wenn es kaum einen Unterschied gab zu Ahidjos Zeiten, in denen genauso „gemauschelt" und Pfründe an Gesinnungsgenossen verteilt wurden – die große **wirtschaftliche und soziale Krise der 1980er Jahre** wurde Biyas Regierungsmannschaft zugeschrieben. Die Kapitalflucht nahm ungeheure Ausmaße an, Vettern- und Günstlingswirtschaft wurden immer unerträglicher, der Ruf nach freier Presse und mehreren Parteien immer lauter. Erst kam die Pressefreiheit mit einer ganzen Reihe von neuen und teilweise recht kritischen Zeitungen. Dann regte sich politischer Oppositionsgeist in Douala, im Westen und im Norden. Es kam die Zeit der verschiedenen **Generalstreiks** („opération ville morte" = tote Städte; alle Geschäfte blieben geschlossen) in fast allen Städten des Landes und der Gründung der meisten Parteien. Nach anfänglich recht ruppiger Repression war es dann schließlich soweit: 1992 durften die kamerunischen Bürger zweimal wählen. Plötzlich sah man wieder Vertreter der seit Jahrzehnten verbotenen UPC, die aus dem Exil zurückkehrten; Intellektuelle fanden ihre politischen Ideen in der Partei eines der Söhne des Sultans von Foumban vertreten; es gab Gruppierungen, die Ahidjos Erbe wieder aufleben lassen wollten und solche, die einen ganz anderen Ansatz hatten. Die meisten Parteien waren nicht ethnisch gebunden, wie man anfangs befürchtete, und hatten ihre Anhänger in der gesamten Republik.

Am **1. März 1992** fanden die **ersten freien Parlamentswahlen** statt. Die meisten Oppositionsparteien riefen wegen Unregelmäßigkeiten bei der Wahlvorbereitung zum Wahlboykott auf. So waren z.B. die Wahlbezirke zu Ungunsten der Opposition aufgeteilt. Trotzdem erhielt die Oppositionspartei UNDP (Union Nationale pour la Démocratie et le Progrès, Nationale Union für Demokratie und Fortschritt) einen überraschend hohen Anteil der Stimmen (zweitstärkste Partei). Die regierende RDPC hatte nur knapp gewonnen.

Am **11. Oktober 1992** standen dann **erstmals mehrere Präsidentschaftskandidaten** zur Wahl. Der stärkste Gegner war **John Fru Ndi** (aus Bamenda im anglophonen Westen) von der Social Democratic Front (SDF). Er gilt als gänzlich unbelastet, was die Machenschaften der alten Nomenklatura betrifft, und ist umgeben von Intellektuellen und Vertretern jener Westkameruner, die sich von Ahidjos Wiedervereinigung „mit der Brechstange" und Biyas Cliquen-Wirtschaft verraten fühlten. Auch die erdrückende politische Präsenz Frankreichs wurde thematisiert. Mittlerweile hat die SDF ihre Anhänger unter allen Unzufriedenen des Landes. *John Fru Ndi* ist bisweilen härtesten Pressionen ausgesetzt, und auch seine Heimatstadt Bamenda wurde oft zum Ziel verschiedenster Repressalien. Seine Anhänger gehen davon aus, dass Biya die Wahlergebnisse, denen zufolge eigentlich Fru Ndi der Sieger hätte sein müssen, zuerst verheimlicht und anschließend manipuliert hat. Zur Wahl wurden keine internationalen Wahlbeobachter zugelassen außer das vom US-Senat finanzierte Institut für Internationale Angelegenheiten (NDI). Alle Oppositionsparteien sprachen nach der Wahl von Fälschungsversuchen. So gab es z.B. angeblich in einigen Wahlbezirken, wo die Opposition besonders stark ist, nicht genügend Stimmzettel für die Oppositionsparteien. In der Folgezeit kam es zu Protesten gegen die Manipulationen, die auch vom NDI bestätigt worden waren. Die kamerunische Armee ging gewaltsam gegen Demonstranten vor, über tausend Oppositionelle wurden inhaftiert. Über die Nordwest-Provinz wurde der Ausnahmezustand verhängt, Fru Ndi wurde unter Hausarrest gestellt. Paul Biya geriet durch die Wahlfälschung außenpolitisch in Bedrängnis. Einzig Frankreich hat sich nicht gegen die Manipulationen ausgesprochen.

Auch **1993** kam das Land nicht zur Ruhe. An Universitäten und Gymnasien wurden ab April hohe Gebühren verlangt. Am 1. Dezember begann ein unbegrenzter **Generalstreik im öffentlichen Dienst,** unterstützt von der SDF. Lehrer hatten seit den Sommerferien kein Gehalt mehr bekommen. Die Gehälter der Staatsbediensteten wurden (und werden) nur unregelmäßig mit monatelangen Verspätungen ausbezahlt, hinzu kommen ständige Kürzungen. **1996** kam es zu einer zweiten Protestwelle an den Universitäten. 200 Studenten wurden festgenommen, viele monatelang in Haft gehalten, wo sie z.T. schwer gefoltert wurden. Ein Student starb an den Folgen.

Seit 1992 hat es eine Reihe von **Wahlen** in Kamerun gegeben: **1996** Kommunalwahlen, die die RDPC/CPDM haushoch gewann, ebenso wie die Parlamentswahlen im Mai **1997.** Im Oktober desselben Jahres gab es Präsidentschaftswahlen, bei denen Paul Biya der einzige Kandidat war. Bei den Parlaments- und Kommunalwahlen **2002** war das Ergebnis ähnlich deutlich für die RDPC/CPDM. Alle diese Wahlen waren begleitet von massiven Unregelmäßigkeiten auf der einen und einem Wahlboykott auf der anderen Seite. Dennoch hat die Opposition einige Erfolge erzielen können: Bei den Kommunalwahlen 1996 z.B. gewann sie in acht der zehn größten Städte. Jedoch wurden die Bürgermeister in einigen Städten ersetzt durch Männer, die Biya genehm waren, worauf es zu Demonstrationen und Zusammenstößen mit der Polizei kam (z.B. in Limbe im Südwesten). Im Vorfeld der Wahlen von 1997 kam es zu massenhaften Verhaftungen von Oppositionspolitikern. Viele wurden während der Haft gefoltert. Im Dezember 1997 wurden nach einer Regierungsumbildung drei UNDP-Mitglieder an der Regierung beteiligt. Im Jahr **2001** wurde zwar eine nationale **Wahlbeobachtungskommission** (ONEL) gegründet, sie erfüllt jedoch nicht die Forderungen der Opposition nach einem unabhängigen Gremium.

Die **Präsidentschaftswahlen 2004** wurden erneut von *Paul Biya,* mittlerweile 73 Jahre alt, gewonnen.

Sowohl Oppositionsparteien als auch die Katholische Bischofskonferenz von Kamerun erhoben den Vorwurf, es sei im Zusammenhang mit dem Urnengang zu **Wahlmanipulationen** und **Gesetzesverstößen** gekommen. Auch eine Beobachtergruppe des Commonwealth sprach den Wahlen in einer Reihe wesentlicher Punkte Glaubwürdigkeit ab und beanstandete unter anderem die **mangelhafte Wählerregistrierung,** wodurch viele Menschen ihre Stimme nicht hatten abgeben können. Gleichwohl gelangte die Beobachtergruppe zu dem Schluss, dass sich der Wille der Wähler im Wahlergebnis widerspiegele. Augenzeugenberichten zufolge wurde Leuten aus Dörfern mit einem hohen Anteil von Oppositonellen die Teilnahme an der Wahl ohne Angabe von Gründen verwehrt.

Ein Problem der **Opposition** ist ihre Zerstrittenheit. Ein Teil der Oppositionsparteien hat sich für die Wahl 2004 zur **CNR** (Coalition National pour la Réconciliation) mit einem gemeinsamen Kanditaten zusammengeschlossen. Einflussreichster Kritiker von Biya ist der anglophone katholische **Kardinal Tumi.** Er hat zum Beispiel im Jahr 2000 gegen die Aktivitäten der so genannten „Operativen Einheitskommandos" *(Commandement opérationel)* protestiert, die für mehr Sicherheit in Douala und Yaoundé sorgen sollten und dabei hunderte von Menschen töteten und in Massengräbern verschwinden ließen. Ende Juni 2001 kritisierte die Bischofskonferenz das angestiegene Sicherheitsrisiko in den Städten Kameruns, da die Sicherheitskräfte oft gemeinsame Sache mit den Kriminellen machen.

Die **wichtigen Positionen im Staat** sind mit **Frankophonen** und insbesondere **Beti** besetzt, der Ethnie, der auch Paul Biya angehört. Zwar gibt es mittlerweile auch anglophone unter den

Ministern, Premierminister *Peter Mafany Musange* zum Beispiel, die wichtigsten Ressorts (Finanzen, Verteidigung und Bildung) sind jedoch von Frankophonen besetzt. Das gilt auch für Polizei und Gendarmes, die überall auf Kameruns Straßen präsent sind und ungestraft Bestechungsgelder fordern können. Auch die meisten Chiefs und Fons stehen auf Regierungsseite. Sie stabilisieren so ein System, mit dem die meisten Kameruner unzufrieden sind, insbesondere was Korruption und Wahlbetrug angeht.

Im anglophonen Teil ist neben der gemäßigten Opposition eine kleine **radikale Bewegung** entstanden, die für die Unabhängigkeit des anglophonen Teils eintritt. Der **SCNC** (Southern Cameroons National Council) ruft insbesondere zum „Unabhängigkeitstag" des anglophonen Teils, am 1. Oktober, zu Demonstrationen und symbolischen Flaggenhissungen auf. Mitglieder des SCNC werden politisch verfolgt. Im Jahr 2001 wurden bei Demonstrationen im Nordwesten drei Menschen getötet und hunderte festgenommen.

Außenpolitik

Zur Außenpolitik Kameruns gehörten schon seit Ahidjo die **Blockfreiheit** und eine **Orientierung zum Westen** bzw. Frankreich hin. Es wird Wert gelegt auf gute nachbarschaftliche Beziehungen zu den übrigen afrikanischen Staaten.

Durch die **Währungsunion CEMAC (Communauté Economique et Monétaire de l'Afrique Centrale)** ist das Land mit Gabun, dem Kongo, der Zentralafrikanischen Republik, Tschad und Äquatorial-Guinea eng verbunden. Der Kontakt zu Nigeria ist aufgrund der andauernden Grenzstreitigkeiten in den ölreichen Gebieten an der Küste und dem grassierenden Schmuggel entlang der über 1000 km langen Grenze eher schwierig. Beide Staaten haben sich aber nach der Urteilsverkündung des Internationalen Gerichtshofes im Jahr 2002 (siehe Exkurs „Grenzstreitigkeiten mit Nigeria") einer freundschaftlichen Lösung verschrieben. Aufgrund der langjährigen Krisen im Tschad ist man auch in den Beziehungen zu diesem Nachbarland eher verhalten. Im Allgemeinen hat Kamerun bei seinen Nachbarn, die nicht über einen Seehafen verfügen und dementsprechend ärmer sind, den Ruf des „neureichen Erpressers". Über diese Nachbarschaftskontakte hinaus setzt sich Kamerun im Rahmen der Organisation für Afrikanische Einheit (OUA) für gesamtafrikanische Belange ein.

Kamerun ist folgenden **internationalen Organisationen angeschlossen:** GATT, OUA, FAO, ILO, CEMAC, AKP, IWF und Weltbank. Am 1. November 1995 wurde Kamerun als 52. Mitgliedsstaat in den Commonwealth aufgenommen. Im Juli 1996 fand in Yaoundé der

Präsidentenpalast in Yaoundé

einwöchige Gipfel der Organisation für afrikanische Einheit (OAU) statt.

Kamerun sucht außenpolitisch die Nähe zur USA und auch zu Deutschland und eine gewisse Lockerung des engen Verhältnisses zur ehemaligen Kolonialmacht Frankreich. Paris übt über die Garantie der militärischen Sicherheit und die Kontrolle breiter Wirtschaftsbereiche einen erheblichen Einfluss aus. Nicht zu unterschätzen ist ebenfalls die Tatsache, dass Kamerun zur **Franc-Zone** gehörte: Die Anbindung des Franc-CFA an den Französischen Franc in fester Parität (1 FF = 50 CFA) sorgte bis 1994 für halbwegs stabile monetäre und wirtschaftliche Grundlagen. 1994 erfolgte dann eine Abwertung des CFA um 50 %, nach Einführung des Euro in Frankreich ist der CFA an den Euro gebunden und Kamerun de facto quasi Mitglied der Europäischen Währungsunion.

Im Bereich der internationalen technischen Zusammenarbeit kommt mehr als die Hälfte der Gelder aus Ländern der EU (Frankreich, Deutschland, Italien). Aber auch die Vereinigten Staaten gehören zu den größeren Geldgebern und scheinen einen gewissen Druck ausüben zu wollen, vor allem was den Demokratisierungsprozess angeht.

Die deutsch-kamerunische Zusammenarbeit drückt sich zur Zeit in der Präsenz folgender deutschen Organisationen aus: GTZ (Gesellschaft für technische Zusammenarbeit), DED (Deutscher Entwicklungsdienst), Friedrich-Ebert-Stiftung, Goethe-Institut, DAAD, KfW (Kreditanstalt für Wiederaufbau).

04_159kam Foto: sm

Grenzstreitigkeiten mit Nigeria

Seit Jahren schwelt zwischen Nigeria und Kamerun ein zum Teil blutiger Konflikt um die Zugehörigkeit der **Halbinsel Bakassi** im Golf von Guinea. Die ca. 1000 m^2 große Inselgruppe ist reich an Erdgas und Erdöl, das angrenzende Gewässer fischreich.

1885 wurde das Gebiet von den ehemaligen Kolonialmächten Großbritannien und Deutschland zunächst Nigeria zugewiesen. Ein nie ratifiziertes Abkommen von 1913 schreibt die Halbinsel Kamerun zu. In einer Deklaration von 1975 ließ der damalige nigerianische Staatschef *Yakubu Gowon* die Ansprüche auf Bakassi fallen. Das bestreitet Nigeria heute. 1993 besetzten nigerianische Truppen zwei kleinere Inseln der Bakassi-Gruppe. Die militärische Präsenz beider Staaten war extrem hoch, und besonders 1994 kam es zu heftigen Auseinandersetzungen, von denen auch die Bevölkerung in Mitleidenschaft gezogen wurde. Anfang des Jahres 1996 kam es zu regelmäßigen Kampfhandlungen zwischen nigerianischen und kamerunischen Truppen in Bakassi. Für die folgenden Jahre sind von dritter Seite keine Vorkommnisse dokumentiert.

Zur Klärung der Lage hatte sich Kamerun 1994 an den Internationalen Gerichtshof in Den Haag gewendet. 1998 erklärte er sich für zuständig, ein erster Teilerfolg für Kamerun. Am 10. Oktober 2002 entschied das Gericht, dass Bakassi zu Kamerun gehöre. Grundlage der Entscheidung war das Grenzabkommen zwischen Engländern und Deutschen von 1913. Dieser Richterspruch wurde von vielen Nigerianern als eine nationale Demütigung empfunden. Hinzu kommt, dass die in Bakassi lebende Bevölkerung (Efik- und Ibibio-sprachige Gruppen) sich Nigeria angehörig fühlt und auf ihr Selbstbestimmungsrecht pocht. Die politischen Spannungen zwischen Nigeria und Kamerun verschärften sich nach Verkündigung des Richterspruches. Nigeria weigert sich, die Entscheidung des internationalen Gerichtshofes anzuerkennen.

Die logistische Abwicklung der Übergabe wird von einer kamerunisch-nigerianischen Kommission unter Vorsitz der UNO durchgeführt. Die Sicherheitslage im Grenzgebiet ist schlecht. 2003 kam es vermehrt zu bewaffneten Überfällen auf Händler. Obwohl es in der Kommission immer noch keine definitive Einigung zwischen Kamerun und Nigeria gab, bewegten sich die beiden Parteien im Januar 2004 aufeinander zu und beschlossen, gemeinsame Grenzpatrouillen durchzuführen. Die beiden Regierungen hoffen nun auf eine Verbesserung ihrer politischen, wirtschaftlichen und sozialen Beziehungen durch die Beendigung der Grenzstreitigkeiten. Spannungen werden erneut zu erwarten sein, wenn die Meeresgrenzen festgelegt werden, denn auch hier gibt es Ölvorkommen.

Der Internationale Gerichtshof befasste sich insgesamt mit 17 umstrittenen Gebieten entlang der kamerunisch-nigerianischen Grenze. Einige wurden zu Kamerun, andere zu Nigeria geschlagen. Bedeutend waren diese Entscheidungen insbesondere in der Tschadseeregion. Dort hatten sich als Folge der Austrocknung des Sees 33 nigerianische Dörfer auf – gemäß der kolonialen Grenzziehung – kamerunischem Gebiet angesiedelt. Die Dörfer wurden Ende 2003 an Kamerun „übergeben". Von den 60.000 Betroffenen hat sich bisher knapp die Hälfte entschlossen, wieder in anderen Dörfern in Nigeria heimisch zu werden.

Verwaltungsstruktur

Seit der Verfassungsänderung von 1984 ist Kamerun in **zehn Provinzen** aufgeteilt, denen jeweils ein Gouverneur vorsteht. Der Gouverneur und die ihm unterstellte Provinzialverwaltung unterstehen direkt dem Innenministerium. Die Provinzen sind in insgesamt **56 Départements/Divisions** (franz./engl.) gegliedert, jedem voran ein Präfekt. Die Départements sind weiter unterteilt in **Arrondissements/Sub-Divisions** mit Unterpräfektur und Distrikten, deren Verwaltung einem Distriktchef obliegt. In jeder Provinz arbeitet eine Reihe von sog. **Délégations/Delegations** für alle wichtigen Bereiche des öffentlichen Lebens (z.B. Erziehung, Gesundheit), die als Kontrollorgane der Präsidentialverwaltung angesehen werden können.

Unter dem Druck der anglophonen Opposition, die eine Rückkehr zum föderalen Staat anstrebt, wurde im Dezember 1995 eine Verfassungsänderung konzipiert und am 18. Januar 1996 vom Parlament angenommen. Diese sieht eine Reihe von **regionalen Selbstverwaltungsstrukturen** vor. Durch so genannte Senate sollen die Regionen mehr Freiheiten gegenüber der zentralistischen Verwaltung in Yaoundé erhalten.

Gewerkschaften

Die **UNTC** (Union Nationale des Travailleurs du Cameroun) war bis Mitte der 1990er Jahre die Einheitsgewerkschaft, ihr Ziel ist die Wahrung der Arbeitnehmerinteressen. Es gibt in Kamerun mehrere Arbeitgeberverbände, die in wechselseitigen Gesprächen mit den Arbeitnehmerverbänden stehen.

Die Arbeitsgesetzgebung und Bestimmungen sind im **„Code du Travail"** festgehalten, der die Rechte und Pflichten der Unternehmen und der Arbeitnehmer festlegt. Eine **Berufseinteilung** sowie die Staffelung der Löhne im Hinblick auf die verschiedenen Tätigkeitsbereiche werden von der nationalen Organisation für **Tarifverträge** festgelegt. Die Arbeitgeberabgaben für die diversen Arten der **Sozialvorsorge** (Familienzuschuss, Berufsrisiko, Altersrente, Invaliditätsrente und Sterbegeld) liegen bei insgesamt 15 % der an die Arbeitnehmer gezahlten Gehälter. Die Verwaltung der Sozialfürsorge obliegt der „Caisse Nationale de Prévoyance Sociale".

Presse und Medien

Seit 2000 ist das staatliche Sendemonopol (CRTV) aufgehoben. Mittlerweile gibt es zwei private kamerunische Fernsehstationen. Im Bereich des Rundfunks sind insbesondere ländliche Radiosender populär. Für die Printmedien gilt seit 1996 ein verändertes Pressegesetz. 20 unabhängige Zeitungen erscheinen im Land, allerdings sind Journalisten ständigen Repressalien bis hin zu Inhaftierungen ohne Anklage ausgesetzt, Zeitungen werden beschlagnahmt. 2003 waren besonders die unabhängigen Zeitungen betroffen, z.B. Le Messager (www.lemessager.net), Mutations, Front Indépendant. Regierungszeitung ist die Cameroon Tribune.

Daten zur Verwaltung

(Quelle: Institut national de la statistique, Cameroun)

• Provinz Extrême-Nord/Hauptstadt: Maroua
Landfläche: 34.263 km²
Einwohner: 2.721.463, pro km²: 79,43
Départements: Diamaré, Logone-et-Chari, Mayo-Danay, Mayo-Kani, Mayo-Sava, Mayo-Tsanaga.

• Provinz Nord/Hauptstadt: Garoua
Landfläche: 66.090 km² km²
Einwohner: 1.227.018, pro km²: 18,57
Départements: Bénoué, Mayo-Louti, Faro, Mayo Rey

• Provinz Adamaoua/Hauptstadt: Ngaoundéré
Landfläche: 63.701 km²
Einwohner: 723.626, pro km²: 11,36
Départements: Djérem, Faro-et-Déo, Mayo-Banyo, Mbéré, Vina

• Provinz North-West/Hauptstadt: Bamenda
Landfläche: 17.300 km²
Einwohner: 1.840.527, pro km²: 106,39
Divisions: Bui, Donga-Mantung, Mentchum, Mezam, Momo, Boyo, Ngo-Ketunjia.

• Provinz South-West/Hauptstadt: Buea
Landfläche: 25.410 km²
Einwohner: 1.242.749, pro km²: 48,91
Divisions: Fako, Manyu, Meme, Ndian, Lebialem, Kupe, Manenguba.

• Provinz Est/Hauptstadt: Bertoua
Landfläche: 109.002 km²
Einwohner: 755.088, pro km²: 6,93
Départements: Lom-et-Djérem, Kadeï, Haut-Nyong, Mboumba-et-Ngoko

• Provinz Centre/Hauptstadt: Yaoundé
Landfläche: 68.953 km²
Einwohner: 2.501.229, pro km²: 36,27
Départements: Haute-Sanaga, Lékié, Mfoundi, Nyong-et-Kellé, Nyong-et-Mfoumou, Nyong-et-Soo, Mbam-et-Inougou, Mbam-et-Kim, Méfon-et-Afamba

• Provinz Sud/Hauptstadt: Ebolowa
Landfläche: 47.110 km²
Einwohner: 380.000, pro km²: 7,9
Départements: Dja-et-Lobo, Océan, Mvilla, Vallé du Ntem.

• Provinz Ouest/Hauptstadt: Bafoussam
Landfläche: 13.892 km²
Einwohner: 1.982.106, pro km²: 142,68
Départements: Bamboutos, Haut-Nkam, Ménoua, Mifi, Ndé, Noun, Haut Plateu, Koung-Khi.

• Provinz Littoral/Hauptstadt: Douala
Landfläche: 20.248 km²
Einwohner: 2.202.340, pro km²: 108,77
Départements: Moungo, Nkam, Sanaga-Maritime, Wouri

Mit Ausnahme der Provinzen North-West und South-West sind alle anderen frankophon.

Wirtschaft

Kamerun hat in wirtschaftlicher Hinsicht eine Schlüsselstellung im Wettbewerb mit seinen Nachbarländern: Die Staaten Tschad, Zentralafrikanische Republik und Äquatorial-Guinea sind auf die Transportwege Kameruns angewiesen. So ist das Land ein wirtschaftspolitischer Schnittpunkt zwischen West- und Ostafrika. Das **Bruttoinlandsprodukt** betrug 2005 31,7 Mrd US$. Das Bruttoinlandsprodukt pro Kopf lag bei rd. 780 US$. 2004 wurde 1,957 Mrd. Euro für Importe ausgegeben und 1,991 Mrd. Euro durch Exporte eingenommen.

Dienstleistungen

Wichtigster Wirtschaftssektor ist mittlerweile der Dienstleistungssektor, der rund 40 % zum Bruttoinlandsprodukt beiträgt. Hierzu gehören auch die Bediensteten der öffentlichen Verwaltung, deren Zahl allerdings im Rahmen des Strukturanpassungsprogramms stark zurückgegangen ist. Auch die im touristischen Sektor Beschäftigten werden in diesem Bereich geführt, ebenso wie Presse, Handel und Verkehr.

Landwirtschaft

Die Mehrheit der Bevölkerung ist in der Landwirtschaft beschäftigt. Es wird auch viel Teil- und Nebenerwerbslandwirtschaft betrieben. Kameruner sagen oft: „Every Cameroonian is a farmer". Gemessen am Beitrag zum Bruttoinlandsprodukt von insgesamt rund 12,7 Mrd. Euro im Jahre 2004 ist der landwirtschaftliche Sektor jedoch geschrumpft (29 %).

Eine **Selbstversorgung** des Landes mit eigenen Anbauprodukten ist gesichert (eine Ausnahme bildet z.B. der Weizen, der für das mittlerweile alltägliche Stangenbrot gebraucht wird und somit zu den Grundnahrungsmitteln zählt). Dabei ist der Norden durch oftmals zu spät einsetzende oder ausbleibende Regenfälle (im Durchschnitt alle drei Jahre) mit Nahrungsmitteln unterversorgt und von den produktiveren Regionen im Süden und Westen abhängig, wodurch ein klimatisch bedingtes **agrarwirtschaftliches Süd-Nord-Gefälle** entsteht. Langfristiges Ziel ist es, durch eine Intensivierung des Nahrungsmittelanbaus und eine Erhöhung der Erträge die Selbstversorgung für die rasch wachsende Bevölkerung auch künftig zu sichern. Neben der Eigenversorgung werden in Kamerun Agrarerzeugnisse auch exportiert.

Große Gebiete des Landes sind sehr fruchtbar, insgesamt werden rund **15 % der Gesamtfläche Kameruns** als **Ackerland** genutzt. Begünstigt durch die naturräumliche Gliederung mit verschiedenen Klimazonen und unterschiedlich beschaffenen Böden - von vulkanreicher Erde in mittlerer Höhenlage bis zur Halbwüste im Norden - weisen die einzelnen Regionen des Landes eine **Spezialisierung** auf:

Auf den trockenen Böden der **Sudan-Sahel-Zone im Norden** gedeihen v.a. **Baumwolle, Erdnüsse** und **Hirse.** Die Rohbaumwolle gehört zu den wichtigen Exportprodukten Kameruns. Wiederkehrende Dürreperioden haben jedoch häufige Missernten zur Folge, und die Exporterlöse werden durch niedrige Absatzpreise beeinträchtigt. Ein Teil der Baumwolle wird in einer Fabrik im Norden zu Textilien weiterverarbeitet.

In der **Umgebung von Yagoua und in Maga/Pouss** an den Ufern des Logone-Flusses (Schwemmgebiete) wird sowohl in traditioneller wie auch in moderner Anbaumethode **Reis** produziert. Der Großteil der Produktion durch die Reisfarmen ist für den Export bestimmt.

Die klimatisch bevorzugten Provinzen Ouest, North-West und South-West, also der gesamte **Westen,** bilden das eigentliche Rückgrat der kamerunischen Landwirtschaft. Das dicht besiedelte, meist gerodete Hochland eignet sich neben dem **Anbau von Grundnahrungsmitteln** auch hervorragend zur Produktion von **Kaffee und Tee.**

Kamerun ist eines der führenden afrikanischen Exportländer für **Kaffee,** vor allem für Robusta-Sorten (rund 80 %), daneben Arabica. Kaffee wird meist in kleinbäuerlichen Familienbetrieben, aber auch in großen Plantagen angebaut. Die Ernte dauert von Januar bis April. In den letzten Jahren ist die Produktion von Kaffee jedoch erheblich zurückgegangen, da die Weltmarktpreise extrem sanken und der arbeitsintensive Anbau nicht mehr profitabel genug ist. Durch den geringen Reiz des Kaffeeanbaus sind nun viele Bauern bereits auf die Erzeugung von anderen Feldfrüchten, darunter **Mais** oder **Tomaten,** übergegangen. In den nächsten Jahren erwartet man wieder einen Anstieg der Kaffee-Preise, nicht zuletzt aufgrund der schlechten Ernte in den westafrikanischen Haupterzeugerländern.

Neben Kaffee gehören auch **Palmöl** und **Kautschuk** zu den wichtigsten landwirtschaftlichen Exportprodukten des Westens und Südens. Vor allem in der tropischen Region am Mt. Cameroon bis hinauf nach Kumba gedeihen riesige, ertragreiche Ölpalm- und Hevéa (Gummibaum)-Plantagen. Dabei werden die Ölpalmprodukte, wie z.B. Palmöl und -wein, in Kamerun hergestellt. Bananen-, Ananas- und andere Früchte- bzw. Gemüseplantagen im Westen dienen in erster Linie zur Versorgung der heimischen Märkte.

Kakaofrüchte

BILD_34kam Foto: rf

Im **Süden und Zentrum** des Landes überwiegen **Bananen-** und **Kakao-Anpflanzungen.** Hier im Küstentiefland und in den Regenwaldgebieten herrschen die besten Voraussetzungen mit äquatorialem, feuchtwarmen Klima. Die Kakao-Produktion erfolgt vor allem in Kleinbetrieben. Familien pflanzen den Kakao auf gerodeten Waldparzellen parallel zu Gemüse und Obst. Geerntet wird von August bis Januar. Kamerun gehört zu den zehn größten Kakao-Erzeugerländern weltweit und somit ist **Kakao** die **wichtigste landwirtschaftliche Exportfrucht neben Kaffee.** Allerdings haben die Kleinbauern ähnlich wie beim Kaffeeanbau durch die ständig fallenden Erzeugerpreise nur wenig Anreize, Kakao zu ernten oder Neupflanzungen vorzunehmen, und manche ehemaligen Anbauflächen werden bereits für andere Agrarprodukte verwendet. Außerdem sind fast die Hälfte der Kakaobäume älter als 20 Jahre, wodurch die Ernteerträge sinken. Zunehmend erfolgt die Abnahme von Kakao nur noch in gut zugänglichen Gebieten, die Bauern in schwer zugänglichen Gebieten sind daher im Nachteil.

Die Erzeugung von **Bananen** konnte dagegen in den letzten Jahren erheblich gesteigert werden.

Neben diesen Exportgütern werden eine Reihe von **Grundnahrungsmitteln** angepflanzt. Dazu gehören an erster Stelle Maniok, Zuckerrohr und Kochbananen, außerdem Mais (anspruchslos, sehr verbreitet), Sorghum (Rispenhirse), Hirse, Kartoffeln, Süßkartoffeln, Reis und verschiedene Gemüsesorten. Der Anbau dieser landwirtschaftlichen Produkte erfolgt fast ausschließlich für den Inlandsbedarf. Die am meisten verbreiteten Wurzel- und Knollenfrüchte sind Maniok, Yams und Kartoffeln bzw. Süßkartoffeln. Der Gemüseanbau für den städtischen Markt konzentriert sich auf einige besonders geeignete Regionen im Westen.

Hervorzuheben ist, dass sich die Landwirtschaft Kameruns hauptsächlich auf **Kleinbetriebe** stützt. Etwa 70 % der Kulturflächen befinden sich im Besitz von Kleinbauern mit weniger als 2 ha Grundbesitz. Auf Mittelbetriebe entfallen ca. 20 %, auf Großbetriebe 10 % der bewirtschafteten Flächen. Die führenden Exportprodukte wie Kaffee, Kakao und Baumwolle werden hauptsächlich von Kleinbauern angebaut.

Zu den **Großbetrieben** zählen die Plantagen im Westen und an der Küste (Palmöl, Kautschuk), die überwiegend in der Kolonialzeit entstanden sind.

Insgesamt überwiegt der stationäre Feldbau neben dem Wanderfeldbau mit Brandrodung. Bis heute herrschen traditionelle Arbeitsmethoden vor, und es gibt nur eine geringe maschinelle Ausstattung, da die meisten Kleinbauern finanziell nicht in der Lage sind, sich teuere Geräte anzuschaffen. Nur 10 % der landwirtschaftlichen Produktion werden daher mit modernen Methoden erwirtschaftet.

Dem starken **Süd-Nord-Gefälle** im landwirtschaftlichen Bereich und der zunehmenden Landflucht will der Staat durch die Verbesserung der Infrastruktur und die finanzielle Förderung der Kleinbetriebe entgegenwirken.

Viehwirtschaft

Die Gesamtflächen Kameruns an **Weideland** auf Feucht-, Trocken- und Graslandsavannen umfassen ca. 125.000 km^2 (ca. 26 % des Landesterritoriums).

In der **Viehwirtschaft** überwiegen die Rinder (4,6 Mio.), gefolgt von Ziegen und Schafen (je 3,5 Mio.) und Schweinen (1,3 Mio.); als Kleinvieh werden Hühner gezüchtet.

Zu den **wichtigsten Regionen der Rinderzucht** gehören der Norden, das Adamaoua-Hochland und das Bamoun-Land im Westen.

Die Viehzucht im Norden Kameruns wird in manchen Gegenden durch das Auftreten der **Tse-Tse-Fliege** erschwert. Vor allem auf dem Adamaoua-Plateau, das seit jeher das beste Weideland ist, bemüht man sich, dieser Plage Herr zu werden. Das Plateau stellt das Zentrum der Kameruner Rinderzucht dar: Große Herden werden mit traditionellen und modernen Methoden gehalten; in Zuchtfarmen, Mastfarmen und Versuchsstationen wird der Optimierung der Zucht nachgegangen. Die am meisten verbreiteten **Rinderrassen** sind die Fulbe-Zebu des Adamaoua-Hochlandes und die Mbororo-Zebu der nördlichen Sudan-Sahel-Zone. Als Kirdi-Zebu wird ferner ein kleineres Rind in den Mandara-Bergen bezeichnet.

Das vom Aussterben bedrohte **Moutourou-Rind,** findet man nur noch in der Gegend von Poli und am Fuße der Alantika-Berge. Es gilt als „weniger wirtschaftlich" als das Zebu, ist aber resistent gegen die von den Tse-Tse-Fliegen übertragene Rindertrypanosomiase.

Etwa eine Million Menschen sind in Kamerun unmittelbar mit der Rinderhaltung beschäftigt. Die wichtigsten Viehhalter sind die Fulbe, die überwiegend den Großviehhandel in der Hand haben. Als nomadische Hirten leben die Mbororo und Choa-Araber.

Im **Süden** sind Pferde- und Rinderzucht nahezu unmöglich. Daher dominiert dort die **Kleintierzucht.**

Die **Schafe** gehören Kurzhaarrassen an. Im Süden wird das Djalonke-Schaf und im Norden das Marouna-Schaf, eine Kreuzung zwischen Djalonke und dem Sahel-Schaf gehalten. In der **Ziegenhaltung** kennt man im Süden die üblichen kleinen schwarzen, manchmal gescheckten Waldziegen und im Norden die Sahel-Ziege. Ferner wird im Norden die massigere Kapsiki-Ziege gehalten. Schafe und Ziegen sind im äußersten Norden sehr zahlreich.

Schweinezucht ist auf den (Süd-) Westen und das Küstengebiet beschränkt, in den islamischen Gebieten im Norden ist Schweinefleisch „tabu".

Der zunehmende Bevölkerungsdruck in den nördlichen Landesteilen und die Dürre in der Sudan-Sahel-Zone führt zu einer **Abwanderung der Viehzüchter** aus dem Äußersten Norden. Das Vordringen von Viehhirten aus den angrenzenden Staaten (z.B. Tschad, Nigeria) und der Nomadismus haben eine Übernutzung der Weideflächen zur Folge. Allerdings wird in jüngster Zeit auch unter den nicht-islamischen Völkern des Nordens Viehzucht betrieben. Das Fleisch wird meist in den Süden verkauft.

Zeburinder gibt es vor allem im Kameruner Grasland und im Norden

BILD_33Akam Foto: ed

In der **Fleischerzeugung** sind laut Statistik Rind- und Kalbfleisch mit rund 60 % die wichtigsten Lieferanten von tierischem Eiweiß in der Ernährung Kameruns, gefolgt von Hammel- und Ziegenfleisch (20 %), Schweine- und Hühnerfleisch (je rund 10 %). Bei einer ausreichenden Infrastruktur würden sich der Fleisch produzierende Norden und der Süden mit seiner Pflanzenproduktion gut ergänzen.

Forstwirtschaft

Der geographische Schwerpunkt der kommerziellen Holzwirtschaft liegt in **Zentral- und Südkamerun** sowie im **Küstenbereich.** Unter den rund einhundert derzeit registrierten forstwirtschaftlichen Unternehmen gibt es eine Zahl großer ausländischer Firmen. Das Holz wird vorwiegend bereits im Lande in Sperrholzfabriken und Sägemühlen verarbeitet, nur ein geringer Anteil wird als Rohholz exportiert. Der **Export** von forstwirtschaftlichen Erzeugnissen hat einen Anteil von ca. 10 % am Gesamtexport Kameruns.

Mit einer **Waldfläche von** ca. **24,7 Mio. ha** verfügt Kamerun nach Zaïre über die zweitgrößte Waldfläche Afrikas. Mehr als 70 % des Holzeinschlages dienen dem Brennholz- und Kohlebedarf, der Rest wird als Nutzholz verwendet. Ein weiterer Grund für Rodungen sind Straßenbauprojekte und die Erschließung landwirtschaftlicher Nutzflächen. Alle diese Faktoren ziehen eine zunehmende Gefährdung und Zerstörung des tropischen Regenwaldes nach sich. Daher wurde von staatlicher Seite eine neue forstwirtschaftliche Behörde gegründet (ONADEF), zu deren Aufgaben es neben der Förderung der Holzindustrie auch gehört, die Erhaltung und Wiederaufforstung der Waldbestände zu sichern.

Fischerei

Der Fischerei-Sektor, nach Rind- und Kalbfleisch die zweitwichtigste Protein-Quelle der Bevölkerung, deckt in Kamerun den Landesbedarf nicht. Seit Beginn der 1980er Jahre steckt dieser Wirtschaftszweig in einer **Krise,** besonders im Bereich der Küstenfischerei. Die unzureichende Produktion ist eine Folge der veralteten Fangausrüstungen und Schiffe, der geringen Fischbestände entlang der Küste sowie des Mangels an Kühleinrichtungen und Konservierungstechniken.

Die Fangmenge an Süßwasserfischen ist relativ konstant. Zu den fischreichsten Gewässern gehören der Tschad-See und die Flüsse Logone, Chari und Bénoué. Insgesamt müssen gegenwärtig rund **40.000 Tonnen Fisch importiert** werden.

Industrie

Kamerun verfügt im Vergleich zu seinen Nachbarländern über einen **leistungsstarken Industriesektor,** der jedoch vorwiegend auf den lokalen Markt ausgerichtet ist. Der Export spielt in der verarbeitenden Industrie nur eine geringe Rolle, bedeutend ist hier nur die **Ausfuhr von Aluminium** und Aluminiumerzeugnissen.

Die **Hauptstandorte der Industrie** sind die Hafenstadt **Douala,** die Hauptstadt **Yaoundé** und **Edéa.** Derzeit sind etwa 25.000 Menschen im Bereich der verarbeitenden Industrie beschäftigt.

Umsatzstärkster Zweig ist die **Nahrungsmittelindustrie** einschließlich der Getränke- und Tabakindustrie auf der Basis lokaler landwirtschaftlicher Rohstoffe und Erzeugnisse. Vor allem die **Biererzeugung** ist von großer Bedeutung; die Brasseries du Cameroun gehört zu den umsatzstärksten Industrieunternehmen.

Ein wichtiger Zweig der Nahrungsmittelindustrie ist die **Produktion von Kakaoerzeugnissen** (Schokolade, Kakaobutter, Süß- und Konditoreiwaren). Die Verarbeitung der Ölpalm-Früchte durch Ölpressen und Entkernungsanlagen bildet die Basis der **Produktion von Palmöl,** Pflanzenfett und Seife. Die Verarbeitung von **Getreide,** zwei große **Zuckerfabriken** (SOSUCAM, CAMSUCO), die **Obstverarbeitung** (Konservierung, Saft), **Hevea** (Kautschukartikel) und **Tabakindustrie** gehören ebenfalls zu diesem Industriezweig. An zweiter Stelle folgt die **Metallerzeugung und -bearbeitung.** Wichtigste Produktionsstätte ist die Aluminiumschmelze (ALUCAM) in Edéa, die aus importiertem Bauxit **Aluminium** für den Binnenmarkt herstellt. In zwei großen Betrieben erfolgt die Weiterverarbeitung zu Aluminiumplatten und zu Küchengeräten sowie Türen und Fensterrahmen aus Aluminium. Diese Fertigprodukte werden in die Nachbarstaaten der CFA-Zone sowie nach Nigeria exportiert. Die Aluminiumindustrie dominiert im Export der verarbeitenden Industrie.

Von Bedeutung ist auch die **Erdölverarbeitung** in der Erdölraffinerie SONARA am Cap Limboh nahe Limbe.

Die **Papierindustrie** liegt in den Händen des Zellstoffwerks CELLUCAM in Edéa. Erst im Aufbau dagegen befindet sich die **chemische Industrie** mit der Herstellung von Farben, Zündhölzern, Seife und Schädlingsbekämpfungsmitteln. Durch die großen Waldbestände verfügt Kamerun auch über eine **Holzverarbeitung** (Produktion von Furnieren, Möbeln, Kisten). Im Norden um Garoua angesiedelt ist der Bereich der **Textilindustrie,** der mit der Einführung des Baumwollanbaus entstand. Die produzierten Stoffe erhielten jedoch durch Billigprodukte aus Europa (Niederlande), Ostasien und Nigeria starke Konkurrenz. Das wichtigste Unternehmen in der Produktion von Baumaterialien ist die **Zementfabrik** CIMENCAM.

Insgesamt dominieren im Bereich der verarbeitenden Industrie in Kamerun etwa 30 größere Unternehmen, daneben gibt es sehr viele Kleinunternehmen.

Die Expansion des Industriesektors wird durch den Wettbewerb mit anderen Ländern, durch eine mangelhafte Verkehrsinfrastruktur und fehlendes Kapital erschwert.

Energie- und Wasserwirtschaft

Kamerun verfügt über ausreichende **Energiequellen** (Erdöl, Wasserkraft, tropische Regenwälder), um den Energiebedarf des Landes selbst abzudecken. Dies geschieht überwiegend durch

Holz und Holzkohle (32 %), gefolgt von Erdöl (32 %) und Elektrizität (5 %). Zwar gibt es ein großes Potential an Erdgas, doch spielt dies für die Energieversorgung derzeit noch keine Rolle.

Den größten wirtschaftlichen Bereich der Energieversorgung bildet die Erdölgewinnung. Seit 1978 wird an der Küste vor Limbe **Erdöl** gefördert. Zwar sind nach Auffassung der Fachleute die bekannten Rohölreserven in wenigen Jahren erschöpft, doch rechnet man mit der Entdeckung weiterer Erdöllagerstätten und arbeitet weiter am Ausbau der Erdölförderung. Eine mehr als 1500 km lange Pipeline vom Tschad bis nach Kribi wird gebaut, um den Absatz von tschadischem Erdöl zu erleichtern. In Kribi entsteht dann eine entsprechende Infrastruktur.

Bedeutende **Erdgasvorkommen** befinden sich an der Küste vor Kribi und im Rio del Rey-Becken. Jedoch sind die Förderkosten zu hoch bzw. der Weltmarktpreis zu gering, als dass eine Erschließung finanzierbar und profitabel wäre.

Von großer Bedeutung sind die Wasserkraftpotentiale Kameruns. Das größte **Wasserkraftwerk** des Landes liegt **in Edéa** und liefert zusammen mit zwei weiteren Wasserkraftwerken ca. 75 % der Stromproduktion Kameruns. Das Elektrizitätswerk beliefert u.a. das Aluminiumwerk ALUCAM, das allein 75 % der gesamten Elektrizität des Landes benötigt. Insgesamt gibt es in Kamerun dreißig Thermokraftwerke und fünf Wasserkraftwerke. Darunter das Wasserkraftwerk Songloulou am Sanaga-Fluss sowie das Lagdo-Kraftwerk am Bénoué-Fluss. Edéa und Songloulou versorgen das Elektrizitätshauptnetz, an das Douala, Yaoundé, Edéa und der Westen Kameruns angeschlossen sind. Das Lagdo-Kraftwerk ist zuständig für die Stromversorgung des Nordens, womit der Strombedarf des gesamten Landes voll abgedeckt ist. Der riesige **Lagdo-Stausee** (ca. dreimal so groß wie der Bodensee) bewässert außerdem die fruchtbaren Böden beiderseits des Bénoué-Flusses. In der Regenzeit, wenn der Damm zu brechen droht und viel Wasser abgelassen werden muss, das dann die Felder überschwemmt, wird viel halbwüchsiges Getreide vernichtet.

Bergbau

Die Aktivitäten im Bergbau beschränken sich bislang auf die Gewinnung von **Zinnerz, Gold** und **Kalkstein** in geringen Mengen. Zwar verfügt das Land über Vorkommen an Uran, Nickel, Eisenerz, Bauxit, Diamanten und Granit, jedoch werden diese Mineralien bisher nicht abgebaut, teils wegen fehlender Produktionsanlagen, teils wegen mangelnder finanzieller Mittel.

Die Förderung von Zinnerz im Adamaoua-Hochland erfolgt ausschließlich auf traditionelle, handwerkliche Art. An der Grenze zur Zentralafrikanischen Republik, bei Betaré-Oya in Ostkamerun, wird in kleinen Mengen **Gold** gefördert. Der in der Umgebung von Garoua abgebaute Kalkstein versorgt vor allem die Zementfabrik in Figuil und die Klinkerfabrik in Bonabéri (Douala). Kamerun weist eine der größten **Bauxit-Lagerstätten** der Welt auf (Adamaoua-

Provinz), deren Abbau lange Zeit wegen mangelnder Verkehrsinfrastruktur behindert war. Obwohl nun die Eisenbahn (Transcamerounais) dieses Problem gelöst hat, fehlt es am nötigen Kapital für die Förderanlagen. So muss das Land weiterhin Bauxit aus Guinea für seine Aluminiumproduktion einführen. Außerdem gibt es bedeutende Eisenerzreserven in der Region um Kribi im Süden, doch fehlt es auch hier aufgrund der rezessiven Wirtschaftslage am nötigen Geld zum Ausbau des Hafens und der Erschließung dieser Reserven.

Insgesamt verfügt Kamerun also über große natürliche Ressourcen, doch die meisten davon liegen unausgebeutet brach. So hat der Bergbau für das Land bisher nur eine geringe Bedeutung.

Tourismus

Touristische Anziehungspunkte Kameruns sind Nationalparks und Wildreservate, Sandstrände im Süden und Südwesten, die Tradition der alten Chefferien und Königspaläste im Westen sowie eine überaus abwechslungsreiche Landschaft. Allerdings ist die touristische Infrastruktur, vor allem in der Hotellerie, teilweise schlecht.

Seit 1989 gibt es in Kamerun ein eigenes Tourismus-Ministerium. Gefördert wird die Infrastruktur Kameruns derzeit im touristisch bisher eher gering entwickelten Süden des Landes und in der Küstenregion.

Durch den Ausbau der wichtigsten Straßenverbindung zwischen Edéa und Kribi zu einer modernen Autostraße ist die Erschließung der Strände zwischen Douala und Kribi vorangetrieben worden. Außerdem wurde in den späten 1980er Jahren die Bautätigkeit im Hotel- und Gaststättenbereich vorangetrieben. Der Schwerpunkt liegt auf First-Class-Hotels in Douala und Yaoundé, die vor allem auf die Bedürfnisse von Geschäftsreisenden zugeschnitten werden. Für den Pauschalreisetourismus ist die Hotelinfrastruktur immer noch unzureichend. Zwar gibt es an der Küste in Kribi neuere Hotels mit ausreichendem Standard, doch im Landesinneren sind Touristen vorwiegend auf einfache Beherbergung angewiesen.

Dass man nun verstärkt auf den Tourismus als Wirtschaftsfaktor bzw. Devisenbringer setzt, liegt nicht zuletzt an Vorschlägen der Weltbank in dieser Richtung. In diesem Bereich hat Kamerun große Anstrengungen unternommen, um den Sektor zu modernisieren. Ziel ist es, das Land in den nächsten Jahren zu einer gefragten Urlaubsdestination in Zentralafrika zu machen.

Neben Geschäftsreisenden sind unter den Besuchern vor allem Touristen aus Frankreich (18 %), Großbritannien und Deutschland. In den Beherbergungsbetrieben werden annähernd doppelt so viele inländische Gäste wie Auslandsgäste registriert. Hinzu kommt, dass rund 40 % aller ausländischen Besucher aus anderen afrikanischen Ländern stammen. Im Vergleich zu anderen afrikanischen Ländern, wie etwa Kenia oder Tansania, ist das Gästeaufkommen in Kamerun gering, vor allem, wenn man bedenkt, was dieses Land an landschaftlicher und kultureller Vielfalt zu bieten hat.

Ökotourismus – Kampf gegen die Armut durch Naturschutz

von **Kai Schmidt-Soltau** und **Eberhard Götz**

Ökotourismus definiert sich als „nachhaltiger Tourismus in ökologisch sensiblen Gebieten, der zur Finanzierung des Schutzes der Natur beiträgt. Er erfüllt soziale, kulturelle, ökologische und wirtschaftliche Verträglichkeitskriterien und ist sozial gerecht, kulturell angepasst, ökologisch tragfähig und insbesondere für die ortsansässige Bevölkerung wirtschaftlich sinnvoll und ergiebig". Ökotourismus steht somit im Zentrum der nachhaltigen Entwicklung, da Ökotourismus das Potenzial hat, arme Bevölkerungsgruppen in ihren ökonomischen Bestrebungen zu fördern, die Biodiversität durch die „Nutzung" von geschützter Natur zu erhalten, die organisatorischen und technischen Humanressourcen in Wert zu setzen und deren Kapazitäten langfristig und nachhaltig zu steigern.

Ökotourismus ist somit eine Art „Allheilmittel", und doch finden sich kaum eine Hand voll Reiseveranstalter und lokale Dienstleister, die bislang in diesem Bereich investiert haben. Dabei sind sich alle Besucher und Experten einig, dass Kamerun mit seinen vielfältigen und ursprünglichen Ökosystemen alle Chancen hat, ein ökotouristisches Paradies zu werden. Bis dahin ist es jedoch noch ein langer Weg. Ökotourismus braucht eine umfassende Infrastruktur, um seine Potenziale entfalten zu können, denn wenn der zweihundertste einsame Wanderer seinen Unrat im Wald verbuddelt, wird aus der ökologischen Idylle eine wild wuchernde Müllhalde. Zwar haben Naturschutzprojekte in und im Umfeld der 16 Nationalparks ökotouristische Infrastrukturen geschaffen, doch gehört schon eine Menge Abenteuerlust dazu, diese auch zu nutzen.

Während der Tourist und Ökotourist im Norden Kameruns auf eine Reihe von Camps und Lodges zurückgreifen kann – auch wenn diese erst langsam ökologische Prinzipien in ihre Arbeitsweise aufnehmen –, besteht das ökotouristische Angebot im Regenwaldgürtel Kameruns zumeist aus einfachen Bretterbuden im Wald und willigen, aber noch wenig geschulten Führern.

Die kamerunische Regierung machte die Förderung des Ökotourismus im Kontext internationaler Konventionen und in der Folge des Millenniumgipfels (New York 2000) zu einem Schwerpunkthema ihrer Arbeit und bat 2001 die Bundesrepublik Deutschland um Unterstützung bei der Entwicklung des Ökotourismus in Kamerun. Seit 2002 unterstützt ein Berater der Gesellschaft für technische Zusammenarbeit (GTZ) im Auftrage des Bundesministeriums für wirtschaftliche Zusammenarbeit und Entwicklung (BMZ) das kamerunische Tourismusministerium bei der Verbesserung der Rahmenbedingungen und der Entwicklung professioneller Kapazitäten, wobei die Stärkung des ökologischen und solidarischen Bewusstseins der Anbieter und die Gewinnung von neuen Anbietern und Investoren eine wichtige Rolle spielen. Keine leichte Aufgabe, denn auf einem kaum entwickelten Tourismusmarkt – insgesamt kommen nur knapp 4000 „echte" Touristen pro Jahr nach Kamerun – ein neues Produkt einzuführen, verlangt große Risikobereitschaft bei den Reiseveranstaltern und lokalen Dienstleistern. Jedoch wäre es schade für die Touristen und die kamerunische Bevölkerung, wenn die vielfältigen Highlights nicht ökotouristisch in Wert gesetzt würden.

Einige Beispiele

- **Der Kamerunberg (Mount Cameroon):** Das älteste lokale Ökotourismusprojekt verbindet in seiner Arbeit ökologische Prinzipien, solidarisches Handeln (die Gewinne gehen an die Dorfentwicklungsfonds der Region) und konkretes Erleben von Natur auf und um den höchsten Berg Westafrikas. Der Ökotourist kann sowohl den Berg auf vielerlei Arten besteigen, als auch auf längeren oder kürzeren Wanderungen die Region - eine der weltweit führenden biodiversity hotspots - erkunden und/oder am dörflichen Leben inklusive Elefantentanz und traditionellem Ringkampf teilnehmen. All diese Aktivitäten wurden von der Bevölkerung selbstständig entwickelt und werden von dieser eigenverantwortlich verwaltet, was dazu führt, dass sich der Ökotourist nicht als Fremder fühlt, sondern mit fremdem Blick das Bakweriland von innen erkundet.
- **Der Nordwesten:** Die Nichtregierungsorganisation BERUDEP, ein Zusammenschluss dörflicher Entwicklungsorganisationen, bietet seit 2002 neben begleiteten Erkundungen des kamerunischen Graslandes (zu Fuß oder mit Pferd) ein „Home-stay-programm" an, in dem der Ökotourist bei ausgesuchten Familien wohnen und an deren dörflichen Leben teilnehmen kann. Auch hier darf sich der Ökotourist als Ethologe fühlen und ganz und gar in das alltägliche Leben der Bevölkerung eintauchen.
- **Lake Lobeke National Park:** Zwar ist die Anreise zu diesem ökotouristischen Kronjuwel im äußersten Südosten des Landes zeitraubend, schweißtreibend und ohne organisierten Transport nicht ganz ungefährlich, jedoch wird der naturbegeisterte Ökotourist auf vielfältige Weise entschädigt. Waldelefanten, Gorillas, Bongos und allerlei andere endemische Arten sind hier oft nur wenige Schritte entfernt. Der Ökotourist kann und muss sich jedoch diese ursprüngliche Natur erwandern, durch Flüsse schwimmen und mit einfachsten Lagern zufrieden sein. Wer sich aber auf diese Herausforderung einlässt, wird noch seinen Kindeskindern erzählen, wie er/sie und die Baka-Führer in einer Laubhütte dem Gesang des Waldes lauschten und von einem Rudel trompetender Elefanten am Schlafen gehindert wurden.

Informationen

- **Mount Cameroon Ecotourism Organisation**
P.O. Box 66, Buea S.W.P., Cameroon, Tel. (00237) 3322038 oder 7584593,
Fax 3322836, E-Mail: mountceo@yahoo.co.uk, www.mount-cameroon.org
- **BERUDEP**
P.O. Box 10, Belo, Boyo Division, North West Province, Cameroon
Tel. 7601407 oder 7727265 (mobil)
E-Mail: berudep@yahoo.com, www.berudep.org
- **ATM (African Travel Management)**
Douala, B.P. 2513, Cameroun
Tel./Fax 00237-3438172, E-Mail: atm@african-group.com
- **Inter Tour,** Yaoundé, B.P. 100, Tel. (00237) 2239762

Außenhandel

Die erste Stelle im **Export** nimmt das **Erdöl** (ungefähr 35 %) ein, gefolgt von **Kakao** und **Kaffee** (je ungefähr 8 %), die durch die niedrigen Weltmarktpreise immer geringere Erlöse erzielen.

Zu den weiteren Ausfuhrgütern zählt **Holz** (Rohholz und bearbeitetes Holz); die Exportmengen haben in den letzten Jahren (verbunden mit einer Schädigung des ökologischen Gleichgewichts) stark zugenommen. Ebenso werden **Aluminium** und **Baumwolle** (jeweils mit Nebenprodukten) exportiert, deren Ausfuhrmengen und Preise auch einen Anstieg verzeichnen konnten. Kautschuk, Bananen, Palmprodukte und Fischereierzeugnisse rangieren weiter hinten auf der Liste der Exportgüter. Trotz eines erheblichen wirtschaftlichen Einbruchs bei den landwirtschaftlichen Exporten in den letzten Jahren besteht keine Gefahr für die Selbstversorgung des Landes.

Das **dominierende Abnehmerland** für Exportwaren aus Kamerun ist **Frankreich** – nicht zuletzt kolonialgeschichtlich bedingt –, gefolgt von Spanien, den Niederlanden, Italien und erst an fünfter Stelle Deutschland. Der Anteil Spaniens erhöhte sich ab 1990 analog zur Schrumpfung in den deutsch-kamerunischen Handelsbeziehungen. Der Anteil der Niederlande muss eher mit Vorsicht betrachtet werden, da der Rotterdamer Hafen als Anlaufstelle nur eine Zwischenhandelsstelle für andere EU-Länder ist. Auch die USA, Japan und afrikanische Länder sind wichtige Handelspartner.

Die **Wirtschaftsrezession** seit den 1980er Jahren, der Rückgang der Exporte und in der Folge mangelnde Devisen begründen auch die rückläufigen **Importe.** Die wichtigsten **Einfuhrgüter** sind **chemische Erzeugnisse und Rohstoffe** (z.B. Eisen, Gusseisen, Stahl), **Ausrüstungsgüter** (z.B. Maschinen, mechanische und elektrische Geräte) sowie **Kraftfahrzeuge.** Außerdem werden Fertigerzeugnisse wie Nahrungsmittel, Getränke, Tabakwaren, Fischereierzeugnisse und Getreide importiert. An der Spitze stehen bei den Lieferländern auch wieder die EU-Länder (angeführt von Frankreich und Deutschland), gefolgt von USA, Japan und afrikanischen Ländern. Hervorzuheben ist, dass der Anteil der Exporte Kameruns in die EU-Länder höher ist als der Importanteil aus den jeweiligen Ländern.

Aktuelle Wirtschaftslage

Die kamerunische Wirtschaft war über lange Jahre hinweg eine der erfolgreichsten in ganz Afrika, das Land hatte den **Ruf eines afrikanischen „Musterlandes“** mit ausgezeichneter wirtschaftlicher Stabilität. Die Agrarproduktion war konstant hoch, die Erdölindustrie expandierte und die Exporte brachten die nötigen Devisen ein.

Die Wirtschaftskrise mit ihren Exporteinbußen stellt das Land vor neue Herausforderungen: Eine **Investitionsgesetzgebung** mit Anreizen für ausländische Beteiligungen soll zur Erschließung der Energie- und Rohstoffressourcen (Erdgas, Mineralien) und zum Ausbau der Infrastruktur beitragen.

Darüber hinaus sieht der Staat weitere Ziele in dem Erhalt der **Selbstversorgung mit Grundnahrungsmitteln,** in der **Angliederung des** wirtschaftlich benachteiligten **Nordens** an den vergleichsweise stark industrialisierten Süden, im **Ausbau der Verkehrsinfrastruktur und des Kommunikationssystems,** in einer **Förderung der landwirtschaftlichen Kleinbetriebe,** um die Landflucht einzudämmen, und in einer **Entflechtung der Industriestandorte.** Die Finanzierung all der Vorhaben bleibt jedoch mehr als fraglich, denn zur angesprochenen rezessiven Entwicklung im Binnen- und Außenhandel gesellt sich steigender Druck auf die Regierung, mehr Mittel auf gemeinnützige Einrichtungen wie Erziehung, Weiterentwicklung der Landwirtschaft und Gesundheitsfürsorge zu verwenden.

Die wirtschaftliche **Krise Mitte der 1980er Jahre** wurde durch eine Reihe von Faktoren ausgelöst. Hauptursache war der massive Rückgang der Rohstoffpreise für Kaffee, Kakao und Öl. Der Wert von Kameruns Exporten sank um 60 %. Dazu kamen aber auch wirtschaftspolitische Fehlentscheidungen der Regierung. So war während der Boomjahre die Zahl der Staatsangestellten sowie deren Einkommen überproportional angestiegen. Außerdem wurde viel Geld in Prestigeobjekte investiert. Hinzu kamen Misswirtschaft und Korruption. So nahm Kamerun 2005 den Platz 137 von insgesamt 158 Ländern auf der Weltrangliste von Transparency International ein (je höher die Platzzahl, desto höher die Korruption). Wie so viele afrikanische Länder unterzog sich auch Kamerun seit 1988 einem von den Institutionen **Weltbank** und **IWF** (Internationaler Währungsfond) entwickelten **Strukturanpassungsprogramm** zur Stabilisierung der Wirtschaft über eine Konsolidierung der Staatsfinanzen und eine ausgeglichene Handelsbilanz. Die Maßnahmen und ihre Effekte sind umstritten. So wurden 1988 die Gehälter der Staatsangestellten um 50 % gekürzt und viele entlassen. Dies führte zu einer Remigration in ländliche Gebiete und Unzufriedenheit der Staatsangestellten. 1994 wurde die Abwertung des CFA um 50 % beschlossen. Diese Maßnahme macht Exporte auf dem Weltmarkt billiger und Importe teurer. Die Effekte dieser Maßnahme waren ambivalent und wirkten sich positiv besonders auf die Holzexporte aus. Kaffee- und Kakaofarmer dagegen sind darauf angewiesen, importierte Pestizide zu verwenden, so dass ihre Produktionskosten deutlich erhöht wurden. Sie konnten auch kaum von den relativ günstigeren Preisen ihrer Produkte auf dem Weltmarkt profitieren, da weltweit eher ein Überproduktion vorliegt und der Markt kaum auf Preisänderungen reagiert. Durch die Abschaffung der staatlichen Vermarktungsorganisationen für landwirtschaftliche Exportprodukte wurden zudem infrastrukturell benachteiligte Regionen fast völlig vom Zugang zum Weltmarkt ausgeschlossen. In vielen Regionen Kameruns ließ sich beobachten, dass die Bauern sich der Produktion für den nationalen Markt zuwandten und regional vermarktete Produkte wie Cassava und Palmöl verstärkt angebaut wurden.

Einige der staatlichen Unternehmen wurden inzwischen **privatisiert,** so die vormals staatseigene Bank BICEC, die Eisenbahn, die nun von CAMRAIL betrieben wird, sowie SONEL, die stattliche Elektrizitätsgesellschaft, die jetzt dem Unternehmen AES gehört. Zuletzt wurde Mitte 2006 CAMAIR (die staatliche Fluggesellschaft) privatisiert. Allerdings geht dieser Prozess langsamer vonstatten als geplant. Auf der Liste der zu privatisierenden Firmen stehen: CDC (die Plantagen des Südwestens), nach dem Staat zweitgrößter Arbeitgeber, Interessenten sind hier z.B. Chiquita und Del Monte (hat bereits ein Projekt dort); SOCOPALM (Palmölproduktion); CAMAIR (staatliche Fluggesellschaft); CAMSUCO (Zuckerfabriken); INTELCAM (Telekommunikation, teilweise schon privatisiert); SNEC (Wasserwerke, Privatisierung im Gange).

Zwischen 1996 und 2000 lag das **Wirtschaftswachstum** bei 5 %, 2005 waren es allerdings nur noch 2,6 %. Aus ökologischer Sicht stimmt bedenklich, dass vor allem die zunehmenden Holzexporte für den Aufschwung verantwortlich sind. Seit 2000 wachsen die Holzexporte um 4,7 % jährlich und machen 28 % der Rohstoffexporte (außer Öl) aus.

Das jährliche **Pro-Kopf-Einkommen** lag 2004 bei ca. 780 €. Trotz der eher positiven wirtschaftlichen Situation wurde Kamerun im Jahr 2000 in die so genannte „Kölner Entschuldungsinitiative" aufgenommen; 1,3 Mrd. US-Dollar Schulden wurden dem Land erlassen.

Die Finanzminister der G8-Staaten haben am 11. Juni 2005 in London die **vollständige Entschuldung** von 18 Entwicklungsländern beschlossen, darunter 14 afrikanischen Staaten (z.B. Senegal, Äthiopien, Burkina Faso etc.), und stellten neun Staaten weiteren Ländern ein ähnliches Verfahren (darunter auch Kamerun) in Aussicht, sofern es gelingt, die Korruption in diesen Staaten wirksam bekämpfen zu können.

Der Deal, auf den sich die Regierungen der USA, Kanadas, Japans, Großbritanniens, Frankreichs, Deutschlands, Italiens und Russlands einigten, bedeutet, dass die Weltbank, der Internationale Währungsfond und der Afrikanische Entwicklungsfonds den 18 Ländern **unmittelbar alle geschuldeten Gelder erlassen** – nach Angaben der G8 handelt es sich um rund 33 Milliarden €. Für die Staaten bringt das eine jährliche Entlastung von Zinszahlungen in Höhe von insgesamt 1,2 Milliarden €.

Mit diesem „umfassendsten Beschluss aller Zeiten", verkündete der britische Schatzkanzler Gordon Brown, habe man so begonnen, „ein neues und besseres Verhältnis, einen neuen Deal zwischen reichen und armen Ländern der Welt zu schmieden". US-Finanzminister John Snow sprach von einem „Meilenstein".

Der Schuldenerlass ist nicht unumstritten, da er an Kriterien (z.B. Demokratisierung, **Bekämpfung der Korruption** und marktwirtschafliche Reformen) gebunden ist – für einige afrikanische Staaten wie z.B. Senegal eine leichter zu meisternde Aufgabe als für Kamerun oder erst recht z.B. Kongo-Brazzaville.

Bevölkerung und Sozialwesen

Die Ethnien

Der **Vielvölkerstaat Kamerun** war seit jeher ein Schmelztiegel der Völker und Kulturen des westlichen und östlichen Sudan, Guineas und des Kongo-Gebietes. Der Sudan (arab. „Bled es Sudan" = Land der Schwarzen) bezeichnet dabei die von dunkelhäutigen Menschen bewohnten Gebiete südlich der Sahara (nicht zu verwechseln mit der heutigen Republik Sudan).

Die Bevölkerung Kameruns gliedert sich in **286 verschiedene Volks - und Sprachgruppen** (Ethnien) auf, jeweils geprägt durch unterschiedliche Kultur, Religion, Tradition und entsprechend viele, klar voneinander zu unterscheidende Sprachen. Durch die mehr oder weniger weit zurückliegenden Verflechtungen untereinander können die einzelnen Ethnien nicht streng voneinander getrennt betrachtet werden, sondern ihre Lebensgemeinschaften sind voller Übergänge. Der Versuch einer Gliederung muss zunächst den natürlichen Dualismus Savanne – Regenwald wieder aufgreifen, der dem Gegensatz Norden – Süden entspricht. Aufgrund dieser extrem unterschiedlichen geographischen Zonen erklärt sich die differenzierte Bevölkerungsstruktur von den Sudan-Sahel-Völkern im Norden bis zu den Waldvölkern im Süden. Die heutige Verteilung der Völker Kameruns ist das Ergebnis der Völkerwanderungen der letzten Jahrhunderte, die im Kapitel Geschichte behandelt werden. Auch werden die verschiedenen Ethnien immer grenzüberschreitend betrachtet werden müssen, da die heutigen Staatsgrenzen Kameruns von den Kolonialherren willkürlich gezogen wurden, ohne die jeweiligen Stammesgebiete zu berücksichtigen.Douala

Die **Sudangruppen** sind teilweise schon relativ früh islamisiert worden, kamen oft als nomadisierende Viehhirten ins Land und vertrieben mit dem Versuch einer Islamisierung die ansässigen Bevölkerungsgruppen ins Bergland, wenn diese nicht bereit waren, sich bedingungslos zu unterwerfen. Die Bantu hingegen leben vorwiegend vom Hackbau im fruchtbareren Süden.

Im Folgenden sollen nur die wichtigsten Ethnien, die das soziale und kulturelle Gefüge des Landes charakterisieren, beispielhaft dargestellt werden.

Die Ethnien des Nordens

Die Bevölkerung **im Norden Kameruns** gliedert sich in **zwei Gruppen,** die durch ihre politische und gesellschaftliche Organisation, ihre Lebensweise, die Sprache und speziell die Religion sehr unterschiedlich voneinander sind: Die **islamischen Volksgruppen,** die vor allem die großen Ebenen bewohnen, und die **Anhänger traditioneller Religionen,** von den islamischen Invasoren verächtlich **Kirdi** (= Ungläubige) genannt, die sich teilweise in das Bergland im Nordwesten zurückzogen.

Die **Sudanesen** der so genannten tschadischen Sprachgruppe gehörten zu den ersten Bewohnern des heutigen

Land und Leute

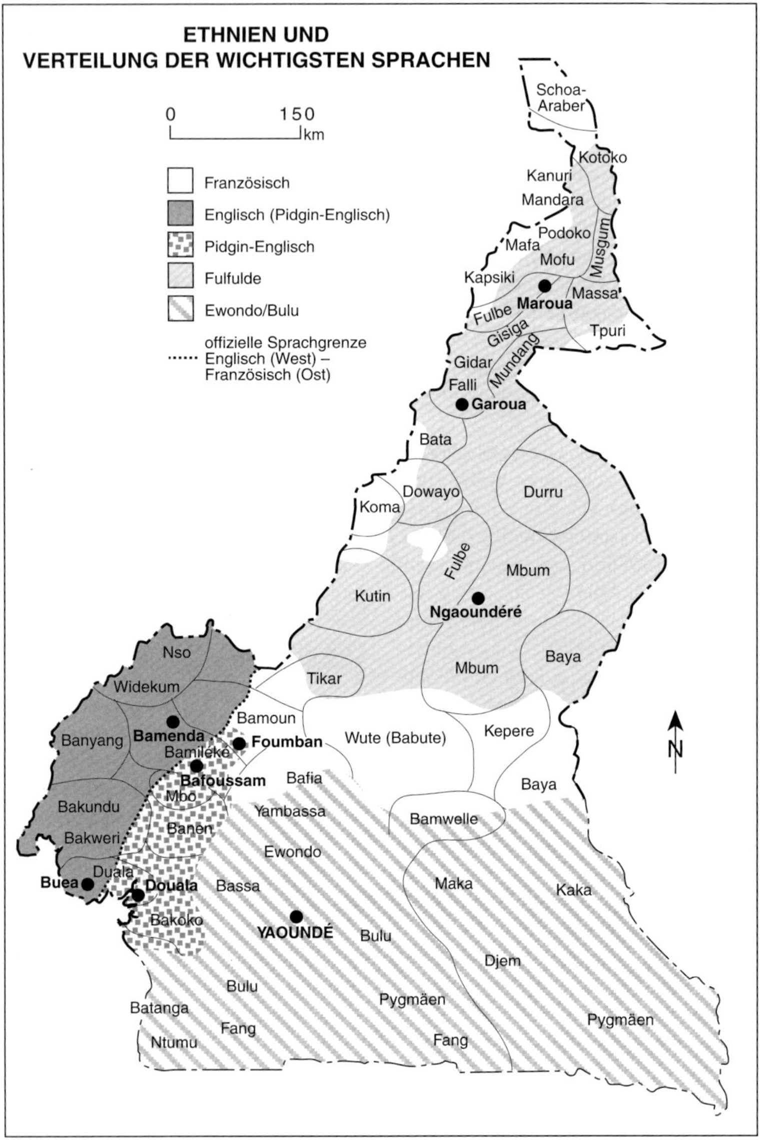
ETHNIEN UND VERTEILUNG DER WICHTIGSTEN SPRACHEN
0 150 km
Französisch
Englisch (Pidgin-Englisch)
Pidgin-Englisch
Fulfulde
Ewondo/Bulu
offizielle Sprachgrenze Englisch (West) – Französisch (Ost)
Schoa-Araber
Kotoko
Kanuri
Mandara
Podoko
Musgum
Mafa
Mofu
Kapsiki
Maroua
Massa
Fulbe
Gisiga
Tpuri
Mundang
Gidar
Falli
Garoua
Bata
Dowayo
Durru
Koma
Fulbe
Mbum
Kutin
Ngaoundéré
Nso
Widekum
Tikar
Mbum
Baya
Bamoun
Banyang
Bamenda
Foumban
Wute (Babute)
Kepere
Bamileke
Bafoussam
Bafia
Baya
Mbo
Bakundu
Yambassa
Bamwelle
Banen
Bakweri
Ewondo
Duala
Buea
Douala
Bassa
Maka
Kaka
Bakoko
YAOUNDÉ
Bulu
Djem
Bulu
Batanga
Pygmäen
Pygmäen
Fang
Ntumu
Fang
N

Staatsgebietes im äußersten Norden. Dabei bildeten die **Paläo-Sudanesen** die erste „Welle", aus denen die Mandara, Mafa, Mofou, Kapsiki, Guiziga, Guidar u.a. hervorgingen. Unter dem Druck der aus der immer trockener werdenden Sahara nach Süden kommenden Völker und, Jahrhunderte später, der islamischen Ankömmlinge suchte ein großer Teil der Paläo-Sudanesen Zuflucht in den Mandara-Bergen.

Die **Neo-Sudanesen** bildeten in einer zweiten Welle die Ethnien der Massa, Mousgoum und Kotoko, die sich im Tal des Logone-Flusses ansiedelten. Weitere sudanesische Volksgruppen ließen sich in der Adamaoua-Region nieder und begründeten die Stämme Mboum, Dourou, Koutine, Lakea-Mbere u.a., die weiterhin auf dem Plateau lebten. Sie hatten nicht genügend Kraft, sich der „Fulanisierung", d.h. der Islamisierung durch die eindringenden Fulbe-Nomaden des auslaufenden 18. Jahrhunderts zu widersetzen und wurden daher weitgehend moslemisch. Andere Ethnien zogen sich in das Bénoué-Tal zurück, wie die Tchamba, Doayo und Fali. Die Tpuri und Moundang wurden größtenteils nicht von den Fulbe unterworfen und konnten sich somit ihre kulturellen Eigenheiten bewahren.

Die islamischen Ethnien des Nordens

Die Fulbe

Die Fulbe gehören zu einer der großen Sprachgruppen Westafrikas und sind **vom mittleren Senegaltal über den Westsudan bis in den Norden des heutigen Kamerun hin verbreitet.** Der in Westafrika bekanntere Name Peulh ist eine französische Schreibweise des senegalesischen (Wolof-Sprache) Wortes für Pullo (Plural: Fulbe). Die ursprünglich ausschließlich als **Vieh züchtende Nomaden** und Jäger lebenden Fulbe wanderten seit dem 10. Jahrhundert auf der Suche nach neuen Weidegründen mehr und mehr in Gebiete der schwarzafrikanischen Bevölkerung. Im 16. Jahrhundert sollen die ersten Fulbe in der Logone-Ebene angekommen sein, auf das 18. Jahrhundert wird das Erscheinen der ersten Fulbe auf dem Adamaoua-Plateau datiert. Die Fulbe nahmen schon sehr früh den islamischen Glauben an, und im Laufe der Geschichte setzte sich dieses Nomaden- und Reitervolk immer wieder kriegerisch für seine Religion ein.

Die **Entwicklung** eines Kriegervolkes **zu einer Gesellschaft mit politischer Strukturierung** wurde erst möglich durch die Einbeziehung der ansässigen Bevölkerung und deren **Annahme des Islam.** Dieser Prozess bedingte eine Annäherung der Fulbe-Gesellschaft an den negroiden Typus (eine Ausnahme bilden die auch heute noch nomadischen Mbororo, die aufgrund ihrer Isolierung ihre helle Hautfarbe bewahrt haben). Im Mittelpunkt stand das kulturelle System des Islam. In dieser Zeit wurden u.a. die bedeutenden Lamidate Rey Bouba, Garoua und Bindir (heute in der Republik Tschad) gegründet. Noch immer veranstalten die Fulbe zu bestimmten Anlässen, z.B. dem Ende des Ramadan, farbenprächtige Reiterspiele, so genannte Fantasias.

Fulbe (historische Darstellung)

Der gesamte Norden umfasst eine Bevölkerung von knapp 4 Mio. Bewohnern, davon sind etwa ein Drittel Fulbe, die weite Gebiete bis hin zu den Graslandschaften des Adamaoua-Hochplateaus im Zentrum besiedeln. Heutzutage spielen die Nachfahren der Eroberer im gesamten Norden Kameruns als Großgrundbesitzer, Viehzüchter, Transportunternehmer und Politiker eine wichtige Rolle. Ihre **Sprache,** das **Fulfulde** (siehe im Anhang), ist ein wichtiges Kommunikationsmittel für all diejenigen, die kein Französisch können.

Die Fulbe sind groß gewachsen und schlank, mit schmalem, ovalem Gesicht, schmalen Lippen, etwas hellerer Hautfarbe als ihre Landsleute im Süden und einem stolzen Gang. Die Frauen fallen auf durch ihr langes, gewelltes Haar und ihren schönen, bunten Schmuck.

Die nomadisch lebenden **Rinderhirten,** die **Fulbe-Mbororo,** ziehen in kleinen Gruppen mit ihren Viehherden durch Nordkamerun, nicht selten bis weit in den Tschad oder die Zentralafrikanische Republik, wobei sie meist nur zwei bis drei Tage am selben Ort bleiben. Auf den Märkten tauschen sie Milch und Milchprodukte, manchmal auch Ziegen und Schafe, gegen Getreide und andere lebenswichtige Nahrungsmittel ein. Die Rinder sind ihr wertvollster Besitz und werden nur selten zu besonderen Festen geschlachtet. Bei den Mbororo genießen Frauen, im Vergleich zu den sesshaften Fulbe, relativ große Freiheiten.

Die Fulbe dominieren zusammen mit den Haussa im Norden nicht nur zahlenmäßig, sondern hatten auch lange Jahre eine **Vormachtstellung im sozialen, wirtschaftlichen und administrativen Bereich** dieser Region. Es wäre jedoch nicht richtig, den Norden als ausschließlich „islamisch“ zu charakterisieren, denn ein großer Teil der sudanesischen Bevölkerung hat den Fulbe bis heute großen Widerstand entgegengesetzt. So war während der Regierung unter Präsident *Ahidjo* die Zugehörigkeit zum Islam oder dessen Hochschätzung zwar ein wesentlicher Faktor zur Teilnahme am administrativen Leben, dieses Bild hat sich jedoch seither wesentlich geändert.

Die Haussa

Ein weiteres mächtiges und zahlenmäßig großes Volk sind die Haussa, die vorwiegend im Norden Nigerias sowie im angrenzenden Niger, aber auch in Burkina Faso und Nordkamerun beheimatet sind. Ihre **Sprache,** das **Haussa,** ist, wie das Fulfulde, als Handelssprache in Westafrika weit verbreitet. Ihre Geschichte reicht zurück bis in das 11. Jahrhundert, als sie große Stadtstaaten (z.B. Kano in Nigeria) gründeten. Die Islamisierung der Haussa-Gebiete begann bereits im 14. Jahrhundert, und so spielten die Haussa bei der Verbreitung des Islam eine wichtige Rolle.

Die Haussa in Nigeria leben hauptsächlich von der **Landwirtschaft.** Durch die Nähe ihres Siedlungsgebietes zur Trans-Sahara-Route wurden einige von ihnen jedoch professionelle **Fernhändler** und dehnten ihre Handelsnetzwerke immer weiter aus. Im 19. Jahrhundert bewegten sie sich bis ins westliche Grasland Kameruns. Gefördert von den deutschen Kolonialherren, dehnten sich ihre Handelskontakte seit Beginn des 20. Jahrhunderts bis an die kamerunische Küste aus. In dieser Zeit bildeten sich auch in vielen Städten im Süden die so genannten „Haussa quarters". So kommt es, dass es hier schon seit langer Zeit Moscheen und islamische Kleidung gibt. Auch waren und sind die Haussa bekannt als **Handwerker:** Lederverarbeitung und Schmiedekunst, Töpferei und Textilhandwerk sind zu nennen, ihre Produkte werden auf den Märkten sehr geschätzt. In Kamerun sind heutzutage besonders ihre Stickereien beliebt, z.B. auf Mützen oder den weiten Boubous für die Männer und den langen Gewändern für die Frauen.

Die Choa-Araber

Die Choa, **Halbnomaden** arabischen Ursprungs, haben sich als Hirten im 17. Jahrhundert an den Ufern des Tschad-Sees angesiedelt. Sie kamen ursprünglich aus dem Nordosten des Kontinents (Ägypten und Sudan) und leben heute im äußersten Norden Kameruns, im sumpfigen Delta des Chari am Südufer des Tschad-Sees.

Die **Frauen der Choa** sind erkennbar an ihren dunklen Kleidern und den kunstvoll geflochtenen Zöpfen. Auf den Märkten verkaufen sie Milch aus verzierten Kalebassen, die sie beim Transport auf dem Kopf tragen.

Die **Männer** kleiden sich in der Regel mit schönen blauen Boubous und ganz selten sieht man sie noch auf Dromedaren reiten. Wie die Fulbe durchstreifen auch die Choa als Ziegen- und Rinderhirten das Land auf der Suche nach neuen Weideflächen.

Eine weitere **kleine Volksgruppe,** die **Kotoko,** lebt ebenfalls an den Ufern der Flüsse Logone und Chari, meist in kleinen Städten, die einst von wuchtigen, meterdicken Lehmmauern umgeben waren. Heute noch kann man in einigen Orten südlich von Kousseri (z.B. Logone-Birni) einstöckige Häuser aus luftgetrocknetem Lehm sehen. Zum Lebensunterhalt trägt neben dem Handel der Verkauf von frischem oder getrocknetem Fisch bei. Angeblich sind die Kotoko direkte, islamische Nachkommen des uralten Sao-Volkes. Leider flammen in letzter Zeit immer wieder alte Animositäten mit den Choa-Arabern auf, die zu gewalttätigen Auseinandersetzungen führen.

Die Mousgoum

An den Ufern des Logone-Chari im Grenzgebiet zwischen Tschad und Nordkamerun lebt das kleine Volk der Mousgoum (ca. 40.000), bekannt vor allem für seine einzigartige **Lehmbauweise.** Die kegelförmigen, hellgrauen Lehmhütten (die sog. *Cases obus*, franz.: „Granatenhütten"), die an Bienenstöcke erinnern, findet man heute nur noch vereinzelt in der Umgebung von Maga und Pouss. Die reliefartige Außenwand dient dabei als Aufstiegshilfe beim Bau und bei der Instandhaltung der Hütten (s.a. unter Wohn- und Siedlungsformen). Die früher gebräuchlichen strohgedeckten Kegeldachhäuser gaben die Mousgoum wegen ihrer leichten Brennbarkeit auf. Heute leben die meisten von ihnen in modernen Ziegel- oder Lehmgebäuden mit Wellblechdächern, die wesentlich schneller und leichter zu bauen sind und der Witterung besser standhalten.

Im Verlauf der **Geschichte** wurden die Mousgoum immer wieder durch die benachbarten Großreiche (Mandara, Kotoko, Bornu und Bagirmi) und durch die Sklaverei bedroht. Aus diesem Grund schlossen sich manche Dörfer zum Schutz nach außen unter einem gemeinsamen Oberhaupt zusammen. Im Jahr 1851 wurden die Mousgoum dem Reich Bornu gegenüber tributpflichtig, und bis kurz vor Beginn der deutschen Kolonialzeit mussten sie alljährliche Abgaben in Form von Sklaven entrichten.

Die **Kultur** der Mousgoum wurde in verschiedenen Elementen vom Reich Bagirmi (im heutigen Tschad) beeinflusst. So hat sich hier eine enge Beziehung der Mousgoum zu den Bagirmi, die wiederum Herrschaftsansprüche auf das Gebiet der Mousgoum stellten, entwickelt.

Heute sind die Mousgoum in erster Linie **Feldbauern** (Hirse) und **Kleintierzüchter** (Ziegen, Schafe, Hühner).

In unmittelbarer Nachbarschaft der Mousgoum an den Ufern des Logone lebt die Gruppe der **Massa,** die während des 18. Jahrhunderts bis nach Yagoua vordrang. Sie sind bekannt für ihren außergewöhnlich großen Wuchs und für ihre Kollektiv-Fischerei auf dem Fluss Logone, an der hunderte von Leuten teilnehmen.

Oudjilla – Podoko-Frau beim Tanz

Die nicht-islamischen Ethnien des Nordens

Die **Tpuri,** ein weiteres, zahlenmäßig kleines Volk (ca. 350.000), leben an den Ufern des Logone und widmen sich dem Hirseanbau, der Viehzucht und seit einiger Zeit auch der Baumwollpflanzung. Sie sind in erster Linie Anhänger traditioneller afrikanischer Religionen.

Die meisten nicht-islamischen Volksgruppen leben in den Bergzügen im **Grenzbereich zwischen Kamerun und Nigeria** und sind von der Moderne kaum berührt. Hier in den Mandara-Bergen fanden sie Zuflucht vor den Anhängern des Kanem-Bornu-Reiches und vor den islamischen Fulbe-Kriegern unter *Osman Dan Fodio*. Dieser gab ihnen den Namen **Kirdi (= Heiden, Ungläubige),** da sie sich der islamischen Religion widersetzten. Noch heute leben diese Ethnien trotz der Unterstützung des Staates in der Abgeschiedenheit ihrer felsigen und unwirtlichen Umgebung. Sie sind **Hackbauern,** und auf ihren Terrassenfeldern gedeihen Hirse, Erdnüsse und Reis.

Die „Kirdi" gehören sehr verschiedenen und zahlenmäßig ungleich großen Ethnien an. Im Vergleich zu den Bewohnern der Ebene bilden sie keine sehr homogene Gruppe. Jeder Bergbewohner betrachtet sich als ausschließlich seinem eigenen Massiv zugehörig, auch wenn seine Nachbarn dieselbe Sprache sprechen wie er. Die Anzahl der ethnischen Gruppen ist groß – Fali, Bata, Mafa, Podoko, Mofu, Kapsiki u.v.a. Nachstehend wird daher nur auf die wichtigsten und bekanntesten näher eingegangen.

169kam Foto: rf

180kam Foto: rf

Die Mafa

Die Mafa stellen die zahlenmäßig stärkste Volksgruppe innerhalb der Bewohner der Mandara-Berge dar. Während der Islamisierungs-Versuche durch die Haussa erhielten sie von diesen auch den Namen Matakam, übersetzt „die Unbekleideten", ein Name, den dieses Volk noch heute missbilligt. Sie bewohnen das Gebiet nördlich von Mokolo bis hinauf nach Koza und leben mit ihren Familienverbänden in kleinen Rundhüttendörfern, deren markante Spitzdächer aus Stroh schon von weitem auf den Hügeln sichtbar sind.

Die Kapsiki

Eine der weiteren größeren Volksgruppen des Berglandes sind die Kapsiki. Sie bewohnen die **Region südlich von Mogode bis hin nach Rhumsiki und Amsa,** entlang der nigerianischen Grenze und über die Grenze hinaus. Auf der Flucht vor den islamischen Fulbe haben sie einst Unterschlupf gefunden in einer vulkanischen Mondlandschaft aus bizarren Felsformationen, deren Höhlen in der Vergangenheit ein ideales Versteck boten. Der bekannteste Ort dieser Region, von nahezu allen Touristen besucht, ist Rhumsiki. Die meisten Kapsiki sind **Anhänger traditioneller Religionen,** wenngleich die Christianisierung bereits Einzug gehalten hat. Viele bekennen sich zum Christentum, verbinden dies aber mit Polygamie, Krabbenzauber und Opferriten. So sind die Kapsiki bekannt für ihren ausgeprägten Toten- und Ahnenkult. Bei einem Rundgang durch das Dorf Rhumsiki erhält man auch Einblick in die vielfältigen kunsthandwerklichen Fähigkeiten der Kapsiki: Weben, Töpfern und Gelbguß. Zum Nahrungserwerb wird Hirse angebaut und Kleinvieh gehalten. **Naturheilkunde** spielt, wie bei den anderen Bergvölkern, eine große Rolle. In Rhumsiki übernimmt diese Aufgabe der „Krabbenzauberer", der auch als Hellseher aktiv ist.

Bekannt sind die Mafa wie auch die Kapsiki vor allem wegen ihrer Schmiedekunst, dem **Gelbguss.** Doch auch

Mafa-Krieger

dieses Handwerk verschwindet, wie so viele der alten Traditionen, mehr und mehr. Gemeinsam ist den Bergbewohnern des Nordens, den Mafa, Kapsiki, Podoko u.a., ihre Kunst, den kargen Hügeln in einer vollendeten **Terrassenkultur** das wenige Wasser abzugewinnen, um Hirseanbau zu ermöglichen. Oft muss das nötige Wasser in der Trockenzeit über viele Kilometer in Krügen herbeigeschafft werden. Einmal im Jahr feiern sie dann ein großes **Erntefest,** zu dem ein heiliges Rind geschlachtet wird, das während des Jahres in einer Hütte herangemästet wurde.

Das bescheidene, zurückgezogene und oft mühsame Leben, das die „Kirdi" in den schwer zugänglichen Bergen führen, macht sie auf den ersten Eindruck etwas verschlossen Fremden gegenüber, doch sind sie sehr freundlich, wenn man sich ihnen interessiert und aufgeschlossen nähert.

Die Podoko

Die Podoko, eine relativ kleine Ethnie, leben in der Umgebung von Mora. Einen großen, **touristischen Bekanntheitsgrad** hat ihr Oberhaupt erlangt, der mit seinen zahlreichen Frauen einen *Saré* (fulfulde: „Gehöft") in Oudjilla bewohnt. Das Anwesen der Familie des Oberhauptes kann man (gegen Gebühr) besichtigen, und auf Wunsch tanzen seine Frauen den Ernte- oder Sicheltanz für alle, denen der folkloristische Charakter dieser Aufführung nicht widerstrebt. Die Hütten des Gehöfts sind hoch und eng zusammengebaut. Traditionell besteht der Saré aus Ahnengemächern und Gebetsräumen, Frauenhäusern und hohen Getreidespeichern (s.a. bei Oudjilla).

177kam Foto: rf

Gelbguss-Bronzefigur

Die Mandara

Eine Ausnahme unter den Bergbewohnern bilden die Mandara, die schon vor Ankunft der Fulbe islamisiert waren und die sich zusammen mit diesen Reiternomaden an den Feldzügen gegen die Kirdi beteiligten. Heute bewohnen sie die Region von *Koza* bis hinab in die Ebene nach Mora, betreiben **Hackbau und Viehzucht** und handeln mit ihren Produkten auf dem Markt von Mora. Im Gegensatz zu den „Kirdi" bauen die Mandara ihre Hütten nicht rund, sondern rechteckig und umgeben sie mit Mauern. In ihren Ortschaften fallen besonders die schattigen Baumalleen auf.

Je nach geographischer Ansiedlung (Berge, Flusstäler, Ebenen) sind die Ethnien des Nordens unterschiedlichen Einflüssen und Anpassungen ausgesetzt. So haben sich die „Bergkirdi" weitgehend noch ihre ursprünglichen Traditionen und ihre Naturreligion bewahrt, ihre Nachbarn in den Ebenen jedoch haben ihre Basis bereits teilweise verloren. Die Guidar (bei Guider und Bidzar) und Guiziga (Umgebung von Maroua) beispielsweise sind in der Ebene geblieben und wurden islamisiert.

Die Ethnien im Zentrum

Die Mambila

Infolge der kolonialen Gebietsaufteilungen, die vor nicht allzu langer Zeit stattfanden, sind die Mambila südlich des Adamaoua-Gebirges, auf beiden Seiten der Grenze von Nigeria und Kamerun, verstreut angesiedelt. Die Mambila leben als **Feldbauern** in der Grenzzone der nordwestlichen Provinz. Ihre Dörfer sind selbstständig und ihre Bewohner sozial gleichgestellt (s.a. Kunst der Mambila).

Die Wute (oder Babute)

In der ersten Hälfte des 19. Jahrhunderts bewohnten die Wute neben an-

Das Kameruner Grasland

Unter dem Begriff Kameruner Grasland (auch „Grassfields" genannt) versteht man das **Gebiet der Provinzen West und North-West.** Archäologische und historische Forschungen haben aufgezeigt, dass das Grasland schon in früher Geschichte besiedelt war. Funde von Steinobjekten lassen vermuten, dass das Gebiet vom Bamiléké-Plateau bis in das Land der Igbo in Nigeria von einer homogenen Zivilisation bevölkert war. Knochenfunde in der Nähe von Bamenda datieren zurück in die Zeit von 4000 bis 8000 v.Chr. Man schließt auf eine sehr rege Eisenverarbeitung in Schmelzöfen, die in die vorchristliche Zeit zurückreicht. Nach neuesten Untersuchungen ist die älteste Bevölkerung des Graslands pygmäischen Ursprungs.

Das Grasland weist schon in früher Zeit eine traditionelle **Gliederung in zentrale Häuptlingstümer mit einer königlichen Hierarchie** auf, die sich bis heute teilweise erhalten konnte. Mündlichen Überlieferungen zufolge kamen die ersten Gründer dieser Chefferien im 15. Jahrhundert in das Gebiet. Nach und nach zogen weitere Volksgruppen aus dem benachbarten Flachland ins Grasland: Die Tikar aus dem Nordosten, die Banyang vom Cross-River im Südwesten, die Mbo aus der Mbo-Ebene u.a. Auf relativ friedliche Weise fand ein Kulturaustausch statt und die heutige Bevölkerung des Graslandes wurde geprägt. Die beiden mittlerweile vorherrschenden Religionen, der Islam und das Christentum, konnten die Traditionen und Sozialstrukturen dieser Grasland-Stämme nicht ernsthaft verändern. Von manchen Ethnologen wird heute sogar die Auffassung vertreten, das Grasland sei die Urheimat der Bantu-Stämme, die heute in weiten Teilen

West-, Zentral- und Südafrikas leben. Sicher ist, dass die Grasland-Bevölkerung ein einzigartiges Kulturgut bewahrt hat und ihr Kunsthandwerk bis nach Europa Berühmtheit erlangte.

Die vielfältige Völkergemeinschaft in dieser Region hat ein buntes Sprachgemisch zur Folge und setzt sich aus vielen politischen, mehr oder weniger zentralisierten Einheiten zusammen: von relativ kleinen Häuptlingstümern bis hin zu den großen und mächtigen Königreichen, darunter die der Bamoun und der größeren Bamiléké-Chefferien (Beispiel Bandjoun, in der Nähe von Bafoussam), die ein ausgeprägtes Klassensystem mit königlicher Familie und vielen Würdenträgern kennen. Eine **Chefferie** (Häuptlingstum) bildet dabei die religiöse, politische und soziale, unabhängige Einheit der ganzen Region.

Der **Fon,** das Oberhaupt einer Chefferie, gilt als sakral und ist die oberste Rechtsinstanz. Seine Macht reicht zwar sehr weit, ist aber nicht absolut. Der Fon muss sich bei allen wichtigen Entscheidungen im Regierungsrat der Chefferie oder dem Rat der Notabeln (Mkem) beraten; gemeinsam werden die Beschlüsse gefasst. Eine Auflehnung des Fon gegen die Entscheidungen des Rates oder ein etwaiges Abweichen von der Tradition können ihn in Gefahr bringen. Die Nachfolge eines Fon wird von diesem selbst noch zu Lebzeiten bestimmt. Meist wählt er denjenigen seiner Söhne, der ihm am fähigsten und geeignetsten erscheint. Jedoch wird der Name des künftigen Nachfolgers geheim gehalten und erst nach dem Tod des Fon bekannt gegeben. Die Feierlichkeiten zur Inthronisierung des neuen Fon dauern mehrere Tage lang, und die ganze Gemeinde oder Stadt feiert dabei mit viel Aufwand und Prunk.

Träger der Sozialordnung im Grasland, als Gegengewicht zum Fon, sind vor allem die Geheimbünde. Die **Mkem** bilden den sozialen Rahmen aller Völker im Grasland. Jede von ihnen hat ihre Mitglieder und Versammlungen, ihre Feste und Masken und zeigt sich wenigstens einmal im Jahr auf dem großen Marktplatz.

Obwohl sie an ein höchstes Wesen glauben, verehren die Bewohner des Graslandes verschiedene **Geister und** zahlreichen **Schutzgottheiten.** Durch deren Vermittlung wendet sich der Mensch mit Gebeten und Opfern an das höchste Wesen. Für diese Rituale werden spezielle Gegenstände, aus Stoff oder Holz angefertigte Darstellungen und Masken verwendet. Die Symbole der Macht des Fon, der königlichen Ahnen, der Hierarchie der Titel oder der Allwissenheit der Mkem kommen in der Bildhauerei, aber auch in Musik und Tanz zum Ausdruck.

deren Ethnien die Region von Banjo und Tibati auf dem Adamaoua-Plateau. Ihre Männer hatten den Ruf, gute Krieger zu sein, und die Kunst ihrer Waffenschmiede war einst berühmt.

Auf der Flucht vor den islamischen Eindringlingen der Fulbe wanderten viele ihrer Familien in die Ebenen am oberen Sanaga ab und unterwarfen die dort ansässigen Bewohner. Sie bauten ihre Macht aus und waren organisiert in feudalen Fürstentümern mit traditionellen Oberhäuptern *(Mfoi)* aus den Herrscherfamilien. Dabei gab es eine **ausgeprägte Titel- und Ämterhierarchie.** Heute sind die traditionellen Würdenträger fest in das politische Verwaltungssystem integriert. Noch immer ist der starke Einfluss islamischer Kultur spürbar. Die Existenzgrundlage der Wute bildet die **Landwirtschaft,** hauptsächlich der Anbau von Hirse, Mais und Knollenfrüchten, ergänzt durch Jagd und Fischfang.

Die Tikar

Anfang des 18. Jahrhunderts zog das Volk der Tikar von Ngaoundéré kommend in den Süden und Westen des heutigen Kamerun. Im Laufe der Jahrhunderte bildeten sich mehrere Untergruppen, von denen die wichtigsten in die Gegenden um Bamenda, Bafut und Bali gewandert sind. Die Bamiléké im Westen und die Ngambe im Gebiet des Haut-Mbam (Zentrum) sowie die Bamoun gelten als ihre nächsten Verwandten. Der Name Tikar bedeutet soviel wie „Geht weg von diesem Ort“ und gilt als zusammenfassende Bezeichnung für die Bevölkerung mehrerer politischer Einheiten in den Savannen und Galeriewäldern Kameruns um die Flüsse Mbam, Mapé und Kim. Dort gehen die Tikar der Landwirtschaft und Jagd, dem Fischfang und Handel nach und bauen **Kaffee für den Export** an. Bezüglich der politisch-sozialen Organisation und ihrem Weltverständnis bestehen unter den verschiedenen Tikar-Gruppen große Ähnlichkeiten. Die gesellschaftliche Struktur beinhaltet ein rituelles Oberhaupt, Palastinstitutionen sowie eine ratgebende Versammlung.

Die Ethnien im Westen

Die Menschen **im gebirgigen Westen** des heutigen Kamerun siedelten sich im Laufe des 17. Jahrhunderts an. An dieser Stelle seien hauptsächlich die **Bamoun,** die verschiedenen **Bamiléké-Gruppen** und die **Völker um Bamenda** genannt. Durch die Fruchtbarkeit der Region wurden diese Bevölkerungsgruppen im Laufe der Geschichte **wohlhabend.** Sie verstanden es, ihre Traditionen zu bewahren. Der Westen gehört zu den völkerkundlich interessantesten Regionen Kameruns, wenn nicht gar ganz Afrikas. Eine kulturell vielfältige, hierarchische Gesellschaft hat hier sog. **Chefferien,** also „Häuptlingstümer“, und – in jüngerer Zeit – **Sultanate** geschaffen, deren uralte Traditionen großteils bis heute fortbestehen. Der Westen hat aber auch die **höchste Population Kameruns.** Neben den größeren Städten bestehen die vielen verstreuten Dörfer im Grasland hauptsächlich aus kleinen Familienverbänden. Oft wurde dabei der Name des Familienoberhauptes zum Dorfnamen. Betrachtet man die Landkarte, fällt auf, dass viele der Orte und Ethnien mit der Vorsilbe „Ba" beginnen, was soviel bedeutet wie „die Leute von ..." oder „Volk" .

Die Bamiléké

Die **größte Volksgruppe Kameruns** bilden die Bamiléké, die sich überwiegend zum **Christentum** bekennen. Sie stammen, wie die meisten großen Ethnien im Westen, von den Tikar im Mbam-Land ab. Sie hatten sich zunächst im heutigen Bamoun-Gebiet niedergelassen. Unter dem Druck der Bamoun überschritten sie den Fluss Noun, um sich im 18. Jahrhundert in ihrer heutigen Heimat niederzulassen, deren Hauptort die Stadt Bafoussam ist.

Ihre **Gesellschaft** gliedert sich in etwa 100 Chefferien, d.h. ehemalige Königreiche oder unabhängige soziale Einheiten. Den Mittelpunkt der sozialen und politischen Hierarchie bildet der **Fon,** der **oberste Würdenträger,** dem mehrere Notabeln zur Seite stehen.

Im Laufe der jüngsten **Geschichte,** d.h. in den letzten Jahren vor der Unabhängigkeit, wütete in der Bamiléké-Region – wie auch in Teilen der Küstenprovinz und im Bassa-Land – ein mörderischer Bürgerkrieg. Französische Gendarmerie-Truppen, zumeist aus tschadischen und nordkamerunischen Rekruten zusammengewürfelt, gingen mit äußerster Brutalität gegen vermeintliche Unterstützer der oppositionellen UPC (Union des Populations du Cameroun) vor. Die ursprünglich ländliche Bevölkerung wurde in sog. Wehrdörfern zusammengepfercht. Doch die Not ließ eine Tugend erstehen: Die Bamiléké entwickelten sich zu Geschäftsleuten, die, mitunter argwöhnisch beäugt von den anderen Ethnien, die Versorgung der „Wehrdörfer", auch mit Waffen, sicherten.

Trotz der sehr geschlossen wirkenden Zusammengehörigkeit des Bamiléké-Volkes gibt es immer wieder politischen Zwiespalt unter den einzelnen kleinen Gruppen der Bangangté, Bafoussam, Bandjoun, Balam, Bamendjoun etc.

Heute gelten die Bamiléké allgemein als **Händler mit ausgeprägtem Geschäftssinn** und bestimmen, auch in anderen Provinzen, den Handel, Transport und das Gewerbe mit. Nicht selten findet man die Bamiléké in Spitzenpositionen der Wirtschaft. Außerdem üben sie einen großen Einfluss auf das politische Leben des Landes aus. Durch die Bevölkerungsdichte im Westen wandern mehr und mehr Bamiléké in die Städte des Südens, um sich als Handwerker, Geschäftsleute oder im Transportwesen zu betätigen. Ihr Einfluss in den größten Wirtschaftszweigen des Landes, in der Holz-, Kaffee- und Kakaoverarbeitung, ist dominant. Von den ca. **2 Millionen Bamiléké** lebt etwa die Hälfte außerhalb ihrer Heimatregionen. Sie bilden dabei fast die Hälfte der Einwohner Doualas, etwa 30 % der Bevölkerung Yaoundés und 90 % von Nkongsamba. Aufgrund ihrer ökonomischen Potenz, Bevölkerungsdichte und Dominanz auf vielen Gebieten werden sie von anderen Ethnien eher mit Zurückhaltung betrachtet – man spricht vom „Dynamisme Bamiléké".

Die Bamoun

An das Siedlungsgebiet der Bamiléké schließt sich gegen Norden und Nordosten die heutige Heimat der Bamoun **(ca. 130.000)** an. Wichtiger Mittelpunkt ihres Königreiches ist die Stadt Foumban, bekannt für ihren schönen Palastbezirk und die hervorragende Handwerkskunst nach alten Traditionen. Die Bamoun sind als **Handwerker** besonders wegen ihrer Holzschnitzereien und Bronzekunst bekannt.

Die Bamoun kamen aus dem Tikar-Land und ließen sich im 17. Jahrhundert in ihrem jetzigen Gebiet nieder. Sie bilden die **einzige – zum Teil – islamisierte Volksgruppe im Süden und Westen Kameruns,** was auf die Nachbarschaft zum Lamidat Banyo und dessen Expansionsgelüste Ende des letzten Jahrhunderts zurückzuführen ist.

Der islamische Einfluss wird besonders deutlich in der großen **Moschee von Foumban.** Der Sultan von Foumban ist in der modernen Gesellschaft Kameruns immer noch eine wichtige Persönlichkeit des öffentlichen Interesses. Auch wenn ihm verfassungsmäßig kaum politische Macht zukommt, so spielt er doch eine große Rolle für alle Bamoun als religiöses und traditionelles Oberhaupt. Seine Meinung gilt für Hunderttausende als verbindlich. In den verschiedenen Chefferien (Palastorganisationen) mit ausgeprägten hierarchischen Gliederungen und in Geheimbünden lebt die alte Tradition des Bamoun-Reiches weiter.

Macht und Reichtum dieses Volkes zeigen sich auch heute noch in prunkvollen Festen, Statussymbolen, wie Throne und festliche Kleidung, und den verschiedenen Riten, die im Laufe der Geschichte nicht verdrängt werden konnten. Über kein anderes Volk Kameruns gibt es so viele mündliche und schriftliche Überlieferungen, Dokumente und kunsthandwerkliche Schätze (Palastmuseum Foumban). Gegenwärtig spielen die Bamoun in der Politik und Wirtschaft Kameruns eine aktive Rolle.

Die Bevölkerung im Süden und Osten

In den großen **Waldgebieten im Süden und Osten Kameruns und im Küstentiefland** leben vorwiegend **Bantu-sprachige Gruppen,** in den unzugänglichen Regionen im äußersten Osten auch einige wenige **Pygmäen.**

Die Bantu-Bevölkerung ließ sich in zwei aufeinander folgenden Wellen nieder: Die erste Welle umfasste die Duala, die Maka und Njem, deren Wanderung in das 17. und 18. Jahrhundert zurückdatiert.

Die Duala

Das Volk der Duala **(ca. 150.000)** kam ursprünglich aus dem Kongobecken, folgte zunächst dem Lauf des Kongo-Flusses und später dem Verlauf der Atlantikküste. Hier hatten sie einst die Ethnie der Bassa angetroffen, die ihnen Land abtraten und an den unteren Sanaga-Lauf zogen. Denn die Bassa waren, noch vor den Duala, die ersten Bewohner gewesen, die sich an den Ufern des Wouri-Deltas und seines Hinterlandes niedergelassen hatten.

Heute leben die Duala und ihre verwandten Völker (z.B. die Batanga in Kribi) im Gebiet zwischen der Mündung des Wouri bis zum Fluss Ntem an der Grenze zu Äquatorial-Guinea. Ihr Zentrum ist die gleichnamige Hafenstadt.

Wie die Völker der Grasländer sind auch die Duala in **Häuptlingschaften** organisiert. Als Bewohner der Küste und Flussmündungen sind sie als geschickte **Bootsmänner und Einbaumfahrer** bekannt. Schön bemalte Boote, mit geschnitzten Motiven verziert, brachten die Duala schon während der Kolonialzeit über den Flussweg ins Landesinnere, wo sie als Mittelsmänner zwischen Küste und Hinterland arbeiteten. So beteiligten sich die Duala von jeher am **Handel;** waren es vor der Kolonialzeit noch Fische, die gegen Agrarprodukte getauscht wurden, so erweiterte sich das Angebot mit Ankunft der Europäer im 17. Jahrhundert: Elfenbein und Sklaven, später die Produkte der Plantagen wie Kaffee, Kakao, Kautschuk oder Palmöl.

Die Duala sind bekannt als geschickte **Händler und Verwaltungsbeamte,** und ihre Wirtschaftsmetropole Douala wurde zur „heimlichen Hauptstadt" des Landes.

Im Norden des von den Bassa und Duala bevölkerten Gebietes haben sich im 18. Jahrhundert die **Banen** angesiedelt, die aus dem Tal des Noun kamen, sowie die Batie und die Yambassa, die aus dem Babimbi-Land kamen.

Die Fang

Eine zweite Wanderung erfolgte im 19. Jahrhundert zurzeit der europäischen Ankömmlinge und betraf das Volk der **Pangwe** (frz. *Pahouin)* oder Fang, zu dem die größeren **Gruppen der Bulu und Beti** gehören. Das Volk, das in Yaoundé lebt, die **Ewondo,** gehört zur Gruppe der Beti. Ihre gemeinsame **Sprache** ist das **Fang.** Andere Gruppen der Fang leben außerdem noch in Äquatorial-Guinea und im nördlichen Gabun.

Diese Gruppen kamen Ende des 18. Jahrhunderts von Nordosten her in ihr heutiges Siedlungsgebiet, wahrscheinlich aus dem Süden der Adamaoua-Ebene, von welcher sie von den Wute verdrängt worden waren. Sie drangen in die Waldgebiete ein, wo sie auf die Maka und Njem trafen. Dort wiederum verdrängten sie die Gruppen der Ngoumba und Mabéa, die zur Küste abzogen. Die Kolonialisierung beendete diese Wanderbewegung.

Die Bevölkerung der Fang-Gruppen wird auf 2 Millionen geschätzt. In ihrer sozialen Organisation gibt es **Dorfoberhäupter** und einen **Dorfältestenrat,** die das Leben regeln. **Geheimbünde,** verbunden mit einem Maskenwesen, spielen eine wichtige Rolle.

Die ländliche Bevölkerung der Fang schafft sich ihre Existenzgrundlage durch **Hackbau im tropischen Regenwald.** Bekannt sind sie als **Schmiedehandwerker,** die in früheren Zeiten eine Art Kupfergeld benutzten. Typisch waren die „bieri", aus Baumrinde gefertigte Behälter zur Aufbewahrung von Schädeln und Gebeinen der Ahnen, die kunstvoll mit Wächterfiguren verziert wurden. Die Fang sind heute überwiegend **Christen.**

In der Region um Sangmélima leben die **Bulu,** rund um Lolodorf die **Ngumba,** an den Ufern des Ntem (Grenze Äquatorial-Guinea und Kamerun) die **Mvai** und an der Küste südlich von Kribi die **Mabéa.** Dies sind nur einige der vielen kleinen Bantu-Gruppen, die im Süden und Osten Kameruns ihre Heimat gefunden haben.

Die Pygmäen

Die Pygmäen leben heute in einem **Rückzugsgebiet im Regenwaldgürtel Afrikas** von Kamerun über Gabun, Kongo, die Zentralafrikanische Republik, Zaïre, Uganda, Ruanda bis hin nach Burundi. Über die Populationsgröße dieses Volkes gibt es keine genauen Angaben, man schätzt ihre Zahl auf **insgesamt etwa 150.000.**

Die Pygmäen Kameruns leben im Osten des Landes, in den tiefen Tropenwaldregionen an der Grenze zur Zentralafrikanischen Republik und zum Kongo. Die kleinen **Dörfer der Familienverbände** liegen in Waldlichtungen, oft lange Fußmärsche von den Pisten entfernt. Ihre Hütten sind aus Bambusstangen und Lehm gebaut und mit großen Blättern gedeckt.

Charakteristisch für die Pygmäen ist ihr **kleiner Wuchs,** die durchschnittliche Körpergröße der Männer beträgt 144 cm, die der Frauen 137 cm. Pygmäen haben sehr feine Gesichtszüge, schmale Lippen und scharf gezeichnete Augenbrauen. Es gibt bereits, besonders auch in Kamerun, eine starke Verschmelzung der Pygmäen mit ihren großwüchsigen Nachbarn, den Bantu-Gruppen.

Zu ihren **sozialen Normen** gehören die Einehe (Monogamie), der Glaube an einen Hochgott und sehr traditionsgebundene Formen des Nahrungserwerbs.

Pygmäen gelten als die **Urbewohner des Regenwaldes,** wohin sie von den Bantu-Stämmen zurückgedrängt worden waren, und sind hervorragend an dieses Leben angepasst. Ihre traditionelle Wirtschaft ist vor allem durch ihre Umgebung geprägt. Die entscheidende Rolle kommt nicht der Bestellung der kleinen Plantagen rund um das Dorf zu, sondern dem **Jagen und Sammeln.** Abgesehen von den Metallgeräten, die sie von den Bantu eintauschen, verwenden die Pygmäen zur Jagd bis heute nur Materialien, die ihnen der Urwald liefert. Die Jagdmethoden sind abhängig von der Größe der Jagdgemeinschaft und der Jahreszeit und reichen von der Pirsch mit Pfeil und Bogen über das Fallenstellen bis zur Netzjagd. Die Netze, die sie für ihre Form der Treibjagd benötigen, stellen sie selbst her. Es sind Lianenfasern, aus denen sie lange Schnüre drehen und die etwa 1 m breiten und bis zu 50 m langen Netze knüpfen. In der Regel besitzt jeder Mann mehrere Netze. Die **Jagdgemeinschaften,** die sich um einen Kern verwandter Männer gruppieren, bestehen aus durchschnittlich zwanzig bis dreißig Personen. Mit Haken hängt man die Netze im Unterholz ein. Bis zu

In einem Pygmäendorf bei Lolodorf

dreißig Jagdnetze werden so in einem Halbkreis zusammengeschlossen. Es gibt bei den Pygmäen keine reine geschlechtliche Arbeitsteilung. So sind auch die Frauen und Kinder an den Jagdaktivitäten beteiligt, indem sie mit Staudenbündeln knallend auf den Waldboden schlagen und die Tiere in die Netze treiben, während die Männer mit Speeren ausgerüstet sind. Eine Konkurrenz wird bei dieser kollektiven Jagdform ausgeschaltet, da die Bewohner mehrerer Jagdlager teilnehmen und die Beute gerecht unter sich aufteilen. Zum **Nahrungserwerb** gehört auch das Sammeln von wildem Honig, Früchten, Knollen und Pflanzen des Regenwaldes sowie das Fischen in Urwaldflüssen und -bächen, die oft gute Nahrungsreserven bieten.

Innerhalb eines dauerhaft genutzten Gebietes wird ein Jagdlager spätestens nach zwei Monaten verlegt, damit sich Wald und Wild wieder erholen können. Doch schon seit einigen Jahrzehnten zeigt sich auch hier die unaufhaltsame **Veränderung der Traditionen.** Gerade dort, wo die Lebensgebiete der Bantu und Pygmäen nicht weit voneinander entfernt liegen, beginnen die Waldbewohner mit einer zwar bescheidenen, aber eigenständigen Landwirtschaft – dem Zeichen für Sesshaftigkeit. Zwar leben die Pygmäen noch heute in einer sehr engen Symbiose mit ihrer immergrünen Heimat, dem Regenwald, seinen Tieren und seinen Früchten; jedoch dringen in diese scheinbare Idylle immer häufiger die Zeichen der Neuzeit. Da pflanzliche Bestandteile noch den

Kern ihrer Ernährung bilden, hat sich im Laufe der Zeit eine zunehmende **Tauschhandels-Beziehung mit der Bantu-Bevölkerung** entwickelt. So sind manche Pygmäendörfer heute von der Versorgung mit Feldfrüchten von benachbarten Feldbauern abhängig, da die für eine ganzjährig ausgewogene Kost erforderlichen Früchte, zum Beispiel Wildyams und Nüsse, im Primärwald nicht ausreichend vorhanden sind. Vor allem Maniok, eine Knolle, die zu Mehl gestampft wird, gehört zu den Produkten, die von der Bantu-Bevölkerung eingetauscht wird. Die Bantu erheben dabei häufig „Besitzansprüche" und erwarten von den Pygmäen gewisse Dienste. So stellt man den umherstreifenden Jägern Waffen zur Verfügung, um Fleischhändler mit erlegtem Wild zu beliefern. Pygmäen verrichten auch „Hilfsarbeiten" auf den Feldern „ihrer" Bauern. Selten bekommen sie dafür eine angemessene Gegenleistung und noch seltener Bargeld.

Die Pygmäen sind optimal an das Dämmerlicht im Urwald und an die Temperaturen, die kaum je 30°C überschreiten, angepasst. Die Hitze der freien Landschaft vertragen sie nur schlecht. Kreislaufschwäche, Lungeninfektionen und vieles mehr sind die Folge – **Krankheiten,** die bei nomadisierender Lebensweise im Regenwald nicht auftreten. Mit dem Schicksal des afrikanischen Regenwaldes stehen und fallen also die Chancen dieses Volkes. Zwar sind in Kamerun noch weite Teile des Tropenwaldes unversehrt, doch weitet sich der **Raubbau** durch die Holzgesellschaften rasch aus und wird zur Gefahr für die Waldbewohner. Durch die Abhängigkeiten von Tauschgütern ziehen sie mit ihren Dörfern an den Rand der großen Forststraßen. Dies ist auch im Interesse der Regierung, die sich um Integration dieses Waldvolkes bemüht und um deren Annäherung an die „Zivilisation". Aber auch der **Tourismus** trägt dazu bei, das Verhalten der Waldbewohner zu verändern. So sind die Pygmäen entlang des Lokoundjé-Flusses nördlich von Kribi schon viele Jahre dort sesshaft. Die Bewohner stellen sich als Fotomotive und mit folkloristischen Tänzen zur Schau und erhalten dafür Bargeld und Alkohol. Ihre Kleidung aus Fellen und Rafia-Bast haben Sie gegen europäische Billigkleidung getauscht. Die Begegnung der „Welten" kann so für beide Seiten zu einem recht enttäuschenden Erlebnis werden.

Demographische Daten

Kamerun ist für zentralafrikanische Verhältnisse vergleichsweise dicht besiedelt. 2006 zählte das Land **17.378.390 Millionen Einwohner** (ob die Volkszählung wirklich richtig ablief, ist allerdings fraglich). Die Bevölkerungsdichte liegt bei ca. 37 Einwohnern/km^2.

Eine Folge des Fortschritts in Hygiene- und Gesundheitswesen ist das anhaltend **rasante Bevölkerungswachstum.** So hat sich in den letzten 20 Jahren die Bevölkerung annähernd verdoppelt. Die Wachstumsrate liegt bei 3,7 %, Tendenz sinkend. Die Säuglingssterblichkeit beträgt knapp 11 %. Die Kindersterblichkeitsrate (lt. WHO, 2005) beträgt 156/1000 für Jungen und 143/1000 für Mädchen. Statistisch gesehen bekommt jede Frau in Kamerun durchschnittlich 4,6 Kinder.

Die durchschnittliche **Lebenserwartung** der Menschen beträgt nur **50 Jahre.** Dabei gibt es natürlich regionale und ethnische Unterschiede als Folge sozialer und wirtschaftlicher Faktoren.

Insgesamt gibt es mehr Frauen als Männer (51 % zu 49 %).Vor allem in den westlichen Provinzen leben deutlich mehr Frauen, was durch die hohe Abwanderungsrate der Männer bedingt ist; auch gibt es dort mehr Kinder und nur einen geringen Prozentsatz an alten Menschen. Rund **45 % der Bevölkerung** Kameruns sind **jünger als 15 Jahre,** 3,5 % sind über 65 Jahre alt. Voraussichtlich wird der Anteil an Kindern und Jugendlichen weiter steigen, was zur Folge hat, dass die arbeitende Bevölkerung eine enorme Versorgungslast zu tragen hat.

Die **Bevölkerungsverteilung** in Kamerun ist **sehr ungleichmäßig:** Mehr als zwei Drittel der Bevölkerung verteilen sich auf etwa einem Drittel der Landesfläche.

Am dichtesten bevölkert sind das westliche Hochland und die vulkanische Achse von den Manengouba-Bergen bis zum Mt. Cameroon. Mit durchschnittlich 96 Einwohnern/km² liegt dabei die Provinz Ouest (Hauptort Bafoussam) an der Spitze, gefolgt von der Provinz North-West mit rund 70 Einwohnern/km². Die starke Besiedlung dieser Regionen während der letzten Jahrhunderte ist auch eine Folge ihrer natürlichen Vorzüge (Hochlandklima, fruchtbarer vulkanischer Boden etc). Vom Département Moungo bis zur Küste hat die Existenz von großen Landgütern und der Plantagenwirtschaft sehr viele Menschen vom nördlichen Hochplateau angezogen.

Dicht besiedelt ist auch der **Küstenbereich** (Provinz Littoral, 67 Einwohner/km²) und die Umgebung von Yaoundé südlich des Sanaga-Flusses. Hier ist die Konzentration der Bevölkerung ein Ergebnis der Wanderungen einiger ethnischer Gruppen, die bis zu Beginn des 19. Jahrhunderts, von den Fulbe verfolgt, den Mbam und Sanaga überquerten und sich südlich dieser Flüsse ansiedelten. In heutiger Zeit weist das Küstengebiet, wirtschaftliches Drehkreuz Kameruns, als Folge der Emigration aus dem Westen sehr hohe Zuwachsraten auf.

Ganz im **Norden** schließlich, in der Provinz Extrême Nord, liegt an dritter Stelle die Region um Maroua einschließlich der Mandara-Berge und der Diamaré-Ebene bis zu den Ufern des Tschad-Sees (54 Einwohner/km²).

In den Mandara-Bergen, in denen die Bevölkerung einst Zuflucht vor den Fulbe-Nomaden suchte, erreicht die Bevölkerungsdichte vereinzelt sogar 100 Einwohner/km². Ebenso dienten das Guider-Massiv und die überfluteten Ebenen des mittleren Logone-Flusses in der Geschichte als Zufluchtsstätte.

Neben diesen relativ dicht besiedelten Gebieten gibt es spärlich bewohnte und weite, **nahezu menschenleere Regionen.** Das Adamaoua-Hochplateau (8 Einwohner/km²), die Provinz Sud (8 Einwohner/km²) und der Osten (Provinz Est, 5 Einwohner/km^2) gehören dazu. Diese Regionen wurden entweder von ihren früheren Bewohnern verlassen (Wanderungen der Tikar und der Fang) oder waren nie konstant bewohnt, wie die weiten Urwaldgebiete im Osten, die nur von einigen wenigen Pygmäen durchstreift werden.

Die ländlichen Siedlungsgebiete

In den dicht besiedelten Gebieten, speziell im Bamiléké-Land und in der nördlichen Region der Mandara-Berge, findet man hauptsächlich **Streusiedlungen:** Jede Familie bewohnt ein Stück Land, das sie kultiviert. Nur die Oberhäupter gründen Gemeinden aus mehreren Familienverbänden. In Regionen mit mittlerer Bevölkerungsdichte verteilen sich Dörfer und Weiler über das ganze Gebiet. Dagegen konzentrieren sich in den dünn besiedelten Zonen die Siedlungen entlang der Straßen und Pisten. Dies ist oft die Folge von kolonialen Aktivitäten: Um die Bevölkerung besser kontrollieren zu können, veranlassten die Verwaltungen die Bevölkerung, sich entlang der neu geschaffenen Kommunikationslinien zu gruppieren.

Drei Formen von Dörfern sind hervorzuheben: In den Waldgebieten formen die Dörfer eine **Linie,** in der die Häuser entlang eines langen Hofes, einer Straße oder Piste aufgereiht sind; hingegen sind **eng zusammengebaute Dörfer** charakteristisch für die Sudan-Sahel-Zone im nördlichen Kamerun; im Land der Bamoun im Westen schließlich findet man weitverstreute **Gehöfte mit großräumigen Landflächen.**

Die **Größe eines Dorfes** variiert aber nicht nur nach der Zahl seiner Bewoh-

BILD23kam Foto: ed

ner, sondern auch nach seiner Sozialstruktur. So bildet die Bantu-Volksgruppe der Bassa Familiengemeinschaften (Weiler), während die Ewondo, Bulu oder Maka in Dörfern mit 100 bis 300 Einwohnern leben.

Ein großes Problem für die Bevölkerung Kameruns ist die zunehmende Landflucht: Die Bewohner der ländlichen Gebiete wandern in die großen Städte ab und erhoffen sich dort Arbeit und Geld. Durch eine gezielte Verbesserung der Lebensbedingungen in den ländlichen Räumen will die Regierung eine Eindämmung der Land-Stadt-Wanderung erreichen.

Die Städte

Anschaulich wird die Dimension der **Landflucht** in folgenden Zahlen: Lebten im Jahr 1976 28 % der Kameruner in den Städten, so lag dieser Anteil 1992 bereits bei 40 % (ca. 4,7 Mio.). Die Einwohnerzahl von Douala beispielsweise stieg in nur zehn Jahren (1991–2001) von ca. 850.000 auf etwa 1,5 Mio., die Yaoundés im gleichen Zeitraum von etwa 750.000 auf ungefähr 1,3 Mio.

Zwei Drittel der Städte liegen **im Westen** zwischen der Küste und dem Grasland. Aufgrund der hohen Bevölkerungszahl im Westen sind die Städte dicht beeinander angesiedelt, es besteht eine gewisse Abhängigkeit von Douala und den Zentren Bafoussam und Nkongsamba. Grundsätzlich sind diese Städte sehr homogen bezüglich des Ursprungs ihrer Bevölkerung und relativ gleichförmig in Gestaltung und Struktur. Im englischsprachigen Teil West-Kameruns konzentriert sich das Stadtleben auf die Plantagen-Wirtschaft.

In Kamerun dominiert nicht der Zentralismus einer Hauptstadt: Die beiden Städte, die 40 % der Stadtbevölkerung auf sich vereinigen, haben unterschiedliche Schwerpunkte – **Douala** bildet die wirtschaftliche Metropole und wichtigste Hafenstadt, die politische Hauptstadt **Yaoundé** liegt im Zentrum einer stark bevölkerten Region. Die zwei Städte sind die **Hauptzentren für Regierung, Handel und Ausbildung.** Ihre strategische Lage im infrastrukturellen Koordinatensystem des Landes gibt ihnen einen großen Einfluss in Wirtschaft, Politik und Verwaltung und lässt sie zu geradezu unwiderstehlichen Anziehungspunkten für die Bevölkerung aus allen Teilen des Landes werden.

Zu den größeren regionalen Zentren zählen die **Provinzhauptstädte,** darunter Bafoussam, Bamenda, Buea, Bertoua, Garoua und Maroua. Die Entwicklung der Stadt Bafoussam, schon lange ein Zentrum der lokalen Oberschicht, war eine Folge des regen Tauschhandels mit den Kolonialherren. Im Grasland sind die Städte häufig mit den Chefferien gleichzusetzen. Limbe und Buea am Mt. Cameroon wurden touristische Zentren. Kumba verfügt über den größten Markt des Südwestens. Nkongsamba verdankt seine Entwicklung der geographischen Lage am Ende

Neben „besseren" Wohnvierteln entstehen Bidonvilles (hier in Douala)

04_198kam Foto: sm

Frühstück wird zubereitet

der wichtigen Eisenbahnlinie, die den Westen mit der Küste verbindet.

Die **Städte der südlichen Waldregion,** deren Bevölkerungszahl nur sehr gering ist, sind weit verstreut. Verantwortlich für ihre Entwicklung ist der **Kakaohandel.** Ebolowa, Sangmélima (Provinz Sud) und Mbalmayo (Provinz Centre) als wirtschaftliche Zentren sind Beispiele für die Pläne der Dezentralisierung des Centre/Sud mit der Hauptstadt Yaoundé.

Auch die **Städte Nordkameruns** liegen weit voneinander entfernt und entstanden entweder erst während der Kolonialzeit (zum Beispiel Yagoua, Mokolo) oder schon früher (Maroua, Ngaoundéré, Kousséri). Die größte Stadt im Norden ist die Provinzhauptstadt **Garoua** als Zentrum einer wichtigen Textilindustrie.

Den geringsten Anteil an der Stadtbevölkerung haben die Regionen des Adamaoua-Plateaus und die südöstlichen Regenwaldzonen.

Das essenzielle **Problem im Stadt-Land-Gefüge** ist auf einen kurzen Nenner zu bringen: Während das unaufhaltsame Anschwellen der Städte diese teils schon kollabieren lässt, droht dem so wichtigen Sektor der Landwirtschaft - eben durch die Abwanderung bedingt - eine für das Land Kamerun insgesamt lebensbedrohliche Vernachlässigung.

Sozialstruktur

von **Hubertus von Lindeiner**

In Kamerun hat sich die **moderne Gesellschaft** - nicht zuletzt eben infolge der oben beschriebenen Verstädterung - etabliert, die neuen „Chiefs“ sitzen nicht in großen Gehöften, umgeben von Würdenträgern, sondern vielmehr in klimatisierten Büros in den Ministerien oder Banken in Yaoundé, Douala oder Bafoussam. Aber trotz der schweren klimatisierten Allradautos, die sie besitzen und in denen sie im Stau an der großen Kreuzung vor der Hauptpost von Yaoundé stehend zu sehen sind, haben die „Grands“, wie man sie nennt, engere **Bindungen an traditionelle Strukturen,** als sich das der Außenstehende vorstellen kann. Es stimmt zwar, dass die Kolonialzeit, die

Arbeit der Missionen und auch das Streben nach nationaler Einheit der ersten Jahrzehnte nach der Unabhängigkeit für die meisten Kameruner ein Ende der alten Strukturen und Wertvorstellungen bedeutete. Andererseits aber haben sich in manchen Gegenden – vor allem im Westen und Norden – die alten sozialen Strukturen halten können. Hier seien vor allem die großen Häuptlingstümer *(Chefferien)* des Westens und das Leben in den Höfen der *Lamibe* (Plural von *Lamido)* der Fulbe-Städte im Norden erwähnt. Daher wollen wir im Folgenden zuerst auf einige Aspekte dieser traditionellen Strukturen eingehen, bevor wir uns mit der modernen Gesellschaft beschäftigen.

Die traditionellen Herrschaftsstrukturen

Grundzelle der Gesellschaft – sowohl in wirtschaftlicher als auch sozialer Hinsicht – ist die **Kernfamilie,** d.h. der Vater, eine oder mehrere Frauen sowie die direkte Nachkommenschaft.

Macht und Reichtum nehmen zu mit der Anzahl der Personen, die einem direkt unterstehen, Schwiegersöhne und -töchter inbegriffen. Die Beziehungen des Individuums zur mütterlichen Familie bleiben ein Leben lang sehr intensiv. In manchen Ethnien spielt der älteste Bruder der Mutter sogar eine wichtigere Rolle als der eigene Vater. Der Brautpreis ist in diesem Zusammenhang demnach nicht als „Verkaufsprämie" für ein weibliches Familienmitglied zu sehen, sondern als eine Art Symbol für die hohe Wertschätzung, die eine Familie der anderen zollt.

Jede Kernfamilie ist eingebettet in eine **Großfamilie** oder Clan. Mit ihr sind sie durch Dinge wie den gemeinsamen Urahn, ein Totemtier, Verbote etc. verbunden. Je nach Organisationsgrad der Gesellschaften sind auch die einzelnen Clans eingebunden in ein Herrschaftssystem. So gibt es z.B. Gegenden, in denen sich höchstens drei, fünf oder maximal 20 Großfamilien „unter einen Hut" bringen ließen, wogegen es andernorts zu Zusammenschlüssen von bis zu mehreren hundert Großfamilien kommen konnte. Man spricht hier von **Häuptlingstümern,** so genannten **Chefferien.** Die größten und bekanntesten Gesellschaften dieses Typs findet man vor allem im westlichen Hochland im Bamiléké-Land, Bamoun und in der Gegend um Bamenda.

Das nächsthöhere Stadium gesellschaftlicher Organisation – **eine Art multi-ethnischer und feudaler Staatsform** – fand sich im vorkolonialen **Fulbe-Staat** und bei den etwas älteren **Sahel-Reichen** wie Bornou oder Mandara. Hier findet man bereits eine weit fortgeschrittene gesellschaftliche Arbeitsteilung, die oft auch mit der ethnischen Vielfalt einhergeht (ehemalige Nomadenfamilien bilden die Oberschicht der Grundbesitzer und Krieger, die Urbevölkerung bestellt das Land).

Die Chefferien des Kameruner Graslands

Die **größten Chefferien** Kameruns findet man beispielsweise **in Bandjoun** (in der Nähe von Bafoussam), **Bafut** und **Bali** (beide in der Gegend von Bamenda). Auch die Stadt Foumban, in der heute ein Sultan regiert, war ursprünglich das Zentrum eines großen Häuptlingstums, das sich nach und nach zum Königstum entwickeln konnte. **Identifikationsfigur einer Chefferie ist der Fon, der „Chief".** Neben seiner weltlichen Funktion als Heerführer, oberster Richter u.ä. dient er auch als Mittler zwischen den Ahnen und den Lebenden. Er ist ausgestattet mit einer Reihe von Hoheitssymbolen (z.B. Elfenbeinzähne, Leopardenfelle, Thron, heilige Glocke, Pfeife), Privilegien und einem großen Gehöft. Seine Untertanen dürfen ihn vielerorts nicht direkt ansprechen. In früheren Zeiten war er Herrscher über Leben und Tod. Jedoch darf er keine selbstherrlichen Entscheidungen fällen; er ist kein absolutistischer Herrscher und trägt die gesamte soziale Verantwortung für seine Stellung. Auch wird seine Position nicht in gerader Linie vererbt, wie dies bei unseren Königen und Fürsten der Fall war. Es entscheidet ein Rat von Notablen bzw. eine Reihe von Oberhäuptern der wichtigsten Großfamilien, also eine Art **Beraterstab** des Fon. Diese Institution trägt zum Beispiel den Namen Kwifon in Bafut, Ndop etc., anderswo wird sie Nwerong oder auch Ngumba genannt. Sie ist als die eigentliche „Regierung" des Landes anzusehen und verfügt über einen besonderen Bereich im Palast. Man spricht hier auch von einer „Geheimgesellschaft".

Auf lokaler Ebene vertreten eine Reihe von „sub-chiefs", „quarter-heads" und Notablen am Hof, die in die Provinzen kommen, die Autorität des Fon bzw. seines Beraterstabes.

Die Lamidate Nordkameruns

Die **Organisationsform der Fulbe-Staaten** des vorkolonialen Adamaoua war der der alten Sahel-Staaten nachempfunden. Das bedeutet, dass es auch heute noch ein **stark hierarchisiertes System** gibt, dessen Grundeinheit wiederum die Kernfamilie ist. Die ursprünglich ansässigen Völker, die diesem System unterworfen wurden, mussten zwar nicht zwangsweise zum Islam übertreten, waren aber zu Tributzahlungen verpflichtet. Auch kam es zu Landnahmen durch verdiente Krieger der Eroberer, so dass sich auch auf dörflicher Ebene eine Großgrundbesitzerstruktur bilden konnte. Auf der anderen Seite – wie man am Beispiel der Familie des Lamidos von Ngaoundéré sehen kann – bestehen auch Verpflichtungen gegenüber den „Unterjochten": Der Lamido muss immer mindestens eine Frau aus dem Volk der Mboum haben, sein Nachfolger muss eine Mutter haben, die diesem Volk entstammt.

Der **Lamido (fulfulde für „Führer")** ist Heerführer, religiöses Oberhaupt, oberster Richter und größter Grundeigentümer der Region. Am Hofe des Lamido gibt es einen Beraterstab und Notable, von denen jeder einzelne seine klar definierte Funktion hat. Die Titel dieser Leute stammen z.T. noch aus dem Reich Bagirmi (z.B. *Maygidda* = Ratsherr) oder sind aus der Haussa-Sprache entlehnt (*Sarki* = Minister). Zumeist stammen diese Würdenträger aus Familien, die nicht dem Fulbe-Adel angehören. Man meint, dass dies auf das mangelnde gegenseitige Vertrauen unter den großen Familien zurückzu-

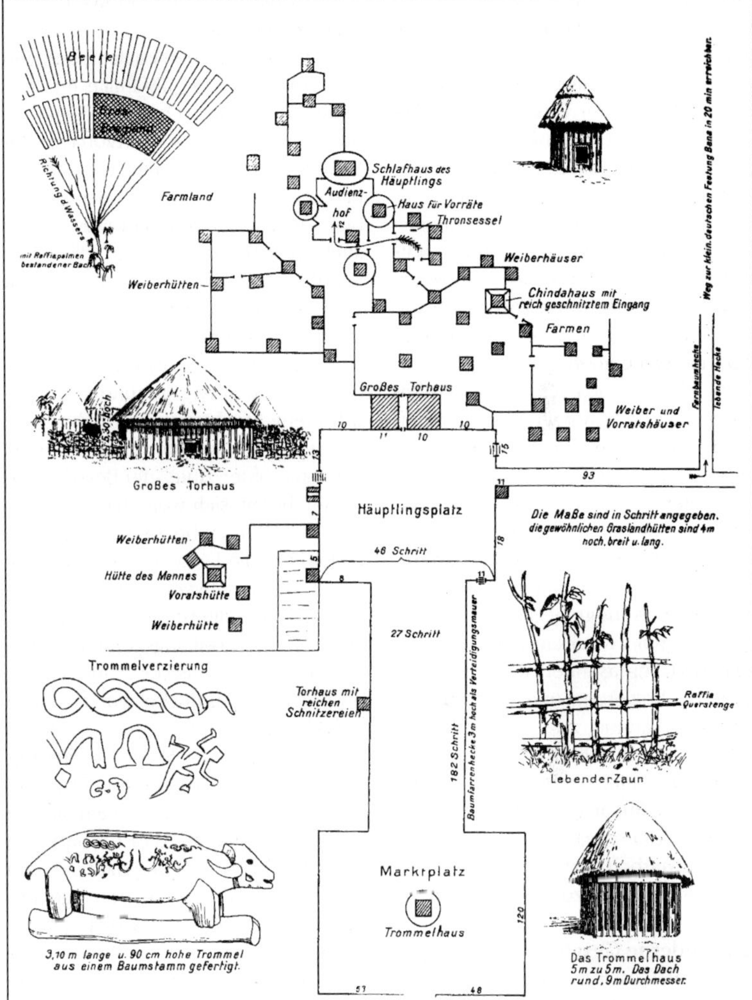

Grundriß eines Häuptlinggehöftes im Kameruner Grasland.

Nach Skizzen des Maler Ernst Vollbehr für den Druck gezeichnet von der Firma Carl Starke, Leipzig.

Grundriss eines Häuptlingsgehöftes (nach *Ernst Vollbehr*, 1912)

führen ist. Nicht selten handelte es sich bei diesen Ministern um verdiente ehemalige Haussklaven. Der Lamido unterhält außerdem dauerhaften Kontakt zu den Vertretern der verschiedenen ethnischen Gruppen – einer Art Botschafter oder Konsul ihrer Völker – seiner Stadt.

Auf lokaler Ebene werden die Interessen des Lamido durch *Djauros* (Stadtviertel) oder *Lauans* (Dörfer) vertreten. Dem Lamido gehören (nominell) die Pferde der Familien seiner Notablen. Er kann jederzeit zu einer *Fantasia* aufrufen – ein Relikt aus der Zeit der Eroberungen, als Reiterhorden unter der Führung seiner Ahnen riesige Landstriche eroberten.

Das **letzte Lamidat,** das z.T. noch heute so wie in vorkolonialen Zeiten funktioniert, kann man **in Rey Bouba** bzw. in der Nachbarstadt Tchollíré finden. Jedoch beginnt auch hier der Machtkampf zwischen moderner Gesellschaft, repräsentiert durch die Vertreter der Regierung, und den Institutionen des Lamido zu Ungunsten des Letzteren auszugehen: Die Leute sehen nicht mehr ein, warum sie zweifach steuerliche Abgaben zahlen sollen und weigern sich immer häufiger, die alljährliche Fronarbeit für den Lamido oder seine „Schranzen" zu verrichten.

Die moderne Gesellschaft

Manche Gesellschaften des postkolonialen Afrika ähneln in vielen Dingen europäischen Gesellschaften des frühen 19. Jahrhunderts. Es gibt nur eine sehr **dünne wohlhabende Schicht** und relativ wenig Einkommensmöglichkeiten für ein immer größer werdendes **Stadtproletariat.**

Für viele Menschen ist der Übergang vom Leben in der Großfamilie, im Clan, in der Dorfgemeinschaft zum Leben in den großen Städten wie Douala oder Yaoundé als Student und Untermieter in einer Hofgemeinschaft oder als Straßenhändler, Nachtwächter oder als was auch immer brutal und unerbittlich. Der Schriftsteller *Pabe Mongo* hat diesen Umstand in seinem Buch „L'homme de la rue" besonders gut beschrieben.

Die moderne Gesellschaft Kameruns ist immer noch **eng gebunden an traditionelle Strukturen.** Allerdings sind die wenigsten unter den jungen Leuten, die den größten Anteil der Bevölkerung stellen, bereit, sich weiterhin der Autorität der Alten zu beugen. Ausnahmen bilden hier die Leute aus dem Westen und Norden: entweder weil die Tradition noch lebendig ist und sich dennoch der modernen Zeit angepasst hat (Westen) oder durch das starke Identifikationspotenzial, das die Religion zu bieten hat (Norden).

Die Mehrheit der **Stadtbevölkerung** käme nie auf die Idee, aufs Land zurückzugehen. Die Beziehungen bleiben trotzdem sehr eng: Man besorgt sich günstig Lebensmittel und baut auf dem elterlichen Grund; manche Angehörigen der Eliten fördern Selbsthilfeprojekte in ihren Heimatorten. Viele Leute vom Land leben bei städtischen Verwandten – sehr zum Leidwesen vieler, denn das Leben in der Stadt ist mit viel Geld verbunden. So werden diese armen Verwandten denn auch oft auf die Straße geschickt mit einem „Bauchladen" oder sie müssen sich sonstwie durchschlagen. Arbeitslosenunterstützung gibt es nicht; die Familie ersetzt das Sozialamt.

Sehr stark ausgebildet ist das Vertrauen in eine gute **Schulbildung:** Man erhofft sich – oder den Kindern – eine brillante Zukunft in einem Ministerium, um den Rest der Familie aus der Misere ziehen zu können. Für die Wenigsten besteht die Möglichkeit, wirklich so weit zu kommen, auch wenn die Ministerien überquellen von unterbeschäftigten Beamten. Bleibt oft nur die Chance, bei der Armee oder bei der Polizei unterzukommen. Die Möglichkeit und die Gabe, erfolgreich Handel zu treiben, ist nur relativ wenigen jungen Kamerunern gegeben: Anfangskapital und Unterstützung durch die nähere Umgebung werden eigentlich nur den jungen Leuten aus Familien der Duala, der Fulbe-Aristokratie des Nordens oder der Clans der Bamiléké geboten. Von letzteren stammt das System der sog. **tontines, Sparclubs,** die nach einem denkbar simplen Modell funktionieren: Die Mitglieder treffen sich regelmäßig und geben eine nicht unbedingt festgelegte Summe Geld in den „Topf", der dann einem unter ihnen zur Verfügung gestellt wird. Jeder ist irgendwann einmal dran und bekommt somit die Möglichkeit, sein Geschäft ins Leben zu rufen. Diese Art der informellen Finanzierung, an Bank und Fiskus vorbei, fasziniert den Entwicklungsexperten und stört die Regierung.

Frauen haben in dieser modernen Gesellschaft mehr Möglichkeiten, wenn man einmal vom europäischen Standpunkt ausgeht, als früher. Man darf aber nicht vergessen, dass in den meisten traditionellen Gesellschaften die Frau sehr oft eine tragende Rolle zu spielen hatte. Die zeigt sich bei der Rolle der Königsmutter bei einigen Chefferien oder an der Tatsache, dass bei manchen Völkern die Abstammung über die weibliche Linie berücksichtigt wurde. Heutzutage muss eine kamerunische Frau – unseren Gegebenheiten durchaus vergleichbar – mehr leisten als ein Mann, um so weit zu kommen wie dieser. Ein Teil der Frauen findet dennoch sein Auskommen in angesehenen, wenn auch oft typischen Frauenberufen (Krankenschwester, Lehrerin etc.). Der Rest allerdings geht den mühsamen Alltagstätigkeiten der afrikanischen Hausfrau nach. So verwundert es nicht, dass viele Mädchen, ob Oberschülerinnen oder 14-jährige weggelaufene Opfer von Zwangsehen, sich für die „dolce vita" der Discos entscheiden und sich prostituieren. Dem Anreiz, schnell zu Geld zu kommen, ist oft nicht zu widerstehen. Vielfach kann über die **Prostitution** auch noch die ganze Familie mit ernährt werden; Zuhälter sind selten.

Polygamie kommt mittlerweile für viele junge Frauen in Kamerun nicht mehr in Frage. Die Begriffe von Liebe und Treue waren zwar früher nicht unbekannt. Sie wurden aber nicht als Kriterium für eine gute Ehe angesehen. Polygamie kommt allein schon aus wirtschaftlichen Gründen für die meisten Städter nicht in Frage. Wer kann es sich schon leisten, mehr als eine Gattin angemessen mit Kleidung, Hausrat etc.

BILD24kam Foto: rf

Traditionelle Apotheke

auszustatten – einmal ganz abgesehen von der Erziehung der Kinder? Dafür halten sich viele Kameruner Familienväter ihr „deuxième bureau“, ihre „Nebenstelle“, d.h. eine Konkubine.

Das moderne Leben hat natürlich auch die **Kriminalitätsrate** gesteigert. Immer wieder führt die Polizei Razzien in ganzen Vierteln durch. Immer wieder hört man von „coupeurs de routes“ (Straßenräubern). Auch solche Tatbestände wie Korruption und Betrug sind letztendlich nur die logische Konsequenz des Spannungsfeldes aus geweckten Bedürfnissen und dem Geldmangel, der ihre Befriedigung verhindert. Ein unterbezahlter Beamter, dem die Familie mehrere Personen ins Haus gesetzt hat, weil sie davon ausgeht, dass er als Staatsbediensteter jetzt ein gemachter Mann sei, kann oft der Versuchung bzw. Notwendigkeit eines Zubrots nicht widerstehen.

Aber die moderne Zeit hat den Kamerunern nicht nur Übles gebracht: Das Leben in den pulsierenden Städten mit ihren Unterhaltungsmöglichkeiten, der Anschluss an die „große, weite Welt“, die Bars mit ihren Bands, die auf modernen Instrumenten original kamerunische Musik spielen, gehören genauso dazu wie Krankenhäuser, Schulen und Verkehrsmittel.

Gesundheitswesen

Das kamerunische Gesundheitssystem untersteht dem Ministère de la Santé Publique bzw. dem Ministry of Health (Gesundheitsministerium); verantwortlich für die Ausbildung von medizinischem Fachpersonal ist das Bildungsministerium. Die Basis bildet die **Gesundheitsversorgung** der Bevölkerung in sog. **Dispensaires** (Krankenstationen) auf lokaler Ebene, gefolgt von den Département- und Arrondissement-Krankenhäusern, die hauptsächlich allgemeinärztliche Dienste anbieten. Die oberste Stufe bilden die Zentral- und Provinzialkrankenhäuser mit spezialisierten fachärztlichen Einrichtungen.

Die **ländlichen Gebiete** und vor allem die abgelegenen nördlichen Landesteile sind medizinisch noch sehr stark **unterversorgt.** Generell fehlt es der Bevölkerung an ausreichenden Arzneimitteln, an genügend Krankenhaus- und Nothilfe-Kapazitäten. Daraus resultiert eine hohe Säuglings- und Kleinkindersterblichkeit. Auch die in den letzten Jahren wieder verstärkt aufgetretenen Fälle von **Cholera** und **Gelbfieber** sowie die mittlerweile als endemisch anzusehende **Malaria** lassen auf ungenügende medizinische Vorbeugemaßnahme schließen. Impfkampagnen und gezielte Arzneimittelprogramme stehen nicht in ausreichendem Maße zur Verfügung. Auch die Ausbreitung von **AIDS** nimmt weiter zu.

Um ärztliche Hilfe zu bekommen, sind die Menschen oft Stunden und sogar Tage zu Fuß unterwegs. Da kann es passieren, dass ein fieberndes Kind stirbt, noch bevor die nächste Krankenstation erreicht ist. Jenseits aller Statistik kann man davon ausgehen, dass etwa 70 % der Bevölkerung unterversorgt ist, da die Ärzte überwiegend in den Städten arbeiten.

Die kamerunische Regierung hat schon vor rund 25 Jahren damit begonnen, **„Primary Health Care"** im ganzen Land systematisch zu fördern. Im Rahmen dieser primären Gesundheitsvorsorge erfolgt im verstärkten Maße die Ausbildung von Dorfhelfern und traditionellen Geburtshelfern in Provinzkrankenhäusern. Die so ausgebildeten „Laiendoktoren", oft ehemalige Feldbauern, arbeiten in den Dörfern und fördern die medizinische Versorgung der ländlichen Regionen. In Dörfern, in denen Gesundheitshelfer „praktizieren", konnte z.B. die Säuglingssterblichkeit bereits erheblich gesenkt werden. Besonders weit entwickelt ist dieses Projekt in der Nordwestprovinz. Von Provinzbeauftragten der Gesundheitsbehörden werden die Gesundheitshelfer betreut und mit Medikamenten versorgt sowie in schwierigen Fällen beraten. Einen kleinen Beitrag für die Arznei müssen die Dorfbewohner selbst bezahlen. Von diesem Geld bekommt der Dorfhelfer ein Taschengeld, ein Teil wird für neue Investitionen genutzt; darunter sind Wasserprojekte, die die Lebensgrundlage der Bevölkerung verbessern helfen sollen. Von den Dorfbewohnern selbst werden Brunnen und Wasserleitungen gebaut, um eine Trinkwasserversorgung zu gewährleisten. Gerade das unreine Trinkwasser ist einer der bakteriellen Herde für **Infektionskrankheiten.** Nur ca. ein Drittel der Bevölkerung hatte in den 1980er Jahren Zugang zu sauberem Trinkwasser. Dabei war ein starkes Stadt-Land-Gefälle erkennbar. Die überwiegende Zahl der Krankheiten resultiert aus dem mangelhaften Informationsstand der Bevölkerung über den Kreislauf von Krankheit, Ernährung und Hygiene.

Die **primären Todesursachen** sind Masern gefolgt von Malaria sowie Darm- und Verdauungserkrankungen.

Neben den beschriebenen Maßnahmen lebt die **traditionelle Medizin** fort: „Docteurs traditionnels" oder „Native doctors" beschwören und heilen mit Fetischen und Heilkräutern. Vor allem in den abgelegenen Regionen im Norden wird ihnen noch großer Respekt entgegengebracht.

Bildung

Auch nach der Unabhängigkeit Kameruns war das Bildungssystem **zunächst** noch **zweigeteilt:** Ostkamerun, die einstige Kolonie Frankreichs, hielt sich an das französische Schulsystem, während im Westen das britische Schulsystem dominierte. 1972 erfolgte der allmähliche Übergang zu zweisprachigem Unterricht an den Grundschulen. Eine weitgehende **Vereinheitlichung des Schulsystems** wurde **1976** abgeschlossen. Trotzdem gibt es immer noch geringfügige **Unterschiede.** So beginnt für die Kinder im Osten Kameruns die Grundschule im Alter von sechs Jahren mit einer Dauer von ebenfalls sechs Jahren, in Westkamerun dauert die Grundschulzeit dagegen sieben Jahre. Daran schließt sich dann die siebenjährige Sekundarstufe an, die mit dem Abitur abgeschlossen wird. Mit dem Reifezeugnis erschließt sich dann der Zugang zur Universität. Die Studiengebühren müssen von den Studenten privat finanziert werden.

Die **Unterrichtssprache** ist in den jeweiligen Landesteilen entweder **Englisch oder Französisch.** Im Rahmen eines Pilotprojektes wird in einigen Primarschulen in den ersten Jahren muttersprachlicher Unterricht erteilt, für den auch Lehrbücher in den jeweiligen afrikanischen Muttersprachen erstellt werden (z.B. Bafut).

Nur in **Ostkamerun** gibt es seit 1980 eine **allgemeine Schulpflicht.**

Träger des Bildungssystems sind staatliche Einrichtungen, private und kirchliche Institutionen (Missionen).

Es herrscht ein **großes Stadt-Land-Gefälle** in der Ausstattung der Schulen und hinsichtlich des Personals. Viele Lehrer wollen nicht in den abgelegenen, ländlichen Regionen arbeiten, ein Problem, das besonders im Norden auffällt. Die mangelhafte schulische Infrastruktur, nicht zuletzt Folge fehlender finanzieller Mittel, führt zu extrem hohen Durchfallquoten.

In Kamerun gibt es derzeit **sechs Universitäten:** Yaoundé I, Yaoundé II, Douala, Buea, Ngaoundére, Dschang. Die älteste Hochschule des Landes ist die Universität von Yaoundé I, deren Bau und Unterhalt während der ersten Jahre von Frankreich finanziert wurde. Der Mangel an Einrichtungen im Norden (nur eine Université in Ngaoundéré) gibt Aufschluss über das **Süd-Nord-Gefälle im Bildungssystem.** Die angelsächsische Universität zu Buea hat das Gefühl der angehenden Elite des anglophonen Landesteils, die sich vom bestehenden Hochschulwesen benachteiligt fühlt, ein wenig gemildert.

Einige Privilegierte studieren im Ausland, v.a. in Frankreich. Etwa 4500 kamerunische Studenten sind an verschiedenen Universitäten in Deutschland eingeschrieben.

An jeder Universität gibt es ein Institut Universitaire de Technologie (IUT), in Ngaoundéré existiert ferner eine Hotelfach- und Touristik-Schule, an der qualifiziertes Personal ausgebildet wird.

Bis in die 1980er Jahre war das Bildungssystem in Kamerun sehr gut. 1990 wurden 96 % der Kinder in Primarschulen angemeldet. Im Gefolge der wirtschaftlichen Krise hat sich die

Situation jedoch verschlechtert, die Einschulungsraten sanken. Lehrer wurden nur sporadisch oder schlecht bezahlt, und es fehlte an Unterrichtsmaterialien. 1995 erreichten die staatlichen Ausgaben für Bildung einen Tiefpunkt, es fehlten, vor allem an den Primarschulen in den ländlichen Gebieten, qualifizierte Lehrer. Seitdem hat der Staat jedoch Gegenmaßnahmen ergriffen und die Ausgaben wieder erhöht. 1999 wurden die Schulgebühren für Grundschulen komplett abgeschafft. Das Verhältnis der eingeschulten Jungen zu Mädchen lag 2002 bei 89 %. Hier bestehen allerdings starke regionale Unterschiede. Im Süden ist das Verhältnis von Mädchen zu Jungen ausgeglichen, während im Norden die Quote bei nur 58 % liegt. Die Abbrecherquote in den Primarschulen ist mit 25 % immer noch hoch.

Die **Alphabetisierungsrate** in Kamerun ist im Vergleich zu anderen afrikanischen Staaten relativ hoch, und die Tendenz zeigt weiter stark nach oben. Von 1998–2002 sank die Analphabetenquote von 31,3 auf 26,5 % der Gesamtbevölkerung. Auch in der weiblichen Bevölkerung lag der Wert nicht viel höher; er fiel von 39,4 auf 33,5 %.

Übrigens: In keinem anderen Land Afrikas gibt es mehr **Deutsch-Schüler,** im Jahr 2000 waren es etwa 50.000. Französisch und Englisch werden als Pflichtfächer unterrichtet, Deutsch ist seit der Unabhängigkeit neben Spanisch Wahlfach in den frankophonen Gebieten.

Religionen

Laut Statistik sind in Kamerun je etwa ein Drittel der Bevölkerung **Christen, Moslems** oder **Anhänger afrikanischer Religionen.** Die Angaben zur Religionszugehörigkeit schwanken stark. So besagen andere Zahlen, es gäbe 40 % Christen, 40 % Anhänger von Naturreligionen und 20 % Muslime. Ein ausgeprägtes Traditionsbewusstsein bildet die Basis des religösen Denkens, und so haben sich die verschiedenen Religionen nicht völlig voneinander getrennt, sondern greifen oft ineinander. Der Glaube ist den Afrikanern existenziell wichtig, da er ihnen Schutz und Lebensinhalt gewährt.

Geographisch könnte man Kamerun sehr oberflächlich einteilen in einen **islamischen Norden** und einen **christlichen Süden.** Afrikanische Religionen sind überall im Land präsent.

Afrikanische Religionen

Etwa ein **Drittel der Gesamtbevölkerung** Kameruns hält an traditionellen Glaubensstrukturen fest, deren Vielfalt beachtlich ist und die auch auf Christentum und Islam ausstrahlen.

In der althergebrachten Glaubensvorstellung sind alle Naturelemente von wirkenden Geistern und übernatürlichen Kräften beseelt. Diese Kräfte beherrschen das gesamte Leben jedes einzelnen und drücken sich aus in Maskentänzen, Naturmedizin und Fetischen, verschiedenen Ritualen, aber auch im Ahnenglauben und Totenkult.

Über den Fußball

„Fußball, das ist der Sport, der das Land beherrscht. Ja, es ist mehr als nur ein Sport. In Kamerun, in ganz Afrika, ist Fußball fast eine Religion." Und *Roger Milla* ist ihr Hohepriester. Als Kind hat er, wie alle Kinder Kameruns, auf zusammengeknotete Lappen eingetreten. Seine Fußballerkarriere begann vor 25 Jahren. Milla startete 1965 bei Eclair (Blitz) de Douala, ging zu den Leoparden und danach zu Tonnere (Donner) in Yaoundé. (...) Später, als er daheim allen Ruhm eingeheimst hatte, spielte er als Profi bei diversen französischen Clubs: Valenciennes, Monaco, Bastia, Montpellier, Saint-Etienne. Die Franzosen tauften ihn „défi africain" – die afrikanische Herausforderung. (...)

Das Quartier Congo, zweites Arrondissement der Hafenstadt Douala, ist eine quirlige Gegend und der Platz an der Pharmacie de la Mosquée deren Mittelpunkt. Straßenhändler mit Bonbons und Zigaretten, Erdnüssen und Getränken, Verkaufsstände, Frauen mit Schüsseln, in denen sich Eßwaren stapeln, die Kneipen sind voll. Ein atemberaubender Geruch schwebt über dem Platz, der Duft von geröstetem Mais und gebratenen Hühnern, gemischt mit dem Gestank modernen Mülls. Musik dröhnt, verbeulte gelbe Sammeltaxis kurven hupend um den Platz.

Inmitten dieses Getümmels stehen an die 200 Menschen um einen Fußballplatz herum. Sogar Stühle gibt es, doch die meisten sind leer – sie kosten Eintritt. Erregt folgen die Zuschauer dem Spiel der „Lion Coiffeur", benannt nach dem örtlichen Friseur-Salon, gegen „Makombe". Beide Mannschaften bestehen nur aus sechs Spielern, denn der Platz, der sich hochtrabend „Stade Mairie de la Ileme" nennt, ist nicht nur uneben und klein, sondern auch dreieckig. Das fordert die artistischen Fähigkeiten der jungen Kicker nur um so mehr heraus. Saltos vorwärts wie rückwärts sind sehr beliebt. Andauernd fliegt der Ball in den Verkehr, ein zweiter liegt als Ersatz bereit, bis sich der andere eingefunden hat. Wenn beide futsch sind, ist Pause. (...)

Der Schiedsrichter in kurzen Hosen und Plastiksandalen trillert sich die Lunge aus dem Hals. Es hagelt gelbe und rote Karten, empört reißt sich ein Spieler das Trikot vom Leib. (...)

In Kamerun sind gerade Schulferien, drei lange Monate für ausschweifende Fußball-Turniere. In jedem Stadtteil, in jedem Dorf finden sie statt und sind stets das am heißesten debattierte Thema. (...) Die Fußballbegeisterung der Kameruner hat eine lange Tradition. Den ersten Fußball, einen Kautschuk-Ball, brachte ein Wanderarbeiter aus Sierra Leone mit, der 1922 im Hafen von Douala ankam. Der Mann hieß *George Goethe*. Sein Großvater sei ein sehr gebildeter Mensch gewesen, erzählt Cyrille Goethe. „Am Tag der Geburt meines Vaters hatte er ein Gedicht von Goethe gelesen und seinem Spross umgehend den Namen gegeben." (...) „Fußball", sagt Monsieur Goethe (der Nachfahre), „ist sehr wichtig für dieses Land. Früher gab es hier nur Clan-Wirtschaft. Die Einheit Kameruns hat mit dem Fußball begonnen".

George Goethe hatte damals den Ball mitgebracht. (...) Die Kinder aus der Nachbarschaft fanden das neue Spiel ganz wunderbar, und nach zwei Jahren war die erste Mannschaft entstanden: Der CAC – Club Athlétique du Cameroun. (...) Ein halbes Jahrzehnt spielten alle mit dem einen Ball, der zum Aufblasen von Mund zu Mund gereicht wurde. Dann weihte der französische Gouverneur Kameruns die Eisenbahnlinie zwischen Douala und Yaoundé ein, und der Fußballsport machte einen großen Sprung nach vorn: Zur feierlichen Eröffnung spielte eine Equipe aus Europa gegen die Einheimischen. Die Europäer gewannen. Die Revanche kam schon zwei Jahre später, im Jahr 1929: Die siegesgewissen Weißen wurden 3:1 bezwungen. Seither war Kameruns Fußballmannschaft immer wieder für Überraschungen gut. (...)

Die Menschen identifizieren sich mit den Aufs und Abs ihrer Clubs und reden über nichts anderes. Fußball ist das Leben. Man wettet selbst auf Spiele in Frankreich, England und Ergebnisse der deutschen Bundesliga, deren Spiele es, wenn auch reichlich verspätet, sogar im Fernsehen zu sehen gibt. (...)

Der Triumph von Italien hat Kamerun für kurze Zeit Luft geschaffen. Als die afrikanischen Underdogs, belächelt von der so genannten Fachwelt, gleich beim ersten Spiel Argentinien und den in aller Welt vergötterten Diego Maradona vom Thron holten, flippte die Nation aus. Die Weltmeisterschaft wurde zur landesweiten Party. Nach den Siegen über Rumänien und Kolumbien, selbst nach dem legendären, wenn auch letztlich verlorenen Spiel gegen England im Viertelfinale, delirierte die ganze Nation tagelang. Kaum je ist ein Volk so vom sportiven Stolz übermannt worden. Alles tanzte auf den Straßen, die Zeitungen druckten Jubelgedichte übersprudelnder Fans. Traditionelle Künstler schnitzten plötzlich Figuren mit Milla-Köpfen. (...)

Am meisten Spaß scheint der Fußball den Frauen zu machen. Eine Überraschung zunächst, dass in einem westafrikanischen Land, wo der Machismo in voller Blüte steht, Frauen überhaupt Fußball spielen. Doch sie tun es. Seit 1990 existiert sogar eine nationale Frauenliga. Der kleine Unterschied ist hörbar. Die Männer ächzen und stöhnen, die Frauen lachen beim Spiel – laut und begeistert. (...)

Nach dem italienischen Rausch ist der Alltag wieder da: Geldmangel, Kompetenzgerangel, Schiebung, Krach. Alte Hasen wie Milla und Kundé haben bei der WM ihren endgültigen Abschied gegeben, das Gros der guten Profis kickt in Europa, irgendwo zwischen Barcelona und Dortmund. Solche Exporte nach Europa haben Tradition. Ein halbes Hundert Afrikaner spielt derzeit in französischen Clubs, mindestens acht davon sind aus Kamerun. (...)

Die Gelegenheit ist günstig, ein Geheimnis zu erforschen: Fußball und Magie. Emmanuel erzählt, er sei einmal zu einem Zauberer gegangen, als sein Team in Gefahr war, aus einem Turnier auszuscheiden. „Der Magier gab mir einen Metallring und sagte, alle würden mich respektieren. Ich musste ihm dafür ein Huhn bringen." (...) Der Magier, in Kamerun „Guérisseur" genannt, ist vor allem zum Schutz vor Hexereien der Gegenmannschaft da. Wenn der Torhüter berichtet, es seien etliche Bälle auf ihn zugeflogen und leider habe er nach dem falschen gegriffen, ist ein Eingreifen dringend angezeigt. Guérisseure haben die unterschiedlichsten Methoden. Sie befragen Spiegel und mit Muscheln gefüllte Hörner oder träumen den Spielablauf. Spieler müssen speziell präparierte Bälle berühren, Puder, Öle und allerlei Kräuter auftragen und Amulette umlegen. Manche feiern Zeremonien am Abend vor dem Anpfiff oder verordnen nächtliche Aufenthalte der Spieler auf Friedhöfen. (...)

Es ist schon acht Uhr abends, als Prévoyance, die in der Tabelle gut plazierte Mannschaft der staatlichen Sozialversicherungsgesellschaft, auf ihren Gegner trifft. Die Luft ist schwül, große, bunte Falter taumeln im Flutlicht auf und ab. Plötzlich geht ein tropischer Gewitterregen nieder. Binnen weniger Minuten verwandelt sich der Rasen in einen See. Der Schiedsrichter lässt gnadenlos weiterspielen. Zuschauer machen unter der Tribüne ein Feuerchen, um sich zu wärmen. Es ist eine Wasserschlacht, in der mehr Spieler liegen als stehen. Und Prévoyance verliert.

Den technischen Direktor, der neben mir auf der Reservebank unter seinem Schirm kauert, frage ich, warum Pévoyance keinen Zauberer hat. „Wir sind eine Staatsfirma", antwortet er charmant, „Zauberer geben keine Quittungen".

(aus GEO Nr. 2/1991, Autor: *Tom Schimmeck;*
mit freundlicher Genehmigung des Verlags)

Durch die Maske wird der Tänzer zum Übermittler von Botschaften, deren Inhalt nur von den Eingeweihten oder den Geheimgesellschaften verstanden wird. Die verschiedenen Ethnien Kameruns glauben zumeist an ein oder mehrere höhere Wesen, die alles Leben schaffen und beeinflussen.

Da der Alltag in Afrika viel mehr als bei uns in einer sehr engen Beziehung zur Natur steht, ist es leicht verständlich, dass den Naturkräften und -ereignissen eine besondere Stellung eingeräumt wird. Das Wissen um diese Phänomene wird streng geheim gehalten, so dass bis heute längst nicht alles bekannt ist über die Rituale der verschiedenen afrikanischen Religionen.

Die Dorfbewohner der Waldgebiete im Westen glauben z.B., dass gewisse **Menschen** sich **in Tiere** wie Elefanten und Krokodile **verwandeln** können. Wird ein Feld von einem Elefanten verwüstet, so vermutet man, dass jemand dem Feldbesitzer böse gesonnen war und als Elefant das Feld beschädigt hat. Dadurch wird gezeigt, dass im Dorf und allgemein in übergeordneten Welten niemals etwas zufällig geschieht, sondern durch geheimnisvolle, allgegenwärtige Kräfte verursacht ist. Jedes Ereignis im Leben steht in Beziehung zu einer übernatürlichen Ursache. Auch unbelebte Gegenstände und die Natur besitzen Seele und Geist und wirken mit ihren Mächten positiv oder negativ auf die Lebenden ein.

Durch die so genannte **Initiation** wird ein Neuling oder junger Mensch in eine Standes- oder Altersgemeinschaft aufgenommen. Man könnte die Initiation als eine Art traditionelle Schule bezeichnen, die stufenweise zum Wissen über das Leben und den Tod, die sozialen Gemeinschaften und das Zusammenleben allgemein führt. Dazu zählt die Aufnahme in einen Geheimbund, aber auch die Einführung junger Menschen in den Kreis der Erwachsen. Das Ereignis ist immer an ein bestimmtes Ritual, die Beteiligten sind an eine strenge Schweigepflicht gebunden. Uneingeweihte dürfen bei der Initiation oder auch dem Treffen der Bünde nie anwesend sein. Zumeist geht die Initiation einher mit der **Beschneidung.** Die Aufgabe der Geheimgesellschaften ist es, das Zusammenleben zu ordnen und soziale Gerechtigkeit zu schaffen, aber die „Eingeweihten" treten auch mit den Kräften der Natur und mit den Ahnen in Verbindung.

Die **Ahnenverehrung** spielt in afrikanischen Glaubenswelten eine große Rolle. Die Stellung der Familie als wichtigste soziale Einheit erklärt, warum der Ahnenkult überall im Mittelpunkt der religiösen Vorstellungen steht und ein Dialog mit den Verstorbenen gesucht wird. So glauben die meisten Anhänger afrikanischer Religionen, dass der Tod die Verstorbenen nicht ins Jenseits verbannt, sondern als „geistige Kräfte" weiterleben lässt. Die verstorbenen Angehörigen werden meist innerhalb eines Gehöfts begraben und bleiben in sehr engem Kontakt zu den Lebenden. Durch Opferrituale und Tänze werden die Geister der Ahnen um Schutz gebeten und gnädig gestimmt, denn die Ahnen sind die Vermittler zwischen den Lebenden und den Gottheiten. Alle drei

BILD_27kam Foto: rf

oder vier Jahre wird z.B. bei den Bergland-„Kirdi" ein großes Fest zu Ehren der Verstorbenen abgehalten: „Maray" oder das „Fest des Stieres". Dazu wird den Fulbe in der Ebene ein junger Stier abgekauft und, mangels Weideland, innerhalb des Gehöfts in einer mit Dachluke versehenen Hütte groß gezogen. Sobald er gemästet ist, wird die Lehmmauer der Hütte durchbrochen, und das Tier wird zum Opferplatz gebracht. Einige Tage lang feiert die Familie dann ein Festmahl.

Das traditionelle Glaubenssystem lässt die Verstorbenen weiterhin im Mittelpunkt der Familie stehen. So sind die **Begräbnisse** in Afrika **häufig ein Anlass zur Freude,** wenn der Verstorbene ein langes und erfülltes Leben hatte. Die ganze Familie tanzt, trinkt und isst, und das Fest kann mehrere Wochen dauern.

Zuletzt sei noch der sog. **Fetisch-Glaube** erwähnt. Dabei werden bestimmte, auch ganz alltägliche Gegenstände von einem „féticheur" (oder bei den islamisierten Gruppen „Marabout") einer rituellen Handlung unterzogen. Die so behandelten Federbüschel, Tierpfoten, Holzstäbchen, Lederetuis etc. schützen vor bösen Kräften. Der Fetisch oder Gri-Gri wird oft um den Hals getragen, in die Kleidung eingenäht oder im Haus plaziert.

Fetische

Die **Magier,** auch *Sorcier* (franz. für „Zauberer"), *Guérisseur* (franz. für „Heiler") bzw. *Witch doctor* (engl.) genannt, dienen als Mittler zwischen Ahnen und Lebenden und überbringen auch die Botschaften der Gottheiten und Naturgeister.

Der Islam

Etwa **ein Viertel der Bevölkerung Kameruns** bekennt sich zum Islam.

Schon **seit dem 15./16. Jahrhundert** stand der hohe Norden Kameruns unter dem Einfluss islamischer Staaten wie z.B. dem Bornou-Reich. Das Reich Mandara um die Stadt Mora war vor Ankunft der Fulbe-Eroberer unter *Osman dan Fodio* bzw. *Modibo Adama* Ende des 18. Jahrhunderts das südlichste islamische Gemeinwesen der Region. Viele Völker flohen vor den islamischen Eroberern in die Berge, z.B. in die Mandara-Berge Nordkameruns. Aber auch andere Massive, in die die berittenen Truppen der Bornous oder Fulbe nicht vordringen konnten, waren Zufluchtsstätte. So kam es, dass seit Mitte des 19. Jahrhunderts ein Großteil der Völker der Ebenen zumindest nominell zum Islam bekehrt waren. Aber auch die Bamoun im Westen schlossen sich später dem Islam an. In diesen Regionen findet man in jedem Ort eine oder mehrere Moscheen, von denen der Muezzin fünfmal am Tag zum Gebet ruft.

Buchtipp:
- Kirstin Kabasci: **Islam erleben,** Praxis-Reihe, REISE KNOW-HOW

In ländlichen Gegenden des Nordens sowie in einigen Städten des Südens kommt es heutzutage zunehmend vor, dass Menschen der muslimischen Glaubensgemeinschaft angehören wollen, ob aus gesellschaftlichen oder ideologischen Gründen, sei dahingestellt. Jedenfalls übt diese Religion vielerorts – in ihrer spezifisch afrikanischen Ausprägung – eine viel größere Anziehungskraft aus als das Christentum. Im Süden sind die moslemischen Glaubensgemeinden jedoch in der Minderheit.

Der **Islam südlich der Sahara** unterscheidet sich deutlich von dem Nordafrikas und der arabischen Welt. Ähnlich wie im Christentum sind auch im Islam des äquatorialen Afrika Einflüsse der traditionellen Glaubensvorstellungen wirksam. Die Religion stützt sich zwar in der Hauptsache auf den Koran, wird aber liberal und tolerant gehandhabt, es gibt keinen Fanatismus. Generell werden die Sozialstrukturen Afrikas mit in die Religion aufgenommen.

Die Frau hat im Islam Schwarzafrikas mehr Rechte. So sind z.B. hier die Bekleidungsvorschriften viel lockerer: Islamische Frauen tragen zwar ein Kopftuch, es verschleiert sich aber niemand gänzlich. Die moslemischen Männer fallen auf durch ihre weiten und langen Gewänder, die *Boubous*, und ihre Kopfbedeckung, eine kleine runde Kappe. Das Alltagsleben prägen religiöse Vorschriften, Rituale und Feste.

- Auch für die Muslime Kameruns gelten die **„Fünf Säulen des Islam":** das Glaubensbekenntnis, dass es keinen Gott gibt neben Gott (Allah); die täglichen Gebete und Reinheitsregeln; die Pilgerreise nach Mekka; das

Einhalten des Fastenmonats Ramadan; die Verpflichtung zum Almosen.

- Grundsätzlich gilt ein **Verbot von Alkohol und Schweinefleisch.**
- Am **Freitag,** dem **moslemischen Feiertag,** zieht man sich besonders festlich an und macht sich mit seinem Teppich auf zur Moschee. Hoch oben vom Minarett ruft der Muezzin zum Gebet, heute meist über einen elektrischen Lautsprecher. Gebetet wird immer gen Mekka.
- Im **Ramadan** herrscht große Ruhe, viele Restaurants sind tagsüber geschlossen. Abends jedoch, wenn nach Sonnenuntergang wieder Essen und Trinken erlaubt sind, füllen sich die Straßen und Kneipen. Am Ende des Ramadan erlebt man vor allem im Norden farbenprächtige, traditionelle Reiterspiele, die **Fantasias.** Und wer es sich leisten kann, unternimmt zumindest einmal eine Pilgerfahrt nach Mekka.

Christentum

Die **Missionierung Kameruns** begann mit der Landung der protestantischen Missionare der Londoner Baptisten-Mission, *Joseph Merrick* und *Alfred Saker*, im Jahre 1845. Ihre erste Taufe nahmen sie 1849 im Wouri-Fluss vor. Seit dieser Zeit kamen **christliche Kirchen der verschiedensten Konfessionen** ins Land: Baptisten, die Basler Mission, die evangelische Mission aus Frankreich, amerikanische Presbyterianer, Lutheraner und Katholiken. Die Katholiken kamen erst 1890 nach Kamerun, verschiedene deutsche und französische Missionsstationen ließen sich im Süden und Westen nieder. Es wurden Missionsschulen, Krankenstationen, Waisenhäuser und andere soziale Einrichtungen gegründet, die bis heute aktiv sind. Die Statistik spricht gegenwärtig von ca. 55 % Christen in Kamerun, darunter sind die Katholiken, denen auch Staatschef *Paul Biya* angehört, die zahlenmäßig größte Glaubensgemeinschaft (35 %).

In der Kolonialzeit begann die Christianisierung von der Küste her. Das Vordringen in den Norden wurde aber nicht unterstützt, da die herrschenden islamischen Fulbe-Strukturen dort für die Kolonialverwaltung von Bedeutung waren. Außerdem galten bekehrte Afrikaner lange Zeit als „kritische Geister".

Man kann sagen, dass in den westlichen Provinzen und an der Küste die protestantischen Missionen überwiegen, was auf die **Verteilung der Einflusssphären der einzelnen Kirchen** noch zur deutschen Kolonialzeit zurückzuführen ist. Die verschiedenen protestantischen Kirchen (Baptisten, Adventisten, Presbyterianer etc.) und ebenso viele Missionsgesellschaften machten sich an die religiöse Bekehrungsarbeit und etwas später an den Auf- und Ausbau erster schulischer und gesundheitlicher Einrichtungen.

Die Mannigfaltigkeit in der Glaubensausrichtung der verschiedenen Missionsschulen wurde von vielen neuen Christen zunächst nur schwer begriffen. Daher gibt es in Kamerun auch eine ausgeprägte ökumenische Bewegung. Auf einem Busbahnhof wurde ich einmal von einem jungen Kameruner gefragt: „War Jesus Katholik oder Protestant?" Je nach Beantwortung der Frage, die ihn schon seit langem beschäftige, werde er dann seine eigene Religionszugehörigkeit wählen ...

Schon seit der Missionierung gab es **Konflikte zwischen den Geboten der christlichen Kirche,** die einen Ausschließlichkeitsanspruch erhob, **und den altbewährten Traditionen** der neu „Bekehrten". Den größten Widerspruch zum christlichen Glauben stellte dabei die **Polygamie** dar, die es den Männern erlaubt, mehrere Frauen gleichzeitig zu heiraten. Bis heute gibt es in Kamerun gläubige Christen, die an diesem Brauch festhalten. Die Polygamie ist seit alters her ein ökonomischer Zwang: Frauen waren Überlebensgarantie der Familie sowohl als Arbeitskraft als auch als Gebärende. War eine Frau schwanger, musste eine andere ihre Pflichten mitübernehmen. In Rhumsiki begegnete ich einem jungen Mann, der mir erzählte, dass er Christ sei, deswegen aber nicht vorhabe, seine fünf Frauen aufzugeben. Die wechselseitige Beeinflussung, Durchdringung und in Konsequenz „Aufweichung" der verschiedenen Religionen ist für Kamerun, wie schon erwähnt, charakteristisch.

BILD_30kam Foto: rf

Schnitzerei in der Chefferie von Bandjoun

Kunst und Kultur

Die teuerste Ware auf dem Weltmarkt ist weder Gold noch Diamant, sondern Kultur.

Aus Afrika

Der Ethnologe *Hans-Joachim Koloß* schreibt zur sozialen Funktion von Kultur: „Der Einzelne versteht sich in der traditionellen Kultur weniger als unabhängig handelndes Individuum, denn als Teil der Gesellschaft, die seine Rolle, seine Erwartungen und Ziele im Leben bestimmt und festlegt, die ihm aber mit dieser engen Einbindung auch Hilfe und Schutz gewährt. Ein Leben außerhalb des festgefügten Gesellschaftssystems ist schon aufgrund der wirtschaftlichen Abhängigkeit des Einzelnen unmöglich."

Dieser Deutung entsprechend kann **Kunst kein Selbstzweck** („l'Art pour l'Art") sein, sondern muss eine eminent gesellschaftliche Aufgabe erfüllen. Gerade in traditionellen Gesellschaften kommt jedem Objekt seine spezifische Bedeutung zu, der Maske genauso wie dem Schwert oder der Hacke. Traditionelle Töpferei und Schnitzkunst, Metallbearbeitung und Architektur haben neben ihrem funktionalen Aspekt eine enge **Verbindung mit Religion und Mythologie.** Viele der alten Kunstgegenstände finden in Riten und Festen erst ihren eigentlichen Ausdruck, in Kombination mit Tanz, Musik, Gesang und Religion. Sinn ist hier nicht die reine „Ästhetik", sondern der symbolische Gehalt eines Gegenstandes. Selbst vertraute Dinge des täglichen Bedarfs werden durch Dekoration aus den unterschiedlichsten Gründen mit Bedeutung erfüllt.

Manche Gegenstände verlieren ihren Gebrauchswert und ihren traditionellen Hintergrund, wenn sie aus dem Zusammenhang gerissen werden. Durch unterschiedliche Ausdrucksformen gibt sich jede Gesellschaft eine eigene Ordnung und wahrt dadurch ihre Identität.

Kunst im modernen Sinne gibt es aber mittlerweile auch in Kamerun. Hin und wieder findet eine Vernissage im Französischen Kulturzentrum, im Goethe-Institut in Yaoundé oder in einen der vielen neuen Galerien statt. Es kommt auch ein interessiertes Publikum (darunter auch viele in Kamerun lebende Weiße). Der Mehrheit der Bevölkerung allerdings fehlt der Sinn für derartige Veranstaltungen. Auch die Literatur (s.u.) hat mit dieser Art von Problemen zu kämpfen. Zu den Galerien gesellen sich in den größeren Städten auch immer mehr interessante **Boutiquen,** in der afrikanische Mode von teils jungen Künstlern angeboten wird. Gelegentlich gibt es auch **Modeshows.** Besonders in den größeren Städten gibt es viele junge Künstler, die ihr Glück versuchen.

Die **Handwerker** haben ihren wohlverdienten Platz in der modernen kamerunischen Gesellschaft. Schreiner, Schneider, Maurer, Automechaniker und alle anderen Berufssparten, die das Leben in den Städten erst ermöglichen, haben alle Hände voll zu tun. Auch wenn die Reparaturwerkstätten in den „Quartiers", d.h. in den Stadtteilen der kleinen Leute, keinen besonders guten Ruf haben, ist das Können dieser Leute oft beeindruckend; Improvisation und Erfindungsgabe stehen oft anstelle der Versorgung mit Ersatzteilen.

Das traditionelle Handwerk

Dieser Sektor spielt vor dem Hintergrund des modernen Lebens nur noch die Rolle eines besseren Kunsthandwerks. Es gibt sie immer noch, die Maskenschnitzer des Westens, Gelbgießer, Schmiede, Weber und Gerber. Aber ihre Produkte wurden lange Zeit von den Kamerunern selbst verschmäht, waren bestimmt für den Export oder durchreisende Touristen. Es war von „Airport-Art" die Rede. Inzwischen aber hat auch der „Durchschnitts-Kameruner" entdeckt, dass eine Ledertasche aus Maroua oder eine Bronzefigur aus Foumban hübscher sein können als mancher Artikel aus dem Ausland. Überall sieht man Fliegende Händler, die diese zum Teil sehr schönen Gegenstände anbieten. In Douala und Yaoundé gibt es große **Märkte für Kunsthandwerk** (franz.: *artisanat),* die meist in der Hand von Nordleuten sind. Das Angebot reicht von groteskem Kitsch bis zu hübschen und preiswerten Gebrauchsartikeln und Schmuck. Gewarnt sei vor dem Kauf von Elfenbein, Taschen aus Krokodil- oder Schlangenleder und anderer Artikel, deren Import nach Deutschland durch das **Arten-**

schutzgesetz verboten ist: Solche Gegenstände werden bei der Einreise nach Deutschland unweigerlich konfisziert. Richtige Antiquitäten wird man auf diesen Märkten nicht finden, ihr Export unterliegt außerdem gewissen gesetzlichen Bestimmungen (siehe „Souvenirs/Einkäufe/Märkte").

Zentren des Kunsthandwerks sind die Städte **Bamenda, Foumban und Maroua.** In Bamenda gibt es zwei Genossenschaften, die sich um den Vertrieb von Schnitzereien, Bastprodukten und dergleichen bemühen, sowie das große neue Handicraft Center, das von der Kirche mitgegründet wurde und in mehreren Städten ansässig ist (z.B. Bali). Foumban hat eine eigene Künstlerstraße, die Rue des artisans in der Nähe des Museums für Handwerk, und in Maroua, dem Zentrum des Lederhandwerks, gibt es ein großes Centre Artisanal.

Um einen Einblick zu geben in das traditionelle Handwerk Kameruns, werden im Folgenden einige Techniken geschildert. Der Verkauf der in Bamenda, Foumban und Maroua erzeugten Produkte findet jedoch auch in den größeren Städten statt.

Holzschnitzerei

Die Kunst der Holzschnitzerei wird vorwiegend von den sesshaften Bauern ausgeübt und ist **Männerarbeit.** Das Handwerk stellt große Ansprüche an künstlerische Geschicklichkeit und Kreativität, besonders im Falle von Masken und Skulpturen; es wird meist vom Vater auf den Sohn vererbt. Die für dieses Kunsthandwerk verwendeten **Materialien** wechseln je nach örtlichem Vorkommen und bezüglich ihrer Verwendung: Weiches, leichtes Holz eignet sich gut für die Herstellung von Masken, schwerere Hölzer dagegen für Statuen und Gegenstände, von denen eine gewisse Haltbarkeit vorausgesetzt wird. Dabei sind die Figuren oder Holzbilder meist aus einem einzigen Holzblock, einem Stück Baumstamm, gearbeitet.

Für die **Ausarbeitung einer Skulptur** wird der grobe Entwurf zunächst mit einem scharfen Messer, einer Axt oder dem Meißel angedeutet. Dies geschieht direkt und ohne präzise Vorzeichnung. Die Feinarbeit erfolgt mit einem kurzen Schnitzmesser. Der geschnitzte Gegenstand wird am Ende mit Schmirgelpapier poliert und mit pflanzlichen oder mineralischen Farben bemalt oder – vor allem für Touristenartikel – mit Ruß geschwärzt.

Charakteristisch für die Statuen Südkameruns sind ihre schmalen Figuren und schlanken Glieder. Der Kopf ist kugelförmig, mit breiter, gewölbter Stirn über einem rundlichen Gesicht. Deutlich sind die Frisuren ausgearbeitet. Manchmal wird zum Schmücken von Gesicht und Brust Metall verwendet (Blättchen aus Eisenblech oder Messing). Neben den Statuen werden auch Häuptlingszepter, Hocker, Löffel, Behälter, Thronstühle, Dekoration für Kulthäuser sowie Masken für die Geheim- oder Initiationsbünde angefertigt.

Besonders ausdrucksstark ist die **Schnitzkunst der Mambila,** die im Grenzgebiet zwischen Nigeria und Kamerun, westlich des Adamaoua-Plateaus, leben. Ihre Figuren sind in den

Farben Schwarz, Rot und Weiß bemalt und dienen dem Schutz der Dorfgemeinschaft. Die Masken zeigen stilisierte und phantastische Darstellungen von Menschen und Tieren; Vögel, Vogelspinnen und Flusskrabben spielen dabei eine wichtige Rolle. Sie treten bei den Festen im Jahreszyklus in Erscheinung, nur Männer sind zu den Maskentänzen oder als Zuschauer zugelassen. Die Ahnenfiguren der Mambila bilden den Wohnort der Ahnengeister. Mit Opferritualen stimmt man sie den Lebenden gegenüber freundlich.

Töpferkunst

Die Töpferei wird vorwiegend von **Frauen** ausgeübt. Da die Töpferscheibe in der traditionellen Töpferei unbekannt ist, werden die Objekte von Hand modelliert und z.B. über Formen herausgearbeitet. Verzierungen werden eingeschnitten, modelliert oder gemalt. Das fertig gestellte, getrocknete Gefäß wird dann bei offenem Feuer gebrannt. Recht eindrucksvoll sind die großen Hirsebiergefäße der Kirdi in den Mandara-Bergen im Norden Kameruns. Auf Wanderungen in dieser Bergregion und in Rhumsiki selbst kann man die Frauen bei ihrer Töpferarbeit beobachten. Mit Hilfe von Rauch oder Naturfarben, werden die Tonprodukte zum Teil sehr schön verziert bzw. gefärbt.

Korbmacherei

Bei der Herstellung von Körben und Matten geht es in erster Linie um den **praktischen Zweck.** Als Material kommen Raphia-Fasern, Schilf, Weidenrouten, -stiele und -blätter zur Verwendung. Die Matten werden z.B. bei den Pygmäen zum Hausbau verwendet, werden als „Mauern" um Gehöfte im Norden gereiht und dienen ansonsten in den Lehmhäusern als Schlaf- oder Sitzunterlage. Die Arbeit der Korb- und Hutmacher ist gut in Djingilla zu beobachten.

Weberei

Zum Weben wird in der Sahelzone die **Baumwolle als Rohstoff** verwendet, während in den Waldzonen der **Raphiabast** als Material dient.

Weben ist fast ausschließlich Männerarbeit, das Spinnen und Spulen des Baumwollgarns dagegen wird von den Frauen übernommen. Bei manchen Fulbe-Familien steht allerdings noch der eine oder andere Hochwebstuhl, auf dem Frauen etwas breitere Baumwolltücher weben. Die Baumwollweberei ist trotz umfangreicher Importe an Druckstoffen bis heute verbreitet. Unter schattigen Bäumen sitzen die Weber auf dem Dorfplatz an ihren einfachen sudanesischen Tretwebstühlen und fertigen lange, handbreite Baumwollbänder, die später zu Kleidern und Decken zusammengenäht und bestickt werden. Gut lässt sich dies in Rhumsiki oder Maroua beobachten. Das Muster der Stoffe ergibt sich aus der Webart, wird als Stickerei nachträglich hinzugefügt oder durch vollständiges oder teilweises Einfärben (Batiken) mit unterschiedlichen Methoden erreicht. In Bamenda und Umgebung hat man die Möglichkeit, die bunte sehr schöne und feine Bestickung der traditionellen Gewänder zu beobachten.

Schmiedekunst

Durch ihre enge Bindung zur Erde nehmen die Schmiede eine **besondere soziale Stellung** ein. Sie werden geachtet, weil sie Waffen und wichtige Geräte für die Feldarbeit herstellen. Die Kunst der Metallverarbeitung ist in Afrika immer mit dem **Glauben an einen magischen Zauber** verbunden. So wohnen z.B. die Schmiede der Mafa-Gesellschaft in den Mandara-Bergen am Rande des Dorfes und üben oft besondere Funktionen als Totengräber, Heilkundige oder Wahrsager aus. Der Schmied gilt auch als **Bindeglied und Kommunikationsmittel zwischen den Lebenden und den Toten.** Oft genießt er besonderen Respekt, manchmal wird er sogar gefürchtet. Auch darf nicht jeder mit einem Schmied gemeinsam essen und trinken. Die Frauen der Schmiede sind häufig Töpferinnen oder Hebammen.

Das Eisenerz gewinnen die Schmiede aus den ausgetrockneten Flussbetten *(Mayos)*. Es wird in meterhohen Öfen geschmolzen, wobei die Glut ständig durch einen Blasebalg angefacht werden muss. Das geschmolzene Metall wird von der Schlacke befreit, etwas abgekühlt und schließlich auf dem Amboss bearbeitet. Da den Schmieden die Arbeit des Erzschmelzens jedoch zu mühsam geworden ist, bedienen sich viele heute einfach der Autowracks und jeglicher Art von Alteisen.

Die Kunst im Kameruner Grasland

Das Grasland im Westen Kameruns ist berühmt für sein ausgeprägtes und ausdrucksstarkes Kunsthandwerk. Diese Region wird **dominiert von drei verschiedenen Bevölkerungsgruppen:** Im Südwesten liegt das Land der Bamiléké, nordöstlich davon das Sultanat der Bamoun mit der Stadt Foumban als Zentrum, und im Norden die Region um Bamenda, deren Bewohner sich aus Tikar oder den Tikar verwandten Gruppen zusammensetzen. Hier entwickelte sich schon vor Jahrhunderten eine Gesellschaft mit hierarchischer Struktur, die in Fürstentümer und Königreiche gegliedert war. Noch heute steht im Mittelpunkt des politischen und religiösen Lebens der oberste Würdenträger, der Sultan oder Fon, und sein Palast. Als Beraterstab für diese Herrscher bildeten sich zahlreiche Geheimbünde, die ihre Stellung auf geheime Mittel und magische Rituale stützten.

Bei den Bamiléké bildeten sich unzählige kleine Häuptlingstümer *(Chefferien)*. Hier wurden viele, speziell für den König angefertigte Kunstformen und handwerkliche Gegenstände entwickelt. In den königlichen Werkstätten entstanden figürlich gestaltete Pfeifen aus Ton und Metall, schöne Gewänder und aufwändige Schnitzereien. Die figürlichen Schnitzereien schmücken noch heute die Stützpfosten und Türrahmen der kleinen Paläste. Geschnitzte Türumrahmungen oder Reliefbilder aus Holz sind zur Repräsentation an den Haupthäusern der Chefferien angebracht. Dargestellt sind historische Ereignisse oder symbolische Tiergestalten. Auch geschnitzte Thronstühle, Trommeln und eine Vielzahl von charakteristischen Masken wurden ange-

Gelbguss oder die „verlorene Form“

Eine besondere Art der Metallverarbeitung ist der Gelbguss, auch Wachsausschmelzverfahren oder Guss mit der „verlorenen Form“ genannt. Er ist in Westafrika von Guinea bis Kamerun verbreitet; neben der Elfenbeinküste und Ghana findet man dieses Handwerk speziell in der Region der Bamoun im Kameruner Grasland sowie bei einigen Gruppen in den Mandara-Bergen.

Seit vielen Jahren wird in Westafrika Messing gegossen, in Kamerun datiert dieses Handwerk bis in die Frühgeschichte zurück. In der Kunst der verlorenen Form („Cire perdue“), die vor allem in der Region von Foumban seit vielen Generationen beheimatet ist, werden Schmuck, Gebrauchsgegenstände, Figuren und Reliefmasken hergestellt. Die Gegenstände wurden in alter Zeit für den königlichen Hof angefertigt, heute gehen sie an Touristen und in den Export.

Die Handwerksart ermöglicht eine sehr feine Verarbeitung von Bronze. Zunächst wird ein Modell aus Wachs geformt, mit einer Lehmschicht ummantelt und getrocknet. Nun wird die Form erhitzt und das Wachs ausgeschmolzen. Durch einen zuvor angebrachten Kanal wird flüssiges Metall in die Tonform gegossen, das Wachs also durch Metall ersetzt. Sobald alles erkaltet ist, wird der Mantel zerschlagen, die Form ist „verloren“. Dadurch bleibt jedes gegossene Teil ein Einzelstück und ist nicht reproduzierbar.

Zum Formen des Modells wird Bienenwachs verwendet, im Kameruner Grasland zumeist noch das Wachs wilder Bienen. Ein wichtiger Faktor besteht darin, dass dem Lehm der Ummantelung organische Stoffe (Pferdemist, Holzkohle etc) beigemischt werden, die in glühender Form eine ideale Isolierung gegen eine unerwünschte Abkühlung im Gießprozess bilden. Die Gießereien sind in der Regel ebenerdige, luftige Räume, in denen der Schmelzofen steht. Mit zwei Blasebälgen wird die Glut entfacht. Der Lehm wird mittels Mahlsteinen zerkleinert. Ist das Metall geschmolzen, wird der Ofen geöffnet, die glühende Form herausgenommen und mit Erdbrocken standfest gestellt.

Schließlich wird der Guss in Wasser getaucht, damit das Metall abkühlt und erstarrt. Zur Verfeinerung schleift der Schmied sein Handwerksstück mit einer Feile.

Mit dieser aufwendigen Methode kann auch Gold künstlerisch verarbeitet werden, ein geschicktes handwerkliches Können ist jedoch Voraussetzung.

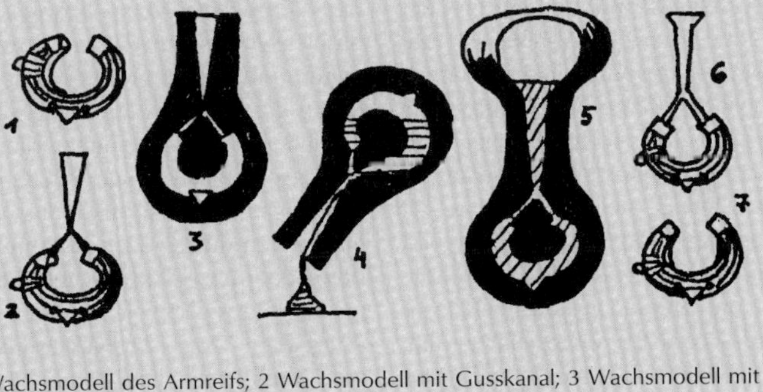

1 Wachsmodell des Armreifs; 2 Wachsmodell mit Gusskanal; 3 Wachsmodell mit Tonmantel; 4 Flüssiges Wachs; 5 Form mit flüssigem Gussmetall gefüllt; 6 Gießling nach Entfernen der Form; 7 Vollendete Form nach Entfernen des Gusskanals

fertigt. Besonders ausdrucksvoll sind die mit Glasperlen besetzten Elefanten-Masken des Aka-Geheimbundes der Bamiléké. Geschnitzte Hocker waren ausschließlich dem Fon vorbehalten.

Im Gegensatz zu den einzelnen Chefferien der Bamiléké hat sich **beim Volk der Bamoun** ein einziges, großes Sultanat in Foumban herausgebildet. Neben der offiziellen Religion des Islam haben sich auch traditionelle Religions- und Lebensvorstellungen erhalten. In der reichhaltigen **Sammlung des Palastmuseums in Foumban** kann man sich einen Überblick verschaffen über die Kunst der Bamoun, die unter König *Njoya* ihre Blütezeit fand. Bestickte Kleider, Figuren aus Ton, Holz und Bronze, Sessel und Pfeifen werden hier aufbewahrt.

Njoya stellte die besten Künstler und Handwerker in seine Dienste, die vor allem in der **Schnitzkunst** und im **Bronzeguss** tätig waren. Diese bildeten Zünfte, die in eigenen Vierteln Foumbans lebten und arbeiteten. Einen Eindruck von der Vielfalt des Kunsthandwerks erhält man auch beim Bummeln in der **Künstlerstraße** der Stadt, in der sich heute noch die Werkstätten der Handwerker dicht aneinanderreihen. Die Kunst der Bamoun gelangte auch zum Export: Sie wird in den Nachbarländern entlang der Guinea-Küste angeboten und ist so bis weit über die Grenzen des Landes hinaus bekannt. Besonders hervorzuheben sind die Masken und Statuen aus Bronze, die im Gelbguss-Verfahren hergestellt werden.

Unter Sultan Njoya wurde auch eine neue Technik zum **Färben von Stoffen** entwickelt. Das blau-weiße Tuch wird bis heute von den Oberhäuptern des Graslandes getragen.

Einige wertvolle Kunsthandwerksgegenstände des Kameruner Graslandes befinden sich auch in deutschen Museen, darunter der **Originalthron des Königs Njoya,** den er zu seinen Lebzeiten dem deutschen Kaiser schenkte und den man im Berliner Museum für Völkerkunde besichtigen kann. Dieser Thronsessel gilt als einer der berühmtesten Kunstgegenstände Kameruns. Seine runde Sitzfläche wird von Schlangen getragen, dahinter sind eine männliche und eine weibliche Figur angebracht, vollkommen mit Glasperlen besetzt. Die männliche Figur hält ihre Hände am Kinn, eine Ergebenheitsgeste gegenüber dem König. Die weibliche hält eine Schale in den Händen. Die Kalebassenschale wird im Grasland auch als rituelles Trinkgefäß verwendet.

In den Königreichen des Kameruner Graslands ist der **Thronsessel,** der königliche Stuhl, von besonderer Bedeutung und dient der Repräsentation der Würdenträger. Als wichtigstes Zeichen der Würde des Herrschers tragen diese Stühle **Symbole in Gestalt von Menschen und Tieren** und verkörpern dadurch das jeweilige Weltbild. Saß der König in Gegenwart seiner Untertanen auf diesem Stuhl, so unterstützten diese Ornamente seine Autorität und Macht. So wurden die Überlebensfähigkeiten des Leoparden – Schnelligkeit, Angriffslust und Beweglichkeit – auf den König übertragen. Der Leopard wurde damit zum wichtigsten königlichen Symbol neben dem Löwen, dem König der Tiere. Die doppelköpfige Schlange ist ein weiteres bedeutsames Tiersymbol und gilt heute als öffentliches Symbol für Bamoun (siehe Palast in Foumban). Die Tierfiguren stellen also keine realen Tiere dar, sondern sind Ausdruck der Kraft des Herrschers und alleiniges Privileg des Königs. Von den Afrikanern werden diese Symbole noch weitgehend respektiert, sie erscheinen jedoch auch auf Produkten für Touristen.

Meist sind diese Thronsessel über und über mit **Glasperlen oder Kauri-Muscheln** bestückt. Jeder Würdenträger bekommt seinen eigenen Thron, der Stuhl des abgetretenen Herrschers wird dann im Palastmuseum oder Maskenhaus der Chefferie aufbewahrt. Früher durften nur die dem Palast vorbehaltenen Gegenstände mit Perlen und Kauris geschmückt werden, ein Zeichen von königlicher Macht und Reichtum. Erst nachdem die Haussa viele dieser Perlen in den Westen des Landes importierten, wurden auch andere Kultgegenstände damit verziert.

Zu den berühmtesten Kunstwerken des Graslandes gehören auch die **Königsfiguren von Laikom** in der Region von Bamenda, die König, Königin und Königsmutter symbolisieren. Sie werden nur bei der Inthronisationsfeier eines neuen Fon hervorgeholt. Eine dieser Figuren wurde in den 1960er Jahren gestohlen und nach Amerika verkauft. Sie konnte 1974 glücklicherweise wieder nach Kamerun geholt werden.

Die **Bildhauerei** und **Maskenschnitzkunst** des Graslands dient vor allem der Anerkennung der Fons. Doch als Gegengewicht zur königlichen Macht gibt es im Grasland geheime Gesellschaften oder **Geheimbünde.** Sie sind meist selbstständig organisiert, nehmen Gemeinschaftsaufgaben wahr und treten gewöhnlich als Maskengruppen in Erscheinung. Ihre Mitglieder sind zumeist Oberhäupter der wichtigsten Großfamilien, die über den Umweg des Geheimbundes als beratende Instanz des Fon an der Regierung der Chefferie teilhaben. Diese Bünde haben durch ihre rituellen Praktiken eine besondere Symbolik entwickelt, die die Schnitzerei beeinflusste. Sie treten meist in großen Gruppen auf. Da ihre Handlungen auch auf magisch wirkende „Medizinen" zurückgeführt werden, sprechen Ethnographen auch von „Medizingesellschaften". Man sagt den **Masken** selbst eine magische Wirkung nach, sie sind Mittler zu den guten Geistern und vertreiben das Böse. Die Masken sind gefürchtet und gelten sowohl für „Eingeweihte" als auch „Nicht-Eingeweihte" als gefährlich, da sie eine übernatürliche Kraft verkörpern. Sie werden in entlegenen Hütten aufbewahrt und meist streng bewacht. Hier wird besonders deutlich, dass die Maske nicht als „Kunstgegenstand" gilt, sondern ihre Kraft erst durch ihren Träger, das Kostüm, den Schmuck, durch Bewegung, Tanz und Musik lebendig wird. **Die Masken stellen im Grunde die soziale Organisation der Gesellschaft dar.** Sie können als Tier oder in menschlicher Gestalt auftreten. Manche Masken werden horizontal auf dem Kopf getragen, während das Gesicht des Trägers mit Stoff oder Bast verdeckt ist. Bei den Tierdarstellungen handelt es sich häufig um Büffel oder Elefanten, aber auch um

Antilopen, Ziegen und Affen. Die Maske bildet nur zusammen mit dem Gewand ihres Trägers eine Einheit. Oft sind die Gewänder der Maskenträger mit Haar oder Federn besetzt oder mit **Gri-Gris (Zauber-Amuletten),** pflanzlichen oder tierischen Materialien, verziert. Die unterschiedlichen Masken kommen je nach Ereignis zum Einsatz, zu Inthronisationsfeiern, Hochzeiten, Begräbnissen oder Ahnenfesten. Masken und Statuen sind übrigens nur den Männern vorbehalten, zu den Geheimgesellschaften haben Frauen keinen Zutritt. Ihnen ist daher in der traditionellen Gesellschaft eine Beteiligung am politischen und religiösen Leben verwehrt.

Die **Skulpturen** des Graslands haben sehr symbolischen, manchmal karikaturhaften Charakter und zeichnen sich aus durch eine sehr feine Schnitzerei. Auffällig sind vor allem die unnatürlichen Proportionen der Menschengestalten, wobei der Kopf oft übergroß dargestellt ist. Unter den Tiersymbolen sind die am meisten verbreiten Motive Spinne, Schlange und Leopard als Zeichen der königlichen Macht. Figuren in Menschengestalt sind im Grasland dem Palast vorbehalten. Kleine Menschenfiguren aus Holz oder Elfenbein werden allerdings, zumeist von Familienchefs, auch als Amulette getragen.

Über das ausdrucksstarke Kunsthandwerk im Grasland gibt es eine Reihe weiterführender Literatur (siehe Literaturverzeichnis im Anhang).

Während im Westen Kameruns die Städte Bafoussam, Foumban und Bamenda als handwerkliche Zentren gelten, hat **im Norden** das Kunsthandwerk in und um Maroua großen Einfluss. In der Savannen- und Sahelzone des Nordens sind zwar keine figürlichen Plastiken bekannt, dafür widmeten die Handwerker sich hier schön verziertem Hausrat und der Anfertigung von Schmuckgegenständen, Produkten aus gegerbtem Leder, gewebten Teppichen und Decken, wie sie vor allem von den Nomaden und Hirten benutzt werden. In **Maroua** selbst findet man die vielfältigen Handwerksgegenstände auf dem großen Markt oder in eigenen Kooperativen, z.B. denen der Gerber und Weber. Auf dem Markt von **Tourou** fallen die einzigartigen Kalebassenhälften auf, die von Marktfrauen als Kopfbedeckung getragen werden. Durch Einfärben und Brandmalerei sind diese „Helme“ schön verziert.

Wohn- und Siedlungsformen

Die traditionelle Bauweise in Kamerun ist dank der ethnischen Vielfalt seiner Bevölkerung und der unterschiedlichen geographischen Räume sehr vielfältig. Die verschiedenen **Haustypen** unterscheiden sich von Region zu Region, wobei in den bewaldeten Regionen im Süden, Osten und Westen als Baumaterialien hauptsächlich Holz, Bambus und Palmwedel (Dächer) verwendet werden, im Sudan-Sahel-Gebiet im Norden dagegen dominiert die Lehmbauweise mit Grasdächern.

Den bemerkenswertesten Baustil findet man in den berühmten **Palastanlagen im Westen**, die von manchen Ethnologen zur interessantesten Architektur ganz Afrikas gerechnet werden.

Die Fon-Paläste im Bamiléké-Stil sind sich in der **Grundstruktur** recht ähnlich: Jeder Palastbezirk hat ein großes Eingangstor, meist aus Holz, mit einigen Türmchen und den für die Bamiléké ganz typischen, hohen Spitzdächern. Früher waren diese Dächer mit Gras gedeckt, heute wird dieses natürliche Baumaterial meist durch resistenteres Aluminium ersetzt, das schon von weitem in der Sonne glänzt. Diese Türmchen finden sich übrigens auch außerhalb der Chefferien auf den Häusern der Notabeln, den offiziellen Beratern des Fon. Die Anzahl dieser Türmchen deutet eine Hierarchie an, je mehr Spitzdächer ein Gehöft hat, um so höher gestellt ist dessen Bewohner.

Vom Eingangsbereich aus führt eine breite, von schönen alten Bäumen gesäumte Allee hinab zum meist etwas tiefer gelegenen Haupthaus. In manchen Chefferien liegen links und rechts dieses Weges die Frauenhäuser, die der Besucher nicht betreten darf. Ein besonders eindrucksvolles Beispiel einer Chefferie war der **Palast von Bandjoun,** der leider im Januar 2005 ein Raub der Flammen wurde. Der Komplex wird zurzeit rekonstruiert und soll etwa gegen Ende 2006 fertiggestellt sein (da auch der neue Palast in der traditionellen Bauweise entstehen wird, behalten wir die Beschreibung der alten

Vom Feuer zerstört:
Versammlungshaus
in der Chefferie in Bandjoun

Anlage bei). Die Fassade des sehr alten Haupthauses bilden Bambusstäbe, die durch Pflanzenfasern miteinander verbunden sind. Die geschnitzten Pfeiler ringsum, die das überstehende Dach stützen, sind mit einzigartigen Schnitzereien versehen, jeder für sich ein eigenes Kunstwerk. Die Holzbilder zeigen plastische Figuren und geometrische Ornamente. Auch die Eingangstür ist mit skulptierten Paneelen umrahmt, die für das Kunsthandwerk der Bamiléké so typisch sind. Das konische Dach des Haupthauses ist mit mehreren Schichten Gras dicht und schwer gedeckt. Auch die Bambushäuser der Frauen, deren Fassaden mit schönem Flechtwerk umgeben sind, werden noch immer in lokaler Tradition mit Gras gedeckt. Vielfach sieht man aber in anderen Chefferien heute bereits zunehmend Wellblechdächer. Im Inneren des Hauptgebäudes befinden sich kühle Räume mit dicken Lehmmauern, durch Gänge miteinander verbunden. Früher wohnte hier der Fon, doch in den meisten Chefferien haben sich die Würdenträger heute einen „modernen" Palast gebaut, ein zeitgemäßes Betonhaus mit Fließwasser, Strom und allem Komfort.

Im Kontrast zu den typischen Bamiléké-Chefferien steht der **Bamoun-Palast des Sultans von Foumban,** ein zweistöckiges Gebäude, das sich vollkommen am Baustil der Kolonialzeit orientiert. Diesem Stil nachempfunden wurde auch der **Fon-Palast in Bafut** in der englischsprachigen Region: Der ausgedehnte Palastbezirk wird ringsum von einer Mauer umgeben und ist in verschiedene Innenhöfe mit rechteckigen Gebäuden aufgeteilt. Auch hier allerdings das traditionelle Haupthaus, auch „Achum" genannt, ein imposanter Rundbau aus Bambus mit Grasdach.

Die kleinen Ortschaften im westlichen Hochland bestehen aus einer Vielzahl von Einzelgehöften. Diese **Streusiedlungen** ermöglichen es den Bauern, in der Nähe ihrer Felder und Viehweiden zu leben, denn das vulkanische Hügelland wird landwirtschaftlich intensiv genutzt. Jedes Gehöft besteht aus einer Gruppierung von freistehenden **Wohnhäusern und Speichern.** Hier wohnt die Großfamilie mit dem Familienchef, seinen Frauen und Kindern. Auch die alten Menschen sind eingegliedert in die Gemeinschaft, und ihnen wird meist der größte Respekt entgegengebracht. Rund um das Gehöft befinden sich diverse **Nutzpflanzungen** mit Bananenstauden, Kaffeebüschen, Maniok und Kola-Nüssen. Das vorderste Haus im Zugangsbereich wird in der Regel vom Familienoberhaupt bewohnt und hat somit eine gewisse Schutzfunktion. Vom Eingangshof aus führen schmale Wege zu den rechteckigen Wohngebäuden, die durch Flechtzäune aus Bambus oder Palmblättern voneinander abgeschirmt sind. Die Häuser, die im Winkel aneinander stehen, bilden somit kleine Gehöfte mit geschütztem Privatbereich. Jede der Ehefrauen bewohnt zusammen mit ihren Kindern ein eigenes Gebäude.

Über Fußwege und Bergstraßen erreichen die Bewohner den zentralen **Marktort,** in dem sich auch die *Chefferie* als Mittelpunkt des Lebens im Ort befindet.

Westlich und nördlich von Kumba findet man die typischen **Straßendorfsiedlungen der Waldregionen,** in denen die Häuser zeilenförmig entlang der Verkehrswege aufgereiht sind. Die rechteckigen Häuser sind aus Holzbrettern gebaut, dem billigsten Baumaterial in dieser Region, und mit Giebeldächern aus Wellblech gedeckt. Oft sind die Dächer rot gefärbt vom Lehmstaub der Pisten und passen sich so wieder gut in die Landschaft ein.

Ganz ähnlich sind die **Haustypen der sesshaften bantuiden Ethnien** in der Waldregion des gesamten Ostens beschaffen. Die Ortschaften sind wegen der dichten Waldvegetation ebenfalls in Zeilen entlang der Verkehrsadern gebaut. Auch hier werden vorwiegend Holz, Bambus oder die Rippen der Raphiapalme als Baumaterial genutzt. Die Wände dieser Rechteckhäuser bestehen aus einem eng geflochtenen Holz- oder Bambus-Gerüst, das mit Lehm ausgefüllt wird. Unterwegs sieht man oft solche Gerüste, die den Hausbau einleiten, am Wegrand stehen. Traditionell sind die Häuser mit Gras oder Raphiamaterial gedeckt, neuerdings auch hier mit dem unverwüstlichen Aluminium. Immerhin liefert die in Edéa angesiedelte Aluminium-Fabrik das Material dazu gleich im eigenen Land.

Die ursprünglichen **Hütten der Pygmäen** haben eine sehr einfache Bauweise: Zunächst wird ein Gerüst aus Lianen, Ruten oder Ästen gebaut und dieses dann mit mehreren Schichten großer Blätter bedeckt, die an Widerhaken in die Hüttenkonstruktion eingefädelt werden. So entsteht in nur kurzer Zeit eine niedrige, rundgeformte Hütte und das dichte Blätterdach schützt auch vor stärkeren Tropengewittern und Windstößen. Hausbau ist bei den Pygmäen übrigens Frauensache und gestaltet sich recht einfach, denn aufgrund des nomadisierenden Lebens dieses Volkes muss immer wieder an neuer Stelle im Wald eine Hütte errichtet werden.

Die **Pygmäensiedlungen** setzen sich in der Regel aus nur einigen wenigen Hütten zusammen. In jüngster Zeit lehnen die Pygmäen ihre Bauweise zunehmend an die der Bantu-Völker an und werden vom Staat und von den Missionen dazu aufgefordert, ihre Dörfer entlang der Verkehrswege zu bauen. Nach wie vor besteht das Gerüst aus Rundhölzern und wird mit Blättern, Palmwedeln und Rinde ausgefüllt. Als Dachmaterial werden ebenfalls Palmblätter oder Raphia-Fasern benutzt. Die Innenräume dieser Häuser sind geräumiger als die kleinen, geduckten Hütten und bieten der gesamten Familie in einem Raum Platz. Als Schlafstelle dient den Bewohnern eine Art „Bettgestell" aus nebeneinandergelegten, zusammengebundenen langen Ästen. Dadurch wird der direkte Kontakt zum kühlen Boden vermieden und man ist auch besser vor Insekten geschützt. Auf dieses Gestell wird die Rinde der Schirm- und Mutunga-Bäume und eine weiche Grasauflage ausgebreitet. Im Inneren der Häuser befindet sich außerdem eine Kochstelle und an der Wand sind die Vorräte und Kochgeräte befestigt. Das **Leben** findet in der Hauptsache **im Freien** statt und, sofern es die Witterung zulässt, es wird auch draußen gekocht. Eine große, lederbespannte Trommel auf dem Versammlungsplatz dient dazu, die Jäger, die sich oft weit vom Dorf entfernen, zum Essen zusammenzurufen.

Völlig verschieden von der südlichen Bauweise ist die traditionelle **Wohnform im Norden** Kameruns. Bietet im Süden das Holzhaus vorwiegend Schutz gegen die häufigen Regenfälle in den Waldregionen, so fungieren die **Lehmbauten** in der nördlichen Sudan-Sahel-Zone als eine selbstregulierende, natürliche „Klimaanlage" bei großer Hitze am Tag und in kühlen Nächten. Geringere Ernteerträge, seltene Regenfälle und karger Boden bedingen außerdem auch eine Vorratshaltung und so verfügen die sesshaften Dorfgemeinschaften im Norden über große Lehmspeicher.

Die **Dörfer der Mandara-Berge** haben ihren traditionellen Baustil am reinsten bewahrt. Diese **Runddörfer** mit ihren Gehöften, die förmlich an den Hängen der Berge „kleben", bestehen meist aus den Hütten einer einzigen Großfamilie. Das Familienoberhaupt wohnt in Ausübung seiner Schutzfunktion in der Hütte am Dorfeingang. Jede der Frauen verfügt über ein eigenes Haus mit meist nur einem Raum, in dem sie mit ihren Kindern schläft. Normalerweise hat jede Frau auch einen eigenen Kochplatz, nur manchmal wird er von mehreren geteilt. In diesen **polygamen Familien** bedeutet eine weitere Ehefrau also immer auch ein weiteres Haus. So weiten sich die Familiendörfer im Laufe der Zeit immer mehr aus und erreichen oft eine stattliche Anzahl von Hütten und Hirsespeichern. Als Baumaterial für die Rundhütten dient ein **Lehm-Stroh-Gemisch, „Banco"** genannt, das an der Luft trocknet und zusammen mit Steinen zu Wänden „zementiert" wird. Die Dächer werden in der Regel mit Hirsestroh gedeckt, das jährlich einmal erneuert oder repariert werden muss. Kleine Öffnungen in den Wänden lassen nur wenig Licht herein, so bleibt aber auch die Hitze draußen und die Klimadämmung bleibt erhalten. Im relativ dunklen Inneren der kleinen Frauenhütten befindet sich die Kochstelle und die Wände sind meist rußgeschwärzt. Die Vorräte an Hirse und Erdnüssen werden in großen Kornspeichern aus Lehm aufbewahrt, die nur durch eine kleine Öffnung am oberen Rand zugänglich sind (dies schützt vor Ratten und Ungeziefer). Als Leitern für die Speicher benutzen die Frauen schmale, mit Kerben versehene Holzstämme zum Hinaufklettern.

Ein sehr schönes Beispiel eines Berg-Sarés ist das **Dorf Oudjilla,** das man als Besucher auch von innen besichtigen kann. Aufgrund der zahlreichen Frauen des Familienoberhauptes ist hier eine stattliche Ansammlung von schönen Lehmgebäuden entstanden, durch die dunkle, kühle Labyrinthgassen führen. Zum Schutz nach außen ist das Dorf mit einer hohen Steinmauer umgeben.

Zum Teil haben die Häuser im Norden auch sehr kunstvolle Formen angenommen, wie zum Beispiel die **Case obus** (übersetzt: Granaten-Häuser) **der Mousgoum.** Der Name soll Aufschluss geben über die eigenwillige Form dieser Haustypen, die mich eher an riesige Bienenkörbe erinnern. Nur noch sehr

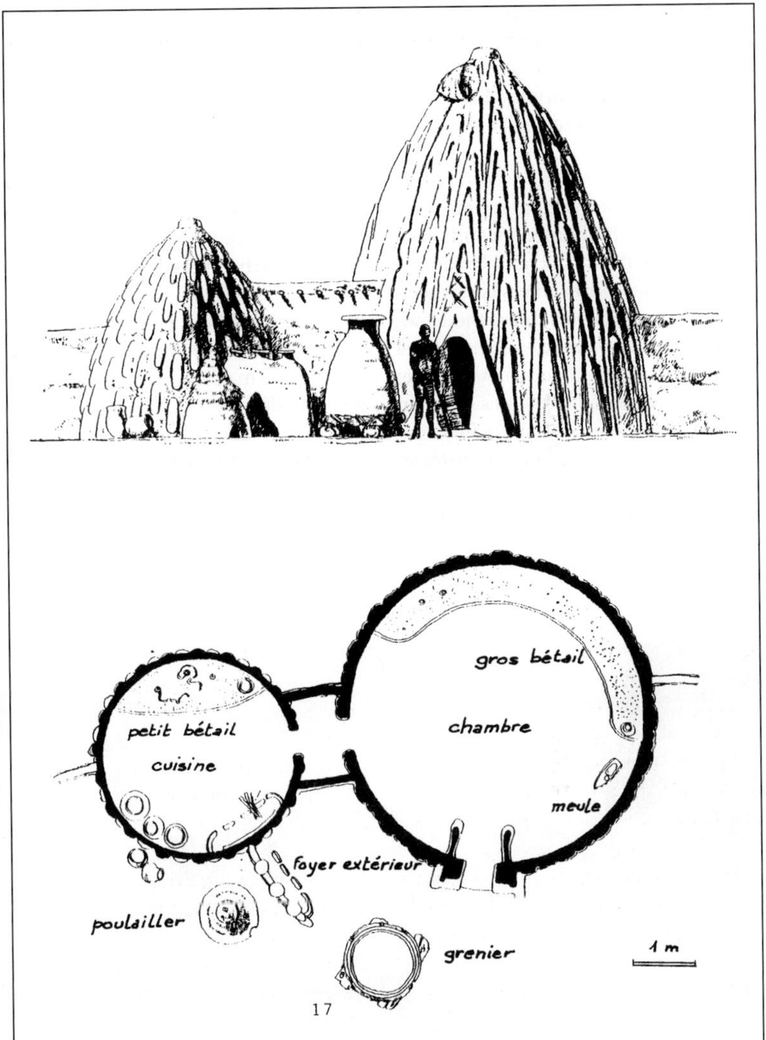

Mosgoum-Gehöft mit „Case obus“ = Granatenhäusern (Zeichnung von Seignobos im Katalog „Habitat traditionel“, Ausstellung im Museum von N'Djaména)

selten findet sich eines dieser grauen Lehmhäuser in der Nähe von Maga oder Pouss am Fluss Logone. Eine für Touristen gebaute „Kopie" kann man am Eingang des Waza-Nationalparks sehen.

Noch weiter nördlich, in der **Tschadsee-Region,** überwiegen **runde oder rechteckige Lehmbauten im sudanesischen Baustil** mit flachen Terrassendächern. Die Dörfer, die sich farblich vollkommen in die staubfarbene Landschaft integrieren, werden in der Regel von Lehmmauern umgeben. Anders bei den eher seltenen, nomadisierenden Volksgruppen, die sich temporäre Lager bauen und diese mit Dornengestrüpp umgeben.

Auffällig sind im islamischen Norden die zahlreichen **Moscheen,** die sich in jedem noch so kleinen Ort finden. Die meisten davon sind sehr modern gebaut, z.B. die gelbe Moschee von Garoua mit ihren filigranen Fenstern und Ornamenten. Sehr viel Tradition beweisen die schönen **Sultanspaläste,** darunter der alte Palast von Ngaoundéré oder derjenige in Rey Bouba, einer durch und durch ursprünglich gebauten Ortschaft im sudanesischen Stil.

Die **typische Fulbe-Stadt** – mit ihren von übermannshohen Mauern eingefriedeten Gehöften, zu denen man nur über eine kleine Eingangshütte Zugang hat und wie man sie noch in Schilderungen aus den 1950er Jahren beschrieben finden kann – weicht nach und nach den Vorgaben der modernen Zeit. Nur in kleineren Städten wie Tcholliré oder Rey Bouba kann man noch diese Atmosphäre spüren von einer Stadt, in der alle Wege zum Palast des Lamido

WA19kam Foto: rf

führen, in der die Straßen zur Mittagszeit im Schatten der Neem-Bäume vor sich hindösen, wo noch nicht allzuviel Wellblech das Auge des „zivilisationsmüden" Europäers stört, kurzum, wo eben der Fortschritt noch nicht Einzug gehalten hat.

Allen traditionellen Wohnformen ist gemeinsam, dass sie in erster Linie als Schlafstelle, Wetterschutz und Kochplatz dienen. Die Gebäude sind also hauptsächlich für praktische Zwecke bestimmt, denn **das eigentliche Leben findet in Afrika draußen statt.** Nach Möglichkeit wird im Freien gekocht, gegessen, gewaschen und gespielt. Jede Siedlung verfügt über einen Dorfplatz, viele Häuser über einen eigenen großen Platz im Freien, auf dem sich der Alltag abspielt. Der **Dorfplatz** ist gleichzeitig Freiraum für Veranstaltungen, Versammlungen und Dorffeste, Treffpunkt für Gespräche und herumtollende Kinder. So kommt es, dass in ländlichen Regionen die meisten Häuser nur über einen gemeinsamen Wohnraum verfügen, der für die kurze Zeit, die man im Haus verbringt, vollauf genügt.

Heute allerdings ist es in Kamerun bereits schwierig, Dörfer zu finden, die ihre traditionelle Siedlungsstruktur noch aufweisen. Sehr ursprüngliche Bauformen haben sich z.B. noch in Rey Bouba oder in den Mandara-Bergen erhalten. Doch diese Wohnformen werden immer mehr verdrängt durch eine **zeitgemäße Bauweise:** Baumaterialien wie Holz, Bambus, Gras (Dach) und Lehm werden allmählich ersetzt durch Beton und Bimsmauerwerk, Lehmziegel, Wellblechdächer und Aluminium-Fenster. Dies bringt für die Bewohner viele Vorteile mit sich, z.B. eine bessere Beständigkeit gegenüber Witterungseinflüssen, als Folge weniger Reparaturarbeiten, eine geringere Brandgefahr (Funkenflug), in jedem Fall aber mehr Wohnkomfort und eine bessere Innenraumaufteilung. Als Nachteile lassen sich die hohen Kosten für Baumaterialien nennen, besonders im Vergleich zur Holz- oder Lehmbauweise, deren Rohstoffe die Natur liefert. Aber auch die Wärmedämmung ist nicht so gut gewährleistet. Denn Lehmhäuser halten in warmen Zeiten die Hitze ab und speichern während kühlerer Stunden die Wärme in ihrem Inneren. Nicht nur in den Städten, sondern auch in ländlichen Gebieten haben sich die dauerhaften, modernen Materialien für den Hausbau durchgesetzt.

Grashütte im Norden (mit Hirsefeld)

Die größeren **Städte** Kameruns bildeten sich als Handelszentren vor allem um die großen Märkte herum und dort, wo die wirtschaftlichen und verkehrstechnischen Voraussetzungen am günstigsten waren. Sowohl Douala und Yaoundé als auch andere große Städte Kameruns unterscheiden sich nicht grundsätzlich von denen anderswo in Afrika: Moderne Hochhäuser aus Glas und Beton bestimmen das Zentrum, am mondänsten darunter die Bankgebäude, alte Gebäude sind weitgehend verdrängt, in der Peripherie beherrschen riesige, wellblechgedecke Flachbausiedlungen das Bild. In Yaoundé hat sich eine recht eigenwillige, fast futuristische Architektur entwickelt: Die modernen Gebäude sind mit verschiedenen Farben (braun, gelb, ocker) bemalt und mit ausgefallenen geometrischen Elementen versehen.

Die **meisten Städte** sind sehr **schnell und planlos gewachsen:** Ihre Stadtbilder sind unübersichtlich, die Verkehrsverhältnisse chaotisch und Gebäude und Straßen erscheinen als eine systemlose, wirre Ansammlung. Schöne, gewachsene alte Stadtviertel findet man hauptsächlich noch in den Städten im Norden Kameruns, z.B. in Ngaoundéré, Garoua und Maroua. Hier durchziehen kleine, verwinkelte Gassen die Altstädte, in denen neben der zeitgemäßen Bauweise noch traditionelle, bewährte Sarés, Moscheen und Sultanspaläste ihr Lebensrecht behaupten.

Literatur

von **Hubertus von Lindeiner**

Das erste Schrifttum

Oft wird von den afrikanischen Völkern behauptet, sie hätten weder Geschichte noch Kultur, weil sie über keine Schrift verfügten. Mündliche Überlieferungen, sog. **orale Traditionen,** werden dem Bereich der Märchen zugeordnet. Das wird diesem Medium natürlich überhaupt nicht gerecht. Leider sind die meisten dieser „Werke" mit dem Tod der letzten alten Sänger, Barden oder Sagenerzähler – zumindest im Süden des Landes – verschwunden. Die moderne Zeit, der Glaube an den Fortschritt und das schwindende Ansehen unter der Bevölkerung haben dafür gesorgt, dass alte Volksweisheiten heute nur noch in kleinen Märchensammlungen oder in Sprachlehrbüchern unter der Rubrik „Sprichwörter" zu finden sind. Die Schrift und andere Medien wie Radio und Fernsehen haben ihren Platz eingenommen.

Schon ziemlich bald nach dem Zweiten Weltkrieg sollte sich auch in Kamerun literarisches Leben regen – aber bis dahin war es ein weiter Weg. Sieht man ab von den Werken König Njoyas (siehe im Abschnitt Geschichte) oder den Chroniken und dem Schriftverkehr der Fulbe-Höfe im Norden, so geht die **Einführung des Mediums Schrift** zurück auf die Gründung der ersten Schulen im 19. Jahrhundert. Man übersetzte die Bibel und schrieb Grammatiken – nicht selten mit Hilfe einheimischer Informanten. Ziemlich bald gab es Kameruner wie den Ewondo *Karl Atangana*, der, von den Deutschen auch als „König" der *Beti* eingesetzt, einige Zeit an der Universität Hamburg die Ewondo-Sprache lehrte und hierfür einige Texte zur Geschichte seines Volkes verfasste. Man kann hier allerdings noch nicht von einer „Literatur" Kameruns reden.

In der deutschen Kolonialzeit wurde natürlich auch einiges an Schriftgut produziert – allerdings ausschließlich von Nicht-Kamerunern: Expeditions- und Reiseberichte, Memoiren und Erlebnisberichte. Auch von Frauen, die es sich zum besonderen Anliegen gemacht hatten, den „Lieben daheim im Reich" zu beweisen, dass der deutsche Mann in den Kolonien die liebe und treusorgende deutsche Frau brauche, um nicht vollends zu „verbuschen". In dieser Art von Literatur kommen die Kameruner nicht besonders gut weg. Bestenfalls sind sie keine „verlogenen" oder „undankbaren" „Hosenneger von der Küste", sondern brave Boys, tapferes Kanonenfutter oder romantisch verklärtes Rittervolk in den Lehmburgen des Nordens. Diese Art von Literatur hat eigentlich nur für den kamerunischen Historiker oder deutschen Landeskenner einen Wert und ihren spezifischen Reiz.

In der französischen Zeit kamen zwei bekannte Autoren ins Land: *Louis Ferdinand Céline* und *André Gide*. **Céline** reiste Anfang der 1920er Jahre in die Gegend von Douala, Kribi und Campo und beschrieb Jahre später in einem Kapitel seiner „Reise ans Ende der Nacht", einem ziemlich avantgardistischen Roman, das Lotterleben der Weißen in der Stadt „Fort Nègre" (= Douala). **André Gide** machte Ende der 1920er Jahre eine Reise von der Kongo-Mündung bis zum Tschad-See und hat auf dem Rückweg Kamerun von Nord nach Süd durchquert. Von ihm stammen sehr eindrucksvolle Schilderungen der Landschaften am Logone, von Maroua und anderen Gegenden. Sein Tagebuch „Voyage au Congo" mit „Le Retour du Tchad" (Paris, Gallimard, 1927/28) ist nur noch in französischer Sprache erhältlich. Von ihm stammt der viel zitierte Satz: „Eine der erhabensten Landschaften, die es einem gegeben ist zu sehen zu bekommen; eine der aussagekräftigsten, eine der ödesten." In vielen Kamerun-Büchern wurde dieses Zitat für den Blick auf die Vulkankegel von Rhumsiki in den Mandara-Bergen verwendet, obwohl es sich um die Tagebucheintragung vom 24. März 1926 handelt, in der Gide den Blick vom Hause des französischen Präfekten von Maroua aus über den Mayo Kaliao und die Berge von Makabay beschreibt.

Moderne Literatur

Die eigentliche kamerunische Literatur – also die Werke kamerunischer Autoren – nahm ihren Anfang in der Nachkriegszeit. In jenen Jahren (1940er und 50er Jahre) gab es bereits unter den afrikanischen und karibischen schwarzen Intellektuellen in Paris eine Bewegung, die es sich zur Aufgabe gemacht hatte, der Welt zu beweisen, dass der „Neger" kein kulturloses Wesen sei. Man sprach von der **Négritude-Bewegung,** deren literarisches Organ die Zeitschrift (und der spätere Verlag) Présence Africaine war. Bekannteste Leitfiguren dieser Bewegung waren der spätere senegalesische Präsident *Senghor* und *Aimé Césaire,* der von den französischen Antillen stammte.

Vor diesem zeitgenössischen Hintergrund tauchten **Anfang der 1950er Jahre** zwei Kameruner auf, beide aus dem Süden, beide Beti: **Ferdinand Oyono** und *Alexandre Biyidi* alias **Mongo Béti** (siehe Exkurs auf der nächsten Seite). Sie sorgten für Unruhe unter den Europäern im Land, vor allem bei den Missionaren, da sie in ihren Werken bissig und humorvoll das kleingeistige Leben der „petits blancs", des weißen Mittelbaus der kamerunischen Gesellschaft, und der Missionare beschrieben. Dabei verloren sie natürlich nicht das Streben der kamerunischen Intel-

Mongo Béti (1932–2001)

Mongo Béti, eigentlich *Alexandre Biyidi,* wurde 1932 nicht weit von Yaoundé geboren. Er besuchte eine katholische Missionsschule, später das Gymnasium, um 1951 nach Frankreich zu gehen. Dort studierte er Literaturwissenschaften und Philosophie. Nach Kamerun konnte er aus politischen Gründen jahrzehntelang nicht mehr zurückgehen. Er unterrichtete Philosophie an einem Gymnasium in Rouen, wo er bis 1992 mit Familie lebte. Im selben Jahr kehrte er nach Kamerun zurück, wo er die Buchhandlung „La Libraire des Peuples Noirs" in Yaoundé eröffnete.

1954 schrieb er unter dem Pseudonym *Eza Boto* seinen ersten Roman „Ville Cruelle" (= Die grausame Stadt), der den Problemkreis der Landflucht thematisiert. Es sollten weitere Romane folgen, von denen die wichtigsten ins Deutsche übersetzt wurden: „Le pauvre Christ de Bomba", „Mission terminée", „Perpétue et l'habitude du malheur".

Bei seinen ersten Büchern spielte der Humor noch eine größere Rolle, auch wenn schon hier heftige Kritik am Kolonialsystem geübt wurde. Bestes Beispiel dafür ist der Roman „Der arme Christ von Bomba" (1956, dt. 1980), in dem ein katholischer Missionar seiner Illusionen beraubt wird, als er entdeckt, dass sein Musterschüler aus dem Mädcheninternat der Mission ein Freudenhaus gemacht hat.

Einige Jahre später sollte Mongo Béti Romane schreiben, die mehr das Drama der um die Früchte ihrer Revolution gebrachten Rebellen der UPC unter Ruben Um Nyobé („Remember Ruben") und den Aufstieg der Schmarotzerklasse der neuen Eliten zum Thema hatten („Perpétue et l'habitude du malheur"). Eine Art Kampfschrift gegen das Ahidjo-Régime („Main basse sur le Cameroun", 1972, dt. „Griff nach Kamerun, Autopsie eines Entkolonialisierungsprozesses") wurde gar von den französischen Behörden für ein paar Jahre auf den Index gesetzt. Zu seinen letzten Romanen vor seinem Tod im Oktober 2001 gehören „L'Histoire du Fou" (1993) und „Trop de soleil tue l'amour" (1999, dt. 2000: „Sonne, Liebe, Tod"), in denen er sich zynisch und sehr anschaulich mit der Korruption in Kamerun auseinander setzt.

Der folgende Textauszug aus „Perpétue und die Gewöhnung ans Unglück" (1974) hat das Problem der französischen Sprache und ihrer Auswirkungen auf die Mentalität des Volkes zum Thema. Hauptfigur in diesem Gesellschaftsroman ist die Internatsschülerin Perpétue, die sich auf das Abitur vorbereitet, um später Medizin studieren zu können. Als ihre Eltern sie zwingen wollen, einen Beamten zu heiraten, der einen hohen Brautpreis gezahlt hat, sträubt sie sich zwar, muss aber schließlich nachgeben. Qualen und Demütigungen nehmen kein Ende, bis sie sich in einen Fußballspieler verliebt. Erzählt wird die Geschichte von ihrem Bruder Essola, der selber Opfer der politischen Repression unter dem Diktator Baba Toura war und nach seiner Freilassung ihren Tod rächen will.

„Als Essola sich in Gedanken seine geliebte Schwester bei dieser fürchterlichen Lektion in französischer Grammatik vorstellte, glaubte er, Afrika sei in das Jahr 1930 zurückversetzt worden, da die Ansichten der Weißen allein maßgebend waren, ganz zu schweigen von der Unverschämtheit, die sich hinter Verbrüderung verschanzt. Er bemerkte überall versteckt, unausgesprochen die vermessene Forderung, nur die vollendete Beherrschung der französischen Sprache öffne das Tor zu Wohlstand und Fortschritt und sei die notwendige Voraussetzung für die Menschlichkeit und die Befreiung von tierischen Instinkten. (...) Dieses kulturelle Übergewicht zog natürlich noch andere Vergewaltigungen nach sich wie den sonderbaren Puritanismus, den die katholische Kirche, übrigens ohne jeden Erfolg, seit so langer Zeit beharrlich und um jeden Preis den Schwarzen ins Herz pflanzen wollte, während in Europa selbst, der Wiege des Christentums, der Sex seinen Siegeszug hielt. Essola hatte den Eindruck, als sei der Okzident bestrebt, den schwarzen Kontinent in eine Herberge für die Werte zu verwandeln, die sich im Laufe ihrer Geschichte abgenutzt hatten und offenbar genau wie der übriggebliebene Trödel und die unverkäuflichen Waren der Industriegesellschaften nach Afrika abgeschoben werden sollten. Das war also die Unabhängigkeit, wie Seine Hoheit Baba Toura sie sich vorstellte! Natürlich, alles hängt miteinander zusammen. Was für ein Dummkopf war doch dieser Fußballer, der sich einbildete, etwas zeigen zu können, was ohnehin deutlich ins Auge fiel.

Wie auf dem Höhepunkt des Kolonialismus war die Alleinherrschaft der französischen Sprache gleichsam ein vergifteter Boden, aus dem nichts anderes als Unkraut sproß: die lange Zeit, die das Eindringen in ihre Raffinessen erforderte, hemmte unsere geistige Entwicklung. Da die überwiegende Mehrheit der Bevölkerung unvermeidlich oder mit Vorbedacht aus diesem Paradies ausgeschlossen war, kam es zu finsterem Aberglauben, sozialem und politischem Stillstand und zu Enttäuschung. Weil die Elite, diese Auserwählten, die alle Hindernisse überwunden und ein Diplom erkämpft hatten, so ungeheuer selten waren, wurden sie zu schwächlichen Ziergewächsen, die in das Treibhaus der besonderen Stadtviertel gepflanzt wurden, wo ihre eigene Persönlichkeit verkümmerte. Durch die hoffnungslose Abhängigkeit reifte eine Ernte der Empörung heran. Perpétues Bruder war zu der Überzeugung gelangt, Afrika werde von drei großen Geißeln zugrunde gerichtet: von der Diktatur, dem Alkoholismus und der französischen Sprache, wenn das nicht sogar drei Seiten ein und desselben Übels waren." (Mongo Béti, „Perpétue und die Gewöhnung ans Unglück", Suhrkamp, 1980, S. 93f.)

lektuellen nach Selbstbestimmung und richtiger Einschätzung der ursprünglichen afrikanischen Werte aus den Augen. Besonders Mongo Béti wurde von der katholischen Kirche, bei der er ja zur Schule gegangen war, als „undankbar" bezeichnet und war recht bald allen Arten von subtiler oder massiver Repression ausgesetzt. Die Botschaft dieser beiden Autoren war eindeutig: Weg mit der Fremdherrschaft, Rückbesinnung auf die eigene Kultur und Werte unter Einbeziehung der Errungenschaften der neuen Zeit. Ebenso wie Bétis Bücher, wurden auch die von Oyono Klassiker. Beeindruckend geben sie auch dem heutigen europäischen Leser ein Gefühl für die „koloniale Situation", in der die Kameruner bis 1960 lebten (z.B. „Une vie de Boy", „Le Vieux Nègre et la Médaille", beide 1956 erschienen).

Nach der Unabhängigkeit fiel natürlich das Thema Fremdherrschaft weg; Opposition gegen die eigene Regierung – in diesem Falle das Régime unter *Ahidjo* – wurde zu einem viel gefährlicheren Geschäft als zur Franzosenzeit. *Oyono* ließ sich vom System „einfangen" und wurde der Vertreter Kameruns bei der UNO, *Mongo Béti* ging nach Frankreich ins Exil; erst 1992, als im Land wieder Demokratisierungsbemühungen sichtbar wurden, kehrte er zurück. In den 1960er und 70er Jahren tauchten andere Talente auf, etwa der Musiker und Publizist *Francis Bebey* („Der Sohn der Agatha Moudio", „Das Regenkind", „Eine Liebe in Douala", „Alle Menschen sind schwarz"), der Dramaturg *Guillaume Oyono Mbia*, der Sultanssohn *Adamou Ndam Njoya* und viele andere. Sie alle hüteten sich, den Zensoren zu sehr aufzufallen, was der Qualität ihrer Werke nicht unbedingt schaden musste. Nur wenige riskierten den unangenehmen Kontakt mit der Sûreté Nationale (Geheimpolizei).

René Philombé, ein mit Poliomyelitis geschlagener Schriftsteller aus Yaoundé, wagte es, bissige Kommentare zum neuen Zeitgeist in seinen „Lettres de ma Cambuse" zu schreiben. Er war auch Mitherausgeber der ersten literarischen Zeitschrift des Landes, „ABBIA". Sein Roman „Der weiße Zauberer von Zangali" wurde ins Deutsche übersetzt.

In Yaoundé entwickelte sich ab Mitte der 1960er Jahre ein Verlag – ursprünglich dem Umfeld der Protestantischen Kirche zuzurechnen – die **Editions CLE** (Centre de Littérature Evangelique), ohne dessen Arbeit die kamerunische Literatur nicht zu dem geworden wäre, was sie heute darstellt.

In jüngerer Zeit hat sich der harte Griff der **Zensur** gelockert. Auch *Mongo Béti* lebte von 1992–2001 wieder in Kamerun und eröffnete in Yaoundé eine Buchhandlung. Jüngere Autoren wie *Pabé Mongo* („L'homme de la Rue") können wieder zur Feder greifen.

Eine weitere schillernde Figur der kamerunischen Literatur ist die in der Côte d'Ivoire (Elfenbeinküste) lebende Dichterin und Dramaturgin **Were Were Liking.** In der Nähe von Abidjan schuf sie das Kiyi Mbock Theater, das als Werkstatt für Experimente neuerer afrikanischer Dramaturgie gilt: Hier finden Versuche statt, traditionelle Elemente wie Tanz, Puppenspiel und Masken mit dem Theater zu verbinden. Auch auf dem Gebiet des Films hat sie einige Beiträge leisten können. Eine weitere selbstbewusste junge kamerunische Autorin ist **Calixte Beyala,** deren neuester Roman „Femme nue, femme noire“ 2003 erschien.

Es ist natürlich nicht von der Hand zu weisen, dass **Literatur und Theater** immer eine **Domäne des Bildungsbürgertums** waren und bleiben werden. Auch wenn in allen weiterführenden Schulen kamerunische Autoren gelesen werden und es an jedem Gymnasium regelmäßig Aufführungen von mehr oder weniger bekannten kamerunischen Theaterstücken gibt – das Volk widmet sich anderen, weniger „individuellen“ Äußerungen kulturellen Lebens. Musik, Tanz, Film, Fernsehen und Auftritte von Komikern entsprechen viel mehr dem althergebrachten Begriff des „Konsums“ von oraler Literatur als das Lesen allein im stillen Kämmerlein. Man liest für die Prüfung, die Zeitung, „Foto-Romane“ und Comics. Literatur ist für die meisten immer noch ein fremdes Medium. (Aber wo ist der Unterschied zu Europa, bedenkt man einmal die Millionen Konsumenten der Boulevardpresse und des Fernsehens?)

Musik

von **Hubertus von Lindeiner**

Aufgrund seiner ethnischen Vielfalt hat Kamerun natürlich eine sehr **vielseitige musikalische Tradition.** Jede Region, jeder Kulturkreis hat seine Instrumente, seine Eigenheiten. Im Süden, Westen und an der Küste findet man **Schlaginstrumente aller Art:** Trommeln und „Sprechtrommeln“, ausgehöhlte Baumstämme und Xylophone (sog. Balafons). Der Westen kennt große Glocken. Im Norden findet man die gesamte Palette der Instrumente des islamisierten Sahel, wie z.B. die schrille Algeita oder die langen Posaunen aus Metall, die man bei manchen Reiter-Fantasias sehen kann, ferner Streich- und Zupfinstrumente. Die Liste ließe sich noch verlängern.

Musiziert wurde immer und überall. Die Ewondo hatten vor der Ankunft der Weißen eine regelrechte Musikerkaste von Leuten, die durch die Dörfer gingen und bei allen möglichen Anlässen aufspielten. Ihr Hauptinstrument war das **Mvet,** ein **Saiteninstrument,** das der westafrikanischen Kora nicht unähnlich ist. An der Küste fühlten sich die Deutschen berufen, den „Eingeborenen“ das nächtliche Übermitteln von Nachrichten per „Sprechtrommel“ zu

verbieten. Im Norden leben auch heute noch – wie in weiten Teilen Westafrikas – Barden, sog. **Griots** von ihrer Kunst. Früher zogen sie, ähnlich unseren mittelalterlichen Troubadouren, von Fürstenhof zu Fürstenhof und sangen das Loblied auf alte Familien oder lange Balladen.

Die **zeitgenössische Musik Kameruns** ist in erster Linie Tanzmusik mit modernen Instrumenten (E-Gitarre, Schlagzeug, Blasinstrumente etc.). Bis in die 1970er Jahre hinein hörte man überwiegend Musik aus Zaïre oder „Highlife" aus Nigeria. Aber recht bald entwickelte sich in den Zentren Douala und Yaoundé eine eigenständige Musikkultur. **Zwei große Musikströmungen** rivalisieren mittlerweile miteinander: der **Makossa** aus Douala und der **Bikutsi** der Beti aus der Gegend um Yaoundé. Jede Musik hat den ihr entsprechenden Tanz. Der Bikutsi z.B. tanzt sich in schnellerem Rhythmus als der Makossa und erinnert an die Tanz- und Klatschspiele der Frauen und Mädchen in den Dörfern der Beti.

Der Begriff **Makossa** (Douala für „Tanz mit mir") ist zwar schon älter, bekannt wurde er aber erst mit dem einzigen international populären **Jazzmusiker** Kameruns, **Manu Dibango** – auch wenn Manu Dibango keine reine Makossa-Musik spielt und in Kamerun nur ein relativ begrenztes Publikum hat. Makossa-Musiker singen nur in Douala-Sprache, ihre Lieder handeln von Liebe, Untreue, dem Geld und allem, was die kleinen Leute in der Stadt so bewegt. Große Makossa-Stars der 1980er Jahre waren *Tokoto Ashanty, Dina Bell* und *Ndédi Eyango,* eine neuere Gruppe ist *Nguea la Route,* die 2002 ihr Debutalbum veröffentlichte. Aus dem Makossa entwickelten sich mit der Zeit andere Strömungen wie *Ambas Bay* oder *Makassi (Sam Fan Thomas).* Eine der bekanntesten neuen und viel gehörten Gruppen ist **Pétit Pays,** die mit einer Mischung aus Rumba, Makossa und Afro Zouk ihre Anhängerschaft in Kamerun begeistern und auch in Frankreich verbreitet sind. Aber auch die Soukouss-Musik von *Johnny Tézano* und ähnliche Richtungen (z.B. Zaïko) haben eine große Anhängerschaft im Lande. Musiker aus dem Kongo und dem Zaïre spielen hier eine größere Rolle.

Der **Bikutsi** dagegen ist für seine Anhängerschaft fast schon eine Glaubensfrage. Bekannteste Gruppe sind die **„Têtes brûlées".** Dem Outfit nach könnte man versucht sein, sie der Punk-Szene zuzurechnen: Rasierte Schädel, exzentrische Klamotten und bunte Linien auf der schwarzen Haut sind ihre Markenzeichen. Auch ihre Bühnendarstellung ist alles andere als ruhig und sanft. Aber sie sind eben Bikutsi-Musiker aus Kamerun und keine „No future"-kids aus Europa. Sie sind sehr bodenständig und verstehen es, traditionelle Balafon-Musik mit modernen Instrumenten umzusetzen.

Der Norden geht etwas unter in der zeitgenössischen Musikszene Kameruns, mit Ausnahme von Sängern wie *Ali Baba* und *Sanda Oumarou*, die Mitte der 1980er Jahre begannen, **Popmusik in Fulfulde** zu produzieren. Ihre Anhängerschaft ist naturgemäß relativ klein. Es gibt darüber hinaus sehr viele kleine, durchaus hörbare, kamerunesische Gruppen. Daher lohnt es sich immer, spontan ein Konzert, z.B. in einem Cabarét oder den in Großstädten vertretenem „Centre Culturel Francais", zu besuchen.

Sehr verbreitet sind z.Zt. Gruppen aus Kongo (z.B. **Werra Son, Lokua Kanza)** sowie der Elfenbeinküste **(Magic System),** die tanzbar und auch in Frankreich/Belgien verbreitet sind. Der „Coupé Décalé", ebenfalls aus der Elfenbeinküste, ist überall zu hören.

Yannick Noah hingegen hat zwar kamerunische Wurzeln, ist aber in Frankreich geboren und aufgewachen – seine Musik (Reggae) wird auch in Kamerun viel gehört.

Es lohnt sich immer, in Kamerun ein **Konzert** zu besuchen. Im Gegensatz zu den Popkonzerten in Europa sind derartige Veranstaltungen nicht exklusiv einer Generation vorbehalten (das Gleiche gilt übrigens für Diskotheken). Auf Konzerten passiert es oft, dass begeisterte Zuschauer auf die Bühne stürmen, ein paar Takte mittanzen und dann dem einen oder anderen Musiker Geldscheine an die schweißnasse Stirn heften.

Eine ganz anders geartete Gattung von Konzerten sind **Auftritte von Komikern** und ihren Hintergrund-Bands. Hier steht nicht die Musik im Vordergrund, sondern die Darbietung eines oder mehrerer Schauspieler, die in kurzen Sketchen das Alltagsleben unter die Lupe nehmen. Der erste große Komiker war schon Mitte der 1980er Jahre **Jean Miché Kankan.** Kankan spielt meistens den unbedarften, älteren Bauern aus dem Bamiléké-Land, der in abenteuerlichem Französisch und oft sehr rüdem Tonfall seiner Umwelt zusetzt. Seine Sketche handeln beispielsweise vom neunmalklugen Schüler, der aus der Stadt kommt und meint, er könne seinem analphabetischen Vater weismachen, er sei der Klassenerste, oder vom Geschäftsmann, der seinem Vetter Geld für ein Auto leiht und dieses noch am Totenbett – der Arme ist mit dem neuen Auto tödlich verunglückt – zurückfordert.

Ein anderer Komiker, unter den Kamerunern in Frankreich eher beliebt als in Kamerun selbst, ist **Essindi Mindja.** Seine Nummern sind etwas politischer, er zieht aber auch den alltäglichen Tribalismus (Stammesdünkel) durch den Kakao. Für denjenigen, der gut Französisch kann, lohnt sich das Hineinhören in diese neue Gattung kamerunischer Kultur auf jeden Fall.

Die kamerunische Küche

Wer zuviel Arbeit hat, fängt am besten mit dem Essen an.

Kamerunisches Sprichwort

Die Küche Afrikas kennt keine Landesgrenzen und vieles, was in Kamerun angeboten wird, findet man auch weit verbreitet in den Nachbarländern. Gekocht und gegessen wird, was der Markt, die Jahreszeit oder die Region gerade aufzutischen haben. Kamerun bietet aufgrund seiner geographischen Vielfalt eine Fülle von „Zutaten" für den Speisezettel. Jede ethnische Gruppe hat zudem ihre spezielle Art der Zubereitung, etwa von Hirse-, Maniok- oder

230kam Foto: rf

Palmöl im Straßenverkauf

Kochbananengerichten. Und so hat auch in Kamerun jede Provinz ihre kulinarischen Besonderheiten (s.u.). Doch zunächst ein Überblick über das, was im Land wächst und gedeiht.

Zu den **wichtigsten Grundnahrungsmitteln** und Stärkelieferanten zählen:

- Die vielen Arten der **Knollengewächse.** Dazu gehört in erster Linie der **Maniok/Cassava.** Besonders im Süden, Osten, Südwesten und Zentrum des Landes ist diese Wurzelknolle wegen ihrer verschiedenen Zubereitungsmöglichkeiten sehr beliebt. Man unterscheidet dabei den „bitteren" und den „süßen" Maniok. Die gekochten Knollen werden meist zu Brei zerstoßen und mit Soßen angerichtet oder zu Fladen gebacken. Der bittere Maniok, dessen Bitterstoffe durch Kochen, Dämpfen oder Rösten zerstört werden, eignet sich für Gerichte wie *Foufou,* die „Batôns de manioc" (fermentiertes Maniokmehl, in Bananenblättern gekocht) oder für das Stärkemehl *Tapioka.* Die süße Sorte verwendet man für Teigwaren, „Beignets" (in Öl gebackene Krapfen) oder einfach nur gekocht.

Weitere Knollenfrüchte, deren Inhaltsstoffe denen der Kartoffeln ähneln, sind *Yams-Wurz* (franz. *Igname), Makabo* und *Taro.* Sie werden auf ähnliche Weise wie Maniok zubereitet. Recht beliebt ist auch die Süßkartoffel (franz. *Patate douce),* die wie die Kartoffel gekocht wird und einen süßlichen Geschmack hat.

- Die verschiedenen Arten der **Bohnen.** Besonders die roten Bohnen werden im Westen viel zum Frühstück gegessen, und in Bananenblättern gekochte Bohnenpaste mit Palmöl gibt das beliebte und traditionelle *Koki.*
- Als weitere Beilage sind die **Kochbananen** und die unreifen grünen Bananen verbreitet. Die Kochbananen werden gekocht, frittiert, zu Kondré gekocht und mit Bohnen und rotem Palmöl zusammen zerstoßen.
- **Mais** gehört im Osten und Westen zu den Grundnahrungsmitteln. Allerdings beginnt der Mais sich auch im Norden immer mehr durchzusetzen: Bei Ngaoundéré wird er sogar in Monokultur angebaut. Dennoch wird hier überwiegend mit Hirse gekocht.
- **Hirse** gilt besonders im Norden als hauptsächliche Lebensgrundlage.
- **Reis** ist im ganzen Land verbreitet wird jedoch nur im Norden und im Westen angebaut.

Zum Bereiten von leckeren **Saucen** und als Beilagen werden die verschiedenen **Blattgemüse** verwendet. Zu den Nationalgerichten Kameruns zählt hierbei das *Ndolè,* das aus Vernonia-Blättern ähnlich zubereitet wird, wie etwa bei uns der Spinat, und vor allem im Süden beliebt ist. Aus den *Gombo-Schoten* (= Okra) entsteht eine leicht schleimige Sauce. Die jungen Blätter des Taro- und Makabo-Strauches und der Melonen-Pflanzen verfeinern Suppen und Teigwaren. Aus den Maniok-Blättern entsteht „Kpem", beliebtes Regionalgericht im Süden und Zentrum. Auch im Norden gibt es unzählige Gemüsevariationen. Die beliebteste darunter ist das *Folléré,* dessen Blätter der Sauce einen etwas säuerlichen Geschmack verleihen. Daneben werden im Norden frische oder getrocknete Baobab-Blätter als Zutaten geschätzt. Daneben gibt es noch Erdnusssoße, Soße aus Melonen und Kürbiskernen, Tomatensoße und viele Gewürzsoßen.

Zu den bekanntesten **Gewürzen** zählt **Chili,** Piment oder Pepper genannt. Die Schoten sehen frisch aus wie Miniatur-Paprika (gelb oder rot) und haben es in sich. Selbst auf der Haut können sie Irritationen hervorrufen. Die Schoten kommen in die meisten kamerunischen Gerichte, weswegen diese auch oft so scharf sind (teilweise ruft das Piment auch Magenreizungen hervor, und ein europäischer Magen sollte sich erst langsam an das scharfe Piment gewöhnen). Sie werden aber auch getrocknet und zu Pulver gemahlen bzw. mit Öl vermischt und stehen so als Würzmittel in fast jedem Restaurant zur Verfügung. Die Paste ist in etwa vergleichbar mit Sambal Oelek.

Gewürzt und verfeinert wird außerdem mit dem „Kondiment vert", wozu Basilikum, Sellerie, Petersilie und Porree zählt. Daneben werden sehr viel Ingwer, Knoblauch, Zwiebel, wilder Pfeffer, wilde Gombo, Melonen- und Kürbiskerne und viele andere traditionelle Kräuter und Gewürze verwendet. Vor allem die Bamiléké im Westen sind Meister in der Kunst des Würzens. Für das Bamiléké-Gericht „Nkui" verwendet die Köchin als Gewürze u.a. *Flubu, Nzu Fo, Melan* und das wie eine Spinne aussehende *Kuat*. Für die schwarze Soße, „Sauce Noir" oder „Bongo Tschopi", die ihre Farbe durch das Verbrennen der Gewürze erhält, benötigt man z.B. Rondelle, Quatre Coté, Bongo etc.

Kamerun ist überaus reich an **tropischen Früchten und Gemüsen,** die die Küche bereichern. Salate dagegen gibt es vorwiegend zu besonderen Anlässen wie der Besuch von Gästen, bei Feiern usw. Eine große Variationsbreite gibt es bei den **Bananen,** die im Süden und Zentrum des Landes gepflanzt werden. Dabei sind es nur die süßen Bananen *(Bananes douces),* die frisch von der Staude verzehrt werden können. Am besten schmecken die winzigen gelben und die roten Früchte. Nur für den Kochtopf dagegen eignen sich die „Plantains" oder Kochbananen, die noch grün gepflückt werden. Sie sind wesentlich größer als die Süßbananen und werden als beliebte kartoffelähnliche Beilage gekocht oder püriert serviert. Im Département Haute-Sanaga wird aus den reifen Früchten auch ein lokaler Bananenwein hergestellt.

Zu den bekannten **Früchten** gehören Papayas, Zitronen, Orangen, Pampelmusen, Ananas, Auberginen, Avocados, Melonen, Kokos-Nüsse, Passionsfrüchte und verschiedene saftige Mango-Sorten. Besonders aromatisch und vitaminreich sind die kleinen Guaven-Früchte. Das Fruchtinnere ist rosafarben und leicht sahnig mit vielen Samenkernen. Guaven ergeben auch sehr gute frische Säfte. Seltener findet man die leckeren Litchies, die von einer dicken in Rottönen leuchtenden weichen Stachelhülle umgeben sind.

Der spezifische Geschmack der **Netzannone** (franz. *Corossole)* ist mit keiner anderen Frucht vergleichbar. Die großen Fruchtstände bilden eine kompakte, gefelderte Einheit aus kleinen Einzelfrüchten, und das weiße Fruchtfleisch, das mit schwarzen Kernen versetzt ist, schmeckt sahnig-süß. Die kugelige **Brotfrucht** erkennt man an ihrer Größe. Sie hat einen Durchmesser von 20–30 cm, eine warzige Oberfläche und kann bis zu 3 kg schwer werden. Brotfrüchte werden grün geerntet, bekommen bei der Reife eine goldgelbe Farbe und besitzen dann einen süßen, aber strengen Geschmack. Sie werden in der Regel zu Mus gekocht, roh verzehrt oder in Scheiben gegrillt. Überall auf den Märkten entdeckt man die grünen, schlanken **Gombos** (Okra-Schoten), die als mildes Gemüse in der kamerunischen Küche eine wichtige Rolle spielen. Durch ihren hohen Schleimgehalt ergeben sie außerdem eine Zutat für schleimige Saucen, die man im Norden mit *Hirse-Foufou* isst. Aus den hellbraunen, hülsenartigen **Tamarinden-Früchten** wird im Norden ein erfrischendes, süß-säuerliches Getränk bereitet oder das Fruchtmark roh mit Zucker gegessen. Auch die Früchte des Affenbrotbaumes, die **Baobab-Früchte,** finden im Norden Verwendung. Die Samen der Früchte werden zu Mehl gerieben. **Erdnüsse** kommen, wenn sie nicht geröstet werden, in vielen Gerichten und besonders in Saucen zur Verwendung. Erdnussöl ersetzt hier außerdem das im Süden gebräuchliche Palmöl. Auf den Märkten im Norden werden auch Datteln angeboten.

Eine spezielle, im ganzen Land beliebte Frucht ist die anregende **Kola-Nuss,** die man immer teilt und selten alleine isst. Es gibt sie in zwei Varianten: pink-rot, groß und asymmetrisch, sowie oval mit einer braunen Schale *(bitter cola)*. Einem Gast wird häufig als erstes eine Kola-Nuss serviert – man sollte sie nie ablehnen! Die rote Cola-Frucht „knackt" man auf und unterteilt sie dadurch in die vielen Einzelpartien, die man dann unter Freunden teilt. Die Frucht wird in West- und Zentralafrika als „Luxus-Verbrauchsgut" betrachtet. Sie wächst nur in Höhenlagen, und der Verkauf der Frucht in Gebiete, wo sie nicht wächst, ist sehr einträglich. Vielen Bewohnern Afrikas ist das Kauen von Kola-Nüssen gegen Hunger, Durst und Müdigkeit seit Jahrhunderten vertraut. Beim Kauen weicht der anfangs bittere Geschmack und entfaltet durch freigesetztes Koffein eine **stimulierende Wirkung.** Die Nüsse werden dabei oft über eine Stunde lang gekaut. Die Kola-Nüsse sind das einzige Stimulanzmittel, das der Islam erlaubt.

Mais gehört im Osten und Westen zu den Grundnahrungsmitteln. Allerdings beginnt der Mais sich auch im Norden immer mehr durchzusetzen: Bei Ngaoundéré wird er sogar in Monokultur angebaut. Dennoch wird hier überwiegend mit Hirse gekocht.

Die Küche des Littorals

Die Provinz Littoral im Südwesten schließt die Départements Nkam, Sanaga-Maritime, Moungo und Wouri ein. Dichte Wälder, üppige Vegetation und ein feuchtheißes Klima unterstützen hier den Anbau von Makabo, Maniok, Bohnen und Taro. Blattgemüse, Samen und Nüsse, kultivierte und wilde Kräuter bereichern den Kochtopf. Die Ethnien des Littorals haben ihre eigenen Spezialitäten; bei den Bassa und Bakoko in den Wäldern des unteren Sanagalaufes ist dies eine Sauce aus dem Saft der Palmnüsse mit Fisch oder Fleisch, als Beilage **„Bâtons de Manioc"** nach „Miondo"-Art: Zur Zubereitung der Batôns de Manioc „Miondo" wird der frische und fermentierte Maniokteig zu feinen Rollen geformt und sorgfältig in

S82kam Foto: rf

Sogar Termiten stehen in Kamerun auf dem Speiseplan

Land und Leute

die auf dem Feuer vorher etwas erweichten Bananenblätter gewickelt. Jeweils zwei dieser Päckchen, die die Form eines Stabes (franz. *bâton)* haben, werden mit Bindfaden zusammengewickelt. Die „Miondos" werden dann mit Wasser bedeckt in einem Topf gekocht, bis sie ein durchscheinendes Äußeres haben. Die „Miondos" müssen elastisch sein und dürfen nicht an den Fingern kleben.

Eine weitere Spezialität der Bassa ist die „Sauce noir" mit Fisch, die ihren Namen von ihrer schwarzen Farbe erhielt. Verschiedene einheimische Gewürze werden zum Teil verkohlt, anschließend alle gemahlen und mit einigen Kräutern und dem Fisch gekocht. Dazu gibt es z.B. Reis.

Die bekannte Spezialität der Douala an den Ufern des Wouri-Flusses heißt **„Ndolè":** Die Ndolè-Blätter werden fein geschnitten und etwa 30 Minuten lang gekocht. Die gekochten Blätter werden mehrmals mit Wasser gespült, um die Bitterstoffe zu entfernen, und dann durch ein großes Sieb gestrichen. Fein gehackte Zwiebeln werden angeröstet und mit Erdnusspaste, Krabben, getrocknetem Fisch sowie etwas Ingwer, Salz und Piment zur Ndolè-Paste gefügt. Zusammen wird alles etwa eine halbe Stunde leicht gekocht. Als Beilage serviert man Kochbananen, „Bâtons de manioc", Yams oder Süßkartoffeln. In manchen Regionen wird Ndolè auch mit gebratenem Hühnchen in Tomatensauce serviert. Das „Ndolè" wird oft als **kamerunisches Nationalgericht** bezeichnet.

Die Bewohner des Littorals essen gerne zu Brei gestampfte Taro-Knollen, „Esubaka", mit „Madengue"-Sauce. Durch die Küstennähe haben sie ausgezeichnete Methoden zum Trocknen und Räuchern der Fische. Aber auch frischer Fisch wird in allen Variationen zubereitet – gegrillt auf dem Holzfeuer, in Palmöl gebraten oder in Bananenblättern gekocht.

093kam Foto: rf

„Buschfleisch"

Die Küche im Zentrum und Süden

Auch die Bewohner des Zentrums und Südens Kameruns ernähren sich **hauptsächlich** von **Wurzelgemüse und Kochbananen.** Die Gerichte werden variiert mit diversen Blattgemüsen und Kräutern, die teils um das Haus und die Dörfer kultiviert werden, teils wild wachsen. Die bevorzugte Getreidesorte ist in dieser Region der **Mais,** Reis dagegen gibt es nur selten. Aufgrund der üppigen Vegetation ist die Küche dieses Gebietes äußerst abwechslungsreich. Hinzu kommt die große Vielfalt an tropischen Früchten. Außerdem haben die verschiedenen Ethnien ihre **speziellen Rezepte und Gerichte.** So gibt es bei den Boulou das Gericht „Ntuba ekon" aus gestampften Kochbananen. Dazu serviert man verschiedene Saucen, Fleisch, Fisch oder „Mendim me zong", eine Auberginen-Suppe. Die Bafia bevorzugen „Kepen", einen Couscous aus Mais. Dazu wird der Mais gestampft und zu Mehl gerieben. Das Maismehl wird in Wasser gekocht, bis ein Brei entsteht. Zu diesem Brei reicht man die verschiedenen Saucen. Die Bassa bereiten ihre „Makabos" mit Palmöl zu, bei den Ngoumba gibt es eine Sauce aus wilden Mangos, „Mbueli-Ndoa". Die Batanga formen ihren Maniokteig zu „Miondos" oder kochen Couscous mit Fisch.

Zu dieser Reihe von Gerichten der einzelnen Ethnien gibt es auch im Zentrum und Süden Rezepte, die für die ganze Region typisch sind. Darunter „Kpem", junge Maniokblätter im Saft der Palmnüsse; „Nnam ngon", geschmorter Kürbisbrei in Bananenblättern; „Nnam owondo", Erdnusspaste in Bananenblättern; „Ebobolo", „Bâtons de manioc", und „Ndomba tsit", in Bananenblättern geschmortes Fleisch.

Das Angebot an **Fleisch** ist im Zentrum und Süden sehr vielfältig. So gibt es neben Rind, Ziege und Schwein auch die unterschiedlichsten Wildsorten – Antilopen, Affen etc. – und Termiten, Schnecken und Raupen. Unterwegs, auf einem kleinen Markt in der Nähe von Lolodorf, hatte ich einmal die Wahl zwischen Schlangen-, Krokodil- und Affenfleisch. Ich entschied mich für Affenfleisch und gewöhnte mich an den Geschmack – für die Dorfbewohner ist das Fleisch eine Delikatesse! Unter die Bezeichnung **„Buschfleisch"** *(Viande de brousse)* fallen: Stachelschwein, Antilope, Krokodil, Buschratte, Waran, Goliathkröte und Schlangen.

Als Schlange wird vorwiegend die Viper zubereitet, für das Volk der *Bassa* ein Leibgericht. Traditionsgemäß ist Schlangenfleisch allerdings den Männern vorbehalten, im Zentrum und Süden nur den Ältesten oder „Vieux".

Die Küche im Osten

Die Provinz Est ist das Gebiet der großen Tropenwälder, im Norden schließt sich die Savanne an. In den Waldgebieten zählt wiederum die **Kochbanane** zu den Hauptnahrungsmitteln. Dabei gibt es bei den verschiedenen Stämmen unzählige Zubereitungsarten der „Banane plantain". In den Savannengebieten dagegen bevorzugt man die Zubereitung des Couscous aus Mais, Maniok oder einer Mischung aus beiden, dazu verschiedene Saucen. Daneben gibt es

Gerichte aus Yams-Wurzeln, Sesam, Erdnüssen und Kürbiskernen. Gekocht wird vorwiegend mit Sesamöl, als Blattgemüse werden hauptsächlich die jungen Maniokblätter verwendet.

Die Bevölkerungsdichte in dieser Region ist nur gering. Die hier beheimateten Pygmäen sind vorwiegend Sammler und Jäger und bereiten zu, was der Wald ihnen gerade bietet. Zu den Aufgaben der Frauen gehört es, Fische aus dem Fluss oder Bach zu fangen. Die Aufzucht von Haustieren wird im gesamten Osten nur sehr wenig praktiziert, daher gehört Hühner- oder Ziegenfleisch zu den seltenen Leckerbissen im Dorf, die für Feste wie Hochzeiten oder Beerdigungen reserviert sind. Typisch für diese Region ist die Herstellung von Bananenwein.

Die Küche im Westen

Der dicht besiedelte Westen Kameruns ist die Heimat der Bamiléké und Bamoun. In der Region der westlichen Hochebenen ist das **Grundnahrungsmittel** der **Mais,** der hauptsächlich als Couscous zubereitet wird. Bei den Bamiléké wird dieser Mais-Couscous zusammen mit der speziellen Sauce „Nkui" serviert. Die etwas klebrige Sauce dieses typischen Regionalgerichtes besteht aus einer speziellen Rindensorte, der Triumfetta, und etwa 16 weiteren Zutaten und Gewürzen.

Auch Yams-Wurzeln, Makabos, Maniok, Kochbananen, Süßkartoffeln, normale Kartoffeln und süße Bananen gehören in den Topf der Bamoun- oder Bamiléké-Köchin. Die Kochbananen hingegen kommen vorwiegend auf den Markt. Der Begriff **„Kondré"** fasst alle Gerichte zusammen, die aus Wurzelgemüse und Bananen und den verschiedenen Fleischsorten – Ziege, Schaf, Schwein, Rind, Geflügel und Wild – angerichtet werden. Das fruchtbare Hochland bringt hier viel frisches Gemüse auf den täglichen Speiseplan. Grünkohl, Bohnen, Melonen werden gerne gegessen und wie im Zentrum und Süden auch die Blätter von Taro, Ndolé, Maniok, Makabo und wildwachsenden Kräutern. In den Bambouto-Bergen nördlich von Bafoussam, in Batcham und in der Umgebung von Dschang, wird traditionell Hunde-, Katzen- und Schlangenfleisch zubereitet und die Larven einiger Insekten, die man in den Palmen findet, sind sehr geschätzt.

Egal was zubereitet wird, es muss immer genug Palmöl dran sein – für den europäischen Gaumen oft etwas zuviel davon.

Die Küche im Südwesten

Im Südwesten gehören Cassava, Plantain, Fisch und Palmöl zu den Grundnahrungsmitteln. In den waldreichen Gebieten wird viel **„bush beef"** gegessen. Am beliebtesten ist dabei „chuguchugu" (Stachelschwein), aber auch Python, Alligator, Gürteltier, verschiedene

In Kamerun findet man fast überall Lokale mit verschiedenen Biersorten

250kam Foto: ed

kleine Antilopenarten, Wildschwein oder große Nager (zum Beispiel Ratte) werden verzehrt. Die Tiere werden getrocknet und so auch verkauft. Gesammelt werden die Riesenschnecken **„nyamangoro"**, die auf der Straße auch als leckere Spießchen angeboten werden. Dieses Fleisch isst man am liebsten mit **„pepper soup"** und Plantain. Der charakteristische Geschmack von pepper soup wird dabei von Gewürzen hervorgerufen, die im Wald gesammelt werden *(njangsang)*. In Bananenblättern gedämpft werden **„Egusi pudding"** (eine würzige Pastete aus Melonenkernen) und **„Koki"** (durch das verwendete Palmöl leuchtend rot, auf der Basis von Bohnen).

Ein typisches Gericht für Manyu Division ist **„Fufu und Eru"**. Das Fufu wird meist aus Cassava/Maniok gemacht. Eru sind Blätter von Rankpflanzen, die im Wald an Bäumen hochwachsen. Mit „waterleaf", Palmöl, *crayfish* (getrocknete Krabben) oder Rinderhaut und Gewürzen wird daraus eine herzhafte Gemüsebeilage. Fufu und Eru schmeckt nur richtig gut, wenn man das Fufu zu kleinen Kugeln rollt, eine Vertiefung hineindrückt und sich darin dann das Eru einverleibt. Überall auf den Märkten im Südwesten, besonders in Bamenda und Umgebung, sieht man Verkäuferinnen, die frische Erublätter mit einem Messer klein raspeln.

Die Küche des Adamaoua-Plateaus und des Nordens

In den ausgedehnten Savannen und Steppen des Nordens, in den Mandara-

Bergen und in den Ebenen südlich des Tschad-Sees bildet neben Mais, Reis, Yams, Maniok und Süßkartoffeln hauptsächlich **Hirse die Lebensgrundlage** der Bevölkerung. Je nach Jahreszeit gibt es unterschiedliche Sorten von Hirse, die großkörnige Hirse wird **Sorghum** genannt. Nach der Ernte wird sie gedroschen und in Speichern gelagert.

Erdnusssauce mit Räucherfisch (für 4 Personen)

Zutaten:
2–3 Becher Erdnüsse
1–2 Zwiebeln
4 Räucherfische
1 Stück Ingwer
½ Stange Lauch
1 Strauch Sellerie
1 Strauch Basilikum
neutrales Öl (wenn vorhanden, Palmöl)
1–2 Brühwürfel
Salz

Den Räucherfisch ausnehmen und in Wasser einweichen.
Die Erdnüsse bei ständigem Rühren anrösten, bis die Hüllen dunkelrot sind.
Die Erdnusshüllen entfernen und die Erdnüsse mahlen.
Den Knoblauch, Ingwer, Lauch, Sellerie und Basilikum ebenfalls mahlen.
Das Öl stark erhitzen.
Salz, Zwiebeln und den Räucherfisch zugeben (das Fischwasser aufheben) und kurz frittieren lassen. Die gemahlenen Zutaten (mit Ausnahme der Erdnüsse) zugeben und kurz „anbraten".
Die Erdnusspaste mit dem Fischwasser zugeben und ca. 20 Min. kochen lassen (evtl. zwischendurch Wasser ergänzen).
Mit Salz und Maggiewürfeln abschmecken.

Dazu schmecken z.B. Reis und gekochte Kochbananen.

Da das Mehl kaum lagerungsfähig ist, wird die Hirse nur nach Bedarf gemahlen. Das Hirsemehl wird in Wasser zu einem Teig gekocht und die fertige Teigkugel mit den verschiedensten Saucen serviert. Diese Teigkugel – in Fulfulde **„Nyiiri"** genannt (franz. *Boules de mil)* – gehört zu den täglichen Mahlzeiten der Dorfbevölkerung des Nordens. Daneben gibt es einen Brei aus Hirse, Dickmilch und Zucker oder geriebenen Erdnüssen, den **„Mboussiri"** oder *Boullie de mil.* Dieser Brei wird vor allem auch während des Ramadan gegessen und dient zur Säuglingsernährung.

Eine andere Variante ist „Dakéré", Klößchen aus Hirseteig, die mit Dickmilch gegessen werden. Beliebt ist im Norden auch das **Hirsebier, „Bil-Bil"**, das an Markttagen und bei größeren Festen aus Kalebassen geschöpft wird und recht alkoholhaltig ist.

Was für den Süden das „Ndolé" ist, wird im Norden mit anderen Blättern auf ähnliche Art bereitet und heißt **„Folléré".** Die spinatähnlichen Blätter werden als Gemüse z.B. zu Hammel gereicht.

Generell gibt es im Norden nicht, wie im Süden, das ganze Jahr hindurch etwas zu ernten. So werden viele Nahrungsmittel für die lang anhaltende, heiße Trockenperiode von Februar bis Juni bzw. während der Zeit, in der zwar viel wächst und sprießt, aber noch nicht geerntet werden kann (Juli bis August, franz. *période de soudure)* gespeichert. Fleisch, Fisch und Blattgemüse werden auch getrocknet.

Der Reichtum des Nordens sind die großen Rinderherden der Fulbe. Der starke Einfluss des Islam hat zur Folge, dass Schweinefleisch weitgehend tabu ist. Daher bietet der Speiseplan viele **Rindfleisch-Gerichte,** daneben Geflügel, Ziegen, Hammel, Wild und bei einigen Bergstämmen Pferd, Esel und Hund. Aber auch Raupen, Termiten, Buschratten, Vögel und Frösche landen im Kochtopf, wenngleich seltener.

Nordkamerun ist dank des Tschad-Sees und der Flüsse Logone und Bénoué reich an **Fischen.** Der bekannteste darunter ist der „Capitaine"-Fisch, der in einer Sauce aus Gemüse und Tomaten ein richtiger Leckerbissen ist. Ein Großteil der Fische wird getrocknet, geräuchert und nach Nigeria exportiert.

Bei den Viehzüchtern und Fulbe-Nomaden im Norden Kameruns gehört die **Milch** zu den wichtigsten Nahrungsmitteln. Häufig sieht man auf den Märkten Fulbe-Frauen, die ihre Milch – im Geschmack unserer Buttermilch ähnlich – in Kalebassen auf dem Kopf tragen und feilbieten. Im Vergleich zum Süden findet man in den nördlichen Regionen nur sehr wenige Früchte, auf den Märkten werden daher häufig die Früchte aus dem Süden angeboten.

Die Rezepte für Speisezubereitungen werden in Afrika traditionell mündlich überliefert. Es gibt jedoch ein ausgezeichnetes **Kochbuch** mit dem Titel „Le grand livre de la cuisine camerounaise" (im Verlag SOPECAM, Yaoundé) für all diejenigen, die sich mehr für die Küche Kameruns interessieren. Das Buch enthält unter anderem auch Rezepte für die Zubereitung von Viper, Boa, Larven, Termiten und vielem Exotischen mehr.

Für Afrikaner ist jedes **Essen** ein **gesellschaftliches Ereignis.** Wenn Sie bei einer kamerunischen Familie zu Gast sind, stellen Sie sich auf die landestypischen Mahlzeiten ein. Eine Verweigerung käme nämlich einem Affront gleich. Gastgeschenke werden zwar in der Regel nicht erwartet, jedoch ist die Freude groß, wenn im Laufe des Besuchs eine kleine Aufmerksamkeit überreicht wird.

Getränke

Afrikaner trinken in der Regel schlicht und einfach **Wasser** und wenn Geld vorhanden ist, in den Bars süße Säfte, Bier und Malta (Malzbier). Wird Ihnen in einem Restaurant oder einem *Circuit* Wasser angeboten, sollten Sie berücksichtigen, dass es in aller Regel nicht abgekocht ist. Ebenso werden Speiseeis und Eiswürfel mit unbehandeltem Wasser zubereitet sowie der Salat damit gewaschen. Ein europäischer Magen kann darauf empfindlich reagieren.

Für den Getränkebedarf besorgt man sich am besten Wasser (z.B. Tangui) in großen Plastikflaschen (die später unterwegs auch als Trinkflasche geeignet sind). Besonders für längere Fahrten in öffentlichen Verkehrsmitteln oder im eigenen Fahrzeug empfiehlt es sich, einen ausreichenden Vorrat mitzunehmen, wegen des tropischen Klimas benötigt der Körper viel Flüssigkeit. Das abgefüllte Mineralwasser wird in den Hotels sehr teuer verkauft, preiswerter ist es in den Supermärkten oder am Kiosk erhältlich. Unterwegs wird Wasser auch von Händlern angeboten, dabei sollte man jedoch auf Flaschen mit Originalverschluss achten (wenn man es öffnet, muss es knacken), denn ansonsten ist dieses Wasser nicht abgekocht. Ebenso ist das Leitungswasser der Hotels/Campements kein reines Trinkwasser und muss vorher gefiltert, desinfiziert oder abgekocht werden.

Internationale und lokale **„Softdrinks"** (franz. *Sucreries* genannt) gibt es mittlerweile selbst im kleinsten Dorf in den Bars und Supermärkten. Ansonsten werden die Säfte überteuert in den Hotels und Restaurants angeboten. Darunter auch das im Land hergestellte „Top", z.B. in der Geschmacksrichtung „Pamplemousse". Zusätzlich gibt es Coca Cola, Fanta, Sprite etc. Nicht selten sieht man Jungen mit einer Kühlbox oder einem Straßenkarren von Firmen (z.B. Malta) durch die Straßen gehen, die die Getränke eisgekühlt verkaufen. Teilweise gibt es auch Säfte, die in kleinen eingeschweißten Plastiktüten verkauft werden.

Schnaps wird in Kamerun verhältnismäßig wenig getrunken. Wenn doch, gibt es vorwiegend Whiskey oder Zuckerrohrschnaps. Die Schnäpse kann man auch in kleinen Plastiktüten (ca. 25 ml) kaufen. Auf Märkten, besonders in den größeren Städten, verkaufen herumlaufende Männer selbstgebrannten Schnaps. Sie sind daran zu erkennen, dass sie die Schnapsgläser immer an die mit Schnaps gefüllten Flaschen schlagen und so auf ihr Erzeugnis aufmerksam machen. Der Schnaps ist jedoch nicht immer gut, und so kommt es gelegentlich zu Unfällen/Todesfällen.

Fruchtsäfte stammen oft aus Dosen, obwohl das Land überreich an frischen Zutaten ist. In Maroua und Nkongsamba gibt es je eine kleine Fabrik, die Obstsäfte (Mango, Banane, Guave etc.) in kleinen Flaschen vertreibt. Von Händlern werden häufig Orangen angeboten, die den Durst gut stillen.

Alkohol ist in den vorwiegend islamischen Regionen zwar tabu, aber dennoch erhältlich. Überall, auch im letzten Winkel, wird in Kamerun gutes **Bier** angeboten, das vorwiegend aus den einheimischen Brauereien stammt. Das Land ist stolz auf seine Bierindustrie, die **Brasseries du Cameroun,** die zu den wichtigsten Unternehmen zählt. Am beliebtesten sind die Marken „33" *(Trente-trois),* Castel, Satzenbrau, Isenbeck (deutsches Bier) und Beaufort (in der Alltagssprache auch „Jopajo" genannt, eine Verballhornung des französischen „jour par jour"). Auch in Kamerun abgefüllte Marken wie Guinness, Kronenbourg und Mützig sind auf dem Markt, daneben Importe wie Heineken oder Becks. Gelegentlich findet man auch recht unbekannte Biersorten wie das Baobabbier. Wer die Gelegenheit haben sollte, an das tschadische Gala zu kommen, sollte unbedingt zugreifen: Es gilt als das beste Bier in Zentralafrika. Neben dem normalen Bier ist auch das Malzbier von Guiness – Malta – sehr beliebt.

Der in den Lokalen angebotene **Kaffee** (meist Nescafé) schmeckt meist etwas fad, obwohl im Land selbst sehr guter Kaffee angebaut wird, der allerdings in der Hauptsache zum Export gelangt. Nach französischer Manier unterscheidet man zwischen *Café au lait* und *Café noir*. Daneben gibt es **Tee,** Kakao (Nesquike oder Déjeuner) und in den südlichen und westlichen Regionen auch **Citronelle,** einen aus Zitronengras gekochten Tee, der hervorragend schmeckt. Citronelle findet man zwar so gut wie nie auf der Speisekarte, wird aber auf Anfrage serviert.

An typischen Getränken kennt man den **Palmwein,** der hautpsächlich in der Küstenregion, in der Gegend um Yaoundé und im Westen getrunken wird. In den größeren Restaurants oder auch Hotels wird man vergeblich danach fragen, denn dieses beliebte, nur leicht alkoholische Getränk wird nur in kleinen Kneipen, Stehausschänken, auf dem Markt, im Dorf oder in Straßenbars angeboten. Zur Gewinnung von Palmwein bringt der Palmweinzapfer an einer gefällten Raphiapalme ein Gefäß an, in dem die austretende Flüssigkeit aufgefangen wird. Bei den hohen Temperaturen fermentiert das trübe Getränk sehr schnell und schmeckt etwa wie Most. Je länger der Palmwein steht, umso alkoholhaltiger wird er (daher ist es auch schwer, ihn bis in die größeren Städte zu transportieren). Bei Destillierung entsteht daraus der schnapsartige „African Gin". Der Rafiawein wird aus der Rafiapalme gewonnen. Im Gegensatz zum Palmwein ist er meist etwas süßer, und der Wein wird unten an der Pflanze abgezapft und nicht, wie bei der Palme, oben.

Das Pendant zum African Gin bildet im Norden das sehr beliebte, traditionelle rote und weiße **Hirsebier,** ohne das keines der vielen Feste denkbar ist. Auch dieses Getränk wird nicht in den üblichen Restaurants ausgeschenkt, sondern vielmehr auf dem Markt und in den Dorfkneipen, wo Sie es unbedingt einmal probieren sollten. In manchen kleinen Dörfern in den Mandara-Bergen wird es heute noch speziell für Feste (Toten-, Erntefeste, Initiation, Hochzeit etc.) gebraut und spielt im gesellschaftlichen Leben eine große Rolle. Die Prozedur des Brauens dauert mehrere Tage, mit Früchten und Rinden wird schließlich der Geschmack verfeinert. Aufbewahrt wird das Hirsebier, das einen Alkoholgehalt von 2 bis 4 % hat, in großen Tonkrügen *(Canaris);* auf dem Markt wird es oft aus Kalebassen ausgeschenkt. Auch im Norden wird Schnaps gebrannt, der so genannte „Hargui".

Im Gegensatz zu Europa braucht man in Kamerun selten einen Grund, um Alkohol zu trinken. Wenn jeden Tag Geld für Alkohol da ist, kann auch jeden Tag getrunken werden. Sowohl im Norden als auch im Westen/Süden wird das Hirsebier bzw. der Palm- und Rafiawein immer getrunken, wenn er gerade da ist, bzw. wenn Geld zum Kauf vorhanden ist. Zusätzlich spielt es keine Rolle, ob Morgen oder Abend ist, Alkohol kann zu jeder Tageszeit genossen werden, und so sind einige der wohlhabenderen Kameruner durch ihren „Bierbauch" gezeichnet.

238kam Foto: rf

Unterwegs in Kamerun

239Akam Foto: rf

239Bkam Foto: rf

Elefanten im Waza-Nationalpark

Grasland-Figuren im Museum von Foumban

Landschaft bei Rhumsiki

Douala

Douala ist **Wirtschaftsmetropole,** Finanz-, Industrie- und Handelszentrum Kameruns sowie **Hauptstadt der Provinz Littoral** und Hauptort des Verwaltungsbezirks Wouri. Mit schätzungsweise knapp **1,5 Mio. Einwohnern** ist Douala die weitaus **größte Stadt des Landes.** Obwohl 1920 das Verwaltungszentrum Yaoundé Hauptstadt wurde, verlor Douala dadurch nicht an Bedeutung.

Die Stadt liegt 24 km von der Küste landeinwärts **an den Ufern des Flusses Wouri.** Hier am Delta des riesigen Flusses entstand der wichtigste **Hafen** Kameruns und einer der größten der afrikanischen Westküste. Von diesem Hafen aus wird nicht nur das Land selbst versorgt, sondern er dient auch den Nachbarstaaten bzw. den angrenzenden Binnenländern als wichtiger Versorgungspunkt.

Der größte Teil Doualas breitet sich am linken Ufer des Wouri-Flusses aus. Die 1,8 km lange **Brücke über den Wouri,** 1955 fertig gestellt, verbindet die Stadt mit den gegenüberliegenden Industriezentren und Wohnvierteln wie Bonabéri. Durch den Bau dieser Brücke wurde damals das Wachstum der Stadt – auch in diese Richtung – beschleunigt. Von der Brücke aus hat man einen Blick zum Hafen, dessen Gelände man nicht besichtigen darf. Auch ist es nicht erlaubt, auf der Brücke anzuhalten.

Das Klima im Küstengebiet ist **feuchtheiß** mit gleich bleibenden Temperaturen zwischen 25 und 30°C und einer Luftfeuchtigkeit von rund 98 %, der Himmel ist oft von einem grauen Dunst überzogen. Dieses **„Treibhaus-Klima“**

und das ständige Verkehrschaos in der Stadt mit ihren lebhaften und überfüllten Straßen und Märkten machen ankommenden Europäern die Anpassung zunächst nicht einfach.

Viele Kamerun-Reisenden kommen in Douala an, wenn sie nicht gerade den Weg mit dem Auto durch die Sahara genommen haben (der derzeit aufgrund der politischen Lage nicht möglich ist). Die Stadt bildet mit ihrem internationalen Flughafen immer noch den wichtigsten Verkehrsknotenpunkt des Landes. Aber auch diejenigen, die in Yaoundé eintreffen, kommen kaum an Douala vorbei, wenn auch nur für Besorgungen. Die Infrastruktur mit Hotels, Supermärkten und Restaurants ist zwar sehr gut, doch **touristische Attraktionen gibt es nicht viele.** Das schweißtreibende Klima ist für viele Reisende überdies oft schon Anlass genug, Douala schnell den Rücken zu kehren.

Gerade das von Touristen gerne besuchte Akwa und, noch riskanter, das Hafenviertel, werden von den so genannten „Bandits" (Straßenräubern) gerne heimgesucht - sehr zum Frust der einheimischen rechtschaffenden Bevölkerung, die sie z.T. mit „Mücken" vergleicht und per Selbstjustiz bekämpft.

Bezüglich der **Sicherheit** möchte ich dringend empfehlen, sich in der Stadt tagsüber möglichst wenig (nachts nie!) zu Fuß zu bewegen und Wertgegenstände nicht oder möglichst unauffällig bei sich zu tragen. Wertvoller Schmuck sollte gar nicht getragen werden, da dieser von Banditen einfach runtergerissen werden kann. Andererseits rät das Auswärtige Amt auch von nächtlichen Taxifahrten ab. Einheimische berichten, dass schon mehrmals Touristen in Taxis ausgeraubt wurden, wobei die Fahrer entweder als Komplizen fungieren oder selbst überrascht werden, plötzlich anhalten, Straßenräuber zusteigen, diese die ahnungslosen Touristen mit einem Messer bedrohen und ausrauben. Am Besten ist man nach Einbruch der Dunkelheit entweder nicht mehr unterwegs oder man kennt verlässliche Leute vor Ort, mit denen man dann in einem Privatauto zusammen fährt. Die Seemannsmission in Douala hat eigene - sehr zuverlässige aber teure - Taxifahrer, die man stundenweise - z.B. für einen nächtlichen Konzertbesuch - bestellen kann. Douala ist für Touristen wahrlich kein besonders sicheres Pflaster!

Die **„Kreuzung Afrikas"** wird Douala auch genannt, nicht nur wegen seiner Bedeutung als See- und Luftverkehrsknotenpunkt. Hier treffen sich wie in einem „Schmelztiegel" auch alle ethnischen Gruppen des Landes mit ihren verschiedenen Sprachen und Kulturen. Darunter dominieren die Bamiléké und Bamoun aus dem Westen, bekannt als ehrgeizige und tüchtige Geschäftsleute, die die Fäden des großen „Business" in der Hand halten. Aber auch Fulbe und Haussa aus dem Norden zieht es in die Stadt und sie bringen ihre islamischen Einflüsse in den vorwiegend christlichen Süden. In Douala gibt es auch eine große Gruppe von Migranten, die besonders als Geschäftsleute in Erscheinung treten. Die größte Gruppe sind sicherlich die Igbo aus Nigeria, aber auch Libanesen, Chinesen und Griechen sind tätig (letztere betreiben die großen Bäckereien und einige Restaurants). Die Duala, die das Land einst bewohnten, sind heute deutlich in der Minderzahl. Unter den Europäern sind es vorwiegend Franzosen, aber auch Deutsche, die hier ihren Geschäften nachgehen.

Auf den ersten Blick wirkt die Stadt recht **uneinheitlich** und **systemlos** gewachsen. Vom Flughafen aus führt die „Autoroute de l'aviation" in Richtung des Collège Saint Michel, wo sie auf den „Boulevard des Nations unies" mündet. Von dort kann man über eine kurze, jedoch sehr schlechte Straße in die Stadt (nach rechts) und in entgegengesetzter Richtung in den östlich gelegenen Stadtteil **Bassa** (links) gelangen. Da sich die Stadt immer mehr ausweitet, ist im Stadtteil Bassa vor einigen Jahren auf sumpfigem Gelände, das von der WHO als unbewohnbar erklärt wurde, das Viertel **Nylon** entstanden, auf der sich all die Neuankömmlinge mit wenig Geld ein Konglomerat aus Lehm- und Wellblechhütten errichteten.

Daneben liegen die Viertel **Tergal** und **Madagascar** (kleiner Markt, s.u.). Hieran grenzt die „Zone industrielle de Bassa" sowie das „Centre Industriel", in dem sich viele große Unternehmen (z.B. die kamerunische Schokoladenfabrik „Chococam" sowie die Brauerei „Brasseries du Cameroun") angesiedelt haben.

Fährt man weiter auf dem Boulevard des Nations Unies in Richtung Stadt (links), gelangt man zuerst in das Viertel **New Bell,** das am dichtesten bevölkerte „Quartier". Seinen Namen erhielt es von einem berühmten Duala-König namens *Bell*. Ursprünglich lebten dessen Leute im heutigen Stadtviertel Bonanjo, wurden aber im Zuge des Ausbaus durch die Deutschen auf den Platz des heutigen New Bell zwangsumgesiedelt. New Bell scheint wie ein einziger Markt, an dem sich Bretterbuden und Verkaufs-Stände aneinander reihen. Fliegende Händler schieben ihre Karren über die schlaglochübersäten, schmalen Straßen. Gleich nebenan, im **Viertel Lagos,** liegt auch einer der größten Märkte der Stadt. Dort, im Umkreis der großen Moschee, haben sich vor allem die Fulbe aus dem Norden angesiedelt.

Nördlich davon schließt sich der **Stadtteil Akwa** an. Auch hier diente eine berühmte Großfamilie aus der Geschichte als Namensgeber. Das Geschäftsviertel der Stadt beherbergt große Geschäfte, Boutiquen, Restaurants, das Kino „Le Wouri" und einige der größten Hotels Doualas. Mehrstöckige Gebäude aus Stein und Glas stehen entlang der großen Straßenverbindungen, Boulevard de la République und Boulevard de la Liberté, durch die sich eine chaotische Lawine aus Autos, Bussen, Taxis und Mopeds schiebt. Es riecht nach Staub, Teer und Auspuffgasen. Vorfahrt hat, wer am lautesten hupt, rote Ampeln zählen nicht, besonders während der „Rush-Hour".

Akwa ist für die gehobene Schicht das „Versorgungsviertel" mit guten Lebensmittelläden, moderne Boutiquen, Blumenläden, Fotogeschäften etc. Da-

Der Palast (Pagode) von Manga Bell (historische Abb.)

durch, dass Akwa durch die Geschäftsaktivitäten sehr belebt ist, nimmt man es als Tourist am ehesten als Zentrum wahr, auch wenn das eigentliche Zentrum im ruhigeren Viertel **Bonanjo** liegt.

Wenn man direkt am Anfang seiner Reise das afrikanisch-chaotische Douala sehen möchte, sollte man den Weg durch das Viertel New-Bell nach Akwa wählen. Schneller geht es jedoch vom Flughafen aus über die „Axe Lourd" (die in entgegengesetzter Richtung nach Yaoundé führt). Hier fährt man über gut ausgebaute Straßen an den Stadtvierteln Bonapriso und Bonanjo vorbei nach Akwa. Das recht neue ruhige Viertel Bonapriso, im Süden der Stadt gelegen, dient vor allem den Reichen, darunter einigen Europäern, als Wohnviertel. Zusätzlich gibt es hier einige Hotels, bessere Boutiquen, Geschäfte sowie einen großen Supermarkt.

Bonanjo ist das wirtschaftliche und politische Zentrum der Stadt. Große Verwaltungs- und Bürogebäude bestimmen hier das Bild rund um den Place du Gouvernement. Zwischen Justizpalast und Rathaus liegen die Büros großer Fluggesellschaften und einige moderne Hotels. In den Nebenstraßen leben, wie auch im Viertel Bonapriso, die wohlhabenderen Kameruner und die Migranten, darunter sehr viele Europäer (Franzosen, Deutsche etc.).

Im Norden der Stadt kommen dann **Deido** und **New Deido,** ein buntes Gemisch aus Wohnungen und Läden. Als Zielort für Sammeltaxis wird oft der **„Rond Point Deido"** erwähnt, der unmittelbar vor der Wouri-Brücke liegt. Dort befindet sich auch das große Sportstadion Doualas, das Stade Om-

nisport de la Réunification, hier im „Land des Fußballs" ein magnetischer Anziehungspunkt an den Wochenenden.

Bonabéri, auf der anderen Seite des Wouri gelegen, ist neben Bassa ein weiteres großes Industriezentrum der Stadt.

Auch in Douala wird Stadtplanung betrieben, so entstanden in den 1980er Jahren neue residenzielle Viertel (z.B. **Bonamoussadi** und **Makepe** im Norden Doualas), die im Vergleich zum Zentrum ruhig und beschaulich sind. Viele Reiche haben sich dort Villen errichtet, wodurch es durchaus zu einem Spaziergang der anderen Art einlädt. Bonamoussadi und Makape sind jedoch mit dem Taxi nur schwer zu erreichen (ca. 3 Mal umsteigen). In Makepe liegt auch der Hochschulcampus „Domaine Universitaire".

Ein großes Problem in Douala ist der immer stärker werdende **Verkehr,** der die Stadt während des Berufsverkehrs (7–10 und 17–19 Uhr) nahezu lahm legt. Oft gibt es keine Alternative zu den großen Ausfallstraßen (z.B. die Brücke von Bonabéri), so dass man zu diesen Zeiten möglichst nicht unterwegs sein sollte. Seit 2001 werden die Straßen in Douala peu à peu mit neuem Belag versehen, was temporär das Verkehrschaos vergrößert, langfristig aber natürlich zu begrüßen ist. Jedoch halten auch die neuen Straßenbeläge nicht viele Regenzeiten durch, und so ist Douala eine **dauerhafte Straßenruine** oder Baustelle.

Douala hat sich zwar der Zukunft verschrieben, die Vergangenheit aber ist immer noch gegenwärtig, Geschichte und Moderne liegen in der Stadt oft nur wenige Meter voneinander entfernt.

Geschichte

Ursprünglich war im Gebiet der heutigen Stadt, an den Ufern des mangrovengesäumten Wouri, ein riesiges **Sumpfgebiet.** Etwa zu Beginn des 18. Jahrhunderts kamen die Duala, eine Bantu-Volksgruppe, in diese Gegend und siedelten sich hier an. Mitte des 19. Jahrhunderts wurde das Delta ein **strategisch wichtiger Punkt für den Sklavenhandel** vor allem mit portugiesischen Händlern. Die Duala waren dabei die Handelspartner der Europäer. Ab 1860 wurde Palmöl das Haupthandelsgut zwischen Duala und Europäern. Mittlerweile waren es vor allem deutsche und englische Kaufleute, die mit so genannten Hulks, abgetakelten Segelschiffen, den Handel betrieben.

Im Jahre 1845 landete hier auch der Missionar *Alfred Saker*, gründete die erste Mission des Landes und übersetzte die Bibel in die Douala-Sprache. Dort, wo sein Wohnhaus stand, befindet sich heute der Temple du Centenaire. Einige Jahre später, 1884, schloss *Gustav Nachtigal* im Namen des deutschen Reichskanzlers einen „Schutzvertrag" mit den Duala-Königen *Akwa* und *Bell* ab (s.a. Kapitel Geschichte) und stellte damit das Land unter deutsches Protektorat. So wurde **„Kamerunstadt"** von 1885 bis 1901 die Hauptstadt des Protektorates. Die damalige Siedlung bestand aus mehreren Dörfern, benannt nach den Oberhäuptern der hier ansässigen Duala: *Akwa*, *Bell* und *Deido*. Noch heute tragen Stadtviertel Doualas diese Namen.

Um die **günstig gelegene Ortschaft** auch wirtschaftlich nützen zu können, wurde in der darauf folgenden Zeit der Sumpf trockengelegt, die Deutschen bauten die ersten Bahngleise und den Bahnhof. Moskitos, Malaria und das feuchte Klima erschwerten die Arbeiten und viele Deutsche starben schon in jungen Jahren in diesem „Grab des weißen Mannes". 1901 wurde Buea Hauptstadt, da die Deutschen das Klima dort als wesentlich angenehmer empfanden. Im Jahre 1907 erhielt die Stadt ihren heutigen Namen Douala nach der dort ansässigen Ethnie. 1920 verlegten die Franzosen die Hauptstadt nach Yaoundé, das somit administratives Zentrum des Landes wurde.

Aufgrund der **guten Verkehrsverbindungen Doualas,** Ausgangspunkt der beiden Eisenbahnlinien des Landes, dank der Optimierung der Straßenanbindungen durch die 1955 fertig gestellte Brücke über den Wouri, und nicht zuletzt durch den Hafen, dessen Bau nach dem Ersten Weltkrieg begann und der Händler und Industrielle in das Ballungszentrum lockte, blieb Douala bis heute die Handels- und Industriemetropole Kameruns und wuchs zu einer Millionenstadt heran.

Wichtigster Faktor für diese Entwicklung ist die große **Hafenanlage von Douala-Bonabéri.** Hier werden über **97 % des gesamten Güterumschlags** abgewickelt. Dabei ist die Frachtmenge für Einfuhren etwa doppelt so hoch wie die für Ausfuhrprodukte. Das Hafenbecken des Wouri hat eine Tiefe von sieben Metern und ermöglicht daher Schiffen bis zu 16.000 BRT die Einfahrt. Durch die anhaltende Versandung des Flussbeckens muss dieses ständig ausgebaggert werden. Die Hafenanlagen befinden sich zum größten Teil am linken Ufer des Wouri. An den zehn Kilometer langen Kai-Anlagen (Gesamtfläche des Hafens 300 ha) liegen der **Fischereihafen** mit seinen riesigen Lager- und Kühlhallen und einer eigenen Eisfabrik, ein großer **Container-Hafen** und der **Holzhafen.** In Bonabéri, auf der gegenüberliegenden Uferseite, befinden sich die Verladestationen für Erdöl, Bananen und Mineralien. Nach einer Stagnation der Aktivitäten während der Wirtschaftskrise der 1980er Jahre hat das Exportvolumen seit 1993 wieder zugenommen. In Menge und Wert steht dabei der Holzexport an Nummer eins.

Unmittelbar an die Hafenanlagen schließen die großen Industrieanlagen mit chemischen und mechanischen Betrieben und andere Produktions- und Handelsunternehmungen, darunter die Brasseries du Cameroun, Textil- und Lebensmittelfabriken, an.

Sehenswürdigkeiten

Im Vergleich zu Yaoundé ist Douala eine **sehr lebhafte Stadt** mit vielen Restaurants, Cafés, Kneipen, Bars, Kinos, mit überfüllten Märkten und einem prallen Nachtleben. Der Besuch von Bonanjo rund um den Place du Gouvernement bis hoch zur Kathedrale und dem Boulevard de la Liberté kann gut

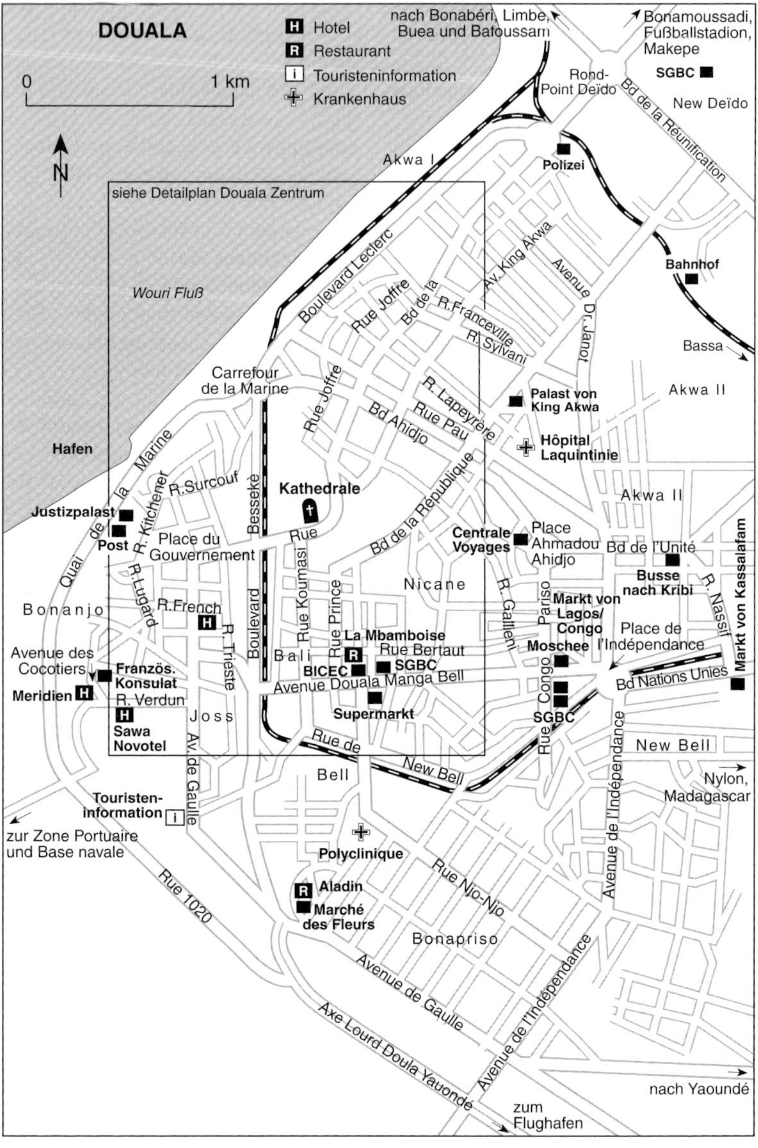
DOUALA
Hotel
Restaurant
Touristeninformation
Krankenhaus
0
1 km
N
nach Bonabéri, Limbe, Buea und Bafoussam
Bonamoussadi, Fußballstadion, Makepe
SGBC
Rond-Point Deïdo
New Deïdo
Bd de la Réunification
Akwa I
Polizei
siehe Detailplan Douala Zentrum
Wouri Fluß
Boulevard Leclerc
Av. King Akwa
Avenue Dr. Jamot
Bahnhof
Rue Joffre
Bd de la
R. Franceville
R. Sylvani
Bassa
Carrefour de la Marine
Akwa II
Palast von King Akwa
R. Lapeyrère
Rue Pau
Bd Ahidjo
Hôpital Laquintinie
Hafen
Quai de la Marine
R. Kitchener
R. Surcouf
Besseké
Kathedrale
Bd de la République
Akwa II
Justizpalast
Post
Place du Gouvernement
Rue Koumasi
Centrale Voyages
Place Ahmadou Ahidjo
Bd de l'Unité
Busse nach Kribi
R. Lugard
Nicane
R. Galliéni
Rue Pariso
Markt von Lagos/ Congo
R. Nassif
Bonanjo
R. French
R. Trieste
Boulevard
Rue Prince
La Mbamboise
Rue Bertaut
Moschee
Place de l'Indépendance
Markt von Kassalafam
Avenue des Cocotiers
Französ. Konsulat
Bali
BICEC
SGBC
Avenue Douala Manga Bell
Bd Nations Unies
Meridien
R. Verdun
Supermarkt
Rue Congo
SGBC
Sawa Novotel
Joss
Av. de Gaulle
Rue de New Bell
Avenue de l'Indépendance
New Bell
Bell
Nylon, Madagascar
Touristen-information
zur Zone Portuaire und Base navale
Polyclinique
Rue 1020
Rue Njo-Njo
Aladin
Marché des Fleurs
Bonapriso
Avenue de Gaulle
Avenue de l'Indépendance
Axe Lourd Doula Yaoundé
nach Yaoundé
zum Flughafen

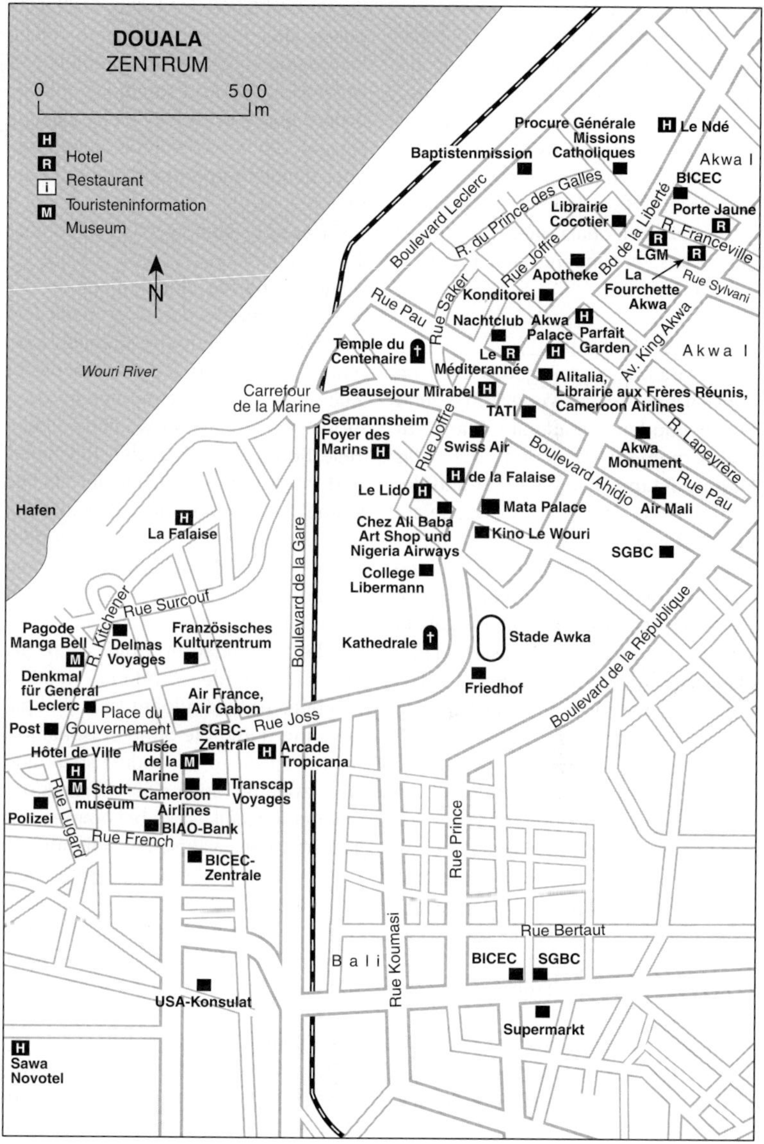
DOUALA
ZENTRUM
0 500 m
Hotel
Restaurant
Touristeninformation
Museum
N
Wouri River
Hafen
Procure Générale Missions Catholiques
Le Ndé
Baptistenmission
Akwa I
BICEC
Boulevard Leclerc
R. du Prince des Galles
Librairie Cocotier
Bd de la Liberté
Porte Jaune
R. Franceville
Rue Joffre
LGM
Apotheke
La Fourchette Akwa
Rue Sylvani
Rue Saker
Konditorei
Rue Pau
Nachtclub
Akwa Palace
Parfait Garden
Av. King Akwa
Akwa I
Temple du Centenaire
Le Méditerannée
Alitalia, Librairie aux Frères Réunis, Cameroon Airlines
Carrefour de la Marine
Beausejour Mirabel
TATI
Seemannsheim Foyer des Marins
Swiss Air
R. Lapeyrère
Akwa Monument
Rue Joffre
de la Falaise
Boulevard Ahidjo
Rue Pau
Le Lido
Mata Palace
Air Mali
Chez Ali Baba Art Shop und Nigeria Airways
Kino Le Wouri
SGBC
La Falaise
College Libermann
Boulevard de la Gare
R. Kitchener
Rue Surcouf
Pagode Manga Bell
Delmas Voyages
Französisches Kulturzentrum
Kathedrale
Stade Awka
Boulevard de la République
Denkmal für General Leclerc
Place du Gouvernement
Air France, Air Gabon
Friedhof
Post
SGBC-Zentrale
Rue Joss
Hôtel de Ville
Musée de la Marine
Arcade Tropicana
Stadt-museum
Cameroon Airlines
Transcap Voyages
Rue Lugard
Polizei
BIAO-Bank
Rue French
BICEC-Zentrale
Rue Prince
Rue Koumasi
Rue Bertaut
Bali
BICEC
SGBC
USA-Konsulat
Supermarkt
Sawa Novotel

Douala

zu Fuß erfolgen. Doch wer weiter eindringen möchte in die unüberschaubaren Stadtviertel, sollte sich besser ein Taxi nehmen: Die Orientierung per Stadtplan ist schwierig, Straßennamen fehlen in der Regel. Auch aus Sicherheitsgründen sind die preiswerten Taxis vorteilhaft; wie in jeder großen Stadt, sind auch in Douala viele Langfinger unterwegs, besonders nach Einbruch der Dämmerung.

Das Viertel Bonanjo

Im Viertel Bonanjo liegt das Zentrum der Stadt mit seinen Verwaltungs- und Bürogebäuden. Direkt am **Place du Gouvernement** befinden sich das **Hauptpostamt** (gebaut 1957) und der **Justizpalast.** Ein anderes Gebäude auf diesem Platz wirkt auf den ersten Eindruck recht fremdartig und ungewöhnlich, die so genannte **Pagode.** Sie ist im Stil eines chinesischen Pavillons gebaut und war der ehemalige Palast des Douala-Königs *Rudolf Manga Bell.* Unweit davon befindet sich auch das Büro der Cameroon Airlines und einige Schritte weiter, an der Straße Rue Lugard, das **Rathaus** und das **Hôtel de Ville.**

Im ersten Stock des Gebäudes gewinnt man im **Stadtmuseum** einen ersten Eindruck von der reichhaltigen Kultur und Handwerkskunst Kameruns. Hier sind **Kunstobjekte aus nahezu allen Provinzen** untergebracht. Darunter Steinobjekte aus der Frühzeit, Masken und Statuen der Bamoun und Bamiléké aus Ton, Holz oder Bronze (Gelbguss), antike Gegenstände aus der Sklavenzeit und Erinnerungen an das alte Douala in Form von Büchern und Fotos, Kriegsgeräte und Sättel der Fulbe, Gallionsfiguren alter Pirogen und eine reiche Sammlung an Musikinstrumenten. Die Ausstellung ist nicht sonderlich gut geordnet und auch relativ klein, was die Anzahl der Gegenstände anbelangt, aber dennoch informativ und lohnt einen Besuch.

Öffnungszeiten: werktags 9–12 und 15–17.30 Uhr.

Das **Gebäude der Polizei** in der Nähe stammt aus der Kolonialzeit und war einst das deutsche Krankenhaus. Nur noch wenige Bauten aus dieser Zeit sind erhalten, die meisten mussten moderner Architektur weichen. Einige Teile Bonanjos dienen den Reicheren und Migranten als Wohnviertel. Die streng bewachten und teils sauberen Straßen mit den großen „Prunkbauten", können den Eindruck erwecken, man befände sich in Europa. Jedoch gibt es auch einige große unschöne Wohnblöcke (Hochhäuser), die auch die Schattenseite der Moderne deutlich machen. Trotzdem lohnt sich ein Spaziergang durch die Straßen Bonanjos, nicht weil sie so besonders spannend sind, doch um auch einen Einblick des „modernen Afrikas" zu bekommen. Als Tourist ist es wahrscheinlich normal, dass man sich mehr für das „exotische", traditionelle und kulturelle Afrika interessiert, doch man darf die moderne Gesellschaft Afrikas nicht verdrängen, sondern muss sie schätzen lernen.

Die Viertel Joss und Akwa

Etwas weiter südlich, im Viertel Joss, existiert neben dem Stadtmuseum im Hôtel de Ville (s.o.) noch ein anderes, sehr viel kleineres Museum, das **Musée de la Marine,** interessant für alle, die sich für Schifffahrt interessieren.

Folgt man vom Place du Gouvernement aus der Rue Joss, die dann zum Boulevard de la Liberté wird, befindet man sich bereits im Stadtteil Akwa. Links, weithin sichtbar, liegt die große **Kathedrale,** die 1936 **im neoromanischen Stil** erbaut wurde und vorwiegend von der Oberschicht Doualas besucht wird. Nicht weit von der Kathedrale befindet sich auch das von Missionaren gegründete **College Libermann,** das zu den besten Schulen Doualas zählt.

Gegenüber davon befindet sich eine Reminiszenz an die deutsche Kolonialzeit, der verwachsene **Friedhof.** Zwischen Grabsteinen mit afrikanischen Namen stehen solche mit den Namen deutscher Kolonialbeamter und Missionare sowie ihrer Frauen. Besonders interessant sind dabei der Grabstein des Regierungslehrers *Christaller* direkt am Eingang und die Stele des Grafen *Pückler-Limpurg,* im hinteren Teil des Friedhofes, hinter der Erinnerungstafel für die im Zweiten Weltkrieg gefallenen senegalesichen Schützen *(Tirailleurs senegalais).* Diese steinernen Reste deutscher Kolonialgeschichte erinnern an ein Kapitel deutsch-kamerunischer Beziehungen, das bis heute im öffentlichen Bewusstsein Deutschlands nicht aufgearbeitet und für viele Kameruner mit Erinnerungen an Krieg und Gewalt verbunden ist.

Schräg gegenüber der Kathedrale, vor dem **Sportstadium Stade Akwa** haben sich verschiedene Händler zu einem **Kunsthandwerkszentrum** zusam-

Douala

Landflucht

Douala, eine Stadt, in der sich die Bevölkerungszahl seit 1970 vervierfacht hat, übt auf Arbeitssuchende aus Nah und Fern eine magische Anziehungskraft aus: Sie erscheint ihnen als Traumland, als Ort der vielen Beschäftigungsmöglichkeiten und des vermeintlich schnellen Geldes. Vor allem viele Bamiléké aus dem Westen zieht es hierher, nicht nur, weil die Bevölkerungsdichte dort sehr groß ist, sondern auch, weil sie als ehrgeizige Geschäftemacher in Douala die größeren Chancen sehen.

Folgen der Landflucht sind die Elendsviertel in den überfüllten Vorstädten, Dokumente enttäuschter Hoffnungen, und eine Arbeitslosenquote von mehr als 40 %.

Aber irgendwie bringen sie sich durch, die Limonadenverkäufer, Erdnussröster, die Karrenschieber und Bretterbudenwirte, die kleinen Gauner und leichten Mädchen, die Händler, Handwerker und Müßiggänger, die ihre Zeit buchstäblich verhocken.

Um der Wohnungsnot abzuhelfen, wurde am Rand von Douala die **Trabantenstadt Akwa Nord** erbaut, ein Areal von 6000 Einfamilienhäusern und Wohnungen. Doch niemand wollte in diese „Geisterstadt" ziehen, sie ist zu abgelegen, zu teuer und entspricht nicht der gewohnten Lebensweise. So ist auch hier nur ein neues Viertel für die besser verdienende Mittelschicht entstanden. Wer sonst kann es sich leisten? Trotz des einstigen Wirtschaftsaufschwungs steckt das Land aufgrund der sinkenden Preise für Kaffee und Kakao schwer in der Krise, suchen Tausende hier in der Stadt oft vergeblich einen neuen Anfang. So entstand eine kosmopolitische Stadt, in der das Massenelend der Slums und hochmoderne Glas- und Betonburgen unmittelbar nebeneinander liegen.

04_258kam Foto: sm

mengefunden. In einigen Bretterbuden findet hier täglich ein Markt mit Kunstgewerbe- und Souvenir-Gegenständen statt. Unter viel verstaubtem Plunder ist auch das ein oder andere schöne Stück zu finden. Etwas die Straße hoch befindet sich das **Kino „Le Wouri"**, in dem mehrmals täglich internationale Filme zu sehen sind.

Läuft man die Straße geradeaus weiter und zweigt links in den Boulevard du Président Ahmadou Ahidjo ein, erreicht man die Rue Alfred Saker. Besser noch nimmt man sich eines der vielen gelben Stadttaxis dorthin. Hier steht eine Kirche, 1945 erbaut zum Gedenken an den 100. Jahrestag des Eintreffens von Pastor *Alfred Saker* (s.o.), der **Temple du Centenaire.** Vom Turm der Kirche aus bietet sich ein guter **Rundblick** über die Stadt – ein graues Meer aus Beton, soweit das Auge reicht.

Douala – Kathedrale mit Friedhof

Entlang der Querstraße, der Rue de Pau, liegen einige Hotels, Konsulate und Fluggesellschaften.

Am Boulevard de la Liberté, kurz hinter der Kreuzung Rue de Pau, liegt der alte Kolonialbau des Hotels **Akwa Palace,** dessen Terrasse ein beliebter Treffpunkt zum Apéritif ist.

An der Rue de Pau, westlich des Boulevard de la République, steht eine Statue zum Andenken an einen großen Duala-König, das **Monument du Roi Akwa,** worunter er begraben liegt. Er war einer der Unterzeichner des ersten Vertrages mit Deutschland.

Obwohl viele Touristen die Hitze, das Verkehrschaos und das rege Treiben etwas abschreckend finden, lohnt sich trotzdem ein kleiner „Stadtbummel" durch die zwei großen Geschäftsstraßen des Viertels, **Boulevard de la République** und **Boulevard de la Liberté.** Man sollte jedoch seine Wertsachen im Hotel lassen (vor allem Schmuck, der heruntergerissen werden kann).

Märkte

Wer Zeit hat, sollte einen Bummel durch die überaus lebhaften Märkte Doualas unternehmen. Täglich, vor allem aber am Samstag, wird dort in einer Kulisse aus Klängen, Gerüchen und Farben leidenschaftlich um alles gefeilscht: bunte Stoffe, Kunsthandwerk, Kleidung, Obst, Gemüse und Fleisch. Daneben gibt es würzige Gerichte, alles untermalt von afrikanischer Musik.

Einer der größten Märkte Doualas ist der Markt von Lagos, nur noch unter dem Namen **Marché Central** bekannt. Er beginnt an der Moschee und zieht sich entlang des Boulevard des Nations Unies, bis er auf den **Markt von Kassalafam** trifft, der auf Gemüse und Obst spezialisiert ist. Die Straßen entlang dieser Märkte sind für Autos praktisch unpassierbar, gesäumt von Schlaglöchern, Pfützen und Müll. Man sollte sich für einen Marktbesuch auf jeden Fall geschlossene Schuhe anziehen.

Weitere interessante Märkte sind der **Marché des Fleurs** in Bonapriso (Kunstobjekte und Blumen) sowie der **Marché Madagascar** in Bassa, wo es frische Produkte gibt. Solche Märkte sind in allen Stadtteilen zu finden.

Direkt an der Moschee sind die **traditionellen Apotheken** anzutreffen, mit Kräutern und fremdartigen Salben, entlang des Boulevard, vorbei am **Bahnhof New Bell,** dann in Ständen und Hütten alles, was Afrika zu bieten hat, darunter ein großer **Fischmarkt** und die verschiedensten Getreide- und Gewürzsorten.

Nördlich des Stadtteils Lagos werden auf dem **Markt von Congo** hauptsächlich Kleider und Stoffe angeboten.

Das quirlige Treiben auf den Märkten ist auch ein **Eldorado für Taschendiebe,** denen man durch entsprechende Umsicht keine Chance geben sollte, ihr Handwerk auszuüben. Außerdem wird auf den Märkten Doualas das Fotografieren nicht gern gesehen.

Sicherheit

Nochmal der Hinweis, dass die **Stadt ein gefährliches Pflaster** ist; Überfälle (auch bewaffnete) kommen vor. Wertsachen (auch Schmuck!) sind vorzugsweise im Hotelsafe unterzubringen. Nachts ist besondere Vorsichtig angeraten. Wenn möglich, sollte man für Unternehmungen ein Privatauto oder Hoteltaxi (kein öffentliches Taxi, hiervor warnt mittlerweile sogar das Auswärtige Amt!) benutzen; zu Fuß sollte man nach Einbruch der Dunkelheit nicht unterwegs sein.

Touristeninformation

- **Service provincial du Tourisme**
Auskünfte für Touristen, Tel. 3421422.

Unterkunft

Douala verfügt über eine sehr gute Hotelinfrastruktur mit Unterkünften aller Kategorien und Preisklassen. Die preiswerten Unterkünfte liegen meist außerhalb des Zentrums in den überfüllten Quartiers und haben zudem einen sehr einfachen Standard.

Hotels der Luxusklasse

• Akwa Palace

52, Boulevard de la Liberté, B.P. 4007, Tel. 3422601, Fax 3427416. Traditionsreiches Luxushotel im Geschäftsviertel Akwa, eines der teuersten Hotels der Stadt. 214 klimatisierte Zimmer mit allem Komfort im alten, traditionellen Trakt und in einem neuen Trakt ab ca. 38.000 CFA (einfache Zimmer), bzw. 95.000 CFA (Luxusklasse); mehrere luxuriöse Restaurants, Bars, Garten, Pool, Sauna, Massage, Tennis. Nehmen Visa und Mastercard. Auf der Terrasse des Hotels treffen sich spätnachmittags wohlhabende Afrikaner und europäische Geschäftsleute zum Drink. Dieses Hotel hat viel Charme und Atmosphäre; man sollte es sich zumindest angesehen haben.

• Hotel Meridien

B.P. 3232, Luxushotel in der Rue des Cocotiers, ruhig und zentral; Tel. 3435050, Fax 3423507, www.starwoodhotels.com/lemeri dien/index.html. 140 klimatisierte Zimmer mit allem Komfort ab 115.000 CFA, Suiten ab 200.000 CFA, Blick über den Wouri-Fluss, Restaurants, Bars, Pool, Disco. Tennis. Akzeptieren VisaCard. Seriöses Geschäftshotel. Autovermietung AVIS in der Eingangshalle.

Hotels der Mittelklasse

• Arcade Tropicana

Modernes Hotel, zentral gelegen in der Rue de Trieste (Stadtteil Bonanjo), B.P. 12120, Tel. 3424025, Fax 3422009. Im Arcade Tropicana gibt es 200 Zimmer mit Bad/WC, Klimaanlage, TV und Telefon ab ca. 35.000 CFA; zwei Restaurants, Bar, Swimmingpool. Sehr empfehlenswertes Hotel der gehobenen Mittelklasse. Sauber, freundlicher Service, gute Küche.

• Foyer des Marins

(Deutsche Seemannsmission) B.P. 5194, Tel. 3422794, E-Mail: douala@Seemannsmission.org (Zimmer können von Deutschland aus per Mail bestellt werden). Das Foyer des Marins ist bekannter unter dem Namen „Seemannsheim“, geleitet von dem deutschen Pastorenehepaar *Johanna de Man* und *Martin Posselt*. Auch die Rezeptionistin, eine Kamerunerin, spricht fließend Deutsch. Treffpunkt der Deutschen. Die Zimmer sind sehr sauber mit Dusche/WC. EZ 15.000 CFA, DZ 18.000 CFA, Appartement für eine Person 20.000 CFA, für jede weitere Person 5000 CFA. Es gibt einen schönen Swimmingpool im Garten mit Palmen, ein kleines Restaurant (auch im Freien), allerdings sind nur abends Grillgerichte im Garten erhältlich. (z.B. thüringische Bratwurst von einem deutschen Metzger); kleinere Gerichte auch mittags. Da es meist voll ist, ist eine Reservierung empfehlenswert. Seeleute haben Priorität bei der Zimmervergabe. Es gibt deutsche Zeitungen; Telefonate nach Deutschland kosten 1000 CFA/Min.

• Sawa Novotel

B.P. 2345, Tel. 3420866, Fax 3423871, E-Mail: hotelsawa@hotelsawa.cm. Gehobenes Mittelklasse-Hotel im Stadtteil Bonanjo gleich gegenüber des Méridien Hotels, ca. 20 Fahrminuten zum Flughafen. Das Hotel ist ruhig gelegen mit Blick über den Wouri und den Hafen und verfügt über 300 Zimmer mit allem Komfort ab ca. 53.000 CFA (Einzelzimmer) bzw. 61.000 CFA (Doppelzimmer), Restaurants, Bars, Garten mit schönem Pool, Tennisplätze und Disco. Es gibt ein Büro der Hertz-Autovermietung. Gegen Gebühr kann man den Swimmingpool auch benutzen, wenn man nicht Gast ist. Dieses etwas ältere Hotel der französichen Novotel-Kette ist bekannt und beliebt als Treffpunkt. Visa Card wird akzeptiert. Sonntags Buffet.

• Hotel Ibis

Zentral gelegenes Mittelklassehotel in der Rue Pierre Loti (Stadtteil Bonanjo), B.P. 12086, Tel. 3425800, Fax 3423605, E-Mail: hotel.ibis@camnet.cm. Das Hotel hat das beste Preis-/Leistungsverhältnis mit Zimmern ab 51.000 CFA, Restaurant, Swimmingpool und dem Charakter eines Geschäftshotels. Visa Card. Restaurant, Bar, Parkplätze, Pendelbus zum Flughafen.

Am Swimmingpool der
Dt. Seemannsmission (Foyer des Marins)

BILD_39kam Foto: ed

• Hotel de la Falaise
Rue Kitchener, B.P. 5300, Tel. 3424646, Fax 3426891, unweit des Zentrums im Viertel Bonanjo. Bereits etwas älteres Mittelklassehotel mit 90 Zimmern mit Dusche/WC, Klimaanlage, Restaurant, Bar, Garten mit Swimmingpool; ca. 21.000 CFA.

• Hotel Parfait Garden
Bd de la Liberté (etwas stadtauswärts vom Akwa Palace gelegen), B.P. 5350, Tel. 342 6357, Fax 3430265. Das empfehlenswerte Mittelklassehotel mit freundlichem Service und guter Küche verfügt über 80 klimatisierte Doppelzimmer ab 38.500 CFA, Restaurant, Piano-Bar.

• Hotel Résidence La Falaise
Akwa, Bld. de la Liberté, Tel. 3421832, 3432838, Fax 3431831, 3426873. E-Mail: jeanmonkam@yahoo.fr, jeanmonkam@africances.cm. Schönes Hotel mit 133 klimatisierten Zimmern ab 32.500 CFA mit Telefon, Radio, TV und Dusche/WC. Es gibt ein Restaurant, Snack-Bar, Boutique, Konferenzraum und Chauffeur.

• Hotel Deido Plage
Rue Bonajinjé, B.P. 69, Tel. 3425135. Das Hotel ist sehr weit außerhalb, jedoch sehr schön im Norden des Stadtteils Deido direkt am Ufer des Wouri gelegen. Von der Terrasse des Mittelklassehotels mit gutem Standard hat man einen schönen Blick auf den Fluss. Es gibt 30 Zimmer mit Dusche/WC und Klimaanlage ab ungefähr 9000 CFA, Restaurant und Bar.

• Hotel Le Ndé
105, Bd de la Liberté, B.P. 2010, Tel. 3426980. Relativ weit außerhalb gelegenes Mittelklassehotel mit 55 klimatisierten Zimmern ab ungefähr 12.000 CFA, Restaurant, Bar und Pool. Das Hotel ist sehr sauber.

• Hotel Beausejour Mirabel
21 Rue Joffre, Tel. 3423885. Gute Ausweichadresse, wenn die Seemannsmission voll ist (10 Fußminuten hiervon entfernt). Zimmer ca. 20.000 CFA.

• Jet Hotel
Tel. 3375132 oder 9800872 (mobil), Fax 3374831, E-Mail: contact@jethotel.com. 1 km

vom Flughafen, 3 km vom Stadtzentrum. Sauber und empfehlenswert. Schwimmbecken, komfortable Zimmer, TV, Frühstücksbuffet. Zimmer für 28.000 CFA (einfach), 45.000 CFA (Luxusklasse), 110.000 CFA (Suite).

● **Hotel Royal Palace**
Bonaberi, Tel. 33393496, 3393427, Fax 3393431, www.royalpalace.fr.fm. Empfehlenswertes Mittelklassehotel mit 80 Zimmern, 4 Suiten und 3 Appartments (Dusche/WC, Telefon und TV) ab 25.000 CFA. Das Hotel hat ein Restaurant, Bar, Swimmingpool, Festsaal mit Partyservice, Konferenzraum und ein Sportzentrum, es befindet sich in der Nähe des Hôtel Résidence La Falaise.

Preiswerte Unterkünfte

● **Hotel El Marizo**
Bonabéri, Tel. 3395142. 23 Zimmer mit Klimaanlage und Dusche/WC ab 10.000 CFA.

● **Hotel Le Lido**
Ecke Rue Joffre/Einfahrt Seemannsheim. Sauberes Hotel mit Parkmöglichkeit (bewacht) im Hof; DZ 8500–14.000 CFA. Teilweise gibt es Wasserprobleme. Die Zimmer nach hinten sind laut (Disco).

● **Hotel Mata Palace**
Bd. de la Liberté, neben dem Kino Le Wouri, Zimmer ab 12.000 CFA.

● **La Procure Générale des Missions Catholiques**
Zentral gelegen in der Rue Franqueville im Stadtteil Akwa, B.P. 5280, Tel. 3422797, 3427337, Fax 3427337. Doppelzimmer mit Klimaanlage ab ca. 9000 CFA/Person, ca. 3000 CFA/Mahlzeit, bzw. 1000 CFA/Frühstück; Swimmingpool; sehr freundlicher Service. Toiletten auf dem Gang. Anmeldung erforderlich.

● Notfalls, wenn alles andere wie Seemannsheim und Procure voll ist, nimmt auch die **Baptistenmission** Gäste auf, in der Regel ist diese aber nur für durchreisende Kirchenangehörige oder Entwicklungshelfer gedacht. Tel. 3428988; in Akwa, Batiment AMACAM, E-Mail: mbe@camnet.cm.

Camping

● **Am Temple du Centenaire** (evangelische Kirche), Sanitäranlagen vorhanden, ca. 6000 CFA für zwei Personen und Auto.

BILD_40kam Foto: ed

Essen und Trinken

Die Auswahl an Restaurants ist groß und reicht vom französischen Luxusres-taurant mit „Haute Cuisine" über fremdländische Spezialitätenlokale bis zum einfachen Circuit im Quartier. Darunter gibt es ausgezeichnete Fisch-Restaurants (empfehlenswert sind die Brochettes mit Riesengarnelen) und viele asiatische Lokale in allen Preisklassen. Es gibt gutes lokales Bier.

Mittagessen ist in der Regel von 12.30 bis 14 Uhr erhältlich, Abendessen ab 19 Uhr.

● Eines der schönsten Erlebnisse in Douala ist es, am **„Base Navale"** mit Blick auf die Lagune und – bei guter Sicht – auf den Mount Cameroon frisch gegrillten Fisch zu essen. Leider liegt das Gebiet etwas außerhalb (hinter dem Hafen). Man sollte also ein Taxi mieten und u.U. auch schon für die Rückfahrt bestellen. Besonders abends kommt man manchmal schlecht weg. Hier gibt es das **Restaurant Le Dernier Comptoir Colonial** der gehobenen Kategorie und eine Art Sammelrestaurant direkt daneben mit afrikanischem Publikum. Man kann hier drinnen in einem geräumigen Saal oder direkt am Wasser draußen sitzen. Frauen braten unterschiedliche Sorten und Größen von Fisch und auch Hähnchen. Als Beilagen gibt es Kochbananen, Miondo oder Pommes Frites mit diversen Saucen und eine Auswahl gekühlter Getränke.

Asiatische Küche

● **Oriental Garden** (chinesisch)
Bonapriso, Rue Afcodi, Tel. 3423549; gut und teuer.

● **Okinawa** (japanisch)
Bonapriso, Rue Dominique Savio, Tel. 3426910.

In der Innenstadt von Douala

Europäische Küche

● **Le Mediterannée** (griechisch)
Direkt am Boulevard de la Liberté gegenüber dem Akwa Palace; angenehme Atmosphäre, aber auch von Prostituierten und Seeleuten besucht. Relativ teuer, es gibt u.a. hervorragende Pizzen, außerdem griechische und libanesische Küche. Tel. 3423069.

● **Aladin** (libanesisch)
Bonapriso, Rue Dominique Savio, Tel. 3432827.

● **La Fourchette**
Restaurant, Bar, Pizzeria, Squash-Halle; Akwa, Rue Franqueville, zwischen SHO und AXA, Nähe procure; Tel. 3421488; sehr empfehlenswert, Besitzer sprechen Deutsch.

● **La Coupole** (italienisch-libanesisch)
Bonapriso, Av. de Gaulle, Tel. 3422960.

● **Le Pacha**
Französische und libanesische Spezialitäten; Bonapriso, Rue Njo-Njo, Tel. 3421342; hoher Standard.

● **L'Oasis**
Bonapriso, Rue Tokoto, Tel. 3426713; relativ einfach und preiswert.

● **El Blanco**
Akwa, „face Pmuc", Tel. 3422386.

Kamerunische Küche

Es gibt eine unzählige Anzahl von kleinen, guten Restaurants mit kamerunischer Küche, in denen z.B. die Büroangestellten mittags essen. Es kann daher vorkommen, dass Gerichte ab 13 Uhr schon ausverkauft sind.

● **Soir au village**
Akwa, Rue King Akwa, Tel. 3429304.

● **White House**
Akwa, Rue du Pasteur L. Same, Tel. 3431095.

● **Boukarou Grill**
Akwa, Rue du Pasteur L. Same, Tel. 3430923.

● **La Belloise**
Bali, Rue Bertaut.

● **La Mbamboise**
Bali, gegenüber Ancien Mont Cameroun, Tel. 3431345.

● **Le Djedou**
Deido, am Ende der Rue de la Joie.

● **Mado**
Akwa, Rue Pau, Tel. 3429969.

Sonstiges Kulinarisches

- **LGM – Le Glacier Moderne**
Direkt am Boulevard de la Liberté im Immeuble Socar); hervorragendes und reichhaltiges Eis, auf die Hand oder im Becher, auch Gebäck und kleine Snacks; Tel. 3421488.
- Am Boulevard de la Liberté findet sich eine Reihe sehr guter **Bäckereien,** die meist von Griechen geführt werden, z.B. die Bäckerei *Zephol* in der Nähe vom Le Glacier Moderne (hervorragendes Vollkornbrot!). Hier gibt es auch einige **Fast-Food-Läden,** z.B. von Libanesen, die Chawarma, eine Art Döner, anbieten.
- **Bäckerei Goodis**
Quartier Bonapriso, kleiner Supermarkt, Café mit Eisdiele.
- **Bäckerei Patisserie Chococho**
Quartier Bonapriso, Vollkornbrötchen erhältlich. Nebenan: **Njo-Njo,** gute Pizzas zum Mitnehmen.
- Die kleinen, billigen **Circuits** in den Quartiers New Bell, Congo, Bonapriso etc. sind zahlreich, öffnen und schließen aber von heute auf morgen. Am besten fragt man einen Taxi-Fahrer nach aktuellen Tipps.

BILD_41kam Foto: ed

Die Aufnahmekapazität der Stadttaxis kennt keine Grenzen ...

Das Quartier Bali ist bekannt für seinen leckeren frisch gegrillten Fisch, neben dem Cabarét Phaco.

Nachtleben

Nachtclubs

Es gibt in Douala unzählige Nachtclubs, die allerdings auch rasch öffnen und schließen. Ratsam ist es daher, sich vor Ort zu erkundigen, welcher Nachtclub aktuell den besten Ruf genießt und wo evtl. Livemusik geboten wird. Die teuersten Nachtclubs sind in den großen Hotels Doualas zu finden. Einige aktuelle Adressen: Keur Fortuna (Akwa, Bd. de la Liberté), Le Byblos (Akwa, Rue Joffre), La Cle (Akwa, Rue Boué Lapeyrée), Cheops (Akwa, Bd. Ahmadou Ahidjo), L'Opéra (Akwa, Rue Sylvani), Le Privé (Akwa, Rue Castelnau); Night Spot (Akwa, Av. King Akwa).

Kino

- **Le Wouri**
Akwa Bd de la Liberté, Tel. 3420252.
- **Cinema le Bonapriso**
Bonapriso, Rue Njo-Njo; Tel. 3429012.

Notfall

- **Polizei:** Tel. 17, vom Handy 117
- **Feuerwehr:** Tel. 18, vom Handy 3425252

Die Nummern gelten für das ganze Land.

Krankenhäuser/Ärzte

- **Polyclinique Soppo**
Rue Njo-Njo (Bonapriso), Tel. 3424040. Die beste unter den Privateinrichtungen.
- **Polyclinique Bonanjo**
Ecke Av. Général de Gaulle/Rue Pierre Loti, neben dem Hotel Ibis, Tel. 3429910 oder 3427936, E-Mail: era@camnet.cm oder im Internet www.clibo.com.

- **SOS Assistance**
Tel. 3421414, 3421515 oder 3423748.
- **Hôpital Général**
Bassa, Route Hôpital Général, Tel. 3370253, 3370252 oder 3370255.
- **Hôpital Laquintinie**
Akwa, Tel. 3426868, 3426842, 3421540 oder 3420694, Fax 3421540.

Allgemeinärzte

- **Dr. Vogelsperger**
Tel. 3429391, 3428913 (Allgemein-, Tropen- und Kinderarzt).
- **Cabinet Médical Dr. Dackam**
Bali, Rue Dikoumé Bell, Tel. 3422835.
- **Dr. Thierry Noel**
Fondation Paul Sappo Priso, Polyclinique de Douala, 456 Douala, Tel. 34214491

Kinderarzt

- **Cabinet Médical Dr. Nyame**
Akwa, Rue Bebey Eyidi, Tel. 3429231.

Gynäkologie

- **Cabinet Médical Dr. Sandjon**
Bonapriso, Rue U.T.A., Tel. 3424174.
- **Clinique Joss Dr. Monique Onomo**
Bonanjo, Tel. 3428374.

Zahnarzt

- **Cabinet Dentaire d'Akwa Dr. Tayou**
Akwa, 302, Rue Boué de la Peyère, Tel. 3426865.
- **Fondation Soppo Priso Dr. Zippel**
Bonanjo, Av. du Général de Gaulle, Tel. 3420198 oder 7760349 (mobil).

Apotheken

Es gibt in Douala an jeder Ecke eine Apotheke, erkennbar an einem grünen Kreuz, in der es sehr gut sortierte Medikamente (auch gute Markenkondome) und sehr gute fachliche Beratung gibt.

Apotheken, die 24 Stunden geöffnet sind:

- **La république,** Tel. 3420998
- **Plateau,** Tel. 3420580
- **Douala,** Tel. 3427480

Taxis/Busse

Innerhalb der Stadt fährt man am preiswertesten mit dem Stadttaxi (nähere Informationen im Kapitel „Praktische Tipps A–Z", Stichwort „Reisen im Land/Stadtverkehr").

Die Tarife sind abhängig von der Streckenlänge. Evtl. muss man auch umsteigen, um sein Ziel zu erreichen. Wenn man unsicher ist, sollte man sich bei Passanten erkundigen (Taxifahrer geben einem häufig die Antwort zu ihren Gunsten). Wenn man schnell an sein Ziel kommen möchte, kann man auch einen etwas höheren Preis vorschlagen („taxer").

Es gibt bestimmte Punkte, an denen regelmäßig Taxis halten, erkennbar an den vielen Menschen, die dort auf ein Taxi wartet (z.B. am Rond Point Deido, vor dem Gebäude von Orange in Akwa, in Ndokoti etc.). Prinzipiell ist es allerdings überall und jederzeit möglich, ein Taxi anzuhalten. Steigt man in ein leeres Taxi ein, ist es ratsam darauf hinzuweisen, dass man keinen „course" möchte, sondern nur einen Platz („une place"). Für sehr kurze Strecken (z.B. nur die Boulevard de la Liberté ein Stück hoch) kostet die Fahrt nur 100 CFA. Nochmal der Hinweis, dass man auch besonders im Taxi auf seine Wertsachen achten und nachts keine öffentlichen Taxis benutzen sollte!

Taxitarife (in CFA)

- **Taxi Ramassage,** tagsüber 200, nachts (22–5 Uhr) 200–300 CFA.
- **Taxi Course:** 2000, Depot 1300 CFA.
- **Taxis** (Course) **zum Flughafen:** 3000 CFA.
- Es gibt in Douala einen **Taxiruf** (Tel. 3474747). Man erkennt diese Taxis an ihren bordeauxfarbenen Wagon.
- Es gibt in Douala auch **Mofa-Taxis,** die so genannten **„Ben Skin".** Dies ist ein Pidgin-Ausdruck und bedeutet, dass man sich während der Fahrt mitbewegen muss. Diese kosten nur 100 CFA, sind allerdings gefährlich, weil sie oft die kleinste Lücken nutzen, um zwischen den Autos hindurchzusausen. Wer allerdings Lust auf ein kleines Abenteuer und ein ganz neues Fahrgefühl hat, der sollte es zumindest für eine kurze Strecke einmal ausprobieren. Man sollte jedoch nicht verges-

sen, dass jeden Tag viele Unfälle mit den Mopedtaxis passieren.

Busse

- Auch Busse (SOCATUR) verkehren wieder in Douala, eine Strecke kostet 125 CFA. Man muss jedoch häufig warten, bis alle Plätze besetzt sind.

Flüge

Flughafen

Doualas **internationaler Flughafen,** Tel. 3424949, -577, -526 und -758, liegt 6 km außerhalb im Südosten der Stadt. Hier landen viele der internationalen Flüge, die in Kamerun ankommen. Kleine Kioske und ein Restaurant sind vorhanden, ein kleiner Schalter zum Geldwechseln ebenso, jedoch keine Bank. Nach Ankunft erfolgen Pass-, Gesundheits- (Gelber Impfpass) und Zollkontrolle. Die Kontrollen sind sehr streng, das Gepäck muss in der Regel geöffnet werden.

Regionale Flugverbindungen

Flugverbindungen mit Cameroon Airlines innerhalb des Landes bestehen von Douala aus fast täglich nach Yaoundé und Garoua.

Derzeit gehen die Flüge nach Norden, speziell nach Ngaoundéré und Maroua, sehr unregelmäßig. Private Fluggesellschaften bemühen sich, diese Lücke zu schließen (z.B. Unifly, Air Inter Cameroun, E-Mail: aicdt@icc2000.com). Erkundigen Sie sich am besten vor Ort.

Siehe zum Thema auch „Praktische Tipps A–Z/Reisen im Land", ebenso, was die Fluggesellschaften anbelangt.

Eisenbahn

Der neue **Bahnhof** befindet sich im Stadtteil Deido, alle Züge verkehren von dort. Tickets am besten einen Tag vorher kaufen. Wer den Anschluss in Yaoundé nach Ngaoundéré nehmen will, sollte auf jeden Fall schon um ca. 7 Uhr morgens in Douala losfahren. Ansonsten ist man evtl. schneller per Bus.

- **Douala – Yaoundé/Ngaoundéré**

Douala ist Anfangspunkt der Linie **Transcamerounais** nach Yaoundé und Ngaoundéré. Eine Fahrt von Douala in die Hauptstadt dauert ca. 5 Stunden (mit dem Expresszug).

Abfahrt von Douala: täglich 7.15 und 13.30 Uhr (Mo., Mi. und Fr.); Ankunft in Yaoundé: 11.11 Uhr, 17.30 Uhr; meist mindestens 1 Std. verspätet; Preis: 1. Klasse ca. 6000 CFA, 2. Klasse 3000 CFA (siehe auch Kapitel „Reisen im Land").

- **Douala – Nkongsamba – Kumba**

Zurzeit gibt es auf dieser Srecke nur Frachtverkehr.

Fernbusse/Sammeltaxis

Die großen **Busbahnhöfe** existieren in Douala weitgehend nicht mehr. Die größeren Busunternehmen haben individuelle Bahnhöfe eingerichtet. Lediglich für alle Reisen in den Westen liegen die Busbahnhöfe dicht nebeneinander in Bonaberi. Weiß man, mit welcher Buslinie man fahren möchte, ist es am einfachsten, direkt ein Taxi dorthin zu nehmen. Während in Bonaberi eher noch ein improvisiertes Durcheinander vorherrscht, sind die Busbahnhöfe der großen Busunternehmer (z.B. Centrales Voyages, Guarantee) gut organisiert und ruhig.

Busgesellschaften

- **Centrales Voyages**

Auch neue Vip-Busse mit hohem Standard, erkennbar an dem deutschen Autobahnzeichen; Akwa, Bd. Ahmadou Ahidjo, Tel. 3422688 oder 3420316, E-Mail: centvoyages@hotmail.com.

- **Guarantee Express**

(auch neue Vip- Busse mit hohem Standard) Akwa, Bd. Ahmadou Ahidjo, Tel. 3426191, www.guaranteeexpress.com.

- **Bucavoyage**

Akwa, carrefour deux église.

- Weitere große Unternehmen sind **Felicité Voyages** und **Confort Voyages.**

Der normale **Tarif nach Yaoundé** beträgt 3500 CFA, im „Prestige"-Bus von Centrale Voyages 8000 CFA.

Busbahnhof Bonabéri

Von hier geht es **in den Westen** Kameruns: Limbé, Tiko, Buea, Mamfé, Kumba, Bamenda, aber auch Bafoussam und Dschang.

Um zu den Busbahnhöfen in Bonaberi zu kommen, gibt es 2 Möglichkeiten: Entweder man nimmt bis zum Rond Point Deido ein Taxi, von dort den Bus der SOCATOUR über die Wouri-Brücke und, auf der anderen Seite des Flusses, ein neues Taxi. Die **gelben Stadttaxis** aus Douala **dürfen die Wouri-Brücke,** an der auch regelmäßig von Polizei und Gendarmerie kontrolliert wird, nämlich **nicht überqueren.** Die einfacherere Möglichkeit ist, einen hoteleigenen Taxifahrer anzusprechen, der einen dann mit dem **Privatauto** über die Brücke kutschiert – ein bequemes, aber mit 4000–6000 CFA nicht gerade billiges Vergnügen. Umgekehrt bieten manche Busgesellschaften bei der Rückkehr nach Douala von Bonaberi in die Innenstadt **kostenlose Zubringerbusse** an – allerdings kann dies ein ziemlich unkomfortables und (vor allem, wenn man in Douala nicht ortskundig ist) nervenaufreibendes Erlebnis werden – also rate ich hier, den SOCATOUR-Bus zum Rond Point Deido und dann ein Taxi zu nehmen. Falls man über Bonaberi nach Douala zurück muss (z.B. nach einer Tagestour in den Westen), sollte man – bei leider häufig vorkommenden Überfällen – unbedingt genug Zeit einplanen, um **vor Sonnenuntergang** am Hotel anzukommen. Von „Taxis sans couleurs" – also Privatautos, die einen als Taxi über die Wouri-Brücke mitnehmen, raten wir hingegen ab: Man weiß dort überhaupt nicht, wem man sich anvertraut. Nach letzten Auskünften soll die Wouri-Brücke noch 2006 wieder für Taxis aus Douala geöffnet werden.

Manchmal werden ab der Texaco-Station direkte Fahrten, z.B. nach Buea, Limbé, Tiko, angeboten. Es gibt auch häufig Militärangehörige, die als „Clando", d.h. als nicht angemeldetes Transportunternehmen, fungieren. Außer moralischen Bedenken ist gegen diese Art des Reisens nichts einzuwenden, da die Fahrzeuge an jedem Kontrollpunkt bevorzugt behandelt werden.

Empfehlenswerte Transportunternehmen sind: Tchatcho, Guarantee, TonTon Express, Ali Baba, Jeannot und Amour Mezam.

Einige **Tarife** (in CFA): Limbé 1000, Bafoussam 3000, Bamenda 4500, Foumban 4000, Bafang 2500, Bangangte 3500.

Rund ums Auto

Autofirmen und -werkstätten

- **AUTOCAM 48**
48, Rue Castelnau (Akwa); Werkstatt für Mercedes, MAN, Magirus.
- **Cami-Toyota,** Tel. 3427655.
- **Renault Cameroun,** Tel. 3422750.
- **SCOA Cameroun**
Bd du Général Leclerc, Tel. 3426410; Werkstatt für Peugeot, Suzuki, Renault.
- **S.E.A.C. Mercedes-Benz,** Tel. 3426636.
- **S.H.O.-Africauto**
Tel. 3422722; Mazda, BMW, Bosch.
- **Michelin** (Reifen), Tel. 3424686.
- **Yamaha,** Rue Jaffre, Tel. 3426100.

Mietwagen

Am zuverlässigsten sind die internationalen Autovermietungen. Internationaler Führerschein ist erforderlich. Einwegmieten sind in der Regel nicht möglich. Fahrzeuge aller Kategorien werden auch mit Chauffeur vermietet. Mietautos sind teuer. Prüfen Sie den Wagen vor Anmietung auf Papiere, Reservereifen und einen ordentlichen Zustand.

- **HERTZ**
Im Hotel Sawa Novotel (s.o.), B.P. 4080, Tel. 3420690 oder 3429126, Fax 3424260.
- **AVIS**
Im Hotel Méridien (s.o.), B.P. 1217, Tel. 3420347, Fax 3427056; auch Flughafenbüro.
- **Auvergne Auto**
Bonapriso, Rue Njo-Njo, B.P. 6413, Tel./Fax 3429455.
- **Europcar**
Bonapriso, Rue Njo-Njo, B.P. 193, Tel. 3432126 oder 3432127, Fax 3432124.
- **Kleine, preiswertere Vermieter** sollten vor Ort auf ihre Zuverlässigkeit geprüft werden. z.B. Location Auto Joss (Tel. 3428619), Luxembourg Auto Location (Tel. 3432164), Sam Auto (Tel. 3430331, 23.000 CFA/Tag und 200 CFA/km für die kleinste Fahrzeug-

kategorie), Auto Location du Littoral (Tel. 7757420 und 9945724, beide mobil).

Banken

Da Douala die wirtschaftliche Hauptstadt Kameruns ist, haben hier auch die meisten Banken ihren Hauptsitz (meist in Bonanjo). Die Filialen von **SGBC** und **BICEC** empfehlen sich für internationale Geldgeschäfte, da sie alle Western Union ausführen. **Travellerschecks** kann man angeblich bei BICEC in den Filialen Bonanjo (Tel. 3428431), Bali (Tel. 3429022), Bassa (Tel. 3400604), Akwa-Liberté (Tel. 3428282) und bei SGBC in Joss (Tel. 3427010), Bonanjo (Tel. 3432688) und Bali (Tel. 3420678) einlösen. Hier besteht jedoch keine Gewähr für die Angaben – selbst Mitarbeiter der Banken waren sich nicht sicher, ob „ihre" Bank noch Traveller Chèques eintauschen. Also sollte man, wie im Kapitel „Geld" schon erwähnt, besser Bargeld und Kreditkarte mitnehmen. **Visa-Geldautomaten** gibt es beim SGBC-Hauptsitz in Joss, Bonanjo, Bali, Akwa (Tel. 3427019) und Bonaberi, Ancienne Route (Tel. 3393622).

Post

- Die **Hauptpost** liegt direkt am Place du Gouvernement im Zentrum der Stadt. Hier gibt es auch **Telefonkabinen** mit direkter Durchwahl ins Ausland.

Einkaufen

Es gibt sehr viele große Supermärkte in Douala, z.B. der Ketten „Tigre" oder „Leader Price". Besonders gut ausgestattet sind folgende Läden:

- **Cash Center**
Akwa, Bd. Ahmadou Ahidjo, Tel. 3423641.
- **Leader Price**
Akwa, Bd. Leclerc, Tel. 3423760.
- **Mahima**
Akwa, Bd. Ahmadou Ahidjo, Tel. 3434487.
- **Unimarché**
Bonapriso, Rue Tokoto, Tel. 3436396.
- **Score**
Bonapriso, Rue Monoprix, Tel. 3427850.
- **SHO Plus**
Akwa, Bd. de la Liberté, Tel. 3423853.
- Es gibt in Douala auch einen **Tati,** zentral gelegen in Akwa am Bd. Ahamdou Ahidjo (Tel. 3429617) sowie entlang des Bd. Ahamdou Ahidjo diverse **libanesische und indische Supermärkte.**

Galerien

- Schöne Bilder, Statuen, Masken (auch Antiquitäten) gibt es in der **Galerie Ali Baba** von Martine Malinvaud (in der Straße zum Seemannsheim), B.P. 982, Tel. 3423213.
- **Afritektur,** Bonapriso, Rue Toyota.
- **Doualart**
Bonanjo, Place du Gouvernement, Tel. 3430384.
- **Galeries du Verseau**
Bonanjo, Tel. 3420384.
- **Galeries Mam**
Bonanjo, Rue Tobie Kuoh, Tel. 3422883.
- **Les Galeries Continents**
Bonapriso, Rue SNEC, Tel. 3421407 oder 3422012.
- **La Petite Boutique**
Bonapriso, Rue SNEC, Tel. 3435000 oder 3422012.

Filme/Fotoarbeiten

Die Auswahl an Entwicklungsstudios ist groß. Meist wird in wenigen Stunden entwickelt. Besonders in Bonanjo und Akwa gibt es viele Fotoläden, z.B.:

- **Photo Logona,** Akwa, Bd. de la Liberté.
- **Photo Prunet,** Akwa, Rue Betote.
- **IDS (Images Data Supports)**
Bonanjo, Rue Tobie Kuoh, Immeuble Alizes.
- Bei **Procolor,** in einer Seitenstraße des Bd. de la Liberté, kann man auch Diafilme entwickeln lassen (aber sehr teuer!).

Büchereien und Buchhandlungen

- **Librairie des Frères Réunis**
Neben dem Hotel Akwa (s.o.), größte Buchhandlung Doualas, Tel. 3429838.
- **Librairie Universelle,** Tel. 3426089.
- **Douala Press,** Rue Galliéni, Zeitungen.

- **La Médiathèque de Douala**
Bonapriso, Rue Tokoto, Tel. 3422012.
- **Messapresse**
Akwa, Bd. de la République, gegenüber Palias Dika, Tel. 3420469, E-Mail: damani-cjm@camnet.cm.

Reisebüros

Siehe auch im Kapitel Reiseveranstalter/Praktische Tipps A–Z.

- **Delmas Voyages**
Bonanjo, Place du Gouvernement, B.P. 263, Tel. 3421184, 3426889, Fax 3421499, E-Mail: delmas.voyages@camnet.cm.
- **Equateur Evasion**
Bonanjo, 488, Rue de Verdun, B.P. 556, Tel. 3423283, Fax 3423312.
- **Globe Travel**
Bonanjo, 55, Rue Joss, B.P. 4855, Tel. 3431279, Fax 3432956.
- **SAGA Voyages**
Bonanjo, Rue Tobie Kuoh, B.P. 320, Tel. 3429691 oder 3423317, Fax 3420518 oder 3420137.
- **Transu Voyage**
Akwa, Bd de la Liberté, Tel. 3427604.
- **Jully Voyage**
Akwa, Boulevard de la Liberté, Tel. 3428434, Fax 3422440.
- **Ideal Voyage**
Bonanjo, Tel. 3425452, Fax 3422440.
- **ATM** (Africain Travel Management, arbeiten in Kooperation mit Air Service.)
Bonanjo, 479 Avenue De Gaulle, Tel. 3438172, 9503000, Fax 3438172, E-Mail: josh_osi@yahoo.com.

Sport

- **ATRAF Fitness Clinic**
Bonapriso, Rue Afcodi, gegenüber der Residenz Kassap, Tel. 3423459 oder 9964254 (mobil).
- **Reitsport (Equestre de Douala)**
Tel. (00237) 3420384.
- **Energy Club**
Bonapriso, Tel. 3423285.
- **Tennis Club,** Bonanjo, Rue de Verdun.

Internet

Es gibt unzählige kleine und große Internetcafés in Douala, zu den größeren gehören:

- **Cyberbao,** Akwa, Bd. de la Liberté.
- **ICC Net,** Akwa, Bd. de la Liberté.
- **Global Net,** Deido, Bd. de la République.
- **dot.com,** Akwa Bd de la Liberté.

Konsulate

- **Äquatorial-Guinea,** Tel. 3422611.
- **China,** Bonanjo, B.P. 2983, Tel. 3426276.
- **Demokratische Republik Kongo,** Akwa, 62, Rue Sylvani, B.P. 690, Tel. 3432029, Fax 3431969.
- **Frankreich,** Bonanjo, 165 Av. des Cocotier, B.P. 869, Tel. 3428350, 3424692, Fax 222 7959.
- **Großbritannien,** Tel. 3422177, 3428145.
- **Italien,** Tel. 3429026, 3427135.
- **Kanada,** Bonanjo, Av. du Général de Gaulle, B.P. 2373, Tel. 3432934, 3425331 oder 3423109, E-Mail: consulatdouala@propme.com.
- **Niederlande,** Tel. 3425035.
- **Nigeria,** Akwa, Bd. de la Liberté, B.P. 1553, Tel. 3432168, Fax 3420766 (laut Leserbrief hier keine Visaerteilung für Touristen).
- **Schweiz,** Honoralkonsul *Robert Knöpfli,* Immeuble Flatters, Rue Flatters, Tel. 2205067, E-Mail: ruk@globalnet2.net.
- **Spanien,** Tel. 3427240, 3428539, Fax 342 4274.
- **Tunesien,** Bali, 497, Rue Koumassi, Tel. 3422814, Fax 3422277.
- **USA,** Bonanjo, 96, Rue des Flatters, B.P. 4006, Tel. 3425331, Fax 3427790.

Nachrichten

- Auf Französisch: Tel. 2228000
- Auf Englisch: Tel. 2229000
- CRTV Radio: 104,9 MHz

Der Westen

● **Provinzen: South-West** (Hauptort Buea), **Ouest** (Hauptort Bafoussam) und **North-West** (Hauptort Bamenda). South-West und North West sind englischsprachig, in Ouest wird Französisch gesprochen.

Der Westen ist eine der touristisch interessantesten Regionen Kameruns. Die Landschaft von der Atlantikküste mit ihren tropischen Regenwäldern bis zum Grasland der Hochplateaus ist von der Natur bevorzugt worden. Hier erstreckt sich eine üppig grüne, abgerundete Hügellandschaft mit fruchtbaren vulkanischen Böden, durchzogen von zahlreichen Flussläufen, Wasserfällen, Tälern und Kraterseen. Dazwischen befinden sich herrliche **Berglandschaften und Vulkane: Monts Bamboutos** (2740 m), **Rumpi Hills** (1768 m), **Massif du Manengouba** (2411 m) und der **Mt. Cameroon,** mit **4070 m** der **höchste Berg Westafrikas.**

Der **Südwesten** umfasst die westlichen Waldgebiete Kameruns **(„Waldland"),** die durch hohe Bergketten vulkanischen Ursprungs, viele Flüsse und einige Seen gekennzeichnet sind. Hier erhebt sich der höchste Berg Kameruns, der Mount Cameroon oder Fako, der immer noch aktiv ist. Der Südwesten ist anglophon, und die anglophone Identität ist stark ausgeprägt. Im Südwesten befinden sich auch die großen Plantagen Kameruns. Vor der Küste wird Erdöl gefördert, die Raffinerie SONARA operiert in Limbe. Häufig fühlen sich die Bewohner des Südwestens politisch und wirtschaftlich vernachlässigt, denn obwohl es im Südwesten viele Ressourcen gibt und v.a. Kaffee und Kakao produziert wird, ist die Region infrastrukturell benachteiligt. An den politischen Bewegungen der Anglophonen sind zwar auch Leute aus dem Südwesten führend beteiligt, die Mehrheit der Bevölkerung ist jedoch ihren anglophonen Brüdern und Schwestern aus dem Nordwesten gegenüber skeptisch und wittert eine Übervorteilung. Deswegen steht der Südwesten politisch mehrheitlich hinter *Paul Biya* und seiner Partei CPDM. Der **Gegensatz zwischen Nord- und Südwesten** hat viel mit einem unterschiedlichen Verständnis von Autorität zu tun. Während es im Nordwesten die mächtigen Fons gibt, die ihren Status nach außen durch Reichtum und Prestige demonstrieren, gab es im Südwesten klassischerweise eher eine Gruppe von einflussreichen Männern und Frauen, die die Politik bestimmten. Die so genannten **„Geheimbünde"**, die es sowohl für Männer als auch für Frauen gab, waren die Träger der Macht. Diese Geheimbünde besitzen Masken und Tänze, die zu bestimmten Gelegenheiten, z.B. beim Begräbnis eines Mitgliedes, aufgeführt werden. Eine „höfische Kunst", so wie es sie im Grasland gibt, existierte im Südwesten nicht, dafür gab es andere Besonderheiten. Im Cross-River-Gebiet wurden z.B. Grabskulpturen geschaffen, die den Verstorbenen repräsentierten. Früher waren sie aus Lehm und verwitterten, heute werden sie oft aus Zement gebaut und zu wahren Mausoleen mit Ornamenten und Tieren ausgeschmückt. Der Südwesten ist auch heute noch vergleichsweise dünn besiedelt, und es gibt viele Orte, zu denen man nicht über die Straße kommt. Nicht nur im Nationalpark Korup muss man deswegen Flüsse teilweise auf Lianenbrücken überqueren oder durchwaten, wenn man sich abseits der großen Verkehrsstraßen aufhält.

Im Westen liegt die **landwirtschaftliche Schatzkammer des Landes.** Auf den fruchtbaren Vulkanböden gedeihen Bananenplantagen, Ölpalmen, Hevéa-Plantagen (Kautschuk) und die unterschiedlichsten Frucht- und Gemüsesorten, die von hier aus die Märkte der großen Städte versorgen. Begünstigt durch das angenehme, **gemäßigte Höhenklima** (durchschnittliche Temperatur 20°C) pflanzte man schon zur deutschen Kolonialzeit die ersten Kaffeesträucher in Buea; heute gehören die Kaffeeplantagen im Westen zum wichtigsten Wirtschaftssektor des Landes. In die Orte Buea und Dschang zog man sich aber auch vor der feuchten Hitze der Küste zurück (z.B. Centre Climatique in Dschang).

Auf einer **Reise durch das Hochland des Graslandes (Provinzen North-West und Ouest)** fällt auf, dass die Hügel zum größten Teil gerodet sind, um Weideland für das Vieh oder neues Kulturland zu schaffen. Der gerodete Boden wird bepflanzt, versteppt aber rasch, und so suchen sich die Bauern immer neues Farmland. Die Felder und Wiesen sind mit den typischen Umzäunungen des Graslands umgeben, die nur hier zu sehen sind: hohe Hecken aus Bananenstauden, Bambus oder Raphiapalmen zum Schutz der Äcker vor dem weidenden Vieh. Auch in den Tälern gedeihen Raphiapalmen, die früher das Baumaterial für die traditionellen Häuser lieferten.

Das **Grasland** weist die **höchste Bevölkerungsdichte Kameruns** auf. Die Ortschaften liegen oft in enger Nachbarschaft, doch jede zeichnet sich durch ihre eigene Atmosphäre aus. In den ländlichen Gebieten sind die eigentümlichen Wohnhäuser weit über die Hänge und Hügel verstreut, meist nahe an den zahlreichen Wasserläufen. Charakteristisch für die traditionellen Häuser sind die konisch geformten Strohdächer, die jetzt aber mehr und mehr durch Aluminium-Wellblech ersetzt werden, das man schon von weitem in der Sonne glänzen sieht.

Touristisch bedeutsam ist der Westen aber besonders wegen seines Reichtums an **Tradition und Kultur** der hier ansässigen Ethnien. Die vielen alten *Chefferien* mit ihren Palästen, deren Traditionen bis heute lebendig blieben, zeugen von der interessanten und reichen Geschichte des Gebietes.

Das einmalige **Kunsthandwerk** Westkameruns ist über die Grenzen Afrikas hinaus berühmt geworden. Bafoussam, Foumban und Bamenda sind bekannt für ihre Masken, geschmückten Kostüme, geschnitzten Hocker und perlenverzierten Throne, Pfeifen und Figuren aus gebranntem Ton wie auch für Statuen aus Bronze, Holz und Terrakotta. Die schönsten dieser Handwerksstücke findet man in den Museen von Bandjoun und Foumban und in den Maskenhäusern der Paläste (sofern sie nicht in die Hände der Kunstsammler und damit nach Europa gelangt sind).

Die **Bamiléké,** die größte Volksgruppe im Westen, haben durch ihren eifrigen, lebhaften Handel eine aktive Rolle im wirtschaftlichen und politischen Le-

04_272kam Foto: sm

ben Kameruns gewonnen. Im Bamiléké-Land trifft man auf viele Märkte, die im Rhythmus von acht Tagen stattfinden (die Bamiléké-Woche hat acht Tage).

Auffällig ist auch das vergleichsweise **hohe Verkehrsaufkommen im Westen.** Menschen und Waren werden auf völlig überladenen Fahrzeugen befördert. Ein dichtes Netz von Sammeltaxis macht das Reisen mit öffentlichen Verkehrsmitteln hier recht einfach. Um jedoch auch abseits gelegene Sehenswürdigkeiten besuchen zu können, empfiehlt sich ein eigener Mietwagen. Die Pisten im äußersten Nordwesten (nördliche Ringroad) erfordern einen Geländewagen.

Drei wichtige Verkehrsachsen verbinden die Orte des Westens miteinander: die Strecken **Limbe – Mamfe, Douala – Bafoussam** (weiter nach Bamenda oder Foumban) und die **Ringroad** in der Provinz North-West.

Die Zeit für eine Tour im Westen Kameruns sollte nicht zu knapp bemessen sein. Wer es eilig hat, kann zwar innerhalb einer Woche die wichtigsten Orte besuchen, aber nur wer sich zwei Wochen (oder länger) Zeit nimmt, wird sich der Kultur und Landschaft dieser großartigen Region richtig nähern können. Zeit sollte man vor allem auch für den Besuch der **Chefferien** mitbringen. Dort genügt es nicht, für einen kurzen Fotostopp zu halten, es wird viel eher erwartet, dass man sich beim Fon oder seinem Sekretär vorstellt, um dann auf dem Areal herumgeführt zu werden.

Kurz vor Limbe

Douala – Limbe

• **75 km** sehr gute Teerstraße; für die Strecke Douala – Limbe benötigt man ca. 1,5 Stunden Fahrzeit; Busverbindung siehe Douala.

Man verlässt Douala auf der großen Brücke über den Wouri-Fluss und durch den Vorort Bonabéri und erreicht nach **22 km** den **Carrefour Douala – Limbe** (häufiger Stau! Mindestens 45 Minuten einplanen), eine große Straßenkreuzung, an der sich die Hauptverbindungen in den Nord- (Bafoussam) und Südwesten (Limbe, Buea) gabeln. Hier kann man aus Kautschuk gemachte Bälle kaufen, die sich auch gut als Dekoration eignen.

Die Strecke von Douala nach Limbe, auch **„Straße der Wiedervereinigung"** genannt, wurde im Jahr 1961 gebaut, als sich der Westen Kameruns in den Bundesstaat einfügte. Früher, als das Gebiet in ein englisches und französisches Mandat geteilt war, musste man auf dieser Strecke seinen Personalausweis präsentieren.

Die **Nationalstraße N 3,** hervorragend ausgebaut, führt über den Mungo-Fluss und dann durch immer üppigere Küstenvegetation. Rechts und links der Straße erstrecken sich riesige **Plantagen:** Kautschuk, Ölpalmen und Bananen. An den Obstständen entlang der Strecke kann man sich mit Früchten versorgen – die Gegend ist bekannt für ihr gutes Obst.

Km 53, links Abzweigung nach **Tiko** (2 km), rechts zweigt hier die Straße nach Buea und Limbe ab. Früher war Tiko nur ein Plantagenhafen und Küstenmarkt für die Bewohner von Limbe und Buea und ein kleines Fischerdorf. Hier war auch vor der Wiedervereingung ein „International Airport" der nigerianischen Fluglinie auf der Route von Lagos nach Douala. Heute ist Tiko zu einer **lebhaften Kleinstadt** mit Fischereihafen und Gummifabrik angewachsen. Nach wie vor bildet der **Markt** die Hauptattraktion des Ortes; Küstenhändler bringen ihre Waren oft bis aus Nigeria auf den Pirogen hierher. Von Tiko aus fuhr während der Kolonialzeit eine kleine Eisenbahn zu den Plantagen. Einige Waggons davon und die Lokomotive sind bis heute noch erhalten, Ausflüge mit dem Zug sind möglich. Einige halb zerfallene Kolonialhäuser datieren noch aus deutscher Zeit. In Tiko gibt es den Golfplatz Likomba.

In der Nähe des Ortes, bei der katholischen Missionsstation von **Mutengene,** gibt es eine gut ausgestattete Werkstatt. Den englischen Einfluss erkennt man in Mutengene augenscheinlich daran, dass hier nicht mehr das Baguettebrot verkauft wird, sondern ein weiches kastenförmiges Weißbrot. Reisende nach Douala decken sich hier mit dem für seine gute Qualität bekannten Brot ein.

Direkt an der Hauptstraße, an der Abzweigung in den Ort Tiko (Mobil-Tankstelle), liegt der große **Gare routière** von Tiko mit Verbindungen nach Buea, Limbe oder Kumba.

Entlang der Küste leben die verschiedensten Volksgruppen, wie Bakoko, Balong, Bakweri, Douala, die in sehr regem Kulturaustausch miteinander stehen. Sie verständigen sich vorwiegend in **Pidgin-Englisch,** das im gesamten englischsprachigen Raum als Handelssprache gesprochen wird.

Bei **km 75** ist **Limbe** erreicht. Die Überlandbusse und -taxis enden im **Mile four Park.** Von dort muss man sich dann ein Taxi nach Limbe Zentrum nehmen (ca. 150 CFA). Von Mutengene nach Mile four kostet es 200 CFA.

Limbe

Limbe liegt in der **englischsprachigen Provinz South West** und ist wirtschaftlicher Drehpunkt dieser Region (Hauptstadt der Provinz ist Buea). 1858 wurde die Stadt vom englischen Missionar *Alfred Saker* unter dem Namen Victoria gegründet. Seine christliche Gemeinde bestand hauptächlich aus befreiten Sklaven, die von Fernando Po mit ihm nach Limbe übersiedelten. Dieses Bevölkerungselement wird in Limbe heute als „Kreoles" bezeichnet. Sie brachten als eigene Sprache eine Variante des Pidgin-Englisch mit. Erst im Jahre 1983 erhielt die Stadt ihren heutigen Namen Limbe (nach dem Bach, der durch den Botanischen Garten fließt). Unter den mehr als **250.000 Einwohnern** leben auch **viele Nigerianer,** die sich hier nahe der Grenze in der Hoffnung auf eine bessere Zukunft niederließen.

Der Badeort liegt **direkt am Atlantik und am Fuße des Mt. Cameroon** – auf der einen Seite bewaldete Hügel, auf der anderen der Ozean. Durch die Nähe zu Douala bietet sich das Küstenstädtchen als Ausflugsziel an, und entsprechend voll wird es an den Wochenenden. Auch das Klima ist hier durch die ständige Brise vom Meer wesentlich angenehmer als im feucht-heißen Douala. So ist das ehemalige Fischerdorf zu einem beliebten **Touristenziel** geworden, und nicht nur Wochenend-Ausflügler treffen sich hier, sondern auch Erholung suchende Bergsteiger sowie Transsahara-Fahrer, die ihr Endziel, die Küste, erreicht haben.

Doch im Gegensatz zu Kribi, dem zweiten bekannten Badeort Kameruns, sind die **Atlantik-Strände** in Limbe mit tiefschwarzem, vulkanischem Sand bedeckt. So spürt man schnell die Nähe zum immer noch aktiven Vulkan Mt. Cameroon, dessen Ausläufer hier bis an die Küste heranreichen.

Die **Vegetation** in der Umgebung der Stadt bis hinab ans Meer ist bemerkenswert üppig und grün. Nirgendwo sonst in Afrika habe ich so mächtige, Schatten spendende Tropenwald-Bäume direkt am Strand gesehen. Bei klarem Wetter, am besten kurz nach der Regenzeit, bietet sich vom Strand ein schöner Blick auf die vorgelagerten Inseln, darunter die weit entfernte Insel Bioko, die bereits zu Äquatorial-Guinea gehört. Auf einige der nähergelegenen, unbewohnten **Inseln** (die „Piraten-Inseln" in der Ambas-Bay) kann man von Limbe aus mit einer Piroge hinausrudern, man wende sich dazu an einen der Fischer im Hafen oder an das Seme New Beach Hotel. Auf jeden Fall sollte man dabei aber auf die Seetüchtigkeit des Bootes achten!

Früher waren diese Inseln von Fischern bewohnt, die jedoch von der Regierung auf das Festland umgesiedelt wurden. So sind die Bewohner der kleinen Insel Bota nach Limbe gezogen, ihr Stadtviertel heißt nun Bota-Mainland.

Sehenswürdigkeiten

Außer seiner schönen Lage und den Stränden hat der Ort folgende Sehenswürdigkeiten zu bieten:

Botanischer Garten

P.O. Box 437, Tel. 3332620, www.mcbcclimbe.org/. Die Vegetation dieses herrlichen Gartens besteht hauptsächlich aus riesigen alten, teils mit Namensschildern versehenen Bäumen. Es gibt schöne Rundwanderwege, teilweise am kleinen Fluss Limbe entlang. Gedenksteine erinnern an die während des Weltkrieges in Kamerun gefallenen Engländer und die afrikanischen Offiziere in deren Dienst.

Der Botanische Garten entstand zur deutschen Zeit als botanische Versuchsstation. Heute gedeihen hier über 150 Pflanzensorten. Auch Versuche mit Nutzpflanzen werden unternommen.

Geöffnet: 8–18 Uhr. **Eintrittspreis:** 1000 CFA für Touristen, 2000 CFA mit Führung (bitte an Wochenenden vormerken). Die Fotografiererlaubnis kostet zusätzlich 2000 CFA, eine Filmerlaubnis für Videokameras 5000 CFA pro Tag.

Limbe Wildlife Center

Seit 1994 eingerichtet, „rehabilitiert" das Center gewissermaßen den ehemaligen „Zoo". **Geöffnet** ist täglich von 9–17 Uhr. **Eintritt** für Touristen 3000

CFA, für Fotoapparat (1000 CFA) und Videokamera (2000 CFA) muss extra bezahlt werden. Es werden Postkarten, Poster und Kunsthandwerk verkauft.

Hier leben viele Affen, insbesondere **Schimpansen** und **Gorillas,** die meist aus einer Gefangenschaft bei Privatleuten befreit wurden und nun mit ihren Artgenossen die weitläufigen Gehege bevölkern. Auch **Krokodile** und **Schlangen** sind im Wildlife Center untergebracht. Die individuelle Geschichte der Tiere und die Lebenssituation von Menschenaffen in Kamerun generell werden auf Tafeln dokumentiert.

Fischmarkt

Interessant ist ein Besuch des Fischmarktes **Down Beach.** Hier kann man sehen, wie Fisch geräuchert wird. Die Fische kommen meist aus Sokolo, einem kleinen Fischerdorf nahe Limbe.

In Down Beach befindet sich auch einer der beliebtesten Orte zum Essen im Südwesten. Fangfrisch werden hier die verschiedensten **Fische** (Scholle, Barrakuda, Capitaine) und Krustentiere (Krebse, Krevetten) gegrillt und mit Kochbananen und Miondo sowie würziger Sosse („pepe") serviert. Man sucht sich seinen Fisch persönlich bei der Grillmeisterin aus, handelt einen Preis aus und wartet dann in den überdachten Lodges bei einem kühlen Getränk, bis er knusprig gebacken ist.

Am **Fischerhafen,** der direkt nebenan liegt, kann man sehen, wie die kleinen, bunt bemalten Fischerboote mit ihrem Fang hereinkommen. Oft sind Exoten wie kleine Haifische oder Meeresschildkröten dabei.

Sonstiges

In Limbe gibt es noch viele **koloniale Spuren,** z.B. das Monument für *Alfred Saker* direkt im Zentrum am Strand, das Haus des Divisional Officer von Fako Division, das ein altes deutsches Gebäude ist. Die mittlerweile verfallene Landungsbrücke stammt ebenfalls aus der deutschen Kolonialzeit.

Unterkunft

Limbe verfügt über eine Anzahl von Hotels der verschiedensten Kategorien. Die Hotels am Meer liegen jedoch an der Felsküste, so dass in Limbe selbst das Baden im Meer kaum möglich ist. Die Sandstrände liegen alle außerhalb, im Westen der Stadt.

- **Seme New Beach Hotel**

P.O. Box 130, Limbe, Tel. 3332769, 3421005, 7749446 (mobil) oder (00871) 7627349393 (Satellit), Internet: www.hotelsemebeach.com. 20 km außerhalb von Limbe an der Straße Richtung Idenau, beim Dorf Bakingili direkt am Fuße des Petit Mt. Cameroun gelegen. Neues Hotel im Bungalow-Stil direkt am schönen, 5 km langen schwarzen Sandstrand (Mile 11). Der Strand ist flach abfallend und mit kleinen Palmen bestanden; man kann Badeliegen und Surfbretter mieten. Außerdem gibt es ein kleines Naturschwimmbecken am Quellbach (Süßwasser). 74 Zimmer, 14 Suiten. (Zimmerpreis ab ca. 18.000 CFA inkl. Frühstück). Akzeptieren Visa- und Mastercard. Neben dem Restaurant mit afrikanischer und internationaler Küche (vergleichsweise teuer) existieren noch drei kleinere Bars. Bewachter Parkplatz vorhanden. Es gibt auch ein Internetcafé, Tennisplätze und einen Nachtclub. Die Besitzer, *Mme Dorindo,* eine Französin, die bereits seit knapp 30 Jahren in Kamerun lebt, und *M. Noungon,* ihr kamerunischer Mann, sind sehr freundlich und auskunftsbereit. Sie organisieren auch verschiedene Ausflüge, z.B. mit Pirogen auf eine der vorgelagerten Inseln, Wanderungen in den Manengouba-Bergen, am Mt. Cameroon

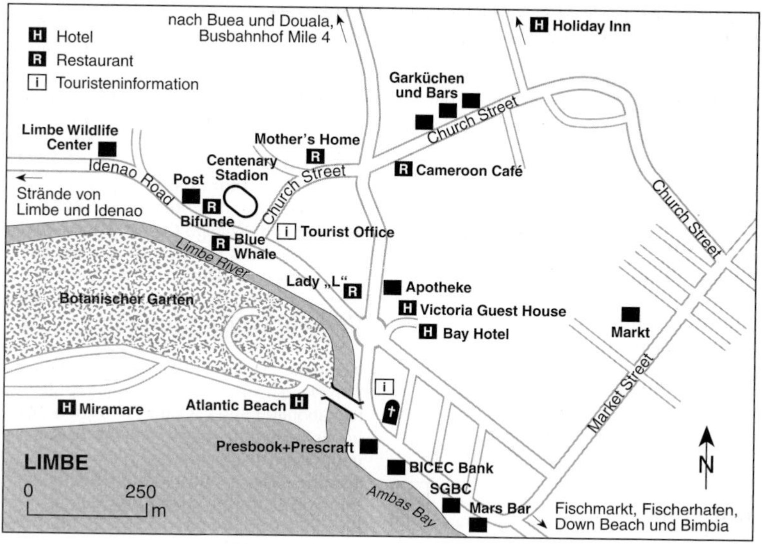

oder Ausflüge in die Umgebung. Empfehlenswerte Adresse, da sehr persönliche Atmosphäre.

Vom Dorf Bakingili aus gelangt man mit Geländefahrzeugen auf direktem Weg, jedoch auf teils schlechter Piste, nach Mundemba zum Korup-Nationalpark und man erspart sich damit den Umweg über Kumba. Erkundigen Sie sich bei den Hotelbesitzern.

• Holiday Inn
Tel. 3322290. Neues Hotel, DZ mit Klimaanlage, Fernseher sowie Du/WC ab ca. 9000–25.000 CFA.

• Atlantic Beach Hotel
P.O. Box 63, Limbe, Tel. 3332332, Fax 3332689. Das Hotelgebäude stammt noch aus der Kolonialzeit. Es liegt direkt am Meer, jedoch an einem felsigen Küstenabschnitt, Baden daher nicht möglich. Teilweise Meerblick, Bar, Restaurant, Terrasse, Süßwasser-Swimmingpool und Meerwasser-Pool. Zimmer ca. 16.500–60.000 CFA (Suite).

• Bay Hotel
P.O. Box 63, Limbe, Tel. 3332121. Das einfache, kleine Hotel mit nur 23 Zimmern liegt im Zentrum von Limbe und verfügt über Restaurant, Bar und Nachtclub. Zimmer ab ca. 6500–12.000 CFA.

• Miramare Park Hotel
P.O. Box 63, Limbe, Tel. 3332941. Einfaches Hotel im Bungalow-Stil. Es liegt unterhalb des Hotel Platanus direkt am Meer, jedoch gibt es hier keinen Strand, eine Mauer trennt das Hotel vom felsigen Ufer. Es gibt 26 Zimmer mit Dusche/WC und Klimaanlage ab 13.000 CFA inkl. Frühstück, Swimmingpool und Restaurant mit Blick aufs Meer.

Das Atlantic Beach, das Miramare Park und das Bay Hotel gehören zu einer Hotelgruppe. Falls eines der Häuser belegt ist, können Sie sich gleich nach Verfügbarkeit, Preis etc. der anderen erkundigen.

• Victoria Guest House
P.O. Box 358, Limbe, Tel. 3332446. Günstige Unterkunft mit sauberen Zimmern (Ventilator) und freundlichem Empfang. Zimmer schon ab 8000 CFA.

• Etisha Beach Hotel
Tel. 9965255, 9983239 (beide mobil). Das Hotel liegt in Batoke, am Strand Mile 8. Es hat einen wunderschönen Ausblick und einen eigenen bewachten Strand, wo es Getränke

und Liegen gibt. Es liegt relativ weit von der Hauptstraße entfernt, und der Weg ist steil (u.U. mit dem Taxifahrer verhandeln, bis vor die Tür zu fahren). Der Fahrtpreis mit dem Sammeltaxi von Limbe nach Batoke beträgt nur 300 CFA. Schöne Restaurantterrasse mit Meerblick (bei guter Sicht auf die Insel Bioko/Malabo). Zimmer für 6000 (Ventilator) und 12.000 CFA (Klimaanlage).

- **First International Hotel**

In Bobende ca. 6 km außerhalb von Limbe (in Richtung der Raffinerie SONARA). Tel. 3332697 oder 9950649 (mobil), Fax 333 2697. Luxuriöses Hotel, das unmittelbar am Strand liegt. Zimmer von 15.000–65.000 CFA.

- **Coastal Beach Hotel**

Ebenfalls in Bobende, unmittelbar an einem schönen, sauberen Strand gelegen, Tel. 3332927. Zimmer zwischen 15.000 und 40.000 CFA. Klimaanlage; saubere und gepflegte Zimmer; Frühstück inklusive.

Camping

- **Am Beach Mile 6** (bewacht), Zugang über eine kleine Piste, die 1 km nach dem Eingangstor der Raffinerie links abzweigt, ca. 500 CFA/Person plus ca. 3000 CFA fürs Fahrzeug; sanitäre Anlagen nicht besonders sauber; am Wochenende Restaurantbetrieb.

Meiden Sie die anderen Strände zum Campen, dort tummeln sich Langfinger.

- Außerdem Campmöglichkeit **am Seme New Beach Hotel bzw. beim Etisha Beach Hotel** direkt am Strand (siehe oben).

Essen und Trinken

In der Stadt finden Sie neben den genannten viele kleine afrikanische Restaurants.

- **The Blue Whale**

Gehobenes Restaurant im Bifunde Center, 1. Etage mit Blick auf den Botanischen Garten (internationale Küche).

- **Lady „L"** auf der Church Street; Tel. 7844040 (mobil).
- **Snackbar Mars**

Die Snackbar in der Nähe des Meeres ist gemütlich, hat einen schönen Garten und gutes und günstiges Essen.

- **Hot Spot**

Im Botanischen Garten, mit schönem Blick aufs Meer, internationale und traditionelle Küche, Preise angemessen.

- Ansonsten sind noch das **Restaurant des Hotel Atlantic Beach** (gehoben und teuer) und das **Restaurant Le Corail** im **Seme New Beach Hotel** (Mile 11) empfehlenswert.
- **Weitere Restaurants: Italia,** in der Nähe vom Wildlife Center; **Restaurant Bella,** gegenüber vom Wildlife Center; **Down Beach** in der Nähe des Fischmarkts, Frauen grillen frischen Fisch; **Grillbuden** in der Church Street.

Verkehrsverbindungen

- **Douala – Limbe**

Von Douala aus über die sehr gut ausgebaute Nationalstraße N 3 sind es 75 km bis Limbe. Es verkehren täglich mehrere Buschtaxis und Busse von Douala aus.

- **Limbe – Tiko – Buea/Kumba/Bamenda**

Wer von Limbe aus nach Buea, Kumba oder Bamenda fährt, muss manchmal in Tiko (s.o.) umsteigen. Fahrtzeit Limbe – Bamenda: ungefähr 5 Std. (3000 CFA).

- In Limbe fahren auch die **Mofa-Taxis** (Ben Skin). Für 100 CFA kann man eine tolle Fahrt vom Downbeach an der Küste entlang zum botanischen Garten unternehmen.

Sonstiges

- **Mietwagen:** Wenn Sie ein Fahrzeug mieten wollen, wenden Sie sich an das Hotel Atlantic Beach oder Seme New Beach (Mile 11) oder an Vidalu Location Auto in Tiko, Tel. 3351360, 7614904 oder 7776283 (beide mobil); ferner im Bifunde Center gegenüber des botanischen Gartens (dort gibt es auch ein Reisebüro); www.bifunde.com.
- **Kunsthandwerk/Bücher:** Wer sich für Kunsthandwerk interessiert, wird im **Prescraft** (Richtung Downbeach) fündig.
- **Infrastruktur:** Banken, Tankstellen, Postamt, gute Landrover-Werkstatt und mehrere Läden mit guter Auswahl an Zubehör.

- **Nachtleben:** In Limbe selbst gibt es das **Limbe Palace.** Ansonsten noch den Club im Seme New Beach Hotel.
- **Strandartikel** kann man kaufen im Bifunde Center neben der Post.
- Es gibt in Limbe mehrere **Internetcafés,** z.B. im Bifunde Center (www.bifunde.com) oder im Zentrum.
- **Bank:** Bei **BICEC** (in der Ahidjo Street) kann man Travellerschecks einlösen; Tel./Fax 3332651.
- Des Weiteren gibt es ein **Krankenhaus,** einen sehenswerten **Markt** (matschig) sowie eine private **Radiostation** (Ocean City Radio 93,5 MHz), die mitten in der Stadt auf einem kleinen Berg liegt, von dem aus man einen tollen Rundblick hat.

Ausflüge

Ohne eigenes Auto ist man in Limbe ziemlich aufgeschmissen. Fahrten mit dem Taxi sind sehr teuer und auch nicht ungefährlich, wenn man in abgelegene Gebiete fährt. Insbesondere von Fahrten über Idenau hinaus ist wegen der angespannten Sicherheitslage und des Konflikts um Bakassi abzuraten (s.a. Exkurs „Grenzstreitigkeiten mit Nigeria").

Das Tourism Board von Fako Division veranstaltet einige Ausflüge, z.B. eine vierstündige Autotour in die umgebenden Dörfer, Pirogenfahrten, bei denen die Touristen sich beim Fischen versuchen können, sowie Ausflüge zu den vorgelagerten Inseln und in die Berge.

Information: E-Mail: limbecity@bifunde.com oder limbecity@yahoo.com, Tel. 3332536, Fax 3332039. Hier sollte man sich auf jeden Fall frühzeitig informieren.

Der Westen

04_279kam Foto: sm

Pallotiner-Missionskirche

Die herrlich gelegene, 1892 erbaute Pallotiner-Missionskirche auf dem Engelsberg bei Limbe ist einen Besuch wert. Aus Richtung Douala/Mutenge kommend, fahren Sie am Straßendreieck weiter in Richtung Idenau. Nach 2 km rechts abzweigen Richtung Bonjongo. Geländewagen empfehlenswert, Anfahrt ca. 45 Min.

Inselfahrten

Mit einer **Motor-Piroge** gelangt man auf die vorgelagerten Inseln. Die Miete kostet ungefähr 9000 CFA, die Boote sind allerdings häufig in schlechtem Zustand. Fragen Sie evtl. im Hotel in Limbe, ob man Ihnen einen zuverlässigen Bootseigner vermitteln kann.

Sokolo

Zum **Fischerdorf** Sokolo gelangt man auf der Straße in Richtung Idenau, ca. 3 km von Limbe entfernt und direkt am Strand. Hier werden Pirogen gebaut, mit und ohne Motor. Interessant ist auch der **Fischmarkt** in Sokolo. Die meisten Fischer hier sind Nigerianer. Auf dem Schwarzmarkt gibt es im Dorf Benzin aus Nigeria, das per Piroge vom Nachbarland geholt wird. Die Qualität dieses sehr preiswerten Benzins ist allerdings fraglich.

In Sokolo wird auch *Arki* („African Gin", eine Art Palmschnaps) oder *Afofo,* ein fermentierter Palmwein gebraut oder aus Nigeria geholt.

Bimbia

Hinter dem Fischmarkt in Limbe führt eine Piste ca. 30 km nach Bimbia. Die Fahrt führt durch riesige Hevea-Plantagen (Kautschuk-Gewinnung). Unterwegs passiert man die **Man of War Bay,** den Platz, an dem die Bakweri unter dem *Grand Chef Bile (King Williams)* gegen die Engländer gekämpft haben.

Bimbia besteht aus drei großen Dörfern: **Bona Ngombe, Mudube, Bonabile** (die Vorsilbe *Bona* heißt „die Kinder von ..."). Hier begann die Geschichte des Bakweri-Volkes. Bona Ngombe vorgelagert ist die **Insel Nicholls.** Im Jahr 2004, dem Jahr der Erinnerung an den Sklavenhandel, gedachte man an diesem Ort des Umstandes, dass hier einer der Verladeplätze für Sklaven nach Übersee lag. 1844 schlossen *King Williams* und die Königin von England, vertreten durch Leutnant *Edward Charles Earle,* einen Vertrag zur Abschaffung der Sklaverei. Seitdem verlagerte sich der Handel auf andere Güter. Auf der Insel wächst heute dichter Wald. Man sollte im Ort nach Führern fragen.

In der **Baptistenmission** steht das älteste Gotteshaus Kameruns, *Alfred Sakers* Kapelle aus Wellblech.

In Bimbia kann man evtl. **Unterkunft** finden, auf Anfrage ist dort auch Zelten möglich. Gleich in der Nähe befindet sich ein **Strand,** an dem Schwimmen möglich ist. Man kann den Fischern bei ihrer Arbeit am Strand zusehen oder im nahen Tropenwald (herrliche Bambuspflanzen!) einen Spaziergang unternehmen. Die Mangrovensümpfe ziehen sich von hier die Küste entlang bis nach Douala. Während der Kolonialzeit haben die Deutschen in Bimbia eine Straße gebaut, noch heute sieht man kleine Brücken aus dieser Zeit. Es soll hier auch noch eine Kanone geben, die aus deutscher Zeit stammt. Der Ort liegt etwas „off-road", herrlich ruhig und abseits des Ausflugsverkehrs an Limbes Strände.

Die Strände von Limbe und die Küste bis Idenau

Entlang der Küste führt die ausgezeichnete, neu geteerte Küstenstraße nach Westen in Richtung Idenau (43 km). Man verlässt Limbe zunächst auf der Straße nach Buea, um dann nach links in Richtung Westen abzuzweigen. Auch hier wieder riesige Ölpalmplantagen und ab und zu ein Blick auf das Meer, wo weit draußen bei klarem Wetter die vorgelagerten Inseln zu erkennen sind.

Kurz nach der Abzweigung zur Raffinerie SONARA führt links eine Piste zum **Mile 6 Beach** hinab (an der Wegabzweigung steht ein Schild „33 Export", von hier sind es nur einige hundert Meter). Dies ist der bekannteste und **meistbesuchte Strandabschnitt Limbes** (Mile 6 Beach ist bewacht, Eintritt 1000 CFA), mit einem kleinen, vom Hotel Atlantic Beach geführten **Kiosk,** der an den Wochenenden geöffnet ist. Der Strand ist aufgrund der Besuchermengen nicht besonders sauber und am Wochenende übervölkert. Das Meer ist flach, der Sand und auch das Wasser (vom aufgewühlten Sand) sind schwarz. Herrliche, riesige Bäume spenden Schatten direkt am Wasser. Hier sollen manchmal Affen frei herumlaufen und den Badenden Essen klauen. Keinen schönen Anblick bietet die Raffinerie am Strand!

Zurück auf der Hauptstraße fährt man weiter in Richtung Westen (durch das kleine Dorf Batoke): Rechts sieht man die Ausläufer des Mt. Cameroon, links das Meer. Das Kamerun-Massiv ist meist eingehüllt in eine dichte Wolkendecke. Hinter dem Dorf erstrecken sich wieder endlose Ölpalmplantagen.

Weniger besucht und daher sauberer als Mile 6 sind die **Strände Mile 8** und **Mile 11.** Letzterer liegt nahe des Dorfes Bakingili; hier steht auch die **Bungalow-Anlage Seme New Beach** (s.o.). Das Dorf selbst ist eine kleine Ansammlung wellblech-gedeckter Holzhäuser. Hier ist beim Ausbruch des Mount Cameroon 1999 die Lava bis an die Straße vorgedrungen, die nun einen kleinen Umweg macht. Auch Mile 6 und Mile 8 Beach kosten Eintritt (CFA 1000/Person, 1 Getränk inklusive).

Allen Stränden gemeinsam sind die großen Schatten spendenden Bäume und der tiefschwarze Sand von den vulkanischen Ausläufern des Mt. Cameroon. Die Brandung ist an diesem Küstenabschnitt schwach, und das warme, meist ruhige Wasser eignet sich auch für Kleinkinder zum Baden. Die ständige leichte Brise vom Meer macht die Hitze erträglich.

In Kamerun sind **alle Strände öffentlich zugänglich.** Achten Sie dabei besonders an wenig frequentierten Strandabschnitten auf Ihre Habe und Ihr Fahrzeug. Wertgegenstände nehmen Sie am besten gar nicht erst mit zum Strand; zumindest nichts unbewacht umherliegen lassen!

Von Bakingili geht es weiter in Richtung Westen durch eine wunderschöne

Region mit Mischplantagen und Sekundärwald mit eingestreuten Urwaldriesen. Außer dem kleinen Dorf **Debundscha** gibt es hier bis Idenau keine weiteren Siedlungen. In Debundscha findet man einen **Kratersee** direkt am Meer sowie einen **Leuchtturm** aus der deutschen Zeit. Ca. 1½ km südlich von Debundscha parken Sie am Strand und gehen dann zu Fuß bis zu einer Klippe, über einen kleinen Pfad und zuletzt eine Treppe bis zum Leuchtturm. Der Ort Debundscha ist deswegen so bemerkenswert, weil er mit über **11.000 mm** jährlich die **zweithöchste Niederschlagsmenge der Welt** aufweist (nach dem Vulkan Waialeale auf der Insel Kauai/Hawaii). Es ist daher nicht weiter erstaunlich, dass sich die Hänge des Mt. Cameroon in dieser regenreichen Ecke nur selten zeigen.

Der Vulkanausbruch des Mt. Cameroon im März 1999 hat die Teerstraße in Mitleidenschaft gezogen. Die Fahrt führt weiter an einer Fabrik zur Gewinnung von Palmöl vorbei, bevor die Straße kurz vor Idenau dann direkt am Meer entlangführt. Anstelle der Ölpalmen rücken hier wieder Baumriesen in den Vordergrund.

Der Ort **Idenau** ist **Endpunkt der Straße.** Ab hier gibt es nur noch Pisten, die kaum passierbar sind. Idenau bildet die **Grenzstation zu Nigeria,** obwohl die eigentliche Staatsgrenze noch ein ganzes Stück entfernt liegt. Mangels Straßen wird hier die Grenze zu Nigeria auf kurzem Wege über das Meer mit Motor-Pirogen passiert. Idenau mit seinem großen Pirogenhafen ist daher die Anlauf- und Grenzkontrollstation. Neben vielen anderen Waren wird hier auch billiges nigerianisches Benzin umgeschlagen. Der Ort selbst ist nur eine kleine Ansammlung von Hütten und Treffpunkt von Fischern, Händlern und Plantagenbesitzern. Am Endpunkt der Straße, gleichzeitig der Umkehrpunkt für Fahrzeuge, führt eine kleine Fußgängerbrücke über die Lagune. Auf der gegenüberliegenden Seite liegen der Markt und der lebhafte Pirogenhafen. Hier reparieren die Frauen die Fangnetze ihrer Männer, am Strand herrscht reges Treiben. Auf dem Markt sind billige Waren aus dem Nachbarland gefragt. Durch den regen **Handelsverkehr** gibt es natürlich auch strenge Kontrollen durch Polizei und Zoll. Im Küstengrenzgebiet zu Nigeria gibt es immer wieder heftige **Unruhen** und Auseinandersetzungen um das Cap Bakassi. Reisende sollten diese Region meiden. Erkundigen Sie sich vor Ort nach der aktuellen Lage oder vor Abreise beim Auswärtigen Amt in Berlin.

Unterkunft: Kurz vor dem Ort führt eine Abzweigung nach links zum **Seaside Hotel.** Es handelt sich um eine sehr einfache Unterkunft, die in einem hübschen Garten am Meer liegt. Die Steilküste ist hier felsig, Baden nicht möglich. DZ ab ca. 4800 CFA.

Die Besitzer des Seme New Beach Hotels in Limbe erzählten mir, dass von Idenau aus eine **Piste über Koto** und **Bai nach Ekondo Titi** existiert, die auf der neuesten Kamerun-Karte zwar eingezeichnet, aber in der Natur oft nicht vorhanden ist. Der Weg ist nur mit Vierradantrieb in ca. siebenstündiger Fahrt zu bewältigen. Diese Fahrt ist einem Leserbrief gemäß ein Abenteuer und nicht unbedingt empfehlenswert. Für Informationen über das Pistennetz im Bereich des Kamerunberges kann evtl. das Büro der deutschen Komponente am Mount Cameroon Project in Buea kontaktiert werden (Tel. 3322038).

Von Idenau gibt es auch eine **Verbindung** per Motor-Piroge über das Meer und den Fluss Ndian **nach Mundemba** und zum **Korup-Nationalpark.** Achtung: Fragen Sie nach der aktuellen Situation vor Ort; derzeit ist ein Besuch aufgrund der Unruhen nicht anzuraten!

Von Idenau kann man Richtung **Bokosso** fahren, wo 15 km von der „Bokosso junction" entfernt die **Ekombe-Wasserfälle** in die Tiefe stürzen – sie gehören zu den schönsten Afrikas.

Limbe – Buea

● **31 km** Teerstraße. Vom Limbe Park (Mile 4) bis zum Buea Park (Mile 17) kostet die Fahrt 400 CFA mit öffentlichen Verkehrsmitteln. Von dort kann man dann für 200 oder 250 CFA mit dem Taxi in die Stadt fahren.

Von Douala sind es auf guter Teerstraße nach Buea 70 km, von Kumba aus 75 km.

Von Limbe aus führt die Teerstraße zunächst 18 km zurück in Richtung Douala, dann zweigt man an der Kreuzung bei **Mutengene** nach Norden ab (Richtung Buea, Kumba). Nach weiteren 8 km führt eine Abzweigung links nach Buea, wo die Straße endet. Auf diesem Weg erreicht man Buea in weniger als einer Stunde. Die Strecke führt an vielen Plantagen (Heveas, Kaffee, Tee) entlang und windet sich die letzten Kilometer nach Buea hinauf. Bei gutem Wetter, besonders frühmorgens vor 9 Uhr, hat man auf der Fahrt einen schönen Blick auf den Mt. Cameroon, doch leider verbirgt dieser sich recht häufig hinter einer dicken Wolkenschicht. Kurz vor der Abzweigung nach Buea werden Blumen und Zierpflanzen längs der Straßen verkauft.

Wer es nicht eilig hat, kann von Limbe aus auch die **„Tee-Route"** nach Buea nehmen. Zurück auf der großen Hauptroute Richtung Douala zweigt man nach 2 km links auf eine kleine Piste ab, hier dem Wegweiser Richtung Wututu/Bojongo folgen. Diese Staubstraße schlängelt sich durch weite Teeplantagen hinauf, vorbei an einer Teefabrik und den kleinen Siedlungen der Teepflücker. Kurz vor Buea ist die Straße dann wieder geteert. Vorübergehend war die Strecke wegen einer defekten Brücke (Bomana) nicht befahrbar.

Buea

Buea, **Hauptort der englischsprachigen Provinz South West** und gleichzeitig Hauptort der Fako Division, liegt direkt am Fuße des Mt. Cameroon auf einer Höhe von 1000 m ü.NN. Trotz der geringen Entfernung zur Küste ist das Klima hier aufgrund der Höhenlage kühl und angenehm. Zwar ist die Umgebung der Stadt sehr häufig in Nebel gehüllt, aber bei gutem Wetter hat man einen schönen Ausblick auf die umliegenden Täler bis hin zu den Mangrovensümpfen an der Küste. Wegen der Lavaböden ist die Umgebung der Stadt sehr fruchtbar und grün.

Buea (etwa **100.000 Einwohner**) macht einen relativ gepflegten Eindruck mit vielen Gärten und einigen alten Kolonialbauten. Fast nahtlos schließen sich rundherum Kautschuk- sowie Kaffee- und Teeplantagen an. In der Stadt herrscht wenig Verkehr, da hier die Straßen am Fuße des Mount Cameroon enden. Hierdurch hat sich Buea einen recht ländlichen Charakter bewahren können. Buea war zur deutschen Kolonialzeit ab 1901 Sitz des Gouverneurs. Deswegen stehen noch heute viele deutsche Bauten dort.

Geschichte

Im Jahre 1885 entsandte Gouverneur *von Soden*, der in Douala residierte, den Kolonialbeamten **Jesko von Puttkamer** und den Geologen *Krabbes* zu ersten Erkundungen in die Gegend des Kamerunberges. Man stellte fest, dass dort an den Hängen des Berges, in 1000 bis 1500 Metern Höhe, ein viel angenehmeres Klima herrschte als im feucht-heißen Douala.

Wenige Jahre später verlegte Puttkamer, inzwischen selbst Gouverneur, den Sitz der Kolonialregierung nach Buea. In dem ehemals kleinen Dorf entstand die **Hauptstadt Kameruns von 1901 bis zum Ausbruch des Ersten Weltkrieges.** Zu dieser Zeit war Buea auch als Luftkurort beliebt, und viele der Kolonialbeamten verbrachten hier ihre Ferien.

Puttkamer schreibt im ersten Kapitel seiner Memoiren („Gouverneursjahre in Kamerun", Berlin, 1912): „Gouver-

266kam Foto: rf

neur von Zimmerer hatte beschlossen, nachdem die Schutztruppe einigermaßen ausgebildet war, vor allen Dingen endlich einmal das Kamerungebirge zu erobern, um die schönen und fruchtbaren Berghänge der Kolonie nutzbar zu machen. Selbstverständlich stimmte ich hierin durchaus mit ihm überein, und so entsandten wir am 19. Dezember (1895) Dominik mit der Hälfte einer militärischen Expedition auf ‚Nachtigal' nach Viktoria, während am 20. Rittmeister von Stetten mit dem Rest nachfolgte. Einer regelrechten Militärtruppe, geführt von zwei so hervorragenden Soldaten, wie die genannten, konnte natürlich der wilde Häuptling Kuba mit seinen Buealeuten keinen Widerstand entgegensetzen, und ich kann hier gleich vorwegnehmen, dass Buea, wo Stetten nach der Eroberung eine Militärstation anlegte, schon nach 14 Tagen bereit war, europäischer Kultur erschlossen zu werden."

Sehenswürdigkeiten

Der Gouverneurspalast

Noch heute thront hoch über der Stadt der weiße, ehemalige Gouverneurspalast Jesko von Puttkamers. Puttkamer liebte den Luxus und ließ sich zu Beginn des 20. Jahrhunderts diese prunkvolle Residenz **im wilhelminischen Stil** bauen, von der aus er die Plantagen und Anwesen der Deutschen überblicken konnte. Die Zeit konnte dem Kolonialgebäude mit seinen Kuppeln, Erkern und Türmchen und dem schönen Terrassengarten bis heute nichts anhaben. Das „Puttkamer-Schlösschen" wurde mehrmals renoviert und ist heute eine Residenz des Staatspräsidenten. Daher ist es nicht möglich, den Palast im Inneren zu besichtigen, und es ist streng verboten, das Gebäude zu fotografieren oder zu filmen.

Blick auf den Gouverneurspalast

Der Bismarck-Brunnen

Vor dem Postamt steht der Bismarck-Brunnen **aus dem Jahr 1899** mit der in Stein gemeißelten Abbildung des ehemaligen Reichskanzlers. Er wurde im Jahr 2000 mit deutschen Mitteln restauriert, wovon man heute allerdings nur noch wenig sieht. Vom gegenüber gelegenen Nationalarchiv aus kann der Brunnen in Betrieb gesetzt werden. Erkundigen Sie sich, sicher wird man das gerne tun (gegen einen kleinen Obulus).

Der deutsche Friedhof

Der deutsche Friedhof hinter der Mobil-Tankstelle erinnert auch noch an die Geschichte, er ist jedoch meist abgeschlossen.

Viele der heutigen Behörden, die sich in Buea befinden, sind in ehemaligen deutschen Bauten untergebracht.

Sonstiges

Darüber hinaus bietet Buea nicht viel Sehenswertes. Im Zentrum liegen das **Rathaus,** der **Busbahnhof** und der **Markt,** der aufgrund der fruchtbaren Böden des Umlandes ein recht reichhaltiges Sortiment an Obst und Gemüse bietet. Das Volk der Region um Buea heißt Bakweri.

In Buea befindet sich die **einzige anglophone Universität des Landes,** liebevoll „UB" *(JuBi)* genannt. Der untere Teil von Buea (Molyko) ist daher geprägt von Studenten und auch Schülern, die die vielen renommierten Internate in Buea besuchen (z.B. die Baptist High School). In Molyko gibt es deswegen auch viele Internetcafés.

Nach Buea zieht es vor allem **Bergsteiger,** die von hier aus die Besteigung des Mt. Cameroon in Angriff nehmen.

Touristeninformation

- **Service Provincial du Tourisme de Buea**
P.O. Box 92, Tel. 3322656. Mount Cameroon Ecotourism Organisation (MCEO).
- **Mount Cameroon Ecotourism Organisation** (Mount CEO).
PO Box 66, Buea, SWP, Cameroon.
Tel. 3322038 oder 7584593, Fax 3322836, E-Mail: mountceo@yahoo.co.uk
- **Hinweis:** Buea ist militärisches Sperrgebiet, daher gilt ein generelles **Foto- und Film-Verbot für behördliche Gebäude.** Dazu zählen der Gouverneurspalast, das alte Sekretariat und andere öffentliche Gebäude.

Unterkunft

Zum Redaktionsschluss war das bisher wohl attraktivste **Buea Mountain Hotel** am Fuße des **Mount Cameroon** leider geschlossen. Es ist unklar, ob und wann eine Wiedereröffnung erfolgt.

- **Parlamentarian Flats**
Direkt neben dem ehemaligen Buea Mountain Hotel (hiernach fragen!) am Fuß des Mt. Cameroon, Zimmer 5000 CFA.
- **Unit Spot**
Vom Busbahnhof Richtung Stadt, nach ca. 1 km auf der linken Seite. Kleines Hotel mit nur 8 Zimmern (Ventilator) ab ca. 5000 CFA; schöner Garten mit Lauben, gutes und preiswertes Restaurant. Empfehlenswert als preiswertes, sehr einfaches Quartier.
- **Guesthouse der Presbyterianer**
Hier werden Besucher sehr herzlich empfangen (ca. 2500 CFA/Person); es gibt eine Kochmöglichkeit, Camping ist erlaubt (ca. 1500 CFA/Person).
- **Paramount Hotel, BP 163**
In Molyko, Tel. 3322074, 32 Zimmer mit Restaurant und Bar, Zimmer 6000–17.000 CFA, Frühstück 700–2000 CFA.
- **Miss Bright Hotel, BP 144**
In Mbomaka, 20 Zimmer, Restaurant und Bar. Tel. 9902946, 7711765.
- **O.I.C.**
25 Zimmer, ein Restaurant und Bar, Tel. 3322586.
- **Mermoz Hotel, BP 102**
An der Long Street, 16 Zimmer, Restaurant, Bar und Konferenzraum. Tel. 3322349, Fax 3322100.
- **King David Square Hotel**
Tel. 9987688, 3351196.
- **Mountain Village**
5 Zimmer, Bar und Restaurant, Tel. 3322083.

Essen und Trinken

- Es gibt **kleine Kneipen mit lokaler Küche** in der Nähe des Marktes (Vorsicht, die Bakweri würzen gerne scharf!).
- Empehlenswert ist das gute und teure **Restaurant im Mountain Hotel** mit internationaler Küche.
- **Lady „L"** in Molyko.
- **Unit Spot**
- **Chamba Embassy,** 100 m von der Malinga Junction in Buea Richtung Market im Stadtteil Molyko (Univiertel) gelegen.

Nachtleben

- **Prestige Club,** gelegentlich Livemusik (in der Nähe des Ecotourism Projects).
- **Seme New Beach Night Club**
- **Park Miramare Night Club**
- **Masiya Night Club** (King David Square Hotel)
- **Black and White**
- **Biblos Night Club**

Sammeltaxis/Busse

- Es verkehren **Sammeltaxis von/nach Tiko, Limbe und Mutengene.** Einsteigeplatz ist jeweils Mile 17. Von dort verkehren auch größere **Busse nach Kumba und Douala.**

Sonstiges

- **Krankenhaus**, Tel. 3323229, 3322479.
- **Militärkrankenhaus,** Tel. 3322479.
- **Konsulat von Nigeria:** Tel. 3322528 oder 3322656, laut Leserbrief kein Visum für Touristen.
- **Reiseagentur Lifafa,** B.P. 173 Buea, Tel. 9515826 (gegenüber Slaughter House Last Town).
- **Centre Culturel Francais:** Tel. 3322524.
- **Buea Linguistic Center:** Tel. 3322412.
- Außerdem stehen **Postamt, Apotheke und Banken** zur Verfügung.

Mount Cameroon

Der **aktive Vulkan** Mt. Cameroon (letzter große Ausbruch am 28. März 1999) ist mit einer Höhe von **4070 m** der **höchste Gipfel Westafrikas.** Das Gebirge steigt in unmittelbarer Nähe der Küste quasi von Null auf eine Höhe von 4000 Meter an. Von der Ferne her ahnt man die Höhe des Berges nicht, denn der Mt. Cameroon ist kein kegelförmiger Einzelberg, sondern ein breiter, geduckt wirkender Gebirgsstock.

Zu allen Zeiten war das Massiv des Mt. Cameroon ein Orientierungspunkt für Seefahrer, auch wenn es durch die Küsten- und Äquator-Nähe fast ganzjährig in eine Nebel- und Wolkendecke gehüllt ist. Nur etwa ein Hundertstel des Sonnenlichts kommt im Urwaldbereich durch das Blätterdach bis auf die Erde. Daher ist am Boden die Vegetation sehr spärlich. Auf den riesigen Bäumen wachsen schöne **Moose, Flechten und Orchideen.** Der steinige Lavaboden im oberen Bereich nimmt allerdings kaum Wasser auf und es gibt dort nur wenig Vegetation.

Als aktiver Vulkan bildet der Mt. Cameroon geographisch gesehen einen **Teil der vulkanischen Kamerunlinie,** die mit den Inseln Fernando Póo und Annobón im Golf von Guinea ihren Ausgangspunkt nimmt und sich bis zum Tibesti-Gebirge im Tschad erstreckt. Erst 1986 waren entlang dieser Bruchkante im Kratersee Nyos an der Ringroad Giftgase ausgetreten, die zu einer Katastrophe führten (siehe unter Ringroad). Die letzten Ausbrüche des Mt. Cameroon erfolgten in den Jahren 1909, 1922, 1959, 1999 und 2000. Der Ausbruch im Frühjahr 1999 war so gewaltig, dass die Lava erst kurz vor der Küste stoppte. Man war in Sorge wegen der dortigen Ölraffinerie.

Geschichte

Einer Überlieferung zufolge brach im 5. Jahrhundert v.Chr. der Seefahrer *Hanno* von Karthago aus mit seinen Schiffen auf, um die Küste Westafrikas zu erkunden. Als er am Golf von Guinea den Feuer speienden Berg erblickte, gab er ihm den Namen „Götterwagen". Erst einige Jahrhunderte später, im Jahre 1472, entdeckte der portugiesische Seefahrer *Fernao do Póo* den Mt. Cameroon. 1861 schließlich bestiegen *Richard Burton* und der deutsche Botaniker *Gustav Mann* den **Hauptgipfel,** von

Ausrüstungsliste

- Rucksack
- Wasserflasche (1 l), Wasserkanister (je nach Personenzahl 10–20 l)
- Festes Schuhwerk, Leicht-Trekking-Schuhe (erst Wurzeln und Morast, dann Lavaschutt). Keinesfalls in Sandalen gehen (Schlangen!).
- Verpflegung
- Warmer Wollpullover
- Bequeme Baumwollhose oder Jeans, Baumwollhemd (langärmlig)
- T-Shirt, Unterwäsche
- Anorak (wind- und wasserabweisend, z.B. leichte Goretex-Jacke)
- Regenschutz (z.B. Poncho)
- Schlafsack (Temperatur auf der 2. Hütte nachts etwa 5 bis 8°C, auf der 3. Hütte -4 bis +2°C)
- Mütze, Handschuhe
- Wollsocken
- Waschutensilien (Naturseife etc.)
- Sonnenbrille, gute Sonnenschutzcreme
- Taschenlampe, Kerze
- Apotheke, Erste-Hilfe-Päckchen
- Tasse und Teller (Plastik), Kochtopf
- Gaskocher
- Taschenmesser und evtl. Besteck
- Fotoausrüstung (keine hochempfindliche Ausrüstung, Luftfeuchtigkeit!)
- Evtl. Teleskop-Skistöcke
- Iso- oder Thermarest-Matte
- Mindestens 8–10 Liter Trinkwasser pro Person zum Trinken und Kochen (Ergänzung des Trinkwasservorrats nur an der Quelle bei der 1. Hütte möglich!)
- Wasserdesinfektion
- Reisepass (Kontrolle bei Upper Farm!)
- Plastiktüten (für Müll, nasse Kleidung etc.)
- Schnur

den Kamerunern **Mongo ma Loba** genannt. 1895 unternimmt eine weitere Westafrikareisende, *Mary Kingsley,* die Gipfelbesteigung.

Doch nicht nur die Europäer beeindruckte der Berg, sondern vor allem die an seinen Hängen lebenden Volksgruppe der Bakweri. Fasziniert von der mächtigen Gewalt dieses Ungetüms, rankten sich schon in alter Zeit Sagen und **Legenden** um diese Region. Mag der Glaube an diese Legenden auch geschwunden sein, der Gedanke an einen Ausbruch des Vulkans bereitet immer noch Unbehagen, wie die Sage von Ebassamoto verdeutlicht.

Die Bergbesteigung

Der Mt. Cameroon erfordert trotz seiner Höhe keine ausgesprochenen bergsteigerischen Kenntnisse. **Gute Kondition, Ausdauer und Trittsicherheit** reichen aus, Klettererfahrung wird nicht benötigt. Es werden 3000 Höhenmeter im Auf- und Abstieg bewältigt, so dass man etwa **18 bis 20 Stunden Gehzeit in zwei bis drei Tagen** rechnet.

Die **ideale Zeit** für die Bergbesteigung sind die Monate von **Mitte November bis Ende März,** auch im April ist es von der Witterung her oft noch möglich. Während der Regenzeit von Mai bis November sollte man besser von einer Bergbesteigung absehen, da mit Dauerregen und Gewittern zu rechnen ist.

Eine **gute Regenbekleidung** gehört das ganze Jahr über zur Grundausrüstung. Vor Beginn der Besteigung besteht eine **Meldepflicht** im Büro der

Mount Cameroon Ecotourism Organisation. Hier sollte man bereits frühmorgens erscheinen, damit sich der Aufbruch nicht verzögert. Also empfiehlt es sich, die Nacht zuvor in der Nähe zu verbringen: entweder in Buea selbst, im relativ teuren Mountain Hotel, oder in einer der günstigeren Unterkünfte in Limbe. Dort kann dann das Restgepäck deponiert werden, das auf dem Berg nicht benötigt wird. Erkundigen Sie sich in Limbe nach der Abfahrt der Buschtaxis am nächsten Morgen, meist ist ein Umsteigen in Tiko erforderlich.

Bereits um 8 Uhr morgens öffnet das Mount Cameroon CEO. Dort füllen Sie ein Formular für das **Trekking-Permit** aus und entrichten die Gebühren für den **obligatorischen Führer,** evtl. Träger sowie Parkeintritts- und Hüttengebühren (**Gebühren** für Führer mit Träger und Trekking-Permit ca. 8000 CFA/ Person/Tag; keine Studentenermäßigung). Die Führer und Träger werden erst am Tag des Aufbruchs informiert und müssen sich entsprechend vorbereiten. Dies nimmt gewöhnlich die meiste Zeit in Anspruch.

Auf dem **Markt in Buea** können Sie Ihre **Lebensmittelvorräte** noch ergänzen: Kaffee, Tee, Trockenmilch, Zucker, gutes Weißbrot, Suppenbrühe, Käse, Nudeln, Reis, frisches Obst und Gemüse, Kekse, Bonbons, Mineralwasser in Plastikflaschen sowie Gaskartuschen. Alles andere sollte bereits in Douala besorgt werden: Hartwurst, evtl. Marmelade und Vollkornbrot, Schokolade, Wasserkanister etc.

Die Bergbesteigung ist – mit Ausnahme des herrlichen Regenwaldgürtels im unteren Bereich, für den man sich unbedingt Zeit lassen sollte – **landschaftlich nicht sonderlich reizvoll.** Der Weg ist auf weiten Strecken steil und monoton. Bei gutem Wetter allerdings genießt man eine **wunderbare Aussicht** bis weit hinaus zur Küste mit ihren vorgelagerten Mangrovensümpfen, auf das weite Tiefland und die Stadt Buea. Wer Glück hat, kann in der Ferne sogar Douala erkennen.

Die Bergtour auf den Mt. Cameroon ist vorrangig eine sportliche Herausforderung, die jedes Jahr im **Januar** ihren Höhepunkt findet. Dann findet hier der **„Guiness-Mountain-Race“** statt, eines der härtesten Bergrennen der Welt. Mehrere hundert Teilnehmer, darunter die Weltelite der Bergläufer, finden sich alljährlich ein, um in nur wenigen Stunden den Viertausender zu bezwingen.

Die Sage von Ebassamoto

Der Sage nach lebte in der Gegend um den Mt. Cameroon einmal ein Mann, halb Stein, halb Mensch. Es war der Gott *Ebassamoto.* Seine Ehefrau, die Meeresgöttin *Nalowa,* trennte sich von ihm und ging ins Meer. Daraufhin türmte Ebassamoto den Berg auf und versteckte sich dort, so dass ihn seine Frau nicht mehr finden konnte. Er hatte einen wunderschönen Garten mit Früchten, Blumen und herrlichen Bäumen. Jeder, der diesen Berg bestieg, durfte von den Früchten essen, soviel er wollte. Nahm jedoch jemand diese Früchte mit ins Tal hinab, so zürnte Ebassamoto. Also erblickten die Bakweri in den Vulkanausbrüchen den Zorn Gottes.

Der unvorstellbare **Rekord** für die Strecke von Buea auf den Gipfel und zurück liegt bei **knapp unter vier Stunden** für die immerhin 3000 Höhenmeter. Das Sportereignis nimmt seinen Ausgang in dem mit Zuschauern gefüllten Stadion „Omnisport“ in Muliko, etwas unterhalb von Buea. Um nicht disqualifiziert zu werden, muss der Gipfel nach sechs Stunden erreicht sein.

Da sich der Abmarsch aufgrund der Anmeldeformalitäten und der Organisation von Führern/Trägern erfahrungsgemäß immer verzögert, ist es sinnvoll, sich bereits am Vortag beim Tourist-Office anzumelden. Am Aufbruchstag sollte man bis spätestens um 11 Uhr vormittags in Buea losgehen, damit das Tagesziel vor Einbruch der Dunkelheit (ungefähr 18 Uhr) erreicht werden kann. Ein Fahrzeug kann Sie gegen Gebühr vom Tourist-Office bis zum Ausgangspunkt der Besteigung bringen.

Am Berg stehen **drei sehr einfache Schutzhütten** als Quartier zur Verfügung. Es gibt kaum Waschmöglichkeiten unterwegs, das letzte Trinkwasser befindet sich auf der ersten Hütte.

Wanderung in 3 Tagen (erfordert etwas Training)

- **Erster Tag:** Upper Farm (1090 m) bis 2. Hütte (2860 m); Streckenlänge: 16 km, Höhendifferenz: 1760 m, Gehzeit: ca. 6 Std.

Vom Parkplatz aus erreichen Sie auf einer kleinen Piste nach kurzer Zeit die Upper Farm, den eigentlichen Ausgangspunkt des Trekkings. Dieses landwirtschaftliche Versuchsprojekt liegt oberhalb Bueas, auf ca. 1100 m ü. NN. Die gut organisierte Farm wird ausschließlich von Strafgefangenen bewirtschaftet, die hier eine Art Resozialisierung erfahren, ohne eingesperrt zu sein und unter sehr freizügiger Bewachung. Hier an der Upper Farm besteht eine vom Militär bewachte weitere Parkmöglichkeit.

Der **Aufstieg zur 1. Hütte (1870 m, 9 km von Buea)** dauert etwa zwei Stunden, in der unteren Bergregion ist es noch sehr heiß. Von der Upper Farm aus geht es zunächst durch Maniok- und Bananenpflanzungen, später durch Elefantengras und Bambus leicht bergan. Dann beginnt der schönste Teil des gesamten Aufstiegs. Die Wanderung führt etwa eine Stunde lang durch den üppigen tropischen Bergregenwald, die Luft ist feuchtwarm. Meterhohe Farne, Urwaldriesen mit Brettwurzeln, überwuchert von Moosen und Flechten, und ein grünes Pflanzendickicht säumen den Pfad, der zwar deutlich erkennbar und leicht zu bewältigen ist, jedoch über viele Wurzelpassagen führt, die Trittsicherheit erfordern. Bei Nässe ist Vorsicht angebracht, da Boden und Wurzeln dann rutschig sind. Kurz vor der 1. Hütte findet man links vom Weg eine kleine, saubere **Quelle,** an der man die Trinkwasservorräte für die restliche Zeit der Wanderung ergänzt. Auf der gesamten weiteren Strecke findet sich kein Wasserreservoir mehr. Die geräumige Hütte, die auf einer kleinen Lichtung steht, bietet sich zu einer kurzen Mittagsrast an.

Von hier aus sind es noch etwa 1000 Höhenmeter und vier Stunden Gehzeit bis zum Etappenziel, der 2. Hütte. Nach einer halben Stunde ist die Waldgrenze erreicht, und bei klarem Wetter öffnet sich der Blick auf den zusehends steiler werdenden Anstieg und auf die von Rinnen durchzogenen Hänge. Zuerst führt der Weg über Steigungen mit einer geschlossenen, hohen Grasdecke. Schon bald bilden die steilen, schwarzen Böschungen aus harter Lava, die knorrigen Bäume und die spärliche Vegetation einen starken Kontrast zum tropischen Grün der unteren Regionen.

Dies ist der steilste, aber weitaus weniger schwierige Teil des Aufstiegs. Auf halber Höhe zwischen der ersten und der zweiten Hütte befindet sich ein **legendärer Baum,** den man während des Aufstiegs von weitem erblicken kann, und der sich doch immer weiter zu entfernen scheint, je näher man ihm kommt. Erst ganz am Schluss dieser Tageswanderung erblickt man die **2. Hütte (2860 m),** die in einer kleinen Mulde liegt. Diese Holzhütte mit Wellblechdach ist in schlechtem Zustand, nicht besonders sauber (die Müllberge rundherum werden zum Problem), und man schläft auf einfachen Holzpritschen. Eine kleine Hütte daneben dient der Mannschaft als Koch- und Schlafhütte. In einer Regentonne wird Wasser gesammelt, das sich aber bestenfalls für den Abwasch eignet, keinesfalls zum Kochen und Trinken! Jeder Bergsteiger sollte darauf achten, dass die Führer und Träger das **Brennholz** nicht von den nur noch sehr vereinzelten Bäumen in der Umgebung der Hütte abschlagen. Vielmehr sollte das (tote) Holz bereits im Regenwaldgürtel gesammelt werden, wenn es sich nicht ganz vermeiden lässt, ein Feuer zu machen, das die Mannschaft wärmt. Zum Kochen tut es jedenfalls ein Gas- oder Kerosinkocher. Ebenso wird jeder verantwortungsbewusste Bergsteiger vermeiden, den Müllberg, der sich hier bereits auftürmt, noch zu vergrößern, sondern sein Hab und Gut auch entleert wieder mit ins Tal nehmen. Sollte die Hütte (ca. 15 Schlafplätze) bereits belegt sein, was selten der Fall ist, bietet sich ein kleiner Grasplatz links hinter der Hütte zum Aufstellen von (max. zwei) Zelten an.

271kam Foto: rf

Vegetation am Mount Cameroon

Die Kamerun-Bergregion (Mount Cameroon Region)

Mit einer Höhe von 4095 m über Meeresniveau ist der Kamerunberg der höchste Berg West- und Zentralafrikas. Außerdem handelt es sich um einen sehr aktiven Vulkan. Ausbrüche wurden 1909, 1922, 1954, 1959, 1982, 1999 und zuletzt im März 2000 registriert. Dem Ausbruch im Jahr 1999 gingen drei Tage Erdbeben voraus, kurz vor dem **Ausbruch** in 10-minütigem Rhythmus, bis sich auf ca. 2800 m ü.NN ein Feld mit zwölf riesigen Kratern öffnete, das Lavagestein und Asche ausstieß. Auf ca. 2200 m ü.NN bildete sich zusätzlich ein Krater, aus dem sich ein ca. 12 km langer Lavastrom, teilweise 40 m hoch und über 500 m breit, Richtung Küste ergoss. Nachdem dieser die einzige Verbindungsstraße Richtung Idenau in die Bomboko- und Mokoko-Region überquert hatte, machte er rund 200 m vor dem Meer bei Bakingili Halt. Mittlerweile ist er erkaltet, und man kann den Strom sogar besteigen.

Der Mount Fako, der „Berg der Götter", wie er von den Bakweri, der Bevölkerung um den Berg, genannt wird, liegt an der Küste von Biafra und ist Teil der Westkamerunischen Vulkankette, zu der auch die Insel Bioko (Malabo) zählt.

Bezüglich seiner Flora ist der Berg einzigartig. Durch die isolierte Lage des Bergmassivs trifft man auf ähnliche Pflanzenformationen erst wieder in über 2000 km Entfernung in den östlichen Teilen Zentralafrikas. Die Kamerun-Bergregion ist das einzige Gebiet in Afrika, in dem noch eine ununterbrochene natürliche Vegetationsbedeckung von den Mangroven über die immergrünen Tieflandfeuchtwälder, die Bergnebelwälder bis hin zur Savanne, die bis zum Gipfel reicht, existiert. Bis heute sind 42 endemische Pflanzenarten (endemisch = Arten, die nur in dieser Region vorkommen) registriert. Hinzu kommen seltene Schmetterlingsarten, Vögel (wie z.B. der endemische Frankolin) oder Schimpansen, Drillaffen (Pavian) und der so genannte Preuss-Affe, benannt nach einem deutschen Botaniker und Gründer des international bekannten Botanischen Gartens in Limbe. Weiterhin kann man auf Antilopen, eine kleine, bedrohte Waldelefantenpopulation sowie u.a. das endemische Nashorn-Chamäleon treffen. Diese Vielzahl an Flora und Fauna an ein und demselben Ort und nur eine Autostunde vom internationalen Flughafen in Douala entfernt, ist einzigartig auf der ganzen Welt.

Das naturtouristische Potenzial wurde von einem von der GTZ (Deutsche Gesellschaft für Technische Zusammenarbeit) unterstützten integrierten Naturschutzvorhaben **(Mt. Cameroon Project)** erkannt und als Instrument für die Erhaltung der außergewöhnlichen Biodiversität und zur Entwicklung der Region genutzt. Initiiert wurde die Gründung der so genannten „Mount Cameroon Eco-Tourism Organisation", die einerseits – über ein Ökotourismusbüro in Buea – eine Vielzahl von Serviceleistungen anbietet, andererseits eine Vertretung aller Organisationen und Institutionen der Region darstellt, die das Ziel verfolgen, einen gut geplanten, ökologisch und soziokulturell verträglichen Tourismus zu fördern, um auf diese Weise Naturressourcen zu bewahren und nachhaltig zu nutzen. Dazu wurden in einigen Dörfern „Dorf-Ökotourismus-Komitees" gegründet, die für die Instandhaltung der Infrastruktur auf dem Berg Sorge tragen, Führer und Träger zur Verfügung stellen und die Touristen zu kulturellen Veranstaltungen einladen, wie z.B. dem Elefantentanz oder dem traditionellen Ringen.

Hauptzielgruppe der Organisation sind die aktiven Jäger der Region. Sie werden als Führer und Träger ausgebildet und für Touren auf und um den Berg engagiert, um so den Bejagungsdruck zu reduzieren. Gleichzeitig werden durch das Projekt Jägerorganisationen gestärkt, in denen Bejagungsregelungen diskutiert und eingeführt werden. So sollen bestimmte – gefährdete – Arten ganz von der Bejagung ausgeschlossen werden, für andere soll es feste Jagdzeiten und -quoten geben. Die Jäger kennen die Region, die Pfade, den Berg mit seinen Eigenheiten wie niemand sonst und können abends am Lagerfeuer die ein oder andere kuriose Geschichte erzählen. Aus diesen Gründen sind sie geradezu prädestinierte Touristenführer.

Die Organisation bietet mittlerweile nicht nur historische Touren durch die alte deutsche Hauptstadt Buea an, wo zahlreiche koloniale Gebäude wie z.B. das Puttkammer-Schloss zu sehen sind, sondern auch Fahrten über die alte Verbindungsstraße zwischen Buea und Limbe (ehemals Victoria) durch die wunderschönen Teeplantagen sowie **Touren auf den Berg.** Die Touristen können wählen zwischen:

- Touren durch Tieflandregenwälder zu den neuen Lavafeldern, wo die schwefelhaltigen Dämpfe über einer schwarzen Wüste aus Vulkanasche aufsteigen (zwei Tage);
- Touren vorbei an der so genannten Manns-Quelle, die neuen und alten Lavafelder querend bis auf den Gipfel; zurück geht es dann über die atemberaubend steile „Guinnessroute", die Strecke eines der weltweit härtesten und jährlich stattfindenden Bergrennens, nach Buea (drei Tage);
- Touren, die den Gipfel überqueren und auf der anderen Seite des Berges durch die noch wildreichen und relativ unberührten Wälder führen, werden nach Angaben von Lesern nicht mehr durchgeführt.

Desweiteren stehen diverse Tagesausflüge auf dem Programm, z.B.:

- zum alten deutschen Leuchtturm nahe Debundscha, mit 11.000 mm Jahresniederschlag einer der regenreichsten Standorte der Erde; den Leuchtturm erreicht man nur durch einen ca. 1½-stündigen Fußmarsch über den Strand;
- zum Bomana-Wasserfall mitten in fast undurchdringlichem Regenwald, der erst vor wenigen Jahren entdeckt wurde;
- Wildtier- und Vogelbeobachtungstouren in der Bomboko-Region (ein oder zwei Tage).

Vorzüge dieser Organisation sind u.a. gute Serviceleistungen sowie festgelegte und gerechte Kosten für die Touristen. Ein Führer kostet pro Tag 6000 CFA, ein Träger 5000 CFA, jeder Tourist zahlt zusätzlich 3000 CFA in einen „Beteiligten-Fond", der für die Verwaltung und Instandsetzungskosten sowie alle notwendigen Investitionen verwendet wird. Nimmt eine Gruppe mehrere Tage an einer Tour teil, gibt es Ermäßigungen: So zahlen 10 Personen für eine 2-Tage-Tour insgesamt inkl. Führer nur 62.000 CFA. Touristen können sich bei rechtzeitiger Anmeldung bestimmte Ausrüstungsgegenstände mieten, wie z.B. Zelte (5000 CFA), Kocher (300 CFA), Isomatten (500 CFA) etc. Desweiteren ist im Ökotourismusbüro in Buea eine Vielzahl an Informationsmaterialien erhältlich, wie geographische Karten, Broschüren zu bestimmten Themen oder Ausrüstungschecklisten zur Vorbereitung der Bergtouren.

Informationen/Reservierungen für Übernachtungen in Hotels oder „guest houses" übernimmt die Organisation gerne.

Außerdem kann das Büro wertvolle Hinweise für weiterführende Reisen in „Nachbarregionen" wie z.B. den Korup-Nationalpark (Mundemba), den Mount Kupe oder Kribi geben sowie Kontakte herstellen und Reservierungen tätigen.

Kontaktadresse ist das Ökotourismus-Büro in Buea Town oder das

- **Mount Cameroon Ecotourism Project**

P.O. Box 66, Buea S.W.P., Cameroon, Tel. 00237-3322038 oder 7584593, Fax 3322836, E-Mail: mountceo@iccnet2000.com, www.mountcameroon.org

Der Westen

04_294kam Foto: sm

● **Zweiter Tag:** 2. Hütte (2780 m) bis Gipfel (4070 m) und zurück zur 2. Hütte; Höhendifferenz: 1300 m im Aufstieg, gleicher Weg zurück. Gehzeit: 6–8 Std.

An diesem Tag empfiehlt sich ein **früher Aufbruch** gegen sieben Uhr morgens, dann sind die Temperaturen noch angenehm. Der Führer begleitet die Wanderer auf den Gipfel, die Träger bewachen das Gepäck auf der Übernachtungshütte. Man benötigt für unterwegs Proviant, Trinkwasser, Regenschutz und warme Kleidung.

Von der 2. Hütte führt der Weg steil und monoton über schwarzes Lavagestein und Geröll zur **3. Hütte (3950 m),** die in ca. 3 Std. erreicht ist. Der Aufstieg ist weiterhin nicht schwierig und der Weg auch im Nebel kaum zu verfehlen, Trittsicherheit vorausgesetzt. Von der obersten Hütte führt der Weg vorbei an flechtenbewachsenem Gestein, dann über schwarzen Lavasand auf den Gipfel des Vulkans (ca. 1 Stunde Gehzeit). Im oberen, ungeschützten Gipfelbereich weht meist ein **kalter Wind,** deswegen ist **warme Kleidung** (Handschuhe, Mütze, Anorak) erforderlich. Vom Gipfelkreuz aus ist ein Blick in den Krater des „Fako" hinein und auf seine vielen Nebenkrater möglich. Bei gutem Wetter reicht die Sicht bis weit hinab zur Küste. Nach dem ermüdenden Aufstieg bietet sich auf dem Rückweg eine Mittagsrast an der 3. Hütte an. Der Abstieg (ca. 2–3 Std.) erfolgt auf dem gleichen Weg, übernachtet wird wieder in der 2. Hütte.

● **Dritter Tag:** 2. Hütte (2780 m) bis Upper Farm (1090 m)

Bei einem frühen Abstieg auf dem gleichen Weg zurück erreicht man nach drei bis vier Stunden Gehzeit den Ausgangspunkt der Wanderung gegen Mittag. Wer sein eigenes Fahrzeug nicht an der Upper Farm abgestellt hat, muss nun den Weg bis Buea hinab zu Fuß zurücklegen.

Die von den Führern der *Mount Cameroon Ecotourism Organisation* angebotenen Streckenführungen sind unter www.mount-cameroon.org einsehbar, am beliebtesten ist die „Peak of the Mount Tour", die über 3 Tage von Buea über den Gipfel nach Mann Spring geht.

Führer und Träger erwarten am Ende der Tour ein **Trinkgeld,** das in angemessenem Verhältnis zu ihrem Lohn stehen sollte. Sie sind auch sehr dankbar für warme Kleidungsstücke, Handschuhe, Sportschuhe, Mützen o.Ä.

Wanderung in 2 Tagen

Für sehr Konditionsstarke ist die Tour auch in zwei Tagen zu schaffen. Führer und Träger müssen bereits am Vortag organisiert werden, wodurch ein früherer Aufbruch spätestens um 6 Uhr morgens möglich ist. Am ersten Tag steigt man vom Mountain Hotel bis zur 2. Hütte auf, die Ankunft ist gegen Mittag. Dann geht's gleich weiter zum Gipfel und zurück zur 2. Hütte, wo übernachtet wird. Am nächsten Morgen erfolgt die letzte Abstiegsetappe. Diese Tour empfehle ich wirklich nur sehr leistungsstarken Wanderern.

Blick auf die Ausläufer des Mt. Cameroon

Umwelt- und Naturschutz

Die Folgen menschlicher Eingriffe, sowohl in touristischer wie auch in landwirtschaftlicher Hinsicht, haben am Mt. Cameroon bereits deutliche Spuren hinterlassen. So wird der Regenwaldgürtel durch **Abholzung** immer weiter zurückgedrängt und schafft Platz für die Feldwirtschaft. Durch Bergsteiger und Mannschaften breitet sich auf dem Berg **Müll** aus mit Dosen, Glas und weiteren nicht abbaubaren Stoffen. Teilweise wird der Abfall einfach in der Nähe der Hütte liegengelassen (z.B. 2. Hütte) oder auch vergraben, was zwar optisch schöner, jedoch genauso sinnlos ist. Man sollte als Bergsteiger dazu beitragen, dass diese Schäden nicht noch größere Ausmaße annehmen. Durch Vermeidung eines Campfeuers an der Übernachtungshütte werden die Bäume der Umgebung geschützt (Mitnahme eines Gaskochers!). Die Mitnahme des anfallenden Abfalls zurück ins Tal sollte sich von selbst verstehen. Zu diesem Zweck kann man sich mit einem geeigneten Müllsack ausrüsten. Optimal ist dabei natürlich die vorsorgliche **Müllvermeidung** (keine Folien, natürliches Verpackungsmaterial, biologisch abbaubare Seife etc.). Dabei sollte auch bei Führern und Trägern Verständnis geweckt werden, die sich bislang kaum für Umweltschutzbelange interessieren, geschweige denn zuständig fühlen.

Eine Besteigung des Kamerunberges

Reiseskizze von San.Rat *Dr. Kirchhoff* und *Dr. O. Krüger,* 1905

„Längst hatten wir den Wunsch, auch einmal eine unserer deutschen Kolonien zu besuchen. In erster Linie hatten wir es auf Kamerun abgesehen, dessen landschaftliche Schönheiten von allen, die dort waren, so sehr gerühmt werden. Je mehr wir uns nach Kamerun erkundigten, desto verlockender erschien es uns als Reiseziel.

Was uns noch ganz besonders reizte, war der 4175 Meter hohe ‚Große Kamerunberg', der Mango-ma-Loba, d.i. Götterberg!

So schifften wir uns denn am 9. Oktober 1905 in Hamburg auf der ‚Eleonore Woermann' ein. (...)

Am 29. Oktober, einem Sonntag, in aller Frühe erreichten wir unser Ziel. Als wir bei Tagesanbruch an Deck kamen, fuhren wir gerade in die Bucht von Viktoria ein. Ein herrliches Landschaftsbild bot sich unseren erstaunten Blicken dar. Diese Gegend kann sich wirklich mit den schönsten der Erde messen! (...) Rechts der hochaufstrebende, in feiner Form dem Vesuv ähnelnde Pic von Fernando Póo, jener fruchtbaren, seit langem kultivierten Insel, die, trotzdem sie so dicht bei Kamerun liegt, doch leider nicht uns, sondern den Spaniern gehört. Links die in üppigstem Grün prangende Küste von Kamerun. Alles ein großer dichter Wald, der scharf mit dem Meere abschneidet, und der wie eine dicke grüne Decke das ganze sichtbare Land überzieht. Alle Hügel, alle Schluchten sind gleichmäßig mit diesem Grün bedeckt bis hinauf zur Spitze des 1700 Meter hohen ‚Kleinen Kamerunberges', der (...) das Landschaftsbild nach der einen Seite zu abschließt, während nach der anderen hin die weit ausgelegte so genannte Affenhalbinsel einen Abschluss bildet. Und dahinter der gewaltige ‚Große Kamerunberg', in seinen unteren Partien sanft ansteigend und gleichmäßig bewachsen, oben schroff abfallend, ein ungeheures kahles Felsenmassiv, von oben nach unten gewaltig durchfurcht. (...) Bei diesem Anblick bekamen wir nun doch Respekt vor der Bergpartie, und im stillen sagten wir uns wohl: ‚Wenn wir nur erst oben wären'.

Langsam näherten wir uns der Küste. (...) Immer deutlicher hoben sich die einzelnen Bäume, schlanke Palmen, allerlei Laubbäume, saftige Planten, Bananen und dergleichen ab, und nach und nach kamen immer mehr Häuser zum Vorschein. Links die Gebäude vom Kakaohafen, rechts die Viktoriahäuser, dazwischen der Botanische Garten und über diesem das stattliche Bezirksamtmannshaus, das Ganze beherrschend. Luftig flatterten allerwärts die deutschen Flaggen, und unter dem Donner unserer Schiffskanone rasselte der Anker nieder. (...) Bevor wir nach Kakaohafen hinüberruderten, machten wir noch dem Gouverneur auf seiner schmucken Regierungsjacht ‚Herzogin Elisabeth' einen kurzen Besuch, um uns ihm als eine für Kamerun bisher noch seltene Spezies, als ‚Kameruner Touristen' vorzustellen. In Kakaohafen fanden wir eine ungemein freundliche Aufnahme. (...) Am nächsten Morgen ging es früh heraus. Um 5 Uhr weckte uns die Plantagenglocke, welche jeden Morgen um diese Zeit ihre Angestellten ruft. (...) Gegen 7 Uhr bestiegen wir die kleine Plantagenbahn, welche uns 600 Meter hoch hinauf beförderte. Diese eigens für die Esserschen Plantagen zum Transport des Kakaos gebaute Bahn ermöglicht es, die Reise nach Buea, dem Sitz des Gouverneurs, erheblich abzukürzen und bequemer zu gestalten. Von dem jetzigen Endpunkte, Wotutu, gelangt man auf gutem Wege in etwa zwei Stunden nach Buea. Bald soll die Bahn bis Soppo, später vielleicht bis Buea fortgeführt werden.

277kam Foto: rf

Die Fahrt durch die großartig angelegten und tadellos gehaltenen Plantagen und späterhin durch den Wald war herrlich. Die Vegetation, durch die wir hier hindurchfuhren, geradezu überwältigend. Wer nie in den Tropen war, kann sich von einer solchen Fruchtbarkeit gar keine Vorstellung machen. (...) In den Pflanzungen selbst wächst, vorläufig wenigstens noch, fast ausschließlich Kakao, aber der immer mehr sinkende Preis auf dem Weltmarkt – heutzutage wird in der ganzen Welt Kakao gepflanzt – und die zahlreichen Kakaoschädlinge, (...), lassen die Kakaogewinnung immer weniger lohnend erscheinen. Man hat daher bereits damit angefangen, an Stelle der Kakao- Gummipflanzungen anzulegen, für die Kamerun geradezu ideale Wachstumsbedingungen darbietet (...). Ja, die Zukunft Kameruns soll einzig und allein im Gummi liegen!

Nach ca. einstündiger Fahrt erreichten wir Wotutu. Von hier ging es auf Maultieren nach Soppo, wo wir nach einer weiteren Stunde anlangten, infolge eines plötzlich aufgetretenen Gewitterregens bis auf die Haut durchnäßt. (...) Es blieb uns nichts übrig, als uns in Decken gehüllt sofort ins Bett zu legen, um die Ankunft unserer Sachen zu erwarten, die durch Träger heraufbefördert wurden. Hier oben, ca. 800 Meter hoch, war es denn doch erheblich kühler als unten in der heißen Treibhausluft, so dass diese Vorsicht schon geboten schien.

Der kommende Tag galt den Vorbereitungen zu unserem Aufstieg.(...). Durch die freundliche Vermittelung in Buea waren Führer, Träger, Proviant, Decken usw. bald besorgt, so dass der Aufbruch zum nächsten Morgen um halb sechs Uhr verabredet werden konnte. Um uns den Weg etwas abzukürzen, wollten wir nicht von Soppo, sondern von der Sennerei (Prison Farm, Anm.), die ca. 200 Meter über Buea liegt, aus aufbrechen und fanden uns daher bereits am Abend dort ein. Unter der Obhut zweier Allgäuer Senner führen hier ca. 70 stattliche Kühe ein beschauliches Dasein und ahnen wohl kaum, dass sie nicht in ihren heimatlichen Bergen, sondern mitten im schwarzen Erdteil sind. (...)

Am nächsten Morgen pünktlich um halb sechs meldete sich unser Führer. Hinter ihm erschienen die Schar der Träger, zwei mit Buschmessern ausgerüstete Leute, um den Weg durch den Wald zu bahnen, ein Polizeisoldat, ein Koch und, last not least, das ewig Weibliche, eine Mammy, die Frau eines Trägers, die aus Neugierde mit ihrem Ältesten zusammen mit von der Partie sein wollte.

Die Verständigung mit unserer Gefolgschaft war etwas schwierig. Deutsch sprach natürlich keiner der Schwarzen, der Führer Lionga und der Koch verstanden etwas Englisch, konnten sich uns gegenüber aber nur durch das Kauderwelsch des ‚pigeon-english' verständlich machen.

Nachdem unser Gepäck, verschiedene Blechkoffer mit dem Proviant, große Säcke mit warmen Sachen, dicken Lodenmäntel mit Decken und der nötige Wasservorrat, aufgeladen waren, setzte sich der Zug in Bewegung. Zuerst ging es sanft ansteigend über grüne Matten bis an den Saum des Waldes, dann durch diesen hindurch auf immer steilerem Pfade in die Höhe. Häufig mussten dicke Baumstämme, die den Weg versperrten, überklettert werden, und allmählich wurde der Busch immer dichter, so dass die mit den Buschmessern ausgerüsteten Schwarzen anstrengende Arbeit bekamen. Während der ganzen langen Regenzeit war der Pfad nicht begangen worden und infolgedessen sehr zugewachsen, so dass ein neuer Durchgang geschaffen werden musste. So ging es etwa zwei Stunden lang weiter. Dann war die obere Waldgrenze erreicht, und wir gelangten in das Gebiet des Elefantengrases, nach seiner Höhe so genannt, in welchem nur noch vereinzelte niedrige Bäume und Sträucher vorkommen. Das bis an die Brust reichende Gras macht das Steigen insofern schwierig, als man nichts von dem steinigen Boden sah und sich immer erst mit dem Fuße einen Halt suchen musste. (...) Von Ende Dezember an wird diese Bergpartie leichter zugänglich. Die Eingeborenen brennen dann das ganze Gras nieder.

Fünf Stunden lang ging es so in gerader Linie aufwärts. Unser nächstes Ziel, die erste Terrasse, sahen wir schon lange vor Augen, aber nur langsam rückte sie uns näher. Als wir endlich oben waren, glaubten wir schon, wir müssten noch weiter steigen, denn von einem Unterschlupf war hier nichts zu sehen. Aber unser Führer führte uns nur wenige Minuten seitlich und wir entdeckten in einer muldenartigen Vertiefung, vor Winden geschützt, die ‚Johann-Albrecht-Hütte', ein für die gegebenen Verhältnisse sehr annehmbares Nachtquartier. Sie sowohl wie die „Herzogin Elisabeth - Hütte" auf dem Gipfel sind eine Errungenschaft des Kameruner Alpenvereins, der sich vor einigen Jahren konstituiert hat, und dem wir im Namen aller Bergsteiger, die den Kamerunberg nicht unter allzu großen Anstrengungen erklimmen wollen, nur unseren wärmsten Dank abstatten können. Die Hütte besteht aus einer einfachen Holzbude und einem Wellblechverschlag für die Schwarzen. Während diese unter Ihrem Wellblechdach sofort ein ordentliches Feuer anmachten, vertauschten wir unsere Tropenkleidung mit wärmeren Sachen. Waren wir doch hier schon ca. 3000 Meter hoch und empfanden höchst unangenehm den großen Temperaturunterschied gegen unten. Dann wurde das Nachtlager aus Decken und dem in der Hütte befindlichen Stroh zurecht gemacht und ein Blechkoffer als Tisch zum Mahle gedeckt.

Zur ‚after dinner'-Zigarre erklommen wir die nächste Höhe, machten es uns auf ein paar großen Steinen recht behaglich und genossen so die herrliche, weite, unbeschränkte Aussicht. Zunächst unter uns, mitten im Grünen, Buea und Soppo, dann weiter nach rechts zu die große Bucht von Viktoria mit dem ‚Kleinen Kamerunberg' und allen ihren vielen Inseln, weiter hinaus Fernando Póo mit seinem schlanken Pic. Geradeaus das weite Meer. Links das große Kamerun-Ästuarium mit seinen Flussläufen und zahllosen Kricks, deren Silberglanz scharf gegen das dunkle Land und die vielen Inselchen abstach. Und tief in das Land hinein nur Wald, dichter, saftiger, grüner Urwald!

Am nächsten Morgen wurde wieder früh aufgebrochen. Außer unserem Führer gingen diesmal nur zwei Träger mit, der Rest der Truppe zog es vor, in der unteren Hütte zu bleiben. Die Schwarzen scheuen im Allgemeinen den oberen Teil des Berges, einmal aus religiösen Gründen, weil ihre Götter oben hausen – und mit denen ist nicht zu spaßen – und dann der Kälte wegen. Wenn es auch keinen ewigen Schnee und Gletscher gibt (die Schneegrenze liegt der geographischen Lage Kameruns entsprechend sehr viel höher als in unseren Alpen), so friert es doch häufig, und an den geschützten Orten hält sich auch lange der Schnee. Die armen Kerle frieren daher ganz jämmerlich da oben und, nachdem vor wenigen Jahren einige Schwarze erfroren sind, verspüren sie noch weniger Lust, die oberen Regionen kennnen zu lernen. Unsere Helden gingen auch nur für ein noch extra versprochenes Trinkgeld mit.

Der Weg von der unteren Hütte hinauf zur oberen führt zunächst noch durch hohes Gras und war noch steiler als bisher. Dann aber hört, bis auf allerlei Moosarten, jede Vegetation auf, die Landschaft wird immer öder. So ging es etwa zwei Stunden, bis wir an den Aschenkegel gelangten, der wie beim Vesuv die oberste Spitze bildet. In dieser Region ist das Steigen auf die Dauer ganz besonders anstrengend, da man tief einsinkt und bei jedem Schritt vorwärts wieder ein Stück zurückrutscht. Nach abermaligen zwei Stunden hatten wir aber auch diesen Aufstieg überwunden und sahen die obere ‚Herzogin Elisabeth - Hütte', einen von Stürmen etwas demolierten Wellblechbau, vor uns. Die Hütte steht auf einem kleinen Plateau, von dem aus sich einzelne Spitzen erheben, lauter Aschenkegel, die offenbar verschiedenen vulkanischen Ausbrüchen ihre Entstehung verdanken. Wir bestiegen die uns am höchsten scheinende, die auch von unserem Führer für die Spitze des Mango-ma-Loba erklärt wurde. Man musste dem orkanartigen Wind, der dort oben blies, mit Anstrengung aller Kräfte entgegenarbeiten, um nicht in einen der tiefen Krater hinuntergeweht zu werden. Jedoch war alles in Wolken gehüllt. Das war schade, aber wir hatten beim Aufstieg so herrliche Ausblicke gehabt, dass die Aussicht von ganz oben kaum schöner sein konnte.

Zurück in der Hütte fanden wir unsere Schwarzen dicht zusammengedrängt unter dicken Decken, vor Frost ganz jämmerlich zitternd. Das Thermometer zeigte drei Grad Celsius! So machten wir uns bald zum Aufbruch fertig, was allgemeine Freude hervorrief.

Hinunter ging es in der losen Asche zunächst sehr rasch und bequem. Aber später, als das hohe Gras wieder anfing, wurde auch der Abstieg recht beschwerlich. Dicht unterhalb des großen Aschenkegels stießen wir auf den Leichnam eines vor fünf Jahren Erfrorenen, tadellos erhalten und mumifiziert.

In der unteren Hütte wurde unsere Rückkehr mit Jubel begrüßt und, nach dem Gestikulieren und Debattieren zu urteilen, die Gefährlichkeit des Berggipfels einer sehr eingehenden Kritik unterzogen.

Etwas steif von den ungewohnten Kletterübungen – wir hatten gänzlich untrainiert unmittelbar im Anschluss an eine dreiwöchige Seereise die Besteigung des Berges unternommen – setzten wir am nächsten frühen Morgen den Abstieg weiter fort mit einem Umwege über die so genannte Mannsquelle, um auch diese noch kennen zu lernen. Hier bekamen wir von weitem eine Antilopenherde zu sehen, außer einigen wenigen Affen und zahlreichen sehr bunten kleinen Vögeln das einzige Getier, dem wir auf dem Mango-ma-Loba begegnet sind. Im übrigen vollzog sich der Abstieg ohne nennenswerte Ereignisse. In der Sennerei erquickten wir uns wieder an der herrlichen Milch, dann ging es nach Buea zurück, wo wir als Gäste des Gouverneurs bis zum nächsten Mittag bleiben, darauf nach Soppo und hinunter nach Viktoria.

Die wenigen Tage, die uns noch in Kamerun bleiben, benutzten wir zur näheren Besichtigung Viktorias, der großartigen Esserschen Plantagen, des Botanischen Gartens und zu einer Fahrt durch die Kricks zwischen den unzähligen Mangrove-Inseln hindurch nach Duala. Hier trafen wir unsere ‚Eleonore'. Als wir infolge eines Tornados, der uns mitten auf dem Kamerunhaff überrascht hatte, bis auf die Haut durchnässt, wieder unsere wohnliche Kabine betraten, kamen wir uns ordentlich wie zu Hause vor und fühlten uns, nachdem wir erst trockene Sachen anhatten, unbeschreiblich wohl.

Am nächsten Tag lichtete die ‚Eleonore' den Anker, und nun ging es heimwärts. In Santa Cruz verließen wir unser Schiff, verbrachten noch eine sehr angenehme Woche in Teneriffa und dampften dann mit einem Velodampfer nach Genua. Aufenthalt konnten wir nirgends mehr machen, unsere Zeit war um. Gleich im Anschluss an unsere Ankunft in Genua ging es mit dem Riviera-Express unserem winterlichen Norden zu.

Wir waren gerade zwei Monate weg gewesen: am 9. Oktober waren wir ausgereist, am 9. Dezember trafen wir wieder daheim ein."

Auskünfte zum Mt. Cameroon

● **Service Provincial du Tourisme**
P.O. Box 92, Buea, Tel. 00237-3322656.
● **Mount Cameroon Ecotourism Organisation** (Mount Ceo)
P.O. Box 66, Buea S.W.P., Cameroon, Tel. 00237-3322038 oder 7584593, Fax 3322836, E-Mail: mountceo@yahoo.co.uk, www.mount-cameroon.org

Buea (Limbe) – Kumba

● **75 km.** Der Weg ist teilweise sehr schlecht (riesige Schlaglöcher, z.T. keine Asphaltierung). Besonders ab Balangui wird es haarig, Fahrzeuge weichen ständig den Schlaglöchern aus und fahren stark kurvenreich (Achtung bei Überholmanövern!). Je nach Straßenverhältnissen dauert die Fahrt 3–4 Std.

Vorbei an Plantagen für Kautschuk, Bananen, Maniok, Kakao, Kaffee geht es immer wieder durch kleine Dörfer, links der Route liegt der Mt. Cameroon. Ursprünglich war diese Region von tropischem Regenwald mit riesigen Bäumen bewachsen. Um jedoch eine landwirtschaftliche Nutzung des fruchtbaren Bodens zu ermöglichen, wurden große Waldbestände gerodet, nur zwischendurch stehen noch mächtige „Käsebäume“ *(Fromager)* mit ihren hohen Brettwurzeln.

Nachdem man die Ausläufer des Mt. Cameroon passiert hat, fährt man in eine weite Ebene mit **Hevea-Pflanzungen,** an deren hohen und schmalen Baumstämmen der weiße **Kautschuk** in kleine Auffangbehälter tropft. Die Landschaft ändert sich abrupt, weites Buschland breitet sich aus, und es wird zunehmend wärmer. Am Rande der Straße bieten die Kleinbauern ihre Yams-Wurzeln an. Kurz vor Kumba wird die Landschaft wieder bewaldet.

Kumba

Kumba liegt in der Provinz South West und ist **Hauptort der Meme Division.**

Zur deutschen Zeit lag nicht weit vom heutigen Zentrum ein Posten mit dem schönen Namen **„Johann-Albrechts-Höhe“** (benannt nach dem Herzog Johann Albrecht zu Mecklenburg, der langjähriger Präsident der Deutschen Kolonialgesellschaft (DKG) war).

Heute ist Kumba ein **lebhaftes Geschäftszentrum.** Hier findet täglich ein **großer Markt** statt, der von morgens bis abends dauert. In den geordneten Reihen der Verkaufsstände finden sich die unterschiedlichsten Waren, das Angebot reicht von den frischen Gemüse- und Obstsorten der Region über bunte Stoffe und Plastikartikel bis hin zu Transistorradios und Musikkassetten. Lokales Handwerk findet man auf diesem Markt nicht. Die meisten Waren kommen aus Nigeria (auf dem Weg durch Ekondo Titi), der Großteil der Händler in Kumba sind Nigerianer. Die angebotenen Produkte sind daher äußerst preiswert.

● **Markttage:** Von Montag bis Samstag, für frische Esswaren nur mittwochs und samstags.

Gleich neben dem Markt liegt eine der Sammeltaxi-Stationen. Was in Kumba sofort nach Ankunft auffällt, ist der

Der Westen

Kautschuk-Gewinnung

Die **Hevea-Bäume,** die den Kautschuk liefern, stammen ursprünglich aus der Amazonas-Region in Brasilien. Heute wächst diese Pflanze in Südamerika, Indonesien (Sumatra) und Afrika. Der Kautschuk aus den riesigen Hevea-Plantagen im Westen Kameruns gehört zu den wichtigsten Exportprodukten des Landes. Afrika liefert heute mit die beste Kautschukqualität.

Die großen, sehr schlanken Hevea-Bäume sind genau ausgerichtet und neigen sich alle zur selben Seite. Sie erreichen ein Alter von etwa 80 Jahren, die beste Ernte wird bei Bäumen im Alter von 15 bis 45 Jahren erreicht. Der Latex zirkuliert in der tiefsten Schicht der Rinde. Morgens, wenn die Ergiebigkeit des Baumes am größten ist, machen die Arbeiter mit einer schnellen und sicheren Bewegung einen Einschnitt in die Rinde – die Bäume werden „getippt". Dann läuft langsam der weiße Kautschuksaft in die am Stamm angebrachten Auffangbehälter. Der Inhalt der Sammelbecher, eine klebrige, milchweiße Paste, wird gegen Mittag eingesammelt. In diesem Zustand ist die zähe Flüssigkeit bereits Rohgummi. Zur Verarbeitung wird dieser Rohgummi erhitzt und gereinigt, schließlich zu Barren geformt. So gelangt der Rohkautschuk in den Export zur Weiterverarbeitung in den Abnehmerländern. Gute und teure Reifen haben einen hohen Anteil an Rohkautschuk.

Die günstigen Bedingungen der Küstenzone haben eine rasche Entwicklung der Hevea-Plantagen mit sich gebracht. Dieser Anbau ist wichtig für die Volkswirtschaft des Landes, denn er beschäftigt nicht nur sehr viele Menschen, sondern ist auch die Grundlage einer lokalen Industrie. Gleichzeitig mussten den Plantagen aber auch immense Flächen an Regenwald weichen.

chaotische Verkehr. Jede Menge gelbe Stadttaxis, überladene Buschtaxis und Lastwagen drängen sich auf den Busbahnhöfen und durch die staubigen Straßen der Stadt. Kisten und Säcke werden aus-, ein- und umgeladen, und man spürt förmlich, wie wichtig den Menschen hier der Handel ist. Zudem ist es in Kumba **extrem heiß.** Wer also nicht unbedingt in diese Stadt will oder muss, kann sie als Tourist ohne Bedenken meiden.

Kumba ist **Ausgangspunkt** für die Weiterreise nach Mamfe, Ekondo, Titi und Mundemba (Korup-Nationalpark). Es gibt auch eine Strecke, die über Loum und die Kupe/Manenguba-Berge nach Bafoussam führt. In Kumba selbst lohnt eine Fahrt zum Barombi-See (siehe Ausflüge). Auf der Fahrt dorthin kommt man an vielen Kolonialbauten vorbei.

Chief *Mukete* von Kumba hat einen Palast, auf den man von der Foncha Avenue aus zufährt. Hier kann man die Unterschiede zu den Graslandchiefs feststellen.

Unterkunft

- **Hotel Prestige**

Nahe des Marktes. DZ mit Ventilator, Fernseher, Du/WC ab ca. 6000 CFA, mit Klimaanlage ab 8000 CFA.

- **Azi Motel**

Buea Road, P.O. Box 304. Tel. 3354291, 3354219. Recht günstige, saubere, zentrale Unterkunft mit 33 Zimmern mit Dusche/WC, teils mit Klimaanlage, TV und gutem Restaurant ((EZ mit Klimaanlage 13000, DZ 15000 CFA).

- **Presbyterian Church Center**

P.O.Box 49, Tel. 3354209, an der Mbonge Road hinter der Presbyterian High School ge-

legen. Die Mission ist eine angenehme und preiswerte Unterkunft und wünscht sich Gäste, die mehr als eine Nacht dort verbringen.
- **Metropole Hotel** (Nähe Markt)
Zimmer ab 8000 CFA.
- **Hotel Authentique**
B.P. 236 Kumba, Tel. 3354160.
- **Amapam Hotel**
B.P. 632 Kumba, Tel. 3354196, Zimmer ab 10.000 CFA.
- **Western Inn Resort**
B.P. 14 Kumba, Tel. 3354148.
- **Elongo Gardens Hotel**
Alaska Street, Buea Road; Tel. 3354020, 3425609 oder 7710528, 7835850 (mobil), Fax 3423289. Zimmer von 15.000–40.000 CFA; Frühstück ab 1500 CFA.
- **Shamrock Hotel**
Cameroon Street and Matuke Street (Buea Road), Tel. 3354244 oder 9836680 (mobil), Zimmer von 12.000–20.000 CFA; Frühstück ab 2000 CFA.

Sammeltaxis/Minibusse

- Es gibt **drei Bus-/Sammeltaxi-Bahnhöfe:** der **„Mamfe-Park"** mit Sammeltaxis nach Mamfe, Tombel und Bafoussam und der **„Buea-Park"** mit Minibussen nach Limbe, Buea, Douala und Yaoundé sowie der „Mbonge-Park" mit Taxis Richtung Mundemba. Es verkehren folgende Unternehmen: Ali Baba, Brothers Transport Services, Guarantee, Mondial, Tchatcho.
- **Nach Mamfe** verkehren einige dieser Minibusse – je nach Straßen- und Witterungsverhältnissen. Es kann aber auch sein, dass nur kleine Toyotas fahren, in die man sich hinten zu viert, vorne zu dritt hineinquetscht, das Gepäck zu einem Berg im Kofferraum gestapelt und mit Plastikplanen überdeckt. Dies sind die typischen „Kumba-Mamfe-Autos", die von energischen, findigen, mutigen und meist sehr freundlichen jungen Männern gefahren werden.

Verbindungen

- **Kumba – Buea:** auf guter Teerstraße 75 km von/nach Buea.
- **Kumba – Douala:** 142 km auf guter Teerstraße.
- **Kumba – Nkongsamba:** von/nach Nkongsamba sind es 83 km; bis Loum Piste, dann Teerstraße.
- **Kumba – Ekondo Titi:** von/nach Ekondo Titi sind es 58 km Piste (schlechte Piste, ca. 2 Std.).
- **Kumba – Mundemba:** von/nach Mundemba (98 km) in ca. 4 Std. direkt oder mit Umsteigen in Ekondo Titi, ca. 5500 CFA; schlechte Piste, viele Checkpoints.
- **Kumba – Mamfe:** von/nach Mamfe sind es 181 km. Teils Piste, teils geteert (4 Stunden während der Trockenzeit).

Leser berichteteten, dass es jetzt auch Nachtbusse von Kumba nach Douala und Yaoundé gibt (vor Ort erkundigen!).

051kam Foto: rf

Kautschuk-Gewinnung

Nachtleben

Kumba ist auch eine Stadt, in der man sich vergnügen kann. Als „wahre" Großstadt gibt es hier einen berühmten Nachtclub, das **Hollywood in Fiango.** Im Zentrum lädt der Club **3 and 1** ein. Beliebter Treffpunkt zu Bier, Hühnchen und Fisch ist das **Hollywood in der Buea Road** (nahe Azi Motel).

Sonstiges

- In Kumba gibt es die letzten **Tankstellen** vor der Weiterfahrt nach Mundemba und Mamfe. Hier sollte man seinen Tank also noch einmal voll füllen.
- Außerdem arbeiten in Kumba sehr gute **Werkstätten** (bei den Tankstellen oder im Park fragen).
- Überall in der Stadt fahren **gelbe Stadttaxis** (Sammelfahrten).
- **Infrastruktur:** Banken (BICEC, hier kein Devisentausch!), Post, Supermärkte, eine Bäckerei, Kino, Apotheken, ein Krankenhaus, Tel. 3354139 und eine Privatklinik (EJED Clinic).
- **Wurstwaren:** In der RTC-Farm, am Ortseingang (von Süden) links, werden Wurstwaren verkauft.
- **Autowerkstatt:** Presbyterian Technical Center (empfehlenswert!).
- In Kumba funktioniert das **Mobilfunknetz MTN.**

Ausflug

Lake Barombi Mbo

Oberhalb der weit verstreuten Kleinstadt liegt ein **wunderschöner Kratersee** in herrlicher Umgebung: der Lake Barombi Mbo **(Elefantensee).** Falls man keinen eigenen Wagen zur Verfügung hat, mietet man sich für die Fahrt zum See hinauf am besten ein Stadttaxi und kehrt zu Fuß in die Stadt zurück. Zunächst fährt man in Kumba vorbei an der Polizei (Gendarmerie Nationale, hier kann man sich nochmals nach dem Weg erkundigen) zum Wohnviertel Station (ca. 3 km schlechte Piste, keine Beschilderung), am Ende einer kurvenreichen Sackgasse sind es dann noch einige hundert Meter zu Fuß zum See.

An diesem See gründete **Eugen Zintgraff** 1887 die erste deutsche Station im Hinterland, die allerdings nur wenige Jahre bestand hatte. Von hier brach *Zintgraff* zu seiner abenteuerlichen Reise nach Adamaoua auf, die ihn durch das Gebiet von Banyang (heute Manyu Division) nach Bali, Yola und zurück durch Nigeria brachte.

Die tiefgrüne Wasserfläche und der Kraterrand werden von dichter Vegetation und herrlichem **Tropenwald** umrahmt. Es bietet sich ein schöner Blick über die Stadt. Kinder zeigen Ihnen gerne den schmalen, steil nach unten führenden Pfad, auf dem man vom Kraterrand aus zum Seeufer hinabgelangt. Früher führte ein abschüssiger und rutschiger Weg steil über zwanzig Meter hohe Eisenleitern hinab, die senkrecht an der Felswand befestigt waren; inzwischen soll es einen flachen Zugang geben. Am See erreicht man den kleinen Pfad, der direkt zum Ufer und um den See herum führt. Gewöhnlich fahren einige **Pirogenfischer** auf dem ruhigen Gewässer. Auf Wunsch wird man Sie (gegen Bezahlung) gerne ans andere Ufer übersetzen, an dem das kleine Fischerdorf Barombi idyllisch liegt.

Für die Wanderung zum See brechen Sie am besten sehr früh auf, da es schnell sehr heiß und feucht wird.

Der Barombi-See versorgt die Stadt Kumba mit Trinkwasser.

Kumba – Mundemba (Korup-Nationalpark)

● **125 km** Piste. Die Strecke über Kumba ist von Buea aus eigentlich ein Umweg. Wer einen guten Geländewagen hat, kann auch auf dem Weg von Buea nach Kumba in Muyuka nach Ekondo Titi/Mundemba abbiegen. Theoretisch kann man auch über Idenau über den „Buea Mountain Ring Road" dahin kommen, aber zwischenzeitlich war die Brücke bei Bomana unpassierbar (auf jeden Fall vorher Informationen einholen!).

In Kumba zweigt man links von der Strecke Buea – Loum ab. Auf Piste erreicht man von Kumba aus nach **58 km** den Ort **Ekondo Titi.** Unterwegs erlebt man **Afrika wie aus dem Bilderbuch:** viele Dörfer mit Holzhäusern entlang der Piste, üppiger Tropenwald und eine überaus freundliche Bevölkerung. In diesem sehr ursprünglichen ländlichen Gebiet spürt man deutlich, dass man sich abseits der Durchgangsstrecken bewegt, Touristen kommen (noch) kaum vorbei. Etwa 14 km hinter Kumba, in **Ekombe 3 Corners,** führt links eine Abzweigung zum **Kratersee Barombi Koto,** der nicht so eindrucksvoll wie der Barombi Mbo in Kumba ist. Auf der Fahrt nach Ekondo Titi kann man unterwegs eine kleine Kaffee-Fabrik besuchen, in der Arabica-Kaffee (maschinell) geschält wird. Von Hand wird der geschälte Kaffee dann in Säcke abgefüllt und zum Export fertig gemacht.

Unterkunft (Ekondo Titi)

● **Mullah Palace Inn**
P.O. Box 41. Das relativ neue und saubere Hotel verfügt über 17 klimatisierte Zimmer.

Hinter der Abzweigung in Richtung Mbonge säumen riesige **Ölpalmplantagen** die Strecke; die Früchte werden in ansässigen Palmölfabriken verarbeitet. (Kurz vor dem kleinen Marktort Ekondo Titi führt ein Abzweig nach links hinab an die Küste nach Idenau.)

Wer kein direktes Sammeltaxi nach Mundemba genommen hat, steigt in Ekodo Titi um. Geradewegs in Richtung Nigeria (Nordwesten) führt die holprige Strecke nun durch dichte Waldgebiete, bis **nach 98 km** (von Kumba aus) **Mundemba** erreicht ist. Hier endet die Piste.

Mundemba

Das kleine, verschlafene Nest Mundemba hätte keinen touristischen Reiz, würde es nicht **in unmittelbarer Nähe des Korup-Nationalparks** liegen. Vor allem botanisch Interessierte zieht es hierher, denn es handelt sich um einen der erdgeschichtlich ältesten Regenwälder der Erde. Anzumerken ist, dass ein Besuch des Korup-Nationalparks ein zeitaufwendiges Unternehmen für Abenteuerlustige ist, das über den Rahmen einer kurzen Rundreise durch den Westen hinausgeht, jedoch sicher unvergesslich bleiben wird.

Unterkunft

Die wenigen Hotels und Gasthäuser in Mundemba bieten ausschließlich einfachen Standard.

● **Marthas Place**
Anfragen in Marthas Sure Spot (gleich neben dem Fußballfeld), ca. 5000 CFA.
● **Bossome Residence,** 5000–8000 CFA.

Improvisation ist alles – reisen in Kamerun

Der Toyota-Kleinwagen, der uns als Buschtaxi von Kumba nach Mundemba bringen sollte, das am Rande des Nationalparks liegt, war ein Abenteuer: Gerade frisch, u.a. zwecks Reifenwechsel, von der Werkstatt eingetroffen, quetschten wir uns zu acht (!) in das für maximal fünf Personen ausgelegte Fahrzeug: Hinten zu viert, vorne saß die dritte Beifahrerin dann halb auf dem Schoß des Fahrers, mit ihrem Fuss irgendwo zwischen den Pedalen ... Um überhaupt etwas sehen zu können, musste der Chauffeur dabei seinen Kopf aus dem Fenster strecken. Der Fahrer fuhr sehr schnell, die Schrauben an den Rädern waren nicht vollzählig, und der Tacho funktionierte wie einiges andere nicht. In Ekondo Titi hielten wir bei einer Werkstatt an – das Auto wurde dort aufwendig repariert: So wurde ein Rad abgeschraubt und ein kreisförmig ausgeschnittenes Stück einer Plastiksandalensohle (!) zwischen Rad und Bremsscheibe angebracht. Sehr beruhigend wirkten da der im Fahrzeug hängende Duftbaum mit den Farben der amerikanischen Fahne sowie ein am Rückspiegel baumelnder Rosenkranz. Kurz vor Mundemba gesellte sich dann ein neunter Passagier hinzu, der auf der Motorhaube Platz nahm. Mit einer bewundernswerten Gleichgültigkeit nahm er es hin, wie der Fahrer ungerührt auf der Piste durch den Urwald raste. Etwas überrascht war ich zunächt ueber den mit 5500 CFA (fast 10 €) recht stattlichen Fahrpreis für die 125 km von Kumba nach Mundemba. Das Rätsel klärte sich jedoch rasch auf, da bei 10 Polizeikontrollen lt. Fahrer pro Kontrolle 1000 CFA Bestechungsgeld verlangt wurden. Die nach Mundpropaganda für 5 Stunden angesetzte Fahrt von Douala nach Mundemba dauerte so tatsächlich gut 12 Stunden. Erschöpft fielen wir im Hotel ins Bett, um am nächsten Tag mit dem Urwaldtrekking zu beginnen. Fazit: Eine Erfahrung fürs Leben, allerdings nur für Abenteuerlustige.

Thomas Kratz, 2006

Essen und Trinken

Es existieren **zahlreiche kleine Bars und Kneipen,** die lokale Küche und kühle Getränke anbieten. Der Stolz einiger Lokale ist ein ständig laufendes Fernsehgerät! Hier kann man unter Umständen auch Kontakte knüpfen für gemeinsame Transfers zum Park oder ein gemeinsames Trekking mit Führer.

Verkehrsverbindungen

Die Strecke **Kumba – Mundemba** ist während der Trockenzeit recht gut. Es fahren ganzjährig Buschtaxis (Toyota Corolla). In der Regenzeit steigen die Tarife jedoch von 4000 auf 10.000 CFA und mehr. Möchte man ein ganzes Taxi mieten, muss man mit 35.000–40.000 CFA rechnen. Die Strecke ist in jedem Fall sehr malerisch.

- **Douala – Kumba – Mundemba:** von/nach Douala mit dem **Bus** bis Kumba (134 km, hauptsächlich geteert, jedoch schlechter Zustand), dann Umsteigen in ein **Sammeltaxi** nach Mundemba direkt oder Umsteigen in Ekondo Titi (Fahrzeit gesamt 8–10 Std. in der Trockenzeit). Das Buschtaxi hält am Ortseingang von Mundemba. Hier zweigt rechts die Straße zum Iyas-Hotel ab. Vom Taxihalt bis zum „Zentrum" sind es etwa fünf Gehminuten entlang der Hauptstraße.
- **Limbe – Issangele – Mundemba:** Eine weitere (beschwerlichere) Zufahrtsmöglichkeit besteht **mit dem Boot** von Limbe aus über Issangele und den Ndian-River. Erkundigen Sie sich bei *Mrs. Dorindo* im Seme New Beach Hotel in Limbe; prüfen Sie in jedem Fall die Fahrtüchtigkeit des Bootes und die aktuelle Sicherheitslage dieser Region.
- Leserhinweis: Durch das Information Centre des Korup-Parks kann die Rückfahrt **Mun-**

demba – Isangele – Idenau mit einem **Boot** (5 Plätze) organisiert werden (ca. 210.000 CFA insgesamt).

Sonstiges

- **Apotheke, Hospital** an der Hauptstraße.
- **Kleine Shops:** Hier können Sie sich noch mit Verpflegung für das Trekking, mit Regenumhang und Sportschuhen ausrüsten. Die Läden haben sich bereits sehr gut auf die Parkbesucher eingestellt.
- **Markt** ist jeden Samstag und Mittwoch.
- Hinweis: Es gibt **keine Bank** im Ort (Reiseschecks und Devisen werden von den Hotels und vom Parkbüro nicht akzeptiert!), daher vorher bereits genügend Geld tauschen. Außerdem ist in Mundemba **kein Treibstoff** erhältlich!

Korup-Nationalpark

Ausrüstung

Für ein Urwaldtrekking im Korup benötigen Sie neben Regenausrüstung und bequemen Sport- oder Leichttrekkingschuhen (je nach Wetter evtl. auch Gummistiefel) eine Trinkwasserflasche (Mineralwasser in Plastikflasche vom Geschäft tut es auch), Mückenschutz sowie Moskitonetz (wichtig!), einen Tagesrucksack für Verpflegung und Fotoausrüstung, hochempfindliches Filmmaterial (400, oder besser, 800 ASA!), leichte, lockere Kleidung: langärmeliges Hemd/T-Shirt und lange Hosen (aus festem Material, z.B. Trekkinghose). Wer ein mehrtägiges Trekking plant, sollte sein eigenes Zelt mitnehmen, da in der Parkverwaltung nicht immer ein Leih-Zelt vorrätig ist. Es stehen allerdings in den Camps Hütten, so dass ein Zelt nicht unbedingt nötig ist. Wichtig sind hingegen **Isomatten,** es sei denn, man will die harte Unterlage zum Schlafen wörtlich nehmen und auf einer Holzpritsche ohne Matratze übernachten. Eine Alternative sind die etwas altersschwachen Schaumstoffmatratzen, die von der Parkverwaltung unter der Bedingung bereitgestellt werden, dass man einen Träger in Anspruch nimmt.

Parkverwaltung

- **Tourist Information Centre**

An der Hauptstraße; Tel. 7109175, Öffnungszeiten: Mo. bis So. 7–17 Uhr (vom 1.6.–31.10. ist die Parkverwaltung Samstags nur von 8–10 Uhr geöffnet sowie Sonntags geschlossen) **Anmeldung ist obligatorisch!**

Hier bezahlt man den **Parkeintritt** und die **Gebühren** für Führer (obligatorisch), Träger, Transport zum/vom Park und/oder Camping. Hier erhält man auch gute Tipps und Hinweise zum Besuch des Parks und einen „Nature Trail Guide" (falls vorrätig). In einer kleinen Ausstellung wird auf die Problematik „Schutz des Regenwaldes" aufmerksam gemacht. Folgende Ausrüstung kann in der Parkverwaltung gegen Gebühr verliehen werden (je nach Verfügbarkeit): Feldbett, Moskitonetze, Zelte, Töpfe, Kocher. Nehmen Sie in jedem Fall genügend Trinkwasser mit.

Gebühren

- **Parkeintritt:** ca. 5000 CFA, gültig für einen Tag
- **Führer:** 4000 CFA pro Tag
- **Träger:** 2000 CFA pro Tag
- **Übernachtung im Park** (Hütte) 3000 CFA/Nacht, zusätzlich Übernachtungskosten 2000 CFA/Führer/Nacht und 1000 CFA/Träger/Nacht
- **Transport zum und vom Park:** 8000 CFA
- **Motorpiroge** (Boot): 20.000 CFA pro Tag (inkl. Bootsführer, Treibstoff extra); die Boote sind für ca. 7 Personen ausgelegt.

- **Camping** ist möglich (3000 CFA pro Nacht).

Bitte geben Sie die Gebühren nicht direkt den Führern/Trägern, sondern zahlen Sie im Tourist Information Centre.

Führer

Die Mitnahme eines Führers ist **obligatorisch** und auch **sinnvoll:** Mit einem erfahrenen Guide profitieren Sie von dessen Wissen über die Pflanzen- und Tierwelt im Korup und können sich jedenfalls nicht verlaufen.

Als sehr guter Führer wurde mir *Ferdinand* empfohlen, der schon seit mehr als 20 Jahren für das Reservat und den Park tätig ist. Da er gleichzeitig *Native Doctor* (Naturmediziner) ist, kennt er eine Menge Bäume und Pflanzen (z.B. Nutz- und Heilpflanzen) im Wald. Auch alle anderen Führer sind ausgezeichnet informiert. Hier kann man auch bei der Parkverwaltung nach bestimmten Schwerpunkten, die einen interessierern (z.B. Heilpflanzen), fragen.

Anfahrt/Unterkunft

Der **Transfer von Mundemba zum Parkeingang** (ungefähr 10 km) wird von der Parkverwaltung organisiert. Ebenso können Sie mit einem normalen Taxi oder einem Fahrzeug des Iyas-Hotels dorthin gelangen. Vereinbaren Sie den Zeitpunkt der Abholung für die Rückfahrt. Wer mit eigenem Wagen unterwegs ist (Geländefahrzeug empfohlen), kann direkt bis zum Parkeingang fahren (Weg beschildert) und dort das Auto abstellen (für eine Bewachung des Fahrzeugs ist nicht gesorgt).

Es gibt derzeit **vier Camps** im Park: Hütten und Schlafplätze, Latrinen und Kochstellen. Jedes Camp liegt an einem Fluss mit Trinkwasser- und Badestelle.

Der Park

Die **beste Zeit für einen Besuch** ist von **November bis Mai.** Der Park ist das ganze Jahr über zugänglich, der Besuch empfiehlt sich dennoch nur in der Trockenzeit. Korup gehört zu den regenreichsten Gebieten in Kamerun (die trockenste Zeit ist von Dezember bis März), und im Wald herrscht eine **extrem feuchte Hitze,** die den Kreislauf beansprucht.

Den **Parkeingang** erreichen Sie auf einer Piste, die ca. 10 km durch Ölpalmplantagen führt. Der Eingang liegt am **Mana** (oder **Ndian) River,** der das geschützte Gebiet vom Farmland trennt.

Der Korup ist der erste Nationalpark in Kamerun zum Schutz eines Regenwaldes. Nachdem das Gebiet seit 1973 als Forest Reserve geschützt war, wurde es 1986 in Zusammenarbeit mit dem WWF und der Regierung von Kamerun zum Nationalpark erklärt. Nach Auskunft der Parkverwaltung ist der **Primärwald** dieses Gebietes ungefähr **30 Mio. Jahre alt.** Das Urwaldgebiet hier ist insbesondere bedeutsam, da es als wohl einziges in Zentralafrika die letzte Eiszeit überlebt hat. In der Umgebung der Dörfer, in der Randzone des Parks, findet man vorwiegend Sekundärwald. Wer erwartet, Waldelefanten, Leoparden und Schimpansen beobachten zu können, wird enttäuscht sein. Zwar leben diese seltenen Tiere im Korup, aber

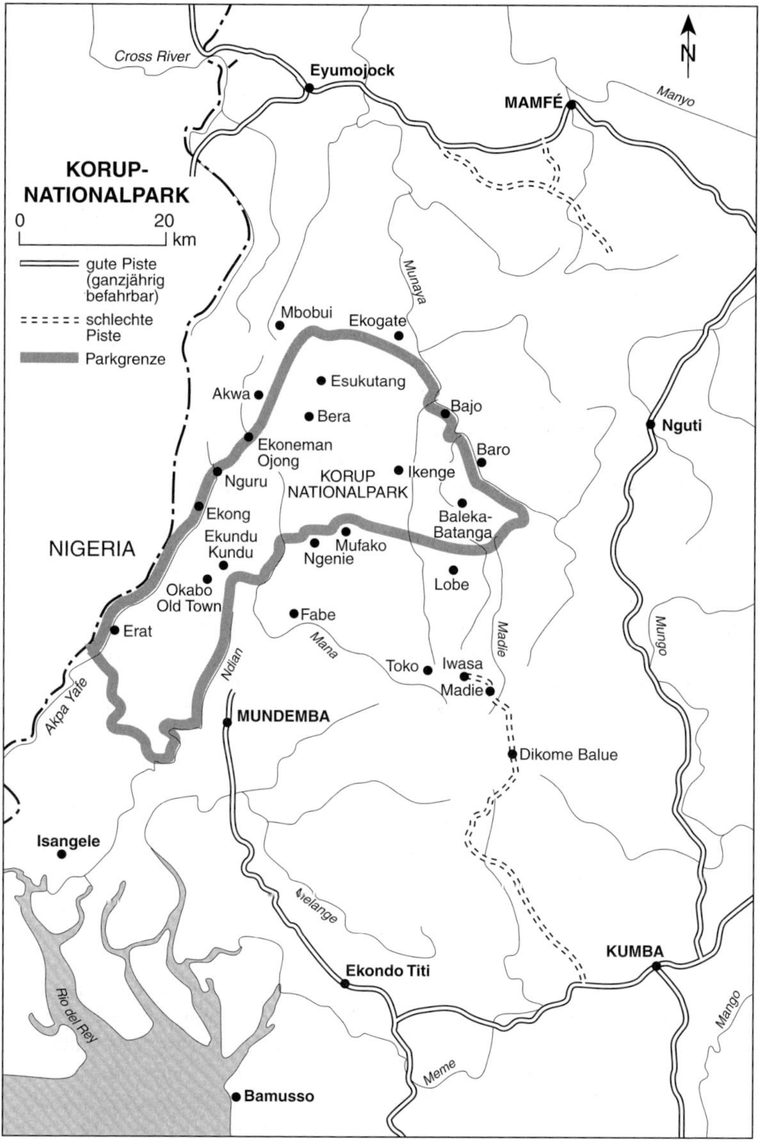
KORUP-
NATIONALPARK
0
20
km
gute Piste (ganzjährig befahrbar)
schlechte Piste
Parkgrenze
N
Cross River
Eyumojock
MAMFÉ
Manyo
Munaya
Mbobui
Ekogate
Esukutang
Akwa
Bera
Bajo
Ekoneman Ojong
Baro
Ikenge
KORUP NATIONALPARK
Nguru
Nguti
Ekong
Baleka-Batanga
NIGERIA
Ekundu Kundu
Mufako
Ngenie
Okabo Old Town
Lobe
Fabe
Erat
Mana
Madie
Mungo
Ndian
Toko
Iwasa
Madie
Akpa Yafe
MUNDEMBA
Dikome Balue
Isangele
Melange
KUMBA
Ekondo Titi
Rio del Rey
Mango
Meme
Bamusso

sie sind so scheu, dass selbst Wissenschaftler Mühe haben, sie ausfindig zu machen. Wer jedoch ein Regenwaldgebiet einmal näher kennen lernen möchte und sich speziell für die **Botanik** interessiert, wird hier eine Fülle von Entdeckungen machen.

Eine 120 m lange Hängebrücke (vorsicht – in der Hängebrücke fehlen mehrere Bretter, man sollte die Augen offen halten ...) führt über den Mana-Fluss in den Wald hinein. Mehrere markierte **Trekking-Pfade,** darunter auch **botanische Lehrpfade** mit gekennzeichneten Pflanzen, wurden hier angelegt. Eine gute Beschreibung finden Sie in der Informationsbroschüre, die in der Parkverwaltung erhältlich ist. Kurz hinter dem Parkeingang steht ein Schild, welches auf die Gründung des Parks 1986 und seine Größe von 1269 km² hinweist. Kurz darauf wird man auf einer Tafel darauf hingewiesen, dass Prince Charles sich ein paar Meter in den Urwald hineingetraut hat.

Eine recht kurze **Wanderung** führt auf dem Nature Trail zum 2 km entfernten Iriba Inene Camp (zu deutsch: Großer Fluss). In entgegengesetzter Richtung führt ein Pfad (8 km) zum Scientist Camp, das den Wissenschaftlern dient. Speziell für Touristen wurde das Chimpanzee Camp sowie Rengo Rock Camp eingerichtet, welches sehr schön ist.

Nehmen Sie sich für eine längere Wanderung genügend Zeit (mind. einen halben Tag), da es unterwegs viel zu entdecken gibt. Sportliche können z.B. zum **Mount Johann** wandern, mit 860 Metern der höchste Punkt im Park (ungefähr 5 Stunden vom Parkeingang); eine Zeltübernachtung im Park ist bei dieser Tour empfehlenswert.

Zur Beobachtung von Vögeln besonders gut geeignet ist eine **Pirogenfahrt** auf einem der vielen Urwaldflüsse.

Der Park beheimatet nicht weniger als die Hälfte der in den Regenwäldern Afrikas vorkommenden **Pflanzen und Bäume,** darunter viele endemische (nur hier wachsende) Arten. Charakteristisch für einen **Primärwald** ist, dass der Boden unter den Baumgiganten nur sehr spärlich bewachsen ist. Durch den geschlossenen Baumkronen-Baldachin dringt nur wenig Licht bis auf die Erde vor. Im Korup wachsen z.B. **Ebenholz-Bäume,** verschiedene Arten von **Kola-Bäumen** und **Palmen** (u.a. Rattan-Palmen) und viele andere Exoten, unter denen die Wissenschaftler immer noch neue Arten entdecken. Die bis zu 50 m hohen Urwaldriesen werden häufig von mächtigen Wurzeln und Pfeilern gestützt. Auf den Ästen „schmarotzen" Epiphyten wie Moose, Farne, Orchideen, Begonien und auch Kakteen-Arten. Allein 400 Pilz-Arten wurden bisher gezählt.

Unter den **Tierarten** fallen zunächst die **Treiberameisen** (unangenehm) auf. Auf ihren „Straßen" queren sie nicht selten zu Tausenden den Urwaldpfad und ihr Biss tut gewaltig weh! Weniger aggressiv sind die zahlreichen **Termiten,** die sich Hügel in unterschiedlichsten Formen bauen. Die (kleinen) *Black flies* und die (größeren) Mutu-Fliegen, die sich speziell in Flussnähe aufhalten,

Hängebrücke im Korup-Nationalpark

052kam Foto: rf

können schmerzhafte Bisse verursachen. Den scheuen **Schlangen** (nur wenige Arten sind giftig) und **Skorpionen** begegnet man sehr selten.

Unter den vielfältigen, farbenprächtigen **Vogelarten** sind die Grauen Papageien und die schön schillernden Eisvögel (Kingfisher) zu nennen.

Acht unterschiedliche **Primatenarten** (darunter Schimpansen, Colobus-Arten und Waldpaviane) leben im Korup, doch, wie oben bereits erwähnt, ist es sehr unwahrscheinlich, sie anzutreffen. Genauso wie die scheuen **Waldelefanten,** die kleiner als ihre Verwandten in der Savanne sind.

Auch wenn man im Park keine „großen Entdeckungen" macht, kann das Erlebnis einer Urwaldwanderung sehr intensiv sein: Die kleinen Dinge am Wegrand sind hier von Bedeutung – die Farben und Formen der Blätter, die Geräuschkulisse mit unterschiedlichsten Vogelstimmen, die eigenartigen Bauten der Insekten oder ganz einfach der schwere Geruch der Erde.

Das **WWF-Projekt** im Korup-Nationalpark hat nicht allein zum Ziel, den Wald zu schützen, sondern will gleichzeitig die Existenz der dort lebenden Menschen sichern. Die Fachleute wollen aufzeigen, dass ein an Pflanzen und Tieren reicher Regenwald intakt bleiben und trotzdem durch die Bevölkerung genutzt werden kann. Korup wurde deshalb in zwei Bereiche geteilt: in eine zentrale **Kernzone,** die unter strengem Schutz steht, und eine **Randzone,** in der die Bevölkerung eine schonende Waldnutzung betreibt.

Der WWF hat ein **Education Program** für die Anwohner geschaffen. Dazu gehören u.a. Informationen über Kompostzubereitung und natürliche Düngung, Wettbewerbe für Kinder mit dem Thema „Regenwald", eine eigene „Korup"-Zeitung, Baumschulen für schnell wachsendes Nutzholz, damit der Brennholzbedarf gesichert ist, die Züchtung von Nutztieren und Fischen, um die Jagd einzuschränken. Es gibt nämlich im Korup immer noch Probleme mit der **Wilderei,** da für die Jäger bzw. ihre Kunden z.B. das Fleisch der seltenen Waldelefanten ein „Leckerbissen" ist. Von Wissenschaftlern werden Untersuchungen über die Wirkung der Heilpflanzen angestellt, deren Inhaltsstoffe Verwendung in Medizin und Industrie finden. 90 Substanzen natürlichen Ursprungs wurden im Korup-Gebiet entdeckt – 38 davon neu für die Wissenschaft.

Informationen

Weitere Auskünfte zum Korup-Projekt erhalten Sie bei folgenden Adressen:

- **Ministère du Tourisme**
  Yaoundé, Tel. 2224411.
- **Délégation Provinciale du Tourisme pour le Sud-Ouest**
  Buea, Tel. 3322656.
- **WWF (World Wide Fund for Nature)**
  P.O. Box 303, Buea, Tel. 3322331.
- **Service Départemental du Tourisme NDIAN et Parc National de Korup**
  Mundemba.
- **African Travel Management**
  P.O. Box 2513, Douala, Tel. 9926841.
- **Umweltstiftung WWF Deutschland (World Wide Fund for Nature)**
  Hedderichstraße 110, 60591 Frankfurt, Tel. (069) 6050030.
- **WWF (World Wide Fund for Nature)**
  Pada House, Wayside Park, Bodalming, Surrey GU7-1XR, England; zuständig für das Projekt.

Kumba – Mamfe

- **181 km,** Großteil Piste

Dies ist eine der berüchtigsten Strecken im Südwesten Kameruns, die ein bisschen Kondition erfordert. Die Straßensituation ändert sich allerdings von Monat zu Monat radikal, je nachdem ob Trocken- oder Regenzeit ist, bzw. ob größeren Lastwagen erlaubt wird, die Straßen zu passieren. Egal ob man mit öffentlichen Verkehrsmitteln oder mit dem eigenen Auto fährt, man sollte sich vorher genau über die Situation informieren. Die Fahrt bis Nguti ist sehr malerisch, links sieht man die **Rumpi Hills** liegen, rechts Ausläufer der Kupe/Manenguba-Kette. Der Großteil der Reise verläuft durch dichten Wald, dabei werden viele Dörfer passiert. Auf halbem Weg zwischen Kumba und Nguti passiert man die so genannte **„Supe-flyover",** ein imposantes Viadukt, auf dem man zwar nicht halten darf, das aber links den Blick auf einen Wasserfall freigibt und rechts auf eine Lianenbrücke über den Fluss. Hinter Supe geht es auf Piste durch den Wald. Hier bleiben in der Regenzeit häufig Autos stecken. Dann passiert man **Manyemen,** wo es

Am Cross River in Mamfe

das beste Krankenhaus der Region sowie Autowerkstätten, Kneipen und Bars gibt. **Nguti** ist ein beliebter Rastort mit einigen kleineren Hotels, Autowerkstätten, Bars, kleinen Supermärkten und, links von der Hauptstraße, unzähligen Kleinst-Restaurants, in denen man versuchen sollte, *pepper soup* mit „chugu-chugu beef" (Stachelschwein) zu essen.

Von Nguti aus führen zwei Strecken nach Mamfe, entweder die N 8 via Bakebe oder über Akak. Von **Bakebe** kann man über Tinto auch weiter nach Fontem und Dschang fahren. Ab **Bachuo Akagbe** führt eine neu geteerte Straße nach Mamfe. 2003 (in der Regenzeit) war der Streckenabschnitt Eyang – Bachuo jedoch unpassierbar.

04_312kam Foto: sm

Mamfe

Mamfe ist **Hauptort des Verwaltungsbezirks Manyu.** Die **50.000-Einwohner-Kleinstadt** ist infrastrukturell relativ abgeschnitten vom Herzen Kameruns. In der aufstrebenden Stadt wurden 2002 die Straßen geteert. Mamfe ist ein wichtiges Eingangstor für den **Handel mit Nigeria.** Dieser verläuft zum einen über die Straße Richtung Westen, über Eyumojock und Ekok. Diese Straße ist allerdings insbesondere in der Regenzeit in sehr schlechtem Zustand. Dennoch verkehren hier regelmäßig große Lastwagen mit Gütern aus Nigeria. Eine weitere Ader des Güter- und Personenverkehrs ist der **Cross River,** der in Mamfe durch den Zusammenfluss von Manyu und Mfi entsteht und sich bei Calabar in Nigeria in die Bucht von Biafra ergießt. Auf diesem Fluss verkehren fast täglich motorbetriebene Kanus, die v.a. Holz aus Kamerun nach Nigeria und Benzin aus Nigeria nach Kamerun bringen. Unterhalb der in den 1970er Jahren erbauten Satumbridge, die über den Cross River führt, fahren die Boote flussabwärts ab. Eine Reise auf dem Cross-Fluss ist sehr idyllisch, man sollte sich jedoch mit einem Regenschirm wappnen, da man Wind und Sonne sonst stundenlang ungeschützt ausgeliefert ist. Außerdem sollte man vorher klären, bis wo man fährt und wo man unterkommt. Das einzige Dorf am Cross-Fluss, in dem es ein offizielles Hotel gibt, ist **Badje** (ca. 3 Std. entfernt). Es gibt hier sehr viele Stechtiere, man sollte sich also dick anziehen und vor allem

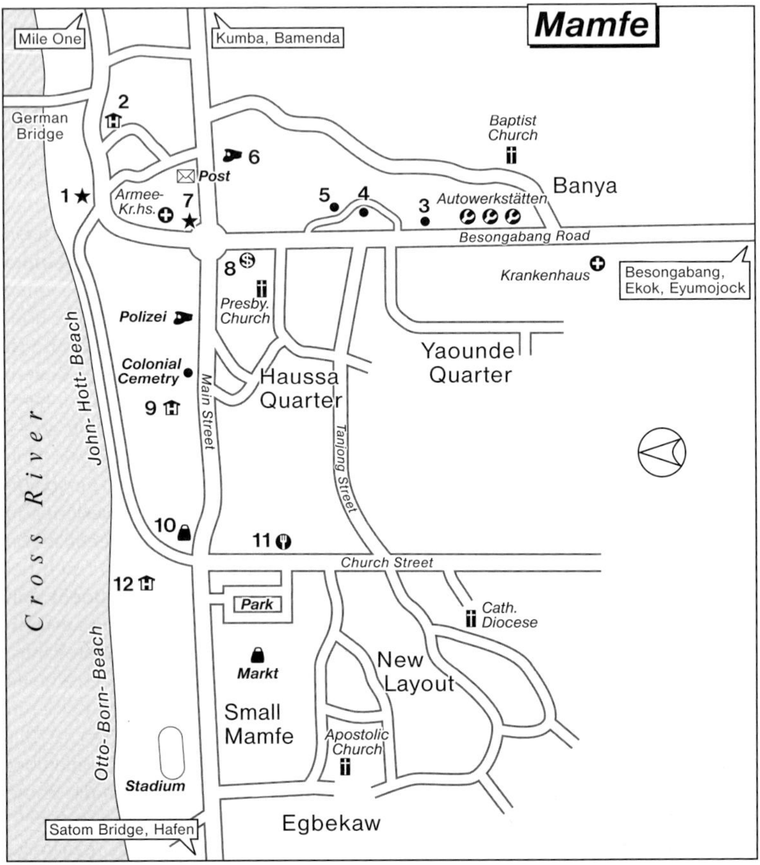

★ 1 Ehemaliges deutsches Fort
2 Data Hotel
• 3 Zoll
• 4 Town Hall
• 5 Gericht
6 Senior Divisional Office
★ 7 Wiedervereinigungsdenkmal
8 Bicec Bank
9 Eta Plaza
10 Bäckerei
11 Frühstück
12 Abunaw Lodge

Socken nicht vergessen. Früher gab es im Cross-Fluss Nilpferde und Krokodile, der Lärm der Motoren hat sie allerdings vertrieben. Kleinere Alligatoren landen häufig auch im Kochtopf und sind eine Delikatesse, ebenso wie die hier vorkommenden Süßwasserlangusten. Im Cross-Fluss kann gebadet werden.

An **Sehenswürdigkeiten** hat Mamfe eher wenig zu bieten. Im GRA (Government Residential Area) gegenüber des Militärcamps gibt es eine alte Hängebrücke, die hier als **„German Bridge"** bekannt ist. An der Stelle, wo sie sich heute befindet, bauten auch die Deutschen eine Brücke über die beiden Flüsse, die sich kurz dahinter zum Cross River vereinigen. Die Brücke, so wie sie sich heute darstellt, wurde allerdings während des Zweiten Weltkriegs von den Engländern erbaut. Sie ist sehr morsch, wird aber von der Bevölkerung benutzt, da sich auf dem gegenüberliegenden Ufer Farmen befinden.

Auf einem **kolonialen Friedhof** hinter dem „Women's Center" an der Hauptstraße stehen einige britische und deutsche Grabsteine.

Dörfliche Atmosphäre kann man auf den **Märkten** genießen, z.B. in Besongabang (Di. und Sa.). Dort kann man auch den Palmwein und das Nationalgericht von Manyu Division probieren *(Fufu and Eru)*. Weitere Spezialitäten sind Orangen und Kokosnüsse.

Touristeninformation

Die folgende NGO (Non-governmental Organisation) gibt Touristen gerne Auskunft zu allen Fragen rund um Mamfe (z.B. Quartier und Ausflugsmöglichkeiten):

- **MATOP (Manyu Tourism Project)**
c/o *Richard Etchu Ayuk,* Voice of Manyu Kembong, P.O. Box 245, Mamfe (zu erreichen in Kembong, High Frequency Center), Tel. 9391272 (mobil) oder in Deutschland *Stefanie Michels,* Tel. 0221-4928743; E-Mail: manyutourism@yahoo.com.
- Ein empfehlenswerter **Führer** ist **Takem Martin Ashu** aus Okpambe, B.P. 79 Mamfe.

Unterkunft

- **Abunaw Lodge**
PO Box 27, Tel. 3341247. 10 Zimmer mit Ventilator, ca. 4000 CFA.
- **Data Club Hotel**
Tel. 3341399. 28 Zimmer (z.T. klimatisiert), ca. 12.000-15.000 CFA.
- **Eta Plaza Hotel**
6 Zimmer mit Ventilator, ca. 3000 CFA.

Sammeltaxis

Die beiden Zufahrten über Bamenda (Norden) oder Kumba (Süden) nach Mamfe führen durch hügelige Landschaft mit schönem Regenwald.

- **Bamenda – Mamfe:** 146 km Piste.
- **Kumba – Mamfe:** Von Süden über Kumba sind es 162 km Piste bis nach Mamfe (im Sammeltaxi 5–6 Std.). Die Strecke Kumba – Mamfe führt vorbei am Gebiet der Rumpi Hills (1768 m), einem der letzten kaum zugänglichen Refugien des Landes. Wanderer benötigen in diesen Regenwaldbergen sehr viel Abenteuergeist.

Sonstiges

- Ein **Krankenhaus** befindet sich in Besongabang, Tel. 3341115.
- **Infrastruktur:** Apotheken, Banken, Lebensmittel, Postamt und eine Katholische Mission (Tel. 3341138).
- **Internetzugang** (sehr langsam und unzuverlässig) gibt es bei **Satellite** an der Hauptstraße und im **Manyu Language Center** (Besongabang Road).
- Seit 2004 arbeitet in Mamfe das Mobilfunknetz MTN.

Weiterreise nach Nigeria

• **63 km** Piste

Auf kamerunischer Seite ist die Piste in sehr schlechtem Zustand. Während der Regenzeit (August bis Oktober) ist sie wegen riesiger Schlammlöcher auch für Geländewagen nur schwer befahrbar. Unterwegs trifft man oft auf hängen gebliebene Lkws.

Kurz vor der Grenze, in Eyumojock, liegt – umringt von üppiger Vegetation – der See **Lake Ejagam,** ein Kratersee mit kristallklarem Wasser. Das Gewässer gehört zu einer Project Area des WWF (deren Hauptprojekt der Korup-Nationalpark ist). Es ist Trinkwasserreservoir für die umliegenden Dörfer, deswegen darf man darin nicht waschen. Eyumojock bedeutet „Elefantenbadeplatz". Ein Elefant steht daher auch an der Wegkreuzung, die den Weg nach Otu (Grenzübergang nach Nigeria im Süden) und Ekok (Grenzübergang nach Nigeria im Westen) weist.

In **Eyumojock** gibt es **einige Bars und Hotels** mit einfachen Zimmern ab 2000 CFA.

In **Ekok** sind die Formalitäten zur Ausreise aus Kamerun zu erledigen. Unterkunft ist in einem kleinen Hotel möglich (Zimmer ca. 5500 CFA), Campingmöglichkeiten bestehen an der Grenzstation.

Auf der nigerianischen Seite, im Dorf **Mfum,** werden die Einreiseformalitäten nach Nigeria relativ schnell abgewickelt. Hier ist der Cross River Grenzfluss, die Mfumbridge bildet die Grenze. Von hier hat man einen schönen Blick auf den Fluss, der sich an dieser Stelle tief ins Gestein eingeschnitten hat. Interessant ist auch, die ankommenden, hoch beladenen Lkws zu beobachten.

Die Gegend ist bekannt für ihre guten Yams-Wurzeln, die am Straßenrand verkauft werden.

Ausflüge

Nsanakang

In vorkolonialer Zeit wurde in Manyu Division **Salz** gewonnen, das bis ins Grasland verkauft wurde. Heute gibt es nur noch wenige Menschen, die sich auf die Salzsiedekunst verstehen. Die Salzquellen sind jedoch immer noch vorhanden, z.B. in der Nähe des Dorfes Nsanakang. In diesem Ort wurde im Ersten Weltkrieg eine blutige Schlacht zwischen Deutschen und Engländern geschlagen. Drei Deutsche und ein Engländer starben dabei und sind unweit des Dorfes begraben. Ihre **Grabsteine** stehen immer noch.

Um nach Nsanakang zu kommen, fährt man von Eyumojock aus Richtung Ekok. Nach ca. 10 km kann man links nach **Nsanaragati** abbiegen; das Dorf liegt direkt am Cross-Fluss. Hier kann man ein Kanu mieten, mit dem man flussaufwärts nach Nsanakang fahren kann (ca. 10.000 CFA).

In Nsanakang sollte man sich beim Chief des Dorfes vorstellen und fragen, ob man die Salzquellen und die Gräber besichtigen kann. Er wird jemanden für diese Aufgabe abstellen, den man entschädigen sollte. Dem Chief kann man auch ein Gastgeschenk, z.B. eine Flasche Whiskey, mitbringen. Die Salzquellen liegen in riesigen Bambuswäldern. Von Eyumojock aus kann man diesen Ausflug an einem Tag bewältigen.

Ossing

Einen Ausflug wert ist auch das Dorf Ossing, in dem es an der Stelle, wo die ersten Pallottinermissionare 1912 ihre Station erbauten, mittlerweile eine **katholische Wallfahrtsstätte** gibt **(Apata Hill).** Am anderen Ausgang des Dorfes liegen die Stromschnellen des **Badi River.** Das Dorf Ossing erhält von hier Wasser und Strom.

Douala – Loum

● **101 km** Teerstraße

Der **direkte Weg in den Nordwesten** führt am Carrefour von Limbe rechts **via Mbanga und Loum nach Bafoussam.** Die Strecke über Tiko und Kumba ist viel länger, außerdem ist die Piste zwischen Kumba und Loum ziemlich schlecht.

Zwischen der großen Kreuzung und Mbanga (Treibstoff, Lebensmittel, Campement-Hotel, viermal täglich Eisenbahn nach Douala) führt die gut ausgebaute Straße durch riesige Kautschuk-, Ölpalm- und Bananenplantagen, die sich kilometerweit ausdehnen, und später durch tropischen Regenwald mit einer sehr üppigen Vegetation. Jedes Buschtaxi auf dieser Route ist hier mit Bananen voll gepackt. Zwischendurch sieht man auch einige Teepflanzungen. Nach dem Zweiten Weltkrieg haben Engländer die Plantagen übernommen, von der Unabhängigkeit und Wiedervereinigung Kameruns 1961 bis 1995 waren sie in staatlicher Hand (C.D.C., Cameroon Development Corporation). 1995 wurden sie dann privatisiert und von Franzosen gekauft.

Zwischen Mbanga und Penja liegt der kleine Marktfleck **Ndjombe** mit einem sehr schönen Früchtemarkt direkt an der Hauptstraße. Kurz vor Ndjombe befindet sich eine Fabrik zur **Produktion des Tangui-Wassers** (das überall in Flaschen verkauft wird; das Mineralwasser Super Mont kommt von einer Quelle des Mt. Cameroon, Abfüllung zwischen Buea und Kumba).

Die **Umgebung von Penja** ist ein landwirtschaftliches Zentrum für Obstanbau, hier befindet sich auch ein „Centre de recherche agronomique". Von hier aus werden Bananen nach Douala gebracht und dort zum Export verschifft. Im Ort **Penja** selbst findet täglich ein großer **Gemüse- und Früchtemarkt** direkt links und rechts der Hauptstraße statt. Ein Halt hier lohnt, nicht nur um sich mit frischem Obst (gut und preiswert) zu versorgen, sondern auch um sich einen Überblick über die verschiedenen exotischen Früchte dieses ertragreichen Gebietes zu verschaffen. Kennen Sie z.B. **Korosol-Früchte?** Diese grüne, runde und sehr wasserhaltige Frucht mit Stacheln schmeckt melonenartig und leicht säuerlich. Oder wussten Sie, dass der **Fromager** nichts mit Käse zu tun hat? Es handelt sich um die Frucht des afrikanischen Butterbaumes, sie sieht fast aus wie ein Apfel und ist innen gelb, mürb und trocken, dem Geschmack nach einer Avocado ähnlich, nur etwas süßer. Die Händler auf dem Markt sind sehr freundlich und kassen gerne kosten.

Auf der Weiterfahrt nach Loum liegt zu beiden Seiten der Straße ein großer Gemüsegarten, hier wird alles gepflanzt, was der Boden hergibt: Bananen, Papaya, Kakao, Ananas, Mais.

Kumba – Loum – Nkongsamba

- **81 km** Piste und Teerstraße

Von Kumba nach Loum führt eine sehr schlechte Piste (Asphaltreste, viele Schlaglöcher) vorbei an Kautschuk- und Bananenplantagen und einem hübschen Bananenmarkt am Straßenrand hinter Loum. Schön bewaldete Umgebung mit weiten Ausblicken auf die Berglandschaft.

Bei **km 39** ist **Loum** erreicht, eine Kleinstadt mit Versorgungsmöglichkeiten, Treibstoff und Campement-Hotel.

In Loum erreicht man die ausgezeichnete und verkehrsreiche Teerstraße (Hauptverbindung Douala – Bamenda, der Ort Loum selbst wird auf dieser Route umfahren), die von hier ab ansteigt und durch ein Kaffeeanbaugebiet führt. Dazwischen sieht man viele kleine **Farmen,** die einen großen Teil an Obst und Gemüse für die Märkte der Umgebung erzeugen, aber auch riesige industrielle Plantagen. Soweit das Auge reicht, werden Ananas und Bananen für den Export nach Europa angepflanzt.

Reifezeit der Früchte im Westen

Ananas: ganzjährig
Avocados: April bis Juni
Bananen: ganzjährig
Guaven: Juni bis Oktober
Mangos: März bis Mai
Orangen: ganzjährig
Papaya: ganzjährig
Passionsfrucht: März bis Mai
Zitronen: ganzjährig

Zwischen Loum und **Manjo** wird die Gegend gebirgiger, man befindet sich in einer Region mit alten **Vulkanen.** Zunächst auf der linken Seite der **Mont Koupé** (2064 m); nachdem man das große Dorf Manjo passiert hat, wo man sich auf den Anbau von Robusta-Kaffee spezialisiert hat, sieht man rechts den **Mont Nlonako** (1825 m). Manchmal verstecken sich die Berge aber auch im wolkenverhangenen Himmel. Entlang der Straße verkaufen die Anwohner Obst, Gemüse, Honig und Palmwein.

Nach weiteren 42 km (ab Loum) erreichen Sie **Nkongsamba,** links erhebt sich das **Massif du Manengouba** (2411 m). Wer weiter Richtung Norden unterwegs ist, fährt auf der Umgehung an Nkongsamba vorbei, andernfalls biegt man beim ersten Wegweiser rechts in die Stadt ab.

Nkongsamba

Nkongsamba liegt in der Provinz Littoral und ist **Hauptort des Département Moungo.** Nkongsamba ist, wie die meisten Städte in dieser dicht besiedelten Region, eine **sehr belebte und geschäftige Stadt.** Durch ihre Höhenlage 900 m ü.NN herrscht ein **recht angenehmes Klima,** nachts kühlt es ab Pullover nötig!). Das Zentrum der Stadt mit dem **Markt,** den Geschäften, dem **Busbahnhof** und der Verwaltung liegt an einem Hang, während sich unten im Tal die *Quartiers* (Wohnviertel) ausbreiten. Das Stadtzentrum ist nicht sonderlich schön und wird von Mopeds und Taxis geprägt.

Der Name der Stadt verweist auf ihren Gründer: *Nkong* bedeutet Hügel, d.h. der Hügel von *Samba*. Dies soll zurückgehen auf die **Geschichte von Martin Paul Samba,** einem der letzten Widerstandskämpfer gegen die Deutschen. Seine Karriere begann er als kleiner Boy von *Curt von Morgen,* der als erster Europäer von Kribi bis zum Benoué gelangt war. In den folgenden Jahren war Samba dann in der „Schutztruppe", kam 1912 von einer Ausbildung in Deutschland zurück und verließ überraschend die Armee. Als Händler und Kommissionär für Duala-Handelshäuser kam er recht bald mit dem Duala-Prinzen *Rudolf Douala Manga Bell* zusammen, der schon seit einiger Zeit gegen die Deutschen opponierte und schließlich wegen „Hochverrats" (Zusammenarbeit mit den Engländern) am Vorabend des Ersten Weltkriegs in Douala gehängt wurde. Martin Samba wurde in Foumban von Leuten des Sultans Njoya festgenommen, als er versuchte, gegen die Deutschen zu agitieren. Auch er wurde in Douala hingerichtet.

In Nkongsamba endet die **Eisenbahnlinie** aus Douala, die bis 1907 von den Deutschen gebaut wurde. Früher diente sie der Personenbeförderung in den Westen, heute wird auf den Gleisen nur noch Fracht transportiert und das auch immer weniger. Längst hat sich aufgrund des guten Verkehrsnetzes der Transport auf der Straße als die schnellere Beförderungsart erwiesen. Nkongsamba ist ein großes **Zentrum des Kaffeehandels.**

297kam Foto: rf

Die Ekom-Wasserfälle bei Nkongsamba: Hier fällt der Fluss Nkam 80 m in die Tiefe

Für Touristen ist die Stadt selbst relativ **unbedeutend.** Es sei denn, man quartiert sich hier im Hotel ein und unternimmt Ausflüge in die **herrliche Umgebung** des Ortes: Eingebettet in eine Landschaft mit üppig grünen Hügeln, die von drei größeren Vulkanbergen (Manengouba, Mt. Koupé und Mt. Nlonako) dominiert wird, bieten sich hier sowohl Wandertouren als auch Fahrzeugexkursionen (Geländewagen empfehlenswert) an. Der Sage nach sind diese Berge die Heimat der Schutzgötter der Region.

Außerdem ist Nkongsamba auch Ausgangspunkt für Fahrten in das Land der Bamoun und Bamiléké (siehe unten). In Nkongsamba selbst lebt das Volk der **Mbo.** Da das Gebiet eng an die englischsprachigen Gebiete Kameruns angrenzt, sprechen viele Bewohner hier Englisch und Französisch.

Unterkunft

- **Fere-Hotel**
B.P. 126, Tel. 3493883, 3493443. Komfortables Hotel mit klimatisierten Zimmern ab ca. 15.000–30.000 CFA.
- **Hotel Le Moungo**
B.P. 18, Tel. 3491457, 3491218, Fax 3491578. 2 km stadtauswärts in Richtung Bare, im Quartier 2 A Edjomoa. Das Hotel verfügt über 47 Zimmer mit Klimaanlage oder Ventilator, Dusche/WC und ist eines der besten im Ort. Man sollte sich die Zimmer und vor allem die Sanitäranlagen vorher genau ansehen, in einigen Zimmern funktionieren weder WC, Dusche noch Lampe. Ein Zimmer kostet ca. 8000 CFA. Gelobt wird die Küche des hübschen Restaurants (mit Terrasse), ein Menü kostet ca. 4500 CFA.
- In der **Mission protestante** (hinter der Agip-Tankstelle) nimmt man nur gelegentlich Übernachtungsgäste auf.

Essen und Trinken

Neben dem **Restaurant im Hotel Le Moungo** mit örtlicher und internationaler Küche bieten die folgenden kleinen Kneipen die typischen lokalen Gerichte an:

- **Circuit Celine**
In der Nähe des Marktes.
- **Restaurant Airline**
Im Gebäude San Francisco, in der Nähe des Marktplatzes. Gute, preiswerte afrikanische Küche.
- **Circuit Marie Paulet**
Gegeüber Hotel Fere.
- **La Foret,** Tel. 3492384.
- **Mala,** Tel. 3492056.

Busse/Sammeltaxis

Durch ihre Lage an einem der wichtigsten Hauptverkehrswege ist die Stadt **von Süden und Norden gut erreichbar.** Bus- und Sammeltaxi-Verbindungen in alle wichtigen Städte des Westens (Bafoussam 123 km, Bamenda 195 km, Foumban 195 km, und viele kleinere Ortschaften der Umgebung) und von/nach Douala (143 km, ausgezeichnete Teerstraße).

Sonstiges

- **Infrastruktur:** Nkongsamba bietet **gute Einkaufsmöglichkeiten** (Geschäfte aller Art, z.B. Buchläden), mehrere Tankstellen, Werkstätten, Banken (BICEC, SGBC), Apotheken, Post und ein Krankenhaus (Tel. 3491258 oder 3491815).

Ausflüge

Massif du Manengouba

Dieses **2411 m hohe Vulkanmassiv** bietet sich an als **Trekkingziel.** Die Wanderungen dort sind nicht schwer; schwierig ist es vielmehr, den Ausgangspunkt zu erreichen. Sie benötigen genug Zeit (mindestens einen ganzen Tag), möglichst ein Geländefahrzeug sowie Proviant und Trinkwasser. Erkundigen Sie sich vor Abfahrt nach den Pistenverhältnissen und nach dem Weg (obwohl Sie unterwegs sicher öfter fragen müssen). Je nach Wunsch können Sie auch einen Führer aus Nkongsamba mitnehmen (z.B. organisiert durch das Hotel Le Moungo). Die Piste zum Ausgangspunkt der Bergbesteigung ist nur während der trockenen Jahreszeit von November bis Mai ausreichend gut befahrbar.

Sie verlassen Nkongsamba zunächst in Richtung Bafang/Bafoussam. Nach etwa 9 km folgt eine Kreuzung (rechts nach Baré), an der Sie links nach Ekolam abzweigen. Nach 10 km erreichen Sie eine kleine Bar, hier gabelt sich die Strecke. Nehmen Sie die linke Straße Richtung Bangem (die rechte geteerte Straße führt nach Melong). Nach 13 km in Höhe eines kleinen Marktes nun rechts halten. Nach etwa 19 km erreichen Sie **Mouanguel,** wo Sie am Ortseingang links fahren. Am Ortsausgang nehmen Sie wiederum die linke Piste, die hinabführt in ein Kaffee-Anbaugebiet *(Arabica)*. Vorbei an den Dörfern Ndoko und Mbouassoum geht der Weg nun durch eine schöne Gegend mit Rundhütten der Mbo. Nach 38 km erreichen Sie das große Dorf **Bangem** mit der katholischen Missionsstation, Markt ist am Samstag. An der einzigen Abzweigung im Ort fahren Sie rechts, dann sofort wieder nach links. Nun haben Sie die Hänge des Manengouba-Massivs erreicht. Mit einem Geländefahrzeug können Sie hier noch fahren (ständig links halten), bis es nicht mehr weitergeht.

Von hier aus wandern Sie durch eine **alpin anmutende Vegetation** auf die Kraterhochebene. Die Konturen des Kraterrandes dieses sehr alten Vulkans sind noch erkennbar. Im Zentrum des Kraters, in den alten Kaminausgängen, befinden sich zwei schöne heilige **Kraterseen,** ein grüner und ein blauer (Färbung durch Algen bedingt). Eine Legende erzählt, dass der größere See der Mann ist **(Lac de l'homme),** der kleinere die Frau **(Lac de la femme).** Aus der Vereinigung der beiden sei das Makossi-Volk hervorgegangen. Hinweis: Hier sollen diverse Male Touristen belangt worden sein, daher stehen zur Sicherheit Ranger zur Verfügung, die einen „Eintrittspreis" von 3000 CFA (zzgl. 1500 CFA je Kamera) verlangen. Denken Sie rechtzeitig genug an die Rückfahrt, damit Sie unterwegs nicht in die Dunkelheit geraten. Es ist auch möglich, in dem größeren See zu schwimmen und am Ufer zu campen, gegen eine kleine Gebühr für die sich anbietenden Wächter. Die auf dem Hügel lebenden Mbororo sind sehr freundlich, und wer ein wenig Zeit mitbringt, sollte sie nutzen, um sich ausgiebig mit ihnen zu unterhalten.

Ein **anderer Weg,** der zwar etwas kürzer ist, dafür aber nicht ganz so schön, führt ebenfalls zu den Manengouba-Bergen. Auf der Strecke von Nkongsamba in Richtung Bafoussam zweigen Sie nach 25 km links in Richtung Melong ab. An der Kreuzung in **Melong** (bei der Post) zweigt eine breite Piste Richtung Dschang ab. Man fährt auf ihr

Traditionelle Palmölgewinnung

Die Früchte der Ölpalmen werden industriell weiterverarbeitet und gehen in den Export. Nach wie vor aber wird auch auf traditionelle Art Palmöl gewonnen, eine sehr mühsame Arbeit.

Dafür werden die orangeroten Palmfrüchte zunächst in großen Tonnen auf Holzfeuer gekocht. Wenn sie weich genug sind, zerstößt man sie mit dem Mörser in einem Steinkanal, bis das pure Öl in eine Auffangwanne abläuft. Das Öl wird nun mit Wasser aufgegossen, wobei das Öl oben schwimmt. In einem kleinen Rohr fließt unten das Wasser ab. Das verbleibende Öl wird vorsichtig abgeschöpft, in einer Tonne wieder erhitzt und dann gefiltert. Das so erhaltene, orangefarbene Palmöl wird überall auf den lokalen Märkten angeboten. Sehr gut zu beobachten ist dies auf dem Weg zu den Mouankeu-Fällen.

Neben der Ölgewinnung werden die Nüsse der Palmfrucht auch zur Herstellung von Seife und Hautlotion verwendet oder unverarbeitet auf dem Markt verkauft. Wenn Sie eine Palmfrucht finden, können Sie diese knacken und die harte aber leckere Nuss testen.

Die ölhaltigen Faserreste, die bei der Palmölgewinnung als Abfall übrigbleiben, dienen zum Feuer anmachen.

Ansonsten werden die Palmfrüchte auch in der Glut erhitzt/angebraten und „ausgelutscht".

056kam Foto: rf

700 m, dann links auf eine andere Piste Richtung Bangem. Die weitere Wegstrecke gleicht der obigen.

Mittlerweile wurden die Straßen ausgebaut, und es gibt einen Weg, der bis zu den Seen herauf führt. Fragen Sie vor Ort nach dem Weg und den Straßenverhältnissen (Geländewagen empfohlen).

Nähere Auskünfte zu Wanderungen in den Manengouba-Bergen erhalten Sie auch von Elisabeth Dorindo im Hotel Seme New Beach in Limbe, die Ausflüge dorthin organisiert.

Die Ekom-Fälle

Den Ausflug zu den **Chûtes d'Ekom** sollte man nicht versäumen, zumal die Fälle nicht sehr weit von der Hauptverkehrsstraße Nkongsamba – Bafang entfernt liegen. 10 km hinter Nkongsamba (Richtung Norden) zweigt rechts eine kleine Piste zu den Ekom-Fällen ab, wo sich auf der rechten Seite an der Hauptstraße ein Rundbogen mit einem Stern befindet. Ein Leser berichtet, dass es in der Nähe der Fälle seit einiger Zeit eine Kooperative gibt, die sich für die (touristische) Erschließung der Ekom-Fälle einsetzt (Association des Volontaires du Progrès et pour le Developement aux Chûtes d'Ekom-Nkam). Sie haben die Fälle mit Wegen, Treppen und WC-Häuschen erschlossen. Dadurch ist auch dieses Naturereignis zu einer Touristenattraktion geworden, die man sich selbstverständlich bezahlen lässt. Der Eintritt zu den Wasserfällen kostet 1500 CFA zuzüglich der Kosten für den Führer. Da die **Piste recht ausgewaschen** ist, benötigt man ein Fahrzeug mit viel Bodenfreiheit (am besten ein Geländefahrzeug), zur Regenzeit ist die schmale Piste so glitschig, dass sie unbefahrbar werden kann. In der Trockenzeit ist es evtl. auch möglich, mit einem normalen PKW die Wasserfälle zu erreichen. Erkundigen Sie sich vor Ort nach den Straßenverhältnissen (es ist auch möglich, in Nkongsamba einen Taxifahrer zu fragen, ob er zu den Wasserfällen fährt und Sie auch wieder mit zurück nimmt; ca. 6000 CFA). Von der Hauptstraße aus führt die Piste (keine Beschilderung) durch üppige Vegetation mit Kaffee-Sträuchern, Raphia-Palmen, Ölpalmen, Bananenpflanzungen und schönen Tropenbäumen, bis nach 11 km ein kleiner Parkplatz erreicht ist. Von hier sind es ca. 200 m zu Fuß bis zu den Fällen.

Wer kein entsprechendes Fahrzeug zur Verfügung hat, kann den ganzen **Weg auch zu Fuß** gehen, allerdings hat man unterwegs kaum die Chance, ein Fahrzeug (zwecks Mitfahrgelegenheit) anzutreffen.

Ekom-Fälle: Der Fluss **Nkam** fällt hier 80 m in die Tiefe, der **Wasserfall** inmitten dieser üppigen Pflanzenwelt ist wirklich ein Schauspiel. Hier wurde übrigens der Film „Greystoke" (Tarzan) mit Christopher Lambert gedreht. Vom Aussichtspunkt aus führt ein kleiner, steiler Pfad direkt zum Fuß der Fälle. Der Weg ist jedoch in der Regenzeit (wenn die Fälle das meiste Wasser führen) nicht zu begehen, weil er dann sehr naß und rutschig ist. Wer in der Trockenzeit hier ist und genügend Zeit hat, kann sich jedoch hinunter zum „Strand" aufmachen und ein erfrischendes Bad nehmen. Ebenfalls gibt es, vom Aussichtspunkt aus, einen neuen, sehr schönen Weg, der hoch zu dem Fluss an die Stelle führt, wo der Wasserfall in die Tiefe stürzt. Von hier aus kann man durch die Plantagen und den „Regenwald" zurück zum Parkplatz wandern. Am Parkplatz befindet sich eine kleine, schöne, aber teure Bar.

Jährlich findet ein **Marathon** statt, an dem Kameruner und Sportbegeisterte aus aller Welt vom Fluss herunter zum Fuß der Fälle und wieder zurück rennen. Bisher haben jedes Jahr die Kameruner das Preisgeld gewonnen.

Am Aussichtspunkt bieten sich Kinder, die sich etwas „Schulgeld" verdienen möchten, als Führer an; eigentlich aber erübrigt sich ein Führer für das kurze Stück bis zu den Fällen.

Nicht vorenthalten sei ein **alternativer Weg** für die Sportlichen: Vom Ort Kekem aus sind es ca. 15 km Fußweg zum Dorf Bayon, ab dann dem Flusslauf folgen. Der Pfad führt durch Ananas-, Bananen-, Kakao- und Kaffeeplantagen. Nehmen Sie sich für diese Wanderung am besten einen Führer mit, man kann sich hier leicht verlaufen. Außer festen Schuhen (für den seltenen Fall, dass Sie eine Schlange erschrecken) benötigen Sie einen ganzen Tag Zeit. Fragen Sie in Kekem nach der Länge der Tour.

Nkongsamba – Bafang

• **62 km** Teerstraße

Man verlässt die Stadt in Richtung Umgehungsstraße und fährt dann nach Norden, vorbei an den Abzweigungen in die Manengouba-Berge und zu den Ekom-Fällen. Entlang der Strecke sieht man einige kleine Kaffee-Fabriken.

Nach **25 km** erreicht man **Melong,** Markt am Samstag. **Unterkunftsmöglichkeit** im Hotel La Pastorale (Zimmer mit Ventilator: 12.000 CFA); Hotel La Forêt (Tel. 3492582); Hotel Malina Coca. Restaurant Melong Palace direkt am Marktplatz. Des weiteren sind Krankenhäuser, Tankstellen, Nightclubs, Bäckereien und weitere Restaurants vorhanden. Von Melong aus kann man die **Twin Lakes** in den Manenguba-Bergen besuchen (hinter einer Tankstelle, am Snack Le Corbeau, rechts ab Richtung Banguem, 88 km von Melong entfernt; kein Hinweisschild).

Abstecher Melong – Dschang

Diese alte „deutsche" Piste, auch **„Route des Mbo"** genannt, lohnt landschaftlich einen Abstecher und führt auf kürzerem, wenn auch zeitlich längerem Weg nach Dschang (40 km) als die asphaltierte Hauptroute via Bafang. Während der Trockenzeit ist die Strecke mit normalem Pkw befahrbar.

Man verlässt Melong an der Kreuzung bei der Post in Richtung **Santchou,** zunächst auf Teerstraße, dann auf breiter und guter Piste, die durch die Mbo-Ebene führt. Hier gibt es rechteckige Häuser aus Lehmziegeln oder Beton, in der Umgebung Reisanbau und Kaffee-Plantagen. Die Gegend ist vollkommen flach, nur am Horizont tauchen einzelne Hügel auf, ab und zu säumt eine kleine Siedlung den Weg. Einige Kilometer hinter Santchou (17 km) ändert sich die Landschaft völlig. Hier beginnt der Anstieg ins Hochland, nach und nach wird es kühler und die Ebene geht über in eine tropische Berglandschaft. Die Piste steigt steil und kurvenreich an über einen Pass mit herrlichen Ausblicken in die weiten Täler und auf die Berge. Üppige grüne Vegetation mit tropischem Wald und Baumriesen zu beiden Seiten des Weges. Nach einigen Auf- und Abstiegen erreicht man schließlich nach 40 km den Marktort Dschang direkt am Gare routière.

Die Hauptstraße führt von Melong aus in östlicher Richtung weiter nach **Kekem** (Tankstellen). Der Ort ist Pausenstation für die meisten Busse und Sammeltaxis, die zwischen Douala und Bamenda/Bafoussam verkehren. Viele kleine Snackbars und Garküchen am Straßenrand mit Tischen und Bänken und kühlen Getränken sind ideal für eine Rast. Ab hier wird die Straße schmaler und ist von Schlaglöchern übersät. In vielen Kurven windet sich die verkehrsreiche Straße (viele Sammeltaxis) hinauf nach Bafang. Hier ist es auffällig dicht bevölkert mit vielen Häusern entlang der Straße. Die Landschaft ist hügelig und fruchtbar mit reichlicher Vegetation: Kakao-, Kaffee- und Bananenplantagen, Ölpalmen. Kakao-Ernte von August bis Januar, Kaffee-Ernte von Januar bis April. Die Ölpalmen in dieser Region wachsen wild und werden nicht zum Plantagenanbau verwendet.

Nach **62 km** zweigt man von der Umgehungsstraße in die Stadt **Bafang** ab. Am Ortseingang befindet sich ein Schild mit der Aufschrift „Welcome to Hotel Falaise". Genau hier beginnt ein kleiner Fußweg von etwa 50 m zu den **Wasserfällen von Mouankeu** am gleichnamigen Fluss. Dieser Weg soll für Autos ausgebaut werden.

Der Fluss stürzt hier aus einer Höhe von 40 m von einem mit Bäumen und Büschen überwucherten Felskesselrand in die Tiefe. Besonders schön ist dieser Anblick während der Regenzeit, wenn der Fluss das meiste Wasser führt! Der Strom fließt dann weiter durch ein tief eingeschnittenes Tal mit üppiger Vegetation, das kaum zugänglich ist.

In der Umgebung der Fälle wird – meist noch auf traditionelle Art – Palmöl aus den Früchten der Ölpalme gewonnen.

Bafang

Bafang liegt in 1380 m Höhe (mildes Klima!) und ist **Hauptort des Verwaltungsbezirks Haut Nkam.** Die hügelige Umgebung der Stadt ist landschaftlich abwechslungsreich; zwischen Bananen- und Kaffee-Plantagen wachsen auf dieser Höhe Kiefernbäume.

Bafang selbst bietet **touristisch nichts Interessantes.** Als bedeutsamer **Verkehrsknotenpunkt** verfügt der Ort über einen Busbahnhof, außerdem führt von der Stadt die relativ neue Asphaltstraße nach Yaoundé. Aus diesem Grund ist das Stadtbild sehr lebhaft mit vielen Sammeltaxis und Autos. Das Zentrum mit hässlichen Betonhäusern wirkt etwas chaotisch, an allen Straßenecken herrscht rege Aktivität, es wird gehandelt, be- und entladen. Lohnenswert ist ein kleiner Spaziergang durch die Gassen, die an die Hauptverkehrsstraße grenzen und einem kleinen Markt ähneln.

Rasch spürt man, dass Bafang der Eingang ist zum Land der Bamiléké, einer Volksgruppe, die als **geschäftstüchtige Händler** bekannt sind. Die Buschtaxis sind voller beladen als anderswo, überall herrscht Gedränge, Menschen, Verkehr und Musik. Die Straßen der Stadt sind mit Schlaglöchern übersät, viele gelbe Stadttaxis bahnen sich ihren Weg durch das Gewusel. Zahlreiche Bars, Restaurants und Kneipen machen sich gegenseitig Konkurrenz. Außerdem gibt es eine *Chefferie* mit einem schönen Portal aus gekreuzten Elefantenstoßzähnen und einem kleinen Palast, der in der Regel allerdings nicht besichtigt werden kann. Hinter der katholischen Kirche kann man spazieren gehen und hat einen schönen Blick über das Tal hinweg.

Unterkunft

- **Hotel de la Falaise Haut Nkam**
B.P. 143, Tel. 3486313, 3486909, gleich nach dem Markt im Centre Commercial. Das moderne, saubere und etwas sterile Stadthotel (vorwiegend für Geschäftsleute) verfügt über 50 klimatisierte Zimmer ab ca. 12.000 CFA, Restaurant, Bar und Nachtklub.
- **Hotel Le Calypso**
B.P. 61, Tel. 3486211, am Ortsausgang Richtung Bafoussam (am Abzweig Bangangté). In dem sehr sauberen Hotel mit 24 Zimmern (Ventilator, Dusche/WC, ab 12.000 CFA) gibt es ein gepflegtes, empfehlenswertes Restaurant mit ausgezeichneter Küche und freundlichem Personal. Einige Zimmer haben einen schönen Ausblick aufs Tal.
- **Centre touristique de Bana**
8 km vom Zentrum Richtung Bangangté, Tel. 3443060, 3483060 oder 7984814 (mobil). Zimmer von 9500–25.000 CFA, Restaurant.
- **Hotel Grand Luxe,** BP 396
Tel. 3486158, Dusche/WC und Bar, gegenüber dem Hotel de la Falaise, 26 Zimmer von 8000–10.000 CFA.
- **Hotel le Paradis,** BP 213
Tél. 3486287.

Essen und Trinken

Zum Essen geht man in die Restaurants der Hotels (s.o.) oder in eine der vielen Kneipen in der Stadt. Es gibt neben dem Hotel de la Falaise eine Bäckerei mit kleinem Supermarkt.

Busse/Sammeltaxis

Es gibt Bus-/Sammeltaxi-Verbindungen von/nach Bangangté, Bandjoun, Bafoussam (60 km), Dschang, Nkongsamba, Douala (206 km, 2500 CFA), Yaoundé (300 km, auf neuer Teerstraße) und zu fast allen umliegenden kleinen Siedlungen. Mitten im Stadtzentrum befindet sich der große Busbahnhof von Centrale Voyage.

Sonstiges

- **Hospital,** Tel. 3486007.
- **Apotheke,** Tel. 3486528.
- **Katholische Mission,** Tel. 3486023.
- **Collège St. Paul**
Tel. 3486362, am Ortsausgang Richtung Mbouda; eventuell Unterkunft, freundlicher Empfang.
- **Infrastruktur:** Postamt, Bank (BICEC) und viele Tankstellen.

Bafang – Bafoussam

Von Bafang nach Bafoussam gibt es **zwei verschiedene Routen:**

Route 1

- **60 km Teerstraße:** Die **direkte Strecke** führt auf guter, kurvenreicher Teerstraße über den **Col de Batié** (Batié-Pass, 1680 m). Hügelige Landschaft mit Weideland und Hirten, schöne Ausblicke auf Berge und Täler mit einzelnen Gehöften, kurvenreiche Straße. Man fühlt sich in die Schweiz (!) versetzt. Nahezu jedes Fleckchen der fruchtbaren vulkanischen Erde ist hier mit Maniok, Makabo, Süßkartoffeln, Erdnüssen, Tomaten, Porree und Bohnen bebaut. Kaffee-Plantagen wechseln mit Bananen-Pflanzungen ab. Das Land der Bamiléké ist dicht besiedelt und wird hauptsächlich landwirtschaftlich genutzt. Der Ort Bandjoun (s.u.) wird auf dieser Route auf einer Umgehungsstraße umfahren.

Route 2

- **79 km Teerstraße:** In östlicher Richtung führt die landschaftlich sehr reizvolle Strecke

057kam Foto: rf

auf einer neuen, erstklassigen Asphaltstraße mit dem **Umweg über den Bana-Pass** (1736 m) und Bangangté nach Bafoussam – **eine der schönsten Routen im Westen Kameruns!**

Am Ortsausgang von Bafang Abzweigung nach rechts Richtung Bangangté. Die Straße führt nun kurvenreich und steil bergauf. Entlang der Strecke sind Bananenpflanzungen, Ananas, große Eukalyptusbäume, grünes Hügelland (stark gerodet), Felder und die typische rote Erde anzufinden. Überall stehen die charakteristischen Bamiléké-Häuser aus Beton oder mit Lehm befestigten Steinen. Die Tradition der Bamiléké erkennt man an den besonderen Dächern. Mehrere spitz zulaufende Türmchen bilden ein Dach, das traditionell mit Raphia-Stroh, zunehmend aber mit Aluminium gedeckt ist und dann bereits von weitem in der Sonne glänzt. Besonders die Häuser der Notablen, der Berater des Oberhaupts, werden so gedeckt. Je mehr Türmchen ein Haus hat, umso einflussreicher ist sein Bewohner.

Je höher die Straße hinaufführt, um so kahler sind die Hügel, bedeckt von einer schönen Wiesenlandschaft. Zahlreiche umzäunte Weiden und grasende Tiere zeigen die intensive Viehzucht dieser Region. **Nach 17 km** erreicht man das Dorf **Bana.**

Bana

Direkt am Ortseingang ist rechts die **Chefferie** ausgeschildert. Der Eingang ist im Bamiléké-Stil (mit mehreren Dachtürmchen) gestaltet, eine lange Allee führt zum Haupthaus der Chefferie mit einer großen Holztür, dekoriert mit Bamiléké-Schnitzereien. In diesem Versammlungshaus finden die Treffen des Oberhaupts mit seinen Notabeln und einigen wichtigen Bürgern statt, um die aktuell anliegenden Themen zu besprechen; hinter Mauern verborgen liegen die Frauenhäuser.

Eingang zur Chefferie von Bana

Auf dem großen Platz vor dem Eingang der Chefferie steht eine Hütte mit einer großen **Trommel,** die aus einem ausgehöhlten Baumstamm geschnitzt wurde (dazu wird meist Kapokholz verwendet). Die Trommel wurde früher mit großen Stäben geschlagen, um die Bürger zu versammeln. Gleich daneben der Marktplatz der Frauen des Chefs, der wie üblich alle acht Tage stattfindet. Da sich die Markttage im Bamiléké-Gebiet jede Woche um einen Tag verschieben, muss man sich vor Ort nach den jeweiligen Markttagen erkundigen.

- **Hotel Touristique**
Tel. 3443060. Zimmer ab 10.000 CFA, modern und sauber.

Nach Bana windet sich eine dreispurige Fahrbahn in zahlreichen Kurven den **Col de Bana** hinauf. Auf dem Pass in **1736 m Höhe** genießt man bei gutem Wetter einen großartigen Rundblick über die weite grüne Hügellandschaft: Nur wenige Eukalyptusbäume wachsen hier, auf den saftigen Weiden grasen Kühe. Das Klima ist kühl und angenehm.

Ab hier führt die weiterhin gut ausgebaute Straße durch einen Tunnel und über große Brücken (über Täler hinweg) an befestigten Hängen entlang. Erst wachsen noch große Eukalyptuswälder, dann wird das Gebiet eher kahl. **32 km nach Bafang** liegt die **Chefferie von Bamenda** mit strohgedeckten Bambushäusern. Überhaupt weisen viele Schilder auf die verschiedensten Chefferien unterwegs hin, die alle besichtigt werden können. Wichtig ist nur, dass man sich vor dem Besuch dort vorstellt und sein Anliegen vorträgt. Man kann nicht alle Chefferien ansehen (schon zeitlich nicht zu schaffen), die schönsten befinden sich in Bangangté und Bandjoun (s.u.).

Ab Bamenda wird die Vegetation wieder üppiger, mehr Bäume wachsen entlang der Straße, Bananenpflanzungen, Mangobäume, jedoch keine großen Plantagen. **Nach 48 km** erreicht man **Bangangté.**

Bangangté

Der lebhafte **Hauptort des Verwaltungsbezirks Ndé** liegt auf einer Anhöhe, umgeben von schöner Landschaft mit den für die Region charakteristischen Eukalyptus-Bäumen. Bangangté ist eine **typische Bamiléké-Kleinstadt** mit vielen einförmigen Betonhäusern und dem großen Marktplatz im Zentrum. Die beiden **Märkte** von Bangangté folgen nicht mehr der in dieser Gegend früher üblichen Acht-Tage-Woche, sondern sie finden regelmäßig mittwochs und samstags statt; am Samstag ist der Markt größer. Die „Fleischecke" des Marktes mit Biber, Ratte etc. ist recht interessant – das Angebot ist jedoch an jedem Markttag unterschiedlich.

Interessant ist auch die sehr schöne **Chefferie** direkt am Ortsausgang in der Nähe der Polizeistation. Man erkennt sie an den kleinen Häuschen links und rechts der Straße, die mit einem bunten „Graffito" bemalt sind. Eintritt inkl. Fotoerlaubnis 1500 CFA. Durch den großen Eingang im typischen Bamiléké-Stil erreicht man eine schöne Allee, gesäumt von traditionellen Bambushäusern mit

Strohdächern; dies sind die Frauenhäuser (Betreten verboten). Der Weg führt hinab zum Haupthaus, in dem neben verzierten Gebrauchsgegenständen eine Tafel mit der Abfolge der Dynastie angebracht ist. Daneben das Tribunal (Gerichtsgebäude) mit schöner blauweißer Malerei. Der vorherige König deses Palastes heiratete eine Französin, die über ihr Leben ein sehr interessantes Buch schrieb und noch heute in Bangangté lebt: *„Meine afrikanische Leidenschaft"* (Claude Njiké-Bergeret).

Etwas gehobenere Hotels:

- **Hotel Cristal Foua Ndigong**
Stadtzentrum, B.P. 22, Tel. 3484701, 3486211 oder 7618321 (mobil); Zimmer 14.000–22.000 CFA, z.T. mit TV. Restaurant. Empfehlenswert.
- **Hotel Penko**
Vom Süden her kommend 2 km vor Bangangté. Tel. 3484677. Zimmer 12.000–25.000 CFA.

Einfachere Hotels:

- **Hotel Le Paysan**
B.P. 13, Tel. 3484300, 3488188. Direkt neben dem Busbahnhof. Sauber, aber laut.
- **Hotel Gongsi**
Im Viertel Fembat, am Ortseingang.
- **Auberge Le Bazar,** BP 35
In der Nähe des Rathauses.

Essen und Trinken:

- **Restaurant des Retraites**
Neben dem Immeuble Nobra.
- **Restaurant Le Complexe** (Grill)
- **Restaurant le Prestige**
(alte BIAO-Straße)
- **Ndigong**
- **Le Gourmet de Ndé**
am Boulevard (leckere afrikanische Küche – auf Vorbestellung auch Buschfleisch).

Sammeltaxis/Busse:

Es verkehren Sammeltaxis nach Bafoussam (40 km), Bafang und Nkongsamba. Busse fahren nach Yaoundé (273 km, Linie Etoudi, 2500–3500 CFA) und Douala (Linien Amour du Ndé und Tsébo, 3500 CFA).

Sonstiges:

- **Krankenhaus,** Tel. 3484016.
- **Apotheke,** Tel. 3484047.
- **Katholische Mission,** Tel. 3484179.
- **Infrastruktur:** Postamt, Banken, zwei Krankenhäuser (Tel. 3484016, 3489101), Apotheken, Bäckereien, Tankstelle, kleiner Supermarkt (Boulevard Soleil Plus), Fotogeschäft Labo Foto (Tel. 9639790).
- **Zwei Märkte:** im Zentrum handwerkliche Produkte, auf der Bangoulap-Straße frische Produkte aus der Noun-Ebene (samstags).
- **Drei Nachtclubs: American Night Club** (im Hotel Foua Ndigong), Le Gourmet de Ndé (am Boulevard) und **Complexe Night Club.**

WA10IBMkam Foto: rf

Motiv an einer Holzsäule des ehemaligen Palastgebäudes von Bandjoun

Weiterfahrt von Bangangté nach Bafoussam vorbei an zahlreichen Chefferien, die unterwegs ausgeschildert sind. Darunter die winzige **Chefferie von Bangwa** 3 km hinter Bangangté. Dieser kleine Palast ist außerordentlich gut erhalten, alle Bambushütten haben noch ihre ursprünglichen Strohdächer, auffällig der schöne Eingang in die baumbestandene Allee. Etwa 100 m vor der großen Kreuzung der direkten Verbindungsstraße von Bafang nach Bafoussam ist die Chefferie von Bandjoun ausgeschildert.

Chefferie von Bandjoun

Die Chefferie von Bandjoun war der bedeutendste und schönste noch erhaltene **Fon-Palast** des Bamiléké-Landes.

Leider ist die Chefferie im Januar 2005 abgebrannt und wird zur Zeit (Stand: Januar 2006) wieder rekonstruiert, wobei die Arbeiten bis Ende 2006 abgeschlossen sein sollen. Am besten vor Ort erkundigen.

Das kleine Volk der Bandjoun hat eine eigenständige Dynastie innerhalb des Bamiléké-Volkes.

- **Unterkunft:** *Centre Climatique de Bandjoun,* BP 927, Tel. 3446750; Zimmer von 25.000–55.000 CFA.
- **Infrastruktur:** In Bandjoun gibt es eine Post, Apotheke und Arzt (Tel. 3445306), Lebensmittel, eine Bank und Treibstoff.

Von Bandjoun sind es 14 km auf sehr guter Teerstraße bis nach Bafoussam.

Bafoussam

Bafoussam liegt in 1440 m Höhe und ist die **Hauptstadt der Provinz Ouest,** gleichzeitig auch Hauptort des Verwaltungsbezirks Mifi, mit ca. **305.000 Einwohnern** siebtgrößte Stadt Kameruns. Der wichtige **Verkehrsknotenpunkt** an einer großen Straßenachse verfügt über gute Zufahrtswege aus Douala, Yaoundé, Bamenda und Foumban.

Bafoussam ist die **Metropole der Bamiléké,** die als Bauern und Händler für ihren ausgeprochenen Geschäftssinn bekannt sind. Aufgrund ihrer günstigen Lage in einer landwirtschaftlich reichen Region und als Knotenpunkt der Verkehrswege im Westen Kameruns genießt Bafoussam einen bedeutenden wirtschaftlichen Stellenwert. Große **Industriebetriebe** wie die Brasseries du Cameroun, eine Seifenfabrik und eine Druckerei haben hier ihren Standort. Die Stadt ist aber vor allem ein **Zentrum für die Verarbeitung des hochwertigen Arabica-Kaffees.** Die Union centrale des coopératives agricoles de l'Ouest, UCCAO, koordiniert die Erntemengen, die Weiterbehandlung, Verpackung und den Export des Kaffees und schafft so eine wichtige Erwerbsquelle und viele Arbeitsplätze. Die Arabica-Sorten gedeihen nur im milden Klima der höher gelegenen Gebiete des Westens, deren vulkanische Böden sehr fruchtbar sind (im Gegensatz zu den Robusta-Sorten, die in den tiefer gelegenen Gegenden des Südwestens und Südens gedeihen). Wegen der gefallenen Kaffeepreise hat sich die Wirtschaft

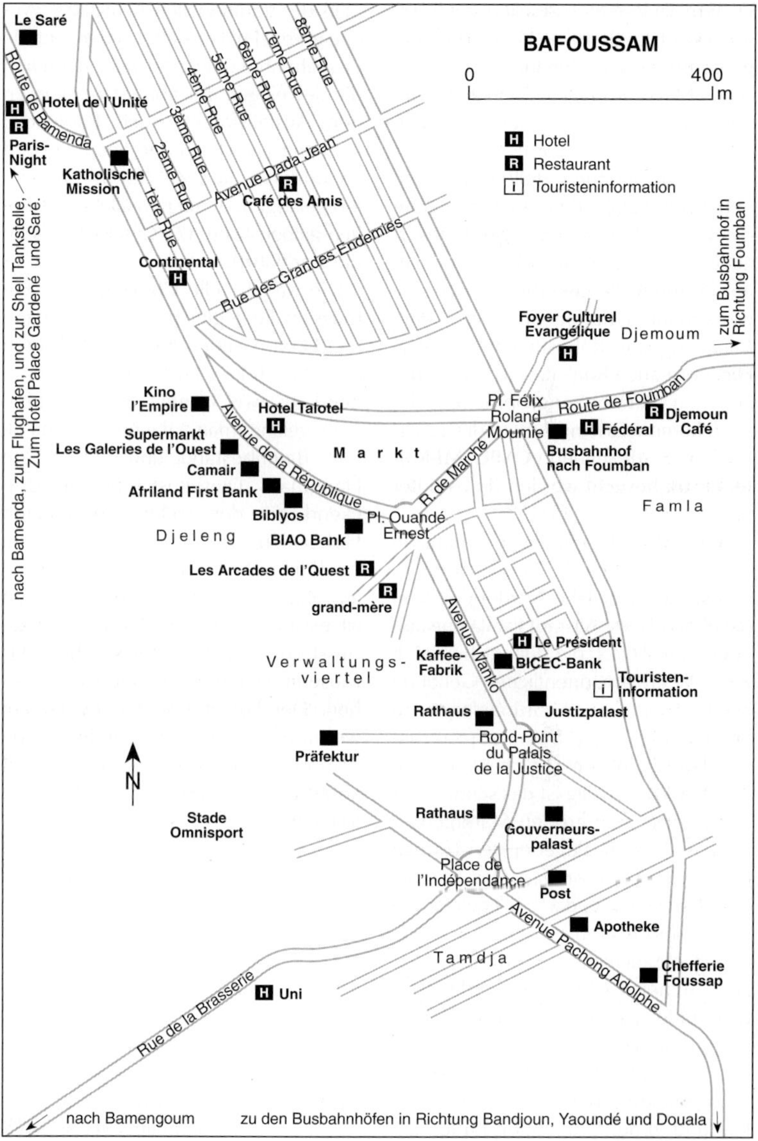
BAFOUSSAM
0
400
m
Hotel
Restaurant
Touristeninformation
Le Saré
Hotel de l'Unité
Paris-Night
Route de Bamenda
nach Bamenda, zum Flughafen, und zur Shell Tankstelle, Zum Hotel Palace Gardené und Saré.
Katholische Mission
1ère Rue
2ème Rue
3ème Rue
4ème Rue
5ème Rue
6ème Rue
7ème Rue
8ème Rue
Avenue Dada Jean
Café des Amis
Rue des Grandes Endemies
Continental
Foyer Culturel Evangélique
Djemoum
zum Busbahnhof in Richtung Foumban
Kino l'Empire
Hotel Talotel
Supermarkt Les Galeries de l'Ouest
Camair
Afriland First Bank
Biblyos
BIAO Bank
Avenue de la République
Markt
Pl. Félix Roland Moumie
Route de Foumban
Djemoun Café
Fédéral
Busbahnhof nach Foumban
R. de Marche
Famla
Pl. Ouandé Ernest
Djeleng
Les Arcades de l'Quest
grand-mère
Avenue Wanko
Kaffee-Fabrik
Le Président
BICEC-Bank
Verwaltungs-viertel
Touristen-information
Rathaus
Justizpalast
Präfektur
Rond-Point du Palais de la Justice
N
Stade Omnisport
Rathaus
Gouverneurs-palast
Place de l'Indépendance
Post
Avenue Pachong Adolphe
Apotheke
Tamdja
Chefferie Foussap
Uni
Rue de la Brasserie
nach Bamengoum
zu den Busbahnhöfen in Richtung Bandjoun, Yaoundé und Douala

weitere Einkommensquellen erschlossen. Es entstanden viele Hühnerfarmen, grüne Bohnen werden für den europäischen Markt produziert; Tomaten, Bohnen und Eier für die zentralafrikanische Region.

An verschiedenen Stellen der Stadt (z.B. gegenüber dem Haupteingang des UCCAO-Verwaltungsgebäudes; s. auch Karte „Kaffeefabrik") kann man am **„Stand de Dégustation"** einen ausgezeichneten Kaffee probieren, eine Mischung aus Robusta und Arabica. Hier wird auch Rohkaffee verkauft, der aus den Verarbeitungsbetrieben der Stadt kommt. Es kann zudem die außerhalb der Stadt liegende **CAPLAMI-Kaffeefabrik** besucht werden (Infos unter Tel. 3444296 und 3441197).

Durch die wirtschaftliche Expansion der Stadt hat sich die Bevölkerung innerhalb weniger Jahre verdoppelt. Um die übervölkerte Altstadt Famla entstanden neue Viertel, die dünner besiedelt sind. Die großen, öffentlichen Gebäude liegen inmitten von Grünanlagen im Verwaltungsviertel. Das Stadtzentrum wird beherrscht vom täglich stattfindenden **Markt.** Auffällig ist das schöne Eingangsportal zum großen Marktgebäude, das aus zwei alugedeckten Türmen besteht. Verkauft wird fast alles: Produkte des täglichen Bedarfs, billige chinesische Importwaren, sortierte europäische Gebrauchtkleidung sowie traditionelle Arzneien, Gebrauchs- und Kultgegenstände, u.a. weiße und blaue Porzellanketten, gebatikte Tanzkostüme und mit Perlen geschmückte Tanzmasken.

Die Märkte in den äußeren Stadtvierteln und in der Umgebung finden gemäß der traditionellen Acht-Tage- Woche unregelmäßig statt. Da der zentrale Busbahnhhof überlastet war, liegen nun die jeweiligen Busabfahrtspunkte an den Ausfallstraßen nach Bamenda/ Dschang, nach Foumbot/ Foumban und Yaoundé/Douala. Zu den Busbahnhöfen gelangt man mit den allgegenwärtigen gelben Taxis (175 CFA Festpreis für die Stadtfahrt).

Die traditionelle **Chefferie** von Bafoussam liegt gleich am Ortseingang rechts (von Süden kommend). Durch ein sehr schönes Eingangsportal, bestehend aus zwei Türmen, mit Löwen bemalt, gelangt man auf eine Allee mit altem Baumbestand und hinab zum Haupthaus. Dieses ist sehr beeindruckend mit den vielen geschnitzten Holzsäulen, die das mit Gras gedeckte, ca. 15 m hohe Dach tragen. Es ist ganz aus Holz und Lehm gebaut, und innen ist es angenehm kühl. Einige wenige Ausstellungsstücke finden sich hier. Das Museum soll in einen Neubau umziehen. Der Fon mit seinen 60 Frauen wohnt nicht mehr hier, sondern in einem neuen Bau nebenan. Der Eintritt kostet 2000 CFA plus 1500 CFA pro Fotoapparat.

Im Zentrum von Bafoussam

Das berühmte Kunsthandwerk der Bamiléké, die dekorative **Holzschnitzerei,** wird in der Stadt noch traditionell ausgeübt. Vorwiegend handelt es sich um Holzbilder, die die Motive der Chefferien nachbilden. Der Verkauf erfolgt in den Werkstätten, im Handwerkszentrum am Marché B und in der Nähe der Touristenhotels. Vieles hier kommt aus den Kunsthandwerksbetrieben in Foumban, Dschang oder Bamenda.

Touristeninformation

- **Service Provincial du Tourisme**
An der Place de l'Indépendance gelegen, B.P. 557, Tel. 3441189.

Unterkunft

Bafoussam verfügt über gute Quartiermöglichkeiten und ist daher idealer Ausgangspunkt für Ausflüge zu den nahe liegenden Chefferien und Orten.

- 3 km von Bafoussam entfernt auf der Straße nach Douala liegt das **Centre Climatique de Bandjoun** in **Mboo,** gegenüber der Residenz Fotso Victor. Gehobene Ausstattung und Service, schöne, etwas enge Anlage. Es werden auch Ausflüge organisert. Internetcafé und Restaurant. B.P. 172, Bandjoun, Tel. 3446750 sowie mobil: 9930358 oder 9954432; E-Mail: ccbandjoun@camnet.cm. Insgesamt 50 Zimmer zwischen 25.000 und 55.000 CFA.
- **Hotel Talotel**
BP 110, Tel. 3444185 oder 3446181; zentrale Lage am Marché A. Sehr guter Standard.
- **Hotel Le Président**
B.P. 78, Tel. 3441136. 54 sehr einfache Zimmer mit Dusche/WC ab ca. 14.000 CFA sowie Bar, Restaurant.
- **Hotel Fédéral**
B.P. 136, Tel. 3441309, an der Straße nach Foumban. Empfehlenswertes Hotel mit 15 Zimmern (Dusche/WC) und Restaurant mit europäischer und afrikanischer Küche.

Der Westen

WA14kam Foto: ed

● **Hotel les Tuilleries**
Am Ortseingang, Tel. 3445071. Zimmer 8500–10.500 CFA.
● **Hotel de l'Unité**
BP 99. Gegenüber vom Collège Tangou, Tel. 3441116.
● **Hotel le Continental**
BP 565, an der Ausfallstraße Richtung Bamenda in Höhe des Carrefour Belge gelegen, Tel. 3441458, Fax 3444080, Zimmer ab 10.000 CFA.
● **Hotel Manoir**
BP 520, Tel. 3444909; Zimmer für 17.500 CFA (mit Dusche + WC), an der Straße Richtung Foumban gelegen.
● **Hotel Jardin des Coopérants**
An der Straße nach Bamenda, Tel. 3446744 oder 9571160 (mobil); Zimmer 5000–12.000 CFA (auch nach „le Café" fragen); günstiges Frühstück.
● **Hotel Residence Le Sare**
BP 731, Tel. 3442599, Doppelzimmer mit Bad für 18.000 CFA.
● **Hotel Ino**
Am Ortsausgang nach Bandjoun (Richtung Douala) gelegen, Tel. 3445828.

Essen und Trinken

In Bafoussam gibt es unzählige Kneipen und Restaurants, täglich öffnen neue und schließen alte. Am besten vor Ort aktuelle Empfehlungen einholen.

● **Les Arcades de l'Quest** (Bar)
Bantonvillage, gegenüber vom Zentralmarkt, Tel. 3346649.
● **Bantonvillage**
gegenüber vom Zentralmarkt, Tel. 3346649.
● **Restaurant grand mère**
Nähe Zentralmarkt, Tel. 9755181.

Notfall

● **Krankenhaus Provincial,** Tel. 3441211, 3441346.

Apotheken

● **Pharmacie des Montagnes,** am Marché A, Tel. 3444456 oder 6138076.
● **Pharmacie Binam,** Tel. 3442555.
● **Pharmacie Pasteur,** Tel. 3442360.

Oft hilft bei der Diagnose von Beschwerden zunächst der Gang zum Labor:
● **Laboratoire Baleng** (am Marché B), Tel. 3443519.

Linienbusse

Es verkehren Linienbusse von/nach (jeweils auf Teerstraße): Douala (266 km, 2500–3500 CFA), Yaoundé (313 km), Bangangté (40 km), Dschang (70 km), Bamenda (80 km), Nkongsamba (123 km), Foumban (72 km, ca. 1000 CFA, Fahrzeit ca. 1 Stunde); außerdem in die umliegenden kleineren Orte. Die Busse nach Dschang fahren 600 m hinter dem Hotel Continental (stadtauswärts) ab.

Stadttaxis

Innerhalb der Stadt verkehren die gelben Stadttaxis zum Einheitstarif.

Flüge

Der Flughafen von Bafoussam befindet sich 7 km vom Zentrum entfernt. Seit 2004 gibt es keine regelmäßigen Verbindungen mehr. Informieren Sie sich bei den regionalen Fluggesellschaften (Cameroon Airlines, NAC, Unifly).

Rund ums Auto

Autofirmen, Reparaturen

● **Cami-Toyota,** Tel. 3441388.
● **Happy Store,** Tel. 3444164. Ersatzteile (Mercedes, Toyota, Renault u.a.).
● **Socacomi,** Tel. 3441117. Reparaturen (Peugeot, Suzuki und andere Marken).
● **Techn-Auto Cameroun,** Tel. 3441482. Reparaturen.
● **Ersatzteile** sind zu finden auf der: „rue du pièce auto".

Mietwagen

● **AVIS,** B.P. 1045, Tel. 3441388.

Reiseveranstalter

- **MTA,** Tel. 3444921.
- **Tandel Voyages,** Tel. 3446581.
- **West Camtour,** Tel. 3442599.

Sonstiges

- **Fahrrad/Mofa:** Es bestehen in der Stadt Möglichkeiten, sich Fahrräder oder Mofas zu mieten.
- **Buchhandlungen: ETS Tankou Fils,** Tel. 3443262; **Librairie du Marché,** Tel. 3441355; **Librairie Papeterie du Plateau** (an der Straße nach Bamenda), Tel. 3443701, 9937274.
- **Katholische Mission:** Tel. 3441866 und 3441832
- **Infrastruktur:** Postamt, Banken (BICEC, SGBC mit Visaautomat), Kino („cinéma L'empire", à l'auberge), Nachtclubs, Supermärkte und Tankstellen.
- **Nachtclubs: Biblyos** (hinter der Afriland First Bank), **Nawa Night Club** (Tel. 3444565) und **Ritz Palace** (hinter Ralotel).
- **Internetcafés: CVCAM,** bei der Chefferie, **La Diaconie,** zwischen Palais de Justice und Marché A, **Camtel** im Gebäude der PMUC.

Es kommen recht gute Internetverbindungen in Bafoussam zustande.

Ausflüge

Wasserfall des Metche

Verlässt man Bafoussam in Richtung Bamenda, erreicht man nach 5 km eine Brücke über den Fluss Metche. Hier kann man parken und vor der Brücke rechts einen schmalen Fußweg hinab zum Wasserfall steigen, der hier über eine breite, felsige Kante etwa 30 m in die Tiefe stürzt. Es führen Steintreppen zum Wasserfall hinunter, und es soll auch möglich sein, die Höhle dahinter zu betreten. Der Weg ist als Tourismusprojekt ausgebaut. Ein anderer kleiner Pfad führt zur Oberkante des Wasserfalls, der über eine große Basaltplatte fließt. Ein kurzer Halt lohnt sich, allerdings sollte man auf den Straßenverkehr und Wertsachen achten.

Chefferie und Kratersee Baleng

Am Ortsausgang Richtung Bamenda an der letzten Kreuzung nach rechts, nahe der Schule, gegenüber dem Flughafenschild; dann geradeaus bis zum Hinweisschild Lac de Baleng. Diesem Schild folgend führt die Piste in Serpentinen bergauf und bergab und bietet schöne Ausblicke. Die Strecke (ca. 6 km) ist (bei Trockenheit) mit normalem Pkw befahrbar. Neuerdings ist es nicht mehr möglich, direkt bis an den Rand des Sees zu fahren, der Weg endet vor einer Schranke. Von hier aus sind es noch 20–25 Gehminuten zum Seeufer an grünen Grashängen. Dort hat man einen weiten Blick über das Bamiléké-Land. Es handelt sich, wie bei vielen Kraterseen des Landes, um einen heiligen Ort, der dem Glauben der Bevölkerung nach von Ahnen bewohnt ist. Aus diesem Grunde gelten einige **Tabus:** Fremde dürfen nicht fischen, baden und auch nicht mit dem Finger auf den See zeigen. Die regelmäßigen Opfer (auch Tieropfer) der Anwohner zeigen, wie lebendig der traditionelle Naturglauben ist.

Von Bafoussam aus ist der See auch **zu Fuß gut zu erreichen,** die Wanderung dauert etwa 1 Stunde (einfach).

Zur **Chefferie de Baleng** gelangt man von Bafoussam aus kommend, wenn man an der Mairie Rual rechts abzweigt, sich weiter rechts hält, dann eine kleine Brücke überquert und die erste Piste nach rechts abbiegt (keine Ausschilderung). Die Chefferie liegt in schöner, grüner Umgebung, der Eingang ist in typischer Bamiléké-Tradition gefertigt, das Haupthaus jedoch mit Wellblech gedeckt. Die Chefferie wird nur selten von Touristen besucht.

An allen touristischen Attraktionen auf Wertsachen achten, evtl. einheimische Führer mitnehmen.

Bafoussam – Foumban

- **72 km** gute Teerstraße

Verlässt man Bafoussam in Richtung Foumban, fällt ein Stadtteil mit sehr vielen **Moscheen** auf, der islamische Einfluss wird sichtbar. Hier wohnen muslimische Bamoun, die aus der Region von Foumban hierher zogen. Die Leute sind bereits sehr islamisch mit Boubous und Turban gekleidet.

Die Strecke nach Foumban ist asphaltiert. Die Umgebung besteht überwiegend aus **Farmland,** teils Terrassenkulturen, später schönes Hügelland, das teilweise gerodet ist und als Weideland genutzt wird. Die Berge am Horizont sind bereits Ausläufer der Dorsale Camerounaise.

Nach 16 km, kurz vor Foumbot, führt eine **Brücke über den Noun River,** der die Grenze bildet zwischen den Verwaltungsbezirken Mifi und Noun. Ab hier beginnt nun das **Land der Bamoun,** der einzigen überwiegend islamischen Volksgruppe im Süden und Westen Kameruns. Dieser Teil der Westprovinz ist im Vergleich zur Bamiléké-Region relativ dünn besiedelt.

Kurz nach der Brücke sieht man rechts eine **Experimentier-Plantage,** in der landwirtschaftlich geforscht wird.

Die Asphaltstraße führt ab dem Noun durch eine sehr fruchtbare Region mit Kaffee-Pflanzungen und Gemüseanbau. Nur wenige kleinere Hügel durchziehen die relativ flache Landschaft. Da die Bamoun nicht als besonders engagierte Bauern bekannt sind, ihr Land aber sehr ertragreich ist, kommen teilweise Bamiléké in dieses Gebiet und kultivieren den Boden.

Nach 25 km erreicht man **Foumbot.**

Foumbot

Hier wird jeden **Sonntag** der **größte Obst und Gemüse- Markt** der Umgebung (Gemüsemarkt auch am Dienstag und Samstag) abgehalten, einer der größten in der Umgebung. Bekannt ist Foumbot vor allem wegen seiner hervorragenden, frischen Gemüse- und Obstsorten, die im kühlen, trockenen Klima des fruchtbaren Umlands gedeihen. Da dieser Markt für die Versorgung der Städte im gesamten Westen eine wichtige Rolle spielt (sogar die Leute aus Douala kommen hierher), gibt es in Foumbot auch einen riesigen **Gare routière** mit direkten Verbindungen auch in weiter entfernte Orte.

- **Informationen:** *Centre touristique du Noun,* BP 126, Tel. 3442202
- **Unterkunft:** *Hotel du stade,* B.P. 257 Foumbot
- **Infrastruktur:** Tankstelle, Bank, Apotheke, Protestantische Mission (Tel. 3442192), Werkstätte Terres Noires (von einem sehr

sympathischen französischen Paar geführt), in der Nähe Campingmöglichkeit (gratis).

In dieser Gegend blühen im März die Jacaranda-Bäume in den verschiedensten Lilatönen.

Auf der Weiterfahrt hinter Foumbot erreicht man das kleine Dorf **Baïgom (35 km** nach Bafoussam). Rechts sieht man den spitzen Gipfel des **Mt. Mbapit** (1969 m), der aus der Ebene ragt.

Abstecher zum Lac de Mfou (Lac de Mbapit)

In Baïgom rechts ab und 8 km auf schlechter Piste bis zu den Hängen des Mbapit-Berges weiterfahren. Von hier führt eine Wanderung (ca. 1 Std. einfacher Weg, Trittsicherheit erforderlich) hoch zu einem schön gelegenen Kratersee an einer 200 m steil abfallenden Felswand. Auch um diesen See ranken sich Legenden und Geschichten.

Da sich diese Piste aktuell in sehr schlechtem Zustand befindet, fährt man besser ab dem Ortsausgang Foumbot rechts ab und 7 km auf praktikabler Piste. Im Dorf **Ngbet suene** gibt es eine Schranke (5000 CFA pro Fahrzeug), danach bis zu einem Steilaufstieg. Von dort Blick auf den See. Für die Umrundung zu Fuß benötigt man ca. 2 Std.

Auf der Weiterfahrt entlang der Hauptstraße sieht man bereits hier und da kleine Moscheen, teilweise auch Familien-Moscheen, die den islamischen Einfluss deutlich machen. Die flache Landschaft wird nun relativ monoton mit einigen kahlen Hügeln, sehr wenig Vegetation und nur vereinzelten Siedlungen.

In **Koutaba** liegt der Flughafen von Foumban, doch es gibt derzeit keine Flugverbindungen in den Westen Kameruns. In diesem Ort ist auch eine Militärbasis stationiert (Fotografierverbot!). In der Umgebung liegt das sehenswerte Mbororo-Fulbe-Dorf **Didango** (etwa 7 km Piste).

Hinter Koutaba taucht links am Horizont das **Massif de Nkogam** (2263 m) auf, an dessen Fuß der **Lac de Bamendjing,** ein riesiger Stausee, liegt.

Links dann eine Wiederaufforstungsanlage (Kiefernart), die von der Regierung unterstützt wird. Man befindet sich in einer Höhe von ca. 1100 m und das Klima ist angenehm kühl.

Am Ortseingang von Foumban ist links die Abzweigung zum Lac de Bamendjing und weiter zur Ringroad. Bei **km 72** ist **Foumban** erreicht.

Foumban

Foumban ist der **Hauptort des Verwaltungsbezirks Noun,** 1184 m ü.NN., ca. **50.000 Einwohner.** Foumban ist die **touristisch und kulturell interessanteste Stadt im Grasland** als Sitz des Sultanats der Bamoun und handwerklicher Mittelpunkt. Dieses Sultanat ist der südlichste Vorposten islamischer Kultur in Kamerun, die Region ist seit Ende des 19. Jahrhunderts islamisiert (s.a. Kapitel Geschichte). Der Besuch der Stadt ist einer der Höhepunkte jeder Kamerun-Reise. Obwohl Foumban ein bevorzugtes Ziel aller Rundreisen ist und man als Tourist sofort von vielen kleinen und großen „Führern", die natürlich alle „Prinzen" sind, empfangen wird, hat sich die Kleinstadt eine sehr authentische Atmosphäre bewahrt.

Durch ein **großes Eingangstor,** bestehend aus drei Türmen, dem Symbol der Bamoun, und versehen mit aufwändigen Schnitzereien, gelangt man in den Ort hinein. Am Justizpalast vorbei erreicht man das Zentrum mit dem Sultanspalast, der **Moschee** und dem **Markt.** Die Stadt zieht sich entlang mehrerer Hügel und wirkt durch die vielen Bäume zwischen den Häusern sehr sympathisch.

Hauptanziehungspunkt ist der große dreistöckige **Sultanspalast.** Versuchen Sie am Ende der Woche hier zu sein, denn am Freitag findet der feierliche Auszug des Sultans in die Moschee statt, und nach dem Gebet wird der Sultan, mit Musik und Tanz, zurück zum Palast begleitet. Auch unter der Woche ist manchmal zu sehen, wie **Sultan Ibrahim Mbombo Njoya,** der seit 1992 als 19. Herrscher der Bamoun-Dynastie amtiert, Hof hält und seine Untertanen empfängt. Unter einem Sonnenschirm thront er dann, immer im reich bestickten Gewand, vor seinem Palast. Der Sultan war gleichzeitig auch Bürgermeister der Stadt, aber seit den letzten Wahlen trat er sein Bürgermeisteramt an seinen Cousin *Adamou Ndam Njoya* ab, was heftige Diskussionen um die Rolle der traditionellen Herrscher hervorrief.

Der Sultanspalast von Foumban mit neuer Reiterstatue

Sehenswürdigkeiten

Der Sultanspalast

Betritt man den Palastbezirk, so fällt der Blick zunächst auf das große dreistöckige Hauptgebäude, das noch zu Lebzeiten König *Njoyas* (siehe auch entsprechenden Exkurs) entstand. Der ursprüngliche Palast aus Bambus und Strohdächern brannte häufig ab, zuletzt 1913, und so beschloss der Sultan schließlich, ein festes Ziegelgebäude in Anlehnung an die luxuriöse Residenz des deutschen Gouverneurs in Buea, die ihm sehr gut gefiel, zu errichten. Für die umfangreichen Arbeiten ließ Njoya mehrere Betriebe eröffnen, darunter eine Ziegelei und zwei Sägewerke. Selbst eine eigene Zementmischung auf der Basis von Harz, Palmöl und Asche erfand er, mit der er seinen Palast, der 1917 fertig gestellt wurde, von außen verputzte. Während der Palastrenovierung im Jahr 1984 (UNESCO) wurde dieser graue Anstrich jedoch wieder entfernt.

Der Palast besteht aus zwei Stockwerken, das obere tritt etwas zurück. In der Mitte dominiert ein Turm das Gebäude. Der weitläufige, mit Palmen bepflanzte runde Platz vor dem Palast wird zu beiden Seiten flankiert von den Frauenhäusern (Zutritt nicht gestattet).

In einem kleinen, flachen Gebäude links befindet sich die von König Njoya gegründete **Schule.** Dort wurde die von ihm selbst erfundene **Schrift Schümom** gelehrt, bestehend aus 83 Zeichen, darunter zehn Zahlen. Unter dem heutigen Sultan hat diese Schule ihren Betrieb wieder aufgenommen. Neben der Schule hängt eine Tafel mit allen Namen und Daten der (bisher 18) Herrscher seit Beginn der Bamoun-Dynastie, vom Begründer *Ncharé* bis zum jetzigen Sultan *Ibrahim Mbombo Njoya*. In der Mitte des Hofes befindet sich, von einer kleinen Mauer umgeben, das **Grab der Mutter von König Njoya.** Auf dem Steinsockel steht in deutscher Sprache, dass sie im Jahre 1913 verstorben ist. Hier steht seit kurzem eine Reiterstatue.

Betritt man das Palastgebäude (Fotografierverbot im Inneren des Gebäudes!), gelangt man in eine große Eingangshalle, vier riesige Säulen halten die Decke. Hier steht die **Nachbildung des berühmten Königsthrons,** genannt **Mandu Yenu,** dessen Original im Völkerkundemuseum in Berlin zu besichtigen ist. Dieser herrliche, mit tausenden von Glasperlen bestickte Thron gehörte schon Njoyas Vater *Nsangou*. Njoya übergab ihn 1908 dem deutschen Gouverneur, der ihn dem deutschen Kaiser als Geschenk überbringen sollte. Seitdem ist dieses bedeutende Herrschaftssymbol der Bamoun außer Landes.

Es gibt zu der Thematik einen sehr schönen **Bildband** mit dem Titel „Mandu Yenu – Bilder aus BAMUM, einem westafrikanischen Königreich, 1902–1915" (Trickster, München). Die beiden Verfasser sind die deutsch-amerikanische Ethnologin *Christraud Geary* und der Sultanssohn, Schriftsteller und Vorsitzende der UDC (Union Democratique Camerounaise) *Adamou Ndam Njoya*. Das Königtum Bamoun galt seinerzeit als das am meisten fotografierte Land Afrikas.

Das Palast-Museum

Öffnungszeiten: täglich von 8.30–18 Uhr. **Eintritt:** inkl. Führung ca. 2000

CFA. Es wird keine Fotografiererlaubnis mehr erteilt. Im Museum kann man aber Postkarten kaufen. Insgesamt gibt das Museum einen sehr guten Überblick über die Geschichte Foumbans, die Führung (auf Französisch) ist ausgezeichnet.

Die Privatsammlung des Sultans, im ersten Stock des Palastes eingerichtet, ist das **interessanteste Museum Kameruns** und bewahrt Objekte von unschätzbarem kulturellem Wert auf. Hier wird die **Geschichte der Bamoun-Dynastie** auf das Anschaulichste dargestellt. In der relativ umfangreichen, sehr geordneten Fülle von Gegenständen findet man mehrere mit Kauri-Muscheln und Glasperlen geschmückte Thron-Sessel, Tanzmasken und federngeschmückte Tanzkostüme, die Kopfbedeckungen aller bisherigen Thronfolger, verschiedenste alte Waffen, Musikinstrumente, Holzstatuen und Schmuckgegenstände.

Ein kleiner Teil des Museums ist dem im 18. Jahrhundert regierenden **Sultan Mbouombouo (1757–1814)** gewidmet, dessen Autorität und Stärke unvergessen bleiben, weil er mit seinen Angriffen die gefürchteten Fulbe-Reiter abwehrte, Foumban mit einem Schutzwall umgab und so die Unabhängigkeit seines Volkes bewahrte. Erhalten sind sein Thron, seine Tabakspfeife, einige Waffen und Gewänder, aber vor allem eine recht beeindruckende Kalebasse, die mit den Unterkiefern seiner Feinde behängt ist. Aus diesem Gefäß trank er seinen Palmwein, andere wieder tranken ihn aus den Schädeln ihrer getöteten Feinde.

An den berühmten **König Njoya** erinnern im Museum seine perlenverzierten Pfeifen, Schilde aus Raphiafasern oder Büffelhaut, Gewänder und Stoffe, die nach einem von ihm entwickelten Verfahren blau-weiß gefärbt wurden, ferner seine Waffen und eine seiner Erfindungen, die mechanisch betriebene Mühle für das Zerkleinern von Maiskörnern. Auch einige von ihm handgeschriebene Bücher in der von ihm erfundenen Schrift Schünom sind noch gut erhalten. Auf einem sehr großen Gemälde ist dieser berühmte König verewigt.

Fotos vom Beginn des 20. Jahrhunderts, als Kamerun deutsches Schutzgebiet war, zeigen Njoya in der Uniform der Kaiserlichen Garde, die er vom Vertreter des Kaisers u.a. als Gegengeschenk für den Thron Mandu Yenu erhielt.

An Festtagen werden die alten farbenprächtigen Kostüme, die Lanzen, Speere und Tanzmasken hervorgeholt und die überlieferten Traditionen des Bamoun-Volkes ausgelebt, z.B. am Ende des Ramadan (schöne Reiterspiele) oder zum Tabaski-Fest (auch Hammelfest genannt).

An jedem **Freitag** findet traditionell der **Auszug des Sultans** aus dem Palast in die Moschee statt – lassen Sie sich dieses Highlight nicht entgehen!

Das **Kunsthandwerkszentrum Artisanat** direkt am Sultanspalast ist nicht besonders interessant, im Übrigen werben die Händler mit ihren Terrakotta-Pfeifen und Bronze-Masken und Perlen in der Umgebung des Palastes eher aufdringlich um die Gunst der Käufer.

Der Markt

Gegenüber des Sultanspalastes liegt der von weißen Arkaden umgebene Marktplatz, Markt ist am **Mittwoch und Samstag.** Friseure, Schneider und Naturheiler bieten hier ihre Dienste an, dazwischen Stände mit Gemüse, Gewürzen und Früchten. Man sollte die Spezialitäten Foumbans probieren: gezuckerter Maniok und leckeres Brot, das auf traditionelle Weise im Holzofen gebacken wird. Auch wenn man bereits viele Märkte im Westen Kameruns besucht hat, lohnt sich ein Bummel durch dieses Farbenspiel. Interessant ist vor allem der Mbororo-Fulbe-Teil an der Tribüne gegenüber der Statue des Königs Njoya, die sich vor der Moschee befindet. Links neben der Tribüne werden interessante traditionelle Gegenstände verkauft (Felle, Fetische, alte Gewänder etc.).

Moschee und Tam-Tam-Haus

Vom Minarett der großen Moschee aus dem Jahre 1956, gleich neben dem Markt, bietet sich ein guter Rundblick auf die Stadt und den Palast. Für den Eintritt in den Turm wird eine kleine Spende (2000 CFA) erwartet.

Auf dem Platz vor der Moschee steht rechts ein traditionelles strohgedecktes Holzhaus mit schön geschnitzten Säulen, das **Tam-Tam-Haus.** Es beherbergt die riesige, sechs Meter lange **Kriegstrommel,** die aus einem ausgehöhlten Stamm des Kapok-Baumes besteht. Sie stammt angeblich von Sultan *Mbouombouo,* der damit den Krieg des Bamoun-Volkes ausgerufen hat. Außerdem werden hier noch einige weitere historische Gegenstände aufbewahrt. Auch hier wird für den Eintritt ein Trinkgeld erwartet.

Am Ende des Platzes vor der Moschee steht eine **Statue König Njoyas.**

Die Straße der Künstler

Die Bamoun profilieren sich als geschickte Kunsthandwerker und lassen sich – immer ein lohnendes Geschäft im Auge – gerne auf die Finger schauen. So ist eine ganze **Rue des Artisans** entstanden, an der sich Laden an Laden, Werkstatt an Werkstatt reiht. Hier entstehen vor allem neuere Bronzearbeiten und Holzschnitzereien, aber auch wirklich gute, alte Originale sind zu finden. Man braucht schon etwas Zeit, um in den vielen Geschäften herumzustöbern und um die gewünschten Objekte zu feilschen, was manchmal sehr langwierig und anstrengend ist. Die Händler sind ziemlich aufdringlich, und es ist praktisch unmöglich, ungestört von einem Laden zum nächsten zu schlendern.

Auf der Künstlerstraße arbeiten die **Holzschnitzer,** die Tanzmasken schnitzen und Truhen, Tische, Behälter und Holzbilder mit den reliefartigen Bamoun-Schnitzereien dekorieren. Die Themen der Bilder stammen aus dem täglichen Leben, aber auch aus der Geschichte des Bamoun-Volkes.

Daneben die **Bronzegießer,** die – nur noch selten – in der Technik des Gelbgusses (vgl. entsprechenden Exkurs im Kapitel Kunst und Kultur) arbeiten. Kleine Statuen und Figuren, Masken und Schmuckgegenstände werden aus Bronze angefertigt. Ich habe hier einige

Passeports erstanden, winzig kleine Bronzemasken, die man als Halskette tragen kann. Früher einmal dienten sie den Leuten als „Ausweis", da keine einer zweiten gleicht.

Auch **Korbmacher, Weber, Maler, Töpfer** sind auf dem Markt anzutreffen sowie **Sticker,** die die handgewebten Baumwollstoffe mit den traditionellen Bamoun-Motiven besticken und daraus Servietten und Tischdecken fertigen.

Liebhaber von Antiquitäten finden nach langem Suchen vielleicht schöne Musikinstrumente, Terrakotta-Statuen, Bronzemasken oder mit Perlen besetzte Kalebassen. Die meisten Objekte hier sind aber neuere „Touristen-Kunst".

Neben dem Rathaus entsteht ein neuer Kunsthandwerkermarkt. Es gibt nicht viel Auswahl, doch dafür ist es übersichtlich und ruhig. Die Chancen, exquisite Gegenstände zu erstehen, sind wahrscheinlich größer.

Folgt man der Straße der Künstler hinauf, gelangt man zum

Musée des Arts et Traditions Bamoun

Trotz seines bescheidenen Umfangs – es ist erheblich kleiner und nicht so interessant wie das Museum des Sultanspalastes – ist dieses **Museum traditioneller Kunst** sehenswert. Es wurde bereits 1930 von *Mosé Yéyap,* einem bedeutenden Politiker und Vertreter der Bamoun, gegründet. Auffällig ist schon am Eingang die große Holztür mit schönen Bildern in reliefartiger Schnitzerei.

Im Inneren befindet sich eine sorgfältig geordnete Sammlung von Kunstobjekten – leider sind auch neue Imitationen darunter. Viele der Gegenstände sind verziert mit der typischen **Bamoun-Symbolik:** die Spinne (Weisheit, Friede und Arbeit), die doppelköpfige Schlange (Macht nach allen Seiten hin), die Kröte (Fruchtbarkeit), das Chamäleon, der Antilopenkopf und die Doppelglocke (Kriegszeichen, Loyalität). Zu den Artefakten gehören schöne Terrakotta- und Bronze-Pfeifen, verzierte Gongs (Glocken), zahlreiche geschnitzte Holztafeln mit menschlichen und Tier-Motiven, Tonkrüge, in denen der Palmwein aufbewahrt wurde, Terrakotta-Statuen und Tanzmasken. Außerdem umfasst die Sammlung **Kriegsgeräte** wie Lanzen und Schilde, auch Thron-Stühle, Musikinstrumente, Tanzkostüme, Töpfereien, Schmuckgegenstände mit Kauri-Muscheln und Glasperlen sowie eine kleine Sammlung von Fotos aus der Zeit der deutschen Kolonialherrschaft.

Sollte das Museum nicht geöffnet sein, fragen Sie einen der Händler. Der Eintritt ist frei, es wird jedoch eine Spende erwartet.

Nahe der Künstlerstraße wohnt der **Maler Ghangne Mahmadou,** der sich auf Abbildungen der Bamoun-Dynastien und historische Szenen aus dieser Zeit (Tänze etc.) spezialisiert hat. Die Originale sind verhältnismäßig teuer (40–60 Euro), Drucke gibt es auch in Douala in Geschäften zu kaufen. *Ghangne Mahmadou* ist in der katholischen Mission aufgewachsen, kennt die Stadt recht gut und bietet sich auch häufig als Führer an.

Unterkunft

- **Hotel résidence Baba Palace**
In Tayindi, etwa 10 km außerhalb von Foumban, Tel. 2306785, 9989899 oder 7804500 (beide mobil). Zimmer zwischen 12.000 und 17.000 CFA (gehobene Ausstattung). Restaurant.
- **Hotel Baba Palace**
Am Ortseingang, B.P. 10, Tel. 3482748. Zimmer zwischen 10.000 und 15.000 CFA.
- **Holiday City**
Am Ortseingang vor dem Busbahnhof, Tel. 3482529, 9994355. Zimmer zwischen 10.000 und 15.000 CFA.
- **Katholische Mission**
Im Stadtzentrum, Tel. 3482236. Sehr einfache Zimmer, auch Mehrbett-Zimmer vorhanden. Die Mission wird von belgischen Schwestern geleitet. Preise gibt es nicht, aber die Mindestspende beträgt 2000 CFA pro Nacht.
- Sehr nette Privatunterkunft bei **Christina Fokkens,** B.P. 157, Foumban, Tel. 3482816 (abends). Zimmer für 10.000 CFA, Essen kann auf Wunsch gegen Extrakosten bestellt werden. Frau *Fokkens* ist Holländerin und mit einem Kameruner verheiratet.

Essen und Trinken

Außer den Restaurants der oben genannten Hotels kann ich empfehlen:

- **L'Escale**
Am Ortseingang (aus Richtung Bafoussam). Hier gibt es typisch afrikanische, sehr gute Küche zu angemessenen Preisen (nur auf Vorbestellung). Es kocht eine der Töchter des Sultans!
- **ETS Café Royal**
B.P. 180, Tel. 3483039. Restaurant/Snackbar und Café, von einem der Prinzen, *Salifou Njoya Njimoluh,* geführt. Das Restaurant hat eine schöne Terrasse abseits vom Verkaufsrummel, gutes Essen (die Auswahl ist jedoch häufig sehr beschränkt) und sehr freundliches Personal.
- Nebenan, im Restaurant **La Roche,** gibt es *Couscous Bamoun.*

Busse/Sammeltaxis

- Verbindungen von/nach (jeweils auf Teerstraße): **Bafoussam** (72 km, 1500 CFA), **Bamenda** (152 km), **Yaoundé** (385 km, via Bafia, 4000 CFA), **Douala** (338 km, 3500 CFA). Folgende Unternehmen fahren nach Foumban: Butsi, Jaco, Landa Bango na Sima, Kaoutal (empfehlenswert!); nach Adamaoua (Banyo) fährt nur ein Unternehmen (Kaoutal) mit kleinen Autos (8–10 Plätze). Am Krankenhaus Tanyindi werden ebenfalls Passagiere aufgenommen.
- Außerdem bestehen Verbindungen **in die kleinen umliegenden Orte** (z.B. Manki II, Jakiri an der Ringroad, Malantouen und andere) über eine gute, ganzjährige Piste.

Hinweis: In Foumban endet die Teerstraße, nach Norden und Osten führen ausschließlich Pisten weiter.

Sonstiges

- **Krankenhaus,** Tel. 3482123.
- **Apotheke,** Tel. 3482024.
- **Infrastruktur:** Bank, Tankstellen, Postamt, Apotheken und ein Kino.

Bafoussam – Bamenda

- **82 km** Teerstraße, sehr viele Steigungen.

Auf der Hauptstraße von Bafoussam in Richtung Bamenda überquert man **nach 5 km** die **Brücke über den Metche-Fluss** mit einem großen Wasserfall (siehe Umgebung Bamenda).

Km 12, rechter Hand befindet sich ein **kleines Kunsthandwerkszentrum** mit Einkaufsmöglichkeiten.

Die breite, sehr gut ausgebaute Teerstraße führt zunächst durch ein Plantagengebiet (Kaffee, Bananen, teilweise Raphiapalmen) aufwärts.

4 km vor dem Ortsschild von Mbouda Abzweig nach **Bamété** zum **Kloster St. Benoît,** wo man in großen Schlafsälen übernachten kann (sehr freundlicher Empfang, ca. 7500 CFA pro Person mit Vollpension).

Bei **km 30** ist **Mbouda** erreicht.

Mbouda

Die Kleinstadt ist der Hauptort des Verwaltungsbezirks Bamboutos.

- **Infrastruktur:** Krankenhaus (Tel. 3485054), Apotheke (Tel. 3485059), Tankstelle, Banken, Lebensmittel, Postamt, Katholische Mission (Tel. 3485103), Gare Routière und viele Restaurants (auf dem Platz vor dem Busbahnhof). Unterkunft im **Hotel la Destinee** (Tel. 3485578, Zimmer ab 6000 CFA).

Von Mbouda bietet sich ein Abstecher nach Dschang an (40 km auf gut ausgebauter Teerstraße). Unterwegs Abzweigung zur Chefferie von Bafoussam.

Dschang

Dschang ist der **Hauptort des Verwaltungsbezirkes Ménoua** in der französischsprachigen Provinz Ouest. Die kleine Bamiléké-Stadt liegt in einer hügeligen Umgebung auf 1380 m Höhe und hat dadurch ganzjährig ein angenehm **mildes und trockenes Klima** mit kühlen Nächten (Durchschnittstemperaturen um 22 °C, am wärmsten ist es im April mit max. 31 °C). Schon während der Kolonialzeit war diese Region als **Luftkurort** beliebt, das Centre Climatique aus dieser Zeit machte den Ort bekannt und ist bis heute ein frequentiertes Hotel geblieben. Viele Veranstalter nehmen dieses Hotel als Ausgangsbasis für Ausflüge zu den Chefferien und in die schöne Umgebung.

Hier sind die **Yemba** beheimatet, eine Gruppe, die kulturell zu den Bamiléké gerechnet wird und deren Sprachgebiet bis in den anglophonen Teil um Fontem reicht. Sie leben als Kleinbauern hauptsächlich von der Landwirtschaft.

Es gibt in Dschang eine **Universität,** die sich aus einem landwirtschaftlichen Forschungszentrum zu einer Voll-Universität (mit Germanistikfakultät!) entwickelte. Dschang ist außerdem ein **Zentrum der Schweinezucht.**

In der kleinen, recht ruhigen Stadt sind die meisten Häuser aus Lehmziegeln gebaut (im Süden: Holz), für die Dächer wird Raphia-Bast benutzt, in der Mehrzahl jetzt aber Wellblech. Alle Häuser und Dächer des Ortes sind so rot wie die staubigen Pisten, die hindurchführen. Sehenswert ist der große lebhafte **Markt Ngan,** der nach der Bamiléké-Woche alle acht Tage stattfindet (alle drei Tage kleiner Markt). Neben dem in Bafoussam ist er der wichtigste der Region. Besonders auffällig ist das schöne Eingangsportal zum Markt im Bamiléké-Stil mit Strohdächern und Wandmalereien. Hier befindet sich auch das Centre Artisanal, in dem man u.a. (neue) Holzschnitzereien erhält.

Touristenbüro

- Tel. 3451170, am Zentralmarkt.

Unterkünfte

- **Centre Climatique**
B.P. 40, Tel. 3451058; vom Place de l'Indépendance zweigt die Piste ab hinauf zum Hotel, nach 1 km auf einer Anhöhe. In einem

riesigen Park mit Koniferen und Blumenanlagen stehen die hübschen Pavillons mit je zwei geräumigen Zimmern, Dusche/WC und Terrasse. Einfache Zimmer kosten 18.500 CFA, Bungalows 48.000 CFA. Das Hauptgebäude und die Pavillons entstanden 1942 während der französischen Kolonialzeit. Der Speisesaal des Restaurants (Holzdecke) und die Bartheke sind mit schönen Bamiléké-Schnitzereien ausgestattet. Es gibt einen großen Pool mit Bar, einen Tennisplatz sowie Reitpferde. An der Rezeption hängt eine große Wandkarte mit Wandervorschlägen. Ab und zu gibt es im Hotel Stromausfall. In die Stadt gelangt man zu Fuß auf der Piste (1 km) zum „Rondpoint", dann mit dem Taxi ins Zentrum (1 km); laut Leserbrief kann man auch direkt mit dem Taxi fahren.

- **Hotel du Lac**
Tel. 3451617, 7702432 (mobil). Komfortable Zimmer 15.000 CFA, Appartements 28.000 CFA, Suite 36.000 CFA.
- **Complexe Hotelier et Touristique de la Menoua**
Tel. 3451865.
- **Hotel Le Constellation**
B.P. 22, Tel. 3451061; im Ortszentrum ca. 100 m vom Gare routière entfernt. Kleines Stadthotel mit 25 Zimmern, Bar und Restaurant. Der Zimmerpreis beträgt ca. 5000–10.500 CFA inkl. Frühstück. Das Hotel ist laut (Disco gegenüber!).
- **Hotel Repos du battant**
BP 58, Tel. 3451728; hinter dem Commissariat Central (Polizeiwache) gelegen; Zimmmer für 10.000–12.000 CFA (mit Dusche/WC, aber ohne Klimaanlage).
- **Hotel Cendrillon**
Tel. 3451898.

Essen und Trinken

- Sehr gutes Essen (teuer) im **Centre Climatique.** Wem das Übernachten hier zu teuer ist, der kann sich kulinarisch einmal einen kleinen Luxus gönnen.

Busse/Sammeltaxis

Der **Gare routière** befindet sich am Marktplatz, Ortsausgang Richtung Mbo. Bus-/Sammeltaxiverbindungen bestehen von/nach: **Bafoussam** (1000 CFA), **Yaoundé** (zweimal täglich morgens und mittags, 3000–3500 CFA), **Douala** (3500 CFA), in die umliegenden kleinen Dörfer, z.B. über die Piste nach Melong in der Mbo-Ebene; Asphaltstraße nach Bamenda und Bafoussam.

Sonstiges

- **Katholische Mission,** Tel. 3451374.
- **Klinik,** Tel. 3451366 oder 3451095.
- **Arzt,** Tel. 3451033.
- **Infrastruktur:** Post, Tankstellen, Lebensmittel, Banken, Apotheken, Sportclubs und Museum.

Ausflüge

Mamy-Wata-Wasserfälle

Eine mittelmäßige Piste führt von Dschang nach Fongo Tongo (ca. 20 km). Der Ausflug ist lohnend, außer am Ende der Trockenzeit, da dann die Fälle kein Wasser führen.

Vom Centre Climatique aus zum Place de l'Indépendance: Zwischen der Gendarmerie links und der Polizei rechts führt eine Piste in Richtung Fongo Tongo, nach ca. 3 km kommt eine weitere Polizeistation (hier wieder erkundigen). Strecke immer geradeaus bis zur Ortschaft **Fongo Tongo.** Auch hier ist wieder Markt alle acht Tage! Fongo Tongo ist ein winziges Dorf mit Marktplatz, bewohnt von den Yemba. In der Umgebung ist die Landschaft sehr schön.

Man fährt durch den Ort hindurch (rechts kleine Schule) und trifft dann auf eine Abzweigung: Geradeaus geht es nach Mamfe, zum Wasserfall rechts bis zu einer kleinen Siedlung direkt an den Mamy Wata-Fällen, die hier 60 m in die Tiefe stürzen.

An der Straße sieht man die Fälle nur von oben; schön sind sie nur, wenn es geregnet hat, in der Trockenzeit bleibt lediglich ein kleines Rinnsal. Hier lebt **Mamy Wata** (Pidgin für „Mutter des Wassers"). Einmal in der Woche nehmen die Dorfbewohner an diesem heiligen Ort ein Bad zu ihren Ehren. Es hilft, wenn eine Frau unfruchtbar ist, wenn die Angehörigen krank sind oder bei anderen Sorgen. In schweren Fällen wird eine Ziege auf dem Felsen oberhalb der Fälle geopfert, die dann hinuntergeworfen wird.

Ein (leichter) **Pfad** führt hinunter zum Fuß der Fälle, am besten nimmt man sich hierzu einen Führer (Kinder bieten sich an); hin und zurück dauert der Marsch ca. 1 Stunde.

Monts Bamboutos (Bergwanderung)

Für diese Unternehmung benötigt man **mindestens einen ganzen Tag.** Touren in die Bergregion der Bamboutos, eine der höchsten Kameruns mit ihren bis zu 2700 m hohen Gipfeln, erfordern **gute Ausrüstung** (Trekkingschuhe, Pullover, Tagesrucksack, Proviant, Trinkwasser, Regenschutz), Kondition und Trittsicherheit.

Von Dschang oder auch Mbouda aus fahren Sie zunächst nach **Batcham,** während der Trockenzeit kann man von hier aus auch weiter in Richtung Berge fahren. Im Ort besteht die Möglichkeit, sich einen Führer zu nehmen, der die verschiedenen Wanderrouten kennt. Der Gipfelbereich der Bamboutos besteht aus schroffen Felsformationen; ausgesprochene Wanderwege gibt es hier nicht. Die alpine Vegetation ist sehr karg. Von oben bietet sich bei gutem Wetter eine herrliche Aussicht über die gesamte Umgebung.

Auf der **Hauptstraße nach Norden,** hinter Mbouda, ist ein schöner Blick auf die Monts Bamboutos (2740 m) geboten. Die Landschaft geht nun über in Weideland und gerodetes Bergland, das immer seltener von Umzäunungen begrenzt ist. Bis auf 1800 m führt die Straße hinauf. In dem kahlen Hochland wird die Vegetation sehr karg, vereinzelt stehen einige knorrige Bäume. Immer wieder bietet sich ein weites Panorama auf Berge, Täler und kleine, verstreut liegende Siedlungen.

Schließlich erreicht man über steile Serpentinen **Bamenda (80 km);** die Stadt liegt tief unten in einem großen Talkessel.

Kurz vor Bamenda, im kleinen Dorf **Akum,** steht links ein Hinweisschild zu einem winzigen, aber sehr interessanten **Museum** (Masken, Statuen, Grasland-Kunst), das einen Besuch lohnt.

Bamenda

In einem Talkessel (1240 m) inmitten hoher Berge, umgeben von Wasserfällen, liegt die **Hauptstadt der englischsprachigen Provinz Northwest,** mit **190.000 Einwohnern** größte Stadt des gesamten Westens (fünftgrößte Stadt Kameruns) und die Stadt mit der höchs-

Blick auf Bamenda

ten Wachstumsrate (lt. Statistik 5,8 % jährlich). Bamenda liegt **an der Ringroad des Kameruner Graslandes,** die die wichtigsten Siedlungen der Provinz Northwest miteinander verbindet. **Touristisch ohne große Bedeutung,** ist die Stadt jedoch idealer Ausgangspunkt für Fahrten auf die bekannte Ringroad.

Bamenda ist ein wichtiges **Zentrum der Landwirtschaft** (mit Viehzucht) **und des Handwerks.** Im lebhaften Alltag der Bevölkerung dreht sich alles um den Handel. Außerdem ist der Ort eine **Hochburg der Opposition.** Hier wurde die SDF (Social Democratic Front) von *John Fru Ndi* gegründet. Es kam seit den 1990er Jahren öfter zu großen Demonstrationen in Bamenda, bei denen es auch Verletzte und teilweise Tote gab. Besonders um den 1. Oktober sollte man Bamenda meiden.

Sehenswürdigkeiten

Das Fort

In der Oberstadt am Hang liegt das **Stadtviertel Up Station,** das Verwaltungszentrum mit Polizei, Gouverneur und Behörden. Hier befindet sich auch das Fort aus der deutschen Kolonialzeit mit sehr gut erhaltenen Ziegelbauten, Dachziegeln und kleinen Türmen. Den Innenhof des Forts kann man besichtigen, jedoch besteht **absolutes Fotografierverbot,** da sich in der ehemaligen Festung heute Einrichtungen der Verwaltung befinden. Neben dem Fort steht das **Gebäude des ehemaligen deutschen Bezirksamtleiters,** heute Sitz des hiesigen Gouverneurs. Hinter dem Fort, an der Delegation for Public Works vorbei, führt ein kleiner Fußpfad hinab zum **deutschen Friedhof** mit

063kam Foto: ed

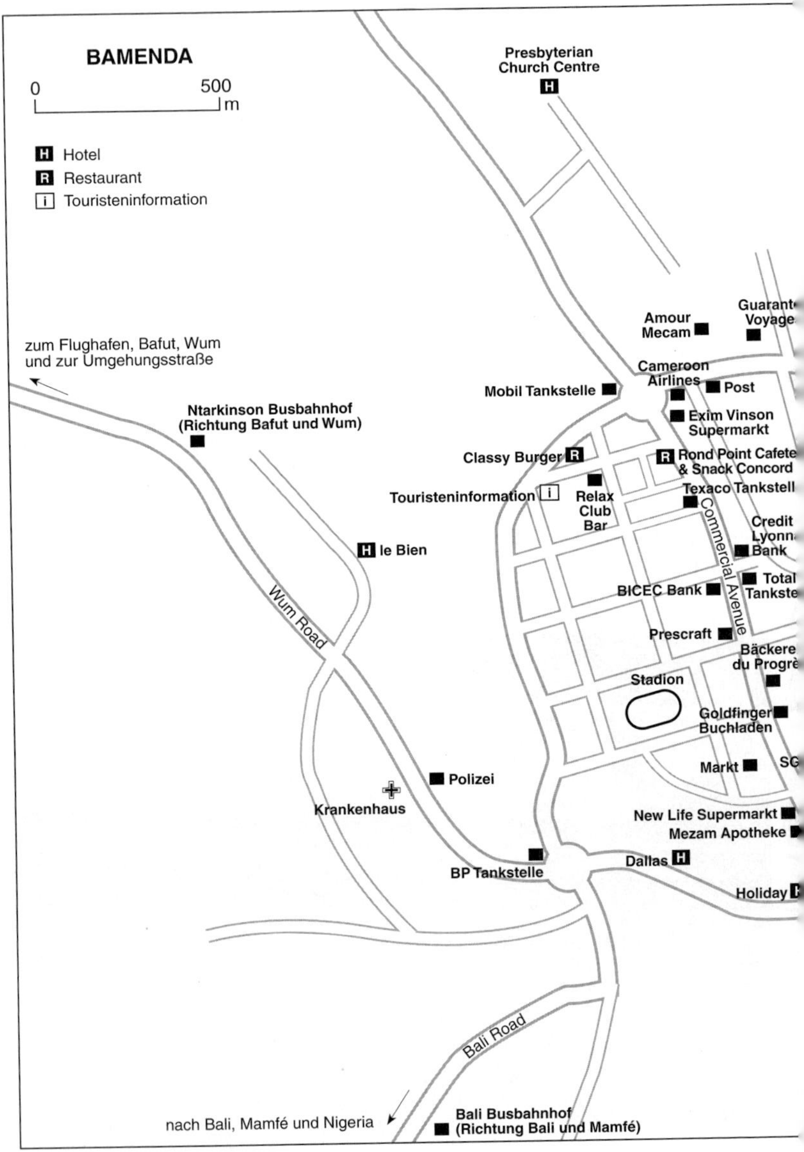
BAMENDA
0
500
m
Hotel
Restaurant
Touristeninformation
Presbyterian Church Centre
zum Flughafen, Bafut, Wum und zur Umgehungsstraße
Ntarkinson Busbahnhof (Richtung Bafut und Wum)
le Bien
Wum Road
Amour Mecam
Guarant
Voyage
Cameroon Airlines
Post
Mobil Tankstelle
Exim Vinson Supermarkt
Classy Burger
Rond Point Cafete
& Snack Concord
Touristeninformation
Relax Club Bar
Texaco Tankstell
Commercial Avenue
Credit Lyonn
Bank
Total Tankste
BICEC Bank
Prescraft
Bäckere du Progrè
Stadion
Goldfinger Buchladen
Markt
SG
Polizei
Krankenhaus
New Life Supermarkt
Mezam Apotheke
Dallas
BP Tankstelle
Holiday
Bali Road
nach Bali, Mamfé und Nigeria
Bali Busbahnhof (Richtung Bali und Mamfé)

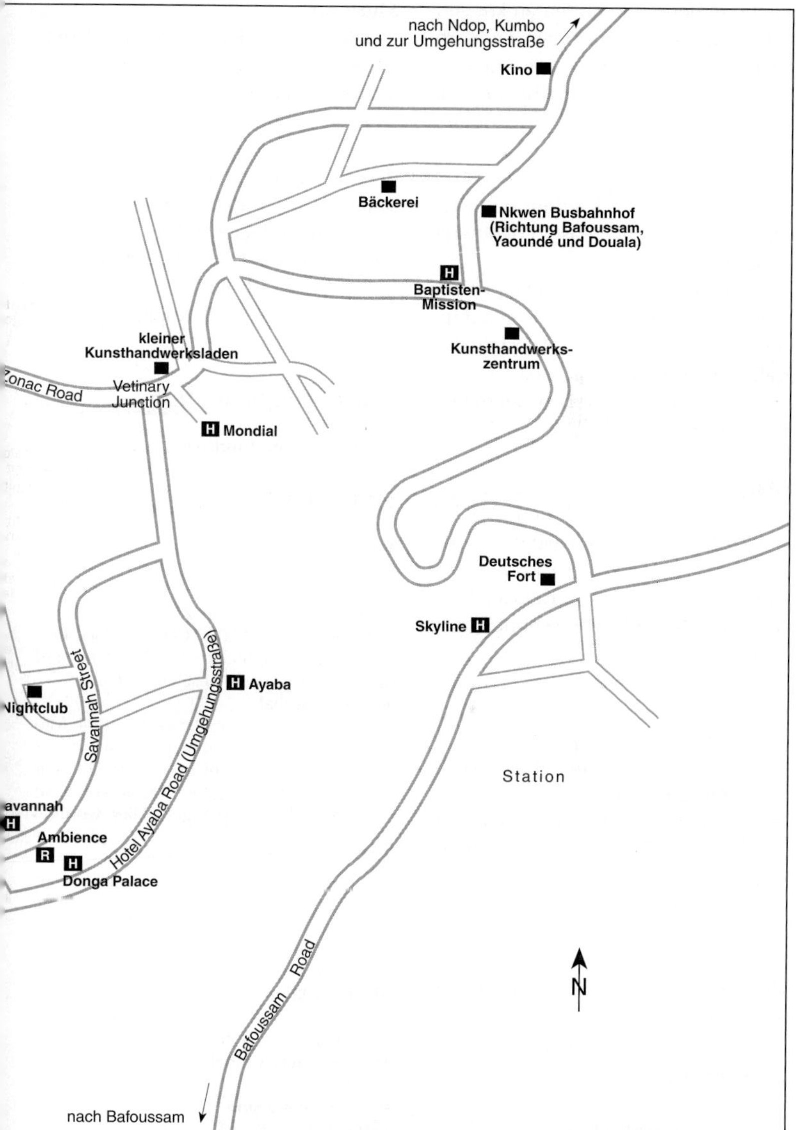
nach Ndop, Kumbo
und zur Umgehungsstraße
Kino
Bäckerei
Nkwen Busbahnhof
(Richtung Bafoussam,
Yaoundé und Douala)
H
Baptisten-
Mission
Kunsthandwerks-
zentrum
kleiner
Kunsthandwerksladen
Zonac Road
Vetinary
Junction
H Mondial
Deutsches
Fort
Skyline H
Savannah Street
H Ayaba
Nightclub
Hotel Ayaba Road (Umgehungsstraße)
Station
avannah
H
Ambience
R
H
Donga Palace
Bafoussam Road
N
nach Bafoussam

Gräbern, deren Inschriften an kriegerische Auseinandersetzungen erinnern. Melden Sie sich am besten vor dem Besuch des Friedhofs kurz bei den Militärwachen am Fort (reine Routinesache!). Es werden die Personalien aufgenommen, und man wird dann von einem Soldaten zum Friedhof begleitet. Damit ist dann auch das Fotografieren erlaubt!

Läuft oder fährt man die Hauptstraße hinunter in Richtung Stadt, liegt auf der rechten Seite ein kleiner **Aussichtshügel.** Von hier bietet sich ein schöner Rundblick auf die weit ausgedehnte Stadt im Tal.

Markt

Im Zentrum der Stadt findet täglich der große Markt statt, viele der Waren kommen aus Nigeria, etwa Butter, Gemüse und Milch. Hier werden auch Autoersatzteile und sehr schöne Stoffe verkauft.

Kunsthandwerk

Der **Prescraft-Laden** direkt an der Commercial Avenue bietet eine große Auswahl an Handwerksartikeln aus dem Artisanat von Bali, der Töpferei in Bamessing (Ndop) und aus der sehr gut geführten „Preswood"-Werkstatt in Ombe (zwischen Limbe und Mutengene). Auf dem Marktplatz befindet sich ebenfalls ein kleiner Kunsthandwerksladen, in dem Töpferwaren, Bronze- und Holzfiguren angeboten werden. Ein neues „Handycraft Center" entstand nahe der Baptistenmission (von der Terrasse Blick auf Bamenda, außerdem gutes und preiswertes Essen).

Museum

Links neben dem Handwerksladen am Markt liegt das kleine, interessante Museum der Stadt (geöffnet täglich außer So. von 9–14 Uhr). Bedeutende traditionelle Masken und Figuren aus dem Grasland sind zu sehen, geschmückt mit Federn, Perlen, Jute, Rinde, Rattan und Raphia-Bast.

Die Grasland-Kunst gehört zu einer der bedeutendsten Kunstrichtungen ganz Afrikas (vgl. das Kapitel zu Kunst und Kultur).

Touristeninformation

- **Délégation du Tourisme,** Tel. 3361395

Unterkunft

- **Ayaba-Hotel**
P.O. Box 515, Tel. 3361356 oder 3361392, Fax 3362910. Teuerstes und bestes Hotel der Stadt mit 50 sauberen Zimmern (mit Dusche/WC) ab ca. 18.000 CFA, mit Pool, Restaurant, Bar, Nightclub, Tennisplätzen und dem Charakter eines Geschäftshotels.
- **Hotel Mondial**
P.O. Box 9, Tel. 3361832, Fax 3362884. Mittelklassehotel mit 29 sauberen Zimmern (mit Dusche/WC) ab ungefähr 12.000 CFA, mit Bar, Nightclub und gutem Restaurant. Man wird freundlich empfangen. Hier wohnen viele Business-Gäste.
- **Skyline-Hotel**
P.O. Box 111, Tel. 3361289, oberhalb des Verwaltungsviertels Up Station, nicht zentral. Das empfehlenswerte Hotel verfügt über 24 Zimmer, Bar und Restaurant, ist jedoch nicht besonders preiswert (14.000–25.000 CFA).
- **Hotel le Bien**
P.O. Box 290, Tel. 3361206. Das kleine preiswerte Hotel hat 25 Zimmer.
- **Dallas International**
Tel. 3363525.
- **Baptisten-Mission**
Zimmer ab 7000 CFA.

Die Missionen wünschen sich angenehme und bescheidene Gäste, die mehr als eine Nacht verbringen.

- **84 Resort Hotel**
Außerhalb der Stadt Richtung Ringroad, Tel. 3361504.
- **Holiday Hotel**
P.O. Box 12, Tea Junction, Tel. 3361382.
- **Presbyterian Church Center**
Tel. 3364070, Fax (Prescraft Bamenda) 3361281, an der Straße in Richtung Fundong. Das Presbyterian Church Center ist angenehm, ruhig und preiswert und empfiehlt sich evtl. auch für kleine Gruppen oder Familien (ca. 3000 CFA).

Essen und Trinken

Es gibt viele Restaurants und Kneipen in der Stadt, z.B.:

- **Food central**
Im Viertel Nkwen, gegenüber vom Kino. Sehr gut und preiswert.
- **Sister Rose**
Neben SNEC. Günstiges afrikanisches Essen.
- Mehrere Restaurants auf der Mankon Commercial Street, z.B. **Alizine, Meam Land.**

Busse/Sammeltaxis

- **Verbindungen** von/nach (jeweils auf guter Teerstraße): Bafoussam (82 km), Nkongsamba (179 km), Dschang (128 km), Douala (365 km), Yaoundé (370 km), Limbe (ca. 5 Std., 3000 CFA), Mamfe (146 km auf schlechter Piste).
- **Bamenda – Nkambe/Ringroad:** Es findet kein regelmäßiger Sammeltaxiverkehr mehr nach Nkambe (169 km) und die anderen Orte der Ringroad hinter Wum statt, da ab hier die Piste in sehr schlechtem Zustand ist. Wegen des Gasunglücks am Lake Nyos (siehe Ringroad) wird die Piste nicht mehr unterhalten, da die Menschen Angst haben vor einem neuen Unglücksfall. Es gibt aber regelmäßige Fahrten der Presbyterianer-Kirche, um die Orte um Nyos zu versorgen. Evtl. besteht hier gelegentlich eine Mitfahrgelegenheit.

Sonstiges

- **Krankenhaus/Notarzt,** Tel. 3361108 oder 3362121.
- **Infrastruktur:** Banken, Postamt, Tankstellen, Buchhandlungen, viele Internetcafés, Kinos und Nachtclubs (Tropicana, Skyline).
- **Missionen: Katholische Mission,** Tel. 3361479, **Presbyterianische Kirche,** Tel. 3362477 oder 3361278.
- **Flughafen:** Es gibt in Bamenda einen Flughafen, der zurzeit nicht angeflogen wird. Es ist aber geplant, Flüge wieder aufzunehmen. Es könnte sich also lohnen, Erkundigungen vor Ort einzuholen.

Bamenda – Mamfe

- **146 km** Piste

Es führt eine breite gute Piste in Richtung Flughafen (derzeit keine Flüge) nach Westen. Einige Kilometer außerhalb Bamendas liegt das **Hotel Safari Lodge Bali** (sehr ruhig im Grünen, 15 Zimmer ab 14.500 CFA, Garten, Restaurant, Pferde, allerdings wenig Komfort; Reservierungen über das Atlantik Beach Hotel in Limbe, Tel. 3332332).

Nach **20 km** erreicht man den Ort **Bali.**

Bali

Diese Ortschaft ist **Sitz des Fon der Bali,** einer zahlenmäßig kleinen Volksgruppe, die vor etwa 300 Jahren, aus dem Norden kommend, das westliche Grasland und Gebiete in den Nachbarländern eroberte. Der derzeitige Fon hat übrigens in Deutschland studiert.

Im **Handicraft Centre** in Bali arbeitet eine Gruppe Handwerker (Schreiner,

Holzschnitzer, Korb-, Bast-, Teppichmacher usw.) zusammen. Der Sinn dieses Handwerkerzentrums liegt darin, traditionelles Handwerk zu pflegen und dem Nachwuchs zu vermitteln. Außerdem befinden sich in Bali eine **deutsche Kirche** (Baujahr 1903) und ein deutscher Friedhof. Bali war einst einer der ersten Verbündeten des Deutschen Kaiserreiches. Als 1888 *Eugen Zintgraff* aus dem Waldland nach Bali kam, wurde er gastfreundlich bei dem damaligen Fon von Bali, *Garega,* aufgenommen. Zusammen mit *Zintgraff* und dessen bewaffneten Männern wollte er seinen Einfluss im Grasland weiter ausdehnen. Dabei erlitten die beiden allerdings auch eine vernichtende militärische Niederlage gegen die Bafut. Danach zog sich Deutschland für einige Jahre aus der Gegend zurück.

Weiterfahrt nach Mamfe

Bis Batibo ist die Straße seit 2000 hervorragend ausgebaut. Es ist geplant, die gesamte Strecke bis Bachuo Ntai hinunter zu teeren. Die Fertigstellung dieses Projektes ist jedoch nicht absehbar. In Bachuo Ntai erreicht man die 2002 geteerte Straße. Dazwischen sind die Straßenverhältnisse sehr schwierig und für Selbstfahrer, insbesondere in der Regenzeit, eine große Herausforderung. Man sollte auf jeden Fall Erkundigungen einholen, bevor man sich auf die Reise macht. Mit öffentlichen Verkehrsmitteln, insbesondere mit den kleinen Toyotas, ist in der Regenzeit von einer Befahrung eigentlich abzuraten. Allerdings gehört die Strecke bei klarer Sicht zu einer der schönsten Strecken Kameruns, da man hier den **Übergang zwischen Gras- und Waldland** intensiv beobachten kann. Es ist eine teils sehr hügelige, kurvenreiche Strecke, oft mit steilen Abhängen, aber auch, besonders im April/Mai bzw. Oktober/November, mit wunderschönen Weitblicken. Es lohnt sich, in kleineren Orten, wie zum Beispiel Widekum, anzuhalten und auf ein Getränk oder eine Mahlzeit zu verweilen, um die großartige Naturkulisse zu genießen. Es kommen nicht oft Weiße in die Gegend, deswegen ist es leicht, mit den Menschen ins Gespräch zu kommen. Die Gegend ist reich an Ölpalmen; das Palmöl ist die Grundlage für den Wohlstand der Menschen.

Zur Ortsbeschreibung **Mamfe** siehe am Ende der Strecke Kumba – Mamfe weiter vorn.

Die Ringroad

- **ca. 360 km** Piste

Die landschaftlich außergewöhnlich schöne Fahrt führt durch das abwechslungsreiche, hügelige Gebiet des **Kameruner Graslands** auf einer ursprünglich geschlossenen Rundstrecke **(Route de ceinture)** ab und bis Bamenda. Leider ist das Teilstück zwischen Lake Nyos und Wum zurzeit durch einen Erdrutsch verschüttet. Alternativ bietet sich bei Trockenheit und Allradantrieb die Strecke von Nyos nach Fundong an. Unterwegs sieht man interessante Dörfer, die Bewohner der Provinz North West sind auch unter dem Namen

Graffy-People (Pidgin-Englisch für Grassfield) bekannt. Mir fiel auf, dass die Graffy-People eine starke Bindung zu ihren Dörfern und Kulturen aufrecht erhielten. Statt sich in den Städten Häuser zu konstruieren, kehren sie irgendwann auf ihre Dörfer zurück, oder bauen sich zumindest ein Haus für Besuche in der Heimat. Hier sieht man Kinder noch mit Holzfahrrädern spielen und Männer aus ihren Hörnern Palmwein trinken.

Die Fahrt auf mittelmäßiger bis sehr schlechter, kurvenreicher Piste empfiehlt sich nur in der Trockenzeit und **mit Allrad-Fahrzeug** (Regenzeit etwa ab Anfang Mai). Allerdings wurde die Strecke zwischen Bamenda und Nkambe und Wum und Bamenda neu planiert. Es gibt Pläne, einige Strecken der Ringroad zu teeren, um gefährliche Kurven oder Ortsdurchfahrten zu entschärfen (zwischen Jakiri und Nkambe ist schon teilweise aspaltiert).

Man rechnet für die Strecke **mindestens zwei Tage** (ohne Besichtigungen und Ausflüge), wobei für den Streckenabschnitt (87 km) zwischen Wum und Bum bis zum Kimbi River Reservat 6–8 Stunden Fahrzeit einzuplanen sind. Es verkehren bis Wum Sammeltaxis (siehe bei Bamenda), deren Benutzung allerdings mit einem größeren Zeitaufwand verbunden ist. Teilweise schaffen es die überfüllten, altersschwachen Busse nicht, die Berge zu erklimmen, und einige Bergabschnitte müssen zu Fuß zurückgelegt werden, bevor der Bus seine Klienten wieder einsammelt. Unterwegs ist wenig touristische Infrastruktur vorhanden, doch wird die Ringroad touristisch immer mehr erschlossen.

Es gibt gute **Unterkunftsmöglichkeiten** in Kumbo, Nkambe, Wum und Bafut. Die Versorgung mit Treibstoff ist nicht unbedingt gewährleistet (nur evtl. in Kumbo und Nkambe), daher ist an Reserven zu denken, ebenso an Trinkwasser. Mittlerweile bekommt man schon in jeder Dorfkneipe Wasser, wenn auch etwas teurer. Am Lake Nyos kann gezeltet werden.

Die Beschreibung der Ringroad erfolgt an dieser Stelle gegen den Uhrzeigersinn.

Verlässt man Bamenda in Richtung Kumbo, ändert sich die Landschaft sehr schnell. Der Horizont lichtet sich, nur wenige Hügel säumen den Horizont. In der fruchtbaren, sumpfigen **Ndop-Ebene,** in der viel Reis angebaut wird, dominiert die Savanne. Durch schönes Hochland geht es zum Dorf Bambui. Von hier aus bietet sich ein Abstecher zur Chefferie von Laikom an.

Abstecher zur Chefferie von Laikom

Von Bamenda aus benötigen Sie für diese Tour in eine völlig unberührte Gegend einen vollen Tag. Kurz hinter Bambui zweigt links die Straße ab durch schöne Vulkanlandschaft nach **Fundong** (Strecke gänzlich geteert), vorbei am kleinen Dorf **Njinikom** (50 km). Zwischen diesen beiden Orten führt rechts eine Piste hinauf auf ca. 2000 m bis zur Chefferie von Laikom. Zwar hat auch hier die Zivilisation schon Einzug gehalten und der alte Palast ist zwischenzeitlich mit Wellblech gedeckt worden, doch ist die Tradition dieser Chefferie noch völlig authentisch, sicher auch aufgrund der isolierten Lage. Man sollte sich – wie überall – zuerst beim Fon vorstellen, um dann in die Geheimnisse der alten Kultur eingeweiht zu werden. Sehenswert ist ein vier Meter hoher Totempfahl, der von einem berühmten Grasland-Schnitzer in mehreren Monaten Detailarbeit mit kunstvollen Schnitzereien verziert wurde.

Zurück auf der Ringroad führt die Strecke ab Bambui weiter bis zur Ortschaft **Ndop** (42 km hinter Bamenda), die in der Nähe des **Lac de Bamendjing** und seines Staudamms liegt. Dieser **riesige Stausee** versorgt den Westen mit Elektrizität.

Bamessing

Verlässt man Bamenda in Richtung Nkambe liegt am Ende der Teerstraße das Dorf Bamessing. Prescraft unterhält dort eine **Töpferei,** die auch für den Export nach Europa produziert. Vom Frühstückgeschirr bis zur Weihnachtskrippe – einen Abstecher ist es wert.

Abstecher nach Bambalang

Kurz vor Ndop führt rechts eine Piste zunächst Richtung Bagam, bei der ersten großen Gabelung dann links abbiegen. Von dort geht es noch ca. 25 km durch recht flache Landschaft mit kultivierten Feldern und Siedlungen bis Bambalang. Die Sackgasse hinter dem Ort führt direkt zum **See,** dessen riesige Wasserfläche mit abgestorbenen Bäumen nicht besonders reizvoll ist. An der ersten Gabelung weiter Richtung Bagam führt die sehr schlechte Piste auch nach Mbouda.

Auf der **Weiterfahrt** und über die gesamte Route kann man sich auf **kleinen Märkten,** bei Straßenhändlern oder in kleinen Snackbars versorgen.

Weiter führt die Strecke bergan durch grünes Hügel- und Weideland, zurück bietet sich ein weiter Blick über die Ndop-Ebene. Von der Straße Richtung

Oku

In der gesamten Region um Oku wird auch heute noch sehr viel „schwarze Magie" betrieben, die von den Geheimbünden beherrscht wird. Ausgehend von den Ergebnissen seiner Feldforschungsarbeit (1975) schreibt *Hans Joachim Koloß:*

„Das Königreich Oku mit seinen rund 32.000 Einwohnern liegt im Zentrum des Kameruner Graslandes, das nahezu identisch ist mit der heutigen Nordwest-Provinz der Republik Kamerun. Nach der deutschen Kolonialzeit kam Westkamerun unter englische Mandatsverwaltung und wurde der damaligen englischen Kolonie Nigeria angeschlossen, es wurde somit englischsprachig. Im Volksentscheid von 1961 votierte der südliche Teil des englischen Mandatsgebietes, also auch das Grasland, für den Anschluss an Kamerun.

Das Grasland ist ein Hochland mit einer Durchschnittshöhe von 1400 m. Die Stämme des Graslandes haben niemals eine politische Einheit gebildet. Sie werden von der Linguistik zum ‚Semi-Bantu' gerechnet, zu jener Sprachfamilie, deren Sprachen sowohl Einflüsse aus den Bantu- als auch aus den Sudan-Sprachen aufweisen.

Von der Provinzhauptstadt Bamenda ist Oku nur schwer zu erreichen, und das erklärt einmal seine wirtschaftliche Rückständigkeit, zum anderen aber die Bedeutung, die die traditionelle Kultur hier immer noch besitzt. Wie bei allen Graslandstämmen kennt man auch in Oku einen König. Die Graslandkönige sind von einer Geheimgesellschaft abhängig, deren wichtigste Mitglieder die Chefs der Großfamilien sind. **Kwifon,** wie diese Gesellschaft heißt, ist somit die traditionelle Regierung des Landes, aber ihre Macht – wie auch die des Königs – ist heute merklich eingeschränkt, denn Gerichtsbarkeit und Verwaltung liegen jetzt schon weitgehend bei den öffentlichen Gerichten und Behörden.

Auch heute noch ist Oku aufgrund seiner vielfältigen Medizin in ganz Kamerun als **'Small India of Cameroon'** bekannt und gefürchtet. Seine Zauberärzte werden selbst von europäisch erzogenen Einwohnern aus den großen Städten an der Küste konsultiert, zumeist bei Krankheiten, bei denen auch akademisch ausgebildete Ärzte keinen Rat wissen.

Berühmt ist Oku auch für die Vielzahl von **Geheimgesellschaften,** für seine **Maskentänze** und für seine **Schnitzkunst.** Nahezu ausgeschlossen vom politischen und kultischen Leben sind die Frauen. Ihre wichtigste ökonomische Aufgabe ist der Hackbau (Mais, Bohnen, Erdnüsse und Knollenfrüchte wie Yams, Cassava und Süßkartoffeln), der wie in alten Zeiten mit der Hacke durchgeführt wird; allein die Vorbereitung der Felder ist Aufgabe der Männer. Die Haustierhaltung ist nur von untergeordneter wirtschaftlicher Bedeutung, ebenso wie die Jagd, da der Wildbestand durch die Einführung von Schusswaffen stark dezimiert wurde.

Wie überall in Afrika nehmen die **Ahnen** auch in Oku beständigen Einfluss auf das Leben. Dennoch werden von den Ahnen keine regelmäßigen Opfer gefordert, sondern nur Sühneopfer, wenn man sich ihnen gegenüber versündigt hat. Groß ist die Gefahr, dass die Verstorbenen als Hexen zurückkehren, um die Hinterbliebenen heimzusuchen, und aus diesem Grunde werden während der Beisetzungen zumeist auch Medizinrituale durchgeführt. Zu Beginn des kultischen Jahres findet immer ein Totengedenkfest im Palast statt, entweder zu Ehren eines verstorbenen Königs, einer Königsmutter oder der verstorbenen Prinzen.

So sehr das Schicksal der Menschen in Oku von Göttern und Ahnen beherrscht wird, im täglichen Leben wird diese Abhängigkeit weniger sichtbar. Viel offenkundiger ist die **Furcht vor Hexen und Teufeln** und der Glaube an die Wirksamkeit von Medizinen. Hexen vermögen sich in Tiere zu verwandeln und in dieser Form Menschen zu töten; Teufel verfügen über magische Begabungen und Hilfsmittel und können ebenfalls den Menschen den Tod bringen. Beide Gruppen gelten als asozial, und wurde früher ein Hexer oder Teufel überführt, so wurde er von der Geheimgesellschaft Kwifon mit dem Tode bestraft.

Das natürliche und logische Gegenmittel für diese gefährlichen und zumeist unsichtbar wirkenden Mächte ist die **Medizin.** Natürlich und logisch deswegen, weil sie aus tierischen Substanzen, aber auch aus Gräsern und Blättern besteht, die ihrerseits als teuflisch und gefährlich gelten.

Medizin und Masken sind für Frauen außerordentlich gefährlich. Wenn sie verbotene Dinge sehen, werden sie unfruchtbar, können sterben. Niemals wird eine Frau versuchen, sich den Medizin- oder Maskenhäusern zu nähern.

Die christliche Kirche hat seit Ende der dreißiger Jahre des 20. Jahrhunderts nun zusammen mit dem europäischen Einfluss im weitesten Sinne die Grundlagen der alten Weltordnung zunehmend in Frage gestellt."

(aus: „Götter und Ahnen, Hexen und Medizin. Zum Weltbild in Oku (Kameruner Grasland)", in: „Schwarzafrikaner", *Walter Raunig,* 1980)

Bafoussam geht es nach der neuen **Tankstelle** links auf die Piste nach Jakiri ab (keine Beschilderung!).

Bei **km 86** ist **Jakiri** erreicht.

Jakiri

Hier gibt es **Treibstoff** und einfache Unterkunft im **Hotel Transafrique** (an der Ortseinfahrt aus Richtung Bamenda kommend) für ungefähr 5000 CFA.

Ab Jakiri könnte man direkt nach Foumban auf einer hervorragenden Piste in sehr reizvoller landschaftlicher Umgebung weiterfahren. Dies bietet sich an, wenn man die Ringroad im Uhrzeigersinn befährt.

Rund um den Ort Jakiri gibt es einige **Höhlen,** in denen sich die Bewohner während der Kolonialisierung vor den deutschen Eindringlingen versteckt hatten. Angeblich liegen in diesen Höhlen noch Knochenreste der Mahlzeiten und einiger Hausrat aus dieser Zeit.

Über die zwischen Jakiri und Nkambe mit Vorsicht zu genießende Piste geht die Fahrt nordwärts weiter bergauf. Je mehr man an Höhe gewinnt, um so karger wird die Vegetation rundherum und umso kühler und angenehmer die Temperaturen. Es bieten sich schöne Ausblicke auf die Region mit ihren rundgeformten, bis zu 2000 m aufsteigenden Bergen.

Bei **km 109** ist **Kumbo** erreicht.

Kumbo

Der **Hauptort des Verwaltungsbezirks Bui** mit ca. 60.000 Einwohnern liegt auf 1680 m Höhe und verfügt über eine relativ gute Infrastruktur.

Praktische Informationen

- **Infrastruktur:** Tankstelle, Bank; in der Ortsmitte gibt es einige Snackbars und den Markt sowie Treibstoff, Lebensmittel und ein Internetcafé. Hinter dem Marktplatz, am Busbahnhof, gibt es sehr gute öffentliche Toiletten.
- **Einfache Unterkünfte: Tourist Home Hotel** (B.P. 33, Tel. 3481102), **Merryland Hotel** (Tel. 3481077), **Central Inn** (sehr sauber mit Dusche und WC), **Hotel Fomo 92,** Tel. 3481616, 3481661, Fax 3481661. Zimmer ab 7500 CFA.
- **Camping** ist am Bach neben dem „Fußballplatz" bei der Schule erlaubt.
- Außerdem sind in Kumbo eine **Katholische Mission** (Tel. 3481149 oder 3481057) und das dazugehörige Hospital (Tel. 3481122) ansässig (Übernachtung gegen eine Spende möglich). Dieses **Shisong-Hospital** ist angeblich eines der besten Kameruns, liegt ungefähr 5 km von Kumbo entfernt und wird von Franziskanern geleitet. Die Besichtigung des Krankenhauses ist lohnenswert. Direkt hinter diesem befindet sich ein schöner Wasserfall. Auch das **B.B.H.** (Banso Baptist Hospital) in Kumbo selbst ist sehr gut, besonders bei Augen- und Zahnproblemen. In beiden Häusern sind immer Europäer oder Amerikaner beschäftigt.

35 km vor Kumbo im Dorf **Jekejem** führt eine gerade neu ausgebaute und gut befestigte Straße zum

Lake Oku

Der schöne Kratersee liegt in der Nähe des Dorfes Elak. In diesem Gebiet rund um den See will die Kameruner Regierung mit britischer Unterstützung ein Naturschutzgebiet ausweisen, da hier seltene Vögel leben. In Oku gibt es auch eine sehr gute **Honigproduktion** – der Honig wird als Spezialität in den großen Supermärkten in den Städten Kameruns verkauft. Der Honig ist zuckersüß, weiß und wird ähnlich wie in Deutschland gewonnen, wodurch der typische Räuchergeschmack anderer kamerunischer Honigsorten wegfällt. In Oku und in Bamenda unterhält die Kooperative eigene Honigläden. Am See befindet sich ein kleines **Resthouse.** Wer zum See will, muss im Dorf **Elak** bezahlen (ca. 2500 CFA, zzgl. Geschenk für den Fon und Honorar für den Führer).

Von Elak aus empfiehlt sich ein Aufstieg zum Gipfel des **Mt. Oku,** mit 3011 m der **zweithöchste Berg Kameruns.** Es wird keine Trekking-Gebühr erhoben. Man sollte allerdings im Dorf nach einem Führer fragen, da der Weg durch die **Bambus-Wälder** nicht ganz einfach zu finden ist.

Außerdem können Sie in Elak günstig sehr schöne **Schnitzereien** einkaufen, für die diese Region bekannt ist. Unterhalb der Kirche, gegenüber dem Markt, gibt es aber auch eine kleine Handycraft-Kooperative.

Bevor man eine Wanderung zum **Oku-See** unternimmt, muss man dafür beim Fon des Ortes die **Erlaubnis** einholen. Viele Sagen und Mythen ranken sich um den See, der – wie fast alle Krater-Seen – wiederum mit vielen Tabus belegt ist (z.B. sollte man hier **nicht baden).**

In Oku gibt es mittlerweile ein Krankenhaus, eine Touristeninformation und einen schönen Markt am Sonntag.

Folgender **Führer** wurde uns für die Region Oku/Kumbo empfohlen: *Ernest Chung Keming,* Kilum-Ijim Forest Project, B.P. 119 Kumbo, Tel: 7886664, 7319113.

Ab Kumbo geht es dann auf Serpentinen bergauf in eine von Bergen umrahmte Gegend, es wird wärmer. Kurvenreich schlängelt sich die Piste nun wieder bergab nach Ndu.

Kurz vor Ndu zweigt rechts eine Piste (ca. 60 km) nach **Sabongari** ab. Das Städtchen ist von Ndu aus mit Landrover-Taxis zu erreichen. Eine Fahrt mit dem eigenen Fahrzeug ist hier nicht anzuraten, da die Strecke sehr steil, steinig und in der Regenzeit überaus schlammig ist. Die Fahrt führt durch eine Tiefebene mit Buschland. Wer sich mit einem lokalen Jäger arrangiert, kann hier auch auf Affen und Antilopen treffen. Wer den Norden Kameruns nicht bereist, gewinnt hier einen ersten Eindruck vom typisch afrikanischen „Busch".

Ndu

Der Ort liegt auf einer Höhe von über 2000 m (ca. **51.000 Einwohner).** Unterwegs passiert man viele Missionsstationen. Die Bevölkerung ist freundlich. Die Hänge sind überzogen mit **Teeplantagen,** deren Pflanzen in diesem milden Klima ausgesprochen gut gedeihen. Hier, wo der erste Tee 1957 von den Briten gepflanzt wurde, liegen heute die größten Teeplantagen Kameruns (CDC), deren Besuch lohnt. Von der Region um Ndu wurde der Tee dann über das westliche Hochland verbreitet.

In Ndu gibt es – neben Tee – einen größeren **Markt** und eine **Tankstelle.**

Kurz hinter Ndu, in der Nähe des Dorfes Mbiyé, liegt die **Chefferie de Mbot,** bewohnt vom obersten Fon dieser Region. Der Eingang zum kleinen Palast mit zwei traditionellen Gebäuden wird flankiert von schönen Schnitzereien.

Weiter geht es auf kurviger Strecke, die sich durch Bergland zwischen 1700 und 2000 m Höhe zieht, durch eine grüne Landschaft mit Eukalyptuswäldern und Kiefern, dazwischen kultivieren Kleinbauern ihre Felder (Maisanbau).

Bei **km 169** erreicht man **Nkambe** (60 km und 2 Std. Fahrt ab Kumbo).

Nkambe

Nkambe **(15.000 Einwohner)** ist der **Hauptort des Verwaltungsbezirks Donga Mantung** und dient gut als Zwischenstation.

- **Infrastruktur:** Tankstelle (Versorgung nicht gesichert), Postamt, kleines Hospital und mehrere kleine **Hotels,** z.B. **Central Hotel** (Tel. 3361426), **Divisional Hotel** (Tel. 3361324) sowie **Continental Hotel, Millenium Star** und **Travellers Lodge Ndu.**

Von Nkambe aus ist per Sammeltaxi ein **Abstecher** in das nördlich gelegene Dorf **Ako** möglich. Die Fahrt geht durch eine reizvolle, breite Tiefebene mit diversen Ölpalmen. Die Strecke (ca. 50 km) ist sehr schlecht befahrbar, daher sollte man besser auf ein Taxi zurückgreifen und nicht mit dem eigenen Wagen fahren. Es gibt in Ako keinerlei touristische Infrastruktur.

Ab Nkambe **weiter bis Bum** ist die Piste gut; es geht größtenteils bergab. Hinter Nkambe führt der Weg zunächst durch einen Eukalyptuswald und steigt dann steil an auf ein Hochplateau in etwa 1700 m Höhe. Kurz hinter dem Dorf Bum durchzieht die Piste eine etwa 20 km breite Ebene mit Strauchsavanne. Hier liegt das

Kimbi River Reserve

Angeblich soll es in diesem Tierreservat, das von der britischen Regierung gefördert wird, Büffel, Antilopen und auch die seltenen Leoparden geben. Es stehen jedoch zu wenig Gelder zur Verfügung, um dieses sehr ursprüngliche Gebiet ausreichend zu pflegen. In der Regenzeit besteht wegen dem dichten Pflanzenbewuchs keine Chance, Tiere zu sehen.

- Vor dem Park, kurz nach Bum, gibt es ein kleines **Resthouse,** dessen Dach allerdings eingestürzt ist. Hier besteht die Möglichkeit zu campen (2000 CFA) oder in einem Haus nebenan zu übernachten.

Nun beginnt der schwierigste, gleichzeitig aber auch **ursprünglichste Pistenabschnitt der Ringroad.** Zunächst führt der schmale Weg über den Kimbi River entlang des Kimbi-River-Reservates. Hier sind in der Regenzeit gefährliche Schlammlöcher und Straßeneinbrüche zu meistern (es sollte keinesfalls nachts gefahren werden). Nach 9 km zweigt links eine Piste zu einem kleinen Dorf ab, in das die wenigen überlebenden Bewohner von Nyos umgesiedelt wurden (s.u.). Nach wenigen Kilometern ist das landschaftlich zauberhafte Nyos-Hochtal erreicht.

Nyos

Kurz nach Ortseintritt in Nyos führt ein ca. einstündiger, steiler Fußweg zum berüchtigten **Lake Nyos,** einem Kratersee, der **1986** weltweit Schlagzeilen machte: Hier trat eine riesige **Giftgaswolke** (Kohlendioxid) aus dem See aus, die in einer Nacht mehr als 1700 Menschen das Leben kostete. Bereits zwei Jahre zuvor hatte sich am unweit davon entfernten Monoun-See eine ähnliche Katastrophe (mit damals 30 Toten) ereignet. Seit diesem Unglück wird die Gegend gemieden, und die schauerlichsten Geschichten ranken sich um das Unglück. So wurden sogar Spekulationen laut, dass hier ein Atomversuch der Amerikaner und Israelis stattfand, obwohl die Katastrophe von Wissenschaftlern aufgrund der vulkanischen Region und der aus dem Erdinnern in den See austretenden Gase eindeutig analysiert und geklärt werden konnte.

Da sich seit dem Gasausbruch weiter Kohlendioxid angesammelt hat, wurde von einem internationalen Wissenschaftlerteam eine Röhre in den See hinabgelassen, aus der in einer 50 m hohen Fontäne der Druck entweichen kann. Weiteres Katastrophenpotential bietet der zum Tal hin sehr dünne Kraterrand. Am See kann man zelten und baden. Bei den Soldaten anmelden, die das Gerät der Wissenschafler bewachen.

Die Straße nach Nyos wird ausgebaut, und es sollen auch Unterkunftsmöglichkeiten bestehen (nachfragen!).

In der gesamten vulkanischen Umgebung gibt es viele **kleine, zauberhafte Kraterseen,** jeder mit einem speziellen Mythos und entsprechenden Tabus behaftet. Große Weiden überziehen die Berghänge, kahle Hügel wechseln ab mit kleinen, bewaldeten Tälern, ab und zu ein kleiner Fluss am Wegrand. Die Bevölkerungsdichte nimmt hier, im Gegensatz zum ersten Streckenabschnitt, merklich ab, und über die Hänge verstreut sieht man nur noch vereinzelt Häuser. Die Piste ab Nyos bis Wum ist unpassierbar. Als Alternative bietet sich bei Trockenheit und Allradantrieb die Strecke von Nyos nach Fundong an. Von Fundung aus geht die Teerstraße in 45 Minuten über Bamenda nach Wum.

Wum

Wum **(52.000 Einwohner), Hauptort des Verwaltungsbezirkes Mentchum,** ist eine Siedlung entlang der Hauptstraße. Mit Schweizer Hilfe wurde hier eine Käseproduktion aufgebaut. Außerdem arbeitet in Wum seit Mitte der 1960er Jahre ein deutsches Entwicklungsprojekt (Landwirtschaft). In der Nähe des Dorfes liegt ein kleiner **Kratersee,** der mit dem Fahrzeug, aber auch zu Fuß von Wum (ca. 15 Min.) gut erreichbar ist und in dem man gut baden kann.

- **Infrastruktur:** Markt, kleine Bars, Postamt, Werkstätte, Hospital, Katholische Mission, Treibstoff. Unterkunft im **Morningstar Hotel** (Zimmer 2000–5000 CFA).

Hinter Wum führt die Strecke durch das weite Hochland mit Weiden auf etwa 1200 m und schließlich in steilen Serpentinen hinab in das Dorf **Belifang** (hier gibt es ein Hotel). Der Ort liegt am Fluss Mentchum, den man auf einer Brücke überquert, etwas oberhalb davon ist ein kleiner Kratersee. Unterwegs auf dieser Strecke trifft man auf zahlreiche Missionsstationen, etwa 2 km hinter Belifang auf den sehenswerten **Mentchum-Wasserfall.** Entlang des schönen Flusstals ist es deutlich heißer als im Hochland. Bananenstauden, Felder mit Reis, Maniok und Yams säumen die Piste – bezeichnend für die intensive Landwirtschaft im Kameruner Grasland.

Etwa 40 km hinter Belifang (oder etwa **20 km vor Bamenda)** erreicht man die **Chefferie von Bafut.**

Chefferie von Bafut

Von Norden kommend, fährt man rechts in den Ort Bafut hinein. Vorbei an den ersten Häusern, kann man den großen Platz vor der Chefferie nicht verfehlen. Ein Markt findet hier alle acht Tage statt.

Der Fon der sehenswerten und bedeutendsten Chefferie an der gesamten Ringroad ist der oberste Würdenträger der Bafut. Auch bei den Bafut, deren Kultur sehr viel gemeinsam hat mit der Bamiléké-Tradition, hat die Woche acht Tage. Der achte Tag ist der traditionelle Feiertag, an dem auch die Märkte stattfinden. Ein **ausgeprägtes Ahnenwesen mit Geheimgesellschaften** charakterisiert die Kultur dieser Ethnie wie die der meisten Grasland-Völker.

Vor dem Eingang zur Chefferie steht ein kleines **Tam-Tam-Haus** mit einer Trommel, deren dumpfer Klang kilometerweit zu hören ist – früher rief sie die Dorfgemeinschaft zusammen.

Der große rechteckige **Palastbezirk** erweckt den Eindruck eines eigenen Dorfes; von außen ist er mit einer Lehmmauer umgeben. Die Höfe im Inneren wiederum trennen Mauern und Häuser voneinander. Im ersten Innenhof befinden sich die Wohnungen der jungen Frauen und Kinder des Fon. Auf einer Führung erhält man Details zu Geschichte und Tradition der Bafut.

Auffällig ist das große **Gästehaus des Fon,** von den Deutschen während der Kolonialzeit erbaut. Mit Mitteln der deutschen Botschaft wurde dieses Gebäude renoviert und ist seit dem November 2003 als Museum eröffnet. Ein Sekretär führt durch das Museum (Eintritt 2000 CFA, sehenswert, gute Führung). Im Museum sind u.a. Waffen und Geschirr aus der deutschen Kolonialzeit ausgestellt. Der rechteckige Steinbau, zu dem eine Treppe hinaufführt, liegt etwas erhöht und ist mit Ziegeln gedeckt. Von seiner Terrasse aus hat man einen guten Überblick über die gesamte Palastanlage. Die meisten Häuser des Bezirks sind Steinbauten. Durch einen weiteren Eingang, mit Löwen (Königssymbol) bemalt, gelangt man in das Herz der Chefferie. Hier liegt das älteste und heiligste Gebäude, das **Atchum,** das **Versammlungshaus** aus dem Jahr 1902. Sein riesiges, dickes Dach aus Raphia-Stroh wird jährlich im April erneuert, was jedes Mal Anlass zu einer großen Festzeremonie mit Musik und Tanz gibt. Das Gebäude selbst ist ganz aus Bambus gebaut, sein heiliger Innenraum, der den verstorbenen Königen geweiht ist, darf nur vom Fon selbst oder von seinen Notabeln betreten werden. Vor dem Haus stehen schöne Holzstatuen, auf dem Reibestein auf dem Platz davor wird Rotholz gerieben.

Die gesamte Chefferie von Bafut ist nach den ursprünglichen Plänen im Original erhalten. In Bafut steht ein Hotel zur Verfügung.

Sehenswert in Bafut ist auch die **Käse- und Brotproduktion** der Sisterhood Emmanuel.

Von Bafut aus sind es 16 km – vorbei am Flughafen (derzeit keine Flugverbindungen) – zurück auf einer Teerstraße bis nach Bamenda.

Foumban – Ngaoundéré

● **609 km** Piste

Von Foumban nach Ngaoundéré (via Banyo und Tibati; zu diesen Orten vgl. Zentrum und Osten/Route Yaoundé – Ngaoundéré) führt eine teils kurvenreiche Strecke durch schöne Gebirgslandschaft **hinauf ins Adamaoua-Plateau,** mit großen Felsen, Schluchten und durch einsame Buschlandschaft, vereinzelt kann man hier Affen beobachten. Zur Regenzeit ist die Strecke hinauf aufs Plateau ca. 100 km nach Foumban ausgesprochen schwierig und glitschig, zahlreiche Lkws blockieren häufig die Piste, ein Weiterkommen ist erst wieder möglich, wenn ein stecken gebliebener Lkw überholt werden kann oder wieder freigekommen ist. Die Strecke ist in der Trockenzeit bis Banyo in gutem Zustand. Nach Tibati wird nicht mehr die in der Karte eingezeichnete, mittlerweile sehr schlechte Strecke über Wadjiri benutzt, sondern erst nach Osten auf der Teerstraße in Richtung Meiganga gefahren und dann nach Mambal nordwärts über Tekel und Léwa. Die Piste ist auch in der Regenzeit im Großen und Ganzen für Pkws befahrbar. Im grenznahen Bereich zu Nigeria finden (absolut korrekte) Polizeikontrollen statt.

Verbindung im Sammeltaxi: Abfahrt Foumban gegen 6 Uhr morgens, Ankunft Banyo ca. 15 Uhr, dort umsteigen nach Tibati (Ankunft ca. 20 Uhr).

Nach Foumban führt die gute Piste durch einen **Staatsforst mit Pinien und Eukalyptusbäumen;** das Betreten des Forstes ist strengstens untersagt. Danach geht es durch hügelige Buschlandschaft weiter entlang vieler Dörfer, z.B. Njirma und Manki II.

Der größere Ort **Magba** ist nach 60 km erreicht, dort ist eine Versorgung mit **Lebensmitteln** und **Treibstoff** möglich; auch schöner **Sonntagsmarkt.** Unterkunft findet man in einem einfachen afrikanischen Hotel **(Magba Hotel).**

Nach weiteren 35 km ist der Ort **Bankim** erreicht, in dem es einfache Geschäfte gibt. Von hier bieten sich Möglichkeiten zum Ausflug in die landschaftlich schönen Mambila Mountains an der Grenze zu Nigeria.

Nach Bankim geht es bergauf in Richtung Mayo Darlé und Adamaoua-Plateau. Von oben hat man einen wunderschönen Blick über die zurückliegende Tikar-Ebene.

Im Dorf **Mayo Darlé** (125 km nach Foumban) arbeitet eine **Werkstätte** (nahe der Kupfermine), die im Notfall technische Hilfe leisten kann. Die hübschen Dörfer der Umgegend sind alle mit geflochtenen Matten umzäunt.

63 km nach Mayo Darlé ist der große Ort **Banyo** erreicht (zu Banyo und **Tibati,** das 115 östlich von Banyo liegt, vgl. die Route Yaoundé – Ngaoundéré, ebenso die Stadtbeschreibung zu Ngaoundéré).

Der Süden

An den weißen Palmstränden von Kribi bis Campo trifft der äquatoriale Regenwald auf den Atlanischen Ozean. **Winzige, malerische Dörfer** liegen entlang der Küste in ruhigen Buchten versteckt, in denen die Fischer mit ihren Pirogen auf Fang gehen. Die immergrüne Vegetation gedeiht im feuchtheißen Klima und erstreckt sich mit dichten Tropenwäldern entlang der großen und kleinen Flüsse bis weit ins Landesinnere. Auf unwegsamen Urwaldpisten entdeckt man noch häufig Spuren der deutschen Vergangenheit.

Wirtschaftlich lebt der nur sehr dünn besiedelte Süden vom **Kakao-Anbau** und der **Holzgewinnung.** Nach und nach werden immer größere Teile des ökologisch wichtigen Regenwaldes zerstört. Doch weite Gebiete des Südens sind von der Zivilisation noch unberührt, und touristische Infrastruktur gibt es, mit Ausnahme von Kribi, so gut wie keine. Umso mehr lädt diese Region zu einer Entdeckungsreise ein und zur Begegnung mit der freundlichen Bevölkerung und ihrem Alltag.

Eine **Reise** in den Süden Kameruns sollte man **nur in der Trockenzeit** in den Monaten Dezember bis März und Juli/August unternehmen, andernfalls sind die Pisten kaum befahrbar.

Douala – Edéa

● **60 km** sehr gute Teerstraße

Man verlässt Douala zunächst auf der Autobahn (gut beschildert) Richtung Edéa (60 km) und Yaoundé (240 km); die Autobahn führt bald als normalspurige Straße durch die Randgebiete der Stadt. Zu beiden Seiten der gut ausgebauten Strecke liegen Waldgebiete, die zum Teil bereits gerodet sind. Bei **km 20** überqueren Sie auf einer Brücke den **Dibamba-Fluss.**

Abstecher zum Lac Ossa und nach Dizangué

Man erreicht den Ossa-See von der Hauptstraße aus über die **Abzweigung kurz vor Edéa.** Die Piste, von der man schöne Ausblicke auf den breiten Sanaga-Fluss hat, führt hier direkt in das Dorf **Dizangué** (nicht per Sammeltaxi zu erreichen), einer Siedlung von Plantagen- und Fabrikarbeitern (SOCAPALM, Palmprodukte). Vom Carrefour Mbongo aus verkehren öffentliche Verkehrsmittel in Richtung des Parks (vorher genau über die Route erkundigen).

Einige Kilometer von Dizangué entfernt liegt die ehemalige deutsche **katholische Missionsstation Marienberg.** Die Kirche ist noch erhalten. Erkundigen Sie sich im Dorf Dizangué nach Führern, u.U. finden Sie jemanden, der sie mit der Piroge auf dem Sanaga in das **Naturreservat** des fischreichen, schwarzen Ossa-Sees, umgeben von dichtem Regenwald, fährt. Hier lebt eine an der westafrikanischen Küste beheimatete riesige **Seekuhart** *(Trichechus senegalensis).*

Kaum ein Tourist gelangt in die abgelegenen Dörfer der Bassa am Ossa-See, daher gibt es dort auch keinerlei Übernachtungsmöglichkeiten, und auch sonst ist keine Infrastruktur vorhanden.

Zurück auf der Hauptstraße ist **nach 60 km** (ab Douala) **Edéa** erreicht.

Edéa

Edéa liegt in der Provinz Littoral und ist **Hauptort des Département Sanaga-Maritime.** Der Ort ist am Ufer des Sanaga-Flusses gelegen, der etwa 100 km von hier entfernt in den Atlantik mündet. Der **Sanaga** ist der **längste Fluss Kameruns** und einer der größten. An seinen Ufern breitet sich hier im Süden dichter, tropischer Regenwald aus. Nahe Edéa, an der letzten Schwelle des Landes, bildet der Flusslauf reißende Stromschnellen, die **Sanaga-Fälle,** in denen sich das Wasser zwischen Felsblöcken hindurchzwängt. Ein riesiger **Damm** staut das Wasser, das in flachem Bogen durch die Turbinen eines Kraftwerks schießt. Dahinter liegen eine Aluminiumschmelze und das Walzwerk des größten Industriebetriebes des Landes, der **Aluminiumgießerei ALUCAM.** Das benötigte Bauxit wird aus Guinea importiert. Der 1957 gegründete Betrieb verbraucht mehr als eine Milliarde kWh jährlich und produziert ca. 96.000 Tonnen Aluminium pro Jahr. Das in anderen Fabriken weiterverarbeitete Metall wird hauptsächlich in afrikanische Nachbarstaaten exportiert, ein Teil davon bleibt im Land. Nicht weiter erstaunlich also, dass die traditionellen Strohdächer in Kamerun zunehmend durch glänzende Aluminiumdächer ersetzt werden.

Die Wasserkraft des Sanaga wird auch vom Elektrizitätswerk SONEL genutzt, das seinen Sitz in der Stadt hat. Durch diese Industriekomplexe wurden zahlreiche Arbeitsplätze geschaffen, und Edéa ist ein wichtiges Industriezentrum des Landes geworden.

Touristisch bietet die Stadt allerdings **nicht viel Interessantes.** Die Region am Delta des Sanaga, ursprünglich von den einwandernden Bassa bevölkert, wurde 1885 von Hamburger Kaufleuten als Handelsposten gewählt. Einige Jahre darauf gründeten die Deutschen hier eine der ersten katholischen Missionen des Landes (in Marienberg, etwas unterhalb von Edéa; s.o.).

Den besten Blick auf die **Sanaga-Fälle** (Stromschnellen) hat man gleich am Ortseingang von den beiden Brücken der Stadt stromabwärts. Auf der **alten Brücke** mit ihren verwitterten Eisenbögen, 1914 fertig gestellt, verkehren heute nur noch Fußgänger und Fahrräder. Über die **neue Brücke** führen gleichzeitig die Straße und die Eisenbahngleise für den Transcamerounais (von Douala nach Yaoundé und Ngaoundéré). Die Hauptstraße geht direkt durch den Ort hindurch, zu beiden Seiten flankiert von Marktständen.

Abenteuerlustige können mit einem Boot von Edéa aus den Sanaga flussabwärts fahren; dabei durchquert man eine schöne Urwaldkulisse bis zu den Mangrovensümpfen am Atlantik bei Mouanko im Naturreservat Réserve Douala-Edéa.

Unterkunft

● **Hostellerie de la Sanaga**
B.P. 54, Tel. 3464962, 3464886, an der Brücke nach rechts, direkt am Sanaga-Fluss zwischen alter und neuer Eisenbahnstation, ca.

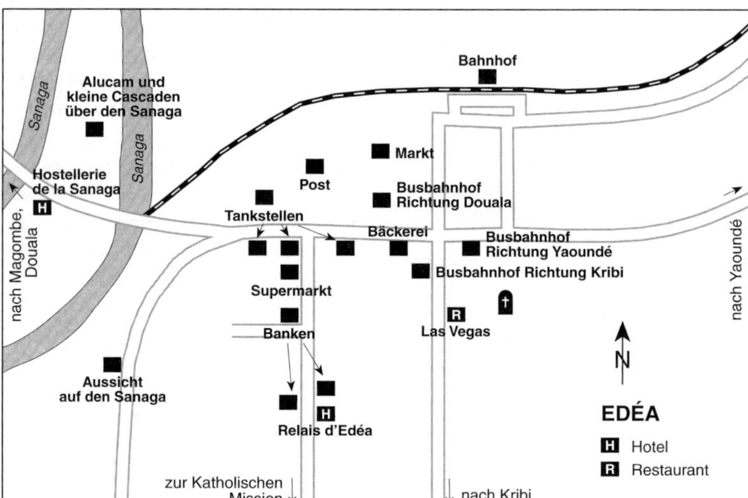

200 m vom Staudamm entfernt. Im besten Hotel von Edéa gibt es Zimmer mit Klimaanlage ab ca. 15.000 CFA, ein Restaurant und einen Privatclub im Nebengebäude mit Tennis, Schwimmbad, Bibliothek etc.
- **Kleinere und preiswerte Unterkünfte** findet man in der Nähe des Busbahnhofs, z.B. **Paq-Bit Touristique** (Tel. 3464147), evtl. auch in der katholischen Mission in hübscher Lage am Ufer des Sanaga (gut unterhalten, sehr freundlicher Empfang, Bademöglichkeit im Fluss, Camping möglich).

Busse/Sammeltaxis

Es gibt Verbindungen nach **Douala** (60 km), **Kribi** (115 km) und **Yaoundé** (179 km), jeweils auf ausgezeichneten Teerstraßen.

Eisenbahn

Es bestehen täglich Verbindungen **zwischen Douala und Edéa.**

Sonstiges

- Der nächste **Flughafen** befindet sich **in Douala.**
- **Infrastruktur:** Post, Bank (BICEC), Apotheke und Tankstelle.
- **Krankenhäuser,** Tel. 3464100, 3464543 und 3344077.

Edéa – Kribi

- **118 km** sehr gute Teerstraße

Verlässt man Edéa ostwärts, zweigt etwa 1 km hinter dem Stadtkern rechts die Straße nach Kribi ab, geradeaus geht es nach Yaoundé.

Nun kommt man auf die erst vor wenigen Jahren fertig gestellte **Straße nach Kribi,** die schon fast einer Autobahn gleicht. Bis 20 km hinter Edéa säumen riesige Ölpalm-Plantagen die Straße. Dann beginnt der Wald, von dem ein großer Teil für die neue Straßentrasse weichen musste. Links und rechts der breiten Schneise aber wächst dichte Vegetation mit Palmen, Tropenbäumen und den undurchdringlich wirkenden Wänden des Regenwaldes. Auf der ursprünglichen Piste kommt man durch einige Dörfer, doch entlang der neuen Strecke steht nahezu kein Haus mehr. Erst 45 km hinter Edéa liegt links das kleine Dorf **Elogbatindi.** In der Nähe von Elogbatindi liegt das **Campement de Lalas,** eine Pygmäensiedlung. Nach 60 km lichtet sich dann der Wald, und man nähert sich langsam der Küste.

Bei **km 80** (nach Edéa) überquert man auf einer Brücke den **Fluss Lokoundjé.** Es ist landschaftlich schöner, wenn man die neue Straße kurz vor der Brücke verlässt und den kleinen Fahrweg nach links nimmt. Man fährt dann etwa 1 km auf der ehemaligen Piste durch ein kleines Dorf und über die alte Brücke. Herrliche, üppige Regenwaldvegetation wächst zu beiden Seiten des Flussufers.

Zurück auf der Hauptstraße bieten sich schöne Ausblicke auf das Meer und den Strand von Londji. Die Piste, die dorthin führt, zweigt nach 93 km rechts ab (Schild Londji Plage).

Abstecher nach Londji (Plage)

Die Piste führt etwa 500 m zum Fischerdorf Londji **(21 km nördlich von Kribi).** Im Dorf geht dann eine Piste nach rechts (1 km) hinunter zu einem der schönsten, naturbelassenen Strände der Küste, manche sagen sogar, es sei der schönste Kameruns: auf der einen

Seite von kleinen Felsen begrenzt, auf der anderen Seite eine weite Bucht mit Kokospalmen und einem weiteren Fischerdorf („Campement des Nigérians", bewohnt von nigerianischen Fischern). Auch die gelben Stadttaxis aus Kribi kommen regelmäßig zum Strand von Londji, sofern sie genug Passagiere haben. In dieser Bucht kann man ungefährdet schwimmen, weil es, im Gegensatz zu Kribi, kaum Wellen gibt. Da es sich bereits herumgesprochen zu haben scheint, wie schön es in Londji ist, findet man auch kleine **Gästehäuser:**

- **Le Jardinier du Londji**
Zimmer mit Klimaanlage (in gut erhaltenen Baucontainern!) für ca. 12.000 CFA. Es gibt auch ein preiswertes Restaurant.
- Folgt man einer kleinen Piste zum Strand, die bei einer kleinen offenen Hütte endet, kann man dort den Wagen parken oder am Strand traumhaft schön unter Palmen **campen.** Fragen Sie nach *Giselle,* die hier auch ein kleines **Freiluftrestaurant** betreibt. Sie bereitet gegrillte Fische *(Poisson braisé)* mit Pommes zu oder auf Wunsch auch Langusten. Getränke können, soweit vorhanden, gekauft werden. In der Regel werden Sie ein wenig auf die Mahlzeit warten müssen, man ist hier nicht ständig auf Touristen eingestellt. Dafür ist der Fisch auch wirklich fangfrisch! Wenn Sie mehrere Tage in Londji verbringen, bietet es sich an, das Abendessen jeweils schon morgens vorzubestellen. Das verkürzt die Wartezeit.

Weiter den Strand entlang liegt das malerische **Fischerdorf Londji** an einer Flusslagune. Die Bewohner sind sehr freundlich und angenehm. Es gibt einen kleinen Kramerladen, wo man die allernotwendigsten Dinge und Getränke kaufen kann. Hier wird auch ein interessanter Fischmarkt abgehalten.

- Ca. **10 km vor Kribi,** am Schild „Chez Modestine", gibt es eine weitere schöne Bademöglichkeit. Folgen Sie der Piste 800 m; am **Strand La belle Mère** bei *Père Gaspard* gibt es **einfache Doppelzimmer** für ca. 4000 CFA und 4-Bett-Zimmer für Selbstversorger (mit Küchenhilfe) für ca. 10.000 CFA.

Zurück auf der Hauptstraße folgt nach wenigen Kilometern ein weiterer schöner Strand: **Cocotier Plage.**

Nach 118 km (178 km ab Douala) ist der **Badeort Kribi** erreicht.

Kribi

Das Städtchen Kribi (ca. **40.000 Einwohner)** liegt an der Mündung des Flusses Kienké direkt am Meer und ist bekannt für seine schönen Strände. Das Klima ist hier sehr viel angenehmer als in Douala, außer in der Regenzeit.

Der Ort hat sich trotz seines Hafens und des stetig wachsenden Touristenaufkommens noch eine sehr **ländliche Atmosphäre** bewahrt. Für die großen Schiffe ist das Hafenbecken zu flach und sie ankern daher etwa 3 km außerhalb. Hier wird Holz und Kakao zum Export verschifft. Der **Hafen** ist zwar noch in Betrieb, aber auf den ersten Blick macht er einen sehr verschlafenen Eindruck. Zum einen wohl wegen der Wirtschaftskrise im Land, zum anderen, weil der Transport der Güter zunehmend über die neue Straße erfolgt. Außerdem sind die Hafeneinrichtungen nicht mehr auf dem neuesten Stand, und so hat der Hafen an Bedeutung verloren. Neueste Bemühungen um eine Autonomisierung der kamerunischen Häfen und der Bau einer Raffinerie für das tschadische Öl lassen eine

Kribi: die gut erhaltene Kirche aus der deutschen Kolonialzeit

Wiederbelebung des Hafens von Kribi möglich erscheinen. Am Hafen gibt es einen Fischmarkt, mit vielen kleinen Ständen, die frisch gegrillten Fisch anbieten. Auch ein abendlicher Besuch des kleinen Stadtzentrums, mit vielen Bars lohnt sich.

Gegründet wurde Kribi von den Deutschen während der **Kolonialzeit,** an die noch einige Gebäude erinnern. Damals gab es hier eine deutsche Schule, auch die sehr gut erhaltene und 2002 renovierte Kirche gegenüber des Hafens und der alte Leuchtturm am Meer (Baujahr 1906) stammen aus dieser Zeit. Das ehemalige Haus des deutschen Bezirksamtsmanns dient heute der Verwaltung (Fotografierverbot!). Das Verwaltungs- und das Wohnviertel von Kribi liegen unten am Meer.

Die Bewohner von Kribi und seiner Umgebung gehören zu den **Bantu-Ethnien Batanga** (hauptsächlich Fischer) und **Bassa;** die **Bakoko** leben weiter nördlich am Ufer des Nyong-Flusses. Vom 1. bis zum 9. Mai gibt es das traditionelle **Festival der Batanga:** Ijanjahenni na ngudi o melema.

Die **Strände** an der Küste von Kribi **gehören zu den schönsten Kameruns.** Auch wenn die Touristenprospekte gern übertreiben (Südsee-Klischees), kann man hier einen wirklich schönen Badeurlaub verbringen: Feiner gelber Sand, dann Kokospalmen, dahinter ohne Übergang der dichte, tropische Regenwald, der sich in alle Richtungen erstreckt, das Wasser ruhig und flach abfallend (gut geeignet für Kinder!). Der schönste Strandabschnitt im Ort liegt

341ka Foto: rf

unmittelbar südlich des Hotels Coco Beach, in der Nähe des Leuchtturms. Weiter außerhalb in Richtung Campo liegen viele schöne, unberührte Buchten, jedoch auch Strandabschnitte mit hohen Wellen und starker Strömung.

Seitdem die **neue Straße** fertig gestellt ist, erreichen die Ausflügler aus Douala und Yaoundé die herrlichen Strände in relativ kurzer Zeit. So ist Kribi an Feiertagen, Wochenenden und während der Ferien gut besucht. Der Ort mit seiner gemütlichen Atmosphäre ist aber (noch) weit entfernt vom Massentourismus; auch die Hotel-Infrastruktur ist eher bescheiden, große Hotelklötze gibt es (bisher) glücklicherweise nicht.

Touristeninformation

- **Office du Tourisme**

Sie erhalten in dem Auskunftsbüro gleich am Ortseingang von Kribi Informationen über Hotels und Restaurants (werktags geöffnet: 9–12, 15–18 Uhr).

Unterkunft

- **Hôtel du Phare**

BP 319, Tel. 3461106, 9968503 (mobil), Fax 3461338, gleich neben dem Leuchtturm gelegen. 20 Zimmer mit Ventilator oder Klimaanlage, alle mit Dusche/WC, 16.000–25.000 CFA. Das Hotel liegt in einem Wohnviertel direkt am Strand und bietet einfache und relativ preisgünstige Unterkunft. Gutes Restaurant. Bei Europäern übers Wochenende oder die Feiertage besonders beliebt. Häufig ausgebucht. Gerichte von 2000–6000 CFA.

- **Coco Beach**

BP 302, Tel. 3461584, 9837913, 9977496 (mobil), Fax 3461819, neben dem Hotel du Phare gelegen, deutsche Leitung. Kleines, geschmackvoll eingerichtetes Hotel mit 7 klimatisierten Zimmern ab ca. 25.000 CFA. Pool für Kinder vorhanden. Direkt am Meer.

- **Résidence Jully**

B.P. 195, Tel. 3461562, 3461564, 3461022, 9987570 oder 9886536 (beide mobil), Fax 3461962. Etwas außerhalb Richtung Edéa in der Nähe des Viertels Elobe, direkt am Meer. 40 klimatisierte Zimmer, 23.000–65.000 CFA (gehobenes Niveau). Restaurant, Tennisplätze.

- **Hotel Ilomba Beach**

B.P. 305, Tel. 3461541, 3461744, 3461944, an der Route de Campo, 5 km außerhalb von Kribi bis zu einer kleinen Kirche, dann rechts Piste zum Hotel (gut ausgeschildert). Direkt am Wasser gelegen (herrlicher Sandstrand, ruhiges Wasser), bietet die Bungalow-Anlage mit strohgedeckten Stein-Boukarous am Hang 14 gemütliche und schön dekorierte Zimmer mit Dusche/WC. Das Haupthaus am Meer ist ein „Open Air"-Rundbau mit Rezeption, Bar, Restaurant und Terrasse, rustikal eingerichtet mit derben Holztischen. Es herrscht eine gemütliche und ruhige Atmosphäre. Es sind nur 10 Gehminuten am Strand zu den Lobé-Fällen, 20 Minuten zu Fuß zur Lobé-Brücke. Das Hotel steht unter Schweizer Leitung. Für mich persönlich das beste Hotel in Kribi, leider etwas abgelegen und teuer: Zimmer 25.000–35.000 CFA, Suiten bis zu 145.000 CFA.

- **Palm Beach Plus**

BP 351, 1,5 km von der Kirche, Tel. 3461447, Fax 3461832, E-Mail: hotelpb@iccnet.cm. Zimmer zwischen 25.000 und 75.000 CFA. Restaurant (gehobenes Preisniveau), Tennisplätze, Nachtclub.

- **Luma Inn**

An der Kreuzung gegenüber der Post, Tel. 9907883. Zimmer ab 5000 CFA.

- **Hotel Panoramique**

Schräg gegenüber des Busbahnhofes von La Kribienne, Tel. 3461773, 9859997 (mobil). Zimmer ab 5000 CFA.

Richtung Eloba, auf der Straße nach Edéa, ca. 2 km vom Zentrum, gibt es viele empfehlenswerte Hotels in Strandnähe, z.B.:

- **Thy Briez**

(Ehem. Auberge Annette) 1,3 km außerhalb des Zentrums. Empfehlenswert.

- **La Belle Hollandaise**

Tel. 3461713 oder 9916576 (mobil), Fax 346 1650. Zimmer zwischen 28.000 und 60.000

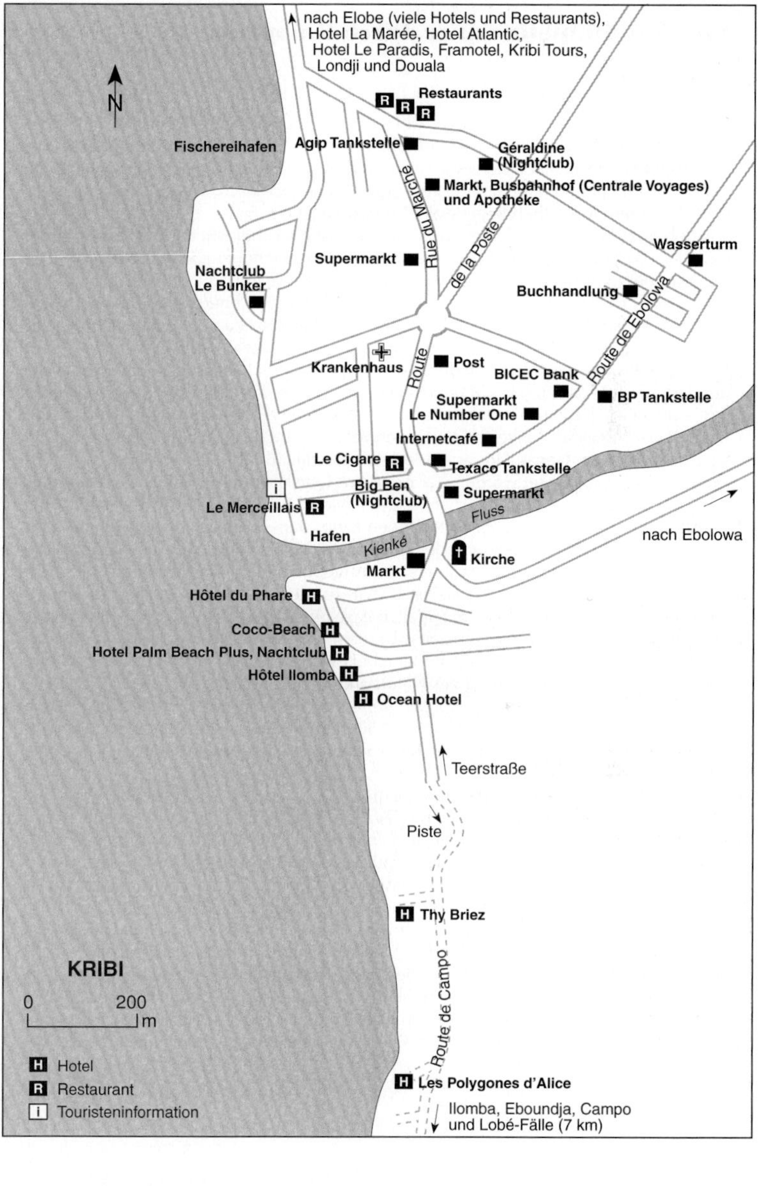
nach Elobe (viele Hotels und Restaurants), Hotel La Marée, Hotel Atlantic, Hotel Le Paradis, Framotel, Kribi Tours, Londji und Douala
N
Restaurants
Fischereihafen
Agip Tankstelle
Géraldine (Nightclub)
Markt, Busbahnhof (Centrale Voyages) und Apotheke
Rue du Marché
de la Poste
Wasserturm
Supermarkt
Nachtclub Le Bunker
Buchhandlung
Route de Ebolowa
Krankenhaus
Route
Post
BICEC Bank
BP Tankstelle
Supermarkt Le Number One
Internetcafé
Le Cigare
Texaco Tankstelle
Big Ben (Nightclub)
Supermarkt
Le Merceillais
Fluss
Hafen
Kienké
nach Ebolowa
Kirche
Markt
Hôtel du Phare
Coco-Beach
Hotel Palm Beach Plus, Nachtclub
Hôtel Ilomba
Ocean Hotel
Teerstraße
Piste
Thy Briez
Route de Campo
KRIBI
0 200 m
Hotel
Restaurant
Touristeninformation
Les Polygones d'Alice
Ilomba, Eboundja, Campo und Lobé-Fälle (7 km)

Eine Erdölpipeline quer durch Kamerun

von **Martin Zint**

Seit dem Jahr 2003 durchquert eine Öl-Pipeline Kamerun von Nord nach Süd. Sie **beginnt im Tschad** in den Ölfeldern des Doba-Beckens und **endet im Süden Kameruns am Strand von Kribi.** Die Trasse wäre ein touristisches Highlight, wenn es gelänge, ihr zu folgen. Sie durchquert das Bergland im Norden Kameruns, kreuzt Urwaldströme und verläuft durch den tropischen Regenwald. 30 m breit ist die Trasse, die für Servicezwecke von hohem Bewuchs freigehalten wird; Büsche lässt man aber wuchern. Brücken aus der Bauphase wurden abgerissen, um zu vermeiden, dass durchquerte Regenwaldgebiete für Wilderer oder Holzdiebe erschlossen würden. So weit, so gut.

Eine extra zu diesem Zweck gegründete Firma (COTCO, Cameroon Oil Transportation Company, Eigentümer: ExxonMobil, Chevron und Petronas zu 85 %, die kamerunische Regierung zu 15 %) investierte ca. 1,5 Milliarden US-Dollar in die Pipeline. Den Anteil Kameruns streckte die Weltbank dem hoch verschuldeten Land mit Krediten vor. Nicht nur deshalb stieß das Projekt auf Widerstand von Umweltschützern und Menschenrechtlern – die in Kamerun nicht sehr einflussreich sind. Und die schlimmsten Befürchtungen wurden rasch Realität. Zahlreiche Menschen verloren durch die Pipelinetrasse die Grundlage ihrer Existenz. Ganze Dörfer fanden sich plötzlich ohne Wasser wieder, weil „ihr" Fluss um- oder abgeleitet worden war oder ihre Quellen trocken fielen. Die Entschädigungen erfolgten nicht sehr transparent und in vielen Fällen nicht zur Zufriedenheit der Betroffenen. Weil es in ländlichen Regionen kaum Banken gibt, waren Geldentschädigungen problematisch. Wohin mit dem Geld? Wie kann es produktiv angelegt werden, so dass es in Zukunft ein Auskommen bietet? Angebotene Sachentschädigungen (Fahrräder, Hirsemühlen, Karren etc.) erwiesen sich als von sehr schlechter Qualität. Besonders betroffen sind die Ureinwohner im Süden, Bakola und Bagyeli, („Pygmäen"), deren traditionelle Lebensformen durch die Pipeline besonders bedroht sind. Gelder für Ausgleichsmaßnahmen kamen nur in geringem Maße bei ihnen an. Unklar ist auch, ob die als Ausgleich vorgesehene Erweiterung der Naturparks Campo Ma'an und Mbam Djerem jemals Wirklichkeit wird. Das vom Konsortium dafür versprochene Geld fließt nur zögerlich. „Der Gedanke, dass Tag und Nacht Millionenwerte an meiner Hütte vorbeifließen, ohne dass ich das Geringste davon habe, macht mich krank", so ein Pipeline-Anwohner im Radio-Interview.

Selbst wenn beim Bau der Pipeline höchste Qualitätsstandards angewendet wurden, bleiben viele Fragen offen. Bis heute ist unwahrscheinlich, dass die Betreibergesellschaft für Schäden haftet, die z.B. durch ein Leck in der Pipeline entstehen. Entsprechende gesetzliche oder vertragliche Regelungen sind zwar angekündigt, aber noch nicht rechtswirksam. Die Ölverladung geschieht im Meer 15 Meilen vor Kribi über einen einwandigen Tanker, auf dem die Pipeline endet und an den andere Tanker anlegen. Das Risiko von Unfällen ist hoch, aber schon im Normalbetrieb kommt es zu Verschmutzungen der Bucht von Kribi mit ihren Traumstränden. Die Regierung Kameruns kassiert jährlich ca. 17 Millionen US-Dollar für den Transport des Öls – Peanuts im Vergleich zu den Schäden, die entstehen, wenn größere Mengen Öl in ökologisch sensible Bereiche auslaufen. Die Bevölkerung, vor allem im Süden Kameruns, lebt von Werten, die die Natur laufend produziert, Wild, Fisch, Obst und Gemüse. Diese Werte übersteigen die Pipelinegebühr um ein Vielfaches.

- Weitere **Infos:** www.erdoel-tschad.de

CFA (gehobene Ausstattung). Swimmingpool, hoteleigene Golfanlage, Restaurant.

- **Framotel**
B.P. 355, Tel. 3461640, 3461840, 9948222 oder 9849734 (beide mobil), Fax 3461840. Ein Schild weist zum Framotel hin, ca. 100 m Piste. Das relativ neue Hotel besteht aus kleinen Reihenhäuschen mit Innenhof und verfügt über sehr saubere Zimmer mit Dusche/WC (zwischen 17.000 und 21.000 CFA) und ein Terrassenrestaurant/Bar (mit Neonbeleuchtung!). Das Hotel hat wenig Atmosphäre, es ist eher ein moderner Zweckbau. Zum schmalen Strand sind es 150 m.
- Unmittelbar am Meer liegt das **Hotel des Anges,** Tel. 9517211, 9936862 (beide mobil). Zimmer 20.000–25.000 CFA. Restaurant.

Weitere Hotels dort sind:

- **La Marée,** BP 327, Tel. 3461366 oder 9992268.
- **Kribi Tours**
Tel. 3461865 oder 9890577, Fax 3461977.
- **Atlantic**
Tel. 3461828, 9901447 oder 7527253.
- **Le Paradis**
Tel. 3461839, 9977083, 9576631, 9919831, Fax 3461247 oder 3461438. Autovermietung.
- **Les Polygones d'Alice**
BP 97, Tel. 3461504

Richtung Campo, ca. 5 km vom Zentrum entfernt, liegen folgende Hotels (alle direkt am schönen Sandstrand):

- **Lagon Bleu**
Gehobene Ausstattung, Restaurant; organisieren Pirogenfahrten.
- **Mana Pani**
Tel. 3471779, 9510105, 7605168. Auch Viererzimmer, sehr empfehlenswert. Restaurant direkt am Meer. Von hier aus kann man zu den Lobé-Wasserfällen laufen.

Fragen Sie in Kribi während der Nebensaison oder unter der Woche nach **Preisermäßigungen!**

Camping

Campingmöglichkeiten bieten sich **bei der Auberge Tara Plage** direkt am Strand (2500 CFA, man kann auch Zelte mieten), 12 km nördlich der Stadt am Meer, **in Londji** sowie **südlich der Lobé-Fälle;** direkt an den Fällen ist das Zelten nicht empfehlenswert: Der Strand ist schmutzig, und außerdem wird dort viel geklaut).

Essen und Trinken

Außer den Restaurants in den oben genannten Hotels gibt es eine **Reihe von kleinen Lokalen und Circuits** im Ort mit landestypischen Gerichten. Hier isst man wesentlich preiswerter als in den Restaurants der Unterkünfte.

Erkundigen Sie sich vor Ort nach den aktuellen Empfehlungen. Meist benötigen Sie ein Taxi, da sich der Ort einige Kilometer am Meer erstreckt.

Europäische Küche gibt es im Hafen:

- **Le Marseillais,** Tel. 3461863.
- **Le Cigare,** Tel. 3461928.
- Frischen Fisch gibt es in der Nähe des Leuchtturms auf einem marktähnlichen Platz (direkt am Hafenbecken).
- Mehrere gute Restaurants gibt es auch am Strandabschnitt bei Elobe, z.B. **Le Crocodile,** Tel. 3461932.

Busse/Sammeltaxis

- **Kribi – Yaoundé/Douala:** nach Douala 175 km, nach Yaoundé 290 km, beide via Edéa (115 km), jeweils auf guter Teerstraße. La Kribienne und Transcam Voyages.
- **Douala** wird täglich mehrmals mit Bussen zu 57 Plätzen und kleineren Fahrzeugen zu 14 Plätzen angefahren. Centrale Voyages (eigener Busbahnhof am Zentralmarkt) und Jako Voyages (eigener Busbahnhof am Zentralmarkt, sehr schnelle Verbindung mit ca. 2 Stunden!).
- **Kribi – Campo:** Nach Campo sind es mit dem Bus/Sammeltaxi etwa 70 km auf guter Piste.
- **Kribi – Londji:** Von Kribi nach Londji sind es 21 km auf Teerstraße und Piste.
- Der **Sammeltaxi-Bahnhof** befindet sich gleich am Ortseingang von Kribi, aus Richtung Douala kommend.

Stadttaxis (ramassage)

In der Stadt besteht die Möglichkeit der Taxianmietung zum Besuch der Wasserfälle des Lobé oder der Strände außerhalb von Kribi.

Für Menschen, die einmal das Abenteuer eines Mofataxis („Moto" oder „Ben Skin" genannt, Preis: 100–300 CFA je nach Länge der Strecke) probieren möchten, ist Kribi sicher ein risikoärmeres Pflaster als Douala: Trotzdem sollte man immer beachten, dass man sich, da ohne Helm und bei dürftiger medizinischer Versorgung, hier immer einem Risiko aussetzt.

Sonstiges

- **Infrastruktur:** Apotheken, Tankstellen, Markt (nahe der Kirche) und Postamt.
- **Bank BICEC** (Tel. 3461224) an der Tankstelle, vor der Brücke und Kirche rechts hinauf. Reiseschecks werden nicht akzeptiert.
- **Krankenhäuser,** Tel. 3461051, 3461271, 3461131.
- **Nachtclubs: Java Night Club** im Palm Beach Hotel; **Big Ben,** direkt vor der Brücke am Hafen, Tel. 3461928; **Geraldine,** Rue de la Joie, im Ortsteil Petit Paris, Tel. 3461929.
- Ein **Internetcafé** befindet sich an der Route d'Ebolowa in der Nähe der BICEC (mit ca. 500 CFA/Stunde sehr günstig).

Ausflüge

Neben den Stränden bietet Kribi in der Umgebung einige interessante Ausflugsziele an:

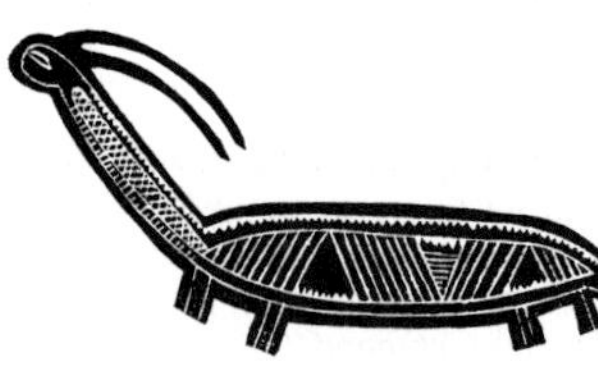

Lobé-Wasserfälle

7 km südlich von Kribi (Richtung Campo) liegt eine kleine Bucht, in die der Lobé-Fluss 30 m über Felsen ins Meer hinabstürzt. Kurz vor der Brücke über den Lobé-Fluss sind die Fälle ausgeschildert **(Chûtes de la Lobé),** eine Piste nach rechts führt wenige Meter zum Meer hinunter. Hier wird man gleich von einer ganzen „Horde" Führern umzingelt, die einem die wenigen Schritte bis zum Strand „zeigen möchten". Vom Strand aus kann man den Anblick der herabstürzenden Wassermassen am besten genießen. In der Regenzeit ist die Sturzflut besonders beeindruckend. Es ist auch möglich mit einer Piroge an den Fluss näher ranzufahren. Der **Strand** ist hier etwas schmutzig. Zum Meer hin bildet der Fluss zunächst eine lange Sandbank, auf der manchmal „Overlander" campen. Da aber hier einige Hütten stehen und man von den Anwohnern, hauptsächlich Fischer, die zwar sehr gastfreundlich, aber auch geschäftstüchtig sind, umringt ist, eignet sich dieser Bereich weniger zum Campen als die südlich von Lobé und nördlich von Kribi gelegenen Strände. Kleine Restaurants an den Wasserfällen bereiten Scampi und Fisch zu. Fragen Sie nach dem jeweiligen Fang, das Essen sollte dann einige Stunden vorher bestellt werden (hier ist nie etwas sofort vorrätig).

Die Fälle sind von Kribi aus auch über den Strand **zu Fuß** zu erreichen. Hier sollte man ausreichend Zeit (ca. 2 Std. für eine Strecke) einplanen und sich wegen der oft gleißenden Sonne früh morgens auf den Weg machen. Am besten geht man bei Ebbe, da die Strandbuchten durch felsige Partien getrennt sind (Badeschuhe!).

Achtung: Es kam schon mehrmals zu **Überfällen auf Touristen** in der Umgebung der Wasserfälle. Achten Sie daher auf Ihre Wertgegenstände und vermeiden Sie es, an den Fällen zu campen.

Unterwegs auf dem Lobé-Fluss

Zurück auf der Piste Richtung Campo überqueren Sie kurz nach dem Wasserfall die Brücke über den Lobé-Fluss. Hier vermieten die Fischer ihre Pirogen, um **stromaufwärts zu den verschiedenen Pygmäendörfern** zu fahren (ca. 18.000 CFA/Person, mindestens 4 Teilnehmer). Wenn man bedenkt, dass die Pygmäen als Jäger und Sammler eigentlich Nomaden sind und die (Touristen-) Camps dort am unteren Lobé bereits zur festen Einrichtung gehören, kann man sich vorstellen, wie „authentisch" dieser Besuch sein wird. Die drei Camps liegen von der Lobé-Brücke aus zwei, vier und 14 km flussaufwärts. Für Besucher ist es obligatorisch, kleine Geschenke mitzubringen: Salz, Zündhölzer, Tabak, Reis und vor allem Wein. Die in den verschiedenen Camps lebenden Pygmäen sind, wie viele in der Umgebung von Kribi, bereits Bantu-Pygmäen, haben sich mit Ihren Nachbarn also sehr stark verbunden. Ich habe das **Touristenspektakel** inklusive Tanz als sehr deprimierend für beide Seiten empfunden und rate daher nicht unbedingt dazu. Viel schöner und eindrucksvoller als der Besuch bei den Pygmäen ist die herrliche Regenwald-Vegetation an den Ufern des Flusses. Lautlos! Nehmen Sie nach Möglichkeit einen einfachen Stocherkahn, keine Motorpiroge, auch wenn Sie dann nur langsam vorwärtskommen. Zur nötigen **Ausrüstung** gehören Sonnenschutz, Mückenschutz, Trinkwasser und etwas Proviant, falls Sie eine längere Tour unternehmen.

Die Piste nach Campo

Kilometerangaben zur Route de Campo (jeweils von Kribi aus):

- Lobé-Brücke (Hotel): 7 km
- Mission de Batanga (Hotel): 8 km
- Dorf Grand Batanga: 11 km
- Eboundja: 17 km
- Paradis-Plage: 32 km
- Rocher du Loup: 41 km
- Abzweigung nach Campo (Hotel): 49 km
- Ort Campo: 76 km.

Vor Abfahrt **in Kribi** unbedingt **voll tanken!** Unterwegs gibt es keine Tankstelle bis Campo (und selbst dort gibt es oft keinen Vorrat). Auch Trinkwasser und Proviant sind unterwegs von Nutzen.

Diese (gute) Piste ist kaum befahren und wird während der Trockenzeit ständig instandgehalten, da schwere Lastwagen Holz aus den Wäldern holen und nach Kribi oder Douala befördern. Bis Campo ist die Piste also (während der Trockenzeit!) mit einem normalen Auto befahrbar. Dennoch sollte man vorher in Kribi Informationen über den Pistenzustand einholen. Von Kribi aus fährt auch ein **Buschtaxi** nach Campo (nicht häufig, daher früh am Morgen am Taxibahnhof sein).

Die Piste nach Campo folgt bis zum Rocher du Loup fast ständig der Küste, doch sieht man das Meer so gut wie nie, da sich dazwischen immer ein Strei-

348kam Foto: rf

fen Wald entlang zieht. Nach der Lobé-Brücke folgt dicht aufeinander eine Serie von Schildern mit Hinweisen auf die verschiedenen **Strandzufahrten** (Pizza Plage, Mozart Plage etc.). Die Auswahl ist groß und jeder findet hier seine einsame Bucht. Dann trennt sich die Piste von den Stränden und führt auf der gesamten Route durch dichten tropischen Regenwald am Nationalpark Campo Ma'an entlang. Bei km 17 erreicht man über eine Abzweigung nach rechts (ausgeschildert) den Ort

Eboundja

Das winzige Fischerdorf unter Kokospalmen liegt ganz verschlafen und scheinbar isoliert in einer herrlichen, kleinen Bucht mit ruhigem Wasser, ideal zum Schwimmen. Die Dorfbewohner leben vom Fischfang und Tourismus.

Man präsentiert sich beim Dorfchef, einem geschäftstüchtigen Mann und wird sofort freundlich empfangen. Wer ein Zelt mitbringt, kann im Dorf wohnen, bekommt zu essen (gegrillten Fisch mit Kokosnüssen!) und handelt den Preis dafür einfach aus. Die eine Seite der Bucht ist von kleinen Felsen begrenzt, auf der anderen Seite setzt sich der Strand kilometerlang bis zu einer Landspitze fort. Im Dorf mündet ein Fluss ins Meer, Pirogenfischer flicken ihre Netze. Wer hier Aufenthalt macht, nimmt ganz und gar am Dorfleben teil.

Zurück auf der großen Piste liegt rechts bei **km 30** eine kleine **Pygmäensied-**

lung – überall tief im Wald leben hier die Pygmäen in ihren Dörfern, die jedoch von der Piste aus meist nicht zu sehen sind.

Nach **32 km** erreicht man den **Plage Paradis,** einen schönen schattigen Platz mit Bade- und Campingmöglichkeit (ca. 800 CFA/Person).

Bei **km 41** (ausgeschildert, aber sehr kleines Schild!) rechts der Weg zum **Strand Rocher du Loup/Ako Biyo** (übersetzt: der Wolfsfelsen). Wieder eine traumhafte Bucht, an deren Ende im Meer unweit vom Ufer ein kleiner Felsen steht, der dem Strand seinen Namen gab und, so sagt man, den tiefsten Punkt dieser Küste markiert. Am anderen Ende der Bucht liegt eine kleine Lagune. Schwimmen empfiehlt sich an diesem Strand nicht, da Wellengang und Strömung sehr stark sind. Es gibt zwei Zufahrten zum Wolfsfelsen: Auf der besseren Piste kommt man durch ein kleines Dorf. Eine kurze höfliche Kontaktaufnahme, wie es überall üblich ist, wenn Fremde vorbeikommen, empfiehlt sich.

Nach **49 km** führt die Piste rechts weiter zum Fischerdorf **Ebodjé.** Dort gibt es ein **Öko-Tourismus-Projekt.** Es wird von einem Komitee der Einwohner von Ebodjé getragen. Ebodjé ist ein kleines Fischerdorf unmittelbar am Strand. Die angemeldeten Besucher werden in kleinen Gästezimmern oder Boukarous untergebracht, und es werden ihnen Mahlzeiten bereitet. Sie können mit Pirogen zum Fischen fahren oder das Projekt zum Schutz der Meeresschildkröten besuchen. Die Bewohner organisieren auch kulturelle Abende mit Musik und Tanz. Jede Aktivität hat ihren eigenen Preis: pro Tag 1000 CFA, pro Übernachtung 2000 CFA, 1500 CFA für ein Essen, 3500 CFA für Fischen auf dem Meer etc. Für 1500 CFA kann man am Strand zelten. Für Kinder werden spezielle Tarife und Aktivitäten angeboten. Es ist erforderlich, sich ungefähr eine Woche vorher anzumelden (Kaution: 5000 CFA).

Bucht von Eboundja

- **Projet Campo-Ma'an**
  Volet éco-dévelopement SNV, B.P. 219 Kribi, Tel./Fax 3462137.

Links vor Ebodjé führt die Abzweigung in Richtung Campo. Unterwegs nach Campo wieder herrlicher Wald zu beiden Seiten der roten Lehmpiste, der wie eine riesige Wand aus verschiedenen Grüntönen aufragt. Man kommt noch durch einige wenige Siedlungen, dann ist Campo erreicht und man fühlt sich am Ende der Welt.

Campo

Der Ort **(5000 Einwohner)** liegt auf einer Anhöhe über dem Meer, ringsherum nur Felsküste. Auf dem Hügel liegen eine Polizeistation und Schule, sonst nur einige weit verstreute Hütten und ein kleines Fischerdorf unten am Meer.

Wichtig: Gleich nach Ankunft muss man sich **bei der Sécurité** (Sicherheitspolizei) **einschreiben** (reine Formsache!). Campo liegt zwar direkt an der Grenze zu Äquatorial-Guinea, aber hier ist kein Grenzübergang möglich, weil in Campo die Piste endet und der Fluss Ntem, der einen Großteil des Campo-Reservates umschließt, hier die natürliche Staatsgrenze bildet (keine Brücke).

Campo verdankt seine Existenz dem **Holzhafen,** der immer noch (ein wenig) in Betrieb ist.

Im Ort gibt es ein **Postamt** (!), eine **Tankstelle** (Treibstoffvorrat nicht immer vorhanden), aber keine Bank!

Campo Beach, 4 km vom Ort selbst entfernt, ist über eine schlechte Piste erreichbar. Der palmengesäumte Strand liegt sehr schön direkt an der Flussmündung (Baden möglich; im Fluss soll es aber angeblich Krokodile geben!).

Nationalpark Campo-Ma'an

Seit Beginn des Jahres 2000 ist das seit 1932 bestehende Naturreservat Campo in den Nationalpark Campo-Ma'an umgewandelt worden. Er umfasst 264.000 ha. Ziel dieser Maßnahme ist es vor allem, die Abholzung des Waldes zu verhindern.

Wer auf **Waldtrekking** gehen möchte, bekommt vom Service du Tourisme einen Führer und evtl. auch Transport in das Reservat (30–50 km) zur Verfügung gestellt (sollte ein Fahrzeug vorhanden und intakt sein!). Man wohnt mitten im Wald in einem Dorf, so lange man will (Abholung vereinbaren); von dort aus können Wanderungen unternommen werden. An **Ausrüstung** benötigt man Trinkwasser (oder entsprechend Wasserfilter, Micropur), Mückenschutz und Proviant (im Dorf gibt es Buschfleisch wie Affe, Schlange, Termiten, Kröten etc.).

Im Campo-Reservat leben einige der letzten **Flachland-Gorillas,** die zwar u.U. zu hören, aber so gut wie nie zu sehen sind. Auch andere Affenarten und einige wenige **Elefanten** sind hier beheimatet. Tierbeobachtungen sind jedoch äußerst selten und sollten keinesfalls der Grund eines Aufenthaltes sein. Die Exkursionen sind hauptsächlich von botanischem Interesse. Die feuchte **Hitze** (Kreislauf!) und Schwärme von **Moskitos** erschweren die anstrengenden Wanderungen durch Dickicht und Sümpfe.

Das Reservat ist bisher **für den Autoverkehr** vollkommen **unerschlossen.** Die Piste entlang des Reservates bis nach Kribi dient ausschließlich der Holzbeförderung. Im Gegensatz zum Waldreservat des Korup-Nationalparks im Westen besteht hier auch **keinerlei touristische Infrastruktur** wie etwa Trekking-Pfade oder Camps.

Kribi – Ebolowa (über Lolodorf)

• **190 km** Piste

Im Jahre 1889 führte die erste Expedition unter dem deutschen Offizier *Curt von Morgen* ins Landesinnere (zu Fuß) auf dem Weg der heutigen Piste zwischen Kribi und Lolodorf entlang. Damals benötigte man mindestens fünf volle Tage. Später wurde hier die erste Autostraße angelegt, und heute erreicht man das 110 km entfernte Lolodorf in wenigen Stunden. Unterwegs trifft man noch auf einige wenige Relikte aus der damaligen Zeit.

Die Piste ist zwischen Bipindi und Lolodorf in mittelmäßigem Zustand. Erkundigen Sie sich auf alle Fälle in Bipindi über den Zustand der Pisten.

Vor der Abfahrt **voll tanken,** nächster Treibstoff (falls überhaupt) in Lolodorf oder Ebolowa.

Busch- und Waldland, Hügel und Täler wechseln sich ab, bis nach **27 km** auf einer Anhöhe rechts ein Kreuz zu sehen ist. Der **Colline de Bidou** zieht als **Pilgerstätte** jährlich an Ostern zahlreiche Katholiken aus der Umgebung an. Man wandert 4 km den Hügel hinauf und hat von oben (bei gutem Wetter) einen schönen Blick bis zur Küste.

Die Route nach Lolodorf führt immer wieder vorbei an kleinen Dörfern in Lehmbauweise, die meisten Häuser sind bereits mit Wellblech gedeckt. Hier lebt die Ethnie der Ngoumba. Die **Pygmäen** in dieser Region bauen ihre Hütten auf kleinen Waldlichtungen weit ab von der Piste. Sollten Sie eines dieser Dörfer besuchen wollen (nur mit Führer möglich, Dolmetscher!), so packen Sie Ihre Kamera am besten weg und nehmen Sie sich Zeit zu einem Gespräch, in dem Sie mehr über das Leben dieses interessanten Volkes, über seine Jagd- und Sammelgewohnheiten und seinen Alltag erfahren.

Nach **66 km** erreichen Sie die kleine Ortschaft **Bipindi.** Kurz vor dem Ortseingang kommen Sie über eine Brücke, die während der deutschen Kolonialzeit gebaut wurde (1909, rechts davon Stein mit deutscher Inschrift). Vor der Brücke nach rechts führt die Alternativroute nach Lolodorf (s.u.). In Bipindi leben die **Nachfahren des deutschen Biologen Georg Zenker,** der zu den Gründern von Yaoundé gehörte und erste Versuche mit Kakao und anderen Nutzpflanzen machte. Wer sich die Zeit nimmt, den „Bipindihof" Zenkers zu finden und sich mit seinen Enkeln zu unterhalten, wird viel Wissenswertes über die Vergangenheit in Erfahrung bringen.

Im kleinen **Restaurant** des Ortes können Sie eine Pause einlegen. Das Essen wählt man aus den Töpfen der Garküche gleich nebenan im Freien. Die freundlichen Köchinnen stellten mir hier die Wahl zwischen Krokodil, Goliathkröte, Waran oder Affe, wobei ich (schweren Herzens und zur allgemeinen Belustigung) Affe nahm, der sehr viel Wildgeschmack hatte.

Entlang der Pisten im Osten gibt es mehrere weiße Missionen für Pygmäen, auch eine in Bipindi. Sonst trifft man auf keinen Ort von besonderem Interesse. Sie können von hier aus links abzweigen, um über Bella nach Kribi und Fifinda zurückzukehren. Auf dieser Strecke wird sehr viel Holzwirtschaft betrieben, die riesigen Holztransporter fahren oft mit überhöhter Geschwindigkeit.

Geradeaus geht die Fahrt von Bipindi weiter Richtung Lolodorf (wie hier beschrieben). **75 km** hinter Kribi erreichen Sie **Bidjoka,** ein kleines **Dorf mit Kolonialcharakter.** Ein Spaziergang führt zu einem Wasserfall, den Chutes de Bidjoka, in einer zweistündigen Wanderung gelangen Sie zu einem weiteren **Wasserfall.** Das Wasser fällt hier von einem kleinen Berg hinab in ein Becken, umgeben von tropischem Grün.

Anschließend steigt die Piste kilometerlang an in eine bergige Gegend bis zum Hügel von Mbikiliki und führt entlang des gleichnamigen Flusses mit einigen kleineren Wasserfällen, die von großen Bambusstauden umgeben sind.

In **Ngovayang (96 km)** liegt auf dem Hügel die Missionsstation mit einer schönen kleinen Kirche und einem Hospital. Das zeigt, dass hier schon sehr früh eine rege Missionstätigkeit einsetzte. In fast jedem Dorf steht eine christliche Kirche. Auch das **Rote Kreuz** *(Croix Rouge)* ist hier sehr gut organisiert und kümmert sich speziell um die vielen Leprakranken. Gleichzeitig ist, besonders im Süden Kameruns, die **Naturheilkunde** weit verbreitet: *Native Doctors, Guérisseurs* und *Marabouts* wird überall sehr großer Respekt entgegengebracht. Die Kranken werden ins Dorf zum Naturheiler geschickt und bleiben dort, bis sie nach der Kräuterbehandlung wieder genesen sind. Dabei spielen sehr oft Magie und Fetischismus eine wichtige Rolle.

Nach **109 km,** am **Carrefour Bibia,** folgt wieder eine schöne Kirche mit einer theologischen Schule, die 1918 von den amerikanischen Presbyterianern gegründet wurde.

Rechts (km 114) zweigt die Piste ab nach Lolodorf.

Alternativroute zwischen Bipindi und Lolodorf

Vor der Ortseinfahrt Bipindi zweigt kurz vor der Brücke eine Piste nach rechts ab und führt am Zenkerhof vorbei, Richtung Akom II. Nach etwa 3 km geht es links ab (keine Beschilderung, diese Piste ist auf keiner Karte verzeichnet) und immer geradeaus, bis man auf die Piste Ebolowa – Lolodorf trifft. Hier fahren Sie links ungefähr 40 km nach Lolodorf. Diese Ausweichroute ist in einem recht passablen Zustand.

Lolodorf

Lolodorf gehörte während der Kolonialzeit zu den **Pionierorten Kameruns,** jetzt liegt der ca. 16.000 Einwohner zählende Ort ein wenig isoliert zwischen Kakaoplantagen und riesigen Waldgebieten.

Zwei Brücken führen hier über den Fluss **Lokoundjé:** Die alte Eisenbrücke wurde von den Deutschen erbaut, die zweite Straßenbrücke dann später von den Franzosen.

Gleich am Ortseingang bewohnt der Unter-Präfekt *(Sous-Préfet)* die ehemalige Residenz des Repräsentanten des deutschen Gouverneurs. Das alte Gerichtsgebäude daneben ist (ganz untypisch) noch mit Ziegeln gedeckt. Als die Deutschen im Jahre 1889 hier eintrafen, haben sie ein winziges Dorf vorgefunden, dessen Chef *Loulou* hieß. Daraus entstand der Name Lolodorf, der bis heute unverändert blieb. Fast gewinnt man den Eindruck, die Zeit sei stehen geblieben, wenn man einige der alten Häuser betrachtet. Mit Freude erzählen die älteren Bewohner Lolodorfs die Geschichte ihres Ortes, einige wenige sprechen ganz stolz sogar noch ein Paar Worte Deutsch. Außer der **Erinnerung an die koloniale Vergangenheit** bietet der Ort in touristischer Hinsicht nicht viel.

Praktische Informationen

- Die **Auberge de la Jeunesse** verfügt über drei Zimmer ab 5600 CFA, ist sehr einfach und hat keinen Strom.
- **Sammeltaxis:** Am Gare routière im Zentrum neben dem Marktgebäude starten morgens und mittags Sammeltaxis nach Eseka, als Anschluss an die Eisenbahnverbindung zwischen Douala und Yaoundé (die von dort aus in 2 bzw. 3 Stunden erreicht sind). Außerdem sind per Sammeltaxi auch Kribi und Ebolowa zu erreichen.
- **Infrastruktur:** Apotheke, Krankenhaus und Post sowie eine Tankstelle (Treibstoff nicht gesichert!), aber man findet hier (wie auf der gesamten Strecke) keine Bank.

An der **Gabelung 11 km hinter Lolodorf** zweigt links die Piste zum Hotel Mvengué und nach Ngomedzap ab. Sie ist in sehr schlechtem Zustand (Geländewagen!) und bietet sich nicht als Abkürzung nach Yaoundé an.

Rechts führt die Route (gut beschildert) weiter nach Ebolowa. Kurvenreich windet sich die (gute) Piste durch eine schöne Hügellandschaft mit dichtem Waldbestand. Immer wieder begegnet man Frauen, die ihre schweren Lasten in einem Korb tragen, der mit einem Band an der Stirn gehalten wird. Ziegen, Schweine und Hühner bevölkern die Piste. Typisch für die Bevölkerung im Süden sind die Lehmhäuser – ein Gitter aus Rundhölzern wird mit einem Lehmgemisch aufgefüllt und mit Raphiapalmblättern oder (immer öfter) Wellblech gedeckt.

73 km hinter Lolodorf erreichen Sie **Ebolowa.**

353kam Foto: rf

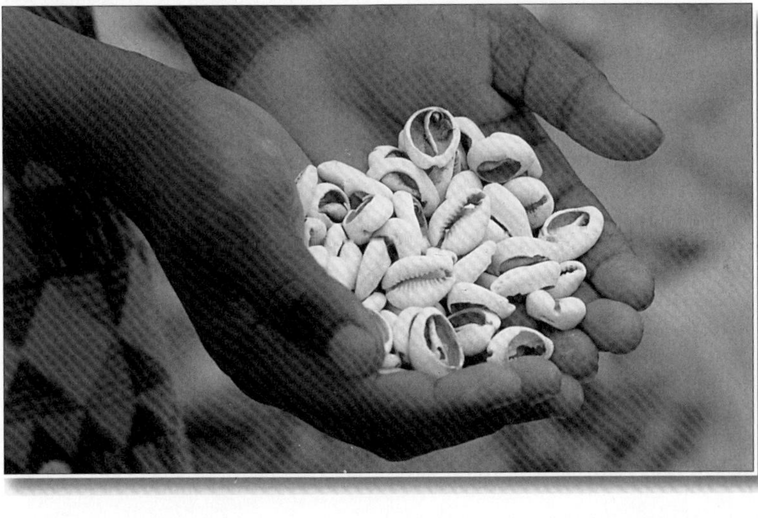

Kribi – Ebolowa (über Akom II)

- **171 km** Piste

Eine **alternative Direktroute** führt von Kribi nach Ebolowa über den Ort Akom II (nur schlechte Verbindungen mit öffentlichen Verkehrsmitteln). Die Piste ist in der Trockenzeit (in der Regenzeit meist ebenso unproblematisch) mit normalem Pkw gut passierbar. Es geht durch sehr schönen Regenwald, entlang zahlreicher ursprünglicher Dörfer, die von Landwirtschaft und ein wenig Kakaoanbau leben. Es wird in einigen Regionen Holzabbau betrieben, gelegentlich begegnet man Holztransportern. Auf der gesamten Strecke wird zur Verpflegung nichts außer Buschfleisch (Zwergantilopen, Affen, kleine Alligatoren etc.) angeboten.

Kurz nach Kribi fährt man durch riesige Bambuswälder. Nach **40 km** ist der Ort **Adjap** erreicht, hier gibt es zwei Kirchen und ein Gesundheitszentrum.

Weiter durch hübsche, hügelige Gegend bergauf durch dichten Regenwald, bis nach weiteren **35 km Nyab** erreicht ist. Hier reihen sich zahlreiche kleine Dörfer entlang der Straße, immer wieder sieht man Kirchen, hin und wieder auch eine Schule.

Nach **km 86** ist man in **Akom II** angelangt. Hier gibt es eine einfache Auberge (ca. 3000 CFA). Dieser Ort ist eigentlich eine Aneinanderreihung zahlreicher größerer Orte und Sitz der Sousprefecture. Hier findet eine **Polizeikontrolle** statt (hin und wieder auch unterwegs, aber durchaus korrekt). In Akom II zweigt eine Piste nach Bipindi (siehe vorhergehende Route) ab.

Fahren Sie links weiter in Richtung Ebolowa. Die Straße hat die Bezeichnung N 17. Nach 36 km trifft man auf den größeren Ort **Mefo.**

Weiter geht es durch kleine Dörfer mit zahlreichen Kirchen und hübscher Tropenwaldregion, bis man kurz vor Ebolowa auf das Wasserwerk trifft, wo die Teerstraße beginnt. **Ebolowa** ist auf dieser Strecke **nach 171 km** erreicht.

Ebolowa

Ebolowa **(62.000 Einwohner)** liegt in 660 m Höhe und ist **Hauptort der Provinz Sud und des Verwaltungsbezirks Ntem** und gleichzeitig die größte Stadt der dünn besiedelten Süd-Provinz. Die Stadt liegt in einem Talkessel, umgeben von dicht bewaldeten Hügeln. In der gesamten Umgebung gehört der **Kakao-Anbau** zur wirtschaftlichen Hauptaktivität; Ebolowa ist Sammelstelle für die Ernteprodukte. Viele Waldstücke in der Region fielen bereits den Kakao-Plantagen zum Opfer. In der Region ist die Ethnie der zur Fang-Gruppe gehörenden Boulou beheimatet.

Im Verwaltungsviertel auf dem Hügel über der Stadt liegen die Residenz des Präsidenten und das Büro des Gouverneurs, beides Bauten, die noch an die deutsche Kolonialzeit erinnern, in der Ebolowa gegründet wurde. Gegenüber davon stehen der Justizpalast und das Rathaus. In der Mitte der Stadt dominiert ein künstlich angelegter See das

Bild. In Ebolowa, **wirtschaftliches Zentrum des Südens,** ist neben der Verwaltung und dem Kakaohandel auch ein sehr großer, belebter **Markt** angesiedelt. Die Straßen in der Stadt sind durchwegs gut, ein großer Kreisverkehr beherrscht das Zentrum der Stadt.

Touristisch hat die Stadt selbst **keine Anziehungspunkte.** Es sei denn, man verfügt über einen allradbetriebenen Geländewagen, mit dem man die landschaftlich schöne Strecke nach Ma'an bis fast zum Nationalpark von Ma'an fahren kann. Auch die Wasserfälle von Menve'élé sind so zu erreichen. Von Ebolowa aus kann man auch zur Grenzstadt Ambam gelangen, in der sich die Route nach Gabun und Äquatorial-Guinea gabelt.

Unterkunft

- **Hotel La Santé**

B.P. 216, Tel. 2283517, gegenüber vom See und schräg gegenüber vom Hospital gelegen. 24 einfachst ausgestattete Zimmer (die im neuen Anbau sind etwas besser) mit Dusche/WC ab 4000–7000 CFA.

- **Hotel Ane Rouge**

B.P. 315, Tel. 2283438, direkt am Kreisverkehr gelegen. 25 Zimmer (ab ca. 6000 CFA, keine Klimaanlage), teils mit Einzel-, teils mit Gemeinschafts-Duschen. Restaurant mit Bar.

- **Hotel Le Ranch**

B.P. 690, Tel. 2283517 sowie 9550451 und 7576613 (beide mobil), Fax 2284934, Im Quartier Ebolowa Si I, unterhalb des Verwaltungszentrums. Das 1988 gebaute, saubere und gepflegte Hotel ist in schöner Lage am Fuße des Mont Ebolowo'o ca. 1 km vom Stadtzentrum situiert. Es gibt 40 Zimmer (8000–14.000 CFA) in Pavillons, teils mit Klimaanlage und Warmwasser, Dusche/WC. Außerdem stehen ein Restaurant, eine Bar und ein Garten am Waldrand (sehr erholsame Atmosphäre) zur Verfügung.

- **Hotel Porte Jaune**

2 km östlich stadtauswärts im Viertel Mekalat Yevol gelegen.

- **Hotel la Giraffe**

B.P. 940, Mekalat, Tel. 2283760, unter deutscher Leitung, sehr empfehlenswert; Zimmer ab 6000 CFA. Schöner Innenhof.

- **Annexe Hôtel Enongal**

Route Angounou, nahe der Agentur CINENCAM.

Essen und Trinken

Direkt am Kreisverkehr, neben dem Ane Rouge, liegt ein **kleines Lokal,** gut für Frühstück und Snacks. Daneben gibt es eine **Bäckerei,** in der es Schokocroissants gibt (hoffentlich auch noch, wenn Sie dort vorbeikommen). Außerdem verteilen sich in der Stadt jede Menge Restaurants, Kneipen und Nachtbars.

Sammeltaxis

Mit Ausnahme von Yaoundé sind alle Orte nur auf mehr oder weniger guten, in der Regenzeit manchmal unbefahrbaren Pisten zu erreichen.

- **Ebolowa – Kribi:** Kribi ist auf 171 km guter Piste (selbst in der Regenzeit) zu erreichen.
- **Ebolowa – Ambam:** Von Ambam (91 km) geht es weiter nach Gabun (124 km) und Äquatorial-Guinea (118 km).
- **Ebolowa – Yaoundé:** Eine gute Teerstraße führt von/nach Yaoundé (178 km).
- Außerdem existieren Verbindungen von/nach Akom II (85 km), Lolodorf (73 km), Sangmélima (115 km) und Mbalmayo (120 km).

Krankenhäuser

- **Hôpital Provincial,** Tel. 2283475, 228 3220.
- **Hôpital Enongal**

Tel. 22284957, 5 km außerhalb der Stadt. Das Hospital wurde von Amerikanern gegründet (auch Chirurgie etc.).

Das beste Krankenhaus der Provinz Sud ist jedoch in Yaoundé.

Sonstiges

- **Infrastruktur:** Kino, Post (nahe des Kinos), Tankstellen.
- **Banken: BICEC** neben der Apotheke Le Bercail, Tel. 2283784, Fax 2283787; **Credit Lyonais Cameroun** am Centre Commercial am Kreisel des Tresor Public, Tel. 2283024, 2283951.
- **Kunsthandwerksmarkt Marché d'Ebolowa Si II** an der Route Ekombité und **Lebensmittelmarkt Marché Rond** nahe des Centre Commercial.

Ausflüge

Ebolowa liegt in einer sehr schönen hügeligen Umgebung mit dichtem Regenwald. Die meisten Ausflüge auf den (oft schlechten) Pisten sind nur mit Allrad-Fahrzeug möglich.

Der Felsen von Ako Akas

Verlässt man Ebolowa auf der Piste in Richtung Ambam, zweigt man nach 13 km links ab nach Mékomo. Auf etwa halber Strecke, nach 22 km durch hügelige Landschaft, erblickt man eine ungewöhnliche und eindrucksvolle **Bergspitze,** deren steile Felswände sich ca. 100 m aus der Landschaft erheben. Für diesen Ausflug können Sie sich in Ebolowa auch ein Taxi mieten.

Ein anderer Abstecher führt zum **Mbilebekon** (ca. 20 km östlich von Ebolowa), einem Abgrund, der der Legende nach von einem bösen Geist bewohnt wird. Der Ort ist mit rituellen Tabus belegt und sollte nur in Begleitung eines Führers besucht werden.

Wasserfälle des Ntem

Abenteurernaturen mit gutem Geländewagen, Freude an Waldwanderungen und mit genügend Zeit können von Ebolowa aus einen Ausflug zu den **Memvé-Elé-Wasserfällen** (148 km) am **Fluss Ntem** unternehmen. Die lohnende Tour gleicht einer **Expedition,** mindestens **zwei Tage** sollten dafür eingerechnet werden. Erkundigen Sie sich vor der Abfahrt exakt nach dem Pistenzustand (nur während der Trockenzeit befahrbar). **Volltanken** des Wagens **in Ebolowa** ist unbedingt erforderlich, da es unterwegs nur (mit Glück!) in Meyo Centre Treibstoff gibt (Ersatzkanister empfehlenswert!). Außerdem benötigen Sie Verpflegung, Sport- oder Trekkingschuhe, genügend Trinkwasser und möglichst ein Zelt.

Man verlässt Ebolowa in Richtung Ambam und zweigt in Meyo Centre (49 km) rechts Richtung Ma'an und Nyabessan ab. Immerhin gibt es auf dieser Strecke noch Sammeltaxis Richtung Ebolowa. In **Nyabessan,** am Rande des Campo-Reservates, sollte man den Dorfchef begrüßen und dann einen Führer nehmen (Preis vereinbaren!), auf den Sie angewiesen sind: Ohne ihn erhält man sehr wahrscheinlich keine Genehmigung zu dieser Tour und wird die Wasserfälle auch kaum finden. Kurz hinter dem Ort endet die Piste als Sackgasse am Fluss Ndjo. Von hier aus sind es ca. 15 km **anstrengendster Waldwanderung,** bei der Sie mehrere Flüsse auf einer Piroge (die hoffentlich vorhanden ist) überqueren.

Teilweise ist kein Weg erkennbar, die Vegetation undurchdringlich. Am Ziel angekommen, hat sich die Mühe aber gelohnt, denn der mächtige Ntem stürzt in **mehreren Wasserfällen über**

bis zu 50 m hohe Felsen hinab und bietet ein gewaltiges Schauspiel. Aufgrund des dichten Regenwaldes sind die Fälle oft erst im letzten Moment zu entdecken, obwohl man sie schon von weitem hören kann.

Ebolowa – Grenze Kongo

- **225 km** (bis Mbalam) Piste

Sangmélima

Von Ebolowa aus führt eine Piste in östlicher Richtung 115 km nach Sangmélima, dem **Hauptort des Verwaltungsbezirkes Dja-et-Lobo** und **Geburtsort des Präsidenten Paul Biya** (normalerweise kann man Sangmélima von Yaoundé aus über eine gut ausgebaute Straße erreichen).

Unterkunft

- **Afamba**
Im Zentrum der Stadt mit Restaurant, Tel. 2288427. Zimmerpreise zwischen 8500 und 18.000 CFA.
- **Hotel Montana**
An der Straße aus Mvagan kommend, Tel. 2288691. Zimmerpreise zwischen 6000 und 20.000 CFA.
- **Hotel Rock Farm**
30 km außerhalb der Stadt in Ndonkol. Das Hotel verfügt über Restaurant, Tennisplatz und Swimmingpool. Die Zimmerpreise liegen zwischen 45.000 und 65.000 CFA.

Essen und Trinken

- Die **Restaurants La Pause** und **Un Et Un** liegen beide nur zwei Parallelstraßen vom Centre Commercial entfernt.

Sonstiges

- Es gibt drei **Nachtclubs: Rock Farm Night Club, Le Mirifique Night Club** und **Montana Night Club.**
- Im Centre Commercial ist die BICEC-Bank, Tel. 2288270, Fax 2289091.
- Das **Kankenhaus Hôpital de Sangmélima** befindet sich südwestlich des Stadtzentums, Tel. 2288555.
- Hier beispielhaft ein Tarif der Transportunternehmen Buca Voyages und Inter Voayages: **Yaoundé – Sangmélima** 2500 CFA.

In Richtung Süden führt eine mittelmäßige Piste durch dichten Tropenwald mit kleinen Dörfern. In **Djoum** sind Lebensmittel erhältlich und die Ausreiseformalitäten zu erledigen. Im Dorf **Mintom** gibt es keine Versorgungsmöglichkeiten, ebensowenig in **Mbalam** (dort Polizeikontrolle).

Die Ausreise in die Republik Kongo ist derzeit nicht möglich, da 1990 hinter Mbalam die Brücke eingestürzt ist. Nach Angaben der kamerunischen Regierung hat diese zusammen mit Kongo-Brazzaville im Februar 2005 eine Absichtserklärung über den **Bau einer**

Straße von Sangmélima über Djoum nach Ouésso/Kongo geschlossen. Erkundigen Sie sich in Sangmélima oder schon in Ebolowa nach den aktuellen Verhältnissen. Ansonsten bleibt nur die Umkehr.

Ebolowa – Mbalmayo – Yaoundé

- **168 km** Teerstraße

Die Straße aus Ebolowa heraus in Richtung Yaoundé führt durch den Stadtteil Elat, vorbei am Fußballfeld, einer Holzfabrik und einem Militärcamp, das während der deutschen Kolonialzeit gebaut wurde (Achtung, keine Fotos!). Die sehr gut ausgebaute Asphaltstraße ist gesäumt von schönem Wald mit hohen Tropenbäumen. Vorsicht: Immer wieder tummeln sich Ziegen auf der Fahrbahn.

Nach **49 km** erreicht man den Ort **Ngoulemakong.** Mehr und mehr Dörfer mit ihren typischen rechteckigen Häusern breiten sich entlang der Straße aus. Je mehr man sich Yaoundé nähert, um so lichter wird der Wald, der hier zunehmend von den Holzfällern ausgebeutet wird.

70 km hinter Ebolowa zweigt dann in **Menguemé** eine Piste nach Lolodorf und Kribi ab. Bis Lolodorf ist die Strasse passabel. Die Weiterfahrt nach Kribi ist jedoch abenteuerlich. Es geht durch dichten Wald auf schmaler Piste mit viel Kurven und Steigungen. Auf einer neuen Brücke (daneben sieht man die alte Brücke, die noch aus deutscher Zeit stammt) gelangt man über den **Fluss So** (84 km). Zusammen mit dem **Fluss Nyong** hat der So dem Distrikt seinen Namen gegeben.

Kurz vor der Abzweigung nach Sangmélima führt links eine Piste (von einer Benutzung während der Regenzeit ist abzuraten) zu einem schlecht ausgewiesenen **„Parc Touristique".** Es besteht dort die Möglichkeit, im Nyong zu baden oder eine Pirogenfahrt auf dem Fluss zu unternehmen.

Nach 110 km ist **Mbalmayo** erreicht, die erste größere Stadt vor Yaoundé.

Mbalmayo

Mbalmayo, der **Hauptort des Distriks Nyong-et-So,** ist eine Kleinstadt mit **54.000 Einwohnern,** die einen recht **gemütlichen Eindruck** erweckt. Sie liegt an beiden Ufern des Flusses Nyong und am Schnittpunkt der Straßen nach Süden und zur Landesmitte. Mbalmayo ist ein **Zentrum für die Gewinnung und Vermarktung von Holz.** An wirtschaftlicher Bedeutung gewinnt die Stadt durch ihre Sperrholzfabrik (C.O.C.A.M.). Der Abtransport des Holzes erfolgte früher mit dem Zug, mittlerweile per LKW (da die Straßen nach Douala geteert sind).

Mitten im Wald wurde die Stadt während der deutschen Kolonialzeit gegründet und hieß damals **Vimili.** Zu Ehren von *Mbally Meyo,* einer angesehenen Persönlichkeit der Region, wurde sie später in Mbalmayo umbenannt. Im Ort steht auch noch eine Kirche aus der deutschen Kolonialzeit (im Ortsteil Nkolngock).

Der **Nyong,** über den die alte Brücke führt, ist einer der wenigen großen Flüsse Kameruns, die vollständig innerhalb der Landesgrenzen liegen. Die Fischer gleiten in ihren Einbäumen über das ruhige Wasser des Flusses. Auf einer gemieteten Piroge gelangt man durch die tropische Vegetation ins 30 km entfernte **Eboko.**

Unterkunft

- **Hotel Freedom Park**
Am Ortsrand Richtung Yaoundé, ca. 2 km außerhalb des Zentrums. Einfaches Hotel, ein Zimmer kostet ca. 6000 CFA.
- **Hotel le Pelican**
Im Stadtzentrum. Zimmer zwischen 7000 und 10.000 CFA.
- **Virginia Hotel**
Im Viertel Oyakk II, Richtung Ebolowa, ca. 5 km außerhalb des Zentrums, Tel. 7674895 (mobil). Zimmer zwischen 12.000 und 15.000 CFA.
- Einige **sehr einfache Unterkünfte** finden sich in der Nähe des chinesischen Krankenhauses im Zentrum, z.B. **Parking Hotel** und **Hotel Marinier.**

Restaurants

- Im Zentrum: **Le Cendrillon, Le Pelican.**
- In Oyakk: **Virginia.**

Busse/Sammeltaxis

- **Verbindungen** von/nach (jeweils auf Teerstraße): **Yaoundé** (48 km), **Ebolowa** (110 km), **Sangmélima** (122 km). Außerdem (jeweils auf Piste) nach **Eséka** (105 km) und **Ngoumou** (36 km).
- **Busgesellschaften:** Buca Voyages (Bahnhof auf der Straße zum chinesischen Krankenhaus), Charter (gegenüber des Stadions) oder Navette.

Eisenbahn

- **Mbalmayo – Ngoumou:** Dort Anbindung an die Zugstrecke Douala – Yaoundé (die aber nur noch für den Gütertransport benutzt wird).
- **Bahnhof,** Tel. 2281557.

Sonstiges

- **Apotheke,** Tel. 2281356.
- **Krankenhaus,** Tel. 2281579, 2228143.
- **Infrastruktur:** Banken, Post, Tankstellen und eine große katholische Mission.
- **Le Western Night Club,** New Town, Tel. 2281119.

Eine Autostunde nördlich von Mbalmayo liegt die Hauptstadt **Yaoundé (48 km).** Die Fahrt ist relativ monoton und führt durch Buschland, kleine Waldabschnitte, Bananen-, Erdnuss-, und Kakaoplantagen. Am Wegrand verkaufen Bauern Palmwein eigener Produktion und Obst. Die **Spezialität der Region ist Stachelschwein.** Am Straßenrand sieht man wieder Dörfer mit den typischen rechteckigen Häusern.

26 km hinter Mbalmayo geht rechts die Straße zum internationalen **Flughafen von Yaoundé-Nsimalen** ab.

Yaoundé

Die **zweitgrößte Stadt** Kameruns **(1,28 Millionen Einwohner)** ist gleichzeitig die **Landeshauptstadt** mit dem Verwaltungs- und Regierungssitz und **Hauptort der Provinz Centre.** An diesem **Knotenpunkt der Verkehrs- und Geschäftsverbindungen** kreuzen sich alle wichtigen Wege.

Die **modernste Stadt des Landes** liegt im zentralen Hochland (Zentralplateau) auf 700 m Höhe. Wie Rom und Istanbul ist sie auf sieben Hügeln erbaut. Hier herrscht im Gegensatz zur Küste ein **mildes und gemäßigtes Klima** mit Temperaturen zwischen 17 und 32°C und Regenfällen nicht über 2500 mm im Jahr. Im Nordwesten ist Yaoundé-Stadt umgeben von waldbewachsenen Bergen, die bis auf auf eine Höhe von 1000 m ansteigen.

Geschichte

Im Jahre 1889 kamen die **Deutschen** von Kribi aus und gründeten hier eine wissenschaftliche Station im Landesinneren, die 1895 in eine Militärstation umgewandelt wurde. Wenige Jahre später folgten Verwaltung und einige Handelsfirmen.

Der **Name der Stadt** ist eigentlich eine deutsche Verballhornung des Wortes „Ya Owondo", d.h. die Erdnuss-Esser, mit dem die Bewohner um das Dorf Ongola herum von den Trägern der deutschen Expedition belegt wurden. Der Expeditionsleiter, *Curt von Morgen*, machte daraus ein etwas preußischer klingendes Jaunde. Erst unter der Leitung des Botanikers *Georg Zenker* und, etwas später, des Hauptmanns *Dominik* wurde die Jaunde-Station zu einer wichtigen Etappe auf dem Weg zwischen Atlantik und Osten bzw. den Fulbe-Ländern im Norden.

1921 wurde Yaoundé zur Département-Hauptstadt, im Jahr **1927** schließlich **Hauptstadt des französischen Mandatsgebiets Kamerun.** Mitte der 1920er Jahre und im Anschluss an den Kakao-Boom der 1950er Jahre wurden die Grundlagen der heutigen Metropole gelegt.

Stadtbeschreibung und Sehenswürdigkeiten

Auf den Anhöhen der Metropole liegen die Villenviertel, Behörden- und Verwaltungszentren. (Es gilt übrigens absolutes **Fotografierverbot** für Verwaltungs- und Regierungsgebäude.) Von weitem sichtbar ist der **Präsidentenpalast,** das wichtigste Gebäude, das auf einem Hügel am Rande der Stadt thront – ein futuristischer, sehr moderner Bau, umgeben von Militärkasernen. Von hier lenkt seit 1983 Präsident *Paul Biya* die Geschicke der Republik.

Auffällig ist auch der von Chinesen erbaute Kultur- und **Kongresspalast,** das weithin dominierende Gebäude, dessen Säle und Auditorien meist ungenutzt bleiben. Für stattliche Summen kann man die Räumlichkeiten auch privat anmieten, z.B. für eine Hochzeitsgesellschaft. Von der Ringstraße rund um das Palais bietet sich ebenfalls ein guter Blick auf Yaoundé.

Für die Bevölkerung von nah und fern übt die Hauptstadt eine **magische Anziehungskraft** aus, als Ort der vielen Beschäftigungsmöglichkeiten oder des vermeintlich schnellen Geldes. Lebten 1987 hier erst 650.000 Einwohner, so ist heute die Millionengrenze weit überschritten. Es zeigen sich in der weitläufig expandierenden Stadt auch extreme **Kontraste zwischen Reich und Arm:** Zu Füßen der repräsentativen, mondänen Gebäude und Villen, unten an den Hängen und in den Tälern, wohnt ein Teil der Bevölkerung in Siedlungen ohne Kanalisation und Wasserleitung. An staubigen Lehmstraßen reihen sich Wellblechhütten aneinander.

Die „Downtown", das **Zentrum** der Stadt, dominieren Büro- und Geschäftshochhäuser, moderne Prestige-Bauten und große Einkaufsläden. Hier laufen die Fäden des Landes zusammen, in voll klimatisierten Büros werden Geschäfte gemacht. Die meisten Verwaltungsgebäude wurden in den 1960er Jahren, direkt nach der Unabhängigkeit, gebaut und drücken durch ihre Architektur das neue Selbstbewusstsein aus: Sowohl in Farbe und Form wurden „afrikanische" Stilelemente verwandt. Dadurch entstand ein einzigartiger Architekturstil, der charakterisiert wird durch Erdfarben, geometrische und figürliche Darstellungen sowie asymmetrische oder runde Wände.

Da Yaoundé sehr weitläufig ist, benötigt man einen Wagen oder ein Taxi, um sein Ziel zu erreichen, zu Fuß ist es kaum zu schaffen.

Gleich an den **ehemaligen Präsidentenpalast** aus der französischen Kolonialzeit (Amtssitz von *Ahidjo)* schließen sich die verschiedenen Ministerien an. Darunter das **Postministerium** mit seiner auffälligen, kühnen Architektur oder das extravagante Gebäude des **Tourismusministeriums.** Das luxuriöse, relativ neue **Hilton-Hotel,** dessen markanter Baustil mit Türmen und verzierten Balkonen ungewöhnlich erscheint, liegt gleich nebenan.

Auf dem Hügel, der dieses Regierungsviertel beherbergt, lag früher die deutsche Jaunde-Station, von der nur noch einige Gebäude mit umlaufender Veranda zeugen.

Das eigentliche **Herz der Stadt** gruppiert sich um die **Kathedrale Notre Dame.** Die Kirche (Baubeginn 1951) ist nicht besonders auffällig, in ihrem Inneren stechen jedoch die großen farbigen Mosaikfenster ins Auge. Neben der Kathedrale liegen die beiden führenden Buchhandlungen Yaoundés, die Librairie St. Pauls und die Librairie CLE. Auf dem Platz vor der Kathedrale betätigen sich viele Second-Hand-Buch-Verkäufer. Hier kann man sich günstig mit afrikanischen Romanen eindecken. Außerdem stehen hier viele Händler, die christliche Devotionalien anbieten: Rosenkränze, Marienfiguren, Heiligenbilder und natürlich die Bibel. Etwas weiter die Avenue Monseigneur Vogt entlang, hinter der Kathedrale, liegt das Büro von Cameroon Airlines. In der Nähe, beim Institut Géographique National, erhalten Sie gute Karten.

Am Haupteingang der Kathedrale vorbei, rechts hinab, führt die ehemalige „Flaniermeile" der Stadt, die **Avenue John F. Kennedy.** Die Straße ist sicher eine der geschäftigsten in ganz Kamerun. Vor den Läden und Restaurants befindet sich eine zweite Geschäftsstraße mit Straßenständen, die vor allem Elektroartikel anbieten. Die Besitzer sind fast alle so genannte Nordisten, d.h. stammen aus dem Norden Kameruns. Zwischen diesen beiden Polen wuseln dann noch die Fliegenden Händler, die Sonnenbrillen (ca. 1000 CFA), T-Shirts, Krawatten, Uhren und Ähnliches verkaufen. Die Straße ist sehr anstrengend und vor allem nachts nicht ungefährlich. Allerdings finden sich hier auch einige nette **Cafés und Restaurants,** z.B. Le Sihusa, von dessen Terasse aus sich das Geschehen auf der Avenue Kennedy entspannt verfolgen lässt.

Die Straße mündet in den **Place John F. Kennedy** mit dem **Handwerkszentrum (Centre Artisanal).** Hier gibt es eine sehr große Auswahl an Kunsthandwerksgegenständen, diese nicht in Yaoundé selbst gefertigt, sondern aus anderen Landesteilen, insbesondere aus der Foumban-Gegend, aufgekauft werden. Deswegen muss man damit rechnen, dass die Stücke in Yaoundé teurer sind. Dennoch kommt eine schöne Auswahl an Schnitzereien, Schmuck und Musikinstrumenten zum Verkauf. Der Markt strapaziert die Nerven, da Europäer, die sich ihm nähern, sofort von jedem in seinen Laden gezogen werden wollen. Ich empfehle, sich einen Verkäufer seines Vertrauens auszusuchen, in dessen Laden zu gehen, sich umzuschauen, u.U. zu verhandeln und dann zu versprechen, am nächsten Tag wiederzukommen und dies auch zu tun. Dann ist der ganze Kauf stressfrei, und durch das bestehende Vertrauensverhältnis kann der Preis am zweiten Tag auch noch einmal sinken. Small talk

074kam Foto: rf

mit den Verkäufern ist diesbezüglich auch sehr sinnvoll.

Fragen Sie nach der Galerie le Roi (Tel. 9830800) und berufen Sie sich auf die Empfehlung dieses Reiseführers.

Entspannt sitzt es sich im **Café Cintra,** gleichzeitig Restaurant, gegenüber dem Centre Artisanal.

Blick auf Yaoundé

Unweit des Place John F. Kennedy, an der **Avenue Ahmadou Ahidjo,** erreichen Sie den **Zentralmarkt (Marché central)** in einem runden Gebäude. Viele der Marktstände befinden sich auch außerhalb, angeboten wird (fast) alles. Ein Bummel durch die belebten Stände lohnt sich. Nehmen Sie sich hier aber besonders vor Taschendieben in Acht, wie überall, wo dichtes Gedränge herrscht.

Der obere Teil der Avenue Ahidjo und die **Rue de Nachtigal** sind mittlerweile sicher die angesagteren „Flaniermeilen" Yaoundés. Hier gibt es viele kleine Restaurants, Bäckereien und Eisdielen. Besonders lecker und teuer (!) sind die Eisbecher bei LGM (Le Glacier Moderne) gegenüber dem Kino Capitol. In der Nähe liegt auch das zweite

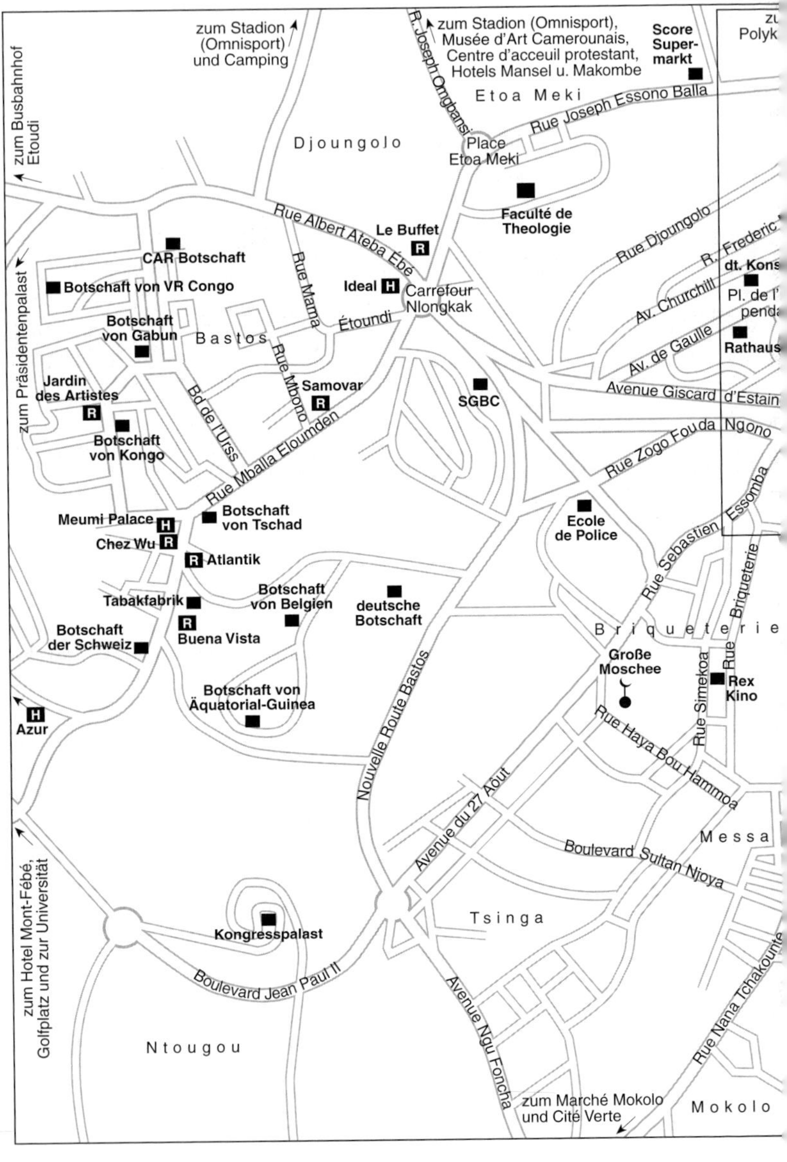
zum Stadion (Omnisport) und Camping
zum Stadion (Omnisport), Musée d'Art Camerounais, Centre d'acceuil protestant, Hotels Mansel u. Makombe
Score Super-markt
zum Busbahnhof Etoudi
zum Präsidentenpalast
zum Hotel Mont-Fébé, Golfplatz und zur Universität
zum Marché Mokolo und Cité Verte
R. Joseph Omgbansi
Etoa Meki
Rue Joseph Essono Balla
Place Etoa Meki
Djoungolo
Faculté de Theologie
Rue Albert Ateba Ébé
Le Buffet
CAR Botschaft
Botschaft von VR Congo
Rue Mama
Ideal
Carrefour Nlongkak
Étoundi
Botschaft von Gabun
Bastos
Rue Mbono
Samovar
Jardin des Artistes
Botschaft von Kongo
Bd de l'Urss
Rue Mballa Eloumden
SGBC
Rue Djoungolo
R. Frederic
dt. Kons
Av. Churchill
Pl. de l' penda
Av. de Gaulle
Rathaus
Avenue Giscard d'Estain
Rue Zogo Fouda Ngono
Essomba
Ecole de Police
Meumi Palace
Botschaft von Tschad
Chez Wu
Atlantik
Rue Sebastien
Rue Briqueterie
Tabakfabrik
Botschaft von Belgien
deutsche Botschaft
Briqueterie
Buena Vista
Botschaft der Schweiz
Große Moschee
Rex Kino
Rue Simekoa
Nouvelle Route Bastos
Botschaft von Äquatorial-Guinea
Azur
Rue Haya Bou Hammoa
Avenue du 27 Août
Messa
Boulevard Sultan Njoya
Tsinga
Kongresspalast
Boulevard Jean Paul II
Avenue Ngu Foncha
Rue Nana Tchakounte
Ntougou
Mokolo

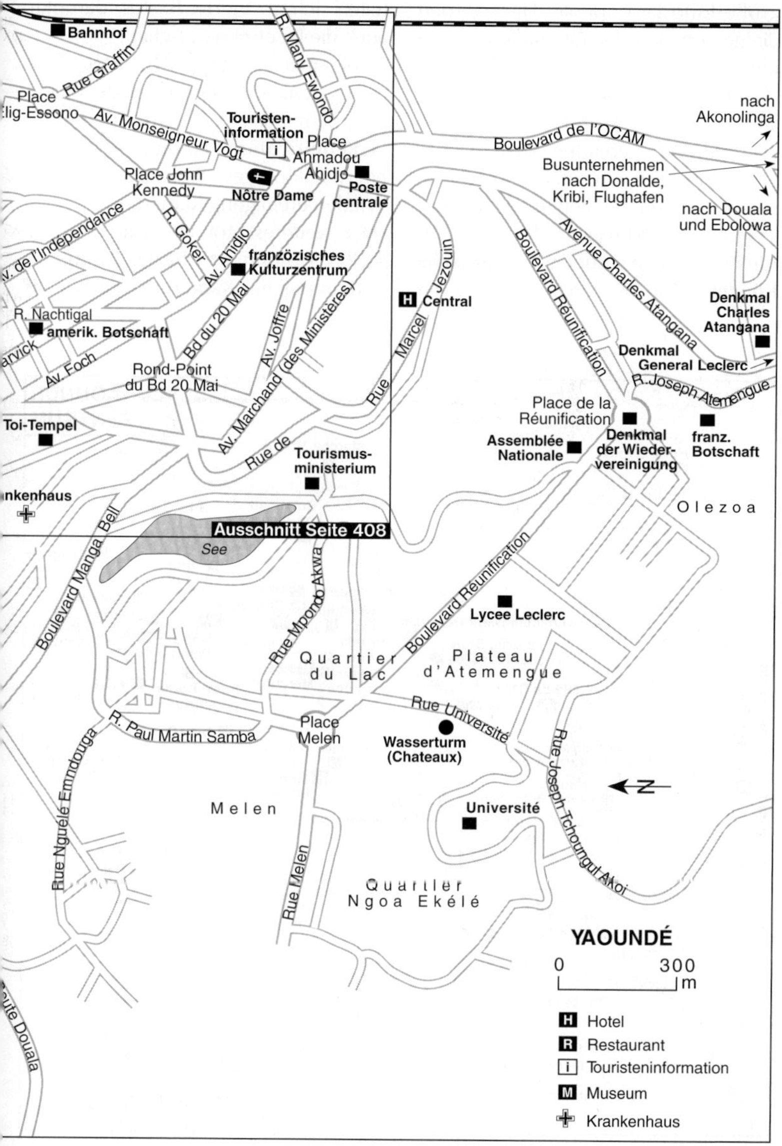
Bahnhof
Rue Graffin
R. Many Ewondo
Place Elig-Essono
Av. Monseigneur Vogt
Touristen-information
Place Ahmadou Ahidjo
Place John Kennedy
Nôtre Dame
Poste centrale
Boulevard de l'OCAM
nach Akonolinga
Busunternehmen nach Donalde, Kribi, Flughafen
nach Douala und Ebolowa
Av. de l'Indépendance
R. Goker
Av. Ahidjo
französisches Kulturzentrum
Rue Marcel Jezouin
Central
Boulevard Réunification
Avenue Charles Atangana
Denkmal Charles Atangana
R. Nachtigal
amerik. Botschaft
Bd du 20 Mai
Av. Joffre
Av. Marchand (des Ministeres)
Av. Foch
Rond-Point du Bd 20 Mai
Denkmal General Leclerc
R. Joseph Atemengue
Place de la Réunification
Toi-Tempel
Rue de
Tourismus-ministerium
Assemblée Nationale
Denkmal der Wiedervereinigung
franz. Botschaft
Olezoa
Ausschnitt Seite 408
See
Boulevard Manga Bell
Rue Mpondo Akwa
Boulevard Réunification
Lycee Leclerc
Quartier du Lac
Plateau d'Atemengue
Rue Université
R. Paul Martin Samba
Place Melen
Wasserturm (Chateaux)
Rue Joseph Tchoungui Akoi
Rue Nguele Emndouga
Melen
Université
Rue Melen
Quartier Ngoa Ekélé
Route Douala
YAOUNDÉ
0 300 m
Hotel
Restaurant
Touristeninformation
Museum
Krankenhaus
Yaoundé

große Kino Le Capitole. Hier werden die gerade aktuellen internationalen Filme gezeigt.

Der Rue de Nachtigal folgend, gelangt man zum **Hôtel de Ville,** dem sehr modern gebauten **Rathaus** der Stadt, umgeben von einer Parkfläche. In seiner Umgebung liegen einige Botschaften und Konsulate der Stadt, darunter, direkt gegenüber, das **Deutsche Konsulat.** Die meisten Botschaften verteilen sich im Viertel Bastos, darunter auch die Deutsche Botschaft.

Folgt man vom Place Ahmadou Ahidjo aus dem Boulevard de la Réunification, sieht man links das **Monument de la Réunification** (Fotografierverbot!), ein spiralförmiges Denkmal, das an die Wiedervereinigung Kameruns erinnert.

Ein weiteres Monument in Yaoundé ist das **Monument Charles Atangana** (einflussreicher Kameruner zu Beginn

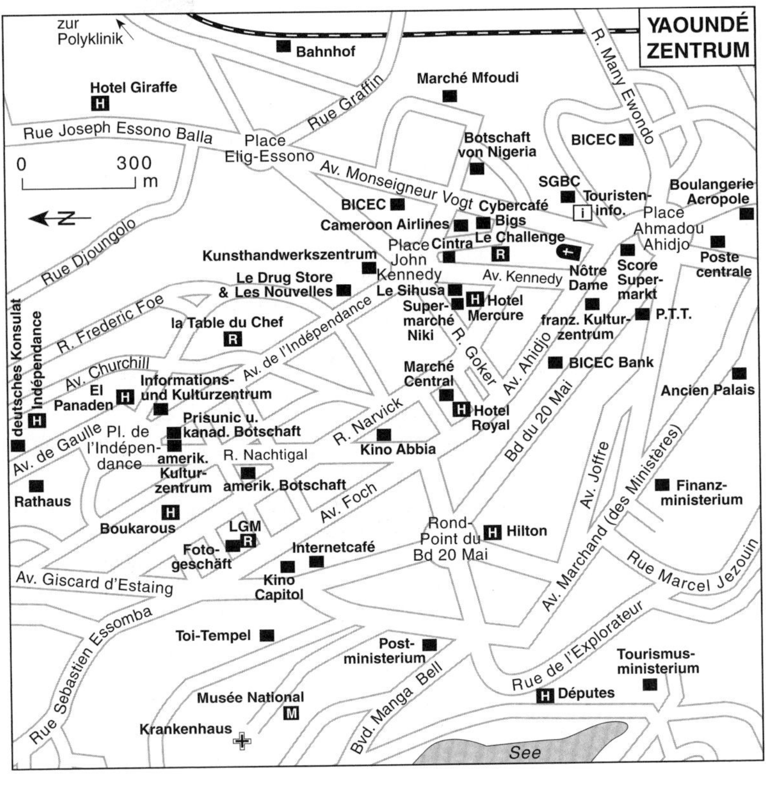

der Kolonialzeit). Es steht im Viertel Olezoa, am Ende der Av. Charles Atangana, die man von der Poste Centrale aus erreicht. Auch General *Leclerc* ist ein Denkmal gewidmet (**Monument du General Leclerc**).

Zum **hohen Freizeitwert** Yaoundés tragen die vielen Kinos, Nachtclubs, Bars, Restaurants, Museen und Sportanlagen (darunter das große Stadion Omnisport, ein riesiges Oval, das 80.000 Zuschauer fasst) bei.

Die verschiedenen **Stadtviertel** verleihen der Stadt ein lebendiges Gesicht. Zum Beispiel der Ortsteil **Etoudi** mit seinem riesigen Bus- und Sammeltaxibahnhof, das Viertel **Bastos,** benannt nach der gleichnamigen Zigarettenfabrik, mit dem vornehmen Wohnbezirk der Diplomaten und Sitz vieler Botschaften, aber auch gepflegter Restaurants, die **Cité Verte** mit einem Wohnviertel im (wie der Name schon sagt) Grünen. Im Kontrast dazu **Briqueterie,** das wie ein riesiger großer Markt mit dichtem Menschengewühl im Umkreis der großen Moschee erscheint. Hier lebt Afrika so richtig, genau wie in den Vierteln **Messa** und **Mellen** mit ihren zahlreichen Märkten. Der größte und belebteste **Markt** ist **Mokolo.** Vor allem als Frau sollte man hier nach Einbruch der Dunkelheit nicht alleine unterwegs sein. Vorsicht ist auch in der Briqueterie angebracht. Am belebtesten und wuseligsten Platz Yaoundés, der Poste Centrale, sollte man auch tagsüber wachsam sein.

Im Ortsteil **Ngoa Ekélé** schließlich liegt das riesige Areal der einst größten **Universität** des Landes mit ihren diversen Fakultäten, verschiedenen Schulen (z.B. Postschule) und den wichtigsten Ausbildungsstätten Kameruns, umgeben von Studentenwohnheimen und immer wieder durchsetzt mit Baumbestand, vielen Grünanlagen und Teichen. 1993 wurde die **Universität** geteilt in den ursprünglichen Teil Yaoundé I und die neue Universität Yaoundé II, die außerhalb in Nsoa untergebracht ist.

Noch immer ist Douala Wirtschaftsmetropole des Landes, doch im Rahmen von Dezentralisierungsmaßnahmen soll in Yaoundé ein zweites Wirtschaftszentrum wachsen. Erste Schritte hierzu sind das Mitte der 1990er Jahre eröffnete Hotel Hilton und **1993** die Inbetriebnahme des internationalen **Flughafens Yaoundé-Nsimalen.** Für das geplante Airport-Hotel ist bisher nur der Standort festgelegt, die Mittel fehlen.

Panoramablick

Den besten Blick über die Stadt hat man vom **Mont Fébé** (ungefähr 5 km außerhalb), von wo aus man sich mit der Umgebung vertraut machen kann. Hier am Berghang, mitten in tropischer Vegetation, liegt auch das Luxushotel Mont Fébé, ein riesiges, halbkreisförmiges Gebäude mit einer herrlichen Gartenanlage und eigenem Golfplatz. Auch wenn diese Luxusherberge für viele zu teuer ist, lohnt sie doch einen Ausflug, schon wegen der Aussicht.

Musée d'Art Camerounais

Folgt man der Straße, die hinter dem Hotel Mont Fébé in kleinen Kurven weiter ansteigt, erreicht man das **Benediktinerkloster Mont Fébé,** das das wirklich sehenswerte Musée d'Art Camerounais beherbergt. Hier werden Kunstschätze vor allem aus dem Kameruner Grasland aufbewahrt, darunter Tikar-Bronzen, Bamoun-Masken und -Statuen und Töpfereien. **Öffnungszeiten:** Do., Sa., So. von 15–18 Uhr, Eintritt frei.

Musée National

Im Nationalmuseum im alten Präsidentenpalast sind Architekturbeispiele und Kunst aus ganz Kamerun zu sehen.

Unterkunft

Yaoundé verfügt über eine sehr gute Hotelinfrastruktur mit Unterkünften in allen Kategorien und Preisklassen.

Hotels der Luxusklasse

• Hotel Mont Fébé

B.P. 711, Tel. 2214002, 2214099, Fax 221 6070, E-Mail: direction@hotelmontfebe.com, www.hotelmontfebe.com. 6 km außerhalb der Stadt am Hang des Mont Fébé. Inmitten üppiger Vegetation gelegenes Luxushotel mit 11 Etagen und weitem Rundblick über die Stadt. 220 Zimmer, mit Klimaanlage, Bad und WC ausgestattet, ab 60.000 CFA (für in Kamerun Ansässige 36.000 CFA). Kreditkarten werden akzeptiert. Es gibt mehrere Restaurants mit internationaler Küche, einen Nachtclub, Konferenzräume, Swimmingpool, Tennisplätze, einen 18-Loch-Golfplatz, Fitnesspfad und Autovermietung. Es besteht eine regelmäßige Busverbindung zum Flughafen. Der Standard hinkt den hohen Preisen hinterher (z.T. Klimaanlage nicht funktionsfähig usw.).

• Hotel Hilton

B.P. 11852, Tel. 2223646, Fax 2223210, E-Mail: info-yaounde@hilton.com, Bd du 20 Mai. Zentral gelegenes Luxushotel gleich neben dem Postministerium und in unmittelbarer Nähe von Geschäften und Ministerien. 257 klimatisierte Zimmer (und Suiten) mit Minibar, Telefon, TV (ab ca. 121.000 CFA, akzeptieren Kreditkarten, tauschen Euro), mehrere Bars und Restaurants, Nachtclub, Sauna und Gesundheitszentrum sowie Pool, 2 Tennisplätze und ein Golfplatz in der Nähe.

075kam Foto: ed

• Hotel Mercure
Avenue Ahamadou Ahidjo; B.P. 14304, Tel. 2222131, 2222150 oder 9890220, 9890221 (mobil), Fax 2222161, E-Mail: H3268@accor-hotels. com. Kürzlich erbaut, über 100 Zimmer ab 29.000 CFA. Topzentrale Lage, sehr ansprechendes Interieur (auch Bar, Restaurant, Terrasse sowie Souvenirladen). Bewachte Parkplätze und Flughafenservice. Sehr empfehlenswert.

• Hotel des Députés
B.P. 24, Tel. 2204077, 2204680, 2231555, Fax 2233510, direkt am See in der Nähe des Postministeriums zentral gelegen. Hier verbringen die Parlamentsabgeordneten oft ihre Freizeit, und entsprechend prunkvoll wirkt die Empfangshalle mit hohen Decken und Ledersofas. 145 klimatisierte Zimmer ab ca. 45.000 CFA (akzeptieren Kreditkarten). Restaurant, Terrasse, Bar, Schwimmbad, Tennisplatz und Nightclub.

• Les Hauts Fleuris d'Odza
B.P. 1026, in der Nähe des Flughafens, in Kuweit City d'Odza, 15 km vom Zentrum, Tel. 2302092 oder 7866975. Zimmer zwischen 45.000 und 60.000 CFA; Restaurant (3500–6000 CFA). Pendelbus zum Flughafen. Auf Anfrage Organisation von Ausflügen in den Provinzen Sud und Centre.

Mittelklassehotels

• Hotel Central
B.P. 6, Tel. 2209536, 2236598, 2222679; Fax 2226488, 2236498, zentral zwischen den Gebäuden der Ministerien gelegen. 30 klimatisierte Zimmer ab ca. 35.000 CFA, gutes Restaurant und Bar.

Korbverkäufer in der Innenstadt

• Hotel Royal
B.P. 466, Tel. 2231953, 2224426, Fax 2224428. Das Royal ist ein zentral gelegenenes Mittelklassehotel mit 42 Zimmern ab 20.000 CFA und einem bewachten Parkplatz.

• Hotel Mansel
B.P. 2060, Tel. 2206372, 2202462, 7606195 (mobil), Fax 2206373, in der Nähe des Sportstadions. Zimmer ab 18.000 CFA, Restaurant.

• Hotel Makombe
B.P. 5413, Tel. 2203575, 2211825 oder 2200844, Fax 2200844. In dem empfehlenswerten, gut geführten Mittelklassehotel (unter gleicher Leitung wie Seme New Beach Hotel in Limbé und Palace Garden Hotel in Bafoussam) gibt es 40 Zimmer mit Dusche/WC und Klimaanlage. Preise: 15.000–30.000 CFA.

• Azur Hotel
Bastos, gegenüber der spanischen Botschaft, hinter der Weltbank, B.P. 2169, Tel. 2211640, 2211641, Fax 2211639, E-Mail: hotafric@iccnet.cm. Neues, sehr schönes, empfehlenswertes und gut geführtes Hotel; Zimmer ab 35.000–45.000 CFA. Sehr schönes Restaurant, Souvenirladen. Schöner Blick vom Balkon.

• Meumi Palace
B.P. 1225, Bastos, hinter dem chinesischen Restaurant, Tel. 2202837, 2200221, Fax 2206746. Doppelzimmer für 25.000 CFA. Gutes Restaurant, mittelmäßiger Service.

• Hotel Giraffe
B.P. 764, Elig-Essono (Verlängerung der Av. Monseigneur Vogt Richtung Nlongkak), Tel. 2213932, Fax 2211623. Relativ neues, sauberes, ruhiges, empfehlenswertes Hotel mit nettem Restaurant und Terrasse. Doppelzimmer für 22.000 CFA.

Preiswerte Unterkünfte

• El Panaden
B.P. 1034, Tel. 2231826, gute Lage gleich neben dem Rathaus am Place de l'Indépendance. In dem einfachen, empfehlenswerten und relativ preiswerten Hotel gibt es 34 Zimmer (ohne Klimaanlage) mit Dusche/WC (ab ca. 14.000 CFA), ein Restaurant mit guter Küche, eine Bar und einen Garten. Empfehlenswert.

•Ideal Hotel
Direkt am Rond Point Nlongkak, Tel. 2209852. Einfache Zimmer mit Dusche ab 8000 CFA, relativ sauber. Parkplatz.
•Benediktinerkloster Mont Fébé
Übernachtung in schöner Umgebung, in einfachen, aber sauberen Zimmern möglich. Das Kloster liegt jedoch 6 km vom Stadtzentrum entfernt am Mont Fébé.
•Centre d'acceuil protestant
In der Faculté de Théologie Protestante im Stadtteil Etoa-Meki hinter den Wassertürmen gelegen. Die Zimmer kosten zwischen 5000 und 7000 CFA.

Camping

•Fragen Sie bei **Donatos Autogarage,** in der Nähe des Stadions Omnisport (die Straße an der Tankstelle den Hügel hinunter und nach ca. 300 m links in eine kleine Seitenstraße abbiegen).
•Camping ist eingeschränkt evtl. auch **am Benediktinerkloster** möglich.

Essen und Trinken

Wie in allen großen Städten findet man die **typische lokale Küche** in den unzähligen **Circuits** der Wohnviertel, die an allen Ecken öffnen und schließen.

Internationale Gerichte erhält man in den Restaurants der großen Hotels (s.o.). Die guten Restaurants in der Stadt haben ein gehobenes Preisniveau (2000–6000 CFA). Oft sind die angebotenen Menus preiswerter als das Essen à la carte.

Eine kleine Auswahl an Restaurants unterschiedlicher Kategorien, die derzeit empfehlenswert sind:

•Le Fébé
Im Hotel Mont Fébé. Teuerstes und bestes Restaurant der Stadt.
•Restaurant du Lac
Gute französische Gerichte im Hotel des Députes. Wer ein wenig Luxus genießen möchte, dem sei das Frühstücksbuffet auf der Terrasse mit Blick auf den See empfohlen (ca. 6000 CFA).
•Hotel Les Boukarous
Pizzeria mit einer Auswahl an italienischen Gerichten; abends im Freien unter Boukarous. Relativ teuer.
•Snack Bar du Caveau
Im Viertel Elig-Essono. Warme Küche bis Mitternacht.
•La Trappola
Route de Mont Fébé. Italienische Spezialitäten und Meeresfrüchte (relativ teuer).
•Le Cintra
Av. J. F. Kennedy. Französische Gerichte in angenehmer Atmosphäre.
•Chez Wou
Im Stadtviertel Bastos. Chinesische Spezialitäten.
•Chez Cécile
Im Stadtviertel Djoungolo, gegenüber des Supermarkts Tigre. Preiswerte afrikanische Küche.
•La Calebasse
Im Stadtteil Olezoa. Hier gibt es frische Schlange, Krokodil und Wildschwein (ca. 2000 CFA); empfehlenswert.
•Le Buffet
Zwischen Rond Point Nlongkak und Sonel Nlongkak. Diverse kamerunische Gerichte im Self-Service. Der Besitzer spricht deutsch. Empfehlenswert, mittleres Preisniveau.
•Atlantic
Bastos. Pizza und Fleisch aus dem Holzkohleofen sowie andere europäische Gerichte; sehr teuer.
•Maison Blanche
Vom Rond Point Nlongkak Richtung Etoa-Meki. Bei Kamerunern beliebtes Lokal, in dem es gegrillten Fisch à la camerounaise gibt.
•Buena Vista
Bastos. Außergewöhnliches, edles Restaurant mit Cocktailbar, von einer Russin geführt; das Ambiente ist eine Mischung aus Sowjetunion und Safari Lodge. Internationale (russische!) und kamerunische Küche (Preise o.k.).
•Le Sihusa
Avenue Kennedy, Tel. 2221764. Kamerunische und internationale Küche (3500–6000 CFA). Offene Terrasse, Billardtisch, Spielautomaten, Eisbecher, Cocktails, frisch gepresste Säfte, freundlicher Service, schöner Ausblick über die Avenue Kennedy.

• Le Challenge
Avenue Kennedy. Self-Service, kamerunische Küche, Spezialität: *Couscous Algérienne* (2000–3000 CFA).

• Le Samovar
Bastos (am Anfang von Nlongkak aus gesehen). Russisches Restaurant mit interessanter Atmosphäre.

• Le Jardin des Artistes
Bastos, Nähe Friedrich-Ebert-Stiftung, von einem Franzosen geführt. Kamerunische und internationale Küche; gleichzeitig Kunsthandwerksausstellung und -verkauf; angenehme Atmosphäre.

Kinos

Die modernen, klimatisierten Kinos in Yaoundé zeigen europäische und amerikanische Filme in französischer Sprache:

- **Abbia,** Tel. 2223166.
- **Le Capitole,** Tel. 2224977.

Discos/Nachtclubs

In Yaoundé finden sich mehrere Diskotheken mit meist guter westlicher und afrikanischer Musik (einige mit Live-Musik) zum Tanzen und Zuhören; u.a.:

• Les Balafons
Im Sofitel Mont Fébé. Schickster Nachtclub der Stadt.

• Sanza Night Club, Elig Essono.

• Insight Club
Im Hotel Hilton. Schick und teuer.

• Cabaret: La Fabrik Laa' kam, Tel. 9904060. Am Wochenende gute Livemusik.

• Caveau
In der Nähe des Bahnhofs. Bikutsi-Musik.

• Katios Night Club, Av. Ahmadou Ahidjo.

• Oxygene
Im Hotel Royal, Rue Gocker. Gespielt wird afrikanische Musik.

• Mvet Night Club
Im Hotel des Departés.

Erkundigen Sie sich bei einem Taxi-Chauffeur nach den aktuellen Empfehlungen.

Hinweis: Männliche „Pistengänger" sollten sich in Erinnerung rufen, dass ein großer Prozentsatz der **Prostituierten** in Yaoundé (und Douala) HIV-positiv ist.

Internetcafés

- **Cybercafé Bigs,** in der Nähe von Cameroun Airlines.
- **Mhnet.** Neben dem Cinéma Capitol gelegen.
- **Cybercafé TELEC@Net.** An der Rue Manguier gegenüber vom ehemaligen Hotel des Manguiers. B.P. 11057, Tel. 2239281/ 2221564
- **Cybercafé EVEREST,** Place Elig Essono.

Krankenhäuser und Ärzte

- Der **Regionalarzt der Deutschen Botschaft** behandelt alle Deutschen und meist auch alle Bürger von Schengen-Staaten (Tel. 2209608).
- Die Deutsche Botschaft empfiehlt einen kamerunischen Arzt, der lange in Deutschland gearbeitet hat und nun beim Hôpitale General arbeitet: **Dr. Abel Teyang.** Hôpitale General, B.P. 5408, Tel. 2201122, 2202802, 2209561; 7700500, 9608589 (beide mobil).
- Außerdem wird empfohlen: **Dr. Bertevas** (spricht nur französisch), Hôpitale Central, Bd. Rudolphe Manga Bell, Tel. 2224523.

• Clinique Semmelweis
Dr. Edou (spricht deutsch, hat lange in Berlin gearbeitet), Tel. 2201856, 2202559.

Stadttaxis

Auch wenn in Yaoundé wieder Linienbusse der privaten Gesellschaft SOCATUR fahren, deren Tarife etwas unter den Taxipreisen liegen, läuft der Hauptverkehr weiterhin über Sammeltaxis. Die preiswerten Stadttaxis verkehren nach dem gleichen Prinzip wie in allen anderen Städten Kameruns: nach dem Einheitstarif (ohne Taxameter).

Preise (in CFA)

• Taxi ramassage:
tagsüber 175, nachts (22–5 Uhr) 200

• Taxi course: 2000/Stunde

- **Taxi zum Flughafen:** tagsüber 2500, nachts 3500
- **Taxi depot:** 1000
- Ein Taxi **von Bastos zum Mt. Fébé** kostet ca. 800 CFA (verhandeln!).

Flüge

Seit 1993 ist der **internationale Flughafen Yaoundé-Nsimalen** in Betrieb (22 km außerhalb der Stadt Richtung Mbalmayo). Am Flughafen werden nur CFA, Euro oder US-Dollars zur Bezahlung von Flugscheinen akzeptiert, keine Kreditkarten oder andere Währungen.

Theoretisch besteht regelmäßiger Flugverkehr von Yaoundé nach Douala und in andere Städte Kameruns. De facto ist der innerkamerunische Flugverkehr seit 2003 stark vermindert und sehr unzuverlässig. Dies liegt vor allem an den Flottenproblemen von Cameroon Airlines. Private Flugunternehmen (NAC, Unifly) versuchen, einen geregelten Flugverkehr aufzunehmen. Erkundigen Sie sich vor Ort. Siehe zur Thematik auch Reisen im Land/Flugverbindungen.

- **Cameroon Airlines**
Av. Monseigneur Vogt (hinter der Kathedrale), B.P. 1186, Tel. 2234001, 2230611 und 2233804, Fax 2223974.
- **National Airways of Cameroun**
Hilton Hotel, B.P. 5663, Tel. 2233646 und 2221784, am Flughafen Tel. 2233602, Fax 2223210.

Eisenbahn

- Der **Transcamerounais, die einzige Eisenbahnverbindung des Landes,** verbindet Yaoundé mit Douala im Westen und Ngaoundéré im Norden (vgl. hierzu Praktische Tipps A–Z/Eisenbahn).
- Der **Bahnhof** liegt in Elig Essono hinter dem Hochhaus der BEAC (zentralafrikanische Zentralbank) auf der Av. Monsigneur Vogt. Die Tickets für die 1. Klasse werden am Bahnhof im 1. Stock verkauft, die für die zweite Klasse im Erdgeschoss.
- Eine **Autoverladung** mit dem Zug ist möglich (sehr teuer). Nachts verkehren **Liegewagen.** Die Züge haben eine **1. und 2. Klasse.** Der Fahrkartenkauf ist im Voraus am Bahnhof erforderlich, dort erfolgen auch Reservierungen für Autoverladung und Liegewagen (am besten 48 Std. vorher). Richtung Ngaoundéré empfiehlt sich die Reservierung des Liegewagens; achten Sie beim Fahrkartenkauf darauf, dass ein Platz im Wagen mit Beleuchtung reserviert wird.
- **Yaoundé – Belabo:** Es verkehren **Navettes** nach Belabo. Die Abfahrtszeiten sind sehr variabel, vor Ort erfragen.
- Genaue **Auskunft** über Fahrplan und Preise erhalten Sie bei: **Gare Voyageurs,** am Bahnhof, Tel. 2234003 oder 3409772.

Busse/Sammeltaxis

Busse und Sammeltaxis verkehren von Yaoundé aus in alle Richtungen:

- **ab Quartier Mvan** in Richtung Littoral;
- **ab Quartier Etoudi,** Carrefour Biyem-Assi in den Nordwesten und Westen;
- **ab Quartier Mimboman-Sapeur** in Richtung Osten (Bertoua, Abong Mbang; z.B. mit den Linien Narral Voyages, Atlantic Voyages oder Haut Nyong Voyages; Preisbeispiel: Yaoundé – Lomié 4500–5000 CFA).

Es empfiehlt sich, mit den etablierten Busgesellschaften zu fahren, die ihre eigenen Niederlassungen haben, z.B.:

- **Centrales Voyages**
Carrefour Coron, stadtauswärts Richtung Mbalmayo, im Stadtteil Mfoudassi, Tel. 2303994, Fax 2303994; nach Douala und Kribi; zwischen 6 und 19 Uhr stündlich (pünktlich) für 3500 und 8000 CFA („Prestige", klimatisiert, Video, Erfrischungen; 2–3x täglich).
- **Garanti Express**
Nsam, stadtauswärts Richtung Mbalmayo, Tel. 2306938; ebenfalls 3500 CFA.

Kleinere Linien verkehren zu vielen anderen Orten. Sie alle fahren nicht in der Innenstadt, sondern außerhalb ab. Nach Kribi zum Beispiel entlang der Straße Richtung Flughafen. Fragen Sie am besten einen Taxifahrer, der wird Sie dann zum entsprechenden Abfahrtsbahnhof bringen.

04_397kam Foto: sm

Die Fußballbegeisterung in Kamerun kennt keine Grenzen

Generell sollte man morgens reisen. Dies gilt insbesondere für die Strecke Douala - Yaoundé, die zu einer der unfallreichsten Strecken in ganz Afrika gehört.

Rund ums Auto

Autovermietungen

S.a. „Praktische Tipps A–Z/Mietwagen".

- **AVIS**
B.P. 1740, Tel. 2300285 oder 2300627, Fax 2301010; am Flughafen Tel. 2302285 oder 2302627, Fax 2303010.
- **HERTZ**
Am Flughafen, Tel. 2303801 oder 2304188, Fax 2304994.
- **EUROPCAR**
Im Zentrum, Tel. 2230811 oder 2231233, Fax 2223981.
- **Auvergne Auto**
Direkt neben dem Hilton im Stadtzentrum, Tel. 2225706.
- **Camex**
Bastos, Vallée Bastos, Tel. 2216790.
- **Bag Travel**
Gegenüber der Kathedrale, Tel. 2235599.
- **Inter Auto**
Im Zentrum, 71, Rue Valery Giscard d'Estaing, Tel. 2231005, Fax 2235642, E-Mail: interva@iccnet.cm.
- **Sam Auto**
Im Hotel Mont Fébé, Tel. 2217735.
- **SOTAC Auto**
Im Zentrum, Rue du Meréchal Foch, Tel. 2221477.

Von Yaoundé gibt es gute Straßenverbindungen in alle Richtungen.

Autoreparaturen

- Eine gute Werkstatt ist **Garage Auto-Tech,** Inhaberin: *Zeina Hatiyd,* Tel. 2225819.
- Außerdem gibt es eine hervorragende Peugeot-, Toyota- (**Garage Intercar,** nahe der Post) und VW-Werkstätte.

Einkaufen

- In den **Supermärkten SCORE, TIGRE** und **Niki** gibt es hervorragende Versorgungsmöglichkeiten, besonders auch für diejenigen, die in den Südosten weiterfahren (die Versorgung in der Zentralafrikanischen Republik ist teurer!).
- Zu empfehlen ist auch **Leader Price** (nahe Place John F. Kennedy).

Hinweis: Vorsicht vor **Trickdiebstahl,** vor allem auf den Märkten!

Post und Telefon

- **Hauptpost (P.T.T.)**

Place Ahmadou Ahidjo, Tel. 2222103. Das neue Postamt befindet sich direkt gegenüber der alten Post.

- Internationale Telefonate (Durchwahl) sind von allen **Teleboutiques** aus zu führen (nach Europa kostet die Gesprächsminute etwa 3500 CFA).

Banken

Siehe zum Thema auch „Praktische Tipps A–Z/Geld".

- **BICEC**

Zentrale: Av. Monseigneur VOGT (hinter der Kathedrale), Tel. 2232475; La Valée, Immeuble SNI, Tel. 2220818; Parc Repiquet, Av. Ahmadou Ahidjo, Tel. 2221016.

- **SGBC**

Hôtel de Ville, Visaautomat, Tel. 2221166; Marché Central, Visaautomat, Tel. 2225186; Av. Monseigneur Vogt, gegenüber der Kathedrale, Visaautomat, Tel. 2218121.

Außerdem gibt es natürlich zahlreiche andere große Banken, in denen auch Reiseschecks eingelöst werden, z.B.:

- **Credit Lyonnais Cameroon**

Av. Monseigneur Vogt, Tel. 2234005 oder 2232019.

- **Standard Chartered Bank**

Tel. 2222261. Hohe Tauschgebühren bei Travellerschecks.

04_390kam Foto: sm

- **CBC Agence Centrale**
Gegenüber Hôtel de Ville, Tel. 2220422.
- Es gibt auch eine Filiale der deutschen **Citi Bank.** Über diese können allerdings nur Unternehmen Geschäfte abwickeln (ggf. bei der deutschen Botschaft erkundigen).

Es empfiehlt sich, die ersten 5 Tage im Monat nicht zur Bank zu gehen (lange Wartezeiten). Öffnungszeiten: Mo. bis Fr. 8–14.30 Uhr.

Botschaften und Konsulate

- **Deutschland (Ambassade de la République Fédérale d'Allemagne)**
Die deutsche Botschaft und das Konsulat sind räumlich getrennt. Die **Botschaft** befindet sich in Bastos, Nouvelle Route Bastos, B.P. 1160, Tel. 2210056 oder 2217292, Fax 2207313, www.jaunde.diplo.de.
Das **Konsulat** hat seinen Sitz in der Rue Charles de Gaulle (gegenüber Hôtel de Ville), Tel. 2222881, Fax 2229974. Es ist erste Anlaufstelle für Deutsche, die in Not geraten sind oder sich bei einem längeren Aufenthalt registrieren lassen möchten. Eine Registrierung ist nicht vorgeschrieben, ab einem Aufenthalt von länger als vier Wochen allerdings sinnvoll.
Notfallnummern: Tel. 7700705, 9500766 (beide mobil)
- **Schweiz (Consulat Général de Suisse)**
B.P. 1169, Tel. 2205067, Fax 2209386. Geöffnet von 9–11 Uhr.
- **Äquatorial-Guinea**
Tel. 2224149, 2210804.
- **Belgien,** Tel. 2220516, 2206747.
- **Elfenbeinküste,** Tel. 2220969.
- **Frankreich,** Tel. 2227950.
- **Gabun,** Tel. 2222966, 2210224, 2221443.
- **Großbritannien,** Tel. 2223705, 2220545.

Avenue J. F. Kennedy

- **Italien,** Tel. 2223376, 2212198.
- **Nigeria,** Tel. 2223455, 2235551.
- **Spanien,** Tel. 2203543, 2203543.
- **Tschad,** Tel. 2210624.
- **USA,** Tel. 2230512, 2234014, 2222589.
- **Zentralafrik. Republik,** Tel. 2205155.
- **Kongo (VR),** Tel. 2212458.
- **Kongo (DR),** Tel. 2215103.

Visa

- **Zentralafrikanische Republik**
Das Visum für die Zentralafrikanische Republik erhält man in der Botschaft im Quartier Bastos (für Deutsche ca. 30.000 CFA für 3 Monate, ein Tag Wartezeit, zwei Passbilder erforderlich).
- **Gabun**
Gestaffelte Preise je nach Gültigkeitsdauer zzgl. „Telefongebühr"; 1–2 Wochen Wartezeit, Personal nicht besonders freundlich.
- **Kongo**
Visum für Kongo innerhalb 24 Stunden (ca. 35.000 CFA), Gültigkeit 1 Monat.
- **Nigeria**
Kein Visum für Touristen in der Botschaft erhältlich; nur evtl. Transitvisum für 2 Tage (Wartezeit 2 Wochen).

Sonstiges

- **Polizei,** Tel. 17 (gilt für ganz Kamerun).
- **Telefonauskunft,** Tel. 12 (gilt für ganz Kamerun).
- **Nachrichten** in englischer (Tel. 2229000) oder französischer (Tel. 2228000) Sprache.
- Jedes Jahr im Februar findet in Yaoundé zwei Wochen lang ein internationales **Jazz-Festival** mit guten Gruppen statt (Veranstaltungen verstreut über die Stadt).

Kulturzentren und Buchläden

- **Librairie St. Paul**
Av. Monseigneur Vogt, Tel. 2223404.
- **Centre Culturel Français**
Tel. 2220944, am Ende der Av. Kennedy. Hier gibt es oft Konzerte, von afrikanischen Popgrößen bis europäischen Underground-Jazz (Programm beachten).
- **Centre Culturel Américain**
Rue de Nachtigal, Tel. 2230416, 2231437.

04_400ka Foto: sm

An den Nachtigal-Stromschnellen

- **Centre Culturel Camerounais** Tel. 2224599, 2204599.
- **Goethe-Institut** Das Goethe-Institut ist Ende 2003 nach Bastos umgezogen; B.P. 1067, Tel. 2214409, Fax 2214419, www.goethe.de/af/yao/ deindex.htm. Bibliothek mit neueren deutschen Zeitschriften und Kulturveranstaltungen (Programm beachten).
- **British Council,** Tel. 2233172.
- **Centre Culturel Italia,** Tel. 2212198.

Ausflüge

In der Umgebung von Yaoundé lohnt die schöne Landschaft mit Flüssen, Hügeln und Wäldern den ein oder anderen Ausflug.

Nachtigal-Fälle

Ein Halbtages-Ausflug führt von Yaoundé zu den 68 km entfernten Nachtigal-Fällen **am Sanaga-Fluss,** benannt nach dem deutschen Afrika-Reisenden *Gustav Nachtigal,* der 1884 nach Kamerun kam.

Verlässt man Yaoundé auf der Teerstraße in Richtung Bafia, fährt man zunächst durch eine bewaldete und hügelige Landschaft, bis bei **km 31** der Abzweig (ausgeschildert) rechts nach Obala erreicht ist. Ab der Kreuzung sind es 6 km in den Ort **Obala,** den **„Gemüsegarten" der Hauptstadt.** Von hier kommen fast alle landwirtschaftlichen Produkte, die auf den Märkten Yaoundés verkauft werden. Samstags ist in Obala Markttag, es gibt frisches Obst und Gemüse. Die Straße ist nicht geteert, aber in gutem Zustand und von vielen Holzlastern befahren.

Geradeaus weiter führt die Straße nach **Batchenga (62 km),** in dessen Umgebung große Tabakplantagen gedeihen. Gleich am Eingang des Ortes zweigt links eine kleine Piste (Richtung Ntui) zu den Wasserfällen ab. Nach 2 km an einer Gabelung rechts halten, hier sind nochmals 2 km zu fahren. Die Abzweigung zu den Fällen ist nicht beschildert. Die Nachtigal-Fälle sind eigentlich größere Stromschnellen und (vor allem in der Trockenzeit) nicht sehr bedeutend. Umso schöner ist jedoch die Umgebung mit dem breiten Sanaga-Fluss (es gibt hier angeblich Krokodile!) mit seinen bewaldeten Inselchen und der reichlichen Vegetation rundherum. Ein paar Kilometer weiter fährt eine **Autofähre** über den Sanaga. Hier gibt es Essen und gekühlte Getränke. Hier kann man auch Führer und Pirogenfahrer finden. Man sollte sich für diesen Ausflug feste Schuhe und lange Hosen anziehen, da es am Fluss viele stechende Plagegeister gibt.

Plages de la Sanaga

Falls sie einen ganzen Tag zur Verfügung haben, können Sie zurück an der Hauptstraße Richtung Bafia noch einen Ausflug zu den Plages de la Sanaga unternehmen. Dazu fahren Sie weiter nach Westen, bis **72 km** hinter Yaoundé eine riesige Brücke über den Zusammenfluss von Sanaga und Mbam-Fluss führt. Von der Brücke hat man einen schönen Ausblick. Hier kehrt man um und nimmt die erste Waldpiste nach rechts in Richtung Monatélé. Man kommt wieder an den Sanaga, hier jedoch mit **schönen Sandbänken.**

Die **Piste nach Saa,** die von der Hauptstrecke von Yaoundé nach Bafia abzweigt, führt zum **Mont Loua** (2000 m), der schöne Wandermöglichkeiten bietet.

Akono

Für Liebhaber alter **Kolonialbauten** bietet sich ein (Tages-) Ausflug nach Akono **(60 km Piste)** an.

Von Yaoundé aus in Richtung Douala auswärts, dann links auf die Piste nach Ngoumou abzweigen. Geradeaus weiter führt der Weg, gesäumt von Kakaoplantagen, nach Akono. In diesem kleinen Dorf steht mitten im Busch die große **Kathedrale Notre Dame des Sept Douleurs,** die auch von innen zu besichtigen ist. Entweder nehmen Sie von hier aus den gleichen Weg zurück oder fahren die Route über Mbalmayo. Auf letzterer Strecke kommen Sie vorbei an der **Grotte d'Akok** (Pygmäen-Grotte). Hier sehen Sie zwar keine Grotte, dafür aber einen riesigen Felsen, der auf einer Stütze zu stehen scheint. Die Anwohner feiern hier unter dem Stein ihre Gottesdienste. Von Mbalmayo aus geht es auf guter Teerstraße zurück nach Yaoundé.

Das Zentrum und der Osten

Die **Provinzen Centre, Est und Adamaoua** sind, mit Ausnahme der weiteren Umgebung von Yaoundé, nur **sehr dünn besiedelt.** Nach Osten hin breiten sich immense Regenwälder aus, nach Norden zu dominiert die Savanne. Durch diese von der Natur beherrschten Gebiete führen nur wenige schlechte Pisten. Ein unvergessliches Erlebnis für Reisende mit viel Geduld ist eine Fahrt mit dem **Transcamerounais,** der einzigen Eisenbahn des Landes, die Douala und Yaoundé mit dem Norden verbindet (vgl. entsprechenden Exkurs im Kapitel „Reisen im Land").

Im Zentrum und Osten Kameruns gibt es nur **wenige Sehenswürdigkeiten,** dafür aber um so mehr an ursprünglichem Afrika mit freundlichen Dörfern und unberührter Natur mit üppiger Tropenvegetation zu erleben. Wer sich abseits der wenigen Städte bewegt, wird hier Afrika pur kennen lernen und mit einigem Glück auch einige Tiere in freier Wildbahn, außerhalb der Naturparks, zu sehen bekommen.

Verkehrsknotenpunkt sowie kulturelles und wirtschaftliches Zentrum der Region sind die Hauptstadt Yaoundé und ihre Umgebung (siehe das Kapitel zuvor).

Yaoundé – Douala

● **179 km** Teerstraße

Eine gut ausgebaute, fast autobahnähnliche Strecke führt über Edéa nach Douala. Es herrscht viel Verkehr, häufig wird mit überhöhter Geschwindigkeit gefahren (Unfallgefahr!). Etwa **73** km hinter Yaoundé überspannt eine Brücke den Sananga. Hier wird mit kleinen Booten Kies aus dem Fluss per Hand geschöpft. Dieser wird an das Ufer gefahren, um ihn dort auf LKW zu laden, die den – zum Bauen benötigten – Kies dann nach Yaoundé transportieren. Etwa **80 km** hinter Yaoundé führt eine gute Piste nach **Eséka,** dort findet ein sehenswerter **Sonntagsmarkt** statt. In der Umgebung von Eséka (am Bahnhof Piste nach links), erreichen Sie nach 6 km die Fabrik SOCAPALM (zu besichtigen).

Die Hauptstraße von Yaoundé nach Douala führt durch dichten tropischen Regenwald mit üppiger Vegetation, Palmen und vielen kleinen Siedlungen der Volksgruppen Eton Bassa, Basso und Mabéa. Etwa auf halbem Wege liegt **Sombo,** eine kleine Ansammlung von Einkaufsständen und kleinen Garküchen. Hier halten die Überlandbusse an zu ihrer Mittagsrast. Auf der weiteren Strecke bis Edéa keine Tankstelle.

Yaoundé – Bangangté

● **258 km** Teerstraße

Die **Straße in den Westen** ist durchgehend geteert und führt über Bafia und Bangangté nach Bafoussam.

Nach Yaoundé führt die Straße durch hügeliges Waldland durch die Ortschaften **Olembe** und **Olembe II,** bis nach ca. 33 km eine Seitenstraße nach **Obala** abzweigt. Hier geradeaus weiter entlang einiger Siedlungen. Der Wald wird nun lichter, Palmen, blühende Flamboyants und kleines Buschwerk wachsen entlang der Straßen.

Etwa **73 km** hinter Yaoundé überspannt eine **Brücke** den **Sanaga.** Es geht weiter durch leicht hügeliges Buschland und nur wenige Ortschaften, ab und zu wird Obst an der Straße verkauft, Kinder fahren auf selbst gebauten Holzrollern umher. 28 km nach der Sanaga-Brücke ist **Ombessa,** ein größeres Straßendorf, erreicht. Danach wird die Gegend wieder etwas waldiger.

127 km nach Yaoundé erreicht man den großen Straßenort **Bafia.** Hier gibt es eine **Tankstelle,** Lebensmittel und mehrere Hotels (die nächste Tankstelle ist erst wieder in Makanene).

Nach Bafia wird die Landschaft hügeliger. Große dunkle Steinbuckel ragen aus dem Grasland. Nach weiteren 70 km **(km 197)** folgt **Makanene** (Mittwoch ist Markt).

Auf der weiteren Strecke wachsen viele Büsche, Baobabs, Palmen und Bananensträucher, dazwischen liegen vereinzelt Felder, und von der konstant bergauf führenden Straße hat man schöne Ausblicke auf das Bergland. Unterwegs gibt es alle Varianten von Buschfleisch, sei es Affe oder Bisamratte, zu kaufen.

Bei **km 224** ist **Tonga,** ein kleiner, hübsch zwischen Palmen, Akazien und schattigen Alleebäumen gelegener Ort erreicht, in dem noch zahlreiche Ziegelbauten und eine Art Jugendstilvilla auf die Kolonialzeit verweisen.

Weiter geht es durch bergiges Grasland bis Bangangté, in das man nach ca. 258 km einfährt.

Yaoundé – Bertoua

- **348 bzw. 350 km** Piste bzw. Teer

Bisher gibt es **kaum Teerstraßen in den Osten** Kameruns. Einmal, weil dort der äquatoriale Regenwald den größten Teil der Fläche beherrscht, zum anderen, weil das Gebiet vergleichsweise spärlich bevölkert ist (und wohl auch keine großen Wirtschaftsressourcen bietet, sieht man von der möglichen Holzausbeute einmal ab). Auch in touristischer Hinsicht ist nicht viel geboten, es sei denn für Leute mit viel Abenteuergeist und gutem Geländewagen, die hier abseits der großen Routen noch tiefstes Afrika entdecken und erleben wollen.

Mit **öffentlichen Verkehrsmitteln** ist hier nur ein Weiterkommen von einem größeren Ort zum nächsten möglich, (z.B. Obala, Nanga Eboka, Bertoua oder auf der südlichen Route nach Ayos und Abong Mbang, nur dort bestehen einfache Übernachtungsmöglichkeiten). Die Eisenbahn nach Ngaoundéré fährt über Nanga Eboko und Bélabo (von beiden Orten ist ein Weiterkommen nach Bertoua mit Sammeltaxi möglich). Entlang der Routen gibt es in den Orten kaum Versorgungsmöglichkeiten und auch **kein Nachtquartier** (außer Sie fragen beim jeweiligen Dorfchef nach einer Schlafstätte, dann muss man sich allerdings auf ein sehr einfaches Nachtlager ohne jegliche sanitäre Einrichtungen einstellen und ist auf die Gastfreundschaft der jeweiligen Bewohner angewiesen, die selbst häufig nicht das Nötigste zum Leben haben).

Als **Grundregeln für Selbstfahrer** in diesem Gebiet sind zu beachten: **voll tanken,** wo immer möglich; zusätzlich **Reservekanister** mitnehmen; ausreichend **Trinkwasser** für lange Überlandfahrten bei sich führen.

Erkundigen Sie sich von Ort zu Ort über den aktuellen Pistenzustand und rechnen Sie mit einer maximalen **Fahrleistung von 30 km in der Stunde.** Die Strecke nach Bertoua, vor allem über Abong Mbang, wird sehr stark von Holztransportern befahren, so dass diese durch ihre Größe sowohl in der Gegenrichtung als auch beim Überholen sehr hinderlich sind. Von einer Tour in den Osten während der Regenzeit ist dringend abzuraten, da die Pisten dann kaum oder gar nicht befahrbar sind.

Verlässt man Yaoundé auf der Teerstraße Richtung Bafia, zweigt bei km 31 rechts die Piste nach Obala ab. Nach weiteren 31 km bietet sich in Batchenga der Besuch der Nachtigal-Fälle an (siehe Yaoundé/Ausflüge). Geradeaus geht es auf der Hauptpiste, dem Flusslauf des Sanaga und der Eisenbahnstrecke folgend, nach **Nanga Eboko (169 km),** hier gibt es ein kleines Hotel, einen Bahnhof (der Transcamerounais hält hier) und einfache Versorgungsmöglichkeiten sowie ein kleines Kunsthandwerkszentrum.

Von hier trennen Sie noch 179 km (Asphaltstraße über Minta) von **Bertoua,** der einzigen größeren Stadt im Osten.

Alternativroute

Die Alternativstrecke führt über Asphalt nach **Ayos,** weiter auf breiter, guter, kurvenreicher Piste nach **Abong Mbang** (ebenfalls einfache Versorgungsmöglichkeiten) und Bertoua (in Abong Mbang sollte man aufpassen und sich nicht von der allgemeinen Straßenführung der Hauptstraße beirren lassen - diese führt nämlich nach Lomié). Dies ist die schnellere Strecke: Ayos - Bertoua ca. 3,5 Stunden.

Bertoua

Die **Hauptstadt der Provinz Est** (Ostkamerun) mit ca. **92.000 Einwohnern** ist das einzige wichtige **Wirtschaftszentrum der Region.** Aufgrund fehlender Städte in der weiteren Umgebung ist Bertoua auch zum Verwaltungszentrum des Bezirks Lom-et-Djérem und zu einem Handelsmittelpunkt geworden. Die Stadt liegt in der Übergangszone zwischen der weiten Savanne im Norden und den dichten Urwäldern im Süden. Die Straßen sind geteert, es gibt eine Radiostation. Theoretisch kann man nach Bertoua fliegen (3x wöchentlich mit Camair, Mo., Mi., Fr.), de facto ist das sehr unwahrscheinlich; bei Camair, NAC oder Unifly vor Ort nachfragen.

Im Übrigen lebt die Stadt neben der Verwaltung von der **Landwirtschaft mit Tabakanbau,** etwas Forstwirtschaft und vom Handel auf dem **Markt,** der von den weit verstreuten Walddörfern aus besucht wird.

In Bertoua, das sich sehr weit erstreckt, gibt es einen künstlichen See, eine Missionsstation mit dazugehöriger Kirche am Ortseingang und einige Hotels. Reisende werden hier jedoch nicht länger bleiben - es sei denn, Sie haben geschäftlich zu tun -, denn der Ort verfügt über **keinerlei touristische Anziehungspunkte.**

Unterkunft

- **Mansa Hotel**
B.P. 285, Tel. 2241650, 9526534. Das Mansa ist eher ein mittelmäßiges (wenngleich das beste) Hotel am Ort. Mit Bar und Restaurant. 48 Zimmern mit Klimaanlage, etwa 25.000 CFA.
- **Hotel Fanga**
Im Viertel Mokolo II, Tel./Fax 2242465 oder 9515870 (mobil); Zimmer ab 12.000 CFA.
- **La Colombie**
Auf dem Weg zum Flughafen, Jordane (an der Straße Yaoundé - Belabo).
- **Mirage**
Im Zentrum. Zimmer ab 7000 CFA.
- **Montagnia,** im Zentrum.
- Es gibt **mehrere Missionsstationen,** die angenehmste ist die katholische Mission am Ortsausgang mit freundlichen Zimmern in sympathischer Atmosphäre (evtl. Unterkunft für 8500 CFA/2 Personen).

Essen und Trinken

Es gibt mehrere **Restaurants in den Hotels,** z.B. La Parisienne, Mini Mansa, Cristal (hier auch Nightclub), außerdem **Circuits,** z.B. Grille de la Ménagère (gegenüber der Mobilfunkantenne von Orange).

Sammeltaxis

Vom Sammeltaxi-Bahnhof starten Fahrzeuge nach **Yaoundé** (348 km), **Batouri** (90 km) und **Belabo** (83 km, Asphaltstraße) und in die kleineren Orte der Umgebung.

Eisenbahn

In Belabo (83 km von Bertoua entfernt) besteht **Anschluss an den Transcamerounais,** die Eisenbahnverbindung zwischen Yaoundé und Ngaoundéré.

- **Yaoundé – Belabo:** Abfahrt in Yaoundé um 18.10 Uhr; Ankunft in Belabo zwischen 24 und 1 Uhr morgens. Von Belabo nach Bertoua sind noch 1–2 Stunden mit dem Bus zu fahren.

Straßenverbindung nach Belabo

Die Straße von Bertoua nach Belabo, der Bahnstation am Transcamerounais (s.o.), ist **geteert und gut befahrbar.** Im Ort arbeitet ein großes Sägewerk, das Holz wird mit der Eisenbahn von hier aus abtransportiert. Außerdem befindet sich hier eine Pumpstation der Kamerun-Tschad-Ölpipeline. Unterwegs begegnet man vielen Holzlastern, oft mit überhöhter Geschwindigkeit.

Sonstiges

- **Infrastruktur:** Tankstelle, Apotheke, Krankenhaus (Tel. 2241878) und Bank (Geldwechsel nur bei der BICEC-Bank möglich). Die Lebensmittelversorgung ist schwierig!
- Am östlichen Ortsausgang steht ein **schikanöser Kontrollposten.** Die Strecke sollte man wegen der Holztransporter nicht in der Dunkelheit fahren.

Bertoua – Abong Mbang – Lomié

- **241 km** Teerstraße und Piste

Hervorragende, neue Asphaltstraße bis Abong Mbang (weiter nach Ayos in Richtung Yaoundé); erhöhte Unfallgefahr wegen der zahlreichen, sehr schnell fahrenden Holzlaster! Die Route führt durch dichten Wald. Übernachtungsplätze sind schwer zu finden.

Nach **57 km** erreicht man das Dorf **Doumé.**

Doumé

Doumé war der frühere Hauptort der Provinz Est und ist Sitz einer wichtigen Missionsstation. Im Dorf gibt es ein kleines **Campement-Hotel** und **Treibstoff.** Selbst in dieser abgelegenen Region findet man Spuren der Kolonialzeit, ein von Deutschen erbautes Fort.

Nach **114 km** gelangt man nach **Abong Mbang.**

Abong Mbang

Abong Mbang ist ein großes Dorf mit einem kleinem **Hotel** und **Treibstoff.** Die **Versorgung mit Lebensmitteln** ist **schwierig.** Der Ort liegt an der Kreuzung der Strecken nach Yaoundé (westlich) und Lomié (Süden).

Die **katholische Mission** in Abong Mbang kümmert sich um die Betreuung der Pygmäen in den verstreuten Dörfern, und der Pater dort erzählt Ihnen gerne etwas von seinem Alltag in

Natur- und Tierreservat Dja-et-Lobo

Das **größte Primärwaldgebiet Kameruns,** Dja-et-Lobo, erstreckt sich westlich von Lomié und ist für den Tourismus noch vollkommen unerschlossen. Bereits seit 1950 als Naturreservat geschützt, steht das Gebiet heute in der Welterbe-Liste der UNESCO und wurde als Nationalpark vorgeschlagen.

Seine Fläche von rund **526.000 ha** wird fast vollständig vom Dja-Fluss umschlossen, der entlang seiner Nordgrenze nach Westen fließt, dann nach Süden und Südosten, um dann später in den Kongo zu münden. Der Flusslauf des Dja wird immer wieder unterbrochen von Stromschnellen und Wasserfällen. Die Landschaft des Reservats ist flach (Höhe 400–800 m) mit einigen wenigen Hügeln und wird von dichtem Kongo-Regenwald bedeckt. Dieser immergrüne, tropische Regenwald ist vermutlich noch weitgehend unberührter Primärwald. Der größte Teil seines Baldachins liegt in 30–40 m Höhe, überragt von bis zu 60 m hohen Baumriesen. Die Artenvielfalt seiner Vegetation ist sehr groß, nur in der Umgebung der im Wald liegenden kleinen Dörfer breitet sich Sekundärwald aus bzw. Kaffee- und Kakaoplantagen.

Obwohl das Reservat Dja-et-Lobo noch wenig erforscht wurde, ist bekannt, dass hier viele Arten von Primaten leben, darunter Flachland-Gorillas, Mandrill-Affen, schwarzweiße Colobus-Affen und Schimpansen. Auch Waldelefanten, Sitatunga-Antilopen, Leoparden, Warzenschweine, Riesenwaldschweine und Büffel finden in diesem Regenwaldgebiet ihren Lebensraum. Zu den hier vorkommenden Reptilien zählen Python-Schlangen, Echsen und zwei verschiedene Arten von Krokodilen.

Innerhalb des Reservates leben Pygmäen in ihren kleinen, verstreuten Camps. Sie können hier auf traditionelle Art jagen, obwohl sonst die Jagd im Schutzgebiet verboten ist.

Bisher gibt es im Dja-et-Lobo keinerlei touristische Infrastruktur wie Camps oder Wege, jedoch liegen hierzu bereits Vorschläge vor. Bei deren Verwirklichung sollen die Bewohner der angrenzenden Dörfer einbezogen werden, wie es bereits im Korup-Nationalpark geschieht.

Ziel der UNESCO ist es, die Natur und Dörfer (Pygmäen) zu schützen sowie den Bau von Trails, Brücken und kleinen Touristencamps zu fördern. Zwar wurde bereits 1986 von der École de Faune in Garoua ein Plan für den künftigen Nationalpark erstellt, jedoch fehlt es an den nötigen Mitteln zur Umsetzung. Es sind nur einige wenige Ranger-Posten an den Park-Grenzen vorhanden und die Wilderei kann nicht ausreichend kontrolliert werden. Besonders gefährdet sind hiervon die Waldelefanten.

Bleibt zu hoffen, dass der Dja-et-Lobo – als eines der letzten unberührten Regenwaldgebiete mit einer einzigartigen, absolut schützenswerten Tierwelt – bald den Status eines Nationalparks erhält.

Weitere Informationen:

- **UNESCO**
7, Place de Fontenoy, 75352 Oarus 07-SP, Tel. (1) 45681000
- **Commission Nationale du Cameroun pour l'UNESCO**
B.P. 1600, Yaoundé
- **École pour la Formation de Spécialistes de la Faune**
B.P. 271, Garoua
- **Parc National du Dja**
c/o Sécretariat d'Etat au Tourisme, Yaoundé

dieser isolierten Region. Wie immer ist die Mission nicht verpflichtet, Übernachtungsgäste aufzunehmen.

Von Abong Mbang aus führt eine Piste (nur in der Trockenzeit zu befahren) südostwärts nach Lomié (km 241 ab Bertoua). Etwa 20 km hinter Abong Mbang liegt **Ntimbé,** eines der Dörfer, in denen Pygmäen von der Regierung sesshaft gemacht werden. Hinter den viereckigen Häusern der Bantu verstecken sich die traditionellen Pygmäen-Hütten aus Astwerk und Zweigen. Die Weiterfahrt auf der Urwaldpiste wird begleitet von einigen weiteren Pygmäen-Siedlungen.

Eine kurze Anmerkung zum **„Pygmäen-Tourismus“:** Der Besuch dieser Dörfer ist im Hinblick auf einen sozialverträglichen Tourismus einigen Bedenken unterworfen. Wer darauf nicht verzichten will, sollte mit sehr viel Respekt und Feingefühl auf die Menschen zugehen. Es empfiehlt sich, einen Führer mitzunehmen, schon allein wegen der Verständigung und als Vermittler. Vor Betreten des Dorfes den Dorfchef begrüßen. Als Gastgeschenk eignet sich keinesfalls Geld, hingegen wird das Mitbringen von Naturalien (Salz, Zündhölzer etc., keine T-Shirts!) gerne gesehen; erkundigen Sie sich beim Führer. Persönlich bin ich der Ansicht, dass man vom Fotografieren in den Dörfern Abstand nehmen und dafür durch Fragen und Gespräche etwas über die Traditionen und das Leben dieses sehr interessanten Volkes in Erfahrung bringen sollte (siehe auch Bevölkerung und Sozialwesen).

Nach insgesamt **241 km** ist der Ort **Lomié** am Rande des Dja-et-Lobo Reservats erreicht.

Bertoua – Batouri – Berbérati (ZAR)

- **303 km** Piste in recht gutem Zustand; durchschnittlich 30 km/h Fahrgeschwindigkeit.

Fährt man von Bertoua aus weiter in **Richtung Osten,** erreicht man nach 90 km die kleine Stadt

Batouri

Batouri hat ca. **63.000 Einwohner.** In der Umgebung sind viele Tabakplantagen angelegt. Anziehungspunkt in dieser verlassenen Gegend sind die **Goldgräber** 6 km außerhalb des Ortes in Richtung Grenze. Hier schürfen einige Arbeiter unter teils gefährlichen Bedingungen nach dem wertvollen Metall. Sie leben in einem kleinen Baracken-Dorf gleich nebenan. Haussa-Händler verkaufen das Gold dann auf dem Markt in Yaoundé oder gleich vor Ort.

Praktische Informationen

- **Infrastruktur:** Im Ort gibt es neben Lebensmitteln auch Treibstoff, eine Werkstätte und eine Post.
- **Unterkunft:** Übernachten kann man in mehreren kleinen Hotels oder in der Missionsstation. Die **Auberge de Luxe** des Club

„Buschfleisch“ am Wegesrand, in diesem Fall ein Alligator

078kam Foto: ed

des Planteurs de Tabac ist einfach, hat aber ordentliche Zimmer (pro Person ca. 5500 CFA). Die Zimmer im **Hotel Mont Pandi** (Tel. 2262577), das separat vom Ort in einem Pinienhain gelegen ist, sind sehr einfach, das Essen wird jedoch gelobt.

- Vorsicht, die **Polizeikontrolle** am Ortsausgang erwartet einen Obolus, ist jedoch nicht prinzipiell unfreundlich.

Weiterfahrt auf schlechter Piste Richtung Grenze ZAR durch das Dorf

Kenzou

Im Ort gibt es Lebensmittel, Treibstoff und ein Resthouse. Hier müssen Sie die Formalitäten zur Ausreise in die Zentralafrikanische Republik (problemlos) erledigen. Am Sonntag ist die **Grenze** geschlossen! Vor Grenzübertritt lohnt es sich, voll zu tanken, da der Treibstoff in der ZAR etwa doppelt so teuer ist.

Ab der Grenze führt eine schlechte Piste zum **Grenzort Gamboula** (Treibstoff). Hier sind die Einreiseformalitäten zu erledigen. Ein Übernachtungsplatz befindet sich gleich außerhalb des Ortes in Richtung Berbérati (auf dem Flugfeld, einsame Graspiste). Weiter nach **Berbérati** existiert eine sehr schlechte Piste; eine Brücke führt über den Lom.

Yokadouma

Entlang dieser Route, 29 km hinter Batouri links, führt die Piste in Richtung Süden tiefer in den Urwald hinein bis nach Yokadouma (ca. **60.000 Einwohner,** Verwaltungszentrum des Département Mbouma Ngoko). Im Ort gibt es einige kleine Hotels mit je 20 bis 30 Zimmern zu ca. 8000 CFA: z.B. **Hôtel Complexe Eléphant,** Tel. 2242877, und **Hôtel Lebita** sowie Herbergen: **La Cachette,** Tel. 2242863, **Alliance Auberge,** Tel. 2242840, **Caravane Bayoka,** Tel. 2242815.

Von Yokadouma aus führt die Piste weiter bis an die **Grenze zum Kongo.** Die Grenzstation heißt **Mboy,** in der **Zentralafrikanischen Republik Yantchi.** Diese Route führt in das im Südwesten der ZAR gelegene Waldreservat Dzanga-Sangha. Achtung: In Bayanga endet die Piste. Ein Leser berichtet, dass die Grenzformalitäten hier relativ unkompliziert seien.

Von Batouri oder Bertoua aus führt eine Piste in nördlicher Richtung zum **Grenzort Garoua Boulaï,** einem weiteren Grenzübergang in die ZAR. Die schwierige Savannenpiste weist einige Wellblechpassagen auf, unterwegs viele Steine, Staub und tiefe Löcher. Von dort aus besteht auch die Möglichkeit, weiter nach Ngaoundéré zu fahren.

Yaoundé – Ngaoundéré

- Wer sich die lange und anstrengende Fahrt von Süden nach Norden (oder umgekehrt) ersparen will, kann von Yaoundé aus viel bequemer **mit der Eisenbahn,** dem **Transcamerounais,** in den Norden reisen. Der Zug verfügt nicht mehr über eine Autoverladung, aber man kann sein Auto ein oder zwei Tage früher verladen. Die teuerste und schnellste Variante, um von Yaoundé aus nach Ngaoundéré oder weiter nördlich zu gelangen, falls man nicht im eigenen Fahrzeug unterwegs ist, bietet das Flugzeug.
- **Mit dem Fahrzeug** dauert die Fahrt auf teilweise schlechter Piste von Yaoundé mindestens 2 bis 3 Tage. Am sinnvollsten erscheint es mir – aus touristischer Sicht – die Strecke über den Westen zu wählen, da sich – falls der Westen noch nicht von Douala aus besucht wurde – nach dem Besuch des Südens

Lobeke Nationalpark

Seit 2001 gibt es im Osten Kameruns einen weiteren Nationalpark. Die Randzone des Lobeke-Nationalparks gehört schon zum Schutzgebiet-Komplex *„Tri-National de la Sangha"* im Dreiländereck Kamerun, Zentralafrikanische Republik und Republik Kongo. Der Park unterliegt dem *„Ministère des Forêts et de la Faune"* und ist besonders für seine schönen Wälder bekannt.

Diese Waldgebiete weisen eine hohe Dichte an seltenen Waldsäugetieren wie Elefanten, Gorillas, Schimpansen und Sitatunga Antilopen auf. Aber auch für seine artenreiche Vogelwelt, großen Fischreichtum und Pflanzenvielfalt ist Lobeke berühmt. Die Landschaft dieses immergrünen tropischen Regenwaldes ist flach und zum Teil noch unberührter Primärwald.

An der Parkverwaltung werden einheimische Guides vermittelt. Darunter auch die aus der Region stammenden Baka Pygmäen, die noch mit der Natur leben.

Der Lobeke Nationalpark soll auch von der deutschen Finanziellen Zusammenarbeit (FZ), zur Erhaltung der einmaligen biologischen Artenvielfalt (Biodiversität) im Südosten Kameruns und hierüber zu verbesserten Lebensbedingungen der betroffenen Anrainerbevölkerung, unterstützt werden. Ebenfalls unterstützt WWF den Schutzgebiet- Komplex „Tri-National de la Sangha".

- **Übernachtungsmöglichkeiten:**

Im Camp Kombo, in der Nähe des Nationalparks
Auf den Aussichtsplattformen im Nationalpark
- **Weitere Informationen** gibt es bei den örtlichen Tourismusbehörden

und Yaoundés eine Rundreise durch den Westen problemlos einplanen lässt und von dort die Route über den Norden fortgesetzt werden kann.

Es gibt ab Yaoundé drei Routen:

Route 1

- **Yaoundé – Bafoussam – Foumban – Tibati – Ngaoundéré**

Beschreibung bis Tibati siehe im Kapitel Der Westen/Foumban – Ngaoundéré.

Route 2

- **Obala – Ntui – Yoko – Tibati – Ngaoundéré**

Dies ist die alte deutsche **Karawanenstraße** über eine Distanz von **470 km bis Tibati.** Hier gibt es ab Yaoundé zwei Möglichkeiten, auf die Route zu gelangen: entweder über Batchenga – Ntui vorbei an den Chûtes de Nachtigal (s.a. Yaoundé/Ausflüge), hier muss man mit der **Fähre** den Sanaga überqueren; oder man wählt die weitere Strecke über die **Sanaga-Brücke** auf der Strecke Saa – Koussé. Man muss hier kurz vor dem Fluss von der Hauptstrecke Yaoundé – Bafia nach Saa rechts abbiegen und fährt über die Brücke nach **Ntui.** Von Ntui geht es durch Sekundärwald und dünn besiedelte Gegend bis **Matsari,** dann wird die Landschaft gebirgiger. Es handelt sich bei der Strecke um eine einspurige Piste, die im Großen und Ganzen in gutem Zustand ist, aber gefährlich bei Gegenverkehr. Vor allem sei gewarnt vor großen Holzlastern, Buschtaxis und Rinderherden, die unvermittelt auftauchen. Ein Ausweichen ist oft kaum möglich, da die Gegend links und rechts dicht bewachsen ist und die Piste wie eine Art Hohlweg durch das hügelige Land führt. Der Verkehr ist aber glücklicherweise gering.

Nach **256 km** ist der kleine Ort **Yoko** erreicht (kein Treibstoff). In Yoko steht ein großes Gefängnis, in dem früher vor allem politische Häftlinge saßen. Wegen des Gefängnisses soll im ganzen Ort nicht fotografiert werden.

Weiter auf mittelmäßiger Gebirgspiste bis **Tibati.**

Tibati

Die etwas trostlose, kleinen Fulbe-Stadt liegt in einer sumpfigen Senke. Besondere Sehenswürdigkeiten fehlen. Tibati eignet sich als Ausgangspunkt für Ausflüge in die reizvolle Umgebung: z.B. nach Mbella Assoum, wo es Nilpferde geben soll, oder zum **Lac de Mbakaou,** einen durch Stauung des Djerem-Flusses entstanden See. Unterhalb der Staumauer kann man baden. Die Strecke ist je nach Jahreszeit schwierig zu befahren. Es fahren regelmäßig keine öffentlichen Verkehrsmittel (erkundigen Sie sich vor Ort nach dem aktuellen Zustand).

- **Unterkunft:** Die Katholische Mission verfügt über hübsche Zimmer und gefiltertes Trinkwasser. Im Lebensmittelladen kann man nach Chambres de Passage fragen (nur Bett, kein Wasser/WC, ca. 3000 CFA).
- **Infrastruktur:** Im Ort gibt es Lebensmittel, Treibstoff (nicht gesichert), ein Krankenhaus und eine Polizeistation.

Bevor es von Tibati weiter nach Ngaoundéré geht, bietet sich ein Abstecher in das 115 km westlich gelegene Banyo in den Dorsale Camerounais an.

Abstecher nach Banyo

Ungefähr 1 km nach Tibati zweigt von links die Piste von Yoko (Yaoundé) ein. 3 km nach Tibati endet die Teerstraße; an der Kreuzung hier geht es rechts weiter nach Malarba, Meïganga und Ngaoundéré, links nach Banyo auf einer schmalen, zum Teil ausgewaschenen Gebirgspiste.

Die Gegend um Banyo (80.000 Einwohner) und Tibati (Toukouroua-Yoli, Wadjiri, Ngaoudal und nord-östlich des Parc National de Mbam et Djerem) ist bekannt als so genanntes **„Honigjagdgebiet"**.

Die hübsche, moderne Kirche in Banyo wurde von einem österreichischen Missionar erbaut.

- **Unterkunft:** Es gibt in Banyo nur sehr einfache Auberges: **Auberge Le Sare, Auberge le Posada** (hinter der Total-Tankstelle, Zimmer ca. 5000 CFA), **Auberge Escale du Noun, Auberge Le Kimi.**
- **Campingmöglichkeit** besteht auf dem Gelände der Katholischen Mission; dort ist evtl. eine Übernachtung in einem der Schlafsäle möglich.
- Ein größeres **Restaurant (Le Cordon Bleu)** liegt gegenüber der Total-Tankstelle.
- **Infrastruktur:** Es sind Lebensmittel und Treibstoff erhältlich. Es gibt auch ein kleines Krankenhaus.

Ab Tibati (Route 1 und 2)

bieten sich **vier verschiedene Möglichkeiten, um nach Ngaoundéré zu gelangen:**

1. Tibati – Doualayel – Tignère – Ngaoundéré

Diese **schlechte Strecke** wird kaum mehr benutzt, von ihr muss auch abgeraten werden. Es gibt steile Steigungen, zahlreiche kleine Holzbrücken und manchmal riesige Felsen am Pistenrand (zur Regenzeit nicht befahrbar). Es herrscht kaum Verkehr, und nur wenige Dörfer sind anzutreffen. In **Tignère** (1130 m) ist manchmal Treibstoff zu be-

081kam Foto: ed

kommen. Auch ein kleines Campement-Hotel steht zur Verfügung.

2. Tibati – Ngaoundal – Meïganga – Ngaoundéré

Das ist die sehr viel **weitere Strecke**, allerdings ist sie bis Meïdougou asphaltiert. Es besteht Unfallgefahr wegen Lkws mit überhöhter Geschwindigkeit.

Die **landschaftlich reizvolle Gebirgsstrecke** schlängelt sich in engen Kurven über das Hochplateau, zwischendurch bieten sich schöne Ausblicke. **59 km** hinter Tibati liegt der **Lac Assom,** ein hübscher Kratersee.

Im Dorf **Ngaoundal** (ca. 100 km hinter Tibati) gibt es neben der Bahnlinie eine Tankstelle. Auf dieser Route kann es schon einmal passieren, dass man einem großen Lastwagen begegnet, auf der einen Seite der Hang, auf der anderen der steile Abgrund. Vorsicht ist besonders bei Regen und Nässe geboten.

Bei **km 279** folgt der Ort **Meiganga** auf 1030 m Höhe. **Übernachten** kann man evtl. im Womens Center (auch für Männer) der Église Lutherienne. Eine **Campingmöglichkeit** besteht in der Nähe der Polizeistation (vorher fragen). Die **Bank** wechselt keine Reiseschecks.

Nach rechts zweigt die Piste Richtung Lokoti ab (s.u.), nach links geht es weiter auf einer sehr guten Piste nach Ngaoundéré. Es herrscht wenig Verkehr, es gibt einige wenige Polizeikontrollen.

Lkw, der auf dem Weg nach Ngaoundéré auf der Strecke geblieben ist

3. Tibati – Doualayel – Martap – Lewa – Ngaoundéré

Hier führt eine **relativ gute,** in der Regenzeit allerdings glitschige und nur mit Vorsicht zu befahrende **Piste** (sehr gebirgig und unübersichtlich) nach Ngaoundéré.

4. Tibati – Maribal – Tékel – Lewa – Ngaoundéré

Die mittlerweile **am häufigsten benutzte Route** führt durch hügeliges, dünn besiedeltes Buschland nach Norden (viele Vögel, wenn man Glück hat, sieht man Paviane).

Ab Tibati die Straße nach Meïganga wählen, bis man nach 57 km (von der Kreuzung hinter Tibati in Richtung Meiganga gerechnet) den Ort **Maribal** erreicht. Hier leben viele Fulbe, deren Frauen besonders farbenprächtig gekleidet sind.

Nach weiteren 9 km beim Ort **Fibadi** links nach **Tekel** und Ngaoundéré abbiegen. Man durchquert einige Strohhüttendörfer, die Piste ist über weite Strecken ausgezeichnet, dann folgen wieder riesige Löcher. Zur Regenzeit sollte nur mit Allradfahrzeugen gefahren werden. Nach 126 km mündet die Piste bei Lewa in die Strecke von Doualayel nach Ngaoundéré ein.

Danach geht es durch hübsche Steinhügellandschaft, wo man gelegentlich Paviane beobachten kann, und durch ursprüngliche Dörfer auf meist guter Piste bis nach Ngaoundéré.

Route 3

● **Obala – Bertoua – Garoua Boulaï – Meïganga – Ngaoundéré**

Dies ist zwar die längste Strecke in den Norden, aber bei weitem die beste der drei Strecken, seitdem die EU die Finanzierung übernommen hat.

In der Regenzeit sind die beschriebenen Pisten fast nicht befahrbar (bis auf Route 3). Die Treibstoffversorgung unterwegs ist nicht immer gesichert, Werkstätten findet man kaum. Dafür erlebt man jede Menge Natur, die dichte Vegetation bleibt zurück, und man nähert sich über das rund 1200 m hohe Adamaoua-Plateau dem Sahel.

Es ist zu bedenken, dass es wenige Siedlungen und Verpflegungsmöglichkeiten und so gut wie keine Übernachtungsquartiere gibt.

Lokoti – Garoua Boulaï

● **98 km** Piste

Es führt eine Wellblechpiste bis zur Grenze der ZAR, mit spärlichen Asphaltresten nach Überquerung des Flusses Lom. In Lokoti bestehen keine Versorgungsmöglichkeiten.

Nach **98 km** kommt man in die **Grenzstadt Garoua Boulaï.**

Garoua Boulaï

Die Versorgung mit Lebensmitteln ist hier möglich, die mit Treibstoff nicht immer gesichert. Wer in die ZAR weiterfahren will, sollte dennoch versuchen, hier zu tanken, da der Treibstoff im Nachbarland wesentlich teurer ist. Die Bank wechselt keine Reiseschecks.

Die **Grenzformalitäten** zur Ausreise bzw. Einreise in die ZAR sind relativ **unproblematisch und schnell erledigt.** Achten Sie darauf, dass die Polizei Dauer und Gültigkeit des Visums korrekt beachtet (und nicht das Ausstellungsdatum des Visums mit dem Einreisedatum verwechselt).

Ngaoundéré

Ngaoundéré **(70.000 Einwohner)** ist die **Hauptstadt der Provinz Adamaoua** und gleichzeitig Hauptort des Départment Vina. Durch die Lage auf 1200 m Höhe am Rande des Adamaoua-Plateaus herrscht ein **angenehmes Klima.** Ngaoundéré verfügt über eine **gute Infrastruktur.**

Die Stadt ist **Endpunkt der Transcamerounais-Eisenbahn,** die der Bevölkerung nicht nur als (nahezu) einzige Verkehrsverbindung in den Süden dient, sondern auch als Transportweg für Handelsgüter eine große wirtschaftliche Rolle spielt und damit das Wachstum der Stadt in den letzten Jahren beeinflusste. Darüber hinaus hat Ngaoundéré neben Douala, Buea, Dschang und Yaoundé eine eigene **Universität.** Hier sind u.a. die Fachbereiche Literaturwissenschaften, Wirtschaftswissenschaften, Politik, Jura sowie Natur- und Agrarwissenschaften untergebracht; auch finden internationale Austauschprojekte, u.a. mit den USA, statt.

Schon unmittelbar nach der Ankunft wird man die sehr **angenehme Atmosphäre** der Stadt mit ihren freundlichen Bewohnern wahrnehmen. Wer aus dem Süden kommt, wird hier eine ganz neue Seite Kameruns kennen lernen, die des islamischen Nordens. Es lohnt sich also, hier einige Tage Aufenthalt einzulegen.

Geschichte

Die Geschichte der Stadt reicht weit zurück. Bis zur Eroberung durch die islamischen Fulbe-Reiter war Ngaoundéré ein Dorf der Mboum (auch heute noch leben Angehörige dieser Ethnie hier). Die Einwanderer aus dem Norden unter dem *Lamido Ardo Njobdi* setzten die ansässigen Oberhäupter ab und gründeten 1835 in Ngaoundéré ein **Lamidat,** dessen Palast sich heute gegenüber der großen Moschee befindet.

Die Deutschen mussten die Stadt im Ersten Weltkrieg (1915) den Franzosen und Engländern übergeben.

Sehenswürdigkeiten

Der Lamido-Palast

Ngaoundéré breitet sich um den großen, von hohen Lehmmauern umgebenen Lamido-Palast herum aus. Gegen eine Gebühr von 2500 CFA (zzgl. Führung, 1000 CFA, und Fotoapparat, 1000 CFA) kann der Palastbezirk auch von innen besichtigt werden. Im Eingangsbereich dieser schönen **Lehmarchitektur** spendet ein weit herabgezogenes, 15 m hohes Strohdach, das von Pfeilern gestützt wird, Schatten vor der Mittagshitze. Der Innenhof ist umgeben von Rundhütten aus Banco mit spitzigen Dächern. Der Palastbereich ist umgeben von einer sechs Meter hohen Lehmmauer. Am Freitag, dem islamischen Feiertag, zieht gegen Mittag der Lamido aus seinem Palast in die Moschee **(Sortie de la mosquée),** begleitet von seinem Gefolge. Heute ist dieses Schauspiel nicht mehr so farbenprächtig wie früher, doch an hohen muslimischen Feiertagen, etwa dem En-

Das Adamaoua-Plateau

In der Mitte des Landes, zwischen der Grenze zu Nigeria im Westen und dem Tschad bzw. der ZAR im Osten, erstreckt sich das Adamaoua-Hochland, im Westen davon die kamerunische Gebirgskette. Die Landschaft ist hügelig und vulkanisch geprägt, mit Kraterseen und vielen Flüssen. Hier sind Fulbe und Haussa zu Hause. Viele von ihnen haben Zebu-Herden, die – gehütet von Nomadenfamilien – durch die Savanne streifen. An den Flussläufen bieten die immergrünen Galeriewälder ein schönes Bild. Dank vieler Wasserreserven und des guten Weidelandes eignet sich dieses Hochland besonders zur Viehzucht. Selbst in der Trockenzeit, wenn der staubige Harmattan über die versengte Savanne bläst, finden die Rinder noch genug Wasserstellen und Gräser auf den Weiden. Das Adamaoua-Hochland endet nördlich der Stadt Ngaoundéré an einer Steilkante; von dort hat man einen Blick in die weite Bénoué-Ebene. Das Höhenklima auf dem Adamaoua-Plateau ist angenehmer und milder als im Norden, nachts wird es sogar frisch. Durch das dünn besiedelte Hochland führen kaum Pisten.

de des Ramadan, erlebt man in Ngaoundéré ein wirklich außergewöhnliches Schauspiel. Dann ziehen die Reiter, seit alters her angeführt von ihrem Lamido, im Festgewand mit ihren wunderschön geschmückten Pferden durch die Stadt und feiern eine **Fantasia,** ein traditionelles Reiterspiel. Dazu spielen sie mit Trommeln und Trompeten.

Gegenüber vom alten Palast liegt im Kontrast dazu das moderne Gebäude der **Großen Moschee.** Von hier aus ruft der Muezzin fünfmal am Tag die Moslems zum Gebet.

Grand und Petit Marché

Neben der Moschee liegt der **Grand Marché** in einem Gebäude mit Innenhof und Arkaden im Zentrum der Stadt. Der Markt findet täglich statt, angeboten wird neben allen wichtigen Dingen des Alltags auch lokales Kunsthandwerk. Gleich daneben dann der Sammeltaxi-Bahnhof, der kaum noch funktioniert.

Es ist übrigens besser, auf dem **Petit Marché,** der paradoxerweise größer ist als der Grand Marché, einzukaufen. Eingang vom Stadion her.

Alt- und Neustadt

Besonders schön sind auch die alten Viertel der Stadt, die sich an das Zentrum mit dem Palast anschließen, und durch die sich ein Spaziergang lohnt. Hier findet man noch die traditionellen **Sarés,** Gehöfte mit mehreren Rundhütten mit kegelförmigen Strohdächern. Die Gebäude sind zur Straße hin mit Lehmmauern umgeben, meist ist nur der Eingang zu sehen. Dazwischen die üblichen Wellblechhütten und enge, staubige Gassen mit Schatten spendenden Mangobäumen.

In der **Altstadt** herrscht eine sehr ruhige Atmosphäre: Die älteren Männer in ihren weiten *Boubous* liegen mittags in Gruppen im Schatten der großen Bäume und halten Siesta, Ziegen und Schafe ziehen durch die Sträßchen, Kinder spielen mit ihren selbst gebastelten Blechautos.

Die **Neustadt** besteht aus zwei großen Vierteln, die durch Alleen voneinander getrennt sind: Das Verwaltungszentrum liegt auf einer Anhöhe, das Handelszentrum am Eingang der Stadt.

Darüber hinaus bietet Ngaoundéré keine Sehenswürdigkeiten, doch die **Gastfreundlichkeit,** die hier herrscht, die **Ruhe,** die sich die Stadt trotz ihrer Größe bewahrt hat, und die Tradition, die hier noch weiterlebt, verleiten zu immer neuen Entdeckungstouren.

Hoch über der Stadt hat ein reicher Bürger einen Palast wie aus 1001 Nacht errichtet. Derselbe Mann hat auch die neue Moschee auf dem Weg zwischen Bahnhof und Stadt gestiftet.

Touristeninformation

- Ein Informationsbüro befindet sich gegenüber der Shell-Tankstelle im Zentrum am Place des Fêtes, Tel. 2252589, 2252463; Fax 2252589.

Unterkunft

- **Hotel du Transcam**
B.P. 179, Tel. 2251041 oder 9511797 (mobil), Fax 2251252, etwas außerhalb des Zentrums. 50 Zimmer (10 in Boukarous) mit Dusche/WC (Zimmer ab 25.000 CFA, Apartments ca.

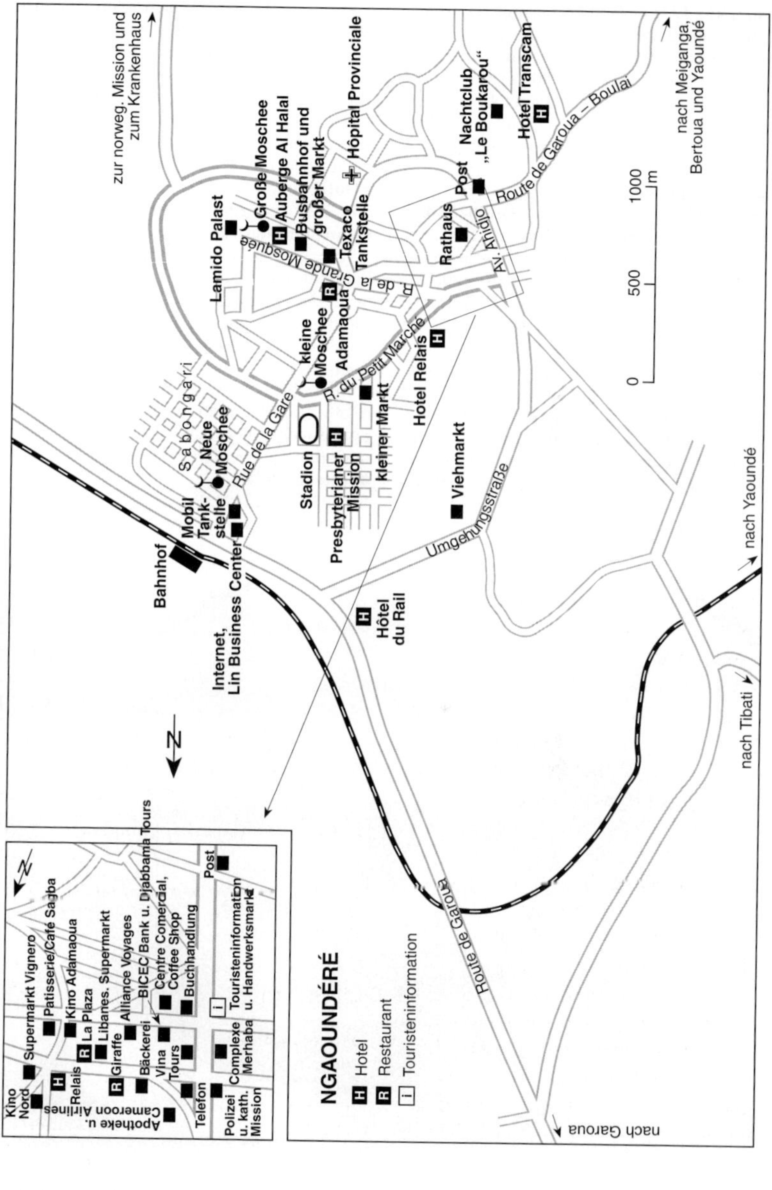
NGAOUNDÉRÉ
H Hotel
R Restaurant
i Touristeninformation
zur norweg. Mission und zum Krankenhaus
Große Moschee
Auberge Al Halal
Busbahnhof und großer Markt
Hôpital Provinciale
Nachtclub „Le Boukarou“
Hotel Transcam
Lamido Palast
Texaco Tankstelle
R. de la Grande Mosquée
Rathaus
Post
Av. Ahidjo
Route de Garoua – Boulai
nach Meiganga, Bertoua und Yaoundé
0
500
1000
m
kleine Moschee
Adamaoua
R. du Petit Marché
Hotel Relais
Sabongari
Neue Moschee
Rue de la Gare
Stadion
Presbyterianer Mission
kleiner Markt
Viehmarkt
Umgehungsstraße
Mobil Tank-stelle
Bahnhof
Internet, Lin Business Center
Hôtel du Rail
nach Yaoundé
nach Tibati
N
Route de Garoua
nach Garoua
Kino Nord
Supermarkt Vignero
Patisserie/Café Saaba
Kino Adamaoua
Libanes. Supermarkt
Relais
La Plaza
Giraffe
Alliance Voyages
Bäckerei
BICEC Bank u. Djabbama Tours
Vina Tours
Centre Comercial, Coffee Shop
Buchhandlung
Post
Apotheke u. Cameroon Airlines
Telefon
Touristeninformation u. Handwerksmarkt
Complexe Merhaba
Polizei u. kath. Mission

40.000 CFA); außerdem verfügt das Hotel über eine Bar, ein Restaurant mit europäischer Küche (Pizzas vom Holzofen und Grillgerichte im Freien, Preis für ein Essen ab 3500 CFA) sowie einen Nachtclub. Das teuerste und schon relativ alte Hotel liegt ruhig, Service und Standard entsprechen jedoch nicht dem Preis.

● **Ranch von Ngaoundaba**

Tel. 9595406 (mobil), 0088 21650683456 (Satellit), www.ngaoundaba.com (im Aufbau). 35 km von Ngaoundéré entfernt an der Piste nach Meïganga; die Abzweigung vor dem Ort Dibi nach rechts ist gut beschildert, von hier noch 3 km. Die Ranch ist ein idealer Ort zum Ausruhen und Entspannen und liegt sehr schön im Grünen auf 1360 m Höhe inmitten des Adamaoua-Hochlandes, am Ufer eines kleinen Kratersees (mit Krokodilen, nach Angaben eines Lesers), weit entfernt von einer Hauptstraße. Es herrscht eine familiäre und gemütliche Atmosphäre, an kühlen Abenden brennt ein Kaminfeuer. Das Haupthaus ist ein richtiges Kleinod, fast wie ein Museum, mit Bamoun-Schnitzereien, Jagdtrophäen, rustikaler Architektur aus Stein und Holz im Stil einer Gästefarm und geschmackvoller Inneneinrichtung. Es gibt 30 Zimmer mit Dusche in Boukarous (16.000–30.000 CFA) und gute, teure Küche. Die Ranch ist ein Paradies für Ornithologen, in der Umgebung zählte man über 200 Vogelarten.

● **Hotel du Rail**

B.P. 319, Tel. 2251013, 9851505 (mobil), Quartier Baladji II an der Straße von Ngaoundéré nach Garoua. Das Hotel ist 1 km vom Bahnhof und 2 km vom Stadtzentrum entfernt, die Lage ist ruhig. Es verfügt über 18 Zimmer (ca. 13.000 CFA) mit Dusche/ WC (heißes Wasser), ein Restaurant mit guter Küche und eine Bar. Alles ist sehr sauber, komfortabel und für den Standard des Hotels relativ günstig; man wird sehr freundlich empfangen. Mietwagen und Ausflüge können arrangiert werden. Sehr empfehlenswert!

● **Hotel Le Relais**

B.P. 47, Tel. 2251138, Fax. 2251141, hinter dem Kino Le Nord. 34 Zimmer mit Dusche

388kam Foto: rf

und Klimaanlage (ca. 12.000–18.000 CFA). Einfach und sauber, allerdings direkt neben einer häufig brennenden und stinkenden Müllkippe.

- **Auberge Posada Style**
In Mbibakala, Tel. 2251703.
- **Auberge Le Motel Marhaba**
Zentrum, Tel. 2251896. Zimmer ab 8500 CFA. Nebenan gibt es Restaurant und Bar.
- **Auberge les Alizés**
Tel. 2251689. Zimmer ab 10.000 CFA.
- **Auberge Al-Halal**
Nähe Bahnhof, zwischen École Publique und Polizeibüro. Zimmer ab 6000 CFA.

Essen und Trinken

Neben den (relativ teuren) Restaurants der Hotels gibt es in der Stadt eine Reihe von kleinen Circuits, z.B.:

- **La Plaza**
Restaurant in der Innenstadt neben dem Supermarkt. Das Circuit wird von einem Libanesen betrieben und ist sehr gut. Tel. 2252508.
- **Le Bar Laitier**
Neben der Auberge Marhaba und dem Büro von Cameroon Airlines. Man bekommt hier guten Yoghurt und bekömmliche Milchprodukte.
- **Au Feu de Bois**
Im Zentrum gelegen, Tel. 2251512.
- **Coffee Shop**
Centre Commercial, Tel. 2252471 sowie 7648600 und 9827848 (beide mobil).

Krankenhaus

- **Hôpital Norvégien,** Tel. 2251195.

Angebot einer Garküche: Schlangen

Apotheke

- Neben dem Büro von Cameroon Airlines.

Mobylettes/Stadttaxis

- Innerhalb der Stadt ist man üblicherweise mit kleinen Mobylettes unterwegs, die es an vielen Ecken zu mieten gibt. Sie dienen neben den normalen Taxis auch als Stadttaxis. Auch die Ausflugsziele in der Umgebung sind per Mofa gut zu erreichen. Die Taxi- und Motofahrer sind hier sehr hilfsbereit.
- Für weitere Ausflüge kann man sich ein Wagentaxi für einen halben oder ganzen Tag anmieten, Preis nach Vereinbarung (ca. 20.000–25.000 CFA inkl. Benzin).
- **Preise:** Ein Taxi zum Flughafen kostet 1000 CFA; Mobylettes 100–200 CFA pro Fahrt; Stadttaxi 150 CFA pro Fahrt.

Busse/Sammeltaxis

- **Ngaoundéré – Garoua:** Bis Garoua sind es 296 km und 5–6 Std. Fahrzeit auf relativ schlechter Teerstraße mit vielen Schlaglöchern; Preis 3500 CFA.
- **Ngaoundéré – Maroua:** Bis Maroua sind es mit dem Sammmeltaxi 570 km und ca. 7–8 Std. Fahrzeit (ca. 6800 CFA).
- Außerdem bestehen noch Verbindungen nach **Tchollíré** (233 km), **Tibati** (281 km), **Meïganga** (156 km) und in die kleineren Orte der Umgebung. Letztere sind alle über (teils schlechte) Piste zu erreichen.
- Ein **Bus-/Taxibahnhof** befindet sich in unmittelbarer Nähe des Bahnhofes. Busbahnhöfe verschiedener Unternehmen liegen im Zentrum an der Av. Ahidjo oder in der Av. de Mosque (neben BICEC), z.B. Vina Tours, Alliance Voyages, Narral Voyages. Für größere Strecken sollten Sie auf jeden Fall eines dieser größeren Busunternehmen wählen; besonders empfehlenswert ist Nwoïla Voyages.

Eisenbahn

Das relativ moderne Bahnhofsgebäude befindet sich am Stadtrand von Ngaoundéré,

209kam Foto: rf

Tel. 2251230. Taxis stehen direkt am Bahnhof bereit. Ngaoundéré ist **Endstation der Transcamerounais-Linie** von Douala über Yaoundé nach Ngaoundéré (siehe zum Thema „Praktische Tipps A–Z/Reisen im Land“).

Flüge

Es gibt einen **Flughafen** in Ngaoundéré nur **5 km vom Zentrum** entfernt. Theoretisch wird er sechsmal die Woche angeflogen: von Douala, Yaoundé, Garoua und Maroua. Wegen der Probleme von Cameroon Airlines ist es jedoch fraglich, ob und wann diese Flüge gehen. Es wird empfohlen, sich drei Tage vorher bei Camair direkt zu erkundigen. Dort wird man auch über das Wochenendangebot informiert. Fliegt man Fr., Sa. oder So. und vor dem nächsten Wochenende zurück, so bekommt man 24 % Ermäßigung.

Sonstiges

- **Banken: BICEC,** Zentrum, Tel. 2251209, Fax 2251566; **Crédit Lyonnais,** Zentrum, Tel. 2251109, Fax 2251964.
- Es gibt einen guten libanesischen **Supermarkt** an der Hauptstraße mit Käse, Tiefkühlkost, Butter, Gemüse, Obst etc.
- **Infrastruktur:** Tankstellen, Postamt, Polizeistation (Tel. 2251526, 2251124).
- **Märkte:** Auf dem **Marché de Lamidat** werden Produkte aus Nigeria verkauft. Hier kann man auch die Fleischspezialität aus dem Norden probieren: *Kilichy,* köstliche gegrillte Fleischspießchen mit Chili, luftgetrocknetem, geräuchertem Fleisch und Soya. Auf dem **Petit Marché** hinter Baladji, auf der Route SONEL, werden in erster Linie Lebensmittel gehandelt.
- **Internet: Lin Business Center,** neben der Mobil-Station, 1500 CFA pro Stunde; **Septentrion** (Petit Marché, Carrefour Tissus). Die Verbindungen sind nicht ganz stabil.
- **Nachtclubs: Boukarou Night Club** im Transcam Hotel und **Marhabe Night Club** neben der Auberge Marhaba.

Ausflüge

Die Region um Ngaoundéré bietet einige Ausflugsmöglichkeiten zu vulkanischen Kraterseen und zu Wasserfällen (nicht besonders herausragend).

Lac Tizon

Der See liegt auf der Piste in Richtung Meïganga. Nach 7 km Abzwei nach links wählen, dann 3 km zum Lac Tizon auf schlechter (Wellblech-) Piste fahren.

Früher war der See eine Opferstätte, auch heute noch gießen die traditionsbewussten Alten Tierblut in den Kratersee, um die Ahnen freundlich zu stimmen. Neben dem rituellen Tabu verbietet auch die **Bilharziose-Gefahr** das Baden. Es besteht die **Möglichkeit zu campen.**

Chûtes de la Vina

Die Piste nach Meïganga führt von der Abzweigung zum Lac Tizon aus nach weiteren 9 km auf das Vina-Plateau zu den gleichnamigen Wasserfällen (kein unbedingtes „Muss"). Die Fälle sind mit etwa 30 m Höhe etwas kleiner als die Wasserfälle von Tello.

Chûtes du Tello

Die Wasserfälle liegen auf der Piste in **Richtung Bélel,** etwa 50 km von Ngaoundéré entfernt. In der Regenzeit schwer anzufahren.

Von der Stadt aus zunächst die Piste nach Mbalang (nicht einfach zu finden, vor Ort fragen) fahren; nach 20 km führt links ein Abstecher (2 km) zum **Lac de Mbalang,** einem kleinen Kratersee mit Insel. Auf der oben genannten Piste weiter, nach 2 km an der Gabelung rechts abbiegen. Kurz darauf überqueren Sie den Fluss Vina.

48 km hinter Ngaoundéré zweigt dann eine winzige Piste (schwer erkennbar, verrosteter Wegweiser) nach rechts. Nach nochmals 2½ km führt von dort aus ein kleiner Fußweg zum Fuß der 50 m hohen **Wasserfälle** (orientieren Sie sich am Rauschen des Wassers). Der Weg ist etwas schwer zu finden, er führt direkt neben den Wasserfällen hinab (Achtung, es kommen hier Schlangen vor!). Die Fälle sind schöner als die Vina-Fälle und fließen in mehreren Kaskaden über eine Felsplattform. In die Grotte hinter dem „Wasservorhang" kann man hineingehen. Hier kann man auch **campen.**

Auf der gesamten Strecke sind schöne traditionelle **Sarés** und die typische Adamaoua-Landschaft mit riesigen Rinderweiden anzutreffen.

In der weiteren Umgebung von Ngaoundéré bieten sich noch einige Wander-, Trekking- und Exkursionsmöglichkeiten an:

Massiv von Nganha

Bei gutem Wetter sieht man schon von Ngaoundéré aus das Massiv von Nganha (1923 m), einen heiligen Ort der Mboum-Urbevölkerung.

Zu Fuß oder mit einem guten Geländemotorrad kann man von Ngaoundéré aus eine Tour über Mbalang – Nganha – Nyassar – Mbang Mboum und zurück über Borongo machen.

Nationalpark Bouba Ndjida

Ab Nyassar führt eine „Baumwollpiste" durch menschenleeres Land in nordöstlicher Richtung bis **Ndok,** von wo man über Gaba schnell zum Nationalpark Bouba Ndjida kommt (siehe dazu im Kapitel zum Norden).

Chûtes de Faro

Ein weiteres Ausflugsziel sind die Fälle des Faro bei Mandourou: Auf der Höhe von Mounguel biegt man links von der Asphaltstraße nach Norden ab und fährt mehr als 50 km durch fast menschenleeres Land bis zum Ort Mandourou. Hier sollte man sich nach den Chûtes du Faro erkundigen.

Der Norden Kameruns

Der Norden teilt sich, neben der **Provinz Adamaoua,** auf in die Provinzen **Extrême Nord** und **Nord.** Im Kontrast zur üppigen Vegetation des Südens ist der Norden das **Land der Savanne.** Ab dem Adamaoua-Hochland, das die natürliche Grenze nach Norden hin bildet, wird das Land immer trockener und staubiger. Hier liegt die heiße Sudan-Sahel-Zone, und nur mehr eine einzige Regenzeit, die immer kürzer wird, je näher man dem Tschad-See kommt, erfrischt die nach langen Sonnenmonaten ausgetrocknete Erde.

Touristisch gesehen ist der Norden **eine der interessantesten Regionen des Landes:** An der Grenze zu Nigeria erstrecken sich die Mandara-Berge, das letzte Glied der Kamerunkette, mit bizarren Gesteinsformationen, terrassenförmig bebauten Hängen und Mondlandschaften aus erodierten Vulkanschloten in der Gegend um Rhumsiki. Die Ethnien der so genannten Kirdi, Anhänger des Ahnenkultes, leben in kleinen, von Lehmmauern umgebenen Rundhüttendörfern noch ganz ihren alten Traditionen verhaftet. Die Ernte, die die Bewohner dem kargen Boden abgewinnen, wird in großen, strohgedeckten Hirsespeichern aufbewahrt.

In Städten wie Maroua oder Garoua lebt der **Islam;** aus den vielen Moscheen ruft der Muezzin zum Gebet, und an hohen Festtagen werden farbenprächtige Reiterspiele (Fantasias) gefeiert.

Überall finden sich lebhafte, bunte **Märkte,** auf denen traditionsreiches Handwerk und die landwirtschaftlichen Produkte der Saison angeboten werden und auf denen man die vielen, hier beheimateten Ethnien trifft.

Im Norden lernt man ein ganz anderes Kamerun kennen als zum Beispiel im Westen. Es herrscht eine viel **ruhigere Atmosphäre.** Die Nordisten liegen besonders in der Mittagshitze auf ihren Bodenmatten vor ihren Hütten, ruhen sich aus und trinken den extrem süßen Tee.

Auch das **tierreichste Wildreservat Kameruns** liegt hier im Norden, der **Waza-Nationalpark,** in dem fast alle Steppen- und Savannentiere Afrikas beheimatet sind. Das Reservat lässt sich zwar nicht mit denen Ostafrikas vergleichen, dennoch kann man in der Trockenzeit oft große Elefantenherden und andere Tierarten in ihrer natürlichen Umgebung beobachten und auf Fotosafari gehen. Im Norden findet auch Jagdtourismus statt. Dazu muss man vom kamerunischen Staat eine Jagdlizenz erwerben (ca. 1000 €). Für eine Elefantentrophäe fallen 3000 € an (zzgl. einer Elfenbeinsteuer von 40 €/Kilo), für ein Flusspferd 1800 €.

Der **Norden ist drückend heiß und trocken,** die Temperaturen erreichen nicht selten über 40°C, und die meisten Flüsse sind oft das ganze Jahr über ausgetrocknet. Das Jahr teilt sich in eine Trockenzeit von November bis Mai und eine Regenzeit von Juni bis Oktober.

Nur wenige geteerte **Straßen** führen durch die Savanne, und die staubigen Pisten entwickeln sich in der Regenzeit zu Rutschpartien. Tankstellen sind rar, Hotels gibt es abseits der Städte kaum. Ideal ist ein Geländewagen, aber mit dem Buschtaxi gelangen Sie ebenso in die entlegensten Dörfer (wenngleich etwas langsamer!).

Die meisten Reiseveranstalter bieten einwöchige **Rundfahrten** durch den Norden an, auf denen man nur die wichtigsten Höhepunkte erlebt.

Ich empfehle Ihnen, mehr Zeit „einzupacken", um hinter die Kulissen der „touristischen Folklore" blicken zu können, denn es gibt viel zu entdecken in dieser an Traditionen, schöner Landschaft und freundlichen Menschen reichen Gegend.

Bester Ausgangspunkt für Reisen und Ausflüge im Norden ist **Maroua,** das über eine gute Infrastruktur und über ein ausreichendes Hotelangebot verfügt.

Ngaoundéré – Bénoué-Nationalpark

- **ca. 100 km** Teerstraße

Verlässt man Ngaoundéré in Richtung Norden, fährt man auf einer guten schnurgeraden Teerstraße durch eine weite Landschaft mit vereinzelten Vulkankegeln. In der Trockenzeit ist es manchmal etwas dunstig durch den Harmattan, den Wüstenwind, der den Sand und Staub bis hinauf auf das Adamaoua-Plateau wirbelt. Unterwegs trifft man vielleicht Fulbe-Hirten mit ihren Rinderherden. Auf riesigen Feldern wächst Mais, der später zu Mehl verarbeitet wird, das vor den Häusern in der Sonne trocknet. Im März/April ist Mangozeit, die Früchte werden überall an-

Die Fantasias im Norden

Die schönsten **Reiterspiele** werden in den islamischen Zentren wie z.B. Ngaoundéré, Maroua und Bogo (Richtung Maga) gefeiert, etwa am Ende des Fastenmonats Ramadan oder zum Hammelfest. Hier leben alte Traditionen der stolzen Fulbe wieder auf. Die Pferde werden mit prächtig bestickten Decken und bunten Wollbommeln geschmückt. Der oberste Würdenträger der Stadt, der Lamido, reitet mit seinem Gefolge in prunkvollen Gewändern durch die Stadt, überall ertönen Trommeln und Trompeten, und die Menge versammelt sich am Rande der Straßen, um diesem Schauspiel beizuwohnen. Der Festzug endet auf einem großen Platz, meist etwas außerhalb, wo dann die kühnen Reiterspiele stattfinden, die Fantasias. Wenn Sie an einem der folgenden Termine im Norden sind, sollten Sie es nicht versäumen, an diesem traditionellen Fest teilzunehmen.

- **11. Februar, Fête de la Jeunesse:** Fantasia und Pferderennen
- **20. Mai, Fête Nationale** (Nationalfeiertag): Fantasia und Treffen aller Chefs aus der Umgebung, Pferderennen
- **Tabaski** (Hammelfest)
- **Ende des Ramadan**

Jährlich wechselnde Feiertage zum Ende des Fastenmonats Ramadan, an denen die Gläubigen sich zum „Großen Gebet" vor der Moschee versammeln, um dann an der Fantasia teilzunehmen.

085kam Foto: rf

geboten und sind extrem billig – angesichts der vielen **Mangobäume** erstaunt das auch nicht. Das kühlere Klima des Hochlandes lässt die Früchte besonders gut gedeihen. Entlang der Straße liegen kleine Rundhüttendörfer, teils von schön geflochtenen Strohzäunen umgeben. Die Dächer aus Raphiastroh sind weit ausladend und reichen fast bis hinab zum Boden.

Nach etwa **35 km** erreicht man **die Falaise,** den Steilabhang des Hochlandes; die Straße schlängelt sich von hier aus über die Steilstufe abwärts bis in die 700 m tiefere Bénoué-Ebene. Das Dorf **Wack** liegt bereits unterhalb der Falaise. War es auf dem Hochplateau noch relativ kühl, wird es im Tiefland merklich wärmer. Blickt man zurück, bildet die Falaise eine Art Schranke, die den Horizont begrenzt.

In Höhe des Dorfes **Mbé (70 km)** liegen links die Ausläufer der Manga-Berge (1449 m). Etwa 5 km hinter dem Ort zweigt links die Piste ab zum

Campement du Faro

Für die **34 km Piste,** auf der mehrere Mayos durchquert werden, benötigt man Vierradantrieb. Es geht durch schöne hügelige Savanne, am felsigen Flussbett des Faro leben zahlreiche Flusspferd-Kolonien, am Horizont sieht man die **Manga-Bergketten** (1449 m). Die Selbstversorger-Hütten des Campements werden auf Reservierung geöffnet, jedoch zieht es kaum einen Touristen in diese einsame Gegend. Nähere Auskünfte in Mbé.

Die **Route nach Norden** ist gesäumt von einigen kleinen **Sarés.** In jedem dieser **Rundhüttendörfer** lebt ein Familienverband. Die gesamte Umgebung ist flaches Grasland mit vereinzelten Bäumen. Der Verkehr besteht in der Hauptsache aus einigen Sammeltaxis, die schlechter, älter und überladener sind als im Süden.

Hinweis: Auf der Macmillan-Karte ist bei Mayo Alim das Campement Kobas vermerkt: Es ist **geschlossen!**

Rechts entlang der Straße, auf halbem Weg zwischen Ngaoundéré und Garoua, beginnt der **Bénoué-Nationalpark,** nach dem Waza das bekannteste Tierreservat Kameruns.

Bénoué-Nationalpark

- **Öffnungszeiten des Parks:** 1. Dezember bis 31. Mai.
- **Parkeintritt:** 5000 CFA/Person für die Dauer der Saison, zu bezahlen im Campement Buffle Noir. Fotoerlaubnis 2000 CFA.
- **Führer:** ca. 3000 CFA/Tag. Ein Führer ist nicht Pflicht, sollte aber unbedingt mitgenommen werden, da man sich im Park leicht verirren kann.

Der Park ist gut zugänglich. Wer mit öffentlichen Verkehrsmitteln unterwegs ist, hat allerdings keine Chance, in den Park zu gelangen; Fahrzeuge gibt es dort nicht zu verleihen.

Bei Mayo Alim (90 km ab Ngaoundéré) zweigt rechts die Piste ab zum **Campement Buffle Noir** im Nationalpark. Weitere Zufahrten (ausgeschildert) existieren bei Banda und Guidjiba (siehe Route Tchollìré).

Der Nationalpark erstreckt sich über eine Fläche von **180.000 ha,** die Landschaft ist vorwiegend hügelig, seltener bergig, mit Strauchsavanne und einigen Mayos (ausgetrockneten Flussbetten). Die höchste Erhebung ist der **Hosséré Garna (1100 m).**

Die **beste Zeit** für einen Besuch sind die Monate **Dezember bis April** (Trockenzeit), wenn die Flüsse ganz ausgetrocknet sind und sich die Tiere an den Wasserstellen einfinden. Am leichtesten sieht man das Wild im Januar/Februar, da dann das kurze Gras die Sicht nicht verstellt. In den sonstigen Monaten wird zum Teil das Gras weggebrannt, so dass man in der ganzen Saison die Chance hat, Tiere zu beobachten.

Für die Hauptstrecken der insgesamt 250 km Pisten im Park wird **kein Allradantrieb** benötigt. Das Fahren abseits der Pisten oder nach 18 Uhr, das Picknicken oder Übernachten im Park sind untersagt. Während der Regenzeit werden die Wege schlammig und die Chancen, Tiere zu sehen, sinken; der Park ist dann aber ohnehin geschlossen. Die große Durchgangsstrecke nach Tchollìré (Abzweig 57 km nach Mayo Alim) ist jedoch offen und auch zur Regenzeit praktikabel (siehe Beschreibung weiter unten).

Der Park wurde 1932 als Réserve forestière et de chasse (Wald- und Jagdreservat) eingestuft und 1968 zum Nationalpark erklärt. Der Bénoué-Fluss, der den Park im Osten begrenzt, gab ihm seinen Namen. Er ist der größte Nebenfluss des Niger, führt ganzjährig Wasser, und an seinen Ufern wachsen mitunter dichte Galeriewälder. Charakteristisch sind die kleinen Sandbänke zwischendurch und die felsigen Flussbettabschnitte mit den „Hippo-Pools“.

Die Tiere sind im Bénoué-Nationalpark zwar nicht so zahlreich wie im bekannteren Waza-Park im äußersten Norden, doch es gibt hier einige Arten, die dort nicht zu sehen sind. Die besten Chancen zur Tierbeobachtung haben Sie frühmorgens und abends vor dem Sonnenuntergang, in der Mittagshitze rasten die Tiere im Busch. Am markantesten sind wohl die **Flusspferde,** die den ganzen Tag über grunzend im Flussbett liegen. Besonders ihre helleren Hautpartien sind sonnenbrandgefährdet, ein Grund mehr für die wuchtigen Tiere, von Zeit zu Zeit abzutauchen. Nachts gehen sie dann an Land und legen auf Futtersuche weite Strecken zurück. Die größte Antilopenart Afrikas, die Riesen-Elen-Antilope (franz. *Elan de Derby),* ist eher selten. Dafür kreuzen andere **Antilopenarten** ab und zu den Weg, z.B. *Cobe de Buffon,* Pferdeantilopen und Wasserböcke. Nehmen Sie sich in Acht vor den gefährlichsten Tieren im afrikanischen Busch, den **schwarzen Büffeln;** sie greifen auch an, ohne sich bedroht zu fühlen. Die zahlreichen **Affen** dagegen, darunter Patas und Paviane, sind eher verspielt und neugierig. Am weitesten verbreitet sind Hundskopfpaviane (franz. *Cynocéphale),* die den Bauern der Umgebung mit ihren Raubzügen durch die reifen Hirsefelder arg zu schaffen machen. Auch die witzigen **Warzenschweine** sind zahlreich anzutreffen. Angeblich soll es sogar Löwen im Park geben, doch kann ich das nicht aus Erfahrung bestätigen. Trotzdem ist dringend davon abzuraten, aus dem Fahrzeug zu steigen und auf „Fußpirsch" zu gehen. Auch die verschiedenartigsten Vögel finden hier ihr Biotop.

Offiziell ist der Bénoué ein **gutes Revier für Sportfischer** (dort, wo sich die Flusspferde nicht aufhalten!), z.B. in der Nähe des Campement Grand Capitaine. Hier werden Kapitänfische bis zu 50 kg gefangen. Sollte der Fisch in einer Lodge vorrätig sein, probieren Sie ihn, er schmeckt wirklich ausgezeichnet.

Unterkunft

- **Campement Buffle Noir**

Das Campement in schöner Lage direkt am Bénoué-Ufer ist von Dezember bis Ende Mai geöffnet. Es gibt einfache Zimmer in Boukarous (Rundhütten) und einige moderne Bungalows mit Dusche/WC und Klimaanlage (Zimmer für zwei Personen ab 14.000 CFA) sowie eine Bar und ein Restaurant mit europäischer Küche (Frühstück 2000 CFA, Mittagessen 6000 CFA) und Blick auf das felsige Flussbett, in dem oft Hippos baden. Es ist das einzige Campement im Park, in dem man Verpflegung erhält. Hier kann man außerdem für ca. 2500 CFA pro Person (Dusche/WC) campen.

- **Campement Grand Capitaine**

Auf der Piste nach Tcholliré. Das schön auf einem Hügel über dem Flüsschen Mayo Oldiri (Badeplätze) gelegene Campement verfügt über 8 Zimmer in Boukarous (ab ca. 20.000 CFA für 2 Personen).

Hinweis: Die Campements de Chasse du Bel Elan, Mayo Sala, des Kobas (bei Mayo Alim) sind auf der Karte teilweise noch verzeichnet, existieren aber nicht mehr.

Dorf in der Savanne des Nordens

Sonstiges

Auskünfte und Reservierungen

- **Délegation provinciale de l'environement et des fôrets**
B.P. 126, Garoua, Tel. 2271232 oder Tel./Fax 2272122. Hier auch ggf. Vereinbarungen über die Benutzung der normalerweise geschlossenen Campements Grand Capitaine und Campement de Chasse.
- **Délegation provinciale de tourisme**
B.P. 50 Garoua, Tel. 2272290

Weiterfahrt in Richtung Garoua

Vom Bénoué-Park führt die Hauptroute (gute Teerstraße) nach Norden bis Garoua. Unterwegs entlang des Tierreservates kreuzen manchmal Affen oder Antilopen den Weg. Man sieht kaum mehr Dörfer am Wegrand, endlos scheint das Buschland. Der kleine Ort **Guidjiba** lebt von der Schaf- und Rinderzucht, es wird Gemüse für den Eigenbedarf angepflanzt.

- **Ngaoundéré – Garoua:** 296 km
- **Mayo Alim – Garoua:** 196 km

Bénoué-Nationalpark – Bouba Ndjida-NP

- **110 km** Piste

Zweigt man in **Guidjiba** (Treibstoff) nach Westen ab, führt die breite und gute Piste (ganzjährig praktikabel) quer durch die Strauchsavanne des Bénoué-Nationalparks in Richtung Tchollirè. Auf der Strecke braucht man keinen Parkeintritt zu bezahlen. Der Ausbau dieser Verkehrsverbindung dient in erster Linie den großen Lastwagen zum Transport der Baumwolle. Zur Erntezeit im Februar und März schimmern die Baumwollfelder im Norden, in den Bezirken Bénoué und Diamaré, überall weiß. In Karren bringen die Dorfbewohner die Baumwolle zum Markt, wo sie dann auf

395kam Foto: rf

Lastwagen verladen und in die Städte abtransportiert wird (s.a. Baumwollfabrik Garoua).

Die Piste nach Tchollíré ist mit normalem Pkw bis zu einer Geschwindigkeit von 80 km/h befahrbar. Aus der Ebene ragen immer wieder die Hosséré (Fulfulde: Berg) hervor.

Bei **km 22,** kurz vor dem Dorf **Boukma,** überquert man an der östlichen Grenze des Nationalparks den Bénoué-Fluss auf einer langen Brücke. Während der Trockenzeit führt der Fluss an dieser Stelle kaum Wasser. Geht man zu Fuß ein Stück flussaufwärts, kann man mit Glück Flusspferde sehen.

Nach **24 km** geht es links zum Campement Grand Capitaine (s.o. unter Bénoué-Nationalpark).

Bei **km 54** ist man im Ort **Taparé** angekommen: einige wenige Häuser und Gabelung der Pisten nach Norden (Garoua, Rey Bouba, s.u.) bzw. Süden/Osten. In Richtung Süden ist nach **68 km** der Ort **Tchollíré** erreicht.

Tchollíré

Diese kleine Stadt (Hauptort des Verwaltungsbezirks Mayo-Rey) liegt **am Fuße des Hosséré Tchollíré** (1025 m), die Überreste einer doppelten Steinmauer zeugen noch von einer alten Festung. Der Name bedeutet **„Dorf der Vögel";** der Ort war ursprünglich von den Sudan-Völkern Dourrou und Pape bewohnt. Im Zuge der Eroberungen der Fulbe Ende des 18. Jahrhunderts entstand auch in dieser Gegend ein **Fulbe-Lamidat** mit der Hauptstadt Rey Bouba. Tchollíré gilt als zweite Residenz des *Baaba* (Vater), wie der Lamido hier genannt wird. *Bouba* (Sohn der) *Ndjida,* der Begründer dieses Lamidats, lag schon ziemlich bald in Fehde mit seinem Lehnherrn, dem Emir von Yola. Doch Tchollíré war eine gut zu verteidigende Stadt. Der große **Palast** des Lamido ist genauso imposant wie der von Rey Bouba. Er liegt am Fuße des Felsmassivs, von hier aus gehen alle Straßen sternförmig in die Außenbezirke. Die Stadt wirkt außerordentlich grün mit ihren Alleen von Neem-Bäumen.

Praktische Informationen

- **Unterkunft:** Zunächst der Hinweis, dass das auf der Macmillan-Karte eingezeichnete Campement de Djiré **geschlossen ist.**

  In Ausnahmefällen kann man in der Evangelisch-Lutherischen Mission (Zimmer 7000 CFA, gute Küche) übernachten. Bei der Mission handelt es sich um eine Bibelschule (Übersetzung der Bibel in Fulfulde) mit Katechetenausbildung.
- **Infrastruktur:** Soweit möglich, sollte man in Tchollíré seine Vorräte ergänzen. Zwar sind die Einkaufsmöglichkeiten eher dürftig (außer auf dem Markt am Sonntag), doch findet man in Tchollíré eine Tankstelle, einige Bars, ein einfaches Restaurant, eine Bank und ein kleines Hospital.
- In Tchollíré befindet sich der letzte Polizeiposten in Kamerun; die Formalitäten zur **Ausreise** aus Kamerun können beim Grenzübergang **in den Tschad** (nicht zu empfehlen!) erledigt werden.
- Nach Angaben des französischen Außenministeriums ist der direkte Weg von Tchollíré zum Bouba Ndjida-Nationalpark **unpassierbar,** da die Brücke über den Mayo Galke zusammengebrochen ist. Laut dieser Informationen ist die Zufahrt nur über Ngaoundéré, Vogzom, Ndok möglich.

In Tchollíré finden Sie keine Ausschilderung der Piste zum Bouba Ndjida-Nationalpark, fahren Sie vorbei an der Bank zum östlichen Ortsausgang. Die schlechte Piste führt von hier aus 40 km durch Grassavanne und viele Baumwollfelder bis nach **Koum.** Kurz hinter dem Ortsausgang zweigt nach links die kleine Piste (unbeschildert) zum Eingang des Bouba Ndjida-Nationalparks ab. Erkundigen Sie sich in Koum nach dem Zustand der Piste (40 km) bis zum Campement de Bouba Ndjida, die nur in der Trockenzeit befahrbar ist.

Bouba-Ndjida Nationalpark

Der Nationalpark mit einer Fläche von **220.000 Hektar** ist eines der isoliertesten Wildreservate des Landes. Nach einer vorübergehenden Schließung 2004 scheint er wieder geöffnet zu sein, vor Ort erkundigen! Das Gebiet liegt an den Ufern des Flusses Mayo Lidi und erstreckt sich im Norden bis zur Grenze zum Tschad. Wie das Bénoué-Reservat wurde auch dieser Park 1968 zum Nationalpark erklärt, aber Teile davon als Jagdreservat verpachtet (siehe dazu auch Ngaoundéré/ Ausflüge). Der Park wird jedoch **von Touristen kaum besucht.** Sein Relief ist sehr hügelig, felsig und abwechslungsreich, zahlreiche Mayos durchziehen die Savanne mit Gras- und Buschland.

Die **Tierwelt** gleicht der im Bénoué-Nationalpark, doch sind die Tiere im Bouba Ndjida wegen der teils dichten Vegetation und der Hügellandschaft nicht so einfach zu beobachten. Der Park ist eines der letzten Rückzugsgebiete der vom Aussterben bedrohten **Nashörner,** etwa 60 (!) soll es hier noch geben. Auch die Elen-Antilope, die schönste und größte aller Antilopenarten, sowie Elefanten, Büffel, Flusspferde und Wasserböcke sind im Park beheimatet.

Obwohl die Pisten in passablem Zustand sind, ist nach Aussage der Touristeninformation ein Geländewagen erforderlich.

Unterkunft

- **Campement de Bouba-Ndjida**
Scheint wieder geöffnet zu sein, unbedingt vor Ort erkundigen! Tel. 9526927 (mobil), Tel. über Frankreich: 055 9622750, 060 9721280, Fax 055 9622750. Boukarous für 2 Personen und 2 Zimmer mit 2 Betten (mit Dusche/WC) für 20.000 CFA und ein Restaurant. Das Campement liegt im Zentrum des Parks direkt am Ufer des Mayo Lidi. Die Unterkunft wird von Franzosen betrieben, die auch das Jagdgebiet gepachtet haben.

Sonstiges

Auskünfte und Reservierungen

● **Patricia Morales,** die Schwester von *Joaquin,* beantwortet in Garoua Fragen, Auskünfte erteilt auch das **Service Provincial du Tourisme,** B.P. 50, Garoua, Tel. 2271020 und 2271364. Dort gibt es auch aktuelle Informationen über eine evtl. Wiederöffnung.

Weiterfahrt in Richtung Tschad

Am Park vorbei auf einer schlechten Piste geht es geradeaus weiter, durch die Dörfer **Mayo Djarendi** und **Madingrin** über die Grenze in den Tschad nach **Beïnamar** (siehe Detailkarte IGN Garoua, Blatt NC-33). Dort sind die Einreiseformalitäten zu erledigen.

Tchollíré – Garoua

● **212 km** Piste

In **Taparé** (14 km nördlich von Tchollíré) zweigt die (mittelmäßige) Piste nach Norden in Richtung Rey Bouba und Garoua ab. Die Gegend ist sehr heiß, und je mehr man sich Rey Bouba nähert, um so staubiger und wüstenhafter wird die Landschaft, ringsum wachsen Dattelpalmen. Kurz vor Rey Bouba (34 km von Tchollíré entfernt) durchquert man das sandige Flussbett des **Mayo Rey.** Eine Brücke gibt es nicht, die Durchfahrt ist nur in der Trockenzeit möglich, Vierradantrieb ist nicht erforderlich. In der Regenzeit führt der Mayo Wasser, und die Zufahrt nach Rey Bouba ist nur von Norden her und über große Umwege (Garoua – Pitoa – Bibémi) möglich. Rey Bouba selbst liegt sehr isoliert und ist mit dem Buschtaxi nicht zu erreichen.

Rey Bouba

Die Atmosphäre dieses Ortes lässt sich kaum mit Worten beschreiben, man muss sie selbst erleben. Rey Bouba ist das **bedeutendste und angesehenste Lamidat Kameruns,** man fühlt sich hier zurückversetzt in die Vergangenheit der alten Fulbe-Städte aus vorkolonialen Zeiten.

Die kleine Ortschaft liegt am Ostrand des Lac de Lagdo in einer Senke zwischen den Nationalparks Bouba Ndjida und Bénoué. Sie unterscheidet sich völlig von allen anderen Orten in der Umgebung. Eine derart **authentische, traditionelle sudanesische Lehmbauweise** kannte ich zwar aus Mali oder Niger, vermutete sie aber nicht so weit südlich hier in Kamerun. Das Lamidat Rey Bouba wurde bereits im Jahre **1804** vom Lamido *Bouba Njidda* **gegründet,** der zunächst die Festung Tchollíré (s.o.) kontrollierte und viele Jahre lang gegen die Ureinwohner der Gegend Krieg führte, um seinen Einfluss geltend zu machen. Auch heute noch herrscht hier der Lamido uneingeschränkt und in seiner Autorität absolut respektiert.

Der Lamido-Palast von Rey Bouba

087kam Foto: hvl

Der **Lamido** bildet in der muslimischen Gesellschaft Nordkameruns das oberste Glied der Hierarchie und ist ihr religiöses Oberhaupt. Hier in „Rey" (ausgesprochen „Ray") wird dies besonders deutlich. Nirgendwo sonst hat der Lamido größeren Einfluss über ein so ausgedehntes Gebiet. In einer Art traditioneller Justiz wird nach Gewohnheitsrecht geurteilt und sogar ein eigenes Gefängnis im Palast unterhalten. Der Lamido regiert auf sehr konservative, traditionelle Weise, z.B. wird kein Wert gelegt auf den Schulbesuch der Kinder. Die kamerunische Regierung bemüht sich um eine Zusammenarbeit mit dem Oberhaupt und seine Integration als Abgeordneter in die staatliche Politik. Da dies aber den Notabeln – Anhänger alter Traditionen – widerstrebt, muss der Lamido mit der staatlichen Einflussnahme mehr und mehr um seine eigentliche Autorität fürchten.

Das durch und durch **islamische Rey Bouba** besteht aus vielen Sarés, Gehöften mit Rund- und Flachbauten aus Banco (Lehm-Stroh-Gemisch), durchzogen von unzähligen schmalen, staubigen Gassen. In der Ortsmitte liegt der festungsartige **Palast des Lamido,** ein großes Areal, ringsum von einer 4 m hohen Lehmmauer umgeben und von Palastwächtern beschützt.

Die Gunst, in den imposanten Sultanspalast eingelassen zu werden, wird Fremden nur äußerst selten gewährt. Zunächst muss bei den Notabeln angefragt und um höchste Zustimmung gebeten werden. Dazu bedarf es einiger Beziehungen, eines gehörigen Maßes an Diplomatie oder guter Gründe für die Notwendigkeit einer Audienz. Nach längerer Diskussion mit den Sekretären des Lamido reichen sie die Anfrage im Palast ein, erscheinen erneut, um nochmals Gespräche zu führen usw. Es kann möglicherweise Tage dauern, bis der Lamido sich die Ehre gibt. Ein formelles Schreiben des Service du Tourisme aus Garoua mag hilfreich sein, ist jedoch keine Garantie.

Doch sollte der Besuch beim Lamido nicht der alleinige Anlass sein, den Ort zu besuchen. Schon die besondere Atmosphäre, die Rey Bouba umgibt, ist einen Besuch des Ortes wert. Traditionelle Kleidung, Männer in *Boubous* und Frauen in bunten afrikanischen Stoffen, dominiert. Grundsätzlich sind die Leute im Ort sehr freundlich und offen für Gespräche, jedoch sollte man nicht fotografieren, ohne vorher um Erlaubnis gefragt zu haben.

Während der nationalen und traditionellen Feiertage (beispielsweise am Ende des Ramadan) werden hier die **schönsten Fantasias** des Nordens veranstaltet. Die Fulbe-Edlen reiten dann in traditioneller Kleidung auf schön geschmückten Pferden durch den Ort und begleiten den Lamido zur Moschee. Hier wird die Tradition noch am besten bewahrt.

Fremde kommen in Rey Bouba selten vorbei, der Ort bietet sich auch nicht an für einen längeren Aufenthalt. Besonders dann, wenn eine Audienz vom Lamido abgelehnt wurde, wird man freundlich gebeten, den Ort wieder zu verlassen.

• **Infrastruktur:** Es gibt weder Unterkunft noch Bank, Tankstelle oder Einkaufsläden (Markt ist am Sonntag).

Von Rey Bouba aus führt eine **gute Piste nach Norden,** die für den Baumwolltransport ausgebaut ist. Entlang der Route, teilweise sehr nahe der Grenze zum Tschad, wechseln sich monotones Buschland, viele Baumwollfelder und einige Gehöfte ab. Immer wieder kreuzen große Rinderherden den Weg.

Von Rey Bouba sind es **110 km** nach **Bibémi** (kürzer als auf der Macmillan-Karte eingetragen). Nach **128 km** erreicht man das kleine Dorf **Adoumri,** hier findet donnerstags ein schöner und großer **Markt** statt, auf dem die Hirtennomaden ihre Zeburinder verkaufen. Neben dem Markt liegt der Sammeltaxi-Bahnhof, der Transport nach Garoua erfolgt nur an Markttagen.

Etwa 30 km vor Pitoa überquert man den **Mayo Kébi** auf einer großen, modernen Brücke, die Straße ist hier ein Stück lang geteert. Dieser Nebenfluss des Bénoué, der auch in der Trockenzeit nicht ganz versiegt, dient großen Rinderherden als Tränke. Die Brücke kurz vor Pitoa kann während der Regenzeit überflutet sein (vorher erkundigen). 161 km hinter Rey Bouba erreicht man dann in **Pitoa** wieder die Hauptstraße nach Norden (Maroua). Von Rey Bouba bis hierher bestehen keine Versorgungsmöglichkeiten, weder Lebensmittel noch Treibstoff sind erhältlich.

Bénoué-Nationalpark – Monts Alantika

● Auf der Hauptroute aus Richtung Süden zweigt kurz hinter dem Dorf Gouna links die Piste **nach Poli und zum Faro-Nationalpark** ab. Bis Poli (36 km) ist die Piste relativ gut, doch von hier aus weiter in den Westen benötigt man bisweilen Vierradantrieb.

Zunächst fährt man durch relativ eintönige Savanne, bevor man die ersten felsigen Ausläufer des Berglandes erreicht und die Strecke sich auf eine Anhöhe schraubt. Die Gegend des nördlichen Hosséré Vokré ist besonders zu Beginn der Regenzeit landschaftlich äußerst reizvoll. Dahinter, in einer Senke, liegt **Poli,** der Hauptort des Verwaltungsbezirks Faro. Die Region ist sehr ländlich, Wellblechdächer haben die traditionellen Strohdächer verdrängt, **Versorgungsmöglichkeiten gibt es** – außer an Markttagen – **kaum.** Auch Treibstoff ist Mangelware.

Kurz hinter Poli gabelt sich die Piste: Geradeaus geht es weiter nach Finyolé, links führt der schmale Weg zum **Vallée des Rôniers.** Dieses Gebiet, nur selten von Touristen besucht, liegt am Mayo Yélé mit seinen zahlreichen Nebenflüssen. Viele der kleinen Brücken sind kaputt und machen ein Weiterkommen unmöglich. Das breite Tal selbst ist mit schönen Borassus-Palmen *(Borassus aethiopium)* bestanden und wird gesäumt von den Ausläufern der Hosséré Godé (1665 m), Otéré und Mouta. Von Dezember bis Februar bläst hier der Wüstenwind Harmattan und überzieht das Land mit einer feinen Staubschicht.

Man kann nun auf dieser Piste weiterfahren zum Faro-Nationalpark, den man von Poli aus auch über die (bessere) Piste via Finyolé erreicht. Im Dorf **Voko** (38 km hinter Poli) zweigt rechts die Staubstraße zum Campement des Hippopotames (16 km, s.u.) ab.

Faro-Nationalpark

Mit einer Fläche von **330.000 Hektar** ist der Faro der **größte Nationalpark Kameruns.** Er liegt abgeschieden etwa 100 km westlich der Hauptroute von Ngaoundéré nach Garoua.

Im Park dominiert **Strauchsavanne,** durchsetzt von Hügeln. Mangels Pisten im Park ist die Pirsch – wenn überhaupt – nur zu Fuß möglich. Der Tierbestand gleicht dem des Bénoué-Nationalparks mit Antilopen, Büffeln, Affen und wenigen Elefanten. Da das Reservat jedoch schon seit langer Zeit für die Jagd geöffnet ist, ist die Zahl der Tiere stark dezimiert. Heute ist der Nationalpark nur noch für die Jagd geöffnet!

Nachts kann es – vor allem zwischen Dezember und Februar – in dieser Region kalt werden (10–12°C), daher neben Verpflegung und Trinkwasser auch warme Kleidung mitbringen.

Praktische Informationen

Das **Campement des Hippopotames** war zu Redaktionsschluss leider abgebrannt. Ob es wieder eröffnet wird, ist unklar (am besten in Garoua oder Voko erkundigen!)

● **Anmeldung:** Die Anmeldung erfolgt beim **Gardien de Chasse** in Voko oder beim **Service Provincial du Tourisme** in Garoua, Tel. 2271020; es ist jedoch nicht klar, ob der Park für die Öffentlichkeit überhaupt zugänglich ist. Vorher erkundigen!

Zweiwöchige Rundreise im Norden

Vorschlag für eine zweiwöchige Rundreise im Norden Kameruns. Die Stationen richten sich nach den Markttagen. Insgesamt ist es eine wunderschöne, doch auch anstrengende Rundreise, weil man in kurzer Zeit sehr viele Fahrtkilometer bezwingen muss. Ich habe eine ähnliche Tour vor kurzem unternommen und war begeistert (besonders von den Märkten). Trotzdem darf man nie glauben, dass man die Tour 100 % so durchführen kann. Flüge, die Regenzeit, Pannen etc. können das Programm jederzeit unerwartet umwerfen.

	Station	**Fahrtkilometer**
Sa	Flug nach Garoua	
So	Ausflug Markt in Pitoa und Besichtigung Garoua	ca. 34 km
Mo	Fahrt nach Rhumsiki (unterwegs Besichtigung Gorges de Kola)	ca. 195 km
Di	Besichtigung Rhumsiki und kurze Wanderung um Rhumsiki	
Mi	Besuch beim Schmied von Asma, Fahrt nach Mokolo (Markttag)	ca. 60 km
Do	Tourou, Fahrt nach Djingila (abendlicher Markt, nur Do.abends!)	ca. 60 km
Fr	Besichtigung Djingila, Fahrt nach Mora (Unterwegs Oudjilla)	ca. 60 km
Sa	Fahrt nach Waza	ca. 60 km
So	Waza-Nationalpark	
Mo	Fahrt nach Maroua (Markttag, Gerbereibesichtigung)	ca. 120 km
Di	Fahrt nach Maga und Pouss	ca. 83 km
Mi	Fahrt nach Maroua	ca. 83 km
Do	Rückfahrt nach Garoua	ca. 197 km
Fr	Rückflug nach Douala	
	Garoua, Pitoa, Rhumsiki, Mokolo, Tourou, Djingila, Oudjilla, Waza, Maroua	**Total: 952 km**

- **Führer:** Die Begleitung durch einen bewaffneten Wildhüter ist obligatorisch. Bei dem Service Provincial du Tourisme in Garoua sollen angeblich auch Führer vermittelt werden.

Von Poli aus folgt man der **Piste nach Finyolé.** Dieses relativ isolierte kleine Dorf an der Pistenkreuzung besteht aus wenigen Sarés, einem Markt, einer wichtigen Missionsstation mit Schule und Krankenstation.

Hier ist die **Ethnie der Dowayos** beheimatet. Ihre Traditionen und Kultur, besonders ihr einzigartiger Toten- und Ahnenkult, werden höchst leserlich in *René Gardis* berühmtem Buch „Alantika" (s.u.) geschildert. Der Autor gehörte 1955 zu den ersten Europäern, die in die unwegsame Gebirgslandschaft der Alantika-Berge wanderten. Auf sehr einfühlsame Weise erzählt Gardi von der

Lebensweise, dem Alltag und den Riten der hier beheimateten Stämme, die er auf seinen verschiedenen Reisen dorthin kennen und schätzen lernte. Noch heute leben die Dowayos in relativer Zurückgezogenheit, obwohl ihnen bereits einige Touristengruppen die „Zivilisation" näher brachten.

● Eine aktuelle und sehr witzige Beschreibung der Dowayos und ihres Lebens findet man in den **Büchern** „Traumatische Tropen" und „Die Raupenplage" des britischen Anthropologen *Nigel Barley* (in deutscher Übersetzung erhältlich und unbedingt lesenswert, siehe dazu im Anhang).

Von Finyolé aus führt eine einigermaßen praktikable Piste (Schlaglöcher) bis zum Faro-Fluss. Die Brücke – oder Sanddamm – über den Fluss, der die Alantika-Berge von der Savanne trennt, wird regelmäßig in der Regenzeit zerstört und in der Trockenzeit wieder instand gesetzt.

Ab hier führt eine **extrem schlechte Piste** über **Tchamba** nach **Wangay,** dem Ausgangspunkt der Wanderungen in die felsigen Alantika-Berge (höchste Erhebung: Aiguille de Saptou, 1885 m).

Von Voko aus führt seit Mitte der 1980er Jahre eine Straße zur Brücke über den Faro bei Wangay. Sie benötigen einen Führer (Pfadfinder und Übersetzer), den Sie in Wangay oder bereits in Poli finden.

Wanderungen in die Alantika-Berge

● Wer einen Besuch der Alantika-Berge plant, sollte sich **gut vorbereiten und ausrüsten.** In dieser Region gibt es keinerlei touristische Infrastruktur, die ein- oder mehrtägigen Wanderungen im Gebirge sind anstrengend. Sie benötigen Zelt, Kochzubehör, Schlafsack (kalte Nächte!), Verpflegung, Trinkwasser und gute Trekkingschuhe. Außerdem ist für Fahrten nach Wangay auf dem Weg über Tchamba unbedingt Vierradantrieb nötig.

● Jeder, der ein Trekking in dieses Gebirge plant, sollte zur Information über die Kultur der Bevölkerung vorher *René Gardis* **Buch** „Alantika, Bergland in Kamerun" lesen.

Benoué-NP – Garoua

● **ca. 170 km** Teerstraße

Ab Banda (Abzweig zum Camp Buffle Noir) bis Guidjiba sind es 36 km, hier zweigt die Route zum Bouba Ndjida-Nationalpark, nach Tchollíré und Rey Bouba ab. 28 km weiter liegt der Ort **Gouna** (ohne Versorgungsmöglichkeiten). Kurz vor dem Ort **Ngong** zweigt rechts eine Asphaltstraße ab nach **Lagdo** (19 km) am gleichnamigen **Stausee.**

Lagdo-Stausee

Hier werden der **Bénoué-Fluss** und mehrere Mayos, die vom Adamaoua-Plateau herabkommen, zu einer riesigen Wasserfläche gestaut. Der Stausee wurde zwischen 1978 und 1982 mit technischer und finanzieller Hilfe von China gebaut und 1984 von Präsident *Biya* eingeweiht. Nachdem die Flutkanäle geschlossen wurden, staute sich der See ab 1988 an und bedeckt nun eine Fläche von ca. 60.000 Hektar. Insbesondere der zunehmende Baumwollanbau stellt eine ökologische Bedrohung für den See dar. Durch die Bevölkerungszunahme am See wird aber auch die Fischerei intensiver. Der See dient der Energie- und Wasserversorgung von Garoua und Umgebung. Das Fischerdorf Lagdo liegt in sehr schöner Landschaft, die Einwohner sind freundlich. Mit Pirogen kann man Ausflüge auf dem See unternehmen. Es besteht außerdem eine schöne **Campingmöglichkeit** (ca. 2500 CFA pro Person) am Privatstrand eines Franzosen (Baden möglich). Dort werden auch Zimmer vergeben (der Beschilderung ab Ngong folgen).

Hinweis: Das weiter südlich liegende Campement des Elephants (siehe Macmillan-Karte) existiert nicht mehr.

Unterkunft

- Am Lagdo-See hat das neue **Bungalow-Hotel Lagon Bleu** (unter deutscher Leitung) eröffnet, 19 km von der Kreuzung Lagdo auf der Straße Ngaoundéré – Garoua. Die Anlage direkt am Seeufer umfasst 5 Hektar, 10 klimatisierte Bungalows, Restaurant und Bar. Es werden Ausflüge organisiert, z.B. mit Piroge (ca. 10.000 CFA pro Tag) zu den Inseln des Sees. Doppelzimmer zwischen 15.000 und 35.000 CFA. Tel. 9855353 (mobil). Ein Menu gibt es für 6500 CFA. Das einzige Segelboot am Lagdo ist nur für Könner zu mieten. Am Strand von Lagon Bleu bestehen Campingmöglichkeiten (1000 CFA pro Nacht). Transfer vom Flughafen Garoua nach Voranmeldung kostenlos. Autovermietung, nach Voranmeldung, für ca. 45.000 CFA pro Tag.

Von Ngong sind es noch 43 km nach Garoua. Man erreicht die Stadt auf einer Brücke über den Benoué-Fluss.

Garoua

Garoua ist **Hauptstadt der Provinz Nord** und **administratives und politisches Zentrum Nordkameruns** (religiöses Zentrum hingegen ist Maroua). Die Stadt liegt 235 m ü.NN. und ist mit **278.000 Einwohnern** die viertgrößte Stadt Kameruns (nach Douala, Yaoundé und Maroua).

Für Touristen hat Garoua eher praktischen Wert als Ankunftsort (internationaler Flughafen), Ausgangspunkt für Reisen in den reizvollen Norden (Waza-Nationalpark, Mandara-Berge) oder Süden (Bénoué-Nationalpark, Ngaoundéré) und auch als Versorgungsstation mit guten Einkaufs- und Unterkunftsmöglichkeiten. Attraktive Sehenswürdigkeiten gibt es dagegen kaum. Die extreme, trockene Hitze hier ist oft unerträglich, nicht selten steigt das Thermometer auf über 40°C im Schatten (im März und April sogar bis zu 50°C im Schatten!).

Garoua ist der **Geburtsort des ehemaligen Präsidenten Ahmadou Ahidjo,** daher wurde hier schon in den 1960er Jahren viel gebaut und investiert. So hat der Ort am rechten Ufer des Bénoué-Flusses heute ein sehr modernes, großzügiges und lebhaftes Stadtbild mit Geschäfts- und Behördenvierteln, guten Straßen, vielen Büros und Läden. Auffällig ist, dass es nur sehr wenige Taxis im Zentrum gibt. In den Quartiers gibt es nur Mopeds.

Von Süden her erreicht man Garoua auf der großen Brücke über den Bénoué-Fluss. Am und im Wasser tummeln sich Wäscherinnen, badende Kin-

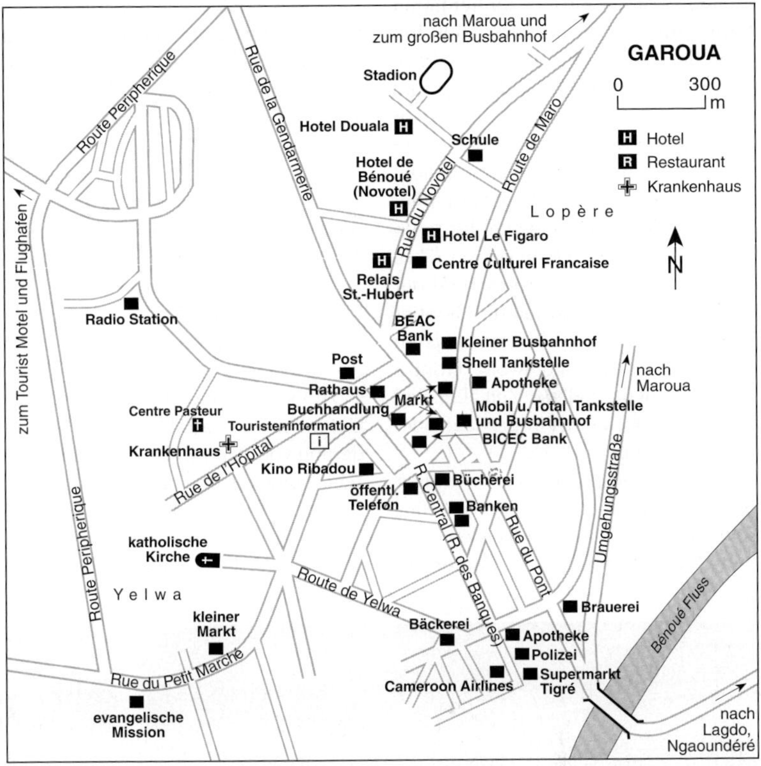

der und Fischer in ihren Pirogen. Unmittelbar neben der Brücke liegt der interessante **Fisch- und Viehmarkt.** Auf dem Markt werden Ziegen, Schafe, Buckelrinder und frischer Fisch verkauft, was auch ein besonderer Anziehungspunkt für die vielen Fliegen ist. Neben dem Markt haben einige Frauen ihre kleinen Hütten aufgeschlagen, in denen sie auf ihrem Feuer für 200 CFA schmackhafte afrikanische Gerichte zubereiten. Auf dem Markt kann man sich auch nach einem **Führer** erkundigen, der einen zu den **Flusspferden** begleitet, die meist etwas außerhalb vor Garoua im Fluss liegen. Vor allem am frühen Morgen ist es möglich, dass die Flusspferde bis zum Ufer kommen und man sie mit der Hand füttern kann. Den Preis sollte man vorher ausdiskutieren. Ich habe bisher immer um die 15.000 CFA zahlen müssen.

Garoua ist der **einzige Binnenhafen Kameruns.** Bereits im Jahre 1890 begann hier der Handel auf dem Schiffsweg mit Yola in Nigeria und weiter zum Fluss Niger. Stoffe, Salz und Zucker wurden getauscht gegen Elfenbein und Kautschuk. Der Flusshandel unterliegt heute jedoch erheblichen Einschränkungen, da der Bénoué acht bis neun Monate im Jahr so wenig Wasser führt, dass die Schiffe lediglich während der kurzen Regenzeit von Juli bis Oktober verkehren können. Die wichtigsten Handelsgüter sind Baumwolle, Erdnüsse und Zement. Zu jeder Zeit aber sind die Fischer in ihren Pirogen auf dem Fluss unterwegs.

Daneben spielt Garoua als wichtiger **Industriestandort** eine große wirtschaftliche Rolle für den Norden. Hier haben die **Brasseries du Cameroun** (Bier und alkoholfreie Getränke) ihren Sitz. Das Gebäude der Brauerei kann besichtigt werden, fragen Sie nach einer Führung. Das ausgezeichnete Bier wird nach ursprünglich deutschem Rezept und mit deutschen Einrichtungen gebraut.

In der Landwirtschaft der Region ist der **Anbau von Baumwolle** (bereits seit 1951) dominant. Während der Pflückzeit wird in allen Dörfern der Bezirke Bénoué und Diamaré mit Baumwolle gehandelt (Erntezeit Februar/März). Zu den Aufgaben der großen Firma SODECOTON (Société de Dévelopement du Coton) in Garoua zählen die Anbauförderung von Baumwolle und die technische Unterstützung der Betriebe. In der Fabrik C.I.C.A.M. wird die Baumwolle gesponnen und zu Textilien weiterverarbeitet, aus den Kernen der Baumwol-

089kam Foto: ed

le wird Öl gewonnen, eine Besichtigung ist möglich. Durch diese Industriebetriebe werden zahlreiche Arbeitsplätze geschaffen, die Folgen sind ein hoher **Bevölkerungszuwachs** und eine sich immer mehr ausdehnende Stadt. Dabei bilden die geometrisch angelegten, modernen Stadtteile einen Kontrast zum Labyrinth der verwinkelten Gässchen in den wenigen traditionellen Vierteln. Nur hier zwischen den vereinzelten Sarés spürt man noch etwas von der charakteristischen islamischen Atmosphäre des Nordens.

Im Zentrum liegt der moderne **Palast des Lamido,** gegenüber davon die alte, weiße Moschee. Am Ortsausgang in Richtung Maroua befindet sich die neue, gelbe **Moschee** mit ihrem hohen Minarett in weitläufigem Gelände.

Im Quartier der Südleute, dem Viertel in der Umgebung der Kreuzung Yelloa, befinden sich die meisten preiswerten Kneipen und Restaurants, kleine Bars und typische Circuits. Viele Musikläden, die *Discothèques,* bieten eine bunte Mischung lokaler, moderner afrikanischer Musik an, meist in schlechter „Raubkopie"-Qualität.

Auf der Straße in Richtung Maroua kommt man zunächst zum großen **Markt,** der täglich stattfindet. Dahinter liegt das Gebäude des Ex-Präsidenten *Ahidjo* und etwa 1 km außerhalb der Stadt der neue Gare routière, der nicht mehr in Betrieb ist. Gleich gegenüber befindet sich eine kleine Auberge; weiter in Richtung Maroua folgt links die Abzweigung zum Flughafen.

Garoua hat vier interessante täglich stattfindende **Märkte.** Den großen Markt im Zentrum, den kleinen Markt im Viertel Yelloa, den Fisch- und Viehmarkt neben der Benouébrücke (siehe oben) sowie den Markt der traditionellen Medizin neben dem Rathaus. Gegenüber des urigen Marktes, auf dem jegliche Art traditioneller Medizin angeboten wird (Kräuter, Rinden, getrocknete Affen, Krokodilköpfe, Krallen, Nashornhörner etc.), verkaufen auch einige Kunsthändler ihre Produkte.

Szene am Straßenrand in Garoua

Touristeninformation

- **Service Provincial du Tourisme du Nord**
B.P. 50, Tel. 2271364, 2272290.

Unterkunft

- **Hotel de la Bénoué**
B.P. 291, Tel. 2271553 sowie 9983354 und 9992572 (beide mobil), Fax 2271553, E-Mail: hotelbenoue@iccnet.com. Außerhalb des Stadtzentrums (ruhig) gelegenes gehobenes Mittelklassehotel im europäischen Stil mit 100 klimatisierten Zimmern (mit Dusche/WC ab ca. 25.000–45.000 CFA). Es gibt ein klimatisiertes Restaurant, eine Bar, eine Terrasse, einen Nachtclub und einen Swimmingpool im Garten. Der Pool ist auch der Öffentlichkeit zugänglich (ca. 1600 CFA). Die Hertz-Autovermietung ist im Hotel vertreten.
- **Tourist Motel**
B.P. 1169, Tel. 2273244, 2273162, 2272778, etwas außerhalb an der Straße Richtung Nigeria. Gepflegtes, sehr modern gebautes Mittelklassehotel (1989 eröffnet) mit 52 klimatisierten Zimmern (Bad/WC) in Reihenhäuschen im Garten (25.000–45.000 CFA). Es gibt ein klimatisiertes Restaurant, eine Bar und einen Swimmingpool.

•Relais St. Hubert
B.P. 445, Tel. 227272778, 227273033, Fax 2273033. Zimmerpreise von 18.000–34.000 CFA. Die Zimmer (meist klimatisiert) befinden sich in kleinen, sauberen Rundbungalows. Bar, Restaurant, schöner Garten, Pool und freundlicher Service in angenehmer Atmosphäre.
•Hotel Le Figaro
B.P. 408, Tel. 2272386. Das relativ neue Hotel im Industriegebiet nahe Centre Culturel Français und CICAM verfügt über Zimmer mit Klimaanlage (Dusche/WC) und ein Restaurant mit guter afrikanischer Küche (Ndolé etc.). Der Preis beträgt ca. 10.500 CFA pro Zimmer (in der Nebensaison ab 8000 CFA). Das Hotel ist nachts bewacht; es besteht keine Campingmöglichkeit.

Preiswerte Unterkünfte

•Auberge de la Cité
In der Nähe des Carrefour Carnaval. Die Auberge ist einfach und preiswert.
•Auberge de la Mosquée
Gegenüber vom Busbahnhof. Preisgünstige Zimmer mit Dusche.
•Procure des Missions
Rue du Monseigneur Yves Plumey; ortsauswärts rechts nach der katholischen Kirche und vor der Schule.
•Auberge Dreamline
Klimatisierte Zimmer mit Dusche und TV schon ab 6000 CFA.

Essen und Trinken

Hervorragend speisen lässt es sich in den relativ teuren **Restaurants der größeren Hotels,** z.B. im Hotel de la Bénoué und Relais St. Hubert. Außerdem gibt es viele kleine **Circuits** im Quartier, z.B. Le Berry (gegenüber dem Kino Ribadou).

Viele lebhafte Bars befinden sich neben dem kleinen Markt und im Viertel Rumdeatscha.

•Café-Club le Paris
Kleines Restaurant mit abwechslungsreicher afrikanischer Küche (*Ndolé* etc).
•Chez Patrick Simon
Im Viertel Plateau (u.a. Kapitänfisch, teuer); Snackbar.
•Le Marengo
Gegenüber vom Supermarkt CGD.
•Les Falis Bergères
Tel. 2271371; in Pitoa (17 km nördlich). Restaurant auf dem Land mit angenehmer Atmosphäre; man isst im Freien. Spezialität ist gegrilltes Hühnchen.
•Restaurant d'Afrique
Kleines Restaurant mit guter afrikanischer Küche zu günstigen Preisen (1000 CFA). Spezialitäten sind Leber und frisch gepresste Fruchtsäfte (für die Fruchtsäfte sollte man zum Verdünnen unbedingt sauberes Wasser dabei haben und auf die Eiswürfel verzichten. Die Säfte werden sonst mit Leitungswasser gestreckt!). Gegenüber der Total-Tankstelle neben dem großen Markt.

Krankenhaus

•Hopital Provincial, Tel. 2271414
•Clinique Southia, Tel. 2272133
•Clinique d'Jamboutou, Tel. 2272457
•Centre de la Santé Communautaire d'E.E.C., (Camp Chinois), Tel. 9855020 (mobil)
•Centre Pasteur, Tel. 2272222.
•Notruf: Tel. 2271414.

Apotheken

•Pharmacie de la Bénoué, Tel. 2271164.
•Pharmacie du Nord, Tel. 2271379.
•Pharmacie d'Jamboutou, Tel. 2272167
•Pharmacie du Grand marché, Tel. 2272095, 2272790
•Pharmacie de La grande mosquée, Tel. 2271379
•Pharmacie du Lamidat, Tel. 2272261
•Pharmacie du Centre, Tel. 2273310

Banken

•Afriland First Bank
Rue Martin Minbang Tel. 2271626, 2272670
•BICEC
Bd. Lamido Hayatou, B.P. 108 Garoua, Tel. 2273130, 2271626, Fax 2272881.

- **BEAC,** Tel. 2271299.
- **SGBC,** Tel. 2271006, Fax 2273335.
- **Standard Chartered Bank,** Tel. 2273335.
- **CBC,** Tel. 2272879, Fax 2273204.

Flüge

Internationaler Flughafen

- Tel. 2271481, an der Straße in Richtung Maroua, Abzweig links.

Inlandsflüge

Es bestehen (theoretisch; s.a. „Reisen im Land") Flugverbindungen von Garoua nach (je nach Zwischenlandungen):

- **Douala:** 2x/Woche
- **Yaoundé:** täglich
- **Ngaoundéré** und **Maroua:** Flugbetrieb vorübergehend eingestellt.

Flugbüro

- **Cameroon Airlines**
B.P. 66, Tel. 2271055 (Reservierungen); Büro am Flughafen: Tel. 2271481.
- **Air Service** (am Flughafen erkundigen!).

Busse

Es fahren Busse nach **Ngaoundéré** (286 km), **Maroua** (212 km) via Figuil (93 km), **Guider** (103 km) und in die umliegenden kleineren Orte. Die Reisegesellschaften liegen alle im Zentrum nahe des großen Marktes (z.B. Star Express, Danay Express etc.).

Rund ums Auto

Autowerkstätten

- **Cami Toyota,** Tel. 2271298.
- **Renault Cameroun,** Tel. 2271134.
- **S.E.A.C. Mercedes Benz,** Tel. 2271267.
- Eine gute Werkstätte mit Ersatzteilen gibt es gegenüber der protestantischen Mission.

Mietwagen

- **Hertz,** im Hotel La Bénoué (s.o.).
- **Auto Location Willy,** Voyage B.P. 303 Garoua, Tel. 2273367.
- **DD Voyage,** B.P. 958 Garoua, Tel. 2272179.
- **Auto-Location de la Bénoué,** B.P. 1223 Garoua, Tel. 2272038.
- **Norga Voyages,** B.P. 779 Garoua, Tel. 2276367.
- **AVIS,** B.P. 336, Tel. 2271298.

Straßenverbindungen

Garoua liegt an der Hauptverkehrsverbindung (sehr gute Teerstraße) von Ngaoundéré über Maroua nach Kousséri (Grenze Tschad). Ein Weiterkommen auf und entlang dieser Straße ist kein Problem. Die direkte Route von Garoua in die Mandara-Berge (via Dourbeye) ist bis Dourbeye wegen Überfällen gesperrt. Deshalb muss der Umweg über Guider eingeschlagen werden.

Sonstiges

- **Reisebüro Nord Safari**
Immeuble Cerealier, B.P. 1053, Tel. 2272326.
- **Polizei,** Tel. 17 und 2271400.
- **Buchhandlung Librairie Universelle**
Tel. 2271808.
- **Supermarkt CDG**
Gut sortierter Markt, der von einem Deutschen betrieben wird; es gibt dort Campinggas-Kartuschen.
- **Infrastruktur:** Außerdem gibt es in Garoua ein Postamt, Tel. 2272301, Banken und ein französisches Konsulat, Tel. 2271647.

Ausflüge

La mare aux hippopotames

Der Ausflug zum „Flusspferd-See" 22 km hinter Garoua ist kein Muss. Am See leben keine Flusspferde mehr. Die große Wasserstelle dient jetzt als Tränke für Viehherden. Viele Vögel tummeln sich in der Umgebung des Sees.

Markt von Gaschiga

17 km entfernt auf der Piste von Garoua nach Mokolo liegt das kleine, sehr

authentische Dorf Gaschiga mit einem pittoresken **Markt am Montag** (ähnlich dem Markt von Pitoa).

Mont Tinguelin (745 m)

Die Anhöhen am Mont Tinguelin sind bewohnt von der **Ethnie der Fali.** Um die kleinen Dörfer zu erreichen, zweigt man 15 km hinter Gashiga rechts auf eine Piste ab (unbeschildert). Es empfiehlt sich, einen **Führer** mitzunehmen. Nach weiteren 15 km lässt man den Wagen stehen und läuft zu Fuß. Für den Ausflug benötigt man einen Tag. Die Fali sind Fremden und vor allem Kameras gegenüber sehr distanziert.

Markt von Pitoa

An der Hauptstrecke Richtung Maroua, 17 km hinter Garoua, liegt das Dorf Pitoa. Jeden Sonntag versammeln sich hier den ganzen Tag über (am schönsten morgens) auf einem riesigen schattigen Platz die Ethnien der Umgebung zu **einem der reizvollsten Märkte Nordkameruns.** Neben den Fulbe kommen vor allem Fali über weite Strecken zu Fuß hierher, um ihre Produkte anzubieten. Die Fali leben noch ganz in ihren alten Traditionen, die Frauen haben wunderschöne Haartrachten und sind reich geschmückt. Sammeltaxis fahren von Garoua aus nach Pitoa. Hier lädt das Restaurant Les Falis Bergères (siehe Garoua) zu einem Stopp ein. Am Straßenrand von Pitoa kann man an einigen Stellen sehr gut die Lehmziegelhersteller bei ihrer Arbeit beobachten. Sie sind meist sehr freundlich und erklären einem die einzelnen Arbeitsschritte ausführlich.

Garoua – Maroua

● **197 km.** Von Garoua nach Maroua führt eine sehr gute Teerstraße; die Fahrzeit (direkte Route) beträgt ca. 3 Stunden.

Hinter Garoua beginnt allmählich der staubige und trockene **Sahel.** Zunächst herrscht eine flache Landschaft mit vielen kleinen Rundhüttendörfern vor, zeitweilig Buschland. Im November/Dezember werden die zahlreichen Baumwollfelder des Umlands abgeerntet. Die weißen Baumwollballen, die zum Transport fertig gemacht sind, leuchten aus der braun-gelb getönten Landschaft.

In **Pitoa** (17 km) gibt es Treibstoff.

Bei **km 76** ist **Sorawel** erreicht. In der Umgebung der Ortschaft finden sich die ersten Berge entlang der Straße, ab hier wird die Landschaft interessanter. In Sorawel gabelt sich die Straße: Geradeaus geht es nach Figuil (km 88) und Maroua, links kommt man nach Guider.

Abstecher nach Peské Bori

Eine Fahrt nach Peské Bori ist ein lohnender Umweg, jedoch zeitaufwendig. Einige 100 m vor der Gabelung der Teerstraße (s.o.) zweigt in Sorawel links eine Piste ab (schlechter Zustand, in der Trockenzeit mit Pkw passierbar) in Richtung Boussoum. **Interessante Landschaft** auf etwa 800–1000 m Höhe mit kahlen Hügeln, übersät von riesigen Felsblöcken wie ein großer Geröllhaufen. Hier lebt die Ethnie der Fali recht abgeschieden in ihren Dörfern. Bei der ersten Gabelung der Piste links fahren. Danach kommt nochmals eine Gabelung (beschildert): Rechts geht es nach Peské Bori, links nach Babouri. Fahren Sie rechts weiter, bis nach 39 km (ab Sorawel) Boussoum erreicht ist. Unterwegs sind teils felsige Streckenabschnitte anzutreffen, einige

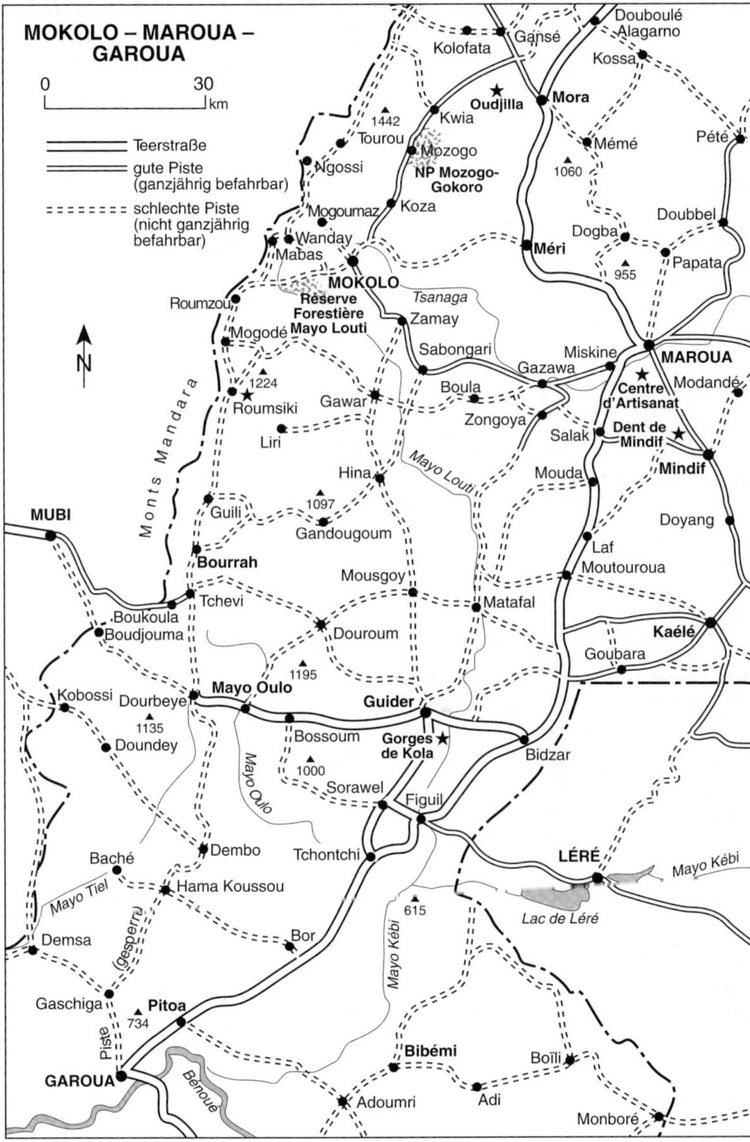
MOKOLO – MAROUA – GAROUA
0
30
km
Teerstraße
gute Piste (ganzjährig befahrbar)
schlechte Piste (nicht ganzjährig befahrbar)
N
Douboulé
Alagarno
Gansé
Kolofata
Kossa
Mora
Oudjilla
Kwia
1442
Tourou
Mozogo
NP Mozogo-Gokoro
Mémé
Pété
1060
Ngossi
Koza
Mogoumaz
Doubbel
Dogba
Wanday
Méri
Papata
Mabas
955
MOKOLO
Tsanaga
Roumzou
Réserve Forestière Mayo Louti
Zamay
Mogodé
Sabongari
Miskine
MAROUA
Gazawa
1224
Boula
Centre d'Artisanat
Modandé
Roumsiki
Gawar
Zongoya
Salak
Dent de Mindif
Liri
Mindif
Monts Mandara
Mayo Louti
Mouda
Hina
1097
Guili
Gandougoum
Doyang
MUBI
Laf
Bourrah
Moutouroua
Mousgoy
Tchevi
Matafal
Boukoula
Boudjouma
Douroum
Kaélé
Goubara
1195
Kobossi
Dourbeye
Mayo Oulo
Guider
1135
Doundey
Bossoum
Gorges de Kola
Bidzar
Mayo Oulo
1000
Sorawel
Figuil
Dembo
Tchontchi
Baché
LÉRÉ
Mayo Kébi
Hama Koussou
Mayo Tiel
615
Lac de Léré
Bor
Demsa
Mayo Kébi
(gesperrt)
Gaschiga
Pitoa
734
Piste
Bibémi
Boïli
GAROUA
Bénoué
Adoumri
Adi
Monboré

Der Norden

Mayos sind auf Furten zu überqueren; oft ist die Fahrt nur in Schritttempo möglich.

Die Verbindungsstraße Dourbeye – Guider ist geteert. Von Boussoum rechts sind es nach Guider noch 31 km, links geht es über Mayo Oulo (Markt am Donnerstag) in Richtung Norden nach Douroum (57 km, extrem schlechte Piste, auch in der Trockenzeit mit Pkw nur sehr langsam befahrbar).

Abstecher zu den Gorges de Kola

Am Ortsausgang von Sorawel links Teerstraße Richtung Guider (21 km). Einige Kilometer vor der Stadt rechts Piste zu den Gorges de Kola (ausgeschildert), die (wenige Kilometer) zum Mayo Louti führt. Von hier aus geht es zu Fuß im ausgetrockneten Flussbett (Trockenzeit!) zu den schwarzen Felsen, die man von ferne sieht. Schon bald befindet man sich in einer **Schlucht,** eingerahmt von bis zu 20 m hoch aufragenden Felsmauern, die das Wasser ausgewaschen hat. In der Regenzeit hat man manchmal die Chance, die Fischer bei ihrer teils riskanten Arbeit zu beobachten. Sie stürzen sich mit ihren Netzen in die Fluten zwischen den Felsen und versuchen, einzelne Fische zu fangen.

In Guider (s.u.) nach dem **CDE-SAARE** (Zentrum für endogene Entwicklung), B.P 67, in Wuro-Kessum fragen. Hier gibt es stets einen Führer, der einen bis zu den Gorges de Kola bringen kann. Auch ist dieses Zentrum ein Versuch, Entwicklung praktisch und endogen zu implementieren, indem aus den Traditionen heraus ein Ansatz gesucht wird, der Nachhaltigkeit gewährleistet.

Guider

Guider **(166.000 Einwohner)** ist der **Hauptort des Verwaltungsbezirks Mayo Louti.** Freitags wird ein interessanter Markt abgehalten. Neben Vieh werden vor allem Töpferwaren angeboten. Die Frauen von Guider sind bekannt für ihre geschickte Handwerkskunst. Berühmt sind auch die **Feste und Tänze der Guidar** (Ethnie), die jährlich im Oktober nach der Ernte stattfinden.

- **Infrastruktur:** In Guider gibt es ein Postamt, einen Arzt (Tel. 2275198), eine Apotheke, eine Katholische Mission, einen Busbahnhof (Sammeltaxis nach Maroua, Mokolo, Garoua u.a.) und eine Tankstelle.

Über die **Piste Richtung Bidzar** (21 km) erreichen Sie nach den Abstechern wieder die Hauptstrecke von Garoua nach Maroua, die weiterhin durch steinige und trockene Landschaft entlang einiger Dörfer führt. Im Dorf **Figuil** gibt es Wasser am Brunnen direkt hinter der **Tankstelle** (Treibstoff). Nicht zu übersehen ist die große Zementfabrik.

In Figuil geht es rechts ab in Richtung **Tschad.** Nächster Ort hinter der Grenze ist Léré. Dieser Übergang empfiehlt sich für Reisen in den Süden des Tschad.

In **Salak** befindet sich der **Flughafen von Maroua.**

Maroua

Maroua (400 m ü.NN) ist **Hauptort der Provinz Extrême Nord** und des Verwaltungsbezirks Diamaré. Die drittgrößte Stadt des Landes nach Douala und Yaoundé (ca. **207.000 Einwohner)** ist das „Herz“ des Nordens, **touristischer Hauptanziehungspunkt** und idealer Ausgangsort für Erkundungen in die

Fulbe-Mädchen in Maroua

Stadtplan S. 464

9018Mkam Foto: ed

nähere und weite Umgebung: Der Waza-Nationalpark, die Mandara-Berge und Rhumsiki sowie die Ebenen am Logone-Fluss können von hier aus an einem Tag erreicht werden. Aber auch die Stadt selbst hat viel zu bieten: neben guten Unterkunfts- und Versorgungsmöglichkeiten auch einige Sehenswürdigkeiten.

Die Stadt liegt an den Ausläufern der Mandara-Berge und an beiden Ufern des Mayo Kaliao. In der kurzen **Regenzeit von August bis November** spült der Fluss das Wasser aus den Mandara-Bergen herunter in die Ebene. Während der lange anhaltenden Trockenzeit führt der Fluss kein Wasser, zurück bleibt ein breites, sandiges Flussbett, das bis auf wenige Rinnsale ausgetrocknet ist. Mit Kalebassen schöpfen Frauen daraus ihre Eimer und Schüsseln voll und balancieren sie auf den Köpfen nach Hause. Einige waschen ihre Wäsche gleich vor Ort. Hirten treiben Rinder und Ziegen zum Schlachthof oder zu neuen Weiden. Den ganzen Tag über herrscht ein lebhaftes Hin und Her im breiten, sonnenverbrannten Mayo Kaliao.

Mit seinen schattigen Alleen (hauptsächlich Neem-, einige Mango- und Zedrach-Bäume), den einfachen Lehmhäusern der *Quartiers* und den vielen kleinen Handwerksbetrieben hat sich Maroua trotz seiner Größe einen ländlichen Charakter und eine recht **gemütliche Atmosphäre** bewahrt. Kaum ein Gebäude ist mehr als zwei Stockwerke hoch. Viele Verkehrswege sind nicht geteert, und Autos und Mofas wirbeln den ganzen Tag Staub auf. Es herrscht eine trockene Hitze, die aber angenehmer ist als z.B. in Garoua.

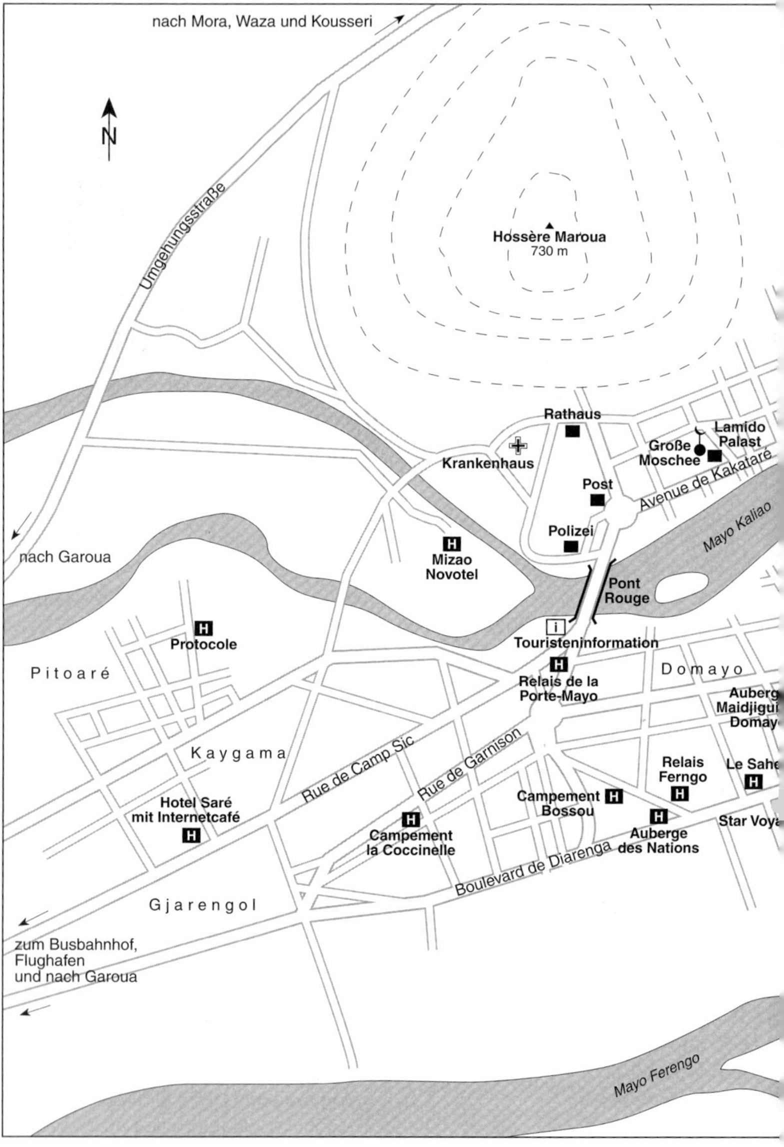
nach Mora, Waza und Kousseri
N
Umgehungsstraße
Hossère Maroua
730 m
Rathaus
Lamido
Palast
Große
Moschee
Krankenhaus
Post
Avenue de Kakataré
Mayo Kaliao
Polizei
nach Garoua
Mizao
Novotel
Pont
Rouge
Protocole
Touristeninformation
Pitoaré
Relais de la
Porte-Mayo
Domayo
Kaygama
Rue de Camp Sic
Rue de Garnison
Relais
Ferngo
Hotel Saré
mit Internetcafé
Campement
Bossou
Campement
la Coccinelle
Auberge
des Nations
Boulevard de Diarenga
Gjarengol
zum Busbahnhof,
Flughafen
und nach Garoua
Mayo Ferengo

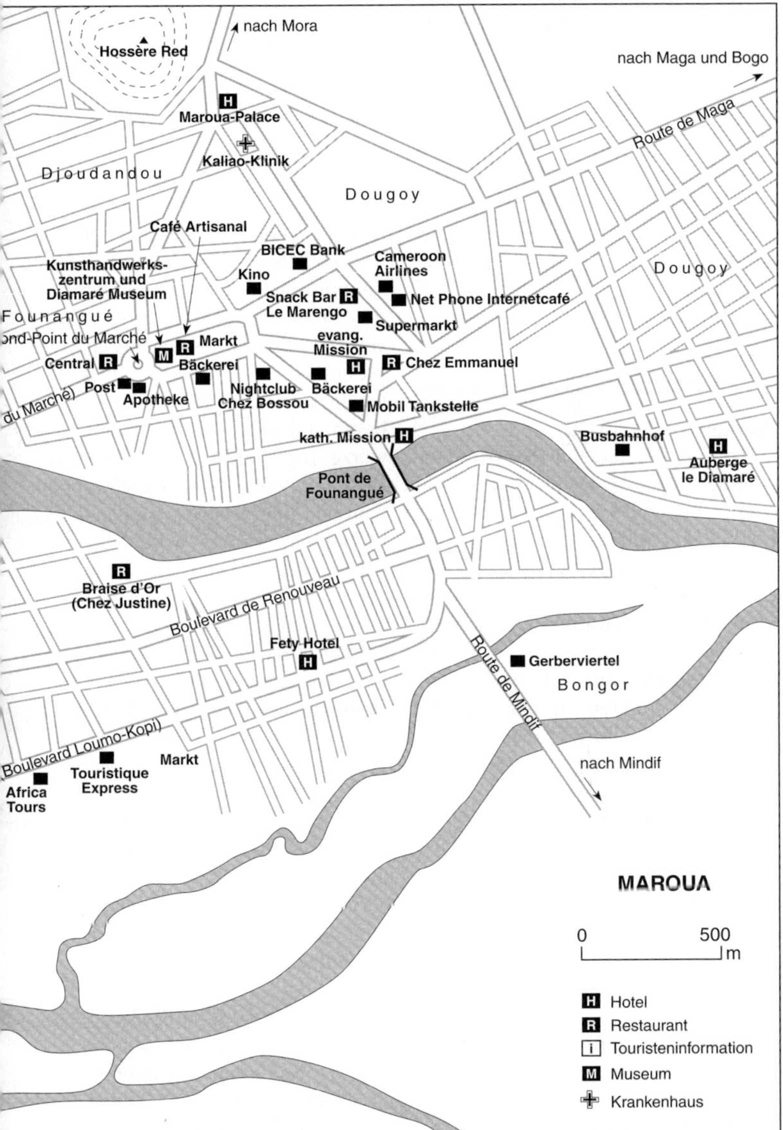
nach Mora
Hossère Red
nach Maga und Bogo
Route de Maga
Maroua-Palace
Kaliao-Klinik
Djoudandou
Dougoy
Café Artisanal
BICEC Bank
Cameroon Airlines
Kunsthandwerks-zentrum und Diamaré Museum
Kino
Dougoy
Snack Bar Le Marengo
Net Phone Internetcafé
Founangué
Supermarkt
ond-Point du Marché
Markt
evang. Mission
Central
Bäckerei
Chez Emmanuel
Post
Apotheke
Nightclub Chez Bossou
Bäckerei
du Marché)
Mobil Tankstelle
kath. Mission
Busbahnhof
Auberge le Diamaré
Pont de Founangué
Braise d'Or (Chez Justine)
Boulevard de Renouveau
Fety Hotel
Route de Mindif
Gerberviertel
Bongor
Boulevard Loumo-Kopi)
Markt
Touristique Express
Africa Tours
nach Mindif
MAROUA
0
500
m
Hotel
Restaurant
Touristeninformation
Museum
Krankenhaus

Maroua gehört zu den wichtigsten islamisch geprägten Städten des Landes, der Einfluss der Marabouts ist hier noch sehr lebendig. Die **Moscheen** sind wie überall im Norden Mittelpunkt des Stadtbilds. Aber auch wirtschaftlich und kunstgewerblich spielt die Stadt eine herausragende Rolle. Nirgendwo sonst im Land gibt es ein so ausgeprägtes **Handwerk** wie hier, es werden Stoffe gewebt, Leder gegerbt, es wird geschnitzt, getöpfert und geschmiedet.

Sehenswürdigkeiten

Diamaré-Museum

Direkt am Haupteingang des Marktes befindet sich links das Diamaré-Museum (Eintritt frei). Hier finden sich neben viel verstaubtem Ramsch auch einige interessante kunsthandwerkliche Gegenstände der Ethnien im Norden: Schmuck der Massa und Mousgoum, Tonpfeifen der Kapsiki, verzierte Kalebassen und alte Musikinstrumente. Verglichen mit anderen Museen (z.B. Yaoundé oder Foumban) ist dieses Museum jedoch nicht besonders sehenswert und etwas vernachlässigt. Man muss nach dem Schlüssel fragen.

Kunsthandwerkszentrum

Im rechten Flügel der Arkaden am Markteingang ist das Kunsthandwerkszentrum untergebracht, ein großes „Lager", in dem man Schmuck, Leder- und Holzarbeiten kaufen kann. Es scheint dort alles **speziell für Touristen** gefertigt zu sein. Schönere Gegenstände findet man (nachmittags) bei den Händlern auf der Terrasse des Hotels Porte Mayo. In jedem Fall sollte man kräftig um die Preise handeln.

Der Markt

Der Hauptanziehungspunkt Marouas ist der Markt, **einer der wichtigsten Kameruns,** der **täglich** stattfindet (großer Markttag am Montag). Man kann sich hier gut mehrere Stunden aufhalten und vor allem auch ausreichend mit Reiseproviant eindecken. Auf dem riesigen Areal befindet sich eine Vielzahl von Ständen, teilweise nach Waren geordnet. In kleinen Gassen, in die nur wenig Licht fällt, bieten die Händler bunte afrikanische Stoffe, Kleider, Gewürze, Töpfe und Elektrogeräte, Musikkassetten, Möbel, Früchte und Gemüse, Getreide und Fleisch an. Unzählige Kleinstunternehmer haben an allen Ecken und auf engstem Raum ihre Werkstätten: Töpfer, Mechaniker, Friseure, Metzger, Schneider, Schmiede, Gerber, Radioverkäufer, Fahrradvermieter. Viele der angebotenen Produkte stammen aus Nigeria und werden daher preiswerter angeboten als in anderen Städten des Landes. Jungen mit ihren *Pousse-Pousse*, den zweirädrigen Karren, haben sich am Rande des Marktes angesiedelt und fungieren als „Transportunternehmen". Der Markt wird vorwiegend von Fulbe besucht, aber auch von den verschiedensten Ethnien der Umgebung.

Die traditionellen Apotheken

Außerhalb des großen Marktes, entlang der Straße unter großen, schattigen Bäumen, haben die Naturheiler ihre traditionellen Apotheken aufgebaut.

Kräuterhändler und Pflanzenmediziner bieten „magische Arzneimittel" an: Kräuter, getrocknete Wurzeln, Rindenstücke, Pulversäckchen, Flaschen mit farbiger Flüssigkeit oder ungewöhnliche „Gris-Gris". Jedes Amulett hat seine besondere Wirkung, die der Apotheker gerne erklärt. Maroua ist bekannt für seine traditionelle Medizin und die vielen Marabouts.

Das Viertel der Gerber

Viel interessanter noch ist das Viertel der Gerber, die sich (wegen des penetranten Gestanks, der mit dieser Arbeit verbunden ist) draußen **am südöstlichen Stadtrand** niedergelassen haben (Tannerie traditionnelle, Ngassa; Eintritt: 3000 CFA). Vom Markt kommend fährt man zur Brücke über den Kaliao (Richtung Mindif), überquert diese und nimmt die dritte Abzweigung nach links. Nach etwa 500 m sieht man die große Baracke und den Eingang zum Gerberviertel. Gegen eine kleine Gebühr (1000–1500 CFA) wird Ihnen ein Führer die **einzelnen Arbeitsgänge** genau erklären und Sie auf dem weitläufigen Gelände herumführen. Fürs Fotografieren werden u.U. nochmals kleine Trinkgelder erwartet.

Bis zu den Knien stehen die **Gerber** in mit stinkender Gerbflüssigkeit gefüllten Erdlöchern und bearbeiten die verschiedenen Häute von Rindern, Schafen, Ziegen, Waranen, Python- und anderen Schlangen sowie Krokodilen in verschiedenen Arbeitsgängen. Dazu ist die Flüssigkeit mit unterschiedlichen Naturprodukten versetzt, z.B. Holzkohle, Kalk, dem Mist bestimmter Vögel oder den zerstampften Samenkörnern einer Akazienart. Die Tierhäute werden eingeweicht, gewaschen und abgeschabt, die Arbeit der Gerber ist überaus mühsam. Auf Gestellen oder an Leinen aufgehängt trocknen die Häute dann in der Sonne. Erst nach Tagen oder Wochen ist das jeweilige Stück fertig. Aus den gegerbten Häuten stellen die Handwerker in der Stadt Brieftaschen, leichte Sandalen, Schuhwerk, Taschen, Koffer und Gürtel her. Maroua ist weit über seine Grenzen hinaus für seine geschickte **Lederverarbeitung** bekannt. Wer sich mit Lederarbeiten eindecken will, der ist bei der Handwerkergenossenschaft am Zentralmarkt an der richtigen Adresse. Aber auch die kleinen Sattlerbetriebe in den *Quartiers* lassen sich bei ihrer Arbeit zusehen und fertigen auf Bestellung.

Am anderen Ende der Stadt arbeiten die **Schmiede.** Unter wellblechgedeckten Ständen wird gehämmert und gefeilt. Das Rohmaterial, Blattfedern oder anderes Alteisen, wird in einem Ofen geschmolzen. Die verarbeiteten Produkte werden gleich zum Kauf angeboten, zum Beispiel Hacken und Schaufeln, Sicheln, Messer, Nägel usw.

Gleich gegenüber liegt der **Schlachthof** Marouas, auf dem von morgens bis zum frühen Nachmittag gearbeitet wird. Das Vieh wird im Freien geschlachtet, an großen Haken sind die Fleischstücke aufgehängt und werden gleich vor Ort an die Händler verkauft.

Maroua ist ideal zum Ergänzen des Reiseproviants (es gibt sogar einen großen Supermarkt mit deutschem Besitzer, der Tiefkühlkost (!), Eis etc. führt, s.u.), zum Beschaffen von Ersatzteilen (gute Werkstätten!), für Ausflüge und Wanderungen in die Umgebung, für Begegnungen mit den freundlichen Menschen hier im Norden und zum Eintauchen in den afrikanischen Alltag. Doch sollte das quirlige Treiben auf den Märkten, das gute europäische Warenangebot und die üppige Vegetation mit großen Mangobäumen entlang der Straße nicht darüber hinweg täuschen, dass der **Norden sehr arm** ist, der ausgelaugte Boden der Savanne und Steppe nur noch die genügsamsten Tiere ernährt und die Bewohner der dürren, rissigen Erde nur mit Mühe die karge Hirseernte abgewinnen. Je weiter man nach Norden kommt, um so kürzer wird die Regenzeit. Maroua hat nur noch ein Fünftel der Niederschläge von Douala und Temperaturen um die 40°C. Die Flussläufe (Mayos) sind die meiste Zeit des Jahres ausgetrocknet.

Unterkunft

Hotels der Mittelklasse

• Motel Le Saré

B.P. 11, Tel. 9644044, 7586060 (beide mobil). Im besten Hotel Marouas (unter französisch-kanadischer Leitung) gibt es 12 klimatisierte Zimmer (ab ungefähr 25.000–40.000 CFA) mit Bad/WC, die hübsch mit Rattan eingerichtet und dekoriert sind. Außerdem verfügt das Le Saré über ein Restaurant, eine Bar und ein großes Schwimmbad in einem schönen, üppig grünen Garten. Das Hotel ist etwas außerhalb gelegen; zum Zentrum sind es 45 Minuten zu Fuß. Der Service im Hotel ist freundlich, es herrscht eine angenehme Atmosphäre in absolut ruhiger Lage.

• Mizao

B.P. 205, Tel. 2291300 sowie 9832609 und 9923280 (beide mobil), Fax 2291304. Etwas

WAkam Foto: rf

außerhalb des Zentrums. Das Hotel liegt ruhig am Ufer des Mizao-Flusses, 3 Min. vom Markt entfernt. Es gehört zur gehobenen Mittelklasse, ist jedoch schon etwas älter. Die weitläufige Anlage beherbergt einen Garten, einen Swimmingpool, einen Tennisplatz, eine Bar, ein Restaurant, einen Nachtclub und 54 Zimmer mit Klimaanlage und Dusche/WC ab ca. 22.000–38.000 CFA. Das Mieten von Fahrzeugen ist möglich.

• **Maroua Palace**

B.P. 381, Tel. 2291224 und 2291424, Fax 2291525, etwas außerhalb des Stadtzentrums. Relativ neues, etwas steriles, großes Hotel mit 53 geräumigen Zimmern mit Klimaanlage und Dusche/WC (ab ca. 20.000 CFA). Mit Restaurant (gutes Essen), Bar und schönem Swimmingpool. Offiziell hat das Hotel drei Sterne, aber eigentlich liegt das Niveau höher. Die Miete von Geländewagen ist möglich, und Ausflüge können organisiert werden.

• **Hotel Relais de la Porte Mayo**

B.P. 112, Tel. 2293356, 2292692 sowie 9855047, 9500149 (beide mobil), Fax 2292985, im Quartier Kaygama (zentral), kurz nach der Brücke über den Kaliao. Das Hotel unter deutsch-französischer Leitung bietet 22 klimatisierte Zimmer mit Dusche und WC (14.000–18.000 CFA). Kein Restaurant, eine Bar, eine Telefonkabine (auch für Auslandsgespräche) und Mahlzeiten für ca. 4000 CFA im gemütlichen Restaurant mit großer Terrasse. Auch wenn man nicht im Hotel wohnt, sollte man die ausgezeichnete Küche einmal probiert haben. Reinhard Visse und Evelyn Payen, die Leiter des Hotels, geben gerne Tipps für Unternehmungen in und um Maroua, vermitteln Führer und Autos. Im Garten des Hotels stellen Kunsthandwerker ihre Waren (u.a. Leder, Schmuck, Decken, Masken) aus. Hier macht man oft bessere Funde als auf dem Markt, jedoch sollte man kräftig verhandeln! Ein gemütliches Hotel mit freundlichem Service, das als Treff- und Anlaufpunkt eine der besten Adressen in Maroua ist. Herr Visse betreibt außerdem eine Autowerkstatt und vermittelt Ausflüge nach Rhumsiki und Umgebung. Geldwechsel ist im Hotel gegen Gebühr möglich, Kreditkarten werden nicht akzeptiert. Bietet kostenlosen Zubringerservice zum Flughafen.

Gerber in Maroua

Preiswerte Unterkünfte

• **Relais Ferngo**

B.P. 220, Maroua, Tel. 2292153, im Stadtteil Domayo gelegen. Das Hotel ist eine Dépendance des Hotel Porte Mayo; ebenfalls unter deutscher Leitung. 10 einfache und saubere Zimmer in Rundbungalows (ab ca. 5000–6000 CFA) mit Klimaanlage, Dusche/ WC sowie eine Bar. Reservierungen erfolgen über das Hotel Porte Mayo. Das Ferngo liegt gut erreichbar an der Einfallstraße nach Maroua (von Garoua kommend). Hier besteht auch die Möglichkeit zum Campen (ca. 1500 CFA pro Nacht). Das Personal ist sehr hilfsbereit und freundlich. Viele Mücken, aber dennoch empfehlenswert.

• **Auberge des Nations**

B.P. 384, Tel. 2292549, gleich in der Nähe des Relais Ferngo. 6 klimatisierte Zimmer mit Dusche und WC ab ca. 7500 CFA. Das Hotel ist sehr sauber und günstig; es gibt ein kleines gemütliches Restaurant mit Terrasse.

• **Auberge du Diamaré**

B.P. 529, Tel. 2292668, im Quartier Dougoy. Kleine, einfache, sehr saubere und recht ordentliche Unterkunft mit 14 Zimmern (davon 10 mit Ventilator, kaltes Fließwasser, Zimmer ab 4500–6500 CFA) und einem Restaurant. Dieses afrikanische Quartier ist eine gute Alternative zu den teuren Unterkünften der Stadt!

• **Hotel Protocole**

B.P. 429, Tel. 2291439. 5 klimatisierte, schöne und saubere Zimmer mit Dusche und WC (ab ca. 12.000–20.000 CFA), eine Bar und ein Restaurant (gute Küche, der italienische Besitzer braut einen ausgezeichneten Kaffee). Das Hotel ist steril und liegt etwas ungünstig, wenn man kein eigenes Fahrzeug hat (etwas außerhalb).

Hotel Fety
BP 543, Maroua, Tel. 2292913, 9832631 (mobil).

Auberge Maidjiguilao Domayo
B.P. 353, im Quartier Domayo (gut beschildert).

Chez Justine
18 sehr einfache und nicht besonders saubere kleine Zimmer mit Dusche (ohne Ventilator oder Klimaanlage, ab etwa 4500 CFA).

Baptisten-Mission
Neben dem Marché Central. Die Mission gibt evtl. auch Reisenden Quartier (Zimmer ab ca. 4000 CFA).

Campements

Campement La Coccinelle
B.P. 299, kein Telefon. 8 einfache und saubere Zimmer mit Ventilator oder Klimaanlage ab ca. 4500 CFA.

Campement Boussou
B.P. 13, im Quartier Domayo gegenüber der École publique. Das Campement bietet 8 strohgedeckte Boukarous mit Dusche (kalt) in einem kleinen Innenhof. In der sehr preiswerten und einfachen Unterkunft ohne Restaurant kosten Zimmer ca. 3000 CFA.

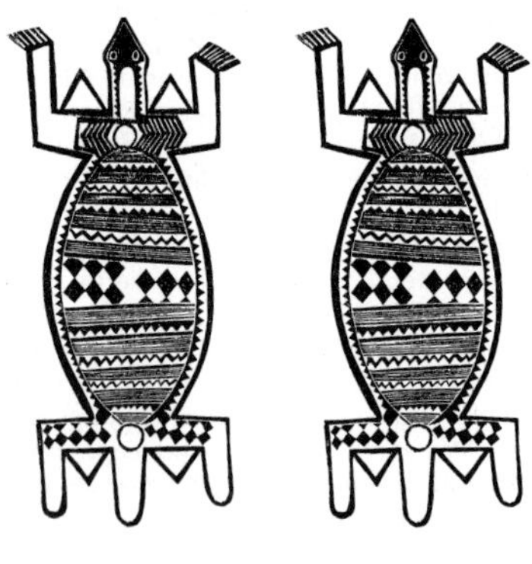

Essen und Trinken

Restaurant Hotel Porte Mayo
Im Hotelrestaurant des Porte Mayo wird auf einer schönen Gartenterrasse ausgezeichnete europäische Küche serviert; hier treffen sich viele Europäer. Gericht ab 6500 CFA.

Restaurant Hotel Le Sahel
Schräg gegenüber SODECOTON; relativ neuer Komplex, der die lokale Architektur aufwertet (Case obus) und über ein wunderschönes Restaurant verfügt.

La Braise d'Or (Chez Justine)
An der Straße vom Relais Ferngo zum Stadion. Im Circuit mit kleinem Innenhof wird man sehr nett empfangen. Es gibt kamerunische Küche: *Poulet braisé, Capitaine* (Fisch), *Ndolé* (Gerichte zwischen 800 und 3500 CFA). *Justine* berichtet gerne die letzten Neuigkeiten aus Maroua.

Chez Moussa
An der Route de Maga. Gute Salate, Brochettes, Poulet und Pasta ab ca. 1000 CFA.

Chez Audi
An der Straße zwischen Pont de Founangue und Markt. Lokale Küche ab ca. 1500 CFA.

Chez Emmanuel
Tel. 9870226 und 2291995 (mobil). Gegenüber der evangelischen Mission.

Restaurant Baobab
In der Nähe der BIAO-Bank. Etwas teuer, aber sehr gut.

Café Artisanal
In dem Lokal gegenüber dem Centre Artisanal am Markt wird gute afrikanische Küche zubereitet.

Restaurant des Motels Le Saré
Haus im Kolonialstil, geschmackvoll dekoriert mit lokalem Kunsthandwerk, ausgezeichnete Küche, aber sehr teuer.

Jardin Djarengol
Der Jardin Djarengol liegt etwas außerhalb der Stadt in Richtung Mora. Empfehlenswert.

New Style
Restaurant und Bar; es wird auch getanzt.

Snack Bar Le Marengo
Die empfehlenswerte Snackbar liegt schräg gegenüber von Cameroon Airlines und hinter dem CGD-Supermarkt.

Moussa Kassaryel
Tel. 2292220. Kamerunische Küche.

Nachtleben

- **DAC**
Der Nachtclub der gehobeneren Art hat ab 22.30 Uhr geöffnet (Eintritt 1600 CFA).
- **Chez Boussou**
Bar-Dancing, hinter dem großen Markt.
- **Soko Village,** Tanz im Innenhof, Nachtbar.
- **Mizao,** Nachtclub im Hotel Mizao.

Erkundigen Sie sich vor dem Besuch eines Nachtclubs über dessen aktuellen Ruf, um keine böse Überraschung zu erleben!

Krankenhaus/Notarzt

- Tel. 2291010 (Hospital).
- In ernsteren Fällen empfiehlt sich die Fahrt zum 60 km (Piste) entfernten **Hôpital de Petté** nordöstlich von Maroua, geleitet von einer Schweizerin, Frau *Dr. Schönenberger,* B.P. 65, Maroua, Tel. 2292178, Fax 2291184. Hier steht eine OP-Abteilung auf westlichem Sterilitätsniveau bereit.

Apotheken

- **Pharmacie du Centre,** Tel. 2291209.
- **Pharmacie Ferngo,** Tel. 2291543.

Flüge

- **Flughafen** ca. 20 km außerhalb Marouas. Es fahren Zubringerbusse des Hotels Relais de la Porte Mayo (für Gäste kostenlos) zum Flughafen; ansonsten ist es schwierig, dorthin zu gelangen, da Taxis rar sind. Wenn Sie eins erwischen, müssen Sie für die Fahrt etwa 1500 CFA bezahlen.
- **Cameroon Airlines**
Tel. 2291050 (Reservierungen), Tel. 2291021 (Flughafenbüro), Büro in der Stadt schräg gegenüber vom CGD Supermarkt. Hier kann man Infos zum Flugverkehr bekommen.

Busse/Sammeltaxis

- Vom Gare routière starten Busse und Sammeltaxis nach **Garoua** (197 km), **Ngaoundéré** (493 km), **Mora** (60 km), **Kousséri** (260 km) und **Mokolo** (80 km), jeweils auf guter Teerstraße. Ferner von/nach Yagoua, Guider, Bogo, Kaélé, Maga, Méri und in andere Orte.
- Die **Agences de Voyage** (Reisebusse) halten nicht mehr am Gare routière. Ihr Hauptquartier ist die Straße der SODECOTON.

Preisbeispiele (in CFA):
- Maroua – Garoua: ca. 2500
- Maroua – Kousséri: ca. 3500
- Maroua – Ngaoundéré: ca. 5000
- Maroua – Mora: ca. 1000

Stadttaxis/Mofas

Innerhalb Marouas verkehren keine Stadttaxis, sondern Mofa-Taxis. Mofas und Taxis können auch für einen halben oder ganzen Tag angemietet werden (Preis vereinbaren).

Rund ums Auto

Mietwagen

- Erkundigen Sie sich im Hotel Porte Mayo bei Herrn **Reinhard Visse (Porte Mayo Voyages,** Tel. 2293356). Ein Auto mit Fahrer kostet pro Tag ca. 40.000 CFA (Nebensaison: ab 30.000 CFA).

Autowerkstätten

- Fragen Sie bei *Reinhard Visse* (s.o.) nach oder bei der Baptisten-Mission bzw. der „Vereinigten Cameroun/Tschad-Mission" (von Maroua Richtung Nordosten).

Straßenverbindungen

- Maroua liegt an der Hauptverkehrsverbindung (Teerstraße) von Ngaoundéré über Garoua nach Norden. Nach Norden und Süden steht also ein guter Verkehrsweg zur Verfügung, in Richtung Osten und Westen dagegen nur Pisten.

Tourveranstalter

- **Touristenführer Yaouba Mataba,** Tel. 792 7571 (mobil), youabamataba@yahoo.fr. Ein freundlicher, ruhiger und bescheidener Chauffeur, der sich in der Gegend hervorragend auskennt. Unbedingt empfehlenswert!

- **Jean-Luc Sini,** B.P. 508, Maroua, Tel. 2293356, 9855328 (mobil), Fax 2292922, oder via Hotel Porte Mayo und Relais Ferngo. *Jean-Luc* kennt sich hervorragend aus, organisiert Touren in Maroua, Mokolo und Rhumsiki, im Sammeltaxi oder zu Fuß. Er kümmert sich um ein Mietauto, gibt ausgezeichnete Informationen zu Tradition und Kultur der Ethnien in den Mandara-Bergen und kennt schöne Plätze, zu denen er Besucher auf Tagesausflügen oder mehrtägigen Touren führt. Sie sollten jedoch kräftig um den Preis verhandeln, denn mittlerweile ist er ziemlich bekannt und zum veritablen Geschäftsmann geworden. Außerdem berichten Leser, dass er neuerdings äußerst rüde mit lästigen Konkurrenten umzugehen pflegt.
- **Cameroun Extreme Nord Safari**
Tel. 2293356.
- **FAGUS Voyages**
B.P. 352, Tel. 9861871 (mobil), E-Mail: fagusvoyages@bluewin.ch, fagusvoyages@runbox.com, www.fagusvoyages.com.
- **PTCAM Safari Kirdi**
B.P. 90, Maroua, Extreme-Nord Cameroun, Tel. 7644831, 9554556 (beide mobil), E-Mail: dabala@marouanet.com. Von mehreren Lesern empfohlen, verfügen über einen Geländewagen.

Sonstiges

- **Banken:** Die Banken wechseln keine US-Dollar in bar. **BICEC,** Tel. 2291196, Fax 2293376
- **CGD Supermarkt**
In diesem Supermarkt unter deutscher Leitung gibt es Gaskartuschen, Campingausrüstung, Lebensmittel u.v.m., was das westliche Herz begehrt. **Wechsel von Euro** ist ohne Gebühr schnell und problemlos möglich. Auch für Auskünfte ist der Supermarkt eine gute Adresse.
- In Maroua gibt es außerdem noch ein **Postamt.**
- Internetzugang ist möglich, allerdings nur über Handy – ein kosten- und zeitaufwendiges Unterfangen!

Ausflüge

Maroua ist durch seine Lage idealer Ausgangspunkt für verschiedene Unternehmungen. Wer kein Fahrzeug zur Verfügung hat, kann sich ein Auto mieten (z.B. im Hotel Porte Mayo oder in der Stadt). (Karte: IGN NC-33, Garoua, 1:1 Mio.)

Hosséré Maroua (730 m)

Vom Stadtviertel Zokok aus bietet sich die Möglichkeit zu einer **Wanderung** auf den Hosséré Maroua; hin und zurück sind ungefähr 3 Stunden einzuplanen. Der schöne Blick über die Stadt und die Diamaré-Ebene, bei gutem Wetter bis zum Dent de Mindif, lohnt die Exkursion.

La Dent de Mindif

Dieser lohnende Ausflug in das 25 km entfernte Mindif dauert etwa einen halben Tag. Die **Bergspitze,** die völlig allein stehend aus der weiten Ebene ragt, ist schon von weitem erkennbar. Sie hat die Form eines „Wolfszahnes", daher auch der Name Dent de Mindif. Kommt man dem vulkanischen Felsen näher, erkennt man, dass er großteils aus riesigen zusammengewürfelten Felsbrocken besteht. Es gibt keinen Pfad auf den Berg, jedoch ist eine Wanderung bis zum zweiten Gipfel möglich (Vorsicht vor losem Gestein!).

Am Fuß des Berges liegt der Ort Mindif (35.000 Einwohner). Die **Auberge de Mindif** (etwas außerhalb des Dorfes in Richtung Maroua) bietet einfachste Unterkunft. Die Umgebung wird von Strauchsavanne und vielen Feldern dominiert, neben Hirse wird hauptsächlich Baumwolle angebaut.

Ausflüge in die Mandara-Berge und in das **Tal des Logone** (s.u.) sind entweder als Tagesausflüge oder als mehrtägige Fahrten möglich. Für Rundfahrten im Norden sollte man sich unbedingt **an den Markttagen orientieren** – es lohnt sich!

Die Logone-Ebene

Die **Rundfahrt von Maroua über Bogo, Maga, Pouss und zurück über Yagoua und Mindif** ist mit über 300 km für einen Tagesausflug zu weit. Empfehlenswert und lohnend ist aber ein eintägiger Abstecher von Maroua nach Maga und Pouss.

Maroua – Maga – Pouss – Yagoua

Bester Tag für diese Tour ist **Dienstag (Markttag** in Pouss). Unterwegs gibt es keine Tankstelle und keine Versorgungsmöglichkeiten (Trinkwasser und Proviant mitnehmen!).

Man verlässt Maroua auf der guten Piste nach **Bogo (36 km),** einer von Bäumen bestandenen Allee durch recht eintönige, flache Landschaft. In Bogo (50.000 Einwohner) wird der schöne **Sonntagsmarkt** (Pferde und Rinder) hauptsächlich von Fulbe- und Kirdi-Händlern besucht.

Hinter Bogo finden sich kaum mehr Bäume, in der weiten Ebene öffnen sich große Hirsefelder bis zum Horizont, die kleinen Dörfer sind von Lehmmauern umgeben. Zwischen Bogo und Guirvidig verläuft eine Teerstraße (aufgrund der Anbindung an die Reisfabrik).

In **Guirvidig (km 67)** findet samstags ein schöner, bekannter **Fischmarkt** statt, auf dem sich Fulbe und einige wenige Mousgoum (Ethnie) aus der Region versammeln. Das Dorf selbst mit Lehmmauern und vielen Bäumen ähnelt denen der Umgebung.

Die Piste führt nun weiter durch eine **weite Überschwemmungsebene** Richtung Logone-Fluss, der von Yagoua bis hinauf zum Tschad-See die Grenze zum Tschad bildet. Hier wachsen keine Bäume mehr, entlang der Route sind zahlreiche riesige Reisfelder zu sehen. Nach etwa **70 km** erreicht man rechts einen **Damm,** der den Maga-See begrenzt. Die Piste, die sich oft in vielen einzelnen Wegen verliert, führt auf der vom Damm geschützten Seite entlang. Auf Teilstücken ist es auch möglich, oben auf dem Damm zu fahren. Keinerlei Beschilderungen bestehen, daher notfalls nach dem Weg fragen. In dieser Region ist es nützlich, einige Worte Fulfulde zu sprechen, denn Französisch wird kaum verstanden.

Maga-See und Maga

Der Maga-See ist ein **künstlich überflutetes Gebiet** und dient der kontrollierten **Bewässerung von Reis.** Der Logone wird hier zu einer riesigen Wasserfläche angestaut, die durch Schleusen je nach Jahreszeit regulierbar ist und deren Ausdehnung entsprechend schwankt. Vor dem Bau dieses Stausees wurde die Region jährlich in der Regenzeit vollkommen überflutet, heute ist hier ein Reisanbau mit zwei Ernten im Jahr und guten Erträgen möglich.

Kurz vor dem Ort **Maga (km 83)** befindet sich linker Hand die Reisverarbeitungsanlage S.E.M.R.Y. Sie leidet unter wirtschaftlichen Schwierigkeiten durch billigeren Reis aus Ostasien.

Der **Ort selbst ist nicht sehenswert,** die Häuser sind relativ modern mit vielen Wellblechdächern; nur noch zwei ziemlich verfallene Cases obus stehen hier. Schönere Bauten finden sich hinter Pouss.

Nahe Maga kann man sich am See eine **Piroge mieten** (Preis verhandeln, eine Piroge kostet ca. 20.000 CFA) und mit den Fischern hinausfahren zu kleinen Inseln. Überprüfen Sie die Piroge vorher auf ihren Zustand. Dieser lohnende Ausflug dauert etwa 3 bis 4 Stunden (Trinkwasser und Proviant mitnehmen). Der Ort, wo man Flusspferde beobachten kann, ist ca. 1½ Std. entfernt. Vorsicht bei billigeren Pirogen-Angeboten: Die Fischer fahren weniger weit und bedauern dann, dass es gerade heute keine Flusspferde gebe ...

Vom Ufer aus vermutet man nur eine endlose Wasserfläche, es finden sich jedoch viele kleine Fischerdörfer auf hübschen, grünen Inseln. Der See ist meist sehr flach, unterwegs trifft man viele Fischer. In diesem **Vogelschutzgebiet** beobachtet man Reiher, Kraniche, Pelikane, Ibisse und andere Vogelarten, ab und zu lassen sich ein paar Hippos blicken. Während der Regenzeit sind die Inseln zum Teil überflutet, dann ziehen die Bewohner weiter und bauen sich anderswo ihre saisonalen Hütten.

Die Menschen gehören zur **Volksgruppe der Mousgoum,** einige wenige darunter tragen noch ihren traditionellen Mund- und Nasenschmuck. Früher „schmückten" sich die Frauen diverser Ethnien entlang des Logone, so die Mousgoum und Massa, mit Lippenpflöcken. Von Jahr zu Jahr setzten sich die Frauen größere Pflöcke ein, so dass ihre Lippen mit der Zeit Tellergröße erreichten. Die französische Kolonialregierung verbat Mitte der 1950er Jahre diesen Brauch. Heutzutage sieht man nur noch selten ältere Frauen mit kleineren Pflöcken. Es wird angenommen, dass man sich durch diese Art der Verunstaltung ursprünglich vor den islamischen Sklavenjägern aus Bornou, Baguirmi (Tschad) und den Fulbe-Staaten schützen wollte.

Am gegenüberliegenden Ufer liegt das Dorf **Vourgoumandji.** Von Maga ist mittwochs ein Transport per Boot möglich, denn mittwochs findet dort den ganzen Tag ein großer **Fischmarkt** statt. Vourgoumandji ist von Guirvidig aus auch über Piste zu erreichen (vor Ort nach dem Weg fragen).

Der Maga-See ist recht fischreich (Welsen, Karpfen, „Capitaine"-Fische), gefischt wird in der Regel mit Netzen (Fischverbot von Mai bis Juli).

Unterkunft:

- **Safari Danay**

B.P. 33, Tel. 9914434 (mobil). Es gibt Doppel- oder Einzelzimmer. Preise ab 25.000 CFA. Hier sind auch Pirogen zu mieten (bis 4 Personen ca. 20.000 CFA).

Cases obus,
Kuppelbauten der Mousgoum

005kam Foto: rf

● **Auberge du Lac**
6 Zimmer. Preise 6000–10.000 CFA.
● **Campement Bossou**
Am Ortseingang links. 6 sehr einfache Zimmer, ca. 3000 CFA, zentrales Plumps-Klo.

Von Maga aus führt die Piste 12 km weiter nach Pouss. Auch hier verliert sich der Sandweg oft im Nichts, ggf. muss man sich nach dem Weg erkundigen. Unterwegs sind viele Dattelpalmen, kleine Siedlungen mit Rund- und Vierkanthütten, meist strohgedeckt und von Lehmmauern umgeben, zu sehen. Die Lehmspeicher haben hier die Form von großen Krügen. Die Landschaft ist extrem flach und weit, belebt durch das intensive Grün der Reisfelder.

Bei **km 93** ist **Pouss** erreicht.

Pouss

Pouss ist ein **hübsches Dorf** unter Palmen und das **Zentrum der Mousgoum.** Dienstags wird hier der große, farbenfrohe und sehenswerte **Markt** abgehalten. Interessante Volksgruppen finden sich ein, darunter die von weit her kommenden Mbororo, Massa, Tpuri und die hier beheimateten Mousgoum. Letztere fallen besonders auf durch ihre Körpergröße (die Männer erreichen oft zwei Meter), ihre feinen Gesichtszüge und die Schmuckfarben im Gesicht.

Der **Markt von Pouss** ist einer der belebtesten des Nordens, interessant vor allem wegen der verschiedenen Ethnien. Das Angebot besteht aus Ge-

Die Mandara-Berge

Eine der schönsten und ursprünglichsten Landschaften des Nordens liegt westlich von Maroua: die **Monts Mandara,** die **bis zu 1500 m** aufragende Berg- und Felslandschaft entlang der Grenze zu Nigeria. Hier leben die interessantesten Ethnien des Nordens, etwa 44 verschiedene, in ihren **Rundhüttendörfern** über die Hänge verstreut. Den steinigen, trockenen Boden bearbeiten sie in Terrassenkultur für ihren Hirseanbau und haben große Mühe, das nötige Wasser zu finden. Die Ernte lagern sie in der langen und heißen Trockenzeit in weithin sichtbaren, strohgedeckten Hirsespeichern. Von Dorf zu Dorf ändert sich hier die Sprache, von Hügel zu Hügel die Ethnie, die Kultur und Tradition.

Der **Tourismus** hat in den Mandara-Bergen schon seine Spuren hinterlassen. **Rhumsiki,** inmitten einer unwirklich erscheinenden vulkanischen Mondlandschaft platziert, ist Ziel jeder Rundreise, so dass sich die Kinder gleich bei Ankunft in Scharen um den Besucher drängen und nach „cadeaux" rufen. Besonders schlimm gebärden sich allerdings die Kinder in den Dörfern südlich und nördlich von Rhumsiki. Das geht soweit, dass die Touristen durch Winken, Schreien, Steinwürfe etc. zum Halt genötigt werden; in die Schlaglöcher der Straßen geworfene Grasbüschel und Zweige, als „Straßenreparatur" ausgegeben, sollen die Entrichtung eines Wegezolls rechtfertigen! Allerdings: Rhumsiki verdient wenigstens an den Touristen, die anderen Dörfer werden nur durchfahren, außer Staub und womöglich ein paar überfahrenen Hühnern bleibt nichts.

Die traditionellen „Sicheltänze" der Frauen des Dorfchefs von Oudjilla sind mittlerweile zur Touristenfolklore verkommen. Doch gibt es für Reisende, die sich dieser Region einfühlsam nähern, noch genügend zu entdecken. Besonders wer zu Fuß im Bergland unterwegs ist, kann vieles über den Alltag im Dorf erfahren, über Ahnenglauben und Naturheilkunde, überlieferte Traditionen, Handwerk und die Mühen, die das Leben in dieser unwirtlichen Region zeitigt.

Wer nicht im eigenen Fahrzeug, sondern per Sammeltaxi unterwegs ist, sollte sich **an den Markttagen orientieren,** an denen Transportmöglichkeiten relativ zuverlässig gegeben sind (Hin- und Rückfahrt meist am gleichen Tag). An anderen Tagen sind besonders die kleinen Ortschaften nur schwer zu erreichen.

Hinweis: Das vielerorts in Flaschen abgefüllte, am Straßenrand angebotene Benzin ist Schmuggelware aus Nigeria und qualitativ schlecht. Tankstellen gibt es in Mokolo und Mora.

Eine sehr detaillierte **Karte** dieser Region ist die IGN Mokolo, Blatt NC-33-XIV, 1:200.000; sie ist evtl. im Geographischen Institut in Yaoundé erhältlich (oder fragen Sie *Reinhard Visse* im Hotel Porte Mayo in Maroua, ein Bekannter von ihm ist Geograph und hält einige Karten vorrätig).

würzen, Hirse, Reis, traditioneller Medizin, Fischen und auch Vieh. Es herrscht vor allem in den Morgenstunden ein reges Treiben.

Sehenswert ist auch der **Lamido-Palast** in Pouss. Der Saré ist großräumig gebaut mit vielen Zimmern und Durchgängen, die mit Strohmatten verhängt sind. An der Außenwand wurden verschiedene aus Lehm geformte Motive, stilisierte Tiere und Symbole angebracht. Auf Anfrage kann man evtl. das Innere des Palastes besichtigen.

Von Pouss geht es über ein Labyrinth von Pisten weiter in Richtung Mourla. Auf dieser Strecke entdeckt man unterwegs noch einige vereinzelte **Cases obus,** die bemerkenswerten, kunstvollen **Kuppelbauten der Mousgoum.** Dieser Haustyp der wegen seiner Form „obus" (= Granate) genannt wird, ähnelt einem erdfarbenen Kegel; die Häuser sind aus einem Lehm-Stroh-Gemisch gebaut. Die auffälligen Ausbeulungen an der Außenwand dienen als „Leitern" zur Konstruktion des Gebäudes, als Wasserrillen und als Strebepfeiler. Die bis zu sieben Meter hohen Hütten sind weder durch Fundamente noch durch Verstärkungen gestützt, der Zusammenhalt erfolgt lediglich durch die Mischung von Stroh und Pflanzenmasse mit der lehmhaltigen Erde, die von der Sonne gebrannt wird. **„Baumeister" sind die Frauen,** die das Gebäude wie eine Töpferarbeit formen und später ständig reparieren. Die Luft- und Lichtzufuhr erfolgt durch eine winzige Tür und eine runde Öffnung an der Spitze des Gewölbes, die auch den Kamin für die Feuerstelle im Inneren darstellt. Wenn es regnet, wird sie mit einer Matte verschlossen. Der Boden besteht aus gestampfter Erde. Der Bau einer Case obus benötigt mindestens einen Monat harte Arbeit.

Die wenigen verbliebenen traditionellen Mousgoum-Häuser verfallen oder werden heute nur noch als Hirsespeicher benutzt. Ihren Platz als Wohnhäuser nehmen gewöhnliche Vierkant- oder Rundhäuser mit Stroh- oder Wellblechdach ein, deren Bau nur wenige

BILD94kam Foto: rf

Dorf in den Mandara-Bergen

Der Norden

Tage erfordert und die außerdem dem Regen besser standhalten.

Richtung **Mourla (km 97)** führt die Piste entlang des Bewässerungskanals, in dem die Bewohner der kleinen umliegenden Dörfer baden und fischen. Hier gibt es keine weiteren Cases obus mehr, und die Strecke ist nicht besonders interessant. Im Gewirr der verschiedenen Pfade verfährt man sich leicht, immer wieder muss der Weg in Erfahrung gebracht werden. Folgt man dieser Piste, erreicht man entlang des Logone-Flusses den Ort **Logone-Birni** und etwas später **Kousséri,** die Grenzstadt zum Tschad.

Von Pouss aus Richtung Süden folgt die Piste dem schönen Logone-Fluss, den man allerdings von der Straße aufgrund eines kleinen Dammes kaum sieht. Vom Damm aus blickt man hinab auf den riesigen Strom, der während der Trockenzeit von großen Sandbänken eingesäumt wird. Im Dorf **Zébé** zweigt rechts die 8 km lange Piste nach Yagoua ab (Distanz Pouss – Yagoua: 69 km).

Hinweis: Man kann die Strecke von Pouss nach Yagoua auch mit einer angemieteten **Piroge** auf dem Logone zurücklegen, von Yagoua verkehren Sammeltaxis nach Maroua.

Yagoua

Yagoua **(118.000 Einwohner)** ist **Hauptort des Verwaltungsbezirkes Mayo-Danay und Grenzort zum Tschad** (Bongor). Die Grenze ist generell passierbar, jedoch benötigt man im Tschad eine Reisegenehmigung, die man nur in der Hauptstadt N'Djaména erhält. Ein Grenzübertritt ist daher nur bei Kousséri möglich.

Die Stadt Yagoua liegt auf zwei Hügeln zu beiden Seiten des Flusses **Mayo-Danay.** Dieser Fluss mündet 15 km östlich der Stadt in den Logone. Hier leben die Ethnien Massa, Mousgoum und Tpuri, die zumeist afrikanischen Religionen anhängen. Die Massa sind bekannt für ihr **gemeinschaftliches Fischen,** das **im Mai** stattfindet. Zu diesem jährlich stattfindenden Spektakel versammeln sich einige Tausende, um mit Reusen, Netzen und Harpunen auf Fang zu gehen.

Unter der Woche ist es recht ruhig in Yagoua, das vom Reisanbau lebt (auch hier eine Reisfabrik S.E.M.R.Y.). In der Umgebung des Ortes dominieren folglich weite Flächen von Reisfeldern. Am Donnerstag, dem Markttag, lebt die Stadt auf, und im regen Pirogen-Verkehr werden Händler und Güter transportiert.

- **Unterkunft:** In Yagoua sind **Missionen** ansässig, bei denen man eventuell übernachten kann.
- **Infrastruktur:** Im Ort gibt es (außer dem Markt) noch eine Tankstelle (manchmal ohne Treibstoff!) und einen Gare routière.

45 km südlich von Yagoua (Piste via Dana und Bangana) liegt der schöne **Fianga-See** bei Guiri an der Grenze zum Tschad.

Sehr lohnend ist der Besuch des Wochenmarktes am Mittwoch in **Doukoula** und vor allem in **Datchéka** (65 km ab Yagoua). Die Umgebung ist trocken und sandig, die Vegetation spärlich. Die Piste via Bougay (Markt am Donnerstag) ist in der Trockenzeit mit Pkw passierbar. Die beiden Orte Datchéka und Doukoula bilden die Zentren der **Tpuri-Volksgruppe** in Kamerun. In Datchéka versammeln sich am Markttag viele Tpuri zum Kauf und Verkauf ihrer Waren. Obwohl der Einfluss des Islam in dieser Gegend groß ist, halten die Tpuri noch immer an ihrem Ahnenglauben und ihren Traditionen fest. Im Übrigen handelt es sich bei ihnen um ausgesprochen schöne Menschen mit feinen Gesichtszügen und besonderem Schmuck.

Übernachtungsmöglichkeiten gibt es in Doukoula in Chambres de passage oder in der Katholischen Mission.

Hinweis: Das in der Nähe von Yagoua gelegene, auf der Karte eingezeichnete **Kalfou-Reservat** ist keinen Ausflug wert. In der gesamten Umgebung, vor allem in Flussnähe, sind allerdings sehr interessante Vögel zu bestaunen.

Maroua – Mokolo

- **78 km** Teerstraße. Die Strecke über Gazawa ist empfehlenswert, die über Méri eine schlechte Piste und, außer am Markttag (Samstag), nicht sehr interessant.

Man verlässt Maroua in Richtung Garoua und zweigt nach 8 km rechts ab. Eine gute, neu ausgebaute Teerstraße führt in das 20 km entfernte Dorf **Gazawa** (samstags großer Rindermarkt), das von zahlreichen Seen und Felsen umgeben ist. Hier zweigt auch die Piste nach Guider in Richtung Süden ab.

Auf der Weiterfahrt säumen Hirse- und Baumwollfelder den Weg, die ersten Mafa-Hütten tauchen auf, und die bizarren Fels- und Geröllberge der Mandara rücken näher. Kurz vor Mokolo steigt die Straße in einigen Kurven an, von der Anhöhe öffnet sich ein weiter Blick auf die schöne Landschaft mit Gebirgszügen am Horizont. Die Vegetation ist spärlich: etwas Grasland und wenige Bäume.

In **Zamay,** 18 km vor Mokolo, folgt nochmals eine Abzweigung nach Süden Richtung Guider (via Hina), die Piste ist schlecht, aber befahrbar. **78 km** hinter Maroua erreicht man **Mokolo** (durchwegs gute Teerstraße).

Mokolo

Mokolo, trotz der **147.000 Einwohner** eine ruhige Stadt, ist **Hauptort des Verwaltungsbezirks Mayo-Tsanaga** und liegt in 700 m Höhe. Mokolo breitet sich weitläufig in einer Ebene aus, die von den Hügeln und Felsbergen der Mandara-Kette umgeben ist. Hier liegt das **Zentrum der Mafa** (Ethnie), deren kleine Sarés sich an die umliegenden Hänge schmiegen und mit ihren erdfarbenen Lehmmauern und spitzen Hirsestroh-Dächern kaum von der Landschaft abzeichnen.

Besonders in den letzten Jahren entwickelte sich Mokolo zu einer richtigen Stadt mit Ministerien, einem Krankenhaus etc.

Trotz seiner Größe hat Mokolo jedoch nichts von seinem **ländlichen Charakter** verloren. In den kleinen Gassen abseits des Ortszentrums findet man noch traditionelle Lehmarchitektur. Meist wird der Ort nur auf der Durchreise aufgesucht, denn Mokolo bietet **nichts sonderlich Interessantes für Reisende.** Die Ausnahme ist - wie üblich - der **Markttag (Mittwoch),** wenn sich eine bunte Menschenmenge mit Händlern aus Nah und Fern trifft. An den Markttagen geht es in den Hirsebierbars neben den Märkten besonders bunt und interessant zu. In Kürze soll in Mokolo ein kleines Kunstmuseum eröffnet werden.

Unterkunft

● **Campement le Flamboyant**
B.P. 22, Tel. 2295585; von Maroua aus kommend, sieht man rechts eine Tankstelle, dahinter Abzweigung auf Piste nach rechts, gleich hinter der Tankstelle liegt das Campement. Im Campement gibt es einige klimatisierte Boukarous mit Dusche/WC (ab ca. 14.000 CFA, keine Klimaanlage), die Platz für zwei Personen bieten, ein Restaurant (europäische sowie afrikanische Gerichte auf Vorbestellung) und eine Bar. Auf dem Gelände ist Camping für ca. 8000 CFA/2 Personen möglich.

● Etwas außerhalb, hinter der Total-Tankstelle, liegt die **Auberge Dza** mit einfachen Zimmern ab 5000 CFA.

Essen und Trinken

● **Caféteria Beau-Lieu**
Gleich neben dem Gare routière. In der preiswerten Caféteria werden kleine Gerichte (größere Mahlzeiten nur auf Vorbestellung) aus der einfachen und guten afrikanischen Küche angeboten.

● Im **Restaurant des Campement le Flamboyant** gibt es gute Küche zu angemessenen Preisen.

● Neben dem Markt befinden sich einige kleine Circuits, z.B. das **Restaurant le Combattant** (400 CFA pro Gericht).

● Ebenfalls neben dem Markt befindet sich die gute **Bar Chez Jeremie,** nebenan kann frisch gebratenes Fleisch gekauft werden.

BILD95kam Foto: rf

Busse/Sammeltaxis

- Es verkehren Busse und Sammeltaxis von/nach **Maroua** (78 km) auf guter Teerstraße und nach **Rhumsiki** (48 km), jeweils auf guter Teerstraße, sowie nach **Mora** (67 km) und **Guider** (110 km), jeweils auf Piste.
- Der **Gare routière** liegt gleich neben dem Markt.

Sonstiges

- **Tankstelle:** Kurz nach dem Ortseingang rechts an der Hauptstraße.
- **Infrastruktur:** Postamt, Arzt (Tel. 2295186) und Lebensmittel.
- Zwei **Fotogeschäfte** im Zentrum (Labo Photo und Photo Quick).
- **Krankenhaus** mit kleiner **Apotheke** gegenüber der Tankstelle, B.P. 05 Tel. 295125, 295001.
- Die **Bäckerei** Majo Tsanaga verkauft gutes Baguette und selbstgemachte Biscuits (die Straße gegenüber des Foyer culturel herunter folgen, der Laden liegt nach ca. 100 m versteckt an einer Kreuzung auf der linken Seite).

Ausflüge

Das bergige Umland

Das bergige Umland von Mokolo bietet sich an für interessante **Wanderungen** (von einigen Stunden bis zu Mehrtagestouren). Als **Führer** kann ich *Jean Rémy Zra Feu Teri* (Guide No. 1, B.P. 27, Mokolo) empfehlen, er stammt aus Mokolo und spricht die Sprache der Mafa. Die Dörfer in dieser Bergregion sind noch sehr ursprünglich und kaum besucht. Die Begegnung mit den Bewohnern der Region sollte daher auf sehr behutsame Weise erfolgen. Die Höflichkeit gebietet es fremden Besuchern, sich in jedem Dorf beim Chef vorzustellen, so wird man überall sehr gastfreundlich empfangen. Verteilen Sie kein Geld, überreichen Sie Gastgeschenke nur in Absprache mit dem Führer in Form von Naturalien (Salz, Zündhölzer, Tabak etc.) und fotografieren Sie nur zurückhaltend und nach Rückfrage. Nehmen Sie außerdem auf jeden Fall, aufgrund der Hitze, genügend Trinkwasser und bei mehrstündigen Touren auch Proviant mit.

Die schmalen **Pfade,** auf denen die Dorfbewohner zum Markt hinabgehen, sind ohne Mühe zu bewältigen, nur manche felsigen Stellen erfordern Trittsicherheit. Von der Anhöhe aus bietet sich ein schöner Blick hinab in die Ebene und auf Mokolo.

Auf meiner Tageswanderung in Begleitung von Jean Rémy erlebte ich ein ganz **ursprüngliches Afrika,** wie man es nur noch selten findet. Wir begegneten Töpferinnen, die Krüge und Schalen aus Ton formten, um sie auf dem Markt gegen Hirse und Erbsen zu tauschen. In einem anderen Dorf wurden Körbe geflochten. Über abgeerntete Terrassenfelder kletterten wir bergan, die Hirse war für die kommende Trockenzeit schon in den Lehmspeichern eingelagert. Überall liefen Ziegen frei herum. Oft begleiteten Kinder unseren Weg, die hier (noch) nicht nach „cadeaux" fragten. Mittags brannte die Sonne gnadenlos herab, und wir verbrachten unsere Rast unter einem Strohdach, das

Donnerstagsmarkt in Tourou

den Dorfbewohnern als Palaver-Platz dient. Sehr rasch kamen die Frauen und boten uns Wasser an, das hier sehr kostbar (weil selten) ist. Die **Gastfreundschaft** in dieser abgelegenen Region ist bemerkenswert. Unvergesslich bleibt mir der Besuch bei einem alten Mann, der mir stolz seine Krieger-Utensilien zeigte, die noch während der Kolonialzeit zum Einsatz gekommen waren. Oder die Arbeit des *Sorcier*, der in seinem traditionellen „Hospital" die Kranken mit Kräutern und Essenzen gesund pflegt und Besucher empfängt, um ihnen mit einem Häufchen runder Steine ihr Schicksal vorherzusagen. Gerne war er auch bereit, mir von den besonderen Heiratsritualen der Mafa zu erzählen, vom Brautpreis, dem Brauen des Hirsebiers und den anderen Vorbereitungen zum Fest. Und eine besondere Freude bereitete es ihm, mein Staunen zu sehen, als er mit zwei Steinen und einer winzigen Feder eine Flamme entzündete, was mir trotz seiner Erläuterungen auch nach mehreren Versuchen nicht gelingen wollte.

Mogoumaz

Der Ort, 11 km auf sehr schlechter, steiniger Piste von Mokolo entfernt, ist Ausgangspunkt für Wanderungen in das **Gebirge von Ziver,** das bis auf eine Höhe von 1400 m ansteigt. Führer dazu gibt es im Ort.

Mabas

Von Mokolo Piste in Richtung Rhumsiki wählen, dann führt nach 5 km rechts ein kleiner Weg (unbeschildert) nach Mabas und Tourou. Nach weiteren 11 km ist das Dorf Wanday erreicht, von dort sind es geradeaus 4 km bis nach Mabas. Wenn es regnet, wird die Piste extrem schmierig, ansonsten handelt es sich um eine praktikable Wellblechpiste.

Von Mabas, das an der Spitze einer steil abfallenden Flanke liegt, öffnet sich ein **weiter Ausblick** bis zum Horizont, auf die Bornou-Ebene in Nigeria. Aus diesem „Adlernest" haben die Kirdi jahrhundertelang potentielle Eindringlinge belauert.

Unten in der Ebene, bereits jenseits der Grenze, liegt der Ort **New Mabas.** Dort herrscht reger (legaler und illegaler) Handel, gefragt sind vor allem Elektrogeräte, Radios und alles, was in Nordkamerun schwer oder nur teuer aufzutreiben ist.

Am Dorfeingang von Mabas stehen riesige alte Feigenbäume. Hier lag früher der Hochofen, der von den Schmieden in alter Tradition bedient wurde. So wird Mabas bis heute das „Dorf der Schmiede" genannt, wenngleich dieses Handwerk nicht mehr ausgeübt wird.

In Mabas sind die **Matakam** (Ethnie) beheimatet.

Es gibt hier eine **Schule,** doch die Lehrer bleiben aufgrund der Abgeschiedenheit nicht gerne. Nach den Regeln des Dorfchefs muss jede Familie mindestens ein Kind zur Schule schicken, sonst fällt eine Strafe in Höhe von fünf Ziegen an.

Von Mabas aus besteht eine direkte **Verbindung (Piste) nach Rhumsiki** (35 km): Es sind 12 km bis zur Kreuzung mit der Piste Mokolo – Rhumsiki, dann wie unten beschrieben weiter.

Tourou

Fährt man in Wanday (s.o.) nicht nach Mabas, sondern nimmt den beschilderten Abzweig rechts kurz nach der Polizeistation, erreicht man direkt entlang der nigerianischen Grenze nach 17 km den Ort Tourou (35 km von Mokolo oder 56 km von Rhumsiki entfernt). Die Piste ist schlecht (Wellblech, teils sehr schmal), aber mit normalem Pkw befahrbar (mit einem Geländewagen benötigt man ca. 1 ½ Stunden), in der Regenzeit wird Vierrad benötigt. Die Strecke, die teilweise direkt die Grenze zu Nigeria bildet, führt durch eine schöne Berglandschaft und einige kleine Dörfer.

Der **Markt am Donnerstag,** mit Sicherheit einer der interessantesten und außergewöhnlichsten Nordkameruns, ist unbedingt empfehlenswert! Man sollte schon sehr früh morgens auf dem Markt sein, denn er endet bereits um 11 Uhr. Nur hier tragen die Frauen auf dem Markt glänzend polierte, rot bemalte **Kalebassen-Hälften wie Helme auf dem Kopf und kleine Stäbe in der Nase.** Es handelt sich um **Goudour-Frauen,** Angehörige einer Ethnie, die dies- und jenseits der nigerianischen Grenze beheimatet ist. Die **Kopfbedeckung** gibt Auskunft über den **Familienstand.** Es gibt spezielle Kalebassen für verheiratete Frauen, unverheiratete Frauen und junge Mädchen und eine seltene besonders große Kalebasse für Frauen die das dritte mal verheiratet sind. Ist eine Frau verwitwet, wird die Kalebasse eingeschlitzt und wieder zugenäht. Spätestens nach einem Jahr schenkt die Familie der verwitweten Frau eine für unverheiratete Frauen gemachte Kalebasse und erteilt ihr damit die Erlaubnis, wieder zu heiraten. Keine Kalebasse gleicht der anderen, jede ist individuell mit geometrischen Mustern in rotbrauner Farbe bemalt und wird sorgfältig mit Öl eingefettet, damit sie in der Sonne glänzt. Sehr schön sind auch die Frauen, die riesige Canaris, irdene Krüge, vollgefüllt mit Wasser, auf ihrem Kopf balancieren.

Das **Angebot auf dem Markt** ist groß, bunt und vielfältig: Es gibt Gewürze, Öle, traditionelle Arzneien, Kleider, schöne Stoffe, Hirse und Gemüse aus der Umgebung, Kapsiki-Bohnen und vor allem die traditionellen Getränke aus Hirse zu kaufen (Hirsebier und ein süßes Getränk aus der Hirse-Counou). Ausschließlich Frauen schöpfen diese beliebten Getränke aus großen, tönernen Krügen in kleine Kalebassen, aus denen die Marktbesucher trinken. Man darf dort gerne einmal probieren! Und auch die bemalten Kalebassen, die originellen Hüte und kleine verzierte Kalebassen in Form von Rasseln, werden zum Kauf angeboten.

Wie fast alle Märkte ist auch dieser Markt in kleine Bereiche eingeteilt. In einem Bereich gibt es Bohnen zu kaufen, in einem anderen frittieren Frauen die Bohnenbeignets auf ihrem Feuer, an einer anderen Stelle werden geschlachtete Rinder in allen Einzelteilen verkauft (Innereien, Hufe etc.), und daneben wird das frische Suya (kleine, leckere Fleischspieße) gebraten.

Obwohl Tourou direkt an der **Grenze zu Nigeria** liegt, sieht man fast keine Grenzposten. Die Anwohner kreuzen die Grenze hier frei zu Fuß, denn Autopisten nach Nigeria gibt es von Tourou aus nicht. Der nigerianische Einfluss wird vor allem spürbar durch das Geld, das hier die Besitzer wechselt: **CFA-Francs werden nicht angenommen,** auf dem Markt gilt der nigerianische Naira als einzige Währung. Getauscht wird in den Wechselstuben am Marktplatz.

Von Mokolo nach Tourou verkehren jeden Donnerstag um 5 Uhr morgens **Sammeltaxis** zum Markt, Rückfahrt gegen 14 Uhr. Es handelt sich um Pick-ups, eng beladen mit Fahrgästen, Waren, Ziegen u.a., die Fahrt ist relativ anstrengend. Man kann sich ab Mokolo (oder Maroua) auch ein Mofa mieten. Die Querverbindung von Tourou nach Koza ist selbst mit Vierradantrieb nicht befahrbar.

Mokolo – Rhumsiki

- **48 km** Piste, teils in schlechtem Zustand.

Die Landschaft, die man auf dieser Route durchfährt, lässt nichts zu wünschen übrig. Bereits ab der Abzweigung der Piste nach Mabas erkennt man von Ferne die markanten, verwitterten Felsnadeln von Rhumsiki. Ab hier sind es noch 27 km bis zum Ort (ca. 2 bis 3 Fahrstunden ab Maroua). Immer wieder ändert sich die Perspektive der Landschaft, je mehr man sich Rhumsiki nähert. Die Straße folgt dem Hügelkamm und bietet herrliche Ausblicke auf die Berge am Horizont, die je nach Tageszeit in anderem Licht erscheinen. Aus dem Matakam-Land gelangt man nun in das Gebiet der Kapsiki, der hier beheimateten Ethnie. Vorbei am Dorf **Roumzou** erreicht man **Mogodé,** wo der Chef de Canton, das Oberhaupt der gesamten Kapsiki-Region, zu Hause ist. Man erzählt sich, dass die Bewohner hier in einem großen Felsen auf der Anhöhe vor den islamischen Eindringlingen Zuflucht suchten. Heute ist dieser Felsen ein heiliger Initiationsplatz und kann nicht besichtigt werden. Freitags ist in Mogodé ein kleiner **Markt,** der zeigt, wie wichtig der grenzüberschreitende Handel hier ist. Hauptwährung ist der nigerianische Naira. In Mogodé zweigt auch die **Piste nach Sir** ab (Geländewagen empfehlenswert).

Die **Ethnie der Kapsiki** (übersetzt: „Die groß Gewordenen") bewohnt das Gebiet ab Roumzou bis hinab nach Haou (südlich von Rhumsiki, etwa Höhe Amsa). Der Name dieser Volksgruppe wird stellvertretend auch für die typische Berglandschaft der Region verwendet. Die meisten Kapsiki bekennen sich zu Ahnen- und traditionellem Glauben, nur die jüngeren, die eine Schule besucht haben, treten allmählich zum Christentum über. Auch Mischungen der Glaubenswelten treten auf, etwa regelmäßige Kirchgänger, die in Polygamie leben.

Landschaft bei Rhumsiki

434kam Foto: rf

Wie riesige Finger ragen die bizarren **Felsnadeln von Rhumsiki** bis zu 100 m in den Himmel und verleihen dieser wohl berühmtesten Landschaft Kameruns den Charakter eines fremdartigen Mondgebirges. Oft stehen die Felstürme auf einem Hügel, manchmal in einer Vertiefung. Was ist hier mit der Erdkruste passiert? Die Geologen erklären es so: Dieses vulkanische Relief wurde sehr langsam durch Erosion herausgearbeitet. Die Vulkankrater sind zu Staub zerfallen, der vom Wind abgetragen wurde, so dass die Vulkankamine freigelöst worden sind und die verhärtete, erkaltete Lava heute diese außergewöhnlichen Basalt-Nadeln bildet.

Die Menschen der Mandara-Berge haben diese raue, herbe und felsige Landschaft zu ihrem Vorteil genutzt. Jede der Felsnadeln bot ihnen einen sicheren, festungsartigen Schutz vor den islamischen Eindringlingen, den Fulbe-Reitern. An den steilsten Wänden haben sie ihre Höhlen gegraben. Heute gehören diese Höhlenrefugien der Vergangenheit an und werden nur noch von „Geistern" und Adlern heimgesucht. Die sanften Täler ringsum sind nur in der kurzen Regenzeit grün, sonst aber karg und sonnenverbrannt.

Rhumsiki

Das Dorf Rhumsiki auf 1100 m Höhe fügt sich vollständig in die großartige Landschaft ein und ist zu einem **Anziehungspunkt für Touristen** geworden. Am **Sonntag** wird der große **Wochenmarkt** abgehalten.

Schon gleich nach **Ankunft** wird man von einer großen **Kinderschar** empfangen, aus der sich jeder Einzelne lautstark als Führer anbietet. Ein Rundgang durch das Dorf auf eigene Faust oder ganz allein gelingt dem Ankömmling hier selten. Das scheint im ersten Moment relativ nervenaufreibend, doch sollte man sich gleich anfangs an den Gedanken gewöhnen, dass der Tourismus in Rhumsiki seine Spuren hinterlassen hat und das Wort „cadeaux" zum Grundwortschatz gehört. Manche Kinder laufen einem bis spät in den Abend hinterher, um doch noch ein Geschenk oder leere Flaschen zu bekommen. Die kleinen Jungen, die alle sehr gut französisch sprechen, geben sich „Künstlernamen" wie *Christopher Columbus, Victor Hugo, Karl der Große* oder *Jean Paul Belmondo.* Als Touristenführer verdienen sie sich ein paar Groschen Taschengeld oder Stifte, jedenfalls scheint dies einträglicher zu sein, als in die Schule zu gehen ... Immerhin geben die Führer umfassende Informationen über den Ort, seine Geschichte und die Traditionen, das Leben in der Familie, und sie erzählen einige Sagen aus der Vergangenheit. Als „Guide" empfehlen kann ich (u.a.) *Patrick Varoua;* nehmen Sie nur offizielle Führer und meiden Sie selbst ernannte Guides.

Patrick erzählt die **Geschichte von der Entstehung Rhumsikis:** Ein alter Jäger namens *Siki* kam vor etwa 200 Jahren in diese Gegend und bestieg einen Berg, um sich zu orientieren. Da ihm der Ort gefiel, ließ er sich mit seiner Familie an diesem Berg – in der Sprache der Kapsikis übersetzt „Roum" – nieder. So wurde aus dem „Berg von Siki" der Ort Rhumsiki.

Trotz des zunächst „touristischen" Eindrucks hat sich das Dorf noch sehr viel Authentisches bewahrt, und ein Rundgang lohnt sich. Gleich am **Ortseingang** stehen zwei große **„Arbre de Palabre"**, unter denen – Männer und Jungen getrennt – die wichtigsten Angelegenheiten des Dorfes beraten, Feste vorbereiten (Hochzeiten, die Initiationen der Jungen in den Männerbund etc.) und ab und zu ein Streit geschlichtet wird. Die Frauen dagegen haben in jedem der sieben Quartiere einen eigenen Palawerbaum. Die kleinen Pfade, vorbei an Lehmhäusern, vor denen die Frauen Hirse stampfen, säumen Euphorbienhecken. Immer wieder bieten sich schöne Ausblicke auf die Fels„zähne" und die weite Ebene bis hinein nach Nigeria.

Auf einem kleinen Platz in der Mitte des Dorfes demonstrieren die Bewohner ihre **verschiedenen Handwerksarten.** Das Weben ist Arbeit der Männer, die an einem traditionellen Webstuhl lange, schmale Baumwollstreifen fertigen, die später zu Decken und Kleidern zusammengenäht werden. Die Frauen

Zu Besuch in den Dörfern
unterhalb von Rhumsiki

sind mit dem Spinnen von Garn und der Herstellung von Töpferwaren beschäftigt. Das angefertigte Kunsthandwerk der Kooperative wird vor Ort zum Kauf angeboten. Hier findet man Arbeiten aus Hirsestroh, verzierte Kalebassen, Musikinstrumente, Töpfereien, einige Bronze- und Lederarbeiten. Die preiswerten und schönen Stücke sind speziell für Touristen gefertigt und sind zu großen Teilen nur in Rhumsiki zu finden. Alle Gegenstände sind relativ neu und werden speziell für Touristen gefertigt, darunter auch sehr schöne Stücke.

Bekannt sind das rote und weiße **Hirsebier** Rhumsikis, das man probieren sollte. Auf dem Sonntagsmarkt wird das Hirsebier, wie auf vielen Märkten im Norden, in einem extra Bereich verkauft. Ansonsten können sie auch nach der „traditionellen Brauerei" fragen.

Berühmt wurde der Ort aber vor allem durch das **Krabbenorakel.** Der Krabbenzauberer gehört – zusammen mit dem Dorfältesten, dem politischen und dem religiösen Oberhaupt – zu den vier wichtigsten Persönlichkeiten Rhumsikis. Nach uralten Riten und mittels seiner seherischen Fähigkeiten gibt er Auskunft über wichtige Angelegenheiten im Dorf und wird vom Dorfchef jährlich nach den Ernteaussichten befragt. Natürlich steht er bzw. sein Gehilfe den vorbeikommenden Touristen Rede und Antwort. Zu diesem Zweck setzt er sich neben eine große Kalebassenhälfte, die mit Sand gefüllt ist. Unter dem Murmeln von Zaubersprüchen hebt er eine lebende Süßwasserkrabbe aus einem Krug und setzt sie in die Schale. Im Sand stecken verschiedene kleine Holz- und Kalebassenteilchen.

WALD96Skam Foto: ed

Die Kalebasse wird zugedeckt, die Krabbe einige Minuten im Dunkeln gelassen. Nach einiger Zeit öffnet der „Wahrsager“ die Schale wieder und deutet aus der Lage der Stöckchen und der Krabbe die Antworten auf die ihm gestellten Fragen. Bevor man wieder geht, erteilt er seinen Segen, indem er die Schuhe der Besucher mit Wasser aus der Kalebasse bespritzt. Selbstverständlich erwartet er für seine Dienste einen Obolus (pro Frage 1000 CFA).

Lohnend, jedenfalls bei gutem Wetter und für Frühaufsteher, ist der **Sonnenaufgang** (ca. 5.30 Uhr) und Sonnenuntergang (ca. 18 Uhr) von einem der umliegenden Hügel aus. Fragen Sie ein Kind nach der schönsten Aussichtsstelle, die in etwa 15 Minuten zu Fuß zu erreichen ist. Ein wunderschöner Ausblick über Rhumsiki bietet sich auch von der Aussichtsplattform der geschlossenen Handwerkskooperative am Ortsausgang.

Ein Besuch Rhumsikis und seiner Umgebung lohnt aber nicht nur wegen der landschaftlichen Eindrücke, sondern besonders auch wegen der Menschen und ihrer interessanten Traditionen. Jährlich im Oktober wird in Rhumsiki das **Erntedankfest** gefeiert. Dabei werden Opfertiere geschlachtet, Hirsebier gebraut, und die gesamte Bevölkerung beteiligt sich an der Zeremonie mit Tanz und Musik.

Auch im April und Mai werden in den umliegenden Dörfern schöne Feste gefeiert, etwa die Initiation der jungen Männer oder Hochzeiten.

Eine außergewöhnliche Stellung nimmt der **Totenkult** bei den Animisten Kapsikis ein. Beim Tod eines Angehörigen wird der Verstorbene eingekleidet und mit Federn geschmückt im Saré der Familie aufgebahrt. Mehrere Tage lang dauern die Tänze der Familie zu den Rhythmen der Trommeln, bevor die Beerdigung stattfindet. Der Verstorbene wird, eingehüllt in Tücher, in runden Erdgräbern (Hockgräber) mit einer Tiefe von 1½ m bestattet. Zuvor wird der Tote im Dorf herumgetragen, zu den Orten und Häusern, wo er sich zumeist aufgehalten hat. Als Bezug zu den Lebenden gibt man ihm Gegenstände mit, die für ihn eine wichtige Rolle gespielt haben. Das Grab wird mit Steinen zu einem kleinen Hügel aufgehäuft, die winzige Öffnung oben mit einem flachen Stein abgedeckt, damit der Körper jederzeit „entweichen“ kann.

Besonders viel alte Tradition erlebt man noch in den umliegenden Ortschaften (z.B. auf Wandertouren, siehe Ausflüge unten). Die gute Straßenanbindung von Rhumsiki hat – auch zum Vorteil seiner Bewohner – „zivilisatorische Errungenschaften“ mit sich gebracht. Schon mehrere Häuser haben Elektrizität, kühle Softdrinks und Flaschenbier ersetzen immer mehr das traditionelle Hirsebier, und die Stadt ist durch die Asphaltstraße um einiges „näher“ gerückt.

Unterkunft

- **Campement de Rhumsiki**

B.P. 143, Maroua (Postadresse), Tel. 2291165, 2291646, 2292292, Fax 2292298, gleich am Ortseingang. Das Campement, geleitet von einem mit einer Einheimischen verheirateten Schweizer, ist sehr schön gelegen, mit herrlichem Ausblick, Restaurant (gutes Essen), Bar, Swimmingpool und freundlichem Empfang. Die Unterkunft bietet strohgedeckte Boukarous mit Dusche/WC ((Einzelzimmer 12.000 CFA, Doppelzimmer 15.000 CFA). Von Zeit zu Zeit fällt Wasser oder Strom aus. Die Ausstattung ist sehr einfach, trotz des relativ hohen Preises. **Camping** ist hier erlaubt und kostet ca. 2500 CFA pro Person inklusive Duschen. Mehr Infos unter www.extreme-nord.info

- **Auberge Le Kapsiki (La Casserole)**

B.P. 27, Mokolo (Postadresse); vom Campement ca. 300 m der Hauptstraße folgen. Seit 2001 gibt es hier auch einfache Zimmer mit drei Betten, Dusche/WC und Strom (manchmal kein Wasser, keine Elektrizität, Zimmer ab ungefähr 4000–8000 CFA). Auf dem Areal der Auberge besteht eine **Camping**möglichkeit (ca. 1500 CFA inkl. Benutzung der Dusche). Der Besitzer *Victor Yama,* dem auch das Restaurant La Casserole untersteht, organisiert mehrtägige Wanderungen durch das Gebiet der Kapsikis inklusive Führer und Verpflegung für ca. 10.000 CFA pro Person und Tag.

- **Restaurant Kirdi**

Herberge und Restaurant am Eingang von Rhumsiki, ca. 5 Min. vor dem Campement; Postadresse: Kodji Keka, B.P. 29, Mokolo. Die immer kosten 2500–5000 CFA.

Essen und Trinken

- **Restaurant des Campements**

Die Küche ist sehr auf Touristen eingestellt und relativ teuer.

- **Restaurant La Casserolle**

Gleich in der Nähe der Auberge. Serviert wird afrikanische Küche, aber auch Steak und Pommes. Eine Mahlzeit kostet ca. 2500 CFA (z.B. Hühnchen in Erdnusssauce, Brochettes, Couscous etc.).

- **Restaurant Kirdi** (s.o.)
- **Bar Baobab**

In der neuen Bar, neben der Schule, kann man auf Vorbestellung leckere afrikanische Küche für ca. 2000 CFA kosten (z.B. eine Spezialität Rhumsikis: Couscous mit Gemüse der Foléréblätter). In Kürze soll die Bar um ein richtiges Restaurant erweitert werden.

Probieren Sie eine Spezialität aus Rhumsiki: Bohnenkrapfen.

Sammeltaxis

- Es herrscht Sammeltaxiverkehr von/nach **Mokolo** auf mittelmäßiger Piste (nur Mo, Mi, Fr, Sa und So).
- Es fahren offene Kleinlaster bei Bedarf, vor allem am Sonntag (Markttag).

Straßenverbindungen

Die Fahrt in Richtung Süden ist bis Dourbeye möglich. Ab Dourbeye geht es auch über Guider nach Garoua. Diese Strecke ist wunderschön, doch nur mit Geländewagen zu bewältigen.

Ausflüge

Lohnend ist zunächst einmal der Aufstieg auf den Berg westlich des Campement de Rhumsiki für den **Sonnenuntergang** (herrlicher Blick auf die bizarre Felslandschaft) sowie östlich des Campements für den **Sonnenaufgang** (auf Wunsch wird dieser Ausflug mit in den Stadtrundgang eingebaut).

Besuch beim Schmied von Amsa

6 km südlich von Rhumsiki liegt das Dorf Amsa mit einem schönen **Markt am Mittwoch.** Südlich von Rhumsiki ist mit sehr lästigen Kindern zu rechnen, die „cadeaux" fordern.

Das Dorf Amsa ist bekannt für sein traditionelles **Schmiedehandwerk.** Hier arbeitet der Schmied nach der **Technik des Gelbgusses** oder der „Verlorenen Form", eine Tradition, die man nur noch äußerst selten findet (siehe entsprechenden Exkurs im Kapitel zu Kunst und Kultur). Der Schmied lässt sich bei seiner Arbeit gerne über die Schulter schauen und freut sich über Besucher, die er zum kleinen „Hochofen" 250 m abseits seines Sarés mitnimmt. Mit einem Blasebalg aus Ziegenleder wird das Feuer entfacht und die Glut ständig heiß gehalten. Auf Wunsch fertigt er einen kleinen Bronzegegenstand an, den der Besucher kaufen kann. Für die Erklärungen und Vorführungen des Gelbgusses wird eine kleine Anerkennung erwartet. Wie immer fordern auch hier die Frauen und Kinder des Dorfes Geschenke.

Wie bei den Matakam nimmt der Schmied auch bei den Kapsikis einen besonderen Platz in der Gesellschaft ein. So sind viele Schmiede bei den Bergvölkern gleichzeitig Wahrsager; dazu werfen sie Kieselsteine, sie befragen Vögel oder deuten die Bewegung von Buschkrabben.

Unweit von Amsa liegt **Haou,** ein kleines Dorf mit einem recht lebhaften Markt am Dienstag.

Wanderungen um Rhumsiki

Das Dorf ist Ausgangspunkt für herrliche Wanderungen zu Bergdörfern (von einigen Stunden Dauer bis zu einem mehrtägigen Trekking). Sie sollten genügend Zeit einplanen, um unterwegs die Möglichkeit zu Gesprächen im Dorf zu haben. Gastgeschenke und kleine Mitbringsel sind willkommen.

Da sich viele Dörfer im **Grenzgebiet** befinden, sollten Sie Ihren **Pass mitführen** und sich vorher über die derzeitige politische Lage informieren. Die Bewohner der umliegenden Dörfer stehen fremden Besuchern zunächst distanziert gegenüber. Daher sollte man sich unbedingt einem **Führer** anvertrauen, der als Vermittler und Übersetzer wichtig ist.

Grundsätzliche Regeln – Begrüßung des Dorfchefs, Zurückhaltung beim Fotografieren (Erlaubnis einholen) – sind einzuhalten. Die in diesem Gebiet oft herrschende **extreme Hitze** macht die Mitnahme von ausreichend Trinkwasser und Proviant zur Voraussetzung jeglicher Aktivität. Weniger anstrengend sind die Wanderungen während der Regenzeit.

Der Fußmarsch auf und ab durch die trockene und steinige Berglandschaft ist **anstrengend.** Umso mehr entschädigt der Blick über die emporragenden, schwarz verwitterten Vulkanschlote bis weit hinein in die Ebene nach Nigeria. Die Dörfer auf den Hügeln, mit ihren spitzigen Dächern von weitem sichtbar, sind von den typischen Terrassenfeldern umgeben. Meist liegt die Hütte des Dorfoberhauptes etwas oberhalb des eigentlichen Dorfes. Oft sind die Wege von hohen Kakteen-Hecken gesäumt, die die einzelnen kleinen Gehöfte voneinander trennen.

Pic de Rhumsiki/Pic du Zivi

In unmittelbarer Nähe von Rhumsiki liegen **zwei hohe Felstürme.** Den Pic de Rhumsiki (Mchirgue) kann man bis zum Gipfel, den Pic du Zivi nur bis zur Hälfte besteigen. Schwindelfreiheit und sehr gute Trittsicherheit sind Voraussetzung. Ein **Führer** für die schon etwas anspruchsvollere Tour sollte nicht fehlen. Achten Sie auf loses, brüchiges Gestein, das sehr schnell zur Stolperfalle werden kann.

Mokolo – Mora

• **67 km** Piste. Die ersten Kilometer bis nach Djingilla sind in sehr schlechtem Zustand. Ab Koza sind die Straßen besser; dies aufgrund der Lkw, die Baumwolle und Zwiebeln aus Koza holen. Unterwegs gibt es keine Tankmöglichkeiten, daher vor Abfahrt in Mora oder Mokolo voll tanken. Zwischen Mokolo und Mora verkehrt ein **Buschtaxi** am Morgen, erkundigen Sie sich nach den Abfahrtszeiten.

Die Route von Mokolo über den Col de Koza nach Mora **gehört zu den landschaftlich schönsten Strecken Kameruns.** Die Fahrt auf der teils felsigen und steinigen Piste ist recht holprig und lässt nur eine geringe Geschwindigkeit zu, doch ist sie in der Trockenzeit mit normalem Pkw zu bewältigen (in der Regenzeit ist allerdings auf den Steigungen Vorsicht geboten, zeitweise kann die Strecke auch unpassierbar werden).

Unterwegs gibt es eine Abzweigung nach **Méri (46 km).** Dort wird am Freitag ein schöner Markt abgehalten; die Strecke ist weniger interessant. In Méri kann nicht übernachtet werden. Von Méri aus führt bis zur Hauptstraße Richtung Maroua eine schwierige Piste.

Die Route nach Mora führt durch das **Land der Mafa,** eine **unvergleichliche Gebirgslandschaft,** die mit ihren „lose" aufeinander liegenden Felsblöcken oft an einen riesigen Geröllhaufen erinnert. In der Sprache der Fulbe heißen die Mafa Matakam, die „Unbekleideten", ein ursprünglich eher negativ behafteter Name.

Schon bald wird die Straße steil und kurvenreich, der **Col de Koza** (Koza-Pass, **18 km**) ist erreicht.

Col de Koza (1100 m)

Von dieser Anhöhe bieten sich **herrliche Ausblicke** in die Umgebung. An den Hängen zu beiden Seiten der Piste begrenzen Steinmauern die kunstvoll angelegten Terrassenfelder, jedes Fleckchen der kargen Erde wird für den Anbau von Hirse genutzt. Der Boden ist porös, er kann die Feuchtigkeit der Regenzeit lange in der Tiefe speichern und ist ungewöhnlich fruchtbar. Zur Regenzeit sind die Gebirgshänge mit grünen Hirsestengeln bedeckt. Die Terrassen dienen nicht nur der Landwirtschaft, sondern waren früher auch eine Art Schutz vor Eindringlingen. An den steilen Flanken der Hänge „kleben" die kleinen **Rundhüttendörfer der Mafa** mit ihren spitzen Dächern. Die Sarés, die einzelnen Gehöfte, werden von jeweils einer Familie bewohnt. Je mehr Frauen ein Mann hat, umso mehr Hütten gruppieren sich zusammen. Mit ihren Mauern aus getrocknetem Lehm und Steinen und den spitzen Dächern aus Hirsestroh, deren Farbe sich der Umgebung absolut anpasst, gleichen sie kleinen Festungen oder „Adlernestern". Jeder Saré hat nur einen Eingang, meist zur Hangseite. Große Speicher bieten der Familie die Möglichkeit, sich über lange Trockenperioden mit Hirse, Nüssen, Bohnen etc. zu versorgen.

Unweit des Koza-Passes befindet sich die Kooperative von

Djingliya

Die wunderschöne und lohnenswerte **Handwerkergenossenschaft** umfasst mehrere Hütten, in denen Handwerker arbeiten, eine Bar und einen Laden mit Kunsthandwerk. Djingliya ist das ganze Jahr hindurch geöffnet und dient der Veranschaulichung des traditionellen Handwerks und der Architektur der Bergbewohner. Da die Gegend relativ arm an Einnahmequellen ist, wurden in Djingliya auf gemeinschaftlicher Basis einige Arbeitsplätze mit kleinen Einkommen geschaffen. Weber arbeiten an ihren Webstühlen, Korbmacher flechten Körbe und Kleinmöbel, Töpferinnen formen Hausgeräte, und auch Gerber und Holzschnitzer gehören dieser Gemeinschaft an.

Ein traditionelles Mafa-Gehöft (Gay) wurde hier zum **Museum** umgestaltet. Bei einem Besuch erhält man Informationen über die typische Bauweise der Bergdörfer. Zum Empfang der Gäste dient ein kleines Vordach, darunter werden aber auch Streitigkeiten aus„palavert". Durch den Gay betritt man das Männerhaus. Dieser Raum dient als Schlafzimmer des Familienoberhauptes; hier werden auch Bogen und Giftpfeile sowie „Helme" aus Korbgeflecht aufbewahrt. Eine Ansammlung von Canaris, rituellen Tongefäßen, dient der Aufbewahrung von Hirsebier für Feierlichkeiten.

Im kleinen **Laden,** der gemeinschaftlich betrieben wird, findet man zwar modernes und speziell für Touristen gefertigtes Handwerk, darunter aber auch – je nach Geschmack – einige schöne Gegenstände. Die Preise sind günstiger als beispielsweise in Rhumsiki. Kurz nach der Ankunft von Touristen versammeln sich vor der Kooperative schnell Kinder, die selbstgebastelte kleine Tonpuppen und interessante Spielzeuge aus Ästen verkaufen.

Am Donnerstagabend findet in Djingilla ein winziger **Markt** statt, der mehr als wöchentlicher Treffpunkt dient. Es wird gemeinsam Hirsebier getrunken und Ziegenfleisch sowie Eselsfleisch gegessen. Bis spät in die Nacht hört man, wie die singenden, betrunkenden Leute in ihre Dörfer zurückwandern.

Unterkunft

- In der Kooperative von Djingliya gibt es eine einfache Übernachtungsmöglichkeit in den **„Cases"** für ca. 4000 CFA. Die Häuschen sind nur mit einem Bett ausgestattet und verfügen nicht über Wasser und nur über eine kleine Toilette außerhalb der Zimmer. Trotzdem kann ich eine Übernachtung in der dorfähnlichen Kooperation abseits der größeren Städte nur empfehlen. Morgens wird man von den Eselsrufen aus der Umgebung geweckt. Abends kann man den erstaunlichen Sternenhimmel beobachten, und auf Wunsch wird einem für ca. 1500 CFA leckeres afrikanisches Essen über dem Feuer gebrutzelt (Hühnchen, Ziege etc.). Fragen Sie im Artisanat nach.

Von Djingliya geht die Fahrt wieder hinunter in die Ebene von Mozogo. Im Dorf **Koza** steht ein **Krankenhaus** der Adventisten. Von Koza aus nordwestlich bis hinab in die Ebene von Mora leben die Mandara. Sie wurden relativ früh im 18. und 19. Jahrhundert islamisiert und haben sich daraufhin gegen die naturgläubigen Bergvölker aufgelehnt. Heute leben sie von Viehzucht und Ackerbau.

Die riesigen Baumwoll- und Erdnussfelder in dieser Gegend zeugen von den Bestrebungen des Staates, dem

Norden des Landes landwirtschaftlich auf die Beine zu helfen.

Etwa auf halbem Weg zwischen Mokolo und Mora liegt der **Parc National de Mozogo-Gokoro,** der mit seinen 1400 ha Größe nur botanische Bedeutung als **Waldschutzgebiet** hat. Ab und zu kreuzen Affen den Weg. Kurz hinter dem Nationalpark liegt das Dorf **Mayo Kouyape** mit einem wunderschönen Markt am Freitag, der, wie immer, in verschiedene Bereiche eingeteilt ist. In einem Bereich werden Rinder, Pferde, Ziegen etc. verkauft. Daneben liegen viele kleine Strohmattenrestaurants, in denen die Marktbesucher Soja oder Couscous essen. Ein sehr authentischer Markt!

Angeblich findet ein ähnlich großer Markt am Dienstag in **Mosogaye** statt, der auch dort unmittelbar hinter dem Nationalpark gelegen ist.

Von der Ebene aus führt eine Piste kurz vor Mora in steilen Serpentinen etwa 5 km hinauf zum Dorf **Oudjilla,** einem der Höhepunkte einer Fahrt durch die Mandara-Berge. Die Kinder, die am Straßenrand ihre kunstvollen Lastautos und Häuschen aus Maisstroh oder Hirsestengelmark verkaufen und den ankommenden Fahrzeugen schreiend und lachend folgen, deuten darauf hin, dass Touristen hier zum gewohnten Anblick gehören. Je höher man hinauf kommt, umso beeindruckender wird das Panorama der weiten Berglandschaft. Man befindet sich nun im **Gebiet der Podoko,** einer zahlenmäßig relativ kleinen Ethnie, deren Dörfer und Sarés sich wie bei den Mafa an die umliegenden Hänge schmiegen. Nur scheinen die Gebäude hier höher und enger zu sein, die Dächer noch spitzer. Auffällig ist auch, dass man in den Dörfern meist nur Frauen, Kinder und ältere Männer sieht. Die Jugend verlässt das Dorf und zieht das Stadtleben der traditionellen Dorfgemeinschaft vor.

Oudjilla

Das Dorf Oudjilla, bekannt für seine traditionellen **Sichel-Tänze,** thront in etwa 800 m Höhe auf einem Berg. Die Ankunft von Fremden erfüllt das Dorf mit reger Aktivität. Der Besuch des Ortes ist mittlerweile **fester Bestandteil aller Touristen-Rundfahrten.** Das mag den einen oder anderen enttäuschen. Meiner Ansicht nach erscheint es aber vorteilhafter für die Podoko, einen Saré als „Musterdorf" zu deklarieren, als wenn die Fremden in jedes beliebige Dorf spazieren. Und Oudjilla ist keinesfalls ein „Museumsdorf", sondern vollkommen authentisch und voller Leben.

Nirgends sonst hat der Besucher besser Gelegenheit, die lebendige Tradition, reiche Kultur und außergewöhnliche Architektur des Podoko-Volkes kennen zu lernen. Das lassen sich die Dorfbewohner selbstverständlich bezahlen. Den Preis für die Besichtigung sollte man vorher aushandeln.

In Oudjilla wohnt das **Oberhaupt der Podoko.** Er bewohnt mit seinen rund 50 Frauen und den unzähligen Kindern (angeblich 113 Kinder im Alter zwischen 2 und 60 Jahren) einen riesigen **Saré,** der von außen wie eine Zitadelle wirkt. Der Chef hatte schon über 150 Frauen, die zum großen Teil wieder die

Chefferie verließen oder verstorben sind. Durch einen schmalen Gang gelangt man in das Innere des großen Anwesens, das von hohen, hundertjährigen Steinmauern umschlossen ist. Diese dienen nicht nur als Schutz vor fremdem Zutritt, sondern spenden auch Schatten und halten die Hitze ab, so dass es im Inneren des Sarés angenehm kühl bleibt.

Die **erste Hütte** dient den Besprechungen des Dorfoberhauptes mit den Familienchefs der Nachbardörfer. In der **zweiten und dritten Hütte** befinden sich das Grab des Vaters des Chefs und der dunkle Gebetsraum, in dem neun Terrakottakrüge mit Hirsebier eingelagert sind. Normalerweise dürfen nur die Witwen des verstorbenen Chefs in diesem Raum schlafen. Da diese jedoch schon verstorben sind, schläft die **erste Frau des Chefs** stellvertretend an diesem Platz, um das Grab zu bewachen. In einem dunklen Winkel des Raums werden stets drei Ochsen gefangen gehalten. Jedes Jahr im Oktober wird der Ochse, der schon drei Jahre in dieser „Kammer" lebte und somit mystische Kraft erlangt hat, am Erntedankfest geschlachtet und ein neuer Ochse kommt für drei Jahre in die „Kammer".

Jede Ehefrau verfügt über eine eigene Hütte, zwei Speicher und eine Küche mit zwei Mühlsteinen zum Mahlen der Hirse, einer Feuerstelle an der Wand und mehreren großen Wasserkrügen. Die Haushaltsgeräte sind nicht zahlreich: Flaschenkürbisse, Tontöpfe, ein kleiner Handfeger für das Hirsemehl. Alle Hütten stehen zum Schutz vor Ungeziefer auf Steinen.

Die **Sarés der Mandara-Völker** in den Bergen und Ebenen sind alle in diesem Stil gebaut (nur viel kleiner als der des Chefs von Oudjilla). Die Gebäude des Familienoberhauptes und seiner Frauen umgeben die hohen Speicherhütten aus Lehm. Die Silos enthalten Vorrat für mehrere Monate: Hirse, Erdnüsse, Bohnen, Erbsen u.a. Jeder Speicher hat nur eine schmale, runde Öffnung am oberen Ende, die durch ein Brett verschlossen ist. So ist der Inhalt vor Ratten und Ungeziefer geschützt. Über einen schmalen mit Kerben versehenen Stamm, der als Leiter dient, gelangen die Frauen in das Innere des Speichers, um die Vorräte zu entnehmen. Die Hälfte der Frauen kocht das Mittagessen, die andere Hälfte dann das Abendessen für die gesamte Großfamilie. Das Hauptnahrungsmittel, das es das ganze Jahr über 1–2 mal täglich gibt, ist Hirse (Couscous, Hirsebier etc.).

Wer interessiert ist (und dafür bezahlt), kann am Ende der Führung den **„Tanz der jungen Frauen"** (Sichel-Tanz) zu sehen bekommen. Die Ehefrauen des Dorfchefs erkennt man an ihren eng anliegenden, weiß-gelb-roten Perlenkappen, aus denen ein Wieselhaarbusch herausragt. Mit diesem Kopfschmuck und mit bunten Tüchern bekleidet tanzen sie im Kreis, über den Köpfen eine Sichel schwingend. Jeder ihrer Schritte ist vom Klang der Rasseln begleitet, die sie an ihren Beinen befestigt haben.

Von Oudjilla geht die Fahrt auf dem selben Weg zurück ins Tal und durch die Ebene weiter nach **Mora** (11 km). (Detaillierte **Karte:** Mora, IGN, Blatt NB-33-XXI, 1:200.000, Mora und nördliche Region bis Djilbe, östlich bis zum Logone-Fluss.)

Mora

Mora **(161.000 Einwohner), Hauptort des Verwaltungsbezirks Mayo-Sava,** liegt in der Ebene und bildet das nördliche Eingangstor zu den Mandara-Bergen. Grundlage der Landwirtschaft dieser Region ist der Baumwollanbau. Der Ort ist durch seine Lage an den touristischen Hauptrouten **idealer Ausgangspunkt für Ausflüge** nach Oudjilla (12 km), Djingliya am Col de Koza (50 km), Mokolo (70 km) bis hin zum Waza-Nationalpark (60 km).

Früher war das Mandara-Gebiet eine Provinz des Reiches Bornou, bevor es im 19. Jahrhundert unabhängiges Königreich – auch bekannt als Wandala – mit der Hauptstadt Mora wurde. Die **Mandara,** die hier leben, standen noch im 19. Jahrhundert in großer Konkurrenz mit den Fulbe von Maroua und machten sich gegenseitig die verschiedenen Ethnien der großen Ebenen als „Sklavenreservoir" oder Einflusssphären streitig.

Mora ist eine lang gestreckte, **ruhige Stadt** mit schattigen Alleen aus Neem- und Feigenbäumen. Die Häuser sind im Gegensatz zu den Rundhütten in den Bergen viereckig, von kleinen Lehmmauern umgeben und meist mit Wellblech gedeckt.

Von besonderem Interesse ist der **Sonntagsmarkt** und der kleine Donnerstagsmarkt. Der Sonntagsmarkt gehört zu den farbenprächtigsten und schönsten Kameruns. In erster Linie werden viele **nigerianische Produkte** angeboten, als Währung gilt (wie in Tourou) bisweilen schon der Naira, denn die Grenze zu Nigeria ist nicht weit. Viele der Händler brechen bereits in der Nacht auf und legen weite Wege zu Fuß zurück, um morgens den Markt zu erreichen. **Hier begegnen die traditionell gläubigen Völker aus dem Bergland allwöchentlich den islamischen Bewohnern der Ebene:** hoch gewachsenen Fulbe, Mandara, Bournouans und Choa-Araber. Die beiden großen Glaubensgemeinschaften weisen sich nicht nur durch ihre streng getrennten Marktzeilen aus, sondern sind auch am Aussehen der Frauen zu erkennen: Die muslimischen Frauen fallen durch ihr geflochtenes Haar, den reichen Schmuck und die weiten, farbigen Kleider auf. Die anderen Frauen gehen eher in schlichter Kleidung, manche gar „oben ohne".

Die Mandara bieten die verschiedensten Waren an, auch Plastik- und Aluminiumwaren. Außerdem sind sie die größten „Féticheurs" und haben viele traditionelle „Apotheken" *(Pharmacies)*. Die Bournouans (die aus Bournou in Nigeria stammen) verkaufen Hirse und Zwiebeln.

Im Gegensatz zu den stolzen Fulbe-Frauen sind die **Podoko-Frauen** aus den Bergen um Oudjilla nur spärlich bekleidet. Einige wenige unter ihnen tragen auf traditionelle Weise noch ein Holzstäbchen in der Unterlippe und ihr Kopf ist kahl rasiert. Der Inhalt ihrer

Kalebassen besteht aus Milch, Tomaten, getrockneten Kräutern zur Herstellung von Soßen; ebenso bieten sie Handfeger aus Stroh, ein Huhn oder Kautabak an. Oftmals kommen die Frauen nur mit wenigen Litern Milch zum Markt, um im Gegenzug etwas Trockenfisch, Petroleum und Seife zu erstehen.

An einer Ecke des Marktes werden Esel verkauft, an einer anderen bearbeiten die Schmiede das Metall. Alle Arten von Hirse, Salz für die Tiere, Gemüse und Früchte, Töpfereien und Silberschmuck aus Maroua ist erhältlich – wie überall auf den Märkten im Norden ist das Angebot reichhaltig.

Unterkunft

- **Campement Sônga' le Podoko**
B.P. 34, Tel. 7999982, 9551840 und 5024200, am Ortseingang von Mora an der Straße Richtung Koussérie, hinter der Total-Tankstelle. Sehr einfache Zimmer in 6 traditionellen Boukarous (kleine, aber saubere Rundhütten mit Moskitonetzen). Zimmer mit Ventilator, Dusche und WC ab 4000 CFA, klimatisierte Zimmer ab 6000 CFA. Restaurant und Bar.
- **Hotel Mora Mossi**
Tel. 9387642, der Straße gegenüber der Total-Tankstelle folgen. Sehr einfaches Hotel mit Bar. Zimmer für zwei Personen mit Dusche, afrikanischem WC (einfaches Loch im Boden) und Ventilator für 4000 CFA. Klimatisierte Zimmer ab 7000 CFA.

Essen und Trinken

- Im Quartier Velele gibt es zwei größere und am Markt viele kleine afrikanische Restaurants.

Busse/Sammeltaxis

- **Mora – Mokolo:** Von/nach Mokolo führen 67 km Piste.
- **Mora – Garoua:** Nach Garoua sind es 290 km (via Maroua) auf guter Teerstraße.
- Außerdem verkehren Sammeltaxis nach Maroua (60 km) und Kousséri (200 km), jeweils auf guter Teerstraße.

Straßenverbindungen/Weiterfahrt

- Von Mora aus geht es auf guter Teerstraße 60 km nach Maroua.
- Hinweis: Die Route Maroua – Mora – Oudjilla – Koza – Meri – Maroua eignet sich auch als Tagestour (früh losfahren, es gibt viel zu sehen!).

Sonstiges

- **Infrastruktur:** In Mora gibt es ein Hospital, eine private Klinik, einen Arzt, eine Total-Tankstelle und Lebensmittel. Neben dem Markt gibt es ein Internetcafé, am Stadion eine Bäckerei („boulangerie sahel").

Maroua – Waza-Nationalpark

- **120 km** Teerstraße

Von Maroua aus geht die Fahrt über eine recht gute Asphaltstraße nordwärts. **Vor der Abfahrt** sollten Sie **voll tanken** (Reservekanister mitnehmen!), denn unterwegs ist nur in Mora eine Tankstelle zu finden. Die Fahrtdauer beträgt 2 bis 3 Stunden. Evtl. auch Getränke aus Maroua mitnehmen, in Waza und weiter nördlich ist abgefülltes **Trinkwasser teilweise nur schwer erhältlich** oder sehr teuer.

Hinweis: Verschiedentlich kann es zu **Polizeikontrollen** kommen (in der Regel freundlich). Teils wird auf den Asphaltstrecken eine Straßenbenutzungsgebühr von 500 CFA erhoben.

Zunächst sieht man nach Maroua noch einige kleine Gebirgszüge, dann wird die Busch- und Steppenlandschaft sehr flach und nur noch gelegentlich von einzelnen Felsbuckeln unterbrochen. 40 km nach Maroua liegt links von der Straße die **Kunsthandwerkskooperative Mayo Oujeme** (Cooperative Artisanal). Hier kann man nach günstigen Souvenirs Ausschau halten, deren Erlös der Kooperative zukommt. Die Straße nach Waza ist schmal und verläuft schnurgerade. Die Teerstraße entlang schlängelt sich eine endlose Reihe von Stromleitungen, hier und da steht eine Wasserpumpe mit Chrompedalen. Sonst erinnert kaum etwas an „Zivilisation". Umgeben von Bäumen oder am Fuß der Hügel stehen kleine Sarés. Hier wohnen die Guiziga, etwas weiter die Mofou. Die Anzahl der Hütten gibt auch hier einen Hinweis auf die Zahl der Ehefrauen des Hausherren. Nach außen sind diese Dorfgemeinschaften durch kleine Mauern oder Strohmatten abgeschirmt. Ab Mora werden die spitzen Dächer der Hütten immer flacher und runder. Strom und Fließwasser gibt es in dieser Gegend nicht, die Stromleitung führt zum Waza-Camp.

Parc National de Waza

- **Öffnungszeiten:** von November bis Mai (Trockenzeit).
- **Beste Besuchsmonate:** März und April (kurzes Gras – gute Sicht!).
- **Anmeldung:** Am Parkeingang trägt jeder Besucher seine Personalien ein und bezahlt den Eintritt.
- **Parkeintritt:** ca. 5000 CFA pro Person/Tag, Führer zusätzlich 3500 CFA, Fotografiererlaubnis 2000 CFA. Gegen eine Gebühr können Ferngläser ausgeliehen werden.

Der Nationalpark mit einer Fläche von **170.000 ha** ist der **bekannteste und tierreichste Nationalpark Kameruns** und kann sich, was die Artenvielfalt anbelangt, mit manchen Parks Ostafrikas messen. Nirgends in Westafrika lebt eine größere Anzahl von Tieren in einem Wildreservat. Gleichzeitig ist der Waza der einzige Park Kameruns, der in den Rundreisen der Veranstalter seinen festen Platz hat (der Bénoué-Nationalpark wird seltener besucht).

Der **Eingang** des Nationalparks liegt gegenüber dem **Campement de Waza** und direkt neben dem **Centre d'acceuil.** Wer bisher noch nicht Gelegenheit hatte, die Mousgoum-Häuser in Pouss (siehe dort) zu besichtigen, kann hier gleich neben dem Parkeingang ein nachgebautes Case obus begutachten.

Auf den relativ guten Pisten des Nationalparks benötigt man während der Trockenzeit keinen Geländewagen, eine Fahrt im normalen Pkw ist möglich (Treibstoff!). Achten Sie auf die Reifen, es gibt viele Dornbüsche.

Der **Pisteur (Führer)** kennt jeden Weg, die besten Beobachtungsplätze, die Stimmung der Elefanten und auch die Stellen, an denen man zum Fotografieren aussteigen darf. Bei Dunkelheit (gegen 18.30 Uhr) muss der Park verlassen werden.

Für eine **Foto-Safari** ist früh Aufstehen angesagt. Gleich nach Sonnenaufgang ist die beste Zeit, Tiere zu beobachten. Auch am späten Nachmittag, wenn die Sonne schon tiefer steht und die Tiere ihre schattigen Verstecke verlassen, lohnt es sich, auf Pirsch zu fahren. Die Chancen auf Wildbegegnungen variieren sehr stark je nach Jahreszeit und Trockenperiode. So hat man z.B. auf dem Höhepunkt der Trockenzeit eher mittags Chancen, eine Elefantenherde bei einer der Tränken (die sog. mares) zu sehen. Bei lang anhaltender Dürre wandern die Tiere auf der Suche nach Nahrung über die Parkgrenzen hinaus. Im Dezember sieht man in der Regel wesentlich weniger Tiere als im März und April kurz vor der Regenzeit.

Im Park existieren **zwei Ökosysteme:** Im **Westen** durchquert man eine Region, die aus Waldgebieten, vereinzelten Gruppen mit Schirmakazien und dichtem Buschland besteht. Im **Osten** dagegen erstreckt sich eine große Feuchtlandschaft mit Sumpfebenen (Yaérés) bis zum Horizont.

An verschiedenen Stellen des Reservates wurden **künstliche Wasserstellen** in die Landschaft integriert, an denen man die zur Tränke kommenden Tiere aus nächster Nähe beobachten kann. Wenn der Regen längere Zeit ausbleibt, werden diese Tränken mit Tanklastern versorgt, die das Wasser aus dem Süßwasserbrunnen von Waza-Ort hierher transportieren.

Der **Artenreichtum** im Waza ist erstaunlich. Wenn man Glück hat und sich ruhig verhält, entdeckt man verschiedene Antilopenarten, darunter sogar die seltenen Pferdeantilopen, auch Wasserböcke und Giraffen. Die langbeinigen Strauße halten sich am liebsten in den weiten Grasebenen auf, die Warzenschweine sind ständig am „buddeln", um wertvolle Mineralien aus der Erde zu graben. Ganz schön aufdringlich können die verspielten Affen werden, wenn Sie auf dem Auto herumturnen. Aber auch Vogelliebhaber kommen in Waza auf ihre Kosten. Die Vielfalt an farbenprächtigen Vögeln ist eindrucksvoll: Adler, Kronenkraniche, Marabus, Pelikane, Enten, Gänse, Perlhühner, Eisvögel, Silber-Reiher, Ibisse, und auch unsere europäischen „Zugvögel" können hier in Ruhe und aus der Nähe beobachtet werden. Manchmal sind die Baumkronen voll mit einem riesigen Vogelschwarm. Nur auf Löwen gibt es im Park keine Garantie, sie sind nur mit sehr viel Glück zu finden. Allerdings habe ich bei meinen Safaris in den verschiedenen Nationalparks Kameruns nur im Waza-Park überhaupt Löwen zu Gesicht bekommen.

Doch die eigentlichen Hauptdarsteller in diesem Wildreservat sind vor allem die **Elefanten.** Nicht morgens oder abends, sondern ausgerechnet in der größten Mittagshitze treten die grauen Kolosse aus dem Akazien-Dickicht hervor, nicht selten Herden von 50 bis 60 Tieren, die fast lautlos zur Wasserstelle ziehen. Dann ist Badezeit. Meist kann man das Fahrzeug verlassen, wenn der Pisteur sich sicher ist,

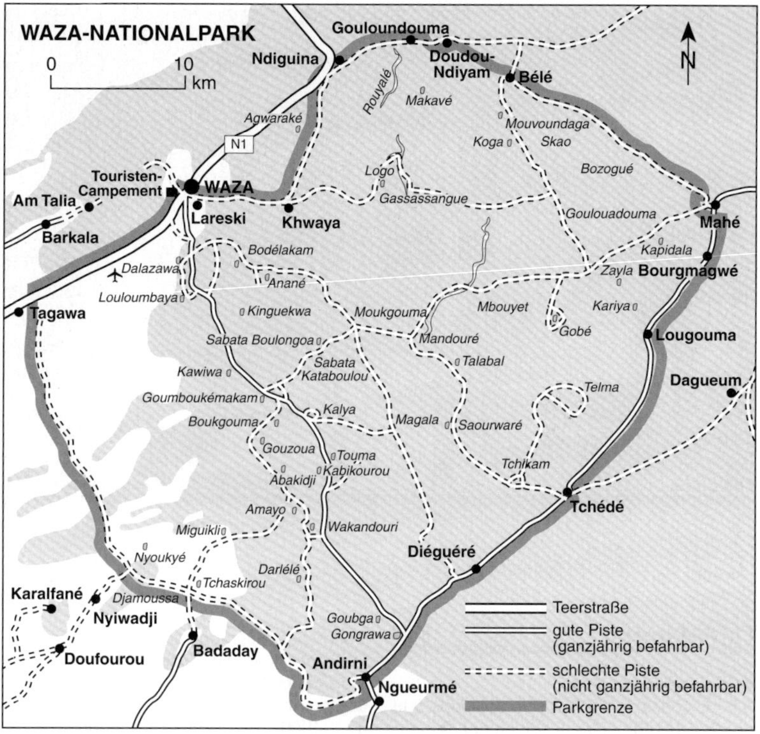

dass die Tiere keine Witterung aufnehmen können. Es stellt ein unvergessliches Schauspiel dar, wenn die riesigen Tiere im Wasser spritzen und plantschen und die Mütter sich um ihre meist noch recht unbeholfenen Kleinen kümmern – man könnte stundenlang zusehen. Es sollte jedoch nicht unerwähnt bleiben, dass die Population der Elefanten in Waza sehr stark zunimmt und dadurch die Vegetation und das Ökosystem insgesamt ernstlich gefährdet sind.

Es ist auch lohnenswert, sich das Dorf Waza selbst einmal anzuschauen. Die Stadt besteht aus vielen kleinen Quartieren, doch das Leben spielt sich hauptsächlich an der **Hauptstraße** ab. Die Leute liegen vor ihren Häusern auf den Bodenmatten, Frauen verkaufen Hirsebeignets, Tee, etc. Am Abend sind die kleinen Stände nur von Öllampen beleuchtet, und es herrscht eine gemütliche, entspannte Atmosphäre. Am Ortsausgang nach Kousséri gibt es eine Bar.

WALD99kam Foto: ed

Boukarou des Campement de Waza (mit Restaurant)

Unterkunft

• Campement de Waza

B.P. 134, Maroua (Postadresse), Tel. 509 8650, 5473885. Das Campement in sehr schöner Lage (kurz vor dem Ort Waza links auf dem Hügel) ist schon von weitem sichtbar. Mit seinen 20 kleinen Rundhütten-Bungalows (Boukarous) aus Stein, die gut in die Landschaft integriert wurden, sieht das Campement aus wie ein Dorf am Hang. Die Doppelzimmer mit Klimaanlage, Dusche/WC kosten ab ca. 17.000 CFA, ein zusätzliches Bett 4000 CFA (Zimmer ohne Klimaanlage für 12.500 CFA). Beim Duschen (falls diese funktionieren) ist Wasser zu sparen; in der ganzen Gegend herrscht während der Trockenzeit große Wasserknappheit! Dennoch ist der Swimmingpool des Campements auch während der Trockenzeit häufig mit Wasser gefüllt. Für Hotelgäste ist die Benutzung gratis, Besucher zahlen ca. 4000 CFA. Im Campement gibt es außerdem eine Bar und ein Restaurant (gut, aber nicht gerade preiswert: Menü ca. 6000 CFA, Frühstück 2000 CFA). Tagsüber wird der Generator abgeschaltet, so dass es zeitweise keinen Strom gibt.

Vom kleinen Felshügel oberhalb des Campements, der gleichzeitig das Revier einiger Affen ist, hat man eine gute Aussicht auf die weite Ebene.

●**Auberge Chez Jeanne**
Am Nordausgang des Ortes Waza, an der Hauptstraße. Einfache Zimmer mit Dusche und außen angebrachter afrikanischer Toilette (Loch im Boden) für ca. 2500 CFA. In einem kleinen Restaurant werden afrikanische und europäische Gerichte (ab 1500 CFA pro Platte) gereicht (Vorbestellung empfohlen).
●**Centre d'acceuil**
B.P.07 Waza. Direkt neben dem Parkeingang wurde ein weiteres wunderschönes Campement gebaut. Die 10 Steinboukaros mit Gemeinschaftsdusche und WC für 7000 CFA (2 Personen) wirken wie ein richtig kleines in die Berge integriertes Dorf. Die Zimmer haben eine recht einfache Ausstattung mit Ventilator. Es gibt eine Bar, einige Frauen aus Waza kochen auf Vorbestellung landestypische Gerichte in ihrer kleinen Kochhütte (ca. 2000 CFA pro Person).

Camping

●Eine Campingmöglichkeit existiert **unterhalb des Waza-Campements,** aber ohne sanitäre Einrichtungen (Toiletten des Campements können benutzt werden). Es werden dafür ca. 2000 CFA pro Person verlangt.

Essen und Trinken

●Außer in den Restaurants der Quartiere und Hotels können Sie im **Restaurant Chez Bamenda** lokale Gerichte bekommen (unbedingt vorher den Preis vereinbaren).
●Am Ausgang nach Kousséri, gegenüber der Bar Chez Jeanne, in der es sowohl afrikanische als auch europäische Gerichte gibt, liegt das **Restaurant Safana,** das nur aus einer großen Bodenmatte besteht. Auf dem Boden sitzend kann man günstige regionale Gerichte kosten. Wie im gesamten Norden lohnt es sich, den süßen Tee und Foléré zu probieren.

Anfahrt

●Der Park liegt direkt an der Hauptverbindungsstraße nach Kousséri.
●Es empfiehlt sich, für einen Ausflug in den Waza-Nationalpark in Maroua ein **Fahrzeug** zu **mieten.** In Waza selbst gibt es keine Mietautos für einen Besuch des Parks. Die Chancen, von anderen Reisenden mitgenommen zu werden, sind recht gering.
●Von Maroua aus verkehrt ein **Sammeltaxi** nach Waza.

Waza – Kousséri

●**138 km** Teerstraße (Detailkarte: IGN Kousséri, Blatt ND-33-III, 1:200.000; ab Kousséri nach Norden). Für die Strecke braucht man ca. 2 Stunden Fahrzeit; sie ist von Waza bis zur Grenzstadt Kousséri durchgehend geteert und in gutem Zustand.

Die Landschaft ist relativ monoton und absolut flach, eine baumlose Ebene und Grassteppe bis zum Horizont. Die Hitze nimmt immer noch mehr zu, je weiter man nach Norden fährt.

001-2kam Foto: rf

Kurz nach Waza kommt das kleine Dorf **Ndiguina,** hier zweigt rechts die Piste nach Logone Birni (s.u.) ab. Wer nach Kousséri möchte, sollte besser die Teerstraße über Maltam nehmen. Auf halber Strecke erreicht man das kleine Dorf **Djilbé** (Markt am Mittwoch).

Nun beginnt die **Sudan-Sahel-Zone,** die Landschaft wird staubig; besonders auffällig sind die großen Kuppeldächer aus Stroh in den Dörfern der Choa-Araber am Wegesrand. In **Maltam (112 km** hinter Waza) gabelt sich der Weg: In Richtung Nordwesten geht es weiter zum Tschad-See (auf Piste), in östlicher Richtung führt die Teerstraße nach Kousséri und über die Grenze in den Tschad. Ab Maltam führt die Strecke nun auf der südlichen Seite des Kalamaloué-Nationalparks (26 km vor Kousséri) entlang.

Kalamaloué-Nationalpark

Auch wenn es praktisch kaum Touristen in dieses nahezu unbekannte Reservat zieht, kann man hier Elefanten, Giraffen, Antilopen, Affen und all die anderen Tiere beobachten, die auch im Waza beheimatet sind. Mit ca. 4500 ha ist das Reservat an den Ufern des Chari-Flusses zwar recht klein, und der Tierbestand ist viel geringer als in Waza, doch wird es Ornithologen interessieren, dass der Kalamaloué **eines der vogelreichsten Gebiete Kameruns** ist. Die Landschaft ist wesentlich buschiger und grüner als im trockenen Waza, und oft zieht es in Dürre-Perioden die Elefanten von dort hier herauf. Deshalb hat man wohl auch die Verkehrsschilder mit der Abbildung eines Dickhäuters am Straßenrand aufgestellt.

Pirschfahrten im eigenen Fahrzeug (obligatorisch mit Führer) sind möglich, man kann mit dem Pisteur auch zu Fuß gehen und sich Krokodilen und Flusspferden vorsichtig nähern. Am interessantesten ist die Region direkt entlang des Flussufers am Chari.

Unterkunft/Campement

- Das Campement liegt ca. 2 km von der Teerstraße entfernt in der Nähe eines kleinen Sees. Es sind zwei sehr einfache Zimmer in einem Boukarou vorhanden, die sich in schlechtem Zustand befinden (ca. 3500 CFA pro Person). Es besteht die Möglichkeit zum **Campen,** man darf WC und Wasser des Campements mit benutzen. Die Leute, die das Campement leiten, sind sehr freundlich.

Im Übrigen kann man auch in Kousséri oder in Waza übernachten.

Vor Kousséri durchquert die Straße große Hirsefelder, die an den Nationalpark Kalamaloué grenzen. Kousséri ist aufgrund der Asphaltstraße ganzjährig zugänglich.

Kousséri

Kousséri (19.000 Einwohner) ist der **Hauptort des Verwaltungsbezirkes Logone-et-Chari und Grenzstadt zum Tschad.** Bei Kousséri fließen die beiden großen **Flüsse Logone,** der vom Süden herauf die Grenze zum Tschad bildet, und **Chari,** der aus dem Tschad kommt, zusammen. Ab hier bestimmt der große Chari weiterhin direkt den gesamten Grenzverlauf zwischen Kamerun und Tschad bis hinauf zum Tschad-See. Die

Grenzstadt liegt direkt am Flussufer gegenüber von **N'Djaména,** der **Hauptstadt des Tschad.** Eine Brücke etwas außerhalb der Stadt, den Logone aufwärts, verbindet die beiden Flussufer, hier erfolgt auch der Grenzübertritt. Die **Grenze** ist derzeit **geöffnet** (Gebühr: 1500 CFA pro Fahrzeug). Zurzeit empfielt es sich aufgrund der kritischen Lage im Tschad allerdings nicht, die Grenze zu überschreiten. Vor der Reise ist es sinnvoll, sich über die aktuelle politische Lage im Tschad zu informieren.

Die weiten Ebenen um Kousséri sind Schwemmland, da die Flüsse jährlich zur Regenzeit über die Ufer treten. Zu dieser Zeit sind die Pisten schlammig und kaum mehr befahrbar (z.B. nach Logone Birni).

Die Stadt Kousséri ist nicht von besonderem Interesse. Aufgrund der Grenzlage herrscht hier stets dichtes Gedränge, viel Verkehr (Transporter und Lastwagen) und ein hohes Polizeiaufkommen. Auf dem Fluss sind zahlreiche Fischer mit ihren Pirogen unterwegs. Anschließend trocknen und räuchern sie ihren Fang. Der Logone gilt als der fischreichste Fluss Kameruns. Überall bieten „Fliegende Händler" ihre legalen oder auch „illegalen" Waren an – der **Handel** blüht hier an der Grenze.

In Kousséri leben viele Leute aus dem Tschad. Als das Nachbarland noch von einem langjährigen Krieg erschüttert wurde, strömten Tausende von Flüchtlingen nach Kamerun herüber. Nicht alle sind nach Beendigung des Krieges wieder zurückgekehrt. Auch am Wochenende kommen viele Bewohner des Tschads nach Kousséri, um hier ihre freien Tage zu verbringen oder Verwandte zu besuchen.

Der **Markt** in Kousséri findet täglich statt, besonders reges Treiben herrscht am Donnerstag und Samstag. Die Leute aus den umliegenden Dörfern kommen im Buschtaxi, in der Piroge oder zu Fuß nach Kousséri, vor allem wegen der begehrten Trocken- und Räucherfische, die überall vor den Händlern auf dem Boden ausgebreitet sind, begleitet von einem intensiven Fischgeruch. Die hübschen und kunstvoll frisierten Frauen der Choa-Araber-Nomaden verkaufen die Milch ihrer Viehherden aus Kalebassen, die sie elegant auf dem Kopf balancieren.

Unterkunft

- **Hotel Moderne**
B.P. 10, Tel./Fax 2294402; an der Route National No. 1, ca. 5 Min. entfernt vom Grenzübergang Tschad. 20 Zimmer mit Klimaanlage, Dusche/WC ab 8500–16.000 CFA. Restaurant, Bar und Terrasse. Die Miete von Geländewagen ist möglich.
- **Relais du Logone**
Tel. 2294697. Im Relais gibt es 12 sehr einfache und preiswerte Zimmer mit Dusche/WC für 6000–12.000 CFA.

Busse/Sammeltaxis

- Es fahren Busse und Sammeltaxis von/nach **Mora** (215 km) und **Maroua** (275 km), jeweils auf Teerstraße, sowie von/nach **Logone Birni** (35 km) und **Goulfey,** jeweils auf Piste.
- **Busbahnhof,** Tel. 2294006.

Notfall

- **Arzt,** Tel. 2294242.
- **Apotheke,** Tel. 2294293.

Sonstiges

- **Infrastruktur:** Postamt, Banken (u.a. BICEC, B.P. 272, Tel. 2294353, Fax 2294942), Polizei und Tankstelle.
- Der **Grenzübergang in den Tschad** ist derzeit problemlos möglich; für den Tschad ist ein Visum erforderlich (2000 CFA/Person).
- Hinweis: Kousséri ist Grenzstadt, daher Vorsicht und absolute Zurückhaltung beim Fotografieren (keine Militäranlagen, Polizisten, Verwaltungsgebäude etc.)!

Abstecher nach Logone Birni und Zina

Zu diesem Ort führen **43 km schlechte Piste von Kousséri nach Süden;** in der Regenzeit ist die Strecke nicht befahrbar. Es verkehren **Sammeltaxis von/nach Kousséri.** Die Piste verläuft mehr oder weniger entlang des Logone-Flusses.

Anfang des 19. Jahrhunderts war Logone Birni (übersetzt: „Befestigte Stadt am Logone") ein einflussreiches Königtum. Es gehörte nicht, wie das umliegende Kotoko-Land, zum Reich Bornou, doch war der König von Logone Birni ein Vasall dieses Reiches. König *Saleh V.* überfiel Ende des 19. Jahrhunderts seine Nachbarn, um dieser ständigen Abhängigkeit zu entkommen. Er bat *Rabah,* einen berühmten Eroberer aus dem Niltal (siehe Kapitel Geschichte), zu Hilfe, doch dieser setzte den König ab und übernahm dessen Position. Im April 1900 wurde Rabah dann seinerseits von den französischen Kolonialtruppen in Kousséri besiegt. Damit war die Glanzzeit dieser Stadt zu Ende.

Heute ist Logone Birni eine eher unbedeutende, jedoch **sympathische Kleinstadt mit ca. 20.000 Einwohnern.** Viele der Häuser im „arabischen" Stil sind verlassen und verfallen allmählich. Auch die Mauern des Sultanspalastes lassen nicht mehr viel von der einstigen Blüte erahnen. Die **Kotoko,** die hier ansässige Volksgruppe, lebt in der Hauptsache von der Fischerei. Am frühen Morgen bei Sonnenaufgang fahren die Pirogenbesitzer los und holen die Netze ein. Der Fang wird auf Holzfeuer in Tonöfen geräuchert, der starke Geruch ist in der ganzen Stadt wahrnehmbar.

Jedes Jahr zur Regenzeit tritt der Logone über die Ufer und überschwemmt weite Landstriche. Die Feldbestellung ist in dieser Region also kaum möglich, die Regierung fördert den Anbau von Reis. Durch die Feuchtigkeit bedingt, wimmelt es in dieser Region von Insekten, die früher auch die Schlafkrankheit verursachten. *Dr. Jamot,* der Begründer des Gesundheitsdienstes in Kamerun, hat zwischen 1922 und 1926 Maßnahmen zur Bekämpfung der Schlafkrankheit, u.a. auch in Logone Birni, eingeleitet. Noch heute steht am Flussufer eine Tafel, die daran erinnert (mehr zu Dr. Jamot unter Yaoundé).

- **Unterkunft/Campement:** Das ziemlich verwahrloste Campement liegt direkt am Ufer des Logone-Flusses und verfügt über zwei Boukarous mit je 2 Zimmern (ca. 3500 CFA). Fließwasser und Strom fehlen, ebenso ein Restaurant oder eine Bar.

Die Weiterfahrt Richtung Süden erfolgt auf schlechter Piste entlang des Waza-Nationalparks bis in das kleine Dorf **Zina.** Der Waza-Park kann von einer der offiziellen Parkstationen aus besucht werden (Mahé, Tchédé, Andirni). In Zina wird von einem Schweizer Arzt ein Landkrankenhaus geleitet. Die Bevölkerung in dieser Region ist sehr freundlich. Von hier aus ist die Piste nach Maroua befahrbar (in der Trockenzeit).

Maltam – Tschad-See

- **101 km** Piste (Detailkarte: Carte du Cameroun, Kousséri, Blatt ND-33-III, 1:200.000, zu beziehen über Centre Géographique National, Yaoundé).

Für eine Fahrt in das spitze Eck Kameruns, in den äußersten Norden zum Tschad-See, genügt in der Trockenzeit ein normaler Pkw. Vor der Abfahrt sollte man sich dennoch nach der aktuellen Situation erkundigen, von Zeit zu Zeit ist diese Gegend etwas unsicher. Fragen Sie am besten Herrn *Reinhard Visse* vom Hotel Porte Mayo in Maroua, er vermittelt auch Autos mit Fahrer.

Die Region am kamerunischen Ufer des Tschad-Sees wird nur selten von Touristen besucht. In der Regenzeit ist die ganze Region versumpft und kaum passierbar. Während der übrigen Zeit herrscht Dürre und Trockenheit, und Staub dominiert.

Die zum Teil versandeten Pisten sind nur während der Trockenzeit befahrbar, von einer Tour in der Regenzeit rate ich ab. Das Gebiet am Tschad-See verfügt über **keinerlei touristische Infrastruktur,** für Proviant, Trinkwasser und genügend Treibstoffreserven haben Sie selbst zu sorgen.

Die Fahrt von Maroua zum Tschad-See und zurück ist nicht an einem Tag zu schaffen (einfache Strecke ca. 4 bis 5 Stunden Fahrzeit), unterwegs bieten sich **Übernachtungsmöglichkeiten** in Waza oder Kousséri. Nachtfahrten sollten Sie vermeiden; man verfährt sich leicht, auch tagsüber!

Eigentlich glaubt man sich hier eher in Nordafrika, so **wüstenhaft** ist die Landschaft. Die kleinen Ortschaften erwecken den Eindruck von Befestigungsanlagen mit ihren Lehmmauern, den teils zweistöckigen Häusern und den vielen staubigen Gässchen.

Hier sind die **Kotoko** und **Choa-Araber** zu Hause, die sich vorwiegend vom Mais-, Gemüse- und Hirseanbau und von der Viehzucht ernähren, direkt am Tschad-See kommt der Fischfang hinzu.

Die Vegetation ist extrem spärlich, etwas dürres Gras und die widerstandsfähigen Akazien wachsen, die den Ziegen- und Schafherden während der Mittagshitze Schatten spenden. Weite Landstriche sind versandet, ausgedörrt und heben sich in ihren Grautönen kaum vom staubigen Himmel ab. Das Tschad-Becken leidet extrem unter der jährlich viele Monate anhaltenden Trockenheit; Wasser ist Mangelware. Dies ändert sich schlagartig an den üppig grünen Ufern des Chari-Flusses und des Tschad-Sees, der von einem breiten Schilfgürtel umgeben ist und dessen Uferausdehnungen saisonal erheblich schwanken.

Die **Orientierung auf den Routen zum Tschad-See** wird erschwert durch das Labyrinth aus (unbeschilderten) Fahrspuren – die Pisten sind teilweise nicht zu erkennen oder versandet. Nur selten trifft man auf Gegenverkehr (meist Lastwagen zum Gütertransport, die zwischen Nigeria und Tschad wechseln), jedoch immer wieder auf umherziehende Nomaden, die man nach dem Weg fragen kann – die Auskünfte, die wir erhielten, waren allerdings sehr ungenau.

Die Route von Maltam über Makari nach Blangoua ist etwa ebenso lang wie über Goulfey und Woulki. Das Fischerdorf **Blangoua** (in der Detailkarte Blangwa, in der Macmillan-Karte gar nicht verzeichnet – nahe Massaki) kann als Ausgangspunkt für eine **Pirogenfahrt zur Insel Kofia** dienen. Beide Routen weisen keine großen Unterschiede auf und sind ohne weiteres zu bewältigen.

Von Waza oder Kousséri **bis Maltam** ist die **Straße asphaltiert.** In diesem Ort zweigt links die breite Piste (Sandauflage, fester Untergrund) Richtung Tschad-See (Makari) ab. Es gibt keine Beschilderung!

Vor den Hütten verkaufen die Bewohner große Korbflaschen mit einer rötlichen Flüssigkeit – Benzin aus Nigeria (schlechte Qualität, nur für Notfälle).

Nach **46 km** ab Maltam ist eine **Abzweigung** nach rechts erreicht; Makari ist ausgeschildert. Weiter geht es auf breiter Piste.

Bei **km 73** ist **Makari,** der Hauptort dieser Region erreicht; dort sollten Sie nach dem Weg Richtung Blangoua fragen, denn eine Ausschilderung ist nicht vorhanden.

Nach insgesamt **81 km** (ab Maltam) ist man im Dorf **Mada** mit einem bekannten **Schweizer Hospital** angelangt (hier wieder nach dem Weg fragen). Auf der Weiterfahrt sollte man nicht von der Hauptpiste abzweigen; die Strecke wird nun etwas schlechter und sandiger, in der Trockenzeit (bis März/April) ist sie jedoch ohne Probleme zu befahren.

Nach **101 km** kommt man in **Blangoua** an.

Hinweis: Auf der Strecke ab Makari existieren **viele kleine Buschpisten,** man kann sich leicht verfahren. In manchen Reiseführern wird angegeben, dass man einige Flüsse mit der Fähre überqueren muss. Dies ist nicht mehr der Fall (Brücken oder Furten). Unterwegs muss mit einigen **Polizeikontrollen** gerechnet werden.

Blangoua

Blangoua wird auch das „Far End" Kameruns genannt, die **letzte Stadt im äußersten Norden.** Hier endet die Piste. Der Ort ist auf den meisten Straßenkarten nicht eingezeichnet. Es ist sehr heiß. Blangoua liegt am Ufer des Chari-Flusses, unweit des sehr fischreichen Tschad-Sees. Hier fischen die Kotoko von ihren Booten aus.

Auf dem **Markt am Freitag** werden vor allem Fische, frisch oder geräuchert, aber auch Gemüse, Gewürze, Hirse und Stoffe angeboten. Die Händler kommen oft von weit her, darunter sind die schönen Choa-Araber.

- **Unterkunft:** Übernachtungsmöglichkeit in einem Campement-Hotel.

Auf dem Tschad-See zur Insel Kofia

Für eine Fahrt zur Insel Kofia kann man sich **in Blangoua** eine **Piroge mieten,** ein langes Flachboot mit Außenbordmotor. Die Fahrt ist bei Hochwasser, und damit zu starker Strömung, nicht möglich. Der Bootsausflug dauert 4 bis 5 Stunden (Hin- und Rückfahrt; der Weg zurück nimmt etwas mehr Zeit in Anspruch, da es dann flussaufwärts geht).

Vor der Abfahrt ist es erforderlich, sich bei der **Polizei einzutragen,** da der Chari-Fluss hier die Grenze zum Tschad bildet. Außerdem befinden sich mitten im Tschad-See die Grenzen zum Tschad und zu Nigeria. **Touristen** sind hier sehr **selten,** auf der Polizeistation ist man recht freundlich. Der Preis für den Ausflug in der Piroge ist Verhandlungssache (ca. 32.000 CFA). Achten Sie darauf, dass das Boot gut in Schuss ist!

Zunächst fährt man etwa 2 Stunden **auf dem Chari-Fluss:** Auf der rechten (tschadischen) wie auf der linken Uferseite säumen kleine, verschlafene Dörfer in Lehmbauweise das Ufer. Die vorbeifahrenden Pirogen dienen zum Transport von Waren und Passagieren, die auf den Inseln oder in den Dörfern am Ufer wohnen. Nachdem die lange Autofahrt schon zu einer Gewöhnung an den staubigen, von der Sonne ausgebrannten Sahel geführt hat, erscheint die Landschaft hier erstaunlich grün und den Augen als eine wahre Wohltat. Teilweise werden sogar Bananen angebaut, nachmittags kommen die Rinderherden ans Flussufer zur Tränke. Die Leute machen einen recht zufriedenen Eindruck.

Nach gut 2 Stunden Fahrt weitet sich der Fluss, man erreicht den dichten, grünen **Schilfgürtel des Tschad-Sees.** Dieser ist so breit, dass der See zunächst gar nicht ins Blickfeld rückt; doch schließlich breitet sich die endlose ruhige Wasserfläche bis zum Horizont aus, nur von kleinen grünen Inseln unterbrochen.

Nach einer weiteren halben Stunde landet das Boot an der

Insel Kofia

Hinter Papyrus-Stauden versteckt liegt ein **großes Fischerdorf** aus Lehm- und Strohhütten (Schilfmattenhäuser). Hier bewegt man sich noch auf kamerunischem Staatsgebiet, doch die Bewohner sind Fischer aus Nigeria, Tschad und Kamerun. Schon gleich nach Ankunft empfängt den Besucher ein beißender Fischgeruch. Alles dreht sich hier um **Fisch:** Auf großen Stellagen aus Ästen wird er getrocknet, über breiten Kohlenbecken geräuchert und in Jutesäcke gefüllt zum Verkauf gebracht.

Neben dem Fischfang spielt in diesem Grenzgebiet auch der **Handel** eine bedeutsame Rolle: Auf dem relativ großen Markt ist alles zu haben, was man in dieser abgeschiedenen Region gerade nicht erwartet: Radios, Kühlschränke, Zigaretten, kühle Cokes – natürlich zu extrem niedrigen Preisen!

452kam Foto: rf

Anhang

453Akam Foto: rf

453Bkam Foto: rf

Ansicht von Yaoundé

Ufer-Vegetation am Lobé-Fluss

Auf dem Markt in Foumban

Sprache

von **Hubertus von Lindeiner**

Kamerun hat als einziges Land in Afrika durch die einstige koloniale Aufteilung **zwei offizielle Amtssprachen: Englisch** und **Französisch.**

Aus ehemals zwei einsprachigen Bundesstaaten wurde 1972 ein allgemeiner zweisprachiger Staat (Vereinigte Republik). Dabei wird Englisch von etwa einem Fünftel der Bevölkerung im früheren britischen Mandatsgebiet im Westen gesprochen (Provinzen South-West und North-West), Französisch im ganzen restlichen Land. **Französisch** ist also die **dominierende Sprache,** und Sie sollten, wenn Sie nach Kamerun reisen, wenigstens ein paar Grundkenntnisse mitbringen, vor allem wenn Sie auf eigene Faust unterwegs sind. Im frankophonen Gebiet wird man Englisch nur sehr selten verstehen. An den Universitäten Kameruns wird zweisprachig gelehrt, in Grundschulen gelten Englisch und Französisch als Pflichtfach, es gibt Zeitungen und Fernsehfilme in beiden Sprachen.

Da **Deutsch** in den Schulen im frankophonen Landesteil als Wahlfach angeboten wird, begegnen Sie wahrscheinlich dem einen oder anderen, der stolz darauf ist, seine Deutschkenntnisse anwenden zu können.

Daneben existieren in Kamerun nicht weniger als **200 verschiedene Muttersprachen** der diversen Volksgruppen. Wenige davon werden geschrieben, viele sind immer noch ungenügend aufgezeichnet. Diese vielen verschiedenen Sprachen und Dialekte lassen nicht immer eine eindeutige sprachliche Verständigung zwischen der Bevölkerung zu, oft ändert sich von Dorf zu Dorf die Sprache. So entwickelten sich aus diesen Grundsprachen heraus einige Verkehrs- oder Umgangssprachen als Mittel der Verständigung, darunter Bantu- und Semibantu- und Sudanesische Sprachen.

Arabisch ist das kulturelle Bindeglied zwischen den Kotoko und Choa-Arabern der Départements Logone und Chari im äußersten Norden.

Das **Mandara** wird von den ethnischen Gruppen aus dem gleichnamigen Bergmassiv im Norden verstanden.

Fulfulde wird im ganzen von den Fulbe beherrschten Norden gesprochen und ist seit der Kolonialzeit die Verkehrssprache. Als Handelssprache reicht das Verbreitungsgebiet des Fulfulde von Senegal über Mali und Niger bis in den Norden Kameruns.

Weitere Verkehrssprachen sind das Bali im Hochland Westkameruns, das Douala im Raum der gleichnamigen Hafenstadt, das Bassa und Ewondo im Zentrum und Süden. Keine dieser einzelnen Sprachen hat jedoch eine hegemoniale Stellung wie etwa das Suaheli in Ostafrika.

Zunehmende Verbreitung - ausgehend von Westkamerun - findet das **Pidgin-Englisch** (s.u.).

Unterwegs in den ländlichen Gebieten wird Ihnen die Verständigung nicht immer leicht fallen, denn ein Großteil der Bevölkerung spricht weder Englisch noch Französisch. Vieles lässt sich natürlich durch Mimik und Gestik sagen. Oft können auch Kinder dolmetschen, die die Fremdsprachen in der Schule lernen. Wenn Sie über einen kleinen Wortschatz in der Landessprache verfügen, z.B. einen Gruß und ein paar Worte Fulfulde oder Pidgin-Englisch, wird Ihnen das auf Märkten, in Familien und unterwegs recht hilfreich sein und viel Sympathie einbringen.

Pidgin – das „Englisch" der Westküste Afrikas

Die meisten Afrikaner beziehungsweise Kameruner beherrschen neben ihrer Muttersprache mindestens zwei Sprachen, auch wenn sie weder lesen noch schreiben können. Meistens handelt es sich um die Sprache eines benachbarten Volkes und um eine der beiden offiziell proklamierten „Staats"-Sprachen, das heißt Französisch oder Englisch. Hierbei wundert man sich immer wieder über das relativ hohe Sprachniveau im Französischen und die schwer verständliche Artikulation des von westkamerunischen Intellektuellen gesprochenen Englisch. Ein Blick in das Fernsehprogramm genügt.

Englisch als Verkehrssprache spielt in den breiteren Bevölkerungsschichten so gut wie überhaupt keine Rolle. Hier – d.h. nicht nur im anglophonen Westen (Provinzen South-West und West), sondern auch an der Küste um Douala und im Bamiléké-Land - spricht das Volk Pidgin.

Oft wird Pidgin fälschlicherweise als eine verballhornte Form des Englischen angesehen und nicht als **eigenständige und neue Verkehrssprache** der Völker entlang der Küste Westafrikas zwischen Sierra Leone und der Wouri-Mündung. Natürlich gibt es große Unterschiede innerhalb dieses Sprachraums.

Wer mit dem Pidgin Kameruns in Kontakt kommt und meint, sein Englisch sei ausreichend für diese Art von Sprache, wird bald merken, dass er gewaltig auf dem Holzweg ist.

Wie bei fast allen afrikanischen Sprachen der Fall, findet man kaum jemanden, der diese Sprache auch schreiben könnte. Es gibt auch keine Zeitung in Pidgin. Die ersten Missionare, die sich an die Arbeit machten und die „Frohe Botschaft" ins Pidgin übersetzen wollten, kamen aus Deutschland beziehungsweise aus der deutschsprachigen Schweiz. Dementsprechend ist auch die Orthographie des Pidgin ausgefallen: Wo man zum Beispiel für „Ich" das englische „I" erwartet, steht da nur einfach „A".

Auch das **Vokabular,** das nicht ausschließlich aus dem Englischen stammt, sondern unter anderem etliche Wörter aus dem Spanischen und Portugiesischen übernommen hat, verblüfft den Anfänger. So ist beispielsweise das

Wort für „wissen" dem spanischen „saber" entlehnt, „Kinder" heißen „Pikin" (vom span. „pequeño" = klein) etc.

Mit der **Grammatik** hat es auch so seine Bewandtnis. So sind zum Beispiel die Verbformen für Vergangenheit und Zukunft nur mit etwas Übung in den Griff zu bekommen (z.B. für das Verb „gehen"): Er geht gerade – yi di go; er ist gegangen – yi dong go; er wird gehen – yi go go.

Ausdrücke, die man immer wieder hört, sind beispielsweise *fo weti?* (warum?), *ashia!* (Beileidsbekundung), *hau nau?* (wie geht's?), *yu dong kam?* (auch mal wieder da?!) und so fort.

Fulfulde – die Sprache der Fulbe

Auch wenn es „reinrassige" Fulbe nur noch bei den Mbororo beziehungsweise bei den Nomaden im Faro-Tal oder bei „verarmten" Fulbe-Familien gibt, die sich seinerzeit keine Sklaven leisten konnten, hat dieses Volk nahezu dem gesamten Norden seinen kulturellen Stempel aufgedrückt. Sei es die Religion oder die Siedlungsform – alles erinnert an das alte Adamaoua-Reich.

Aber vor allem ist es die Sprache der Fulbe, das Fulfulde, die Nordkamerun gegenüber dem Süden eine gewisse kulturelle Identität und auch Homogenität verleiht.

Das Fulfulde Nordkameruns ist bei weitem nicht so rein wie das der Wodaabe im Niger oder gar das Pular im Senegal. Es gibt auch weitreichende Unterschiede, regelrechte Dialekte, über die Witze gemacht werden innerhalb der nordkamerunischen Städte. So spricht man z.B. in Maroua das reinste Fulfulde, wogegen in Ngaoundéré viele Elemente der Mboum-Sprache eingeflossen sind: Wenn man in Maroua jemanden mit „bahaudje" begrüßt, erntet man – je nach Bildungsgrad und Erziehung des Gesprächspartners – höhnisches Lachen oder nachsichtiges Grinsen. Wer dagegen in Ngaoundéré aus dem Buchstaben „W" ein „U" macht, gilt als eingebildeter Schnösel – ähnlich dem Hamburger, der in München über den „s-pitzen S-tein s-tolpert". Einfach ist diese Sprache nicht – vor allem nicht für denjenigen, der es ernst meint.

Als Europäer muss man erst einmal Abstand nehmen von Kategorien wie z.B. Vergangenheit, Gegenwart und Zukunft: Im Fulfulde gibt es nur Vollendetes/Unvollendetes, ergänzt durch den Kontext und kleine Beiwörter, die z.B. besagen, dass „man gerade dabei ist, etwas zu machen" ... Oder: Während wir im Deutschen immerhin fünf Adjektivendungen (männlich/weiblich/neutrum im Singular bzw. weiblich und männlich/neutrum im Plural) beherrschen können müssen, muss sich der gepflegte Fulbe-Intellektuelle mit 25 solcher Endungen herumschlagen. Da ist nicht gut gleich gut, wenn es um so verschiedene Dinge geht wie Mensch *(gorko bood-o)*, Hund *(rauaandu bood-ndu)* oder Auto *(mota bood-nga)* ... Der Normal-Sterbliche sagt dann einfach *bood-dum* – auch wenn sich dabei dem Puristen die Nackenhaare sträuben.

Wer immer sich dem ausführlichen Studium dieser sehr schönen und bildreichen Sprache widmen will, kann sich in der katholischen Mission in Maroua den **Cours de foulfouldé** von *Pater Dominique Noye* besorgen, muss dafür aber eine etwas unübersichtliche Didaktik in Kauf nehmen bzw. in Französisch recht firm sein.

In Ngaoundéré kann man bei der Protestantischen Mission hinter dem „Norweger-Krankenhaus" nachfragen, ob es noch Exemplare eines Fulfuldekurses (mit Kassetten) zu kaufen gibt. Auf dem Gelände dieser Mission befindet sich übrigens das Radio-Studio der Mission, in dem eine Reihe von Sendungen in den verschiedensten Sprachen Nordkameruns produziert wird.

In diversen Buchläden gibt es kleine Bücher mit Kindergeschichten, praktischen Tipps (Stichwort: „Hände waschen vor dem Essen" oder „Mein Gemüsegarten") oder sonstigen Inhalts, die beim Erlernen dieser Sprache hilfreich sein können.

Das Glossar der folgenden Seiten beschränkt sich auf einige nützliche Redewendungen, die gebräuchlichsten Wörter sowie Zahlen; ein paar Worte Fulfulde z.B. beim Feilschen auf dem Markt tragen immer sehr zur Erheiterung der Leute bei, bringen Sympathien ein und können sich somit auch auf den Preis auswirken.

Fulfulde-Glossar

Zur Aussprache

Die im Folgenden verwendete Lautschrift entspricht zwar nicht dem international anerkannten phonetischen Alphabet, kommt aber dem tatsächlichen Fulfulde am nächsten. Dabei sind einige Schreibweisen zu beachten:

- **Betonte Silben** werden durch Verdoppelung des Vokals deutlich gemacht: djabbaama (Willkommen)
- Die **Schreibweise „Dj"** entspricht dem weichen dsch, wie z.B. im englischen „German" – „Djam bandu-na?" (Geht es dir gut?)

Zur Grammatik

Wie schon oben erwähnt, reicht es, wenn man bei Adjektiven die allgemein verwendete Endung „-dum" gebraucht. Was Verben anbetrifft, so werden sie in der folgenden Liste in ihrem Infinitiv, das heißt mit der Endung „-ugo", aufgeführt.

Konjugiert werden sie dann wie folgt:
Beispiel: nyaam-ugo = essen
Vergangenheit (= vollendet) / Gegenwart („Ich bin dabei zu ..." / Zukunft („Ich werde ..." oder „ich mache normalerweise") / Verneinung
(Ich) mi nyaam-i/don nyaam-a/nyaam-an/ nyaam-ataa
(Du) a nyaam-i/Rest wie bei Ich
(Er) o nyaam-i/Rest wie bei Ich
(Wir) min nyaam-i/Rest wie bei Ich
(Ihr) on nyaam-i/Rest wie bei Ich
(Sie) be nyaam-i/Rest wie bei Ich

Die **Befehlsform** wird einfach mit der Endung „-u" ausgedrückt: nyaam-u! Iss!

Nützliche Redewendungen

Bei den nützlichen Redewendungen handelt es sich um das Allernötigste, wie z.B. Begrüßung, Fragen nach Weg oder Preis und dergleichen (Deutsch – Fulfulde).

Wie geht es dir? – Djam bandu-na?
Wie geht es zu Hause? – Djam suudu-na?
Wie geht es den Kindern?(etc.) – Djam bikkoy-na?
Antwort immer: Djam! oder: Djam koo-dume!
Gott gebe dir Frieden! – Allah hokke Djam!
Willkommen ! – Djabbaama!
Antwort (Einz.) – Mi djabbi, (Mehrz.) Min djabbi
Wie heißt du? – Noy innde ma?
Ich heiße ... – Innde am ...
Wo wohnst Du? – Toy a wonni?
Ich wohne in ... – Mi wonni haa ...
Ich bin Deutscher – Mi Djamman-djo (German)

Wir sind Deutsche – Min Djamman-be
Wohin gehst/fährst Du? – Toy a yaahata?
Ich fahre nach ... – Mi don yaaha haa ...
Wo ist der Markt? – Toy luumo?
Wie heißt dieses Dorf/dieser Ort? – Noy innde wuro-do?
Dieses Dorf hat den Namen ... – Innde wuro ...
Was kostet ... ? – Dala noy noy?
Wie? – Noy?
Ich will nur mal sehen – Tan mi laara
So soll es sein! – nonnon !
So ist es recht! – deydey !
Ich bin satt! – mi haari!
Gib mir! – hokk-am!
Ich geb es nicht! – mi hokkataa!
Nein – Kay! A-a!
Ja – O-ho!
Ich will ... – mi yiddi ...
Ich will nicht – mi yidda
Ich liebe dich! – mi yiddi ma!
Komm her! – warr(-u)! warr-le!
Geh weg! – dillu!
Geh nach Hause – dillu saare!
Wir gehen nach Hause – min dilli saare
Ich gehe nach Hause – mi huutchi
Lasst uns gehen – en dilla

Wörter-Grundwissen

Abend – Kikide
Bis heute abend! – sey kikide
Auto – moota
Bank – labank
Busbahnhof – stationnement (franz.)
beten – jul-ugo
bezahlen – yob-ugo
bitte – usseni
Brot – B(u)red
Buch/Papier – Dereuol/Pl. deredji
Butter/Öl – Nebbam
danke – usseko
Ding/Sache – Hunnde/Pl. Kuudje
Deutscher – Djamman (German)
Deutschland – (Allemagne)
Du – a
Eier (Pl.) – Geraade
Elefant – Nyiiwa/Pl. Nyiibi
Ente – Tchagal/Pl. Tchaide
Essen – Nyaamdu
essen – nyaam-ugo
Feld – Ngessa
Fisch – Liingu/Pl. Liddi
Fleisch – Kussel
Frau – Debbo/Pl. Rewbe
Geld – Tcheede
Geschäft (Laden) – Butik
gestern – keenya
groß (Ding) – manga,
(Mensch) – goddo/neddo
Hammel – Ndjaudi
Haus – Saare; Suudu (im Sinne von Gehöft)
heiß (sein) – wull-ugo
heute – hande
hinter – bawo
Hirse – Gauri
Hitze – Guldum
Huhn – Gertogal/Gertoode
Hund – Rauaandu/Bossaaru
ja – o-ho
Jahre (Pl.) – Dubi
jetzt – djonnta
kalt (sein) – peew-ugo
Kälte – Peewol
kaputt machen – wonn-ugo
kaufen – sood-ugo
Kind/Kinder – Binngel/Pl. Bikkoy
Kloß (franz. *la boule*) – Nyiiri
Hirse- – Nyiiri gauri
Mais- – Nyiiri butaali
Reis- – Nyiiri maroori
krank (sein) – nyau-ugo
Kranker – Nyaudo
Kuh – Nagge/Pl. Na'i
langsam/vorsichtig – hakkilo
Leben (das Leben im Allgemeinen, die Welt) – Dun(u)yaaru
So ist das Leben – banani wa'i dunyaru
Leber – Henre
Mais – Butaali (Garoua)/Masarji
Markt – Luumo
Milch – Kossam
Mond/Monat – Le'uru/Pl. Lebbi
morgen – django
Bis morgen! – sse django!
Moschee – Djullurde
Moslem – Djul-do
Name – Innde
neben – kombi
nein – a-a, kay (haussa)
Öl – Nebbam
Pfeffer/Piment (Chili) – Tchiita
Polizei – Lapolis

Rede/Angelegenheit – Haala
Regen – yee-nde
Rindfleisch – Kussel nagge
Salz – Mannda
Schlüssel – lakle
schreiben – djanng-ugo
schön – woodi
Schule – Djanngirde
sehen – yi'-ugo
(hinsehen, anschauen) – laar-ugo
Seife – Sabun
Silber – Tchardi
Sonne – Naange
Stadt/Ortschaft – Wuro
Streichhölzer – Assana
Sauce – Haako
Tag – Nyande/Pl.Balde
Tasse/Schüssel (Maßeinheit) – Taassauo
Tee – Tchai
teuer (sein) – sad-ugo
trinken – yar-ugo
Tür – Parewal/Pareedje
viel – duud-dum
Vogel – Tchoolel/Tcholli
waschen – loot-ugo
Wäsche/Kleidung – Limsse
Wasser – Ndiyam
Weg – Laawol
Weißer – Nassara
wenig – seeda
wieviel? – noy noy?
wo? – toy?
Zimmer (Hütte) – Suudu
Zitrone – Limon
Zucker – sukar
Zwiebel – Tinyeere/Tinyeedji

Zahlen

Im Fulfulde wird eigentlich nur bis fünf gezählt, d.h., dass das Wort für sechs wörtlich übersetzt „fünf plus eins" bedeutet.

1 – go'o / 2 – diddi /3 – tati / 4 – nai / 5 – djoy / 6 – djeego / 7 – djeediddi / 8 – djeetati / 9 – djeenai / 10 – sappo
11 – sappo-e-go'o
12 – sappo-e-diddi
20 – nogass
30 – tchappande tati
40 – tchappande nay
50 – tchappande djoy
100 – temeere
200 – temeere diddi
300 – temeere tati
500 – temeere djoy
1000 – usineere
5000 – usineere djoy
10.000 – usineere sappo
100.000 – usineere temeere

Beim Geldverkehr wird mit der 5 als Grundeinheit gerechnet. So ist ein Dala (von „Taler") oder Sunku immer gleich 5 Francs CFA. Demnach sind 25 CFA Sunku djoy, 100 CFA Sunku nogass etc. Das Wort für 1000 Francs CFA entspricht der Übersetzung für „Säckchen", also Booro, was auf die vorkoloniale Währungseinheit der Kauri-Muscheln zurückzuführen ist.

5 Francs CFA – Sunku (Dala) gootel
10 CFA = 2 x 5 – diddi
25 CFA (5 x 5) – djoy
50 CFA (10 x 5) – sappo
100 CFA (20 x 5) – nogass
500 CFA (100 x 5) – temeere
1000 CFA – Booro
1500 CFA = 1½ „Säckchen" – Booro be reeta
2000 CFA – Booro diddi
5000 CFA – Booro djoy
10.000 CFA – Booro sappo
50.000 CFA – Booro djoy
100000 CFA – Booro temeere

Beispiele: 3575 CFA – Booro tati be reeta dala sappo e djoy; 12980 CFA – Booro sappo e diddi dala temeere tchappande djee-nay e djee-goo

Glossar

- **Banco:** Gemisch aus Lehm, Stroh, Mist und Sand, aus dem luftgetrocknete Ziegel hergestellt werden; das Material dient auch zu deren Befestigung.
- **Bantu** („ba-ntu" im südl. Afrika für „Menschen", „Personen"; Einzahl *Muntu):* Seit Mitte des 19. Jahrhunderts europäische Sammelbezeichnung für die der größten afrikanischen Sprachfamilie, dem so genannten Ban-

Reise-Gesundheitsinformationen zu Kamerun

Stand: Oktober 2006/© Centrum für Reisemedizin 2006

Die nachstehenden Angaben dienen der Orientierung, was für eine geplante Reise in das Land an Gesundheitsvorsorgemaßnahmen zu berücksichtigen ist. Die Informationen wurden uns freundlicherweise vom Centrum für Reisemedizin zur Verfügung gestellt. Auf der Homepage **www.travelmed.de** werden diese Informationen stetig aktualisiert. Es lohnt sich, dort noch einmal nachzuschauen.

Klima

- Tropisches Klima im Süden ganzjährig feucht-heiß, nach Norden hin wechselfeucht und etwas kühler; in Nordkamerun Trockenzeit von November bis April; durchschnittliche Monatstemperatur in Douala ganzjährig um 26° C.

Einreise-Impfvorschriften

- **Gelbfieber-Impfung** für alle Reisenden vorgeschrieben (ausgenommen Kinder unter 1 Jahr). In der Praxis wird die Gelbfieber-Impfung – abweichend von den offiziellen Bestimmungen – auch schon von Kindern ab dem 7. Lebensmonat verlangt.
- Ein gültiger **Impfnachweis gegen Cholera** kann – abweichend von den offiziellen Bestimmungen – gelegentlich verlangt werden. Besonders zu beachten bei Ankunft aus einem Land mit Cholera und bei Einreise außerhalb des internationalen Flughafens der Hauptstadt.

Empfohlener Impfschutz

- **Generell:** Tetanus, Diphtherie, Hepatitis A, Polio, Gelbfieber (e)
- **Je nach Reisestil** und Aufenthaltsbedingungen im Lande sind außerdem zu erwägen:

Impfschutz	Reisebedingung 1	Reisebedingung 2	Reisebedingung 3
Typhus	x		
Hepatitis B (g)	x		
Tollwut (h)	x		
Meningitis (i)	x		

(e) bei Reisen in das Landesinnere empfohlen
(g) bei Langzeitaufenthalten und engerem Kontakt mit der einheimischen Bevölkerung
(h) bei vorhersehbarem Umgang mit Tieren
(i) nur bei engerem Kontakt zur einheimischen Bevölkerung, v.a. in der Trockenzeit

- Reisebedingung 1: Reise durch das Landesinnere unter einfachen Bedingungen (Rucksack-/Trecking-/Individualreise) mit einfachen Quartieren/Hotels; Camping-Reisen, Langzeitaufenthalte, praktische Tätigkeit im Gesundheits- oder Sozialwesen, enger Kontakt zur einheimische Bevölkerung wahrscheinlich.
- Reisebedingung 2: Aufenthalt in Städten oder touristischen Zentren mit (organisierten) Ausflügen ins Landesinnere (Pauschalreise, Unterkunft und Verpflegung in Hotels bzw. Restaurants mittleren bis gehobenen Standards).

- Reisebedingung 3: Aufenthalt ausschließlich in Großstädten oder Touristikzentren (Unterkunft und Verpflegung in Hotels bzw. Restaurants gehobenen bzw. europäischen Standards)

Wichtiger Hinweis: Welche Impfungen letztendlich vorzunehmen sind, ist abhängig vom aktuellen Infektionsrisiko vor Ort, von der Art und Dauer der geplanten Reise, vom Gesundheitszustand sowie dem eventuell noch vorhandenen Impfschutz des Reisenden.

Da im Einzelfall unterschiedlichste Aspekte zu berücksichtigen sind, empfiehlt es sich immer, rechtzeitig (etwa 4 bis 6 Wochen) vor der Reise eine persönliche Reise-Gesundheits-Beratung bei einem reisemedizinisch erfahrenen Arzt oder Apotheker in Anspruch zu nehmen.

Malaria

- **Risiko: ganzjährig, hohes Risiko landesweit.**

- **Vorbeugung:** Ein konsequenter Mückenschutz in den Abend- und Nachtstunden verringert das Malariarisiko erheblich **(Expositionsprophylaxe).** Die wichtigsten Maßnahmen sind: in der Dämmerung und nachts Aufenthalt in mückengeschützten Räumen (Räume mit Air Condition, Mücken fliegen nicht vom Warmen ins Kalte); beim Aufenthalt im Freien in Malariagebieten abends und nachts weitgehend körperbedeckende Kleidung (lange Ärmel, lange Hosen); Anwendung von insektenabwehrenden Mitteln an unbedeckten Hautstellen (Wade, Handgelenke, Nacken), Wirkungsdauer ca. 2–4 Std. Im Wohnbereich Anwendung von insektenabtötenden Mitteln in Form von Aerosolen, Verdampfern, Kerzen, Räucherspiralen. Schlafen unter dem Moskitonetz (vor allem in Hochrisikogebieten).

Ergänzend ist die Einnahme von Anti-Malaria-Medikamenten **(Chemoprophylaxe)** zu empfehlen. Zu Art und Dauer der Chemoprophylaxe fragen Sie Ihren Arzt oder Apotheker, bzw. informieren Sie sich in einer qualifizierten reisemedizinischen Beratungsstelle. Malariamittel sind verschreibungspflichtig.

Ratschläge zur Reiseapotheke

- Vergessen Sie nicht, eine kleinere oder größere Reiseapotheke mitzunehmen (wenigstens Medikamente gegen Durchfall, Fieber und Schmerzen sowie Verbandstoff, Pflaster und Wunddesinfektion), damit Sie für kleinere Notfälle gerüstet sind. Nicht vergessen: Medikamente, die der Reisende ständig einnehmen muss!

Aktuelle Meldungen

- Risiko für **Durchfallerkrankungen** landesweit. **Cholera-Ausbrüche** wurden in den letzten Monaten nicht bekannt. **Polio** als Reimport aus Nigeria wurde 2003 in 2, 2004 in 13, 2005 nur noch in einem Fall nachgewiesen. Bis August dieses Jahres wurden keine weiteren Fälle gemeldet.
- Hygiene und Impfschutz gegen Polio beachten.
- **Gesundheitszeugnis:** Für Langzeitaufenthalte wird ein Gesundheitszeugnis („Health Certificate“) in französischer Sprache verlangt.

tu, zugerechneten Völker. Die Bantu besiedeln den größten Teil des Kontinents südlich einer von Douala in Kamerun bis etwa Mombasa in Kenia reichenden Linie.

●**Boubou:** Weit fallendes, ärmelloses Gewand der Moslems, meist weiß oder hellfarbig, z.T. aufwendig bestickt; dazu wird als Kopfbedeckung in der Regel eine kleine runde Kappe getragen.

●**Boukarou:** Ausdruck aus der Fulfulde-Sprache für eine kleine Hütte, die ganz aus natürlichen Materialien gebaut ist.

●**Campement:** Geräumige, fest gebaute Rund- oder Rechteck-Häuser, die als Unterkunft dienen.

●**Chambres de passage:** Zimmer für ein paar Stunden (anrüchig, Stundenhotel).

●**Chefferie:** Palastorganisation, in hierarchischen Strukturen gegliedert; Begriff v.a. in den westlichen Landesteilen Kameruns verwendet, im Norden Lamidat oder Sultanat.

●**Circuit:** Kleines afrikanisches Restaurant mit landesüblicher Küche.

●**endemisch:** Ortsgebunden/nur in einer bestimmtem Gegend vorkommend.

●**Ethnie:** Bevölkerungsgruppe.

●**Fetisch** (Fetischeur, Fetischismus): Gegenstand (z.B. Holzfigur, kleine Tasche, Tonkrug), der einen magischen, glücksbringenden und kraftspendenden Stoff enthält. Diesen Fetischen werden oft Opfer dargebracht.

●**Fon:** König, trad. Oberhaupt einer Chefferie. Der Begriff Fon wird im Kameruner Grasland gebraucht (s.a. Sultan, Lamido).

●**Geheimbund:** Soziale Organisation, welche die Rechte von sozialen Gruppen vertritt (z.B. auch im Gegenzug zum Fon). Ihre Mitglieder, Zeremonien und Regeln werden geheimgehalten; v.a. im Südwesten verbreitet.

●**Hackbau:** Im Gegensatz zum Ackerbau (Pflug) wird beim Hackbau der Boden auf traditionelle Art (mit Hacken) bearbeitet und kultiviert.

●**Hosséré** (Fulfulde, übersetzt „Berg"): Im Norden Kameruns verwendeter Begriff für Hügelkette, Gebirgszug.

●**Halbnomaden:** Sie betreiben sowohl Viehzucht als auch Hack- oder Ackerbau, z.T. jahreszeitlich abhängig; im Gegensatz zu den Vollnomaden, die sich nur auf Viehzucht konzentrieren.

●**Harmattan:** Trockener Wind aus der Sahara, der den Wüstenstaub und Sand nach Süden weht, manchmal bis an die Küste.

●**Initiation:** Beim Heranreifen des Kindes zum Erwachsenen werden bei vielen Ethnien Initiationsriten abgehalten; dabei wird der junge Mensch auf das geistige und religiöse Leben in der Gemeinschaft vorbereitet. In einigen Fällen werden dabei noch Beschneidungen (bei Jungen Entfernung der Vorhaut, bei Mädchen der Klitoris) vorgenommen.

●**Kalebassen:** Kürbisfrucht, die man ausgehöhlt und getrocknet als Gefäß (Schüsseln, bauchige Flaschen) oder als Schöpfkelle benutzt. Oft sind die Kalebassen mit Brandmalerei verziert.

●**Kauri:** Kleine weiße Schnecken, die ursprünglich aus dem Indischen Ozean stammen. Lange Zeit als Zahlungsmittel in Afrika bekannt; heute dienen sie als Dekoration an Masken, Statuen, Thronsesseln oder als Schmuckobjekte (als Halsketten, eingeflochten in die Haare als Kopfschmuck etc.). Sehr oft auf den Märkten zu finden.

●**Lamidat:** Sitz des geistigen und religiösen Oberhauptes einer islamischen Region oder Stadt; Palastorganisation (auch Sultanat genannt).

●**Lamido:** Religiöses, oft auch politisches Oberhaupt in islam. Regionen; Ausdruck aus der Fulfulde-Sprache (s.a. Sultan, Fon).

●**Magie:** Riten oder Beschwörungen, durch deren Anwendung überirdische Kräfte ausgelöst werden (sollen). Unterscheidung in „Weiße Magie" (Heilung, Glück) und „Schwarze Magie" (Unglück, es wird Schaden zugefügt). Magische Riten gibt es bis heute noch bei den Geheimbünden (s. ebd.).

●**Marabout:** Weiser, Alter, Heilkundiger, Gelehrter o.Ä.; allgemein: aufgrund seiner Fähigkeiten respektierter Mensch, der als Vermittler zwischen Menschen und Übergeordnetem auftritt.

●**Mayo:** Fluss, der zeitweilig (während der Trockenzeit) kein Wasser führt; sandiges Flussbett.

●**Mkem:** Rat der Adligen

●**Muezzin:** Er ruft die Moslems vom Turm der Moschee fünfmal täglich zum Gebet; heute ist der Muezzin zum Teil schon ersetzt durch Tonband und Lautsprecher.

- **Notabeln:** Vornehme Stammesangehörige; Gefolgschaft des Königs (oder Fons, Sultans, Lamidos).
- **Pagne** (engl. *wrapper):* Bunter afrikanischer Stoff, der den Frauen als Wickelrock dient.
- **Piroge:** Ausgehöhlter Baumstamm (Einbaum), der als Boot dient; der Begriff wird aber auch benutzt für größere, aus Brettern gezimmerte Holzboote.
- **Polygamie:** Begriff für die Verbindung eines Mannes mit mehreren Ehefrauen (im Gegensatz zur Monogamie); in ländlichen afrikanischen Kulturen noch häufig anzutreffen.
- **Quartier:** Stadtviertel.
- **Ramadan:** Fastenmonat im Islam (neunter Monat im islamischen Kalender), dauert von einem Neumond zum folgenden. Während des Ramadan dürfen die Moslems von Sonnenaufgang bis Sonnenuntergang weder essen, trinken noch rauchen. Mahlzeiten sind nur während der Nacht erlaubt, z.T. wird dann auch nachts gearbeitet.
- **Sahel:** (übersetzt „Ufer"), Gebiet südl. der Sahara im Übergang von Wüste zu Savanne.
- **Saré:** Islamisches Wort (Fulfulde) für Hofgemeinschaft; eine einzelne Hütte heißt *Soudou.* Der Saré bezeichnet die trad. Wohnform des Nordens: eine Ansammlung von mehreren Hütten, die zu einer Einheit zusammenfaßt sind und von einer Lehmmauer oder einem Strohzaun umgeben sind. Ein Saré wird jeweils von einer Großfamilie bewohnt.
- **Sorghum:** Großkörnige Rispenhirse.
- **Sudan:** Geographische Bezeichnung für das Gebiet zwischen Atlantik im Westen und Nil im Osten bzw. zwischen Wüste im Norden und tropischem Regenwald im Süden. Nicht zu verwechseln mit dem Staat Sudan.
- **Sultan:** Geistiges und religiöses Oberhaupt in islamischen Regionen (s.a. Fon, Lamido).
- **Tabaski:** Hammelfest, islamisches Fest 40 Tage nach dem Ende des Ramadan. Die Gläubigen versammeln sich alle auf dem Platz vor der Großen Moschee zum Gebet. In den reicheren Familien wird ein Hammel geschlachtet.
- **Taxi ramassage:** Sammeltaxi im Stadtverkehr.
- **Taxi course:** Das Taxi fährt auf direktem Weg zum Ziel des Fahrgastes, unterwegs steigt niemand mehr zu.

Literatur, Karten und Hintergrundinfos

Literatur (dt.)

- *Ansperger, Franz*
Politische Geschichte Afrikas im 20. Jh. Beck'sche Reihe, 1. Aufl. 1993
- *Barley, Nigel*
Die Raupenplage. Von einem, der auszog, Ethnologie zu betreiben. Klett-Cotta, Stuttgart 1989
- *Barley, Nigel*
Traumatische Tropen. Notizen aus meiner Lehmhütte. Klett-Cotta, 1990
- *Bebey, Francis*
King Albert. P. Hammer Verlag, Wuppertal
- *Bebey, Francis*
Alle Menschen sind schwarz. Geschichten und Gedichte. P. Hammer Verlag, Wuppertal 1994
- *Bebey, Francis*
Eine Liebe in Douala. Roman, P. Hammer Verlag, Wuppertal 1987
- *Bebey, Francis*
Das Alphabet der Sonne während des Regens. Roman. P. Hammer Verlag
- *Belinga Belinga, Jean-Felix*
Wenn die Palme die Blätter verliert ... Erzählungen aus Kamerun. Erlanger VLG F. Mission
- *Bender, Wolfgang*
Sweet Mother – Afrikanische Musik, Trickster Verlag, München 1985
- *Beti, Mongo*
Der arme Christ von Bomba. Peter Hammer Verlag
- *Beyala, Calixthe*
Jenseits von Douala. Fretz und Wasmuth 1988
- *Dorst, J. und P. Dandelot*
Säugetiere Afrikas. Paul Parey Verlag, Hamburg 1973, gutes Bestimmungsbuch
- *Förster, Till*
Kunst in Afrika. Dumont Verlag, Köln 1988
- *Friedhuber, Sepp*
Afrika, Berge – Wüsten – Regenwälder (u.a. Mt. Cameroon). Verlag J. Berg 1991
- *Ndam, Phebe*
Kochen in Afrika. Mandelbaum Verlag 2003

- *Frobenius, Leo*
Schwarze Sonne Afrika. Mythen, Märchen und Magie. Düsseldorf/Köln 1980
- *Fröhlich, Max*
Gelbgießer im Kameruner Grasland. Ein technologischer Bericht. Museum Rietberg, Zürich, 1979
- *Gardi, Bernhard* (Hrsg.)
René Gardi. Momente des Alltags. Fotodokumente aus Nordkamerun (Tschadsee, Mandara, Alantika). Mit Beiträgen von Bernhard Gardi, René Gardi und Christraud Geary. Basel 1995, 139 S., 320 s/w. Abb., Karten
- *Gardi, René*
Alantika, Bergland in Kamerun. Bern 1981
- *Geary, C. und Ndam Njoya, A.*
Mandu Yenu. Bilder aus Bamum, einem westafrikanischen Königreich. Trickster, München 1985 (Fotos vor dem Ersten Weltkrieg)
- *Hausen, Karin*
Deutsche Kolonialherrschaft in Afrika: Wirtschaftsinteressen und Kolonialverwaltung in Kamerun vor 1914. Freiburg 1970
- *Heise, Gertraud*
Das dritte Paradies. Reisereportagen (u.a. aus Kamerun). Fischer TB, 1985
- *Hoffmann, Gisela und E. u. H. Lüllau*
Justin. Ein Junge aus Kamerun erzählt. Kinderbuch, Peter Hammer Verlag, Wuppertal
- *Hücking, Renate u. Launer, E.*
Aus Menschen Neger machen. Wie sich das Handelshaus Woermann an Afrika entwickelt hat. Galgenberg-Verlag, Hamburg 1986
- *Kagame, A.*
Sprache und Sein. Die Ontologie der Bantu Zentralafrikas. Heidelberg 1985
- *Ki-Zerbo, Joseph*
Die Geschichte Schwarz-Afrikas. rororo Taschenbuch 6417
- *Koloß, Hans Joachim*
Kamerun. Könige, Masken, Feste. Ethnologische Forschungen im Grasland der Nordwestprovinz von Kamerun. Institut für Auslandsbeziehungen Stuttgart und Lindenmuseum Stuttgart 1977
- *Koloß, Hans Joachim*
Opfer an die Königsahnen, Tikar (Kameruner Grasland), Göttingen 1985
- *Koloß, Hans Joachim*
Auftritt der Nachtmasken, Tikar (Kameruner Grasland), Göttingen 1985
- *Kolyang Dina Taiwé*
„Dann ist das Herz verwundet". Eine Begegnung der Kulturen. Afrobremensien, Atlantik 1997
- *Lauber, Wolfgang*
Deutsche Architektur in Kamerun 1884–1914. Karl Krämer Verlag, Stuttgart 1988
- *Lauber, Wolfgang*
Paläste und Gehöfte im Grasland von Kamerun. Karl Krämer Verlag, Stuttgart, 1990
- *Lissock, Jean Paul*
Mein Freund, der weiße Mann. Von Kamerun nach Deutschland. Frieling & Partner
- *Lötschert, W. und Beese, G.*
Pflanzen der Tropen. BLV-Bestimmungsbuch. München 1981
- *Makampe, Mireille*
Der Wille meines Vaters geschehe. Eine Frau aus Kamerun erzählt ihr Leben. Hoffmann und Campe.
- *Massado Rosaline*
Komm, zünde meine Lampe an. Hoffmann und Campe, 2003.
- *Meder, Angela*
Gorillas, Ökologie und Verhalten. Springer-Verlag, Berlin 1993
- *Mepin, Daniel*
Die Weissagung der Ahnen. Roman aus Kamerun. Horlemann Verlag
- *Michels, Stefanie*
Imagined Power Contested: Germans and Africans in the Upper Cross River Area of Cameroon. Hamburg, Berlin 2004
- *Michler, Walter*
Weißbuch Afrika. Bonn 1991
- *Nestvogel, R. und Tetzlaff, R.* (Hrsg.)
Afrika und der Deutsche Kolonialismus. Berlin 1987
- *Njike-Bergeret, Claude*
Meine afrikanische Leidenschaft. Als Weiße Königin in Kamerun. Luebbe Verlag
- *Oji, Chima*
Unter die Deutschen gefallen. Erfahrungen eines Afrikaners. Peter Hammer Verlag, Wuppertal
- *Philombe, René*
Der weiße Zauberer von Zangali. Roman aus Kamerun. Otto Lembeck Verlag, Frankfurt 1980
- *Raunig, Walter* (Hrsg.)
Schwarz-Afrikaner. Gütersloh 1987

• *Röschenthaler, Ute*
Die Kunst der Frauen: Zur Komplementarität von Nacktheit und Maskierung bei den Ejagham im Südwesten Kameruns. Berlin 1993
• *Rosny, Eric de*
Heilkunst in Afrika. Mythos, Handwerk und Wissenschaft. Peter Hammer Verlag, Wuppertal 1994.
• *Rumohr, Reiner*
Ganz nah die Ferne rückt. Otto-Lehmbeck-Verlag, 2003.
• *Staub, Brigitte*
Trommeln, Palmwein, Hexen. Erlebnisse im Grasland von Kamerun. Verlag Ernst Franz + Sternber
• *Thiam, Awa*
Die Stimme der schwarzen Frau. rororo TB 4840, Hamburg 1981
• *Trojanow, Ilija* (Hrsg.)
Afrikanissimo. Ein heiter-sinnliches Lesebuch. München 1991
• *Werdermann, Manfred*
Tropischer Sabbat. Eintauchen in die afrikanische Wirklichkeit, MWV-Verlag.
• *Wirz, A.*
Vom Sklavenhandel zum Kolonialhandel, Wirtschaftsräume und Wirtschaftsformen in Kamerun vor 1914. Zürich 1972

Landkarten

• *Atlas of the United Republic of Cameroon*
Editions J.A., Paris
• *Macmillan*
Road Map of Cameroun, 1:1.5 Mio.
• *Freytag & Berndt*
Kamerun 1:1.5 Mio. Mit Plänen von Yaoundé und Douala und kleiner Landeskunde.
• *IGN (Institut Géographique National)*
Douala, NB-32/33, 1:1 Mio.
Garoua, NC-33, 1:1 Mio.
Kousséri, ND-33-III, 1.200.000
Mokolo, NC-33-XIV, 1:200.000
Mora, NB-33-XXI, 1:200.000
• *world mapping project,*
Westafrika, 1:2.200.000, REISE KNOW-HOW Verlag
• Wer mit dem eigenen Fahrzeug durch die Sahara nach Kamerun reist, sollte sich unbedingt detailliertes Kartenmaterial von Afrika beschaffen. Zur Übersicht nützlich und ständig aktuell ist die **Michelin-Karte 953, Nord- und Westafrika.** Außerdem gibt es vom IGN detailliertes Kartenmaterial über die jeweiligen Streckenabschnitte im Maßstab 1:1 Mio., 1:500.000 und 1:200.000. Manche sind nur in den Hauptstädten der jeweiligen Länder erhältlich (z.B. Institut Géographique Yaoundé). Gute Stadtpläne sowie Straßenkarten, französische und afrikanische Literatur erhalten Sie in Douala und Yaoundé in den größeren Buchhandlungen.

Informationen zu Kamerun

• **DSE (Deutsche Stiftung für internationale Entwicklung)**
Zentralstelle für Auslandskunde (ZA)
Lohfelder Str. 128, 53604 Bad Honnef
• **Deutsches Übersee-Institut**
Institut für Afrikakunde, Dokumentationsleitstelle für Afrika (regionale Auskünfte und Literaturrecherche)
Neuer Jungfernstieg 21, 20354 Hamburg
Tel. 040-35621
• **amnesty international**
53108 Bonn, Tel. 0228-98373-0
info@amnesty.de
Jährliche Länderberichte zur Menschenrechtslage und politischen Situation

Kamerun im Internet

• **www.cameroun-infotourisme.com/**
Fremdenverkehrsamt Kamerun in Paris (franz.), hübsch gemacht
• **www.inwent.org/v-ez/lis/kamerun/homepage.htm**
Guter Länderüberblick der DSE
• **www.afromix.org/disco/pays/cameroun/index.fr.html**
Musik aus Kamerun: Bands, Stilrichtungen, CDs und mehr
• **www.derreisefuehrer.com/data/cm/cm.asp**
Reiseführer, sehr ausführlich
• **www.zebrastreifen.com/1996kamerun/kamerun.htm**
Reisebericht

- **www.afrilit.de/afrika_autoren/bebey_francis.html**
Afrikanische Literatur, Autor Francis Bebey
- **www.nczooeletrack.org/**
The Elephants of Cameroon – Wildschutzprojekt
- **www.sil.org/ethnologue/countries/Came.html**
Auflistung der Sprachen Kameruns und Kurzbeschreibungen
- **www.irinnews.org/**
Archiv der Nachrichtenmeldungen aus Kamerun, von 1999 bis topaktuell
- **www.politicalresources.net/cameroon.htm**
Informationen zu Politik, Parteien und Medien mit vielen Links
- **www.cameroonnews.com/**
Nachrichten, City Guides, Infos, gute Fotogalerien sortiert nach Regionen, Presse u.v.m., eine echte Fundgrube (engl.)
- **www.allafrica.com/cameroon/**
Aktuelle Nachrichten aus Kamerun (engl.)
- **www.bmpix.org/presse_derbund.htm**
Online-Datenbank der Basler Mission; Fotos aus der deutschen Kolonialzeit
- **www.ub.bildarchiv-dkg.uni-frankfurt.de/uni-frankfurt.de/dfg-projekt/Default.htm**
Bildbestände der ehemaligen Deutschen Kolonialgesellschaft, zusätzlich Koloniallexikon
- **www.tourisme.cm/**
Offizielle Homepage des Tourismusministeriums Kamerun
- **www.erdoel-tschad.de/**
Kritische Berichte und weiterführende Literatur zur Tschad-Kamerun-Pipeline
- **www.winne.com/cameroon/cr02.html**
World Investment News, aktuelle wirtschaftliche und politische Bewertungen Kameruns
- **www.africa-ata.org/ecotourisme_3.htm**
Kamerun als Ökotourismusparadies (franz.)
- **www.lemessager.net**
Alle zwei Wochen erscheinende Internetausgabe der kamerunischen Zeitung „Le Messager“ (franz.)
- **www.who.org**
Informationen über die gesundheitliche Situation in Kamerun.
- **www.camerounlink.net/**
Französischsprachiges Infoportal über Kamerun
- **http://kamerun.bytestrolch.de/**
Ein Reisebericht über Kamerun
- **www.tropischer-sabbat.de/**
Website zum Buch „Tropischer Sabbat“ von M. Werdemann
- **www.cameroonnews.com**
Online-Nachrichtenportal mit Schwerpunkt Afrika/Kamerun
- **www.reise-know-how.de**
Aktualisierungen und Hinweise zu diesem Reisehandbuch sowie eine Vielzahl sonstiger Infos und Links

Anhang

Register

Die Autorin

Regina Fuchs ist Reiseverkehrskauffrau und seit über 20 Jahren auf Afrika spezialisiert. Sie unternimmt seit 1981 zahlreiche Reisen auf den Schwarzen Kontinent. U.a. war sie sechs Monate zu Fuß und mit öffentlichen Verkehrsmitteln allein in Westafrika unterwegs. Ihr Ziel ist die Umsetzung eines sozialverträglichen Begegnungstourismus.